· 区块链技术丛书 ·

# 区块链
## 技术开发指南

马兆丰 主编

高宏民 彭雪银 孙嘉慧 编著

清华大学出版社

北京

## 内容简介

区块链是用密码技术将共识确认的区块按顺序追加形成的分布式账本。区块链具有去中心化、集体维护、不可篡改和安全可信等特点。本书从区块链技术普适原理和基本概念入手，首先对区块链技术进行整体概述，详细介绍了区块链两大核心组件：密码学和共识算法。之后，对三种典型区块链平台进行详细讲解，分别是比特币、以太坊和超级账本项目，由浅入深地向读者展示区块链技术从诞生到现在的发展过程，让零基础的读者也能迅速掌握现有主流区块链技术的基本概念、关键技术、工作原理，并在每一篇都附以实操训练，让读者动手掌握区块链项目的开发方法。最后，介绍了区块链技术现阶段存在的问题、研究成果及未来研究方向。

本书可以作为高等院校计算机及网络空间安全等相关专业本科生和研究生区块链技术课程的教材，也可作为广大区块链技术爱好者、区块链技术从业者和开发人员的参考书。



**图书在版编目(CIP)数据**

区块链技术开发指南/马兆丰主编. —北京：清华大学出版社，2021.1
(区块链技术丛书)
ISBN 978-7-302-56114-9

Ⅰ. ①区… Ⅱ. ①马… Ⅲ. ①电子商务—支付方式—指南 Ⅳ. ①F713.361.3-62

中国版本图书馆 CIP 数据核字(2020)第 139124 号

**责任编辑**：闫红梅
**封面设计**：刘　键
**责任校对**：焦丽丽
**责任印制**：宋　林

**出版发行**：清华大学出版社
**网　　址**：http://www.tup.com.cn，http://www.wqbook.com
**地　　址**：北京清华大学学研大厦 A 座　　**邮　　编**：100084
**社 总 机**：010-62770175　　**邮　　购**：010-83470235
**投稿与读者服务**：010-62776969，c-service@tup.tsinghua.edu.cn
**质量反馈**：010-62772015，zhiliang@tup.tsinghua.edu.cn
**课件下载**：http://www.tup.com.cn，010-83470236
**印 装 者**：三河市龙大印装有限公司
**经　　销**：全国新华书店
**开　　本**：185mm×260mm　　**印　　张**：29.5　　**字　　数**：706 千字
**版　　次**：2021 年 2 月第 1 版　　**印　　次**：2021 年 2 月第1次印刷
**印　　数**：1～2500
**定　　价**：98.90 元

产品编号：081153-01

# 区块链技术丛书

## 编　委　会

# FOREWORD 前言

区块链技术源自比特币，是比特币的底层技术。自从 2008 年一个化名为 Satoshi Nakamoto(中文翻译为中本聪)的人发表了一篇论文《比特币：一种点对点式的电子现金系统》，比特币拉开了极具创新的区块链技术帷幕，让区块链逐渐进入大众视野。2013—2014年，以太坊的概念由程序员出身的 Vitalik Buterin 提出，其理想在于构建"下一代加密货币与去中心化应用平台"。以太坊首次将智能合约的概念与区块链相结合，并使用区块链为智能合约的执行提供可信的运行环境，使得智能合约的实现成为可能。同时，智能合约的引入，也让区块链的应用场景更加丰富。因此，可以说比特币开辟了区块链，以太坊让区块链有了质的飞跃。

2015 年 12 月，Linux 基金会宣布并发起了 Hyperledger 开源项目，项目的目标是区块链及分布式记账系统的跨行业发展与协作，并着重发展区块链的性能和可靠性，使之可以支持主要的技术、金融和供应链公司中的全球商业交易。Hyperledger 项目将采用独立的开放协议和标准，通过框架方法和专用模块，实现区块链的身份服务、访问控制、共识机制和账本管理等核心技术。随后，2017 年 BM(Daniel Larimer 的网名缩写)发起了 BlockOne，提出开发类似操作系统的区块链架构平台(Enterprise Operation System，EOS)，旨在实现分布式应用的性能扩展，EOS 提供帐户、身份验证、账本管理、异步通信以及在数以百计的 CPU 或群集上的程序调度。2019 年 6 月 18 日，Facebook 发布 Libra 白皮书，旨在推出一种不追求对美元汇率稳定，而追求实际购买力相对稳定的加密数字货币。不难看出，无论是从追逐利益还是创新技术的角度，区块链技术随着人们对于经济博弈或者技术创新等因素在波澜壮阔地发展着，我们相信，新的技术会不断涌现，新的应用也一定会被实现。

随着技术的发展，区块链的多链、跨链、平行链、主/侧链技术也在不断演进。那么区块链的本质究竟是什么？它具有怎样的价值体现？区块链能在哪些领域起到何种作用？本书先简单从以下角度来阐述区块链的技术本质、信任体系、价值作用以及理性看待区块链的问题等内容。

### 1. 区块链是一种不可篡改的分布式账本

从技术角度上讲，区块链是一种不可篡改的分布式账本。区块链技术是以密码学算法为基础，基于特定的共识机制，通过构建以块为单位的时序化的链式数据结构，采用 P2P 网络进行数据同步的一种多节点、自组织、不可篡改、安全可信的分布式账本系统(在后续的技术发展中区块链支持了智能合约和虚拟机)。区块链具有去中心化、集体维护、不可篡改和安全可信等特点。根据其开放程度,区块链技术一般分为公有链、联盟链和私有链。

我们认为,区块链不单纯是一个技术问题或是一个经济学问题,区块链涉及人类文明中关于经济学、博弈论、心理学、哲学、社会学、数学、信息科学(包括密码学、分布式计算、计算机网络、数据库等核心科学技术)等多种学科。

**2. 区块链的本质价值是分布式协同信任**

在信任模型方面,传统的任务处理是围绕高度集中的中心化系统来处理的,其信任模型主要依赖于第三方机构的可信程度。从信任机制上来说,传统的任务处理是中心化、集中式的单点信任机制,而区块链的任务处理则是多节点、分布式的多点信任机制。因此,区块链的本质价值是分布式协同信任。区块链提供了一种多节点、自组织、可证明的分布式协同信任能力。正因为如此,无论是基于公有链的数字资产还是联盟链的数据存证才有了在技术和机制上的不可篡改、安全可信支撑,最终才形成了由分布式信任体系带来的价值承载。

**3. 区块链是一种分布式高阶信任基础设施**

关于区块链技术的应用价值,传统的信任支撑是基于对特定权威机构的无条件信任,这种中心化的信任管理缺乏技术和机制上的透明性、对等性、公平性和可验证性。区块链提供了一种分布式的协同信任,它提供了一种公平、对等、分布式的信任基础设施,参与到系统的人可以对相关数据进行独立查证核验,而任何人无法随意篡改已经形成的历史账本数据,系统的可信性和数据的不可篡改性是通过区块链本身的技术和机制来保证的。区块链在底层从技术和机制上提供了一种公平、透明、对等、自组织、分布式的高阶信任支撑,凡是需要用到高阶信任的场景,区块链技术都大有可为。因此,从区块链的应用价值上来说,区块链是一种分布式高阶信任基础设施。区块链可以提供“分布式协同信任、公平透明化监管”。区块链能够为人类文明进步和社会治理发展带来巨大变革。

**4. 区块链可在社会治理方面发挥重要作用**

在区块链产业应用方面,随着人工智能、大数据、云计算、物联网、5G 等技术的快速进展,各行各业的信息和资产都在高速数字化,再进一步数据资产化,形成数字资产。区块链的技术原理让数字时代价值流转的每一步操作都可以公开、透明、有迹可循且不可篡改,这会让数字经济时代的每一笔交易都变得更加真实可信,其分布式网络的特征保证了数据的安全性和开放性,区块链的智能合约可有效地约束链上交易者的行为。从产业应用角度,区块链可在商品防伪、食品安全、公益慈善、公证信用、社会服务、智慧交通、能源电力等社会治理和社会服务等多个方面发挥作用。

**5. 必须理性看待区块链相关问题及风险**

在区块链技术问题及潜在风险方面,我们需要正确看待,理性应对,切忌急功近利,急于求成,不可盲目推崇或一哄而上。事实上,区块链由于其技术原理和工作机制,处理性能相比中心化的系统来说天然低效,不可能比中心化的系统更快,这就要求我们对区块链的应用领域和应用方式理性看待,客观评估。同时,须谨防不当的意识形态或舆情信息上链(特别是公有链);须注意区块链金融风险以及区块链技术方面的安全问题。这些需要政府和监管机构合理引导和适度监管。我们应针对不同的区块链应用需求,认真做好区块链业务逻辑设计,扎实做好技术创新和应用支撑。只有这样才能把区块链技术和产业创新发展真正落到实处,区块链才能最终有效推动社会治理和社会进步。

## 本书章节结构

北京邮电大学区块链技术及安全实验室属于接触、研究区块链较早的团队，对区块链技术已经投入大量的研究和实践，积累了许多宝贵的经验。希望通过本书，将我们长期以来的技术积累和经验分享给读者，消除读者对区块链技术的一些误区，让不了解区块链技术的读者对区块链能够有一个系统而详尽的全新认识，让想要从事区块链工作的读者能够掌握一些区块链开发的实战技巧，为想要深入研究区块链的读者厘清未来的发展趋势和研究方向。

本书分为3篇，共22章，基本涵盖了大部分区块链技术知识点，适用于不同类型读者阅读。

第1篇为**基础篇**，主要介绍区块链技术的普适原理，对区块链技术的两大核心技术——密码学和共识机制进行了详细讲解，适用于区块链技术的初学者以及想要了解区块链技术原理的爱好者。

**第1章** 本书的开篇，首先介绍了区块链的一般原理及涉及的主要技术，给出了区块链技术的分层架构，探讨了一些区块链的基本概念，如区块链发展阶段、区块链分类及适配性、区块链的发展前景等，从宏观角度带领读者初步认识区块链。

**第2章** 介绍区块链的安全基石——密码学，详细讲解现阶段区块链中涉及的常见密码学技术，如非对称加密、数字签名、Hash摘要、Merkle树以及零知识证明等技术，介绍了我国商用密码算法基本情况，展望了量子计算后的密码学发展趋势。

**第3章** 介绍共识算法，讨论区块链的信任基石——共识机制，介绍共识机制的起源背景，讲解了不同假设条件下分布式共识机制的研究成果，并详细分析了区块链诞生后，适用于区块链平台的常见共识机制。

第2篇为**技术篇**，本部分又分为三大块，分别介绍比特币、以太坊和Hyperledger Fabric，以这三种典型区块链平台的技术原理和实际操作开发为目标，适用于区块链技术的从业者和想要深入掌握区块链技术的IT开发人员。

**第4章** 介绍比特币的起源及发展史，并以比特币官方钱包BitcoinCore为例，指引读者获取比特币、使用比特币，对比特币平台有初步认识。

**第5章** 介绍比特币的几大基础技术概念，密钥地址、交易以及脚本，不仅从原理上进行讲解，并使用命令行操作工具查看地址和交易的实际格式和转换过程，方便读者理解。

**第6章** 介绍比特币系统中的区块链技术原理，包括技术参考架构、区块结构、网络传输、挖矿和共识等，引领读者了解比特币区块链的运行原理。

**第7章** 介绍比特币区块链近几年的进阶技术，包括隔离见证和闪电网络，使读者了解比特币的未来发展情况。

**第8章** 介绍比特币区块链的实战操作，包括在各个系统版本下比特币源码的编译和运行，搭建私有链发行自己的Altcoin，并为自己的代币搭建区块链浏览器。

**第9章** 对以太坊区块链进行总体描述，介绍了以太坊区块链中的几个核心概念，账户、交易、区块、节点、挖矿和共识、EVM虚拟机等。

**第10章** 介绍以太坊区块链的分层架构，并分别介绍每一层的核心功能和技术原理，引领读者了解以太坊区块链的运行原理。

**第11章** 介绍以太坊区块链作为区块链2.0时代的代表所具有的典型功能，包括平台本身的链相关应用和基于以太坊智能合约的 DApp 应用，让读者了解以太坊区块链到底能做什么。

**第 12 章** 介绍如何获取以太坊源代码，编译并搭建自己的私有链，包括启动节点、多节点组网、引导节点配置及多节点启动等内容。

**第 13 章** 介绍以太坊智能合约开发的全过程，包括智能合约语言 Solidity，以及智能合约的整个生命周期——编译、部署、调用、销毁和测试方法等，并通过开发 ERC-20 数字资产带领读者了解智能合约的开发和使用过程。

**第 14 章** 主要针对以太坊区块链的实操训练，包括 DApp 的介绍和一个实际的 DApp 开发案例，带领读者使用 Web3. js＋Remix＋Node. js 实现一个发行数字资产和锁仓的 DApp。

**第 15 章** 介绍以太坊区块链近几年的进阶新技术，包括使用以太坊实现的联盟链 Quorum，解决以太坊区块链可扩展性的分片技术，以完善整个区块链生态为目标的侧链技术，使读者了解以太坊的未来发展情况和方向。

**第 16 章** 介绍超级账本的诞生背景和发展，详细讲解 Hyperledger Fabric 的基础技术原理，包括 Fabric 的技术架构、网络架构、账本数据、共识机制、通道化数据、交易流程和智能合约等基本概念及运行原理。

**第 17 章** 介绍 Fabric 的网络部署及部署过程，从搭建基础环境到简单构建 Fabric 网络，也包括一些基本操作，如启动节点、通道管理以及链码管理等。

**第 18 章** 主要针对超级账本区块链上智能合约开发的实操练习，介绍不同类型链码的结构及 Fabric SDK 的使用，最后使用 HyperledgerComposer 去开发一个区块链项目，读者能从整体上了解如何开发一个区块链项目。

第 3 篇为**进阶篇**，主要介绍区块链技术一些更高阶技术，包括区块链技术现在所面临的一些技术问题，详细讲解了区块链技术现阶段所存在的安全问题及区块链智能合约的安全检测。同时，也对目前关于区块链的最前沿技术进行了介绍。该部分适用于想对区块链技术有更加深入了解的读者。

**第 19 章** 介绍目前区块链发展在技术层面上所面临的问题，主要分为三个方面，区块链技术本身的局限性、共识算法的问题和可扩展性问题。

**第 20 章** 介绍区块链在安全方面所面临的问题，从技术分层上详细讲解了在设计区块链平台时每一层所需要考虑的安全问题。同时，介绍了区块链的隐私保护问题，讲解了目前可能能够用来解决区块链隐私问题的密码学技术。

**第 21 章** 列举了智能合约，特别是以 Solidity 开发的以太坊智能合约中常见的安全漏洞，介绍了一些检测智能合约漏洞的工具和形式化验证方法。

**第 22 章** 介绍了现阶段区块链发展的一些新的前沿技术，包括跨链技术、EOS 区块链和 DAG 区块链。

## 读者对象

- 高等院校区块链研究师生
- 区块链技术从业者
- 区块链应用开发人员

- 区块链技术爱好者

## 致谢

本书编写过程中，得到清华大学出版社卢先和常务副总编辑、副社长的大力支持，并建议成立编委会，对本丛书提出了“高标准、严要求、出精品”的编写宗旨，卢社长对本套丛书寄予了很高的期望并提出了具体的要求。在本套丛书规划和建设方面，北京大学区块链研究中心主任陈钟教授、清华大学信息学院邢春晓副院长、清华大学计算机系徐恪主任及赛迪区块链研究院刘权院长和各位编委对本套丛书的选题原则、编写要求、质量把关等方面提出了诸多宝贵意见和建议，要求本套丛书“成熟一本，出版一本。严控质量，宁缺毋滥”，才使得本套丛书最终得以立项和启动。

衷心感谢北京大学陈钟教授、清华大学徐恪教授、赛迪区块链研究院刘权院长在百忙之中为本书写了寄语。同时，感谢北京邮电大学网络空间安全学院陶小峰院长、李小勇副院长，北京邮电大学信息安全中心主任杨义先教授、钮心忻教授、罗守山教授、王励成教授、李丽香教授、彭海朋教授等同事的大力支持，他们在百忙之中为本书的编写提出了许多宝贵意见，给予了我们很大帮助和鼓励，在此一并表示诚挚的谢意。

在本书编写过程中，我们要真诚地感谢邹均博士，邹博士的两本区块链书籍《区块链技术指南》和《区块链核心技术与应用》给了我们很大的启发，也是我们实验室团队许多学生的必读物，邹博士在区块链方面的深刻独到见解以及勤奋努力，让我们深受鼓舞，一直是我们心中很有水平的区块链学者之一。本书第 3 章内容“共识算法”由邹博士提供，对邹博士的大力支持再次表示感谢。

非常感谢中国传媒大学的姜正涛老师，他在繁忙的教学和学术科研中抽出时间来对区块链的核心组件“密码学”做出了详尽的阐述。在本书编写的过程中，姜老师在密码学方面给予了我们很大的支持，本书第 2 章内容由姜老师提供。

非常感谢本书的作者高宏民、彭雪银和孙嘉慧，他们在实验室团队科研工作之余抽出时间编写了这本书，并且经过多次修改。没有这些作者辛苦的努力，就不会有这本书。

衷心感谢清华大学出版社闫红梅老师在本书撰写过程中给予我们的大力支持和帮助，闫老师对书稿的内容提出了许多宝贵的修改意见和建议，使书稿的质量有了很大提升。同时，感谢刘键老师为本书不厌其烦地设计了多个版本的封面。

感谢我们北京邮电大学区块链及安全技术联合实验室全体成员，包括王真、张宇青、王小畅、王凌云、赵伟哲、戚娟、翟志斌、刘佳薇、孟嘉霖、彭如月、李曦凌、侯雨桐、陈晗、孟佳霖、刘嘉微、翟志斌、张茜、王思蝶等博士生和硕士研究生；感谢已经毕业的闫玺玺、张德栋、唐鑫、蒋铭等博士生对我们给予的大力支持；感谢课题组已毕业的范志强、宋志毅、黄宇轩、陈云超、周远大、王一涵、曹啸、汤涯云、李烨昊、李天博、尚丹、刘亚楠、樊炳新、李兆罚等优秀硕士生对实验室师弟、师妹给予的温馨关心和帮助；感谢我们团队的杨娟、王云辉、梁孔德、李艳芳、胡月等人员，特别是梁孔德在技术方面做了大量卓有成效的工作，给团队起了带头示范作用。这一切都让我们实验室大家庭团结、温馨而极具活力。

在本书编写过程中参考和引用了大量的文献资料，在此，向被引用文献的作者表示衷心感谢！尽管我们在本书撰写过程中力求准确、严谨，但由于作者水平有限，加之时间仓促，特别是区块链技术的发展非常快速，在书稿撰写到出版过程中，有一些技术已经做了升级换代，书中难免存在缺点与疏漏之处，敬请广大学者、专家、同行予以批评指正，并请提出宝贵意见和建议。

编　者

2020 年 12 月

# CONTENTS 目录

## 第1篇 基础篇

## 第2篇 技 术 篇

## 第3篇 进 阶 篇

# 第1篇

# 基 础 篇

# 第1章

# 绪　论

在过去的二十多年间，随着科技的飞速发展，互联网给我们带来了许多便利和工作效率上的提升，可以说互联网已经渗透到了我们生活中的方方面面。与此同时，正是由于互联网提供的便利，人们作恶、造假的成本变得非常低廉，各种网上诈骗、利益侵犯、隐私数据泄露、垃圾数据泛滥等案例屡见不鲜，这些“附加灾害”给人类带来了极大的伤害。现阶段，互联网巨头的模式均已成型，用户都是通过依赖这些巨头机构所建立的信任体系，来尽可能地保全自己的利益，但是由此带来的数据垄断、隐私侵犯等问题使得互联网的发展到了一个瓶颈。直到2016年区块链进入人们的视野，以其去中心化、去信任、防篡改、高透明等特点迅速吸引了广泛的关注，其共享、合作的理念也同样深入人心，由此所带来生产关系的变革不仅将解决许多传统巨头中心化存在的弊端，并非常有可能将互联网的发展推向一个新的高度。正如CCTV 2018年5月份的《对话》栏目中所提到的：“区块链是互联网的第二个时代；区块链的价值是互联网的10倍；区块链是创造信任的机器。”

本章我们将从区块链的一般原理、技术基础、参考模型、技术支撑、分类及特点、适配性选择和发展趋势及应用等方面对区块链技术进行总体介绍。

## 1.1　区块链技术一般原理

要研究明白区块链，就必须摸清其来龙去脉。区块链源自比特币，且比特币是区块链一个最成功的应用，虽然经过十年的发展，区块链已经远远不局限于数字货币，但都离不开比特币的基础。所以，在本节中，我们以比特币为例，介绍区块链的技术理念、工作流程及数据结构。

### 1.1.1　技术理念

在介绍区块链技术理念之前，我们先介绍一下现阶段互联网系统的运营方式及其弊端。在传统互联网中，所有业务处理系统的可靠性都是基于行业巨头所建立的信任体系，比如我们使用支付宝、微信与其他用户进行交易时，都是先将钱转给阿里巴巴、腾讯这样的巨头公司,再由阿里巴巴、腾讯做担保将钱转给对方,当交易双方都确定得到了对方的承诺后,交易完成。同时,我们的个人信息数据、交易记录等信息会不会泄露,都是取决于第三方机构的信誉及安全程序。这种中心化的业务处理模式如图 1.1 所示。

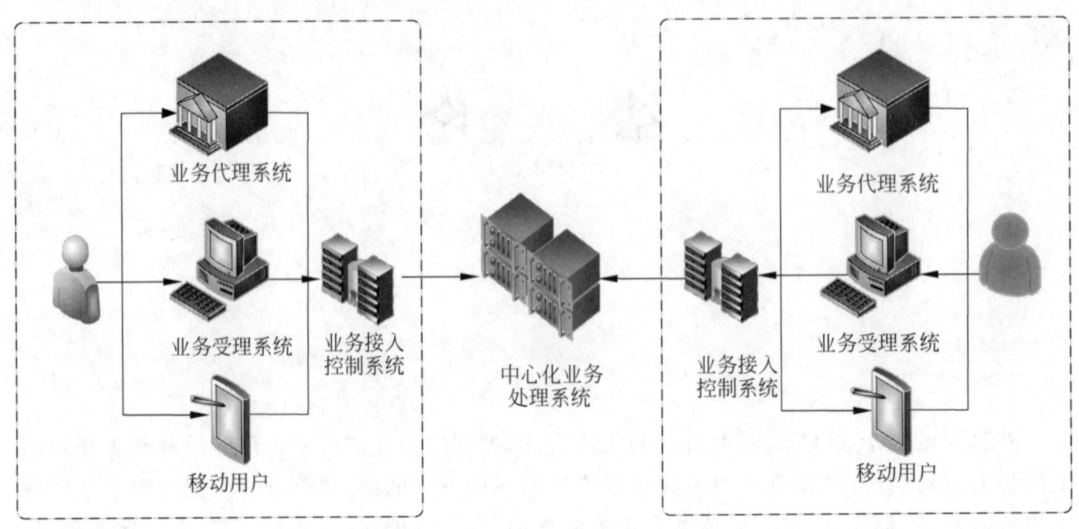


图 1.1　传统中心化业务处理模式

我们不得不承认,支付宝、微信这些互联网应用已经改变了我们的生活方式,为我们提供了极大的便利,但这种传统的中心化业务模式依然存在许多不足之处,主要集中在以下几个方面:

(1) 业务处理过于集中。

当中心服务器遭受到外界严重人为攻击或灾难时容易崩溃,容灾能力较差。

(2) 信任中心不总可靠。

信任中心的内部人员可能会出于自己利益篡改或泄露用户的隐私数据,更有甚者,信任中心本身会考虑自己的整体利益而滥用用户隐私数据。

(3) 增加交易成本代价。

信任中心为用户提供了可靠的服务,为了进一步完善自身的技术,提升自己的可信度,必然会增加交易成本,而这些成本就造成了用户需要支付额外的信任代价。

2008 年底,中本聪名为 *Bitcoin: A Peer-to-Peer electronic cash system* 的论文中大致阐述了比特币的原理,且于 2009 年比特币系统正式上线生产出创世块。直到整个系统平稳、安全运行了将近十年后,人们才意识到,在一种没有中心或者多中心的环境中,分布式完成业务处理的可能性,而这所依赖于的,就是比特币的底层技术——区块链。与传统的业务处理系统相比,区块链所具备的特点如表 1.1 所示。

**表 1.1　区块链的特点**

| 特　点 | 描　述 |
|---|---|
| 去中心化 | 整个网络没有中心化的硬件或机构,任意节点间的权利和义务是均等的 |
| 高度透明 | 业务数据对有权限的人,保证了账簿和商业规则可被独立审查,且结果无法篡改 |
| 集体维护 | 系统中的数据块由整个系统中所有节点共同维护,每个节点分享权利和义务 |

续表

| 特　点 | 描　述 |
| --- | --- |
| 不可篡改 | 由于区块链的技术解决了信任的问题，存储于区块链或经过区块链处理的数据具有防篡改特性 |
| 安全可信 | 从技术上保证交易的进行，在没有第三方机构的情况下，没有“信任”与否这件事 |

在这里，我们可以给出区块链的定义：区块链技术是一种以密码学、P2P 网络为基础，将特定结构的数据按一定方式组织为区块，然后把这些数据块按一定时序以链式结构组织成为一个数据链，并通过密码学技术和共识机制保证数据的安全性和不可伪造性，基于一定业务逻辑采用可自动执行的工作机制实现区块数据的动态生成、验证、同步的分布式可信计算泛型。简要地说，区块链是一种不可篡改的分布式可信账本。它无须信任中心可进行可信任业务处理。

所以，从本质上讲，区块链就是一种分布式的记账方法，在整个区块链的网络上，每个人都维护着一个账本。大家维护账本的过程，就是依据一定的规则，不断的选出记账人，也就是区块生产者，其他人负责验证，完成一轮记账。当然，这个账本维护的可以是类似比特币系统中的交易数据，也可以是其他业务系统中的业务数据，但这些数据都是经过脚本或者智能合约处理的，在全网中传播的都是有价值的数据。这也正是区块链的技术理念。

### 1.1.2　工作流程

虽然在中本聪的比特币的论文中，一次也没有提到区块链这个概念，但区块链终归是比特币的底层技术，而比特币也可以说是目前区块链最成功的应用，所以在本节中，我们以转账业务为例来阐述区块链的工作流程。

例如，Alice 准备向 Bob 转一元钱，在以往中心化的数字货币系统中，Alice 将会做一个这样的声明“我向 Bob 转一元钱”，并对这份声明签上自己的数字签名发送出去，可以将这份声明称为交易。但是，Alice 可以将这份交易复制多份发送出去，这就使得 Bob 无法确认是 Alice 发起的重放攻击，还是从 Alice 的账户上正常收取了多个一元钱。这就需要为每个一元钱加上一个序列号，Alice 的交易就变为“我向 Bob 转一元钱，其序列号为＃1400”。在传统模式下，这个序列号由银行来添加，这也称为铸币过程，Bob 在收到这条交易数据后，会请求银行查询序列号为＃1400 的一元钱是否合法，在得到银行肯定回复后，Bob 将会收到这笔钱，并且银行更新自己的账户，将序列号为＃1400 的一元钱的归属者更新为 Bob。用户账户有多少钱就是查询银行的数据库中，有多少钱的序列号是属于自己的。

而在比特币系统中，转账的具体过程如图 1.2 所示。

Alice 仍然需要做一个交易声明“我向 Bob 转 1BTC，其序列号为＃1400”，然后将这笔交易广播到比特币网络中去，全网会按照一定的共识规则选举出一个记账节点(比特币系统中是工作量证明)，由该记账节点将这笔交易打包进区块，也就是所谓的记账，之后再由该记账节点广播至全网，其他节点都验证通过后，同时更新自己的账本，完成记账。

总的来讲，区块链的工作流程，就是整个网络上的参与者，大家共同去维护一份公共账本，所有的工作都是围绕大家如何去维护这个公共账本的一致性、不可篡改性而展开的。

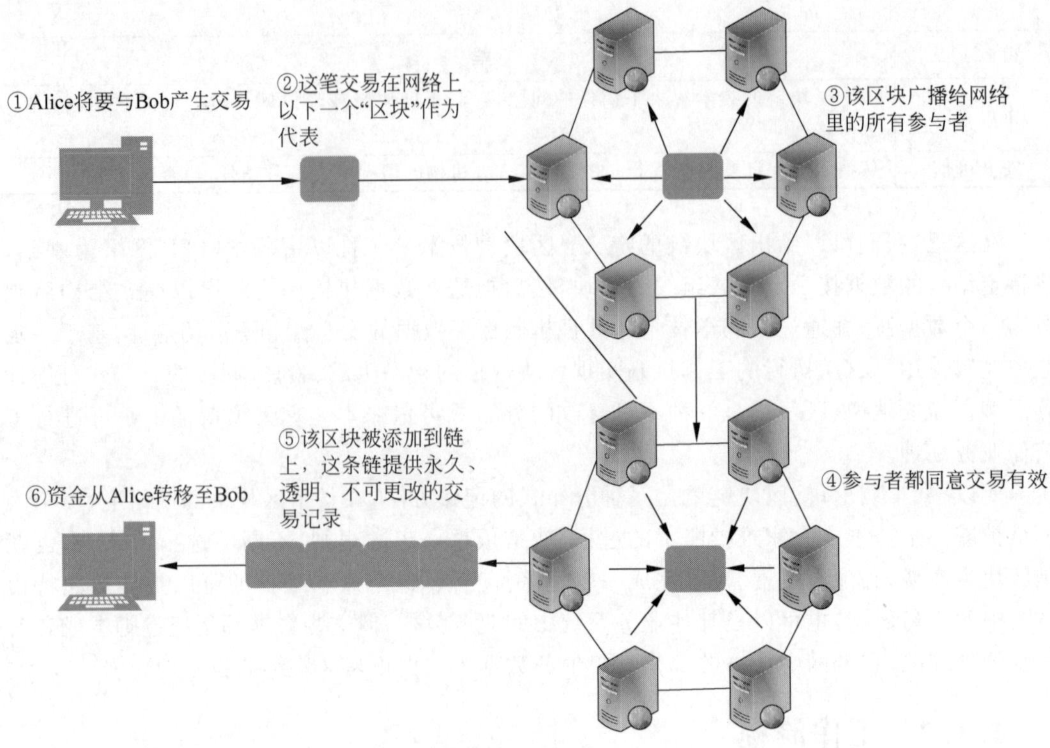


图 1.2　比特币区块链工作流程

### 1.1.3　数据结构

区块链的数据结构主要包含三部分，区块头、区块体和链式结构，这有点类似于数据结构中的单链表。本节将以比特币为例，通过介绍比特币区块链的数据结构，来初步了解是如何将数据组织成区块链的，并从数据结构上分析为什么区块链具有可信、不可篡改的特性。比特币区块链数据结构如图 1.3 所示。

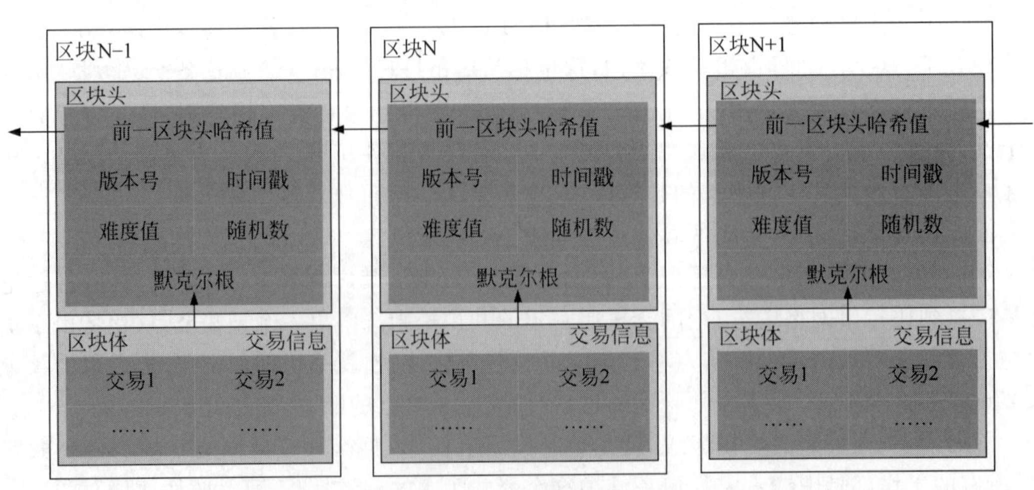


图 1.3　比特币区块链数据结构

从图 1.3 可以看出，每个区块从逻辑上划分为区块头和区块体两部分，区块头中有一个默克尔(Merkle)根的字段，将二者联系起来。而区块和区块之间通过哈希指针的方式串联起来形成链式结构，除了第一个区块之外，所有的区块头中都包含前一区块头的哈希值，而第一个区块则被称为创世块，从区块链浏览器中可以看到比特币的创世块于 2009 年 1 月 9 号被创建。

一般来说，区块体中存所放的是记账节点在一个区块周期内所收集到的全网交易数据，这些交易数据可以是比特币系统中的转账记录，也可以是其他信息，如以太坊、EOS 系统中触发智能合约的交易请求。这些交易记录，通过构建默克尔树的方式组织在一起，将最终形成的默克尔根作为区块头的一部分。如果对其中某个交易进行了修改，甚至只是将所有交易的存放顺序发生了改变，默克尔根都会发生变化，从而导致区块头哈希值的变化，这将会带来一系列连锁反应，此区块之前的所有区块均需要变更。当然，默克尔树的作用不仅限于此，还为简易支付证明(SPV)提供了技术支撑。

区块与区块之间，是通过区块头以及区块头的哈希值串联起来的。比特币单个区块的数据结构如图 1.4 所示。

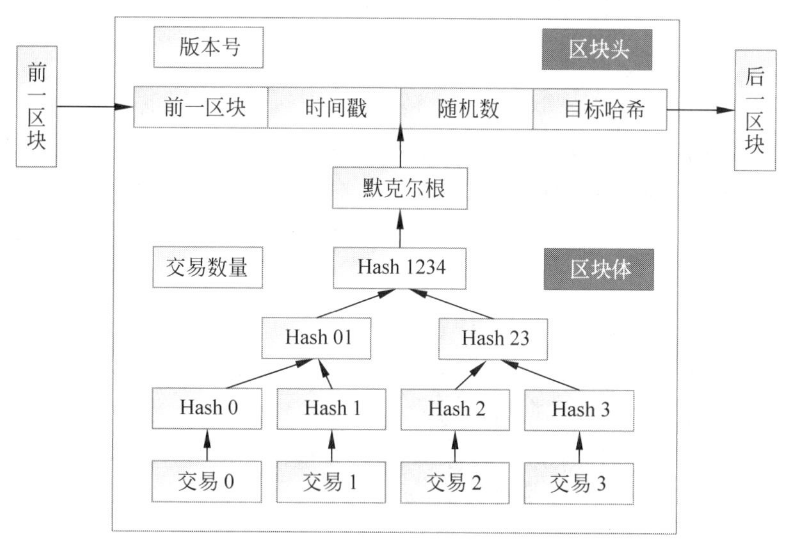


图 1.4　比特币区块数据结构

以上便是比特币的区块链构成，虽然目前最先进的区块链技术以太坊、EOS 等区块结构已经远远不止如此，包括最新提出的 DAG 区块链，但都是源自比特币，万变不离其宗，比特币的区块链结构仍然具有非常强的代表性，对区块链入门学者快速了解区块链有非常大的帮助。

## 1.2　区块链涉及的技术基础

区块链技术是一种分布式共识数据库系统，依靠密码学算法保证安全性的。区块链技术并不是一种单项的技术，而是将多方面的研究成果集合在一起而形成的综合性技术系统。虽然区块链是一个近年来新兴起的概念，但其所涉及的每一项基础技术均已诞生多年，并已经产生一定的研究成果。

一般来说,目前最先进的区块链技术,总共涉及5大核心技术,分别是密码算法、共识机制、P2P网络、内存数据库和智能合约,这几项缺一不可。本节将会对这几项核心技术进行简单的介绍。

### 1.2.1 密码算法

在区块链中,密码学技术在整个系统中无处不在,几乎每一个环节都使用到了密码学的相关算法。以比特币为例,主要用到了以下密码学算法。

**1. 非对称加密算法**

对称加密算法在加密和解密时都使用了同一个密钥,而非对称加密算法则需要两个密钥来进行加密和解密,其中一个公开的被称为公钥,一个私有的被称为私钥,公钥用来加密,私钥用来解密。非对称加密技术另一个非常重要的应用就是数字签名,私钥用来签名,公钥用来验证。数字签名算法的核心,并不是要保证这笔交易是保密的,而是要保证这笔交易数据的完整性、不可抵赖性。现在大多数区块链系统都使用基于secp256k1的椭圆曲线密码算法。

**2. 哈希算法**

哈希算法又称单向函数,是一种将不定长的数据,压缩成固定格式大小的“数字指纹”的方法,具有单向性和碰撞约束的特点。

哈希算法主要的作用有数据校验、数据摘要等作用,区块链中常用的哈希算法有SHA-256、RIPEMD160、Scrypt等。

**3. 编码/解码**

编码的目的是使一长串、没有任何规则的字符串变得精简可读。一般区块链系统中,使用的是椭圆曲线算法,其公钥和私钥都需要使用编码算法,使其变得精简可读。在比特币中,使用的是Base58编码,Base58编码源自Base64编码,并去除一些容易与其他字符混淆的字符,如0(数字0)、O(大写的字母o)、l(小写字母L)、I(大写字母i)。

### 1.2.2 共识机制

区块链是一个分布式账本,每一个全节点都拥有一份完整的账本复本,如何在没有中心节点和可信通道的情况下,保持所有账本的一致性,并且这些用户中可能存在恶意破坏的节点,这就需要分布式的共识机制。

在区块链系统中,所有的账本数据是由区块相连接而形成,每一轮向链的末尾增加一个区块,区块中包含交易数据。目前来说,区块链的共识都是选择最长的一条链作为主链(个别系统除外,如DAG区块链),每个节点都是在最长链的末尾添加区块,在收到其他节点发来的区块时,也是根据最长链的最后一个区块进行验证并更新区块链。所以,区块链中共识机制的核心问题就是如何选每一轮的记账人,哪个节点有权在本轮中创建区块。这个问题目前已经有很多解决方案,我们现在只挑选三个主流的PoW、PoS、DPoS解决该问题的方法进行简单介绍。

**1. PoW**

PoW 算法的核心就是寻找一个 Nonce 值，求解一个哈希碰撞的答案，在全网的节点中，谁最先找到这个答案，谁就拥有记账权。因为需要不断地尝试 Nonce 值，进行哈希计算，所以 PoW 算法的本质就是比拼算力。

**2. PoS**

PoS 算法则认为系统中最有钱的人是不会作恶的，因为作恶的话，有钱的人损失最大，因此提出了币龄的概念，一个币存一天就是一币龄，谁拥有的币龄越大则越容易拥有记账权，所以 PoS 算法的本质是比拼币龄。

**3. DPoS**

DPoS 算法则更像是人民代表大会制度，用户手里的币就是票，有票的用户可以抵押投票给有能力、有信誉的节点，获取票数最多的节点将代表权益人代理去生产区块。以 EOS 为例，全网投票选出 21 个超级节点，21 个超级节点轮流去生产区块。本质上讲，DPoS 也是 PoS 的一个扩展，比拼的仍然是谁手中的币多。

## 1.2.3 P2P 网络

P2P(Peer-to-Peer)网络又称点对点网络，或者对等网络。P2P 网络是一种没有中心服务的网络结构，其中每一个用户都是客户端，同时也具有服务器的功能。经过初步了解，我们已经知道，区块链具有分布式的特点，所有的节点为了保持数据的一致性，需要达成共识，在实现共识机制的过程中，就需要相互通信，这就需要 P2P 网络了。其实，P2P 的网络在我们身边也早已经有非常广泛的应用，比如 BitTorrent、迅雷、P2P 聊天通信等。相比于传统的 B/S 架构的应用系统，P2P 具有自己以下独特的优势。

**1. 节点对等**

在 P2P 网络中，所有的节点都是客户端，同时又具有服务器的功能，所有的节点都是平等的。在访问资源、信息分享时，用户与用户之间可以直接进行连接，传递信息，而不需要通过一个中心化的服务器节点。在传统的网络应用中，都是需要一个中心化服务器来进行中转，这就大大降低了在用户与用户交换信息时的隐私和安全性。

**2. 分布式存储**

在 P2P 网络中，网络资源都是分布式存储的，数据、文件存储在多个节点上，保证足够的冗余，区块链系统中甚至是一个全节点存储一份完整的数据。而传统的系统则是存储在一个中心化的服务器上。这样做的好处是，单个服务器出现故障时，不至于造成数据丢失。而且，客户端可以从多个节点，同时下载不同的数据片段，不会造成网络拥塞。

**3. 稳定性极强**

在 P2P 网络中，不必担心会因为某个节点宕机而造成系统瘫痪的问题。在传统的网络应用系统中，系统的稳定性与服务器的性能密切相关，服务器负担过重。用户访问量过大时，网络会拥塞，服务器出现故障时，整个系统将直接崩溃。而 P2P 网络中，因为所有的客户端都又具备服务器的功能，相互分担压力不会使某个节点负担过重，某个节点宕机，也不会影响到整个系统平台的使用，用户可以自由加入或退出系统平台。

### 1.2.4 嵌入式数据库

在传统的应用系统中，往往使用标准的关系型数据库来存储数据，如 MySQL、SQL Server、Oracle 等，这类数据库的存储内容一般分为三类，日志、用户数据以及数据索引。而在区块链的项目中，不管是比特币的 UTXO 模型，还是以太坊的账户模型，数据库存储的都是用户的交易日志。例如，UTXO 模型结构的区块链中，只是将用户的地址账号及其所对应的余额保存在类似 key-value 的内存哈希表中，Hyperledger 等通过的区块链框架中还包含一些类似于状态存储的模块。目前，几乎所有的区块链项目中都不存在索引存储这样的模块。所以，总的来讲，区块链的存储结构还是比较简单的。

一般来说，传统的关系型数据库，并不适合区块链系统的开发。区块链的数据结构现阶段不是特别复杂，为了将处理时延降到最低，区块链系统中一般都使用嵌入式数据库来存储账本数据。例如，比特币早期使用的是 BerkeleyDB，后来又加入了 LevelDB；Hyperledger 使用的是 LevelDB，同时支持 CouchDB。

嵌入式数据库是指运行在本机上、不用启动服务端的轻型数据库，它与应用程序紧密集成，被应用程序所启动，并伴随应用程序的退出而终止。常见的嵌入式数据库主要有 SQLite、BerkeleyDB、LevelDB、CouchDB 等。与非嵌入式的关系型数据库相比，嵌入式数据库主要具有以下几个特点。

#### 1. 效率较高

嵌入式的数据库一般与具体应用集成在一起，不需要独立再去运行一些数据引擎，便可由程序直接调用相应的 API 接口对数据进行操作。

#### 2. 体积适当

嵌入式的数据库最早是为嵌入式系统设计的，由于嵌入式的系统自身资源有限，所以对数据的存储和程序运行都具有较大的限制。所以一般嵌入式数据库的体积都比较小，进一步来说，就是占用非常少的 ROM、RAM 和 CPU 等资源。

#### 3. 功能齐备

虽然嵌入式数据库更注重资源优化和处理效率，但日志管理、数据压缩、备份、数据恢复等必要的数据库功能必不可少。

#### 4. 可移植性

嵌入式数据库的可移植性要远远优于关系型数据库，一般都可适用于不同类型的软硬件平台。

#### 5. 代码开源

开源的代码在产品的开发过程中不仅可以减少开发成本，更重要的是为后期的维护完善和稳定运行都提供了最为彻底的解决方法。

### 1.2.5 智能合约

智能合约(smart contract)是一种旨在以信息化方式传播、验证或执行合同的计算机协议。智能合约允许在没有第三方的情况下进行可信交易。这些交易可追踪且不可逆转。智能合约的目的是提供优于传统合同方法的安全，并减少与合同相关的其他交易成本[3]。

**1. 智能合约的工作流程**

从技术角度上来讲，智能合约本质上就是一段代码程序，当满足一定的条件和环境时，就会触发执行这段程序。就好比在传统的合同场景中，如有人违约触发合同中某项条款，就会执行合同，将资金转移。正所谓代码即法律。在区块链出现之间，这几乎是不可能实现的，因为无法保证代表智能合约的代码，在不被篡改的条件下，公开、公平、公正地被执行。

区块链环境下，智能合约一般的工作流程主要分为以下三个步骤：

(1) 多方用户共同参与制定一份智能合约；

(2) 合约通过 P2P 网络扩散并存入区块链；

(3) 区块链构建的智能合约自动执行。

区块链平台下智能合约的运行模型如图 1.5 所示。

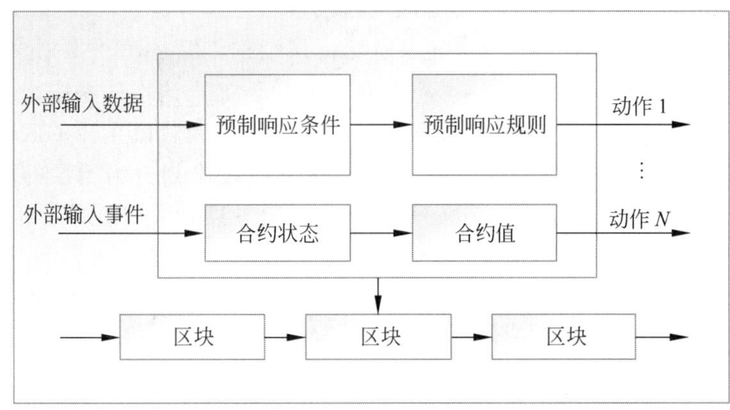


图 1.5 区块链平台下智能合约运行模型

相较于传统的电子合同，区块链技术诞生后，区块链平台下的智能合约通常具备以下特点。

1) 合约不可篡改

区块链具有不可篡改的特性，所以智能合约一旦部署到区块链平台上后，便不可进行更改。

2) 代码安全执行

一旦满足条件触发合约执行时，区块链平台中所有的全节点，都会将合约代码在安全的沙盒环境中执行，不受外部环境的影响。并且，只有在所有节点执行结果都一致时，才算是正确的执行结果。

3) 结果透明公开

每次智能合约被触发，以及触发后运行完所得到的结果，都会被记录在区块链中，公平、公正、公开。

**2. 智能合约面临的问题**

虽然区块链技术的出现，使得智能合约这一概念有了实现的可能性，但是当前智能合约依然处于一个初级的阶段，不是特别成熟，并且存在很多问题。其中尤为突出和严重的就是安全问题。智能合约同样也是由人来编写的代码程序，必然会存在一些漏洞，如现在常见的浮点溢出、访问控制、返回值错误、拒绝服务等，更有甚者是设计者在设计时有意为之，这些都给用户带来了极大的风险。并且，由于区块链本身不可篡改的特性，一旦出现问题便很难修复。例如，2016 年以太坊上的 The DAO 事件，由于智能合约代码设计得不严谨，导致交易资金出现很大的漏洞，使得攻击者将资产池中的以太币转移到自己手中。为了修复合约的漏洞，以太坊社区最先使用了软分叉的方案，但没能成功。最终只能采用硬分叉的方案，这直接导致了以太坊分成了 ETC 和 ETH 两个版本。在第 21 章中，我们将对智能合约的安全问题进行详细讲解。

## 1.3 区块链分层参考模型

在计算机网络中为了实现更好的灵活性和扩展性，定义了标准的 OSI 七层标准模型，每一层都有自己的功能和协议，层与层之间通过接口相连。对于区块链技术而言，为了方便设计和开发，也可以按照这样的模式去定义一个分层结构。但是，区块链技术仍然处于一个起步阶段，而且发展比较飞速，每一刻都不断有新的知识加入这个体系中来，所以到目前为止还没有一个标准的区块链分层参考模型。我们综合考虑现阶段主流的区块链技术，包括比特币、以太坊、Hyperledger、DAG 区块链等，将区块链技术划分为七层的参考模型，从下而上依次为网络层、数据层、安全层、共识层、合约层、服务层和应用层，每一层所包含的技术和功能如图 1.6 所示。

区块链技术分层架构参考模型

| 层 | | | | | | | |
|---|---|---|---|---|---|---|---|
| 应用层 | 数字货币钱包 | 金融服务 | 移动电商 | 文化娱乐 | 智能制造 | | |
| | 慈善公益 | 征信体系 | 版权管理 | 存证服务 | 智能物流 | | |
| 服务层 | 激励机制 | 分配机制 | 资产发行机制 | JSON-RPC接口 | API接口 | | |
| 合约层 | EVM虚拟机 | WebAssembly | Docker | 智能合约检测 | 形式化验证 | | |
| 共识层 | 拜占庭将军问题 | PoW算法 | PoS算法 | DPoS算法 | Ripple算法 | | |
| | Paxos 算法 | PBFT算法 | Raft算法 | Kafka算法 | Zoomkeeper | | |
| 安全层 | 非对称加密算法 | 对称加密算法 | 数字签名算法 | 单向散列函数 | 可信时间戳服务 | | |
| | 零知识证明算法 | 环签名算法 | 盲签名算法 | 安全多方计算 | 身份认证 | | |
| | 密钥管理 | 离线签名 | 同态加密技术 | 助记词 | 分叉处理机制 | | |
| | Base64/Base58 | 抗女巫攻击 | 抗日蚀攻击 | 抗量子攻击 | 区块链安全保障 | | |
| 数据层 | 分布式账本 | 嵌入式数据库 | 区块结构 | 链式结构 | 节点信息 | | |
| 网络层 | P2P网络 | 节点发现 | 广播机制 | 验证机制 | 同步机制 | Tor网络 | Gossip协议 |

图 1.6 区块链技术分层架构参考模型

## 1.3.1 网络层

区块链技术网络层本质上就是一个 P2P 的网络，网络上的资源和服务都分散在各个节点上，信息传递和服务实现都是直接在节点之间进行，不需要中间环节和服务器的介入。以比特币为例，网络层涉及的技术主要包括构建网络、传播机制、同步机制、验证机制以及其他一些高级功能。

**1. 构建网络**

区块链技术网络层首要的任务就是构建一个 P2P 的网络。由于区块链网络层一般也都是建立在 TCP/IP 之上的，比特币网络使用的是 8333 端口，所以节点加入的过程也就类似于 TCP/IP 中的握手过程，需要先找到一些稳定可靠的合法节点地址，将自己的版本内容等基本信息发送给网络上的节点，网络上的节点收到这些信息后，会检查是否与自己兼容，之后回复确认信息与之建立连接。

**2. 传播机制**

区块链技术网络层的功能主要是节点之间传播各类信息，一般指的是向网络中主动发送信息，并依次转发在全网广播开来。这种信息一般主要是用户钱包新生成的交易信息，以及矿工成功后打包的区块信息。

**3. 同步机制**

区块链技术中的同步机制一般是指节点向自己的邻居节点请求信息，节点之间同步各种数据。例如在比特币中，在节点加入网络后，会向自己的邻居节点发送 getaddr 信息，请求自己的邻居节点将其维护的节点地址列表，同步给自己。除此之外，节点还会向自己的邻居节点发送 getblocks、getdata 等信息，请求同步其他节点的区块信息。

**4. 验证机制**

节点在收到交易和区块信息后，都会对其合法性进行验证，只有合法正确的信息才会对其进行转发，如果不符合共识规则，那么将会丢弃信息，这样就保证了在全网中只传播合法信息，不至于网络拥塞，同时防止拒绝服务攻击。

**5. 其他**

除了上述基本功能外，在区块链技术发展的过程中，又不断加入了一些新的功能和协议。例如，在比特币区块链初期，虽然说是具备匿名性，但有研究人员通过抓取网络信息，可以将网络中的一些交易信息与发起这笔交易的 IP 地址绑定到一起，这样便会导致泄露一些用户隐私，所以后来比特币的区块链使用了洋葱网络(Tor 网络)，原理就是将用户发起的交易信息，先在网络中找一些节点转发，最后又回到该用户自己，形成一个闭环，然后再从这个闭环内发送到全网，这样就使得无法推断到底是由哪一个节点发起的这笔交易。

## 1.3.2 数据层

区块链技术的数据层，就是以嵌入式数据库存储的一个分布式账本。除了账本之外，节点一般维护一些节点信息等系统数据，是区块链底层的数据结构。所以目前区块链技术的数据层主要包括以下几个特征和功能。

**1. 分布式账本**

整个 P2P 网络中的所有节点都保存一份完整的账本数据。

**2. 嵌入式数据库**

账本数据一般使用性能较高、体积较小的嵌入式数据库存储。

**3. 区块结构**

所有的交易信息都被打包成区块结构。

**4. 链式结构**

所有的区块通过哈希指针的方式连接在一起,防止篡改。

**5. 节点信息**

向自己的邻居节点请求其维护的节点地址信息,这些返回值也会以文件的形式存储在本地。

### 1.3.3 安全层

区块链技术的安全层主要是密码学中的技术,这一层是区块链中的安全保证。由于一般区块链中都涉及大量的数字资产,所以区块链安全是现阶段比较重要,研究最为广泛,也是成果最多的一个方向。从目前研究成果来看,几乎所有的密码学技术都可以运用到区块链技术上。区块链技术安全层所提供的服务主要包括基础安全保证、隐私保护、网络安全、密钥安全以及算法安全等几个方面。

**1. 基础安全保证**

作为整个区块链系统的关键核心之一,几乎处处使用到了密码学技术。首先,在区块链的账户体系中,都是使用的椭圆曲线算法生成地址,作为用户的账户。挖矿、地址生成、签名过程中等多处使用到了哈希摘要算法。地址生成的过程使用到了编码、解码算法。

**2. 隐私保护**

比特币采用的是假名机制,由于账本是公开透明的,区块链并不具备特别好的隐私保护能力。目前,区块链隐私保护的研究多集中在数字货币上,主要目标是将用户的身份与交易和交易的金额分离。现阶段可以被用于区块链隐私保护的技术主要有环签名技术、盲签名技术、零知识证明、同态加密以及现在新兴起的安全多方计算。

**3. 网络安全**

区块链技术网络安全主要是指由于区块链系统的开放性,在设计区块链架构时,要着重考虑到防止安全攻击的问题。常见的网络攻击手段有攻击者发送大量垃圾信息到某个节点或全网中,致使网络拥塞,造成拒绝服务攻击;攻击者搭建大量的恶意节点,使恶意节点票数占多数,造成女巫攻击;比特币单节点一般默认设置 8 个连接,攻击者可以设置 8 个恶意节点,连接至某个节点并将其隔离出去,这种被称为日蚀攻击,这种攻击常常是针对交易所发起的。

**4. 密钥安全**

区块链中的数字资产的所有权,取决于密钥在谁的手中,所以一旦密钥丢失,那么数字资产将无法找回。密钥安全一般是在设计数字资产钱包时,需要重点考虑的问题。目前,市场上有多种钱包可供选择,如在线钱包、硬件钱包等,这些钱包在可用性和安全性方面都有不同的考量。密钥安全涉及的技术,主要有分层确定性密钥管理、助记词、离线签名等。

**5. 算法安全**

区块链系统在设计的过程中,同样需要考虑所选用的密码学算法的安全性,如果算法本身被破解,那么整个区块链系统将会直接崩塌。由于现在区块链采用的算法多为目前最为安全的,如椭圆曲线算法、SHA-256 等,所以现阶段在算法安全方面研究比较少,但密码学算法多基于某个数学难题,量子计算机问世后,这些数学难题是否仍算得上是"难题",这也属于未来的一个研究方向。

## 1.3.4 共识层

区块链技术共识层的作用就是让所有人按照一种机制对区块链的某一刻的状态达成相同认识,实质上就是为一个分布式的系统提出一种方案,解决拜占庭将军问题。区块链系统中,需要达成共识的内容主要包括三部分,交易、区块以及一些其他共识内容。

关于分布式共识机制的研究已经有许多,如 Paxos 系列算法、实用拜占庭容错算法、Raft 算法等。理论上来讲,分布式共识算法都可以应用到区块链中来,但在设计区块链架构时,应根据不同的情况和需求,选取适当的共识机制。目前,主流区块链技术所采用的共识机制算法如表 1.2 所示。

表 1.2 主流区块链技术所采用的共识机制

| 区块链技术 | 共识机制 |
|---|---|
| 比特币系列:以 Bitcoin 技术体系为基础发行的数字货币,如莱特币、达低币、大零币等 | PoW(Proof of Work) |
| 点点币 | PoS(Proof of Stake) |
| 以太坊 | PoW(Proof of Work),未来会增加 PoS |
| 超级账本 | Kafka 法算,Solo 排序,同时超级账本区块链共识实现可拔插,支持实用拜占庭容错算法 |
| 比特股、Steem、EOS 等 | DPoS(Delegated Proof of Stake) |
| 瑞波 | 瑞波共识(Ripple) |

## 1.3.5 合约层

区块链技术的合约层主要包括各种脚本、代码、算法机制和智能合约,是区块链技术可编程的基础保证。合约层的本质就是将代码存储在区块链中,实现可以自行定义和编写的智能合约,在触发某一个条件时,代码无须第三方调用,将会自动执行,也就是常说的"代码即法律",这也是区块链技术去信任的基础。智能合约一般都是使用高级语言编写后,编译成为可供区块链用户调用的 ABI 二进制接口文件,部署在区块链上。目前,公有链的智能合约编程主要分为两类,分别是以太坊和 EOS。

**1. 以太坊**

以太坊智能合约使用的是 Solidity 语言，执行环境使用的是 EVM 虚拟机。

**2. EOS**

相比于以太坊来说，EOS 选用的是功能更为强大的 C++，执行环境为 WebAssembly。并且，EOS 考虑了可扩展性设计，将会支持安全的沙盒环境设计成可插拔模式，将来可以支持各种沙盒，使得其他平台上的智能合约可以做到无缝迁移，如以太坊上部署的智能合约，只需要将代码直接再部署到 EOS 上即可。

### 1.3.6 服务层

在早期的公有链中，如比特币中引入了经济激励的发行机制和分配制度，鼓励节点去参与区块链的安全验证工作，并将经济因素纳入到区块链技术体系中，激励遵守规则的参考节点，惩罚不遵守规则的节点。例如，在达氏币中，加入网络成为混币节点需要抵押一部分数字货币，如果作恶的话，这部分币将不会被返回；在以 EOS 为代表的，基于 DPoS 共识机制建立的区块链系统，为防止女巫攻击，使用代币作为抵押投票。这在早期的区块链体系中，被称为激励层。

在以太坊诞生后，由于智能合约的引入，使得用户可以自行按照自己的需求发行数字资产。例如以太坊的 ERC20、ERC777 等系列协议，EOS 中则是智能合约 eosio. token。所以，区块链系统中的经济因素不仅仅是为了保障整个系统的安全，也可以作为一种服务，为用户自己的上层应用提供数字资产支持，其中最为典型的就是众筹类型的项目，所以我们把这些功能统一划分在服务层。

### 1.3.7 应用层

区块链技术的应用层，主要封装了各类场景下的实际应用案例，类似于我们常用的计算机客户端、手机客户端等。二者的区别是，区块链技术的应用案例是去中心化的，被称为去中心化应用（Decentralized Application，DApp）。由于早期区块链技术主要应用场景就是数字货币，所以当时区块链技术的应用层只有各类数字货币钱包。随着区块链技术发展，其应用场景已经渗透到各个行业领域，几乎只要是使用到互联网的系统，均可以移植到区块链上改为去中心化的应用。目前，受限于区块链技术约束，以及行业生产关系变革中遇到的阻力，区块链的应用暂时还没有彻底普及开来。比较有典型性的，以太坊区块链上目前运行最多的应用就是众筹项目，EOS 区块链上运行最多的应用主要集中在博彩业。

## 1.4 区块链技术发展及特点

回顾区块链的发展历史，根据不同阶段研究的技术重点不同，区块链技术的发展也可以被划分为三个阶段，即区块链 1.0、区块链 2.0 和区块链 3.0，每个阶段都有各自的特点，如图 1.7 所示。

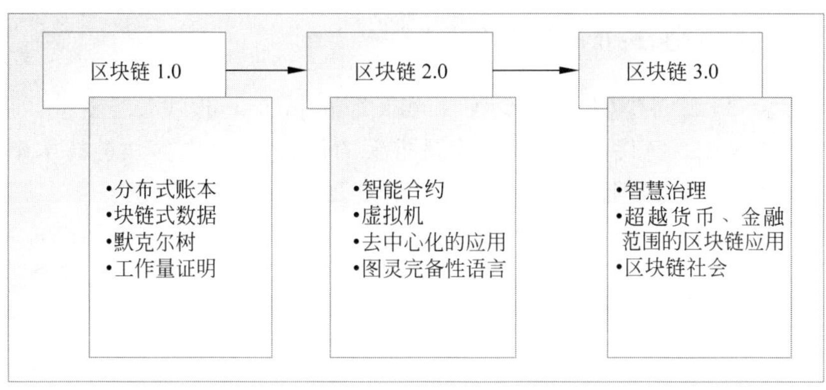


图 1.7 区块链发展的三个阶段

## 1.4.1 区块链 1.0

2009 年 1 月 3 号，中本聪发布比特币的客户端，并挖出第一个创世区块，标志着区块链技术的诞生。虽然中本聪在其比特币论文中没有提到 Blockchain 这个概念，但是确确实实是中本聪的这篇论文勾勒出了区块链技术的雏形。所以，比特币的诞生，标志着区块链技术进入了 1.0 阶段。区块链 1.0 技术架构如图 1.8 所示。

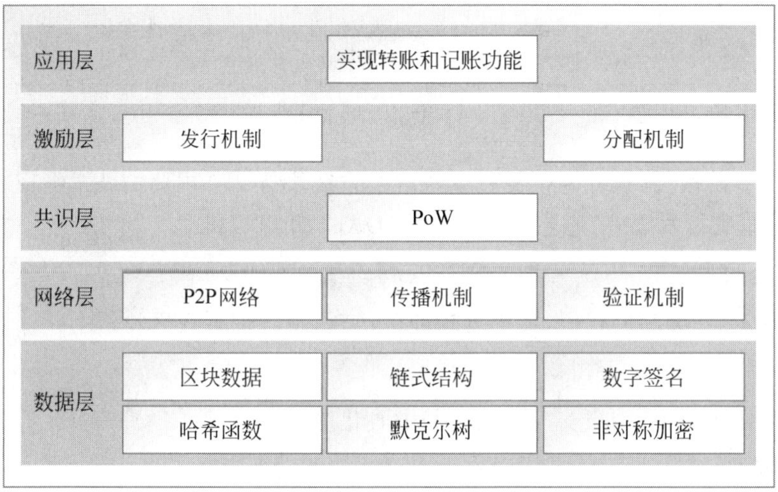

| 层 | | | |
|---|---|---|---|
| 应用层 | | 实现转账和记账功能 | |
| 激励层 | 发行机制 | | 分配机制 |
| 共识层 | | PoW | |
| 网络层 | P2P网络 | 传播机制 | 验证机制 |
| 数据层 | 区块数据 | 链式结构 | 数字签名 |
| | 哈希函数 | 默克尔树 | 非对称加密 |

图 1.8 区块链 1.0 技术架构

区块链 1.0 阶段，又被称为可编程货币阶段。从图 1.8 中可以看出，区块链 1.0 的典型技术特征就是区块链发展所需的所有基本技术，如 P2P 网络、分布式账本、以块为单位的链状数据结构、密码学算法等。这个阶段最主要应用就是以比特币及其他各种代币为代表的数字货币，其应用场景包括支付、流通等货币职能，主要解决货币和支付手段的去中心化。

### 1.4.2 区块链 2.0

2015 年 7 月 30 日，俄罗斯天才少年 Vitalik Buterin 开发的以太坊创世区块被挖出，标志着区块链进入 2.0 时代。以太坊一个最重要的创新，就是在区块链技术中引入智能合约的概念。通常，主流商业界的合同由两个不同的实体管理，有时还需要其他监管单位协助管理。而智能合约则可以实现在区块链上自行管理契约，这些契约由事件触发。区块链平台为智能合约提供安全可靠的执行环境。区块链 2.0 阶段的技术架构如图 1.9 所示。

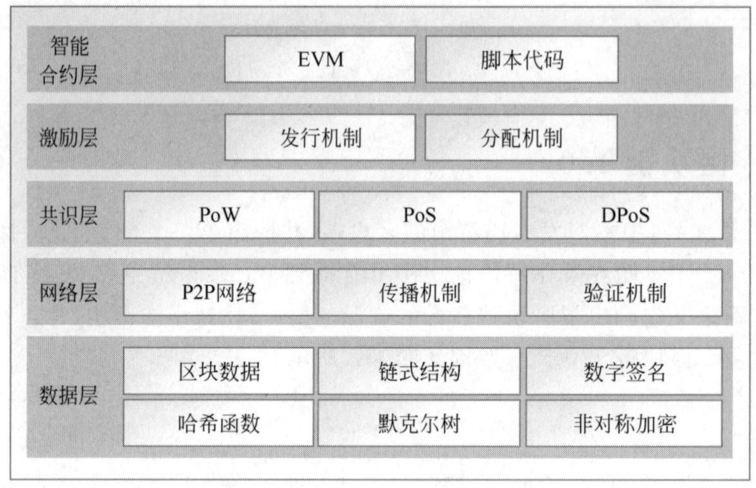


图 1.9 区块链 2.0 技术架构

区块链 2.0 阶段，又被称为可编程金融阶段。区块链 2.0 主要的技术特征，除了区块链 1.0 阶段中的基础技术之外，还包括智能合约、DApp 和虚拟机。

**1. 智能合约**

用户自行定义、编写的代码，能够处理业务逻辑，最终部署在区块链上。

**2. DApp**

基于区块链的、具有用户交互界面的去中心化应用。

**3. 虚拟机**

智能合约的运行环境，用于执行智能合约编译后的代码。虚拟机是图灵完备的，所以，区块链 2.0 支持图灵完备语言开发的智能合约。

如果说可编程货币是为了实现去中心化的货币交易，那么可编程金融就是为了实现整个金融市场的去中心化。区块链 2.0 的核心理念就是把区块链作为一个可编程的分布式信用基础设施，用以支撑智能合约的应用，应用的范围从交易数字货币扩展到任何数字资产和领域，如房产契约、知识产权、数字票据等。而以太坊的"杀手锏"应用则是其托管、创建和运行首次代币发行(ICO)的能力。

### 1.4.3 区块链 3.0

区块链 3.0 是近两年新提出的概念，虽然有许多企业不断地去对区块链 3.0 尝试、探索，但还没有哪个区块链平台的实现标志着进入区块链 3.0 时代。如果说区块链是可编程货币，区块链 2.0 是可编程金融，那么区块链 3.0 则是可编程社会，其超越了货币和金融范围内的区块链应用，涵盖了各行各业，包括医疗保健、物联网、大数据等各个领域，达到万物皆可区块链、万物皆可互联的目标。这就要求区块链平台必须具备企业级属性。区块链 3.0 的概念架构图如图 1.10 所示。

图 1.10 区块链 3.0 的概念架构图

区块链技术如想进入 3.0 时代，还必须在以下几个方面有所突破。

**1. 可扩展性**

不管是比特币，还是以太坊其处理交易的效率都太低，与传统的企业级应用相比，相差不止一个数量级。区块链平台如果定位于将来成为基础设施的话，可扩展性将是目前最大的问题。

**2. 隐私保护**

区块链公开透明的属性，使得所有人都可以通过区块链浏览器看到其他用户的数据。虽然达氏币、门罗币、大零币等在这方面的研究做出了很多努力，但这都是只局限于数字货币阶段，显然远远不够。区块链 3.0 时代允许用户存储更多样化的数据，这些数据来自各个行业、各个场景，不乏大量用户的隐私，如医疗数据、个人征信等，没有用户希望自己这些敏感数据暴露在公共目光之下。

**3. 合法合规**

合法合规的发展是区块链 3.0 面临的又一个非常艰巨的问题。众所周知，现有的数字货币具有天然的开放性和匿名性的特点，这必然给政府的监管和治理带来严峻的挑战。区块链技术的发展，必须是在符合政府监管要求的前提下进行的，而这一点需要从技术设计的角度来解决。

# 1.5 区块链分类及适配性选择

区块链技术诞生初期，主要的应用场景就是以比特币为代表的数字货币系统，其主要特点就是去中心化、去信任、开放等。但随着区块链技术的发展，人们意识到区块链的应用场景可以延伸到各行各业中去，而“去中心化”也不一定是绝对的去中心，更准确的说法应该是“非中心化”或“多中心化”。根据区块链技术的中心化程度和准入机制来看，目前区块链技术主要分为三类：公有链、联盟链和私有链，三类技术体系的主要特征如图 1.11 所示。

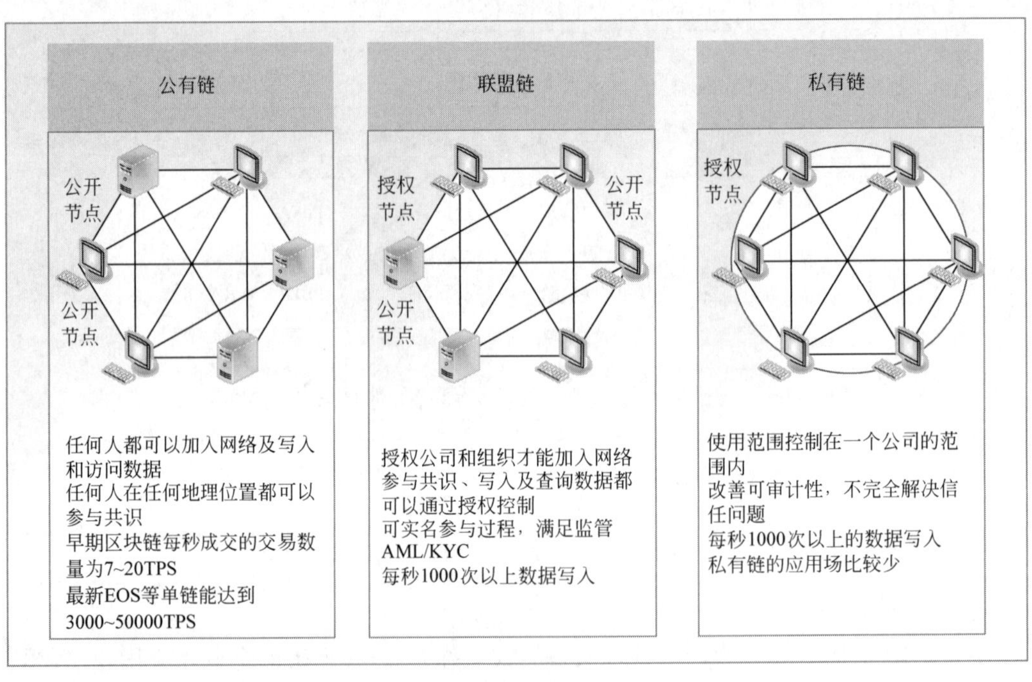


图 1.11　区块链技术分类

## 1.5.1 公有链

**1. 基本概念**

公有链是一种完全开放的，绝对去中心化的区块链技术。在公有链中，任何人都可以使用，不需要任何授权，也没有身份认证机制，用户随时随地都可以加入系统，发起交易行为，并且所有的交易数据都是可以通过区块链浏览器来查看的，完全公开透明。

**2. 典型代表**

目前,全球范围内开发公链系统的团队有很多,在使用这类区块链系统时,只需要下载相应的客户端软件,以比特币为例,客户端软件就是各类比特币钱包或挖矿客户端。安装完成后,用户便可以进行创建地址、转账交易、挖矿等操作。公有链最大的特点就是,在一个完全没有第三方参与管理的情况下,确保在完全不信任的网络环境中发起可靠的交易。在公有链的环境下,系统是开放的,节点可以随时加入或退出,所以节点的数量是不固定的,在线与否也是不能确定的,更不能确认哪些节点是不是要作恶,所以公有链一般需要严格支持拜占庭容错的共识机制来维持系统的安全与稳定,如 PoW、PoS 等。

**3. 适用场景**

就现有情况来看,公有链的主要应用就是数字货币,主要利用了区块链技术在跨境交易和价值转移等方面的优势。但理论上来讲,自从支持智能合约之后,只要是需要公众参与的,并且需要最大限度保证数据公开透明的应用,都适用于公有链上,如投票系统、众筹系统、博彩业务等。

## 1.5.2 联盟链

**1. 基本概念**

联盟链一般是在某个行业或群体内,由大家共同指定多个预选节点为记账人,区块的生成由这些预选节点共识决定,其他的节点可以参与交易,但不关系记账的过程。例如,区块链下的银行系统,各大银行之间依然保持自己的记账权利,只不过变成了分布式记账,其他金融机构可以通过区块链系统开放的 API 接口来参与,但交易和查询都会受到一定权限控制。联盟链(Consortium Blockchain)又被称为 Permission Blockchain,即许可链。由此也可以看出,联盟链就是需要经过许可才可以加入的区块链系统。所以,与公有链相比,联盟链运行的网络环境相对安全、可靠。并且,联盟链不需要类似挖矿的机制来发放奖励维护系统的稳定,所以联盟链一般采用更加环保的共识机制,如 PBFT、RAFT 等共识算法来提升交易的确认时间和系统的吞吐量。

**2. 典型代表**

目前,由四十多家银行机构参与的区块链联盟 R3 和 Linux 基金会的超级账本项目都是典型的联盟链架构。以 Hyperledger Fabric 为例,系统通过引入 PKI 体系,提供联盟链平台所需的成员管理、认证、授权、监控、审计等安全管理功能。同时,Fabric 系统提供了一个模块化的分布式记账解决方案,提供高度的保密性、弹性、灵活性与可扩展性,如共识机制的可插拔。它的目的是支持不同组件灵活选择,以适用不同的应用场景。

**3. 适用场景**

与公有链相比,联盟链一般具有固定的成员和角色,节点的数量和状态、数据信息的公开程度等都是可控的,有些数据可以完全公开,有些数据可以部分公开,这就非常适用于行业内的企业级应用,如银行间的支持清算、企业之间的物流、某个行业内的追踪溯源等,这些场景的主要特点就是由不同权限、不同角色的成员参与进来。

### 1.5.3 私有链

**1. 基本概念**

私有链是与公有链相对的一个概念,完全封闭不开放,仅供企业内部使用。从某种意义上来讲,私有链与传统的中心化系统并没有太大的区别,而仅仅使用了分布式账本的基本概念,区块链上的记账规则、参与记账的节点以及权限控制等完全由企业自己来制定。

**2. 典型代表**

截至目前,关于私有链的研究比较少,还没有出现比较有代表性的私有链项目。毕竟虽然在一个企业内部具有使用区块链的场景,但这种研究显然不在现阶段讨论的范畴之内。相比于公有链和联盟链,私有链的节点更加可控,都是自己企业内的服务器,公有链和联盟链中的某些安全考虑几乎完全没有必要,完全可以忽略这些因素,以便用来提升区块链的性能。

**3. 适用场景**

私有链的价值主要是提供安全、可追溯、不可篡改、自动执行的运算平台,同时可以防范来自内部对数据的安全攻击,在传统系统中这一点是不容易做到的。所以,私有链的适用场景一般都是单个企业内部的一些应用,如内部审计、数据库的管理等。

## 1.6 区块链发展趋势及应用

### 1.6.1 区块链发展趋势

在之前的章节介绍中,我们可以了解到,区块链的发展经历了三个阶段: 区块链 1.0 被认为是可编程货币阶段; 区块链 2.0 被认为是可编程金融阶段,人们开始用区块链去解决金融领域所存在的一些问题; 区块链 3.0 被认为是可编程社会阶段,区块链技术将渗透到各个领域,解决不同行业现阶段所存在的痛点,是一个区块链全面应用的阶段。

长远来看,虽然区块链 3.0 仍处于起步阶段,但显然区块链 3.0 才是未来的发展趋势。可以想象一下,在区块链 3.0 中,人们可以真正地实现任何资产上链,在一个大的框架体系内创建各式各样的应用,为各行各业提出去中心化的解决方案,通过区块链对每一个在互联网上代表价值的信息进行确权、存储,从而实现任意数字资产在区块链上被追踪、溯源和交易。但在实现这一美好愿景之前,区块链技术仍然还有很长的路要走,这也是短期内区块链的发展趋势,主要集中在以下几个方面。

**1. 技术上迭代更新**

区块链技术没有广泛应用起来,最主要的问题之一就是现有技术本身带有一些缺陷,这就涉及从技术角度上来看,区块链未来的发展和迭代方向。

1) 数据存储

现有区块链技术为了保证效率,大多使用嵌入式数据库,只能保存单一的 key-value 关系,这方面应该慢慢地向 IPFS(The InterPlanetary File System,一种点对点的分布式文件系统)、关系型数据库、分布式数据库等方向发展,以满足更为复杂的应用系统架构。

2) 处理效率

淘宝在双十一最高峰时,每秒可以处理 20 万笔交易,并且这种交易中间可能会夹杂许多运算,如积分抵扣、单品折扣、订单撤销、收货地址更改等相对复杂一些的业务逻辑,而不像比特币那种只有转账一个操作,所以提升区块链 TPS 也是未来一个重要研究方向。

3) 系统安全

首先,所有区块链系统中所使用到的共识机制,只有 PoW 是经过严格的数学证明,确认是安全的,其他共识机制均没有做到这一点。但即便如此,在某些极端情况下,攻击者不计任何成本控制全网 50%以上算力,系统也同样会崩塌。其次,由于区块链技术架构的开放性,其安全考虑和攻击手段也完全区别于传统的中心化系统,如 DDoS 攻击、女巫攻击、日蚀攻击等。除此之外,隐私保护、密钥管理、智能合约安全等都是区块链技术在广泛应用前必须要解决的问题。所以,安全可用的区块链技术同样是未来的发展趋势。

4) 技术创新

单一的区块链是无法满足更为复杂应用场景的,所以区块链技术本身多链并举、跨链融合、联盟链与公链优势互补是必然要求,同时与其他产业的融合,如云计算、大数据、机器学习等也是必然趋势。

**2. 应用上脱虚入实**

目前,虽然区块链概念风靡全球,但深入人心的杀手级大规模应用却没有。现阶段,企业对于区块链底层的研究主要集中在公有链和联盟链两个方面。现阶段虽然已经出现了许多落地的区块链项目,但这些项目都没有体现出其不可替代的优势。所以,随着区块链产业的发展,未来在医疗、版权、司法、工业、能源等各个领域开启大规模的区块链商业应用也是非常重要的趋势。

**3. 政策上合法合规**

事实上,在区块链监管方面,我们国家是走在世界前列的。我国是目前全球少数几个能从区块链和数字货币技术架构角度提出监管政策和发展标准的国家之一。但是随着区块链技术的不断发展和应用越来越多,在政策监管方面,给我们提出了更高的要求和挑战。

(1) 在区块链技术架构设计时,应全面将监管因素考虑在内,设计利于监管的区块链架构体系。

(2) 加强对信息传播的监管。由于区块链处于发展初期且技术门槛较高,广大群众难以区分区块链项目质量的优劣。所以,应该加强对区块链信息传播的监管,杜绝借助炒作区块链概念的机构,通过购买搜索引擎或社交网络服务等方式向用户推送虚假消息,实施类似诈骗行为。

(3) 完善法律政策。区块链处于起步阶段,所以配套法律法规政策都还不完善,没有对应的条目,这些方面也是未来的趋势之一。

## 1.6.2　区块链应用前景

综上所述,区块链技术未来将会进入各个领域,综合考虑现阶段各行业现有应用系统的可行性、成熟度,区块链在各行业的应用场景如图 1.12 所示。

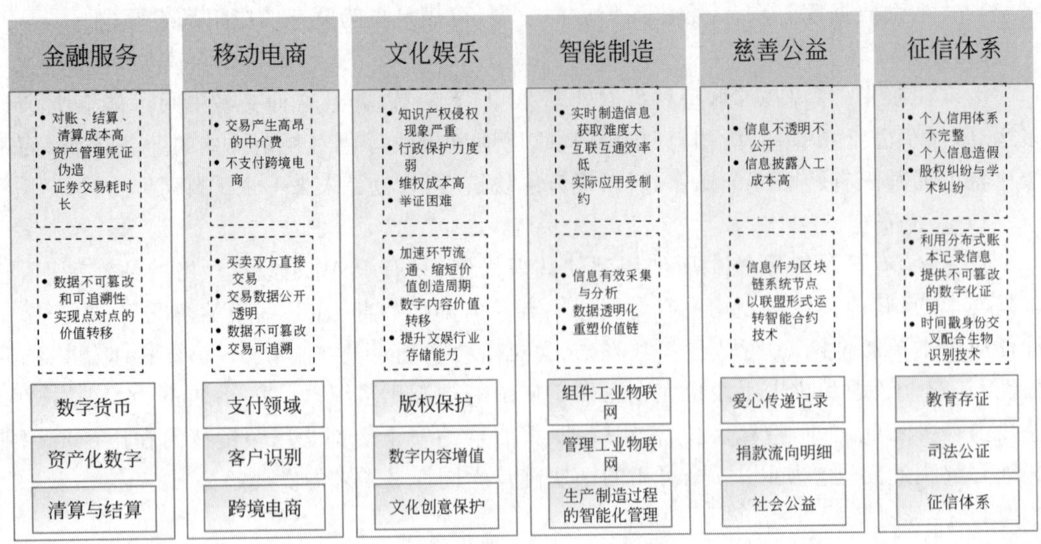


图 1.12　区块链技术在各行业应用前景

### 1. 金融服务

金融服务是区块链技术的第一个应用领域。由于区块链技术具有高可靠性、交易可追踪、简化流程、减少错误、节约成本、改善数据质量等优点，所以区块链技术具备重构金融行业基础架构的潜力。

1）现存行业痛点

在支付领域，传统的跨境支付中，双方之间涉及了许多中间机构和中间环节，也涉及许多手工流程，导致后端业务产生非常高昂的业务费用，这使得跨境小额支付难以实现。

2）区块链解决方案

区块链技术具有不可篡改、追踪溯源的特性，利用区块链的共识机制和智能合约，可以在没有第三方担保的情况下，建立诚实、互信的环境，制定和执行各方所认同的交易条款。同时，基于区块链技术能实现点对点的价值转移，通过资产数字化和重构金融基础设施架构，可以大幅度提升数字资产交易后清算、结算的流程，降低成本。

### 2. 移动电商

基于区块链的共享信任体系和数字货币支付能力，在移动电商领域中所有的参与者（买家、卖家、物流等）都是一个共享的信任体，不论是谁出现问题，所有的记录均可查，且无法造假。所以区块链技术也可完美地应用于移动电商体系。

1）现存行业痛点

传统电商领域，商家和企业需要投入大量的精力、人力和广告费用来建立信任。同时，为了建立信任，一般商家都会存在大量的刷单、与消费者私下协商不良评价等行为，致使平台建立的信誉制度，并不能真实地显示商家的信誉和销量的高低。

在跨境电商方面，不同国家、不同机构之间的电商供应链（物流、资金流、信息流）难以审计，资金转移手续烦琐，非常容易出现商业欺诈行为。

2）区块链解决方案

区块链技术的去中心化和不可篡改性，能够很好地解决移动电商行业的实际问题。通过区块链技术，可以在商户和用户行为的全生命周期进行数据追踪，从而为更多的移动社交电商打造透明公开的平台，通过交易评价等数据的不可篡改，构建商业运用过程中的信任机制。

在跨境电商方面，基于区块链技术的智能合约有助于交易审计、供应链货物追踪、物流追踪等。并且，以区块链为基础的新型互联网金融体系中，买方和卖方可以直接交易，交易基于密码学原理而不基于信任，使得任何达成一致的双方，能够直接进行支付交易，不需第三方的参与，自然节省了买家和卖家的费用。

**3. 文化娱乐**

文化娱乐是文化产业的重要组成部分，包括数字音乐、数字图书、数字视频、数字游戏等。文化娱乐产品涉及生产、复制、流通和传播等主要环节。随着"区块链＋"时代的到来，文化娱乐将迎来新的发展机遇。

1）现存行业痛点

随着知识经济的兴起，知识产权已经成为市场竞争力的核心要素。由于在数字时代中，网络复制和造假的成本都非常低廉，所以互联网已经成为知识产权保护行业的最前沿阵地。当前，互联网生态环境下，知识产权侵权现象非常严重，各类盗版图书、音视频等大量泛滥，并被肆意转发和盗用，这些均已经成为整个行业的乱象，网络版权之类的官司频发。对于创作者来说，原创精神侵蚀、行政保护能力弱、举证困难、维权成本过高等问题是文化娱乐行业非常尖锐的痛点。

2）区块链解决方案

使用区块链技术，可以通过时间戳、哈希算法对作品进行确权，证明一段文字、视频、音频等的存在性、真实性和唯一性。一旦在区块链上被确权，作品的后续交易都会被实时记录，文化娱乐业的全生命周期可追溯、可追踪，这为司法取证提供了一种强大的技术保障和结论性证据。

另外，文化娱乐的起点是创意、核心是内容，利用区块链技术，能将文化娱乐价值链的各个环节进行有效整合、加速流通，缩短价值创造周期。同时，利用区块链技术，可实现数字内容的价值转移，并保证转移过程的可信、可审计和透明。

**4. 智能制造**

智能制造，源于人工智能的研究。当前，我国正在加快实施智能制造工程，积极推动制造企业利用新一代信息技术提升研发设计、生产制造、经营管理等环节的数字化、网络化水平，实现智能化转型，以重塑制造业竞争新优势。

1）现存行业痛点

实施智能制造，重点任务就是实现企业内部信息的纵向集成，以及不同企业之间基于价值链和信息流的横向集成，从而实现制造的数字化和网络化。在实际场景中，由于设备制造和信息系统涉及多个企业，原本中心化的系统需要采用人工或中央电脑控制的方式，实时获取制造过程中所有的信息难度非常大。同时，所有的订单需求、库存变化、产能状况和突发状况等信息，都在各自独立的系统中存储，这些系统技术架构、通信协议以及数据的存储格式都有非常大的差别，严重影响了整个制造流程的效率，也制约了智能制造在实际生产中的实施。

2）区块链解决方案

利用区块链技术，可以打通智能制造过程中的各个环节，有效采集和分析原本孤立系统中的所有传感器和其他部件所产生的信息，并借助大数据分析，评估其实际价值，对随后的制造进行预期评估分析，帮助企业快速有效地建立安全高效的运营机制和工作流程，提供更为优质的服务。同时，借助区块链技术，有助于提高整个制造流程中的透明度、灵活性，能够更加敏捷地应对生产、存储、物流、营销、售后等环节中存在的问题。

**5. 慈善公益**

随着互联网技术的发展，社会公益的规模、场景、范围以及影响力都得到了空前的扩大，"互联网＋公益"的概念已经逐步进入了主流。各式各样的公益项目，借助互联网的信息传播能力，公益方式不断变得丰富多彩，其影响力也被互联网成百上千倍放大。

1）行业现存痛点

公益方向本身就应该是一个账单透明的行业。大部分捐赠者都想对自己的捐献去向有一定的了解。但是，目前大部分的公益项目都是中心化的运营方式。运营部门或运营团队如果不对募捐的款项等进行公布的话，捐献者是无法查看自身的捐献去向的。这样就会爆发出对于运营团队本身的信任危机。慈善机构要获得持续的支持，就必须要有公信力，而信息透明可信是获取公信力的前提。然而，过去几年的时间内，连续爆出一些影响非常恶劣的事件，极大地打击了人们对公益行业的信任度。

2）区块链解决方案

区块链从本质上来说，是利用分布式技术和共识算法重新构造的一种信任机制，是用共信力助力公信力。区块链上存储的数据，高可靠且不可篡改，天然适合用在社会公益场景。区块链技术实现的去中心化分布式记账方式，能够公开透明地给予每个人查看的权限，使捐献者能够清晰地看到捐款的去向，便于跟踪查看账单的明细情况等。

**6. 征信体系**

信用征信是指依法采集、整理、保存、加工自然人、法人或其他组织的信息，并对外提供信用报告、信用评估、信用信息咨询等服务，帮助客户判断、控制信用风险、进行信用管理。随着互联网金融的发展，目前用户的信用数据都集中在少数机构手中，例如一些大的互联网企业各自垄断了一个市场，形成了一个个相互封闭且隔绝的数据孤岛，使得征信数据难以充分发挥其共享价值。

1）现存行业痛点

目前，许多大的互联网企业已经从各个维度获取了大量的用户信息，但从征信的角度来看，仍然存在一些问题。例如，数据量不足，由于目前这种形式，用户数据一旦暴露出去，安全性完全依赖于企业，这使大多数用户并不愿意透露自己的隐私数据；相关度比较差，由于用户不愿意暴露，使得企业收集的数据有效成分比较低，且都是零散的；时效性不足，企业从明面上所收集到的用户数据很多都是已经过时的，甚至是虚假的，价值不高。

2）区块链解决方案

区块链技术存在着天然不可篡改、无法抵赖的特征。从用户提供数据的角度来看，区块链网络中的所有节点权利平等，可以采用密码学技术保障用户隐私，使得用户可以提供更多相关性极高的数据，这些数据可以在时间和空间中准确定位。从数据收集来看，区块链中所有的数据都是经过密码学共识筛选获取,能够进入区块链的都是有价值的数据。区块链的互联共享机制,同样可以打破数据孤岛的局面。因此,基于区块链提供数据进行征信管理,将让信用评估的准确率大大提高,并且降低评估的成本。

## 1.7　本章小结

本章介绍了区块链技术的一般原理以及涉及的主要关键技术密码学、共识机制、P2P 网络、嵌入式数据库和智能合约,给出了目前区块链技术的分层参考架构,介绍了区块链发展的三个阶段和各个阶段的特点。目前,主流的公有链技术主要有 Bitcoin、Ethereum 和 EOS,联盟链有 Hyperledger Fabric,本章从项目背景、技术特点以及发展趋势上进行了简单介绍;另外,介绍了区块链技术目前的分类以及每类适配的应用场景,并且总结了区块链技术的发展趋势和在各个行业的应用。

## 参考文献


[1] 姜正涛. 信息安全数学基础[M]. 北京:电子工业出版社,2017.

[2] 杨波. 现代密码学[M]. 4 版. 北京:清华大学出版社,2017.

[3] Blume M, Santis A, Micali S, et al. Non-interactive zero knowledge[C]. Proc. of the 20th Annual ACM Symposium on Theory of Computing, 1988, 103-112.

[4] Lamport L. Constructing digital signatures from a one-way function[OL]. Tehnical Report SRI-CSL-98, SRI International Computer Science Laboratory, 1979.

[5] Merkle R C. A certifield digital signature[C]. Advances in Cryptology-CRYPTO'89, 1989, LNCS 435, Springer, 218-238.

[6] Hoffstein J, Pipher J, Silverrnan J H. NTRU: A ring based public key cryptosystem[J]. International Algorithmic Number Theory Symposium, 1998, LNCS 1423, Springer, 267-288.

[7] Imai H, Matsumoto T. Algebraic methods for constructing asymmetric cryptosystems[J]. International Conference on Applied Algebra, Algebraic Algorithms, and Error-Correcting Codes, 1986, LNCS 229, Springer, 108-119.

# 第2章

# 密 码 学

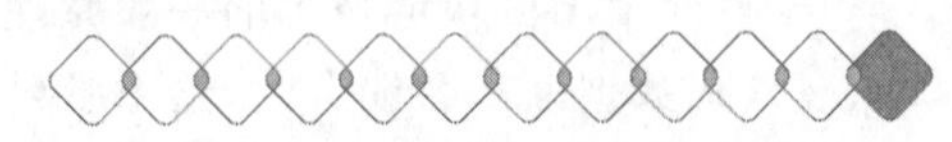

区块链采用了分布式信任模式，密码学为区块链提供了安全支撑。本章主要介绍区块链实现和应用所用到的公钥密码、数字签名、Hash 函数、零知识证明等理论与算法。

## 2.1 密码学简介

密码学(Cryptology)是数学、计算机、通信、信息论等学科的一门交叉学科。密码学主要包括密码编码学(Cryptography)和密码分析学(或破译，Cryptanalysis)两个分支。密码编码学的主要任务是寻求有效的密码算法或协议，保证数据传输的机密性、认证性、完整性等属性。密码分析学的主要任务是密码系统的安全性分析和信息破译。这两个分支既相互对立，又相互促进和发展。

密码学的最基本功能是信息加密，并逐渐衍生出数字签名、认证、完整性保护、防否认等安全机制。

在加密系统中，加密之前的信息称为明文，明文在密钥的控制下，经过加密算法，生成密文；密文通过传输信道传送到意定接收方，接收方使用解密密钥，经过解密算法，将密文解密，恢复出相应的明文信息。

一个加密体制通常由以下五部分组成：

(1) 明文空间 $M$，它是全体明文 $m$ 的集合。

(2) 密文空间 $C$，它是全体密文 $c$ 的集合。

(3) 密钥空间 $K$，它是全体密钥 $k$ 的集合。

(4) 加密算法集 $E$，它是加密密钥所确定的加密算法集成规则表。

(5) 解密算法集 $D$，它是解密密钥所确定的解密算法集成规则表。

通常，密钥 $k$ 分为加密密钥 $k_e$ 与解密密钥 $k_d$。如果 $k_e$ 与 $k_d$ 相等，就称该类体制为对称密码(单钥密码)体制，如 DES、AES 等；如果 $k_e \neq k_d$，就称之为非对称密码(双钥密码、公钥密码)体制，如 RSA、ElGamal 等。

在对称密码体制中，密钥须通过安全信道传递。在非对称密码体制中，加密密钥(也称为公钥）可通过公开途径获得，解密密钥由可信方秘密生成，在不知秘密信息的情况下，无法由一个密钥计算获得另一个密钥。

(4) 加密变换 $E_{k_e}: M \to C$，其中 $k_e \in K$。

(5) 解密变换 $D_{k_d}: C \to M$，其中 $k_d \in K$。

对于给定的明文消息 $m \in M$、密钥 $k_e, k_d \in K$，加密变换将明文消息 $m$ 变换为密文 $c$，即

$$c = E_{k_e}(m)$$

解密变换将密文 $c$ 恢复为明文 $m$，即

$$m = D_{k_d}(c)$$

在信息传输和处理的过程中，除合法的消息收发双方之外，可能还存在非授权者，他们企图通过各种可能的途径（如搭线窃听、篡改等）来获取信息，通常称为**攻击者**或敌手。这些攻击者试图利用他们所掌握的知识获得更多的信息，如从截获的密文恢复出明文、获得密钥信息等，这一过程称为**密码分析**或密码破译。根据攻击者获得非法信息的方式分为**被动攻击和主动攻击**，采用搭线窃听等方式获得密文进行分析的攻击类型，称为被动攻击；而采用删除、添加、重放、伪造等篡改手段向系统注入虚假消息方式进行攻击的行为，称为主动攻击。由于现代信息系统的开放性特点，如何防止敌手的主动攻击，成为信息系统安全的棘手问题。

将五元组$(M, C, K, E, D)$称为密码通信系统，一般的加解密系统模型如图 2.1 所示。

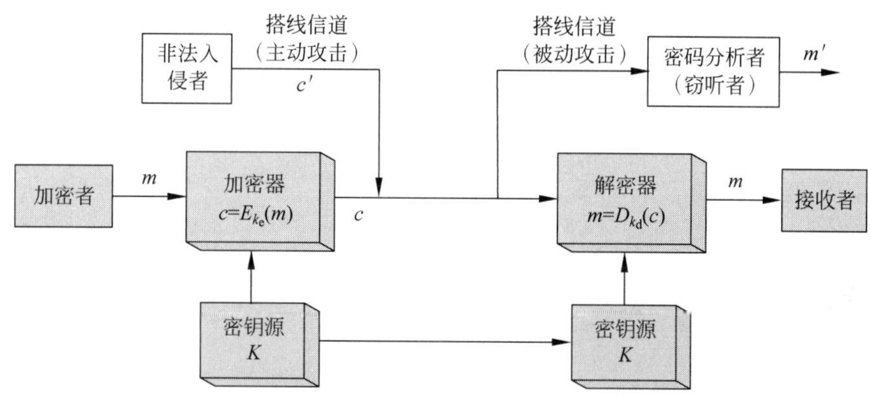


图 2.1　密码通信系统模型

信息安全服务类型泛多，密码系统所能提供的安全服务，主要归为以下 5 种。

### 1. 保密功能

保密功能提供信息的秘密性保护，确保秘密信息不被窃听或窃听者不能了解信息的真实含义。

### 2. 认证功能

认证功能确保通信的真实性，主要包括两个方面：一方面是实体的真实性，消息发送方或接收方身份的真实性；另一方面是数据的真实性，对信息的来源进行鉴别，使消息与其信源关联，保证消息的确是从某真实信源发出的。

### 3. 完整性功能

完整性功能确保数据的一致性，防止非法用户篡改数据，如消息的删除、插入、重排、重

放等,使系统能够及时发现数据被篡改。

**4. 不可否认功能**

不可否认功能防止消息发送者否认他所发送过的消息,提供一种可鉴别的方法,能够证明这一消息的确是由通信的另一方发出的。类似地,也可用于防止消息接收方对接收过消息的否认。该功能通过建立有效的责任鉴定机制,防止用户否认其行为,这一功能在电子商务中是极为重要的。

**5. 访问控制**

访问控制防止非法用户对信息资源的非授权访问,并保证合法用户对信息和资源的使用不会被不正当地拒绝,实现对信息的传播及内容的控制能力,并对出现的网络安全问题提供调查的依据和手段。

## 2.2 密码系统攻击

密码系统可提供加密、解密等服务,攻击者的目标是获得明文或密钥等信息,或者破坏密码系统的某种功能。根据攻击者对明文、密文等数据资源的掌握程度以及可获得的密码服务类型,对密码系统的攻击可粗略地划分为 4 种类型,见表 2.1。

表 2.1 对密码系统的攻击类型

| 攻击类型 | 攻击者掌握的资源和能力 |
|---|---|
| 唯密文攻击 | • 加密算法<br>• 截获的部分密文 |
| 已知明文攻击 | • 加密算法<br>• 截获的部分密文<br>• 一组或多组明密文对 |
| 选择明文攻击 | • 加密算法<br>• 截获的部分密文<br>• 攻击者选择明文消息,由加密器产生相应的密文 |
| 选择密文攻击 | • 加密算法<br>• 截获的部分密文<br>• 攻击者选择密文消息,由解密器输出相应的明文 |

在唯密文攻击中,攻击者知晓密码算法,但仅截获了一部分密文,并对密文进行分析,来获得明文或密钥。由于密码分析者能利用的数据资源仅为密文,抵抗这类攻击是密码系统的最基本要求。

在已知明文攻击中,攻击者除掌握第一类攻击的信息外,还拥有一部分明文以及相应的密文,通过分析所掌握的信息,恢复密钥或其他密文对应的明文信息。事实上,某些明文具有固定的格式、标题,甚至攻击者能够搜集到一些加密过的明文、密文对。

在选择明文攻击中,攻击者进一步可以自行选择明文,并获得相应的密文。攻击者可以通过暂时控制加密机、伪装成协议的合法参与者或者在公钥环境下能够获得加密服务。

该类攻击又可划分为两类,一类是非适应性选择明文攻击,另一类是适应性选择明文攻击。前者是指攻击者能够获得的加密服务,仅发生在收到要攻击的密文(或称目标密文)之前;后者是指在攻击者收到目标密文之后,仍然可以获得加密服务。

在选择密文攻击中,攻击者除拥有上述能力外,还可以自行选择一些密文,获得相应的明文。根据攻击者在获得目标密文之后是否还可以继续获得解密服务,该类攻击又可分为非适应性选择密文攻击和适应性选择密文攻击。

当然除上述攻击类型之外,攻击者还可能通过社会工程等非技术手段获得密钥或相关信息。

## 2.3 密码算法设计原则

概括来讲,可将密码算法的安全划分为两类:

第一类是理论安全。一个加密算法,如果对于拥有无限计算能力的攻击者而言仍是安全的,则称为理论安全,或称为无条件安全。C. E. Shannon 指出,仅当密钥是完全随机的,且至少和明文一样长时,才可能达到无条件安全。也就是说,只有一次一密才能达到无条件安全。

第二类是计算安全。如果密码算法针对拥有多项式计算能力的攻击者是安全的,则称为计算安全,或称为实际安全。意指利用已有的最好方法破译该系统所需要的努力超过了对手的破译能力(如时间、空间和资金等资源)或破译该系统的难度等价于解决数学上的某个已知难题。实际安全关心破译一个密码系统所需的代价,只要满足以下两条准则之一,就称密码系统是计算上安全的。

(1) 破译密文的代价超过加密信息的价值。

(2) 破译密文所花的时间超过信息的有效期。

为了保护信息的保密性和实现加解密系统的可用性,抵抗密码分析,密码系统应当满足以下要求:

(1) 系统即使达不到理论上不可破的,也应当是实际不可破的。也就是说,从截获的密文或某些明密文对,恢复相应的明文或确定密钥在计算上是不可行的。

(2) 系统的保密性不依赖于加密体制或算法的保密性,而依赖于密钥。这就是 Kerckhoff 原则。

(3) 加解密算法适应于密钥空间中的所有元素。

(4) 系统易于实现和使用。

密码算法的公开有利于密码技术的推广应用。另外,通过算法的公开分析,可增强安全性。商用密码算法也是沿着这一思路发展的,如 DES、AES、RSA、ECC 等在标准化和应用方面被广泛推广。

## 2.4 对称密码算法

对称密码算法的特点是加密密钥与解密密钥相同,主要包括两类,即流密码和分组密码。

现有的流密码主要包括用于 WEP 加密的 RC4、3G 中的 SNOW 3G、GSM 系统的 A5、

4G 通信加密的祖冲之序列密码等。

分组密码将较长明文序列分成固定长度的段后，逐段分别进行加密。分组密码是一类重要的密码算法，除用来加密以外，也可用于构造随机生成器、流密码、消息认证码(MAC)和 Hash 函数等。DES、IDEA、AES 等分组密码算法因其安全与简洁，获得了广泛的应用。

### 2.4.1 AES

数据加密标准(Date Encryption Standard，DES)是美国 IBM 研制的曾经使用最为广泛的分组密码算法。自 1977 年公布之后服务了 20 多年，直到 2000 年高级加密标准(Advanced Encryption Standard，AES)公布，替代 DES 成为新的加密标准。

AES 将分组长度固定为 128 比特，密钥长度可以是 128 比特、192 比特或 256 比特。根据密钥的不同长度，将 AES 算法记为 AES-128、AES-192 或 AES-256，相应的加密轮数 $N_r$ 分别指定为 10、12 和 14 轮。AES 的整体架构如图 2.2 所示。

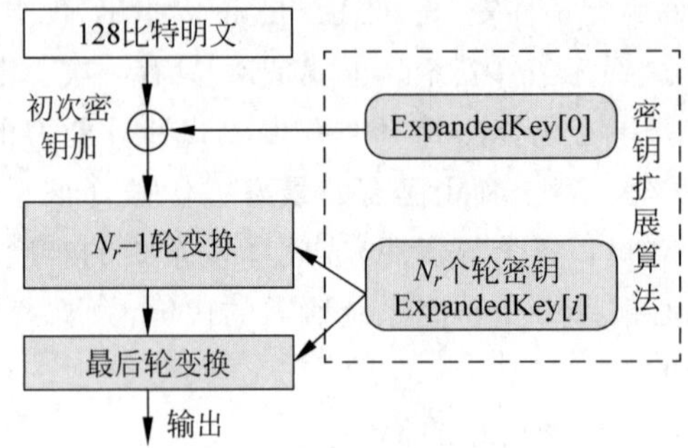


图 2.2 AES 整体架构

#### 1. 状态与种子密钥阵列

以 AES-128 为例，将明文分组，以字节为元素(8 比特)，$a_{00}a_{10}a_{20}a_{30}$，$a_{01}a_{11}a_{21}a_{31}$，…，$a_{03}a_{13}a_{23}a_{33}$ 写到状态阵列中，固定 4 行，列数 $N_b=4$。种子密钥 $k_{00}k_{10}k_{20}k_{30}$，$k_{01}k_{11}k_{21}k_{31}$，…按同样方式写到种子密钥阵列中，同样固定 4 行，列数用 $N_k$ 表示。表 2.2 是 $N_b=4$ 时的状态和 $N_k=4$ 时的种子密钥阵列。将 4 字节的元素称为一个字。

**表 2.2 $N_b=4$ 时的状态和 $N_k=4$ 时的种子密钥阵列**

| | | | |
|---|---|---|---|
| $a_{00}$ | $a_{01}$ | $a_{02}$ | $a_{03}$ |
| $a_{10}$ | $a_{11}$ | $a_{12}$ | $a_{13}$ |
| $a_{20}$ | $a_{21}$ | $a_{22}$ | $a_{23}$ |
| $a_{30}$ | $a_{31}$ | $a_{32}$ | $a_{33}$ |
| $k_{00}$ | $k_{01}$ | $k_{02}$ | $k_{03}$ |
| $k_{10}$ | $k_{11}$ | $k_{12}$ | $k_{13}$ |
| $k_{20}$ | $k_{21}$ | $k_{22}$ | $k_{23}$ |
| $k_{30}$ | $k_{31}$ | $k_{32}$ | $k_{33}$ |

**2. 轮函数**

AES-128 执行 $N_r$ 轮变换，轮函数由 4 个运算模块组成，即字节代换（SubByte）、行移位（ShiftRow）、列混合（MixColumn）、轮密钥加（AddRondKey）。

轮函数的伪代码如下：

```
Round (State, RoundKey)
{
      SubByte (State);
      ShiftRow (State);
      MixColumn (State);
      AddRoundKey (State, RoundKey)
}
```

最后一轮轮函数稍有不同，缺省 MixColumn(State)模块。

```
Round (State, RoundKey)
{
      SubByte (State);
      ShiftRow (State);
      AddRoundKey (State, RoundKey)
}
```

1）字节代换

字节代换包含两个运算，即有限域中元素的求逆运算与仿射变换。

（1）求逆运算。

将状态矩阵中的每个字节看作 GF($2^8$)中的元素，将其映射到自身的乘法逆元，0 元素保持不变。

（2）仿射变换。

每个字节执行 GF($2^8$)上固定的可逆的仿射变换。

$$\begin{bmatrix} y_0 \\ y_1 \\ y_2 \\ y_3 \\ y_4 \\ y_5 \\ y_6 \\ y_7 \end{bmatrix} = \begin{bmatrix} 1 & 0 & 0 & 0 & 1 & 1 & 1 & 1 \\ 1 & 1 & 0 & 0 & 0 & 1 & 1 & 1 \\ 1 & 1 & 1 & 0 & 0 & 0 & 1 & 1 \\ 1 & 1 & 1 & 1 & 0 & 0 & 0 & 1 \\ 1 & 1 & 1 & 1 & 1 & 0 & 0 & 0 \\ 0 & 1 & 1 & 1 & 1 & 1 & 0 & 0 \\ 0 & 0 & 1 & 1 & 1 & 1 & 1 & 0 \\ 0 & 0 & 1 & 1 & 1 & 1 & 1 & 1 \end{bmatrix} \begin{bmatrix} x_0 \\ x_1 \\ x_2 \\ x_3 \\ x_4 \\ x_5 \\ x_6 \\ x_7 \end{bmatrix}$$

字节代换示意图如图 2.3 所示。

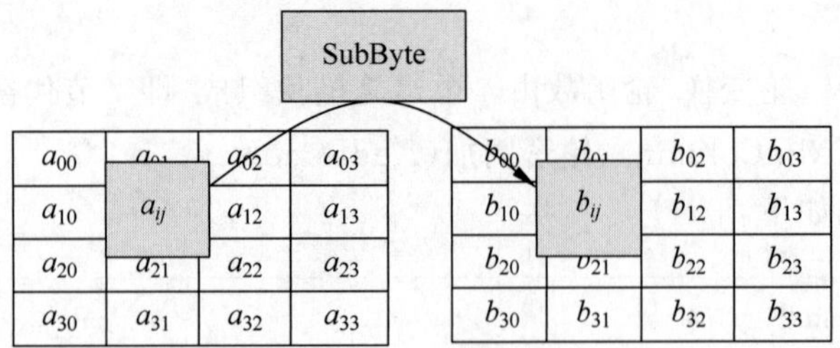


图 2.3 字节代换

字节代换的伪代码如下：

```
SubByte (State)
{
    InverByte (State);
    AffiByte (State)
}
```

2）行移位

AES 状态阵列的各行分别执行不同程度的循环移位：

第 0 行不移位；

第 1 行循环左移 1 字节；

第 2 行循环左移 2 字节；

第 3 行循环左移 3 字节；

行移位示意图如图 2.4 所示。

| | | | |
|---|---|---|---|
| $a_{00}$ | $a_{01}$ | $a_{02}$ | $a_{03}$ |
| $a_{10}$ | $a_{11}$ | $a_{12}$ | $a_{13}$ |
| $a_{20}$ | $a_{21}$ | $a_{22}$ | $a_{23}$ |
| $a_{30}$ | $a_{31}$ | $a_{32}$ | $a_{33}$ |

ShiftRow →

| | | | |
|---|---|---|---|
| $a_{00}$ | $a_{01}$ | $a_{02}$ | $a_{03}$ |
| $a_{11}$ | $a_{12}$ | $a_{13}$ | $a_{10}$ |
| $a_{22}$ | $a_{23}$ | $a_{20}$ | $a_{21}$ |
| $a_{33}$ | $a_{30}$ | $a_{31}$ | $a_{32}$ |

图 2.4 行移位

行移位的伪代码如下：

```
ShiftRow (State)
{
    <<<i (Row i), i = 0, 1, 2, 3.
}
```

3）列混合

AES 状态阵列的列混合执行模多项式的乘法运算。

将状态矩阵中的每个字节视为 $GF(2^8)$ 中的元素，每一列对应 $GF(2^8)$ 上的一个三次多项式，再与一个多项式 $c(x)$ 进行模 $x^4+1$ 乘法运算。这里的 $c(x)$ 是 $GF(2^8)$ 上的一个固定多项式，且模 $x^4+1$ 是可逆的，系数用十六进制表示的 $c(x)$ 写成

$$c(x) = 03x^3 + 01x^2 + 01x + 02$$

列混合示意图如图 2.5 所示。

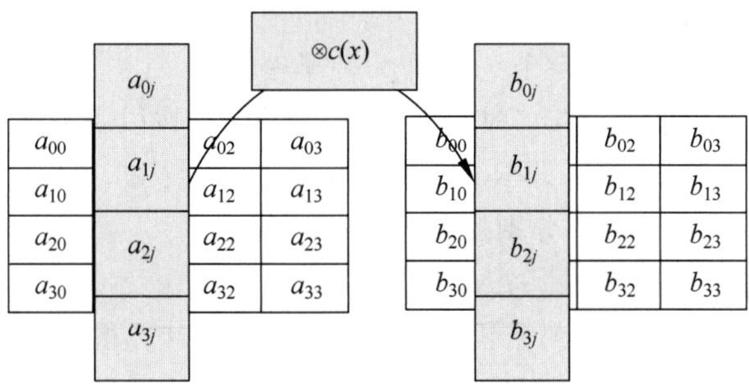


图 2.5 列混合

由于模多项式 $x^4+1$ 的特殊性，列混合运算可以用下列矩阵乘法实现：

$$\begin{bmatrix} b_0 \\ b_1 \\ b_2 \\ b_3 \end{bmatrix} = \begin{bmatrix} 02 & 03 & 01 & 01 \\ 01 & 02 & 03 & 01 \\ 01 & 01 & 02 & 03 \\ 03 & 01 & 01 & 02 \end{bmatrix} \begin{bmatrix} a_0 \\ a_1 \\ a_2 \\ a_3 \end{bmatrix}$$

列混合的伪代码如下：

```
MixColumn (State)
{
    Polyn(Column i) ⊗ c(x), i = 0, 1, 2, 3.
}
```

AES 的列混合也是可逆的，$c(x)$模 $x^4+1$ 的乘法逆多项式是 $d(x) = 0\text{B}x^3 + 0\text{D}x^2 + 09x + 0\text{E}$。只要在列混合的结果中分别与 $d(x)$进行模 $x^4+1$ 乘法运算，即可实现逆运算。

4）轮密钥加

将状态阵列与等长的轮密钥逐比特异或，轮密钥加示意图如图 2.6 所示。

| $a_{00}$ | $a_{01}$ | $a_{02}$ | $a_{03}$ |  | $k_{00}$ | $k_{01}$ | $k_{02}$ | $k_{03}$ |  | $b_{00}$ | $b_{01}$ | $b_{02}$ | $b_{03}$ |
|---|---|---|---|---|---|---|---|---|---|---|---|---|---|
| $a_{10}$ | $a_{11}$ | $a_{12}$ | $a_{13}$ | ⊕ | $k_{10}$ | $k_{11}$ | $k_{12}$ | $k_{13}$ | = | $b_{10}$ | $b_{11}$ | $b_{12}$ | $b_{13}$ |
| $a_{20}$ | $a_{21}$ | $a_{22}$ | $a_{23}$ |  | $k_{20}$ | $k_{21}$ | $k_{22}$ | $k_{23}$ |  | $b_{20}$ | $b_{21}$ | $b_{22}$ | $b_{23}$ |
| $a_{30}$ | $a_{31}$ | $a_{32}$ | $a_{33}$ |  | $k_{30}$ | $k_{31}$ | $k_{32}$ | $k_{33}$ |  | $b_{30}$ | $b_{31}$ | $b_{32}$ | $b_{33}$ |

图 2.6 轮密钥加

轮密钥加的伪代码如下：

```
AddRoundKey (State, RoundKey)
```

### 3. 密钥扩展

AES 的分组长度为 16 字节，执行初次密钥加后，再执行 $N_r$ 轮密钥加运算，因此共需 $(N_r+1)\times16$ 字节的轮密钥，这些轮密钥由种子密钥通过密钥扩展算法生成。

AES 的密钥扩展算法根据密钥长度不同分为两个版本：

当密钥长度是 128 比特或 192 比特（$N_k=4$ 或 6）时，用 $W_0, W_1, \cdots, W_{N_k-1}, \cdots$ 表示扩展密钥序列，扩展算法如下：

(1) 扩展密钥的前 $N_k$ 字（4 字节 $N_k$）即为种子密钥；

(2) 当 $i/N_k$ 为整数（即 $i=4N_k$）时，扩展的密钥字 $W_i$ 按以下方式计算得到：

① 将 $W_{i-1}$ 循环左移 1 字节，即 $\text{RotByte}(a,b,c,d)=(b,c,d,a)$。

② 将①的结果中的每个字节分别执行 SubByte 运算；

③ 将②的结果与轮常数 $\text{Rcon}[i/N_k]$ 异或。

(3) 即 $i/N_k$ 为整数时，扩展的密钥字 $W_i$ 按以下方式计算得到：

$$W_i=\text{SubByte}(\text{RotByte}(W_{i-1}))\oplus \text{Rcon}[i/N_k]$$

当 $i/N_k$ 不为整数时，扩展的密钥字 $W_i$ 按以下方式计算得到：

$$W_i=W_{i-N_k}\oplus W_{i-1}$$

这里的轮常数 $\text{Rcon}[i/N_k]$ 为 32 比特的一个字，每个字节看作 $GF(2^8)$ 中的一个元素，定义为

$$\text{Rcon}[j]=(\text{RC}[j],\text{'00'},\text{'00'},\text{'00'}),\quad j=1,2,\cdots$$

其中 $\text{RC}[j]=x^{j-1}$，即 RC[1]=01，RC[2]=02。

当密钥长度是 256 比特（$N_k=8$）时，不同之处只在第(3)步：

$$W_i=W_{i-N_k}\oplus \text{SubByte}(W_{i-1})$$

从扩展密钥中依次截取 128 比特作为轮密钥，如图 2.7 所示。

| $W_0$ | $W_1$ | $W_2$ | $W_3$ | $W_4$ | $W_5$ | $W_6$ | $W_7$ | $W_8$ | $W_9$ | $W_{10}$ | … |
|---|---|---|---|---|---|---|---|---|---|---|---|
| 初始密钥加密钥 | | | | 轮密钥1 | | | | … | | | |

图 2.7 $N_k=4$ 时的轮密钥选取

由于 AES 的每个运算模块中的所有运算组件都是可逆的，执行逆运算便可实现解密，只要将初始密钥加密钥、轮密钥 0、……、轮密钥 $N_r$ 逆序使用即可。

## 2.4.2 分组密码工作模式

即使有了安全的分组密码算法，也需要采用适当的运行模式来隐蔽明文的统计特性、数据的格式等，以提高整体的安全性，降低删除、重放、插入和伪造等攻击成功的机会。

为了能在不同应用场合安全地使用 DES，美国在 FIPS PUB 74 与 81 中定义了 DES 的 4 种运行模式，这些运行模式对于 AES 等其他分组密码同样适用。这里以 AES 为例，简单介绍这 4 种运行模式。

**1. 电码本模式**

电码本模式（Electronic CodeBook，ECB）是分组密码最简单的运行模式，它将每个 128 比特的明文分组分别加密，每个分组使用相同的密钥，如图 2.8 所示。

ECB 模式的优点是加密模式简单，有利于并行计算，不会有误差传播。这种模式的缺点是相同明文分组的密文也相同，不利于隐藏含有某些固定内容的明文。

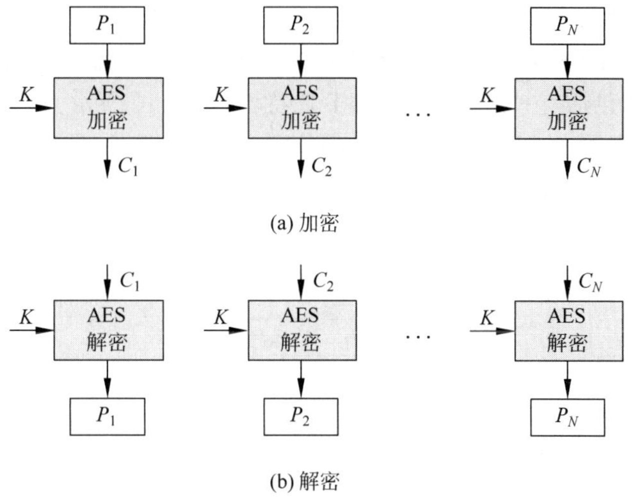


图 2.8　ECB 模式

**2. 密文分组链接模式**

密文分组链接(Cipher Block Chaining,CBC)模式的特点是将当前明文分组与前一密文分组异或后作为加密算法的输入,如图 2-9 所示。CBC 模式的优点是安全性高于 ECB 模式,SSL、IPSec 中使用了 CBC 加密模式。CBC 模式的缺点主要是有错误传播,例如,若密文 $C_1$ 在传输中出错,则解密的明文 $P_1$ 与 $P_2$ 都将出错。另外,CBC 模式不利于并行计算。

CBC 模式除了实现保密性以外,还可用于认证。

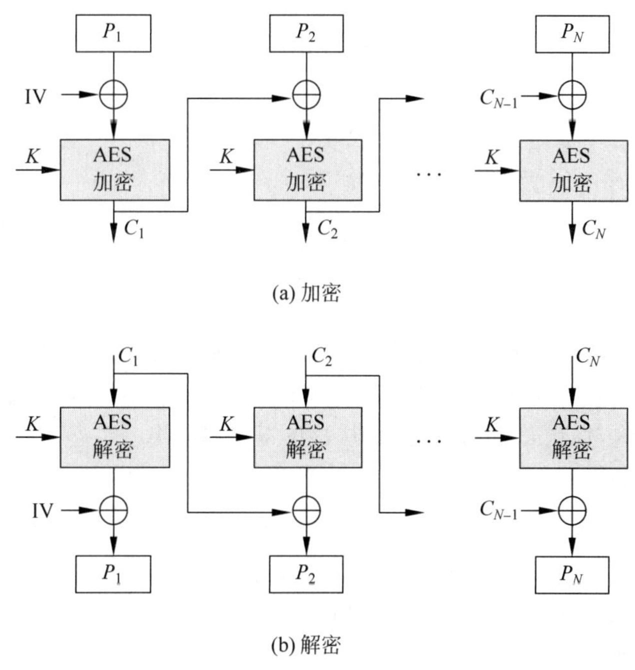


图 2.9　CBC 模式

### 3. 密文反馈模式

密文反馈(Cipher FeedBack,CFB)模式将分组密码转化为流密码模式,算法的每次输入除了密钥以外,还包括前一密文分组的部分比特,如图 2.10 所示。首次输入为一个初始向量,经过 AES 加密后,选取输出的最高位部分比特与明文异或,即为密文;之后对上次输入左移,并将上一密文分组级联到输入的最低位,作为本次加密输入。依次进行下去,直至全部明文分组被加密。

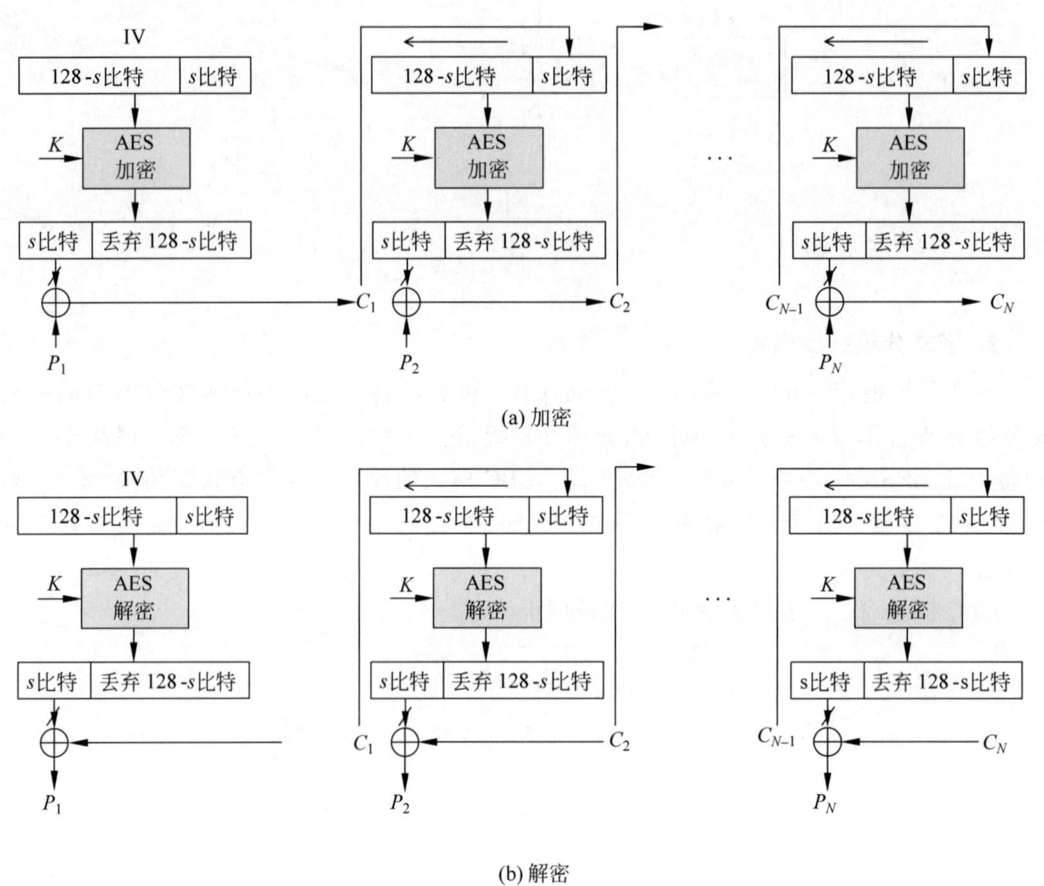


图 2.10 CFB 模式

CFB 模式可以及时加密传输小分组的数据,只要更换 IV 便可很好地隐藏明文内容。CFB 模式的缺点是比特错误传播,例如,若密文 $C_1$ 中在传输中出现 1 比特错误,会对以后的解密结果造成影响,直到 $C_1$ 的错误比特从移位寄存器移出。

### 4. 输出反馈模式

输出反馈(Output FeedBack,OFB)模式同 CFB 模式类似,不同之处是本次加密的输入是前一次加密算法的输出,而并非密文,如图 2.11 所示。

OFB 模式的优点是无错误传播,克服了 CBC 与 CFB 错误传播问题。

分组密码的 4 种运行模式的特点与用途如表 2.3 所示。

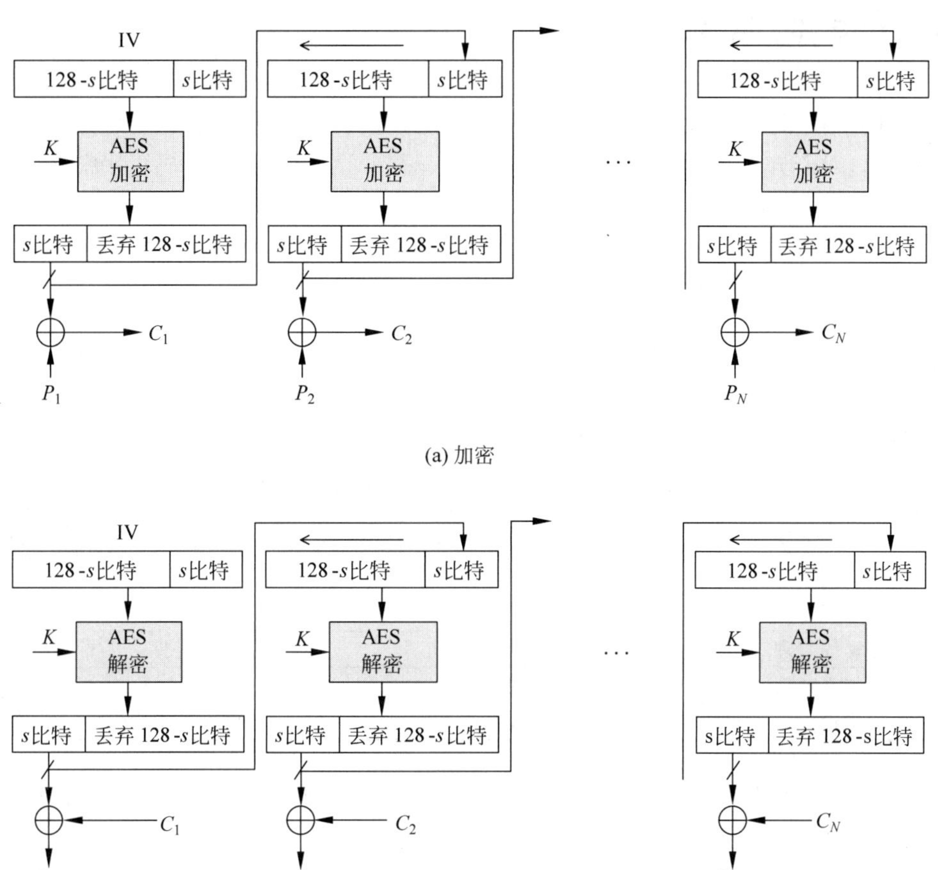

(a) 加密

(b) 解密

图 2.11 OFB 模式

**表 2.3 分组密码的运行模式**

| 运行模式 | 描述 | 优点 | 缺点 | 用途 |
|---|---|---|---|---|
| 电码本(ECB) | 每个明文分组独立地使用同一密钥加密 | 加密方式简单,有利于并行计算,无错误传播 | 相同明文得相同密文 | 传输短数据(如密钥) |
| 密文分组链接(CBC) | 当前明文分组与前一密文分组异或作为加密算法的输入 | 一定的抗主动攻击能力 | 有错误传播 | 传输长数据,认证 |
| 密文反馈(CFB) | 与流密码类似,算法的每次输入包括前一密文分组的部分比特 | 能很好地隐藏明文内容 | 有错误传播 | 传输数据流,认证 |
| 输出反馈(OFB) | 与 CFB 类似,不同之处是本次加密的输入是前一次加密算法的输出,而并非密文 | 无错误传播 | 需要频繁更换密钥或初始向量 | 有扰信道的数据传输(如无线或卫星信道) |

# 2.5 公钥密码算法

随着网络技术与应用的发展，密码服务越来越广泛，对称密码在密钥管理方面的局限性越来越突出，对于开放系统中的加密、认证、防抵赖等安全属性，公钥密码算法很好地弥补了对称密码算法的不足。

## 2.5.1 公钥密码算法简介

公钥密码算法又称为非对称密码算法，主要特点是采用两个密钥，一个称为公钥，是公开的用于加密(或验证签名)的密钥；另一个称为私钥，用于解密(或生成签名)。

对称密码与非对称密码的比较如表2.4所示。

表2.4 对称密码与非对称密码算法比较

| 特性 | 对称 | 非对称 |
|---|---|---|
| 密钥数目 | 一个密钥 | 一对密钥 |
| 密钥种类 | 私密 | 一个私有、一个公开 |
| 密钥管理 | 双方共有 | 数字证书 |
| 加密速度 | 快 | 慢 |
| 用途 | 大数据加密 | 小数据加密或数字签名等 |

若他人希望通过公钥算法向接收者秘密传送消息 $m$，则可通过公开途径获得接收者的公钥(pk)，并用此公钥运用加密算法($E$)对消息进行加密，生成密文($c$)，密文经过非安全信道传送到接收者。接收者收到密文后，使用自己的私钥(sk)，运用解密算法($D$)对密文进行解密。公钥与私钥是一一对应的，只有拥有私钥的接收者才能解密信息。公钥密码算法的加解密模型如图2.12所示。

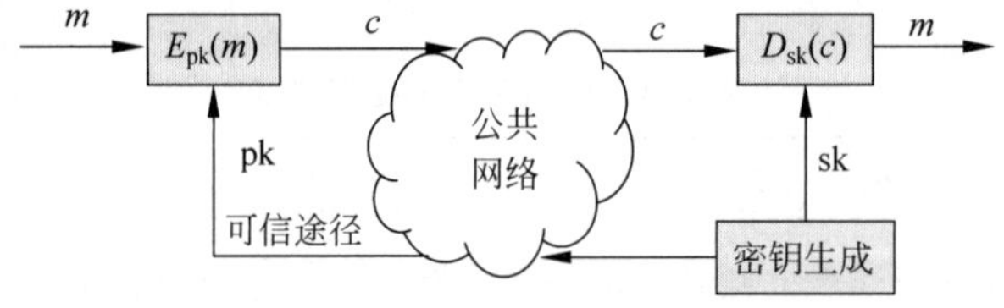


图2.12 公钥加密算法模型

除加密以外，公钥密码算法的另一个重要功能是数字签名，可以实现身份认证、信息源认证、防抵赖、完整性保护等安全属性。

常见的公钥密码算法是基于整数分解的RSA、基于离散对数的密钥协商算法Diffie-Hellman，以及椭圆曲线密码算法等。

## 2.5.2 RSA公钥密码算法

RSA密码算法是应用最广泛的公钥密码算法，该算法由美国麻省理工学院的R. Rivest，A. Shamir与L. Adleman于1978年提出，可直接用于加密和数字签名。

**1. 参数生成**

(1) 选取两个秘密大素数 $p$ 和 $q$(至少 512 比特);

(2) 计算模数 $n=p\times q$,以及欧拉函数值 $\varphi(n)=(p-1)(q-1)$;

(3) 选取一个公钥 $e$,满足 $1\leqslant e<\varphi(n)$,且 $\gcd(\varphi(n),e)=1$;

(4) 计算私钥 $d$,满足 $de\equiv 1(\bmod \varphi(n))$;

(5) 公开用户的公钥 $\{n,e\}$,安全存储用户的私钥 $d$。

**2. 加密**

将明文分组,各组对应的十进制数小于 $n$,运用公钥 $e$ 对明文分组 $m$ 做加密运算:

$$c=m^e(\bmod n)$$

**3. 解密**

解密者收到密文后,运用私钥 $d$ 对密文分组 $c$ 执行解密运算:

$$m=c^d(\bmod n)$$

为保证 RSA 公钥密码算法的安全性并兼顾效率,参数的选择至少应满足以下基本要求:

(1) $p$、$q$ 足够大且随机。

(2) $|p-q|$ 要大。

(3) $p-1$、$q-1$ 含有大素因子。

(4) $p-1$、$q-1$ 最大公因子要小。

(5) 加密指数 $e$ 不能太小,如选 $e=2^{16}+1$。

### 2.5.3 ECC 公钥密码算法

20 世纪 80 年代,V. Miller 和 N. Koblitz 独立地将椭圆曲线引入密码学,在许多应用中,椭圆曲线密码(Elliptic Curve Cryptography,ECC)取代了传统的 RSA 公钥系统,其中一个重要原因是,在相同的安全性下,椭圆曲线密码的系统参数更短。

区块链中使用了椭圆曲线公钥密码算法,例如 ECC 的公钥用于生成比特币地址、区块链的验证链使用了 ECC 的数字签名。

**1. 椭圆曲线简介**

椭圆曲线并非椭圆,之所以称为椭圆曲线是因为它的曲线方程与计算椭圆周长的方程类似。

所谓椭圆曲线指的是含有两个未知量的三次方程

$$E: y^2+a_1xy+a_3y=x^3+a_2x^2+a_4x+a_6$$

的所有点$(x,y)$的集合。

这里的 $a_i(i=1,2,\cdots,6)$是系数,并满足两个未知量的偏导数在任一点上不同时为 0,这一点保证了椭圆曲线在任意一点都存在切线。

区块链中使用的椭圆曲线的系数取自有限域 GF$(p)$,$p$ 为大素数。事实上,只要 $p>3$,椭圆曲线方程便可简化为

$$y^2\equiv x^3+ax+b(\bmod p),\quad a,b\in \mathrm{GF}(p),$$
$$\Delta=-16(4a^3+27b^2)\neq 0$$

时，能够保证任意一点都存在切线。

例如，取 $p=43, a=b=1$，此时 $\Delta=-16(4a^3+27b^2)=20\neq 0$，$E_{43}(1,1)$：$y^2=x^3+x+1$ 是椭圆曲线。表 2.5 给出点集 $E_{43}(1,1)$。

**表 2.5 点集 $E_{43}(1,1)$**

| (0,1) | (3,17) | (12,8) | (21,9) | | (27,19) | (31,14) | (33,18) | (36,9) | (40,33) |
|---|---|---|---|---|---|---|---|---|---|
| (0,42) | (3,26) | (12,35) | (21,34) | | (27,24) | (31,29) | (33,25) | (36,34) | |
| (2,21) | (11,15) | (20,18) | (26,4) | | (29,9) | (32,11) | (35,13) | (38,0) | |
| (2,22) | (11,28) | (20,25) | (26,39) | | (29,34) | (32,32) | (35,30) | (40,10) | |

**2. 椭圆曲线加法运算**

椭圆曲线密码的基本运算是椭圆曲线上点的加法运算，其运算规则如下。

设 $P$、$Q$ 是椭圆曲线 $E$ 上的两个点，过 $P$、$Q$ 作直线（若 $P=Q$，过 $P$ 点作切线），交椭圆曲线 $E$ 于另一点 $R'$，然后过 $R'$ 作 $y$ 轴的平行线交 $E$ 于一点 $R$，规定椭圆曲线上的加法 $P+Q=R$，如图 2.13 所示。

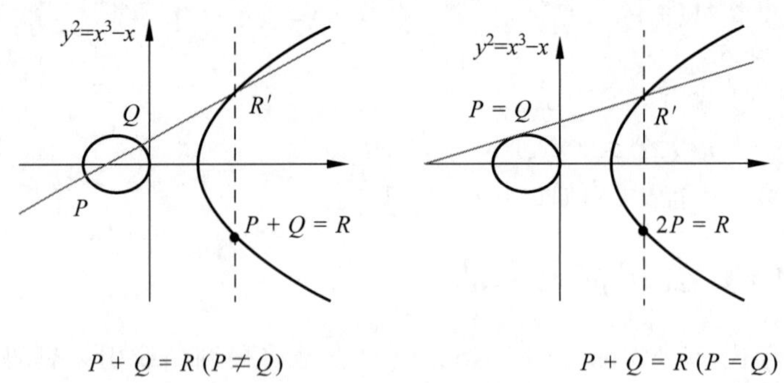


图 2.13 椭圆曲线加法

根据上述加法运算规则，可以求 $mP=P+\cdots+P(m\in N)$，如求 $3P=P+P+P=2P+P$，如图 2.14 所示。

在讨论椭圆曲线加法时，需要引入额外的一个点 $O$，称为**无穷远点**。这个点可看作 $y$ 轴上处于无穷远处的一个点，且平行于 $y$ 轴的任意直线 $x=c$ 都通过这个点。

根据上述定义的椭圆曲线加法规则，椭圆曲线无穷远点 $O$ 与椭圆曲线上一点 $P$ 的连线交于 $P'$（见图 2.15），过 $P'$ 作 $y$ 轴的平行线交于 $P$，所以有 $O+P=P$。

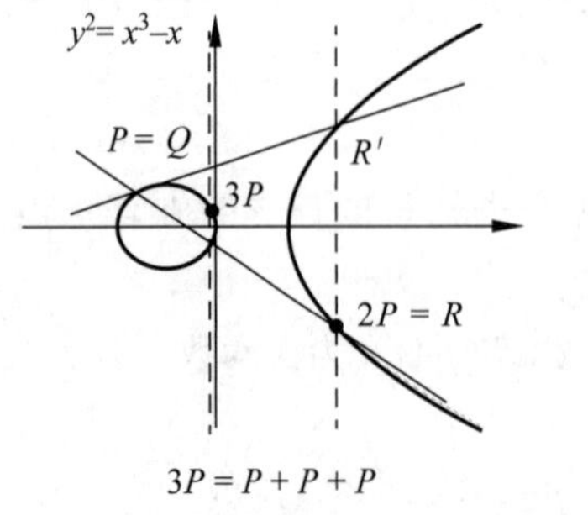


图 2.14 椭圆曲线倍点运算

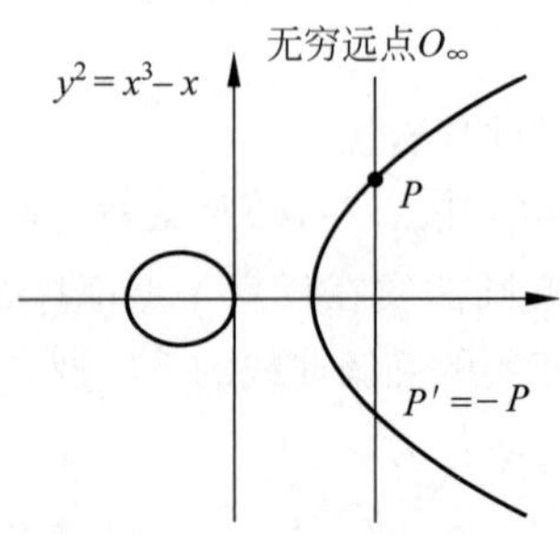


图 2.15 无穷远点 $O+P=P$

于是，无穷远点 $O$ 的作用相当于普通加法中的零元，将无穷远点 $O$ 称为**零元**。同时将 $P'$ 称为 $P$ 的**负元**(简称负 $P$，记作 $-P$)，显然有 $-P+P=O$。

当 $p>3$ 时，设 GF($p$)上椭圆曲线为 $y^2\equiv x^3+ax+b \pmod p$ ($\Delta=-16(4a^3+27b^2)\neq 0$)，设 $P,Q\in E_p(a,b)(p>3)$，则椭圆曲线点的加法运算公式为：

(1) $P+O=P$。

(2) 如果 $P=(x,y)$，那么 $(x,y)+(x,-y)=O$，即 $(x,-y)$ 是 $P$ 的加法逆元 $-P$。

(3) 设 $P=(x_1,y_1)$，$Q=(x_2,y_2)$，$P\neq -Q$，则 $P+Q=(x_4,y_4)$ 可由以下公式确定

$$x_4=k^2-x_1-x_2 \pmod p$$

$$y_4=k(x_1-x_4)-y_1 \pmod p$$

其中 $k=\dfrac{y_2-y_1}{x_2-x_1}, P\neq Q$；$\dfrac{3x_1^2+a}{2y_1}, P\neq Q$。

**例 2.1** 对于 $E_{43}(1,1)$，设 $P=(20,25)$，$Q=(32,11)$，求 $P+Q$ 和 $2P$。

**解** $P+Q$：

$$k=(11-25)/(32-20)=-14\times 12^{-1}\equiv 6 \pmod{43}$$

$$x_4=36-20-32\equiv 27 \pmod{43}$$

$$y_4=6\times(20-27)-25\equiv 19 \pmod{43}$$

所以，$P+Q=(27,19)$。

$2P$：

$$k=(3\times 400+1)/7=40/7=40\times 7^{-1}\equiv 18 \pmod{43}$$

$$x_4=324-20-20\equiv 26 \pmod{43}$$

$$y_4=18\times(20-26)-25\equiv 39 \pmod{43}$$

所以，$2P=(26,39)$。

倍点运算可由重复的加法完成，如 $5P=(P+P)+(P+P)+P$。

**3. 椭圆曲线密码算法**

**定义 2.1** 设 $P$ 为椭圆曲线中的点，$m\in Z$，在等式 $mP=P+P+\cdots+P=Q$ 中，已知 $Q$ 和 $P$ 求 $m$，称为椭圆曲线上的**离散对数问题**(ECDLP)。

定义在有限域上的椭圆曲线，已知 $m$ 和点 $P$，求点 $Q=mP$ 在计算上容易；反之，已知点 $Q$ 和点 $P$，求 $m$ 却是困难的。

椭圆曲线密码体制正是基于这个困难问题而设计的。目前，求椭圆曲线上的离散对数问题的最好算法是 Pollard rho 方法，具有指数复杂度。

椭圆曲线密码算法的参数生成、加解密过程如下。

1) 参数生成

(1) 在有限域 $F_q$($F_2m$ 或 $F_p$)上构造椭圆曲线 $E$，满足 $\Delta\neq 0$，且存在大的素阶点 $P$(设其阶为 $n$)；

(2) 随机秘密选取用户私钥 $d\in[1,n]$，计算公钥 $Q=dP$；

(3) 公开解密者的参数($F_q,E,P,n,Q$)。

2）加密

（1）将待加密明文 $m$ 映射为椭圆曲线上的点 $M$；

（2）随机秘密选择 $k \in [1,n]$，计算

$$C_1 = kP$$
$$C_2 = M + kQ$$

$(C_1, C_2)$为密文。

3）解密

接收方利用私钥 $d$ 进行解密，计算

$$M = C_2 - dC_1$$

并从 $M$ 点取出明文 $m$。

事实上，即为

$$C_2 - dC_1 = (M + kQ) - d(kP) = (M + kQ) - kQ = M$$

**例 2.2** ECC 加密和解密。

1）参数生成

（1）在有限域 $F_{29}$ 上构造椭圆曲线，设为 $E_{43}(4,20)$：$y^2 = x^3 + x + 1$，满足 $\Delta = 20 \neq 0$，取基点 $P = (20,25)$，其阶为素数 17；

（2）随机秘密选取用户私钥 $d = 5 \in [1,17]$，计算公钥 $Q = 5P = (11,28)$；

（3）公开解密者的参数（$F_{43}$，$E_{43}(4,20)$，$P = (20,25)$，$n = 17$，$Q = (11,28)$）。

2）加密

（1）设待加密明文 $M = (2,22)$为椭圆曲线上的点（若 $M$ 不是椭圆曲线上的点，需要先将 $M$ 映射为椭圆曲线上点）；

（2）随机秘密选择 $k = 13 \in [1,17]$，计算

$$\begin{aligned} C_1 &= 13P = (35,30) \\ C_2 &= (2,22) + 13Q \\ &= (2,22) + (12,35) \\ &= (38,0) \end{aligned}$$

$(C_1, C_2)$为密文。

3）解密

接收方用私钥 $d$ 对密文进行解密：

$M = C_2 - dC_1 = (38,0) - 5(35,30) = (38,0) - (12,35) = (38,0) + (12,8) = (2,22)$

传统的基于有限域上离散对数问题的密码算法，都可以在椭圆曲线上实现。

从目前的攻击情况来看，ECC 比 RSA 安全性更高，因此可以用更短的参数获得与 RSA 同级安全性，在参数选择的灵活性、抗攻击能力、运算速度、存储空间、带宽要求等方面具有优势。这些特点使得 ECC 在无线网络领域具有广泛的应用前景。

区块链使用了椭圆曲线公钥算法，所使用的椭圆曲线 secp256k1 定义在有限域 $F_p$ 上，参数如下：

$$y^2 = x^3 + 7$$

其中 $p = 2^{256} - 2^{32} - 2^9 - 2^8 - 2^7 - 2^6 - 2^4 - 1$，这是一个非常大素数。

我国已有椭圆曲线密码算法标准 SM2，包括 ECC 参数与运算、数字签名、密钥交换、加密算法 4 部分。

## 2.6　Hash 函数

Hash 函数也称为杂凑函数、哈希函数、散列函数等，输入可以是任意长度的数据，输出为固定长度，如 128 比特、160 比特或 256 比特等。Hash 函数被用来提高签名方案的安全与效率，也被用于消息认证与数据完整性保护，其他一些应用包括伪随机比特生成以及密钥生成等。

常见的 Hash 函数有 MD4、MD5 以及 SHA 系列函数。

### 2.6.1　Hash 函数原理

Hash 函数是一种单向函数，即从 Hash 函数的输出求其输入是困难的。Hash 函数的输出被称为 Hash 值、消息摘要或数据指纹。

通常用 $H()$表示 Hash 函数，如 $h=H(m)$，$m$ 表示输入，$h$ 表示相应的输出，Hash 函数应具有以下性质：

(1) 输入长度任意。

(2) 输出长度固定。

(3) 对于任意的输入 $m$，计算 $h=H(m)$是容易的。

(4) 单向性(抗原像性)。即给定 Hash 函数输出值 $h$，找出 $m$，使得 $h=H(m)$是困难的。

(5) 抗弱碰撞(抗第二原像性)。给定 $m_1$，要找出另一个消息 $m_2$，使得 $H(m_1)=H(m_2)$是困难的。

(6) 抗强碰撞。要找出任意两条消息 $m_1$、$m_2$，使得 $H(m_1)=H(m_2)$是困难的。

这里所指的“困难”是指计算上不可行。例如，若 Hash 函数的输出长度为 256 比特，顺序计算输入为 $0,1,2,\cdots,2^{256}$ 的 Hash 值，至少存在两个输入的 Hash 值是相等的，但需要执行 $2^{256}+1$ 次 Hash 计算。

另外，根据生日悖论，对于输出长度为 256 比特的 Hash 函数，通过搜索的方法要找到碰撞对，平均需要 $2^{128}$ 次 Hash 计算。如果计算机每秒能进行 1 万次 Hash 运算，则需要约 $10^{27}$ 年才能完成这 $2^{128}$ 次 Hash 计算。

### 2.6.2　SHA-256

SHA 系列包含五个算法，分别是 SHA-1、SHA-224、SHA-256、SHA-384 和 SHA-512，由美国国家标准技术研究院(NIST)发布为联邦数据处理标准，后四者有时并称为 SHA-2。这些变体除了生成摘要的长度、循环运行的次数等一些微小差异外，算法的基本结构是一致的。

SHA 系列应用在很多安全协议中，如 TLS 和 SSL、PGP、SSH、S/MIME 和 IPsec 等，被视为是广为运用的杂凑函数 MD5 的后继者。

SHA 系列的最初标准 SHA-0 于 1993 年发布，由于存在安全缺陷，在发布之后很快被 NSA 撤回。1995 年发布的修订版本 SHA-1 由于存在安全隐患，被建议减少使用。2017 年，Google 公司公告宣称他们与 CWI Amsterdam 合作共同创建了两个有着相同 SHA-1 值但内容不同的 PDF 文件，这代表 SHA-1 算法已被正式攻破。

区块链使用了 SHA-256 算法。SHA-256 输入报文的最大长度不超过 $2^{64}$ 比特，输入按 512 比特分组进行处理，最终的输出是一个 256 比特的报文摘要。

SHA-256 算法主要使用了 7 种基本函数，如表 2.6 所示。

**表 2.6 SHA-256 算法使用的基本函数**

| 符　号 | 含　义 |
|---|---|
| $\oplus$ | 异或 |
| $\wedge$ | 逻辑与 |
| $\vee$ | 逻辑或 |
| $\neg$ | 逻辑非 |
| $+$ | 模 $2^{32}$ 加 |
| $R^k$ | 右移 $k$ 位 |
| $S^k$ | 循环右移 $k$ 位 |

SHA-256 算法过程如下。

(1) 报文填充。

在报文末尾进行填充，使报文长度与 448 模 512 同余，即长度模 512 等于 448。填充的长度为 1～512 比特，填充比特串的最高位为 1，其余位为 0。至少填充 1 比特，最多填充 512 比特。

(2) 附加长度值。

用 64 比特表示的初始报文(填充前)的长度，将长度值附加在步骤(1)的结果后，与步骤(1)填充后的报文尾 448 比特构成一个 512 比特的完整分块。

(3) 初始化缓存。

使用一个 256 比特的缓存来存放 SHA-256 的摘要初值 $H_0$(见表 2.7)、中间及最终结果。

**表 2.7 SHA-256 的摘要初值**

|  |
|---|
| $H[0]$ := 0x6a09e667 |
| $H[1]$ := 0xbb67ae85 |
| $H[2]$ := 0x3c6ef372 |
| $H[3]$ := 0xa54ff53a |
| $H[4]$ := 0x510e527f |
| $H[5]$ := 0x9b05688c |
| $H[6]$ := 0x1f83d9ab |
| $H[7]$ := 0x5be0cd19 |

这些初值是对自然数的前 8 个素数(2,3,5,7,11,13,17,19)的平方根的小数部分取前 32 比特得到。

例如,2 的平方根是 0.414213562373095048,而

$$0.414213562373095048 \approx 6 \times 16^{-1} + a \times 16^{-2} + 0 \times 16^{-3} + \cdots$$

于是,素数 2 的平方根的小数部分前 32 比特就是 0x6a09e667。

(4) 报文分块迭代运算。

**1. 报文分块**

将报文分解成 512 比特大小的块,如图 2.16 所示。

假设报文 $M$ 可以分解为 $n$ 个块,于是整个算法需要完成 $n$ 次迭代,$n$ 次迭代的结果就是最终的 Hash 值,即 256 比特的数字摘要。

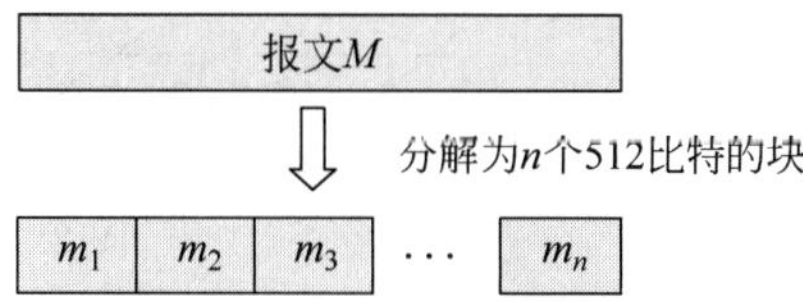


图 2.16 SHA-256 的报文分块

**2. 报文迭代**

一个 256 比特的摘要的初始值 $H_0$,与第 1 个数据块经过迭代映射 $F$,得到 $H_1$,即完成了第一次迭代;$H_1$ 与第二个数据块经过第二次迭代得到 $H_2$,…,依次处理,最后得到 $H_n$,$H_n$ 即为最终的 256 比特消息摘要。

每次迭代使用的映射函数用 $F(H_{i-1})=H_i(i=1,2,\cdots,n)$表示,迭代框图如图 2.17 所示。

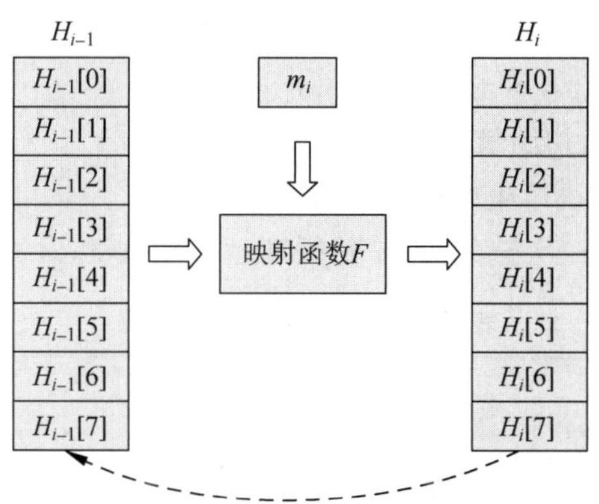


图 2.17 SHA-256 的迭代映射

图 2.17 中,256 比特的 $H_i$ 被分为 8 个小块,SHA-256 中最小的运算单元为 32 比特的字。

在第一次迭代中,映射的初值设置为步骤(3)中的 8 个摘要初值 $H_0=(H[0],H[1],\cdots,H[7])$。

**3. 迭代映射**

每次迭代经过 64 轮循环运算,即映射函数 $F(H_{i-1})=H_i$ 包括了 64 轮循环运算,具体运算过程如下。

1) 构造 64 个字

对于每一块,将块分解为 16 个 32 比特的 big-endian 的字,记为 $w[0],\cdots,w[15]$。

前 16 个字直接由第 $i$ 个报文块分解得到,其余的 48 个字由下列迭代公式得到:

$$w[t]=\sigma_1(w[t-2])+w[t-7]+\sigma_0(w[t-15])+w[t-16], \quad t=16,17,\cdots,63$$

2) 64 轮循环

每轮循环运算可以由图 2.18 描述。

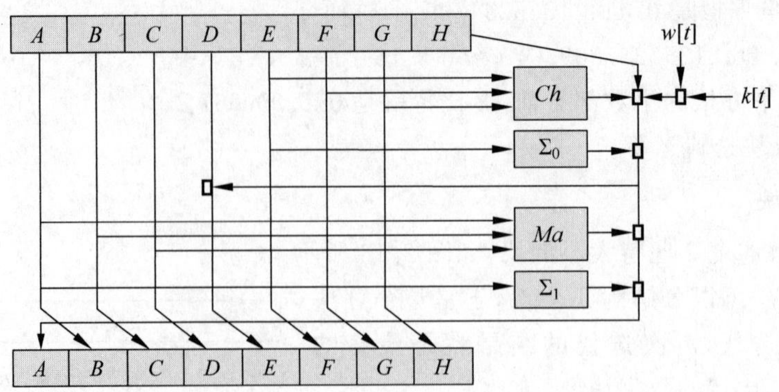


图 2.18 SHA-256 的循环运算

图 2.18 与步骤 1)中的非线性逻辑函数如下：

$$\sigma_0(x)=S^7(x)\oplus S^{18}(x)\oplus R^3(x)$$

$$\sigma_1(x)=S^{17}(x)\oplus S^{19}(x)\oplus R^{10}(x)$$

$$Ch(x,y,z)=(x\wedge y)\oplus(\neg x\wedge z)$$

$$Ma(x,y,z)=(x\wedge y)\oplus(x\wedge z)\oplus(y\wedge z)$$

$$\Sigma_0(x)=S^2(x)\oplus S^{13}(x)\oplus S^{22}(x)$$

$$\Sigma_1(x)=S^6(x)\oplus S^{11}(x)\oplus S^{25}(x)$$

ABCDEFGH 一开始的初始值分别为 $H_{i-1}[0],H_{i-1}[1],\cdots,H_{i-1}[7]$。

$w[t]$是步骤 1)中本区块产生的第 $t$ 个字。

$k[t]$是第 $t$ 个常量，每一次迭代的 64 轮循环运算用到的 64 个常量如表 2.8 所示。

**表 2.8 SHA-256 用到的常量**

```
Const k[64]={
    0x428a2f98   0x71374491   0xb5c0fbcf   0xe9b5dba5
    0x3956c25b   0x59f111f1   0x923f82a4   0xab1c5ed5
    0xd807aa98   0x12835b01   0x243185be   0x550c7dc3
    0x72be5d74   0x80deb1fe   0x9bdc06a7   0xc19bf174
    0xe49b69c1   0xefbe4786   0x0fc19dc6   0x240ca1cc
    0x2de92c6f   0x4a7484aa   0x5cb0a9dc   0x76f988da
    0x983e5152   0xa831c66d   0xb00327c8   0xbf597fc7
    0xc6e00bf3   0xd5a79147   0x06ca6351   0x14292967
    0x27b70a85   0x2e1b2138   0x4d2c6dfc   0x53380d13
    0x650a7354   0x766a0abb   0x81c2c92e   0x92722c85
    0xa2bfe8a1   0xa81a664b   0xc24b8b70   0xc76c51a3
    0xd192e819   0xd6990624   0xf40e3585   0x106aa070
    0x19a4c116   0x1e376c08   0x2748774c   0x34b0bcb5
    0x391c0cb3   0x4ed8aa4a   0x5b9cca4f   0x682e6ff3
    0x748f82ee   0x78a5636f   0x84c87814   0x8cc70208
    0x90befffa   0xa4506ceb   0xbef9a3f7   0xc67178f2
}
```

这些常量是对自然数中前 64 个素数(2,3,5,7,11,13,17,…)的立方根的小数部分取前 32 位得到。

最后一次循环所产生的 8 个字合起来即是第 $i$ 个块对应到的摘要字符串。

### 2.6.3 RIPEMD-160 与 SHA-3

RIPEMD 是 1996 年由 K. Leuven 等设计的一系列 Hash 函数,是基于 MD4 的设计原则而设计的增强版本,除部分改进外,本质上由两个并行 MD4 构成,性能与 SHA-1 类似。

RIPEMD-160 是 RIPEMD-128 的增强版本,用来替代 MD4、MD5 与 RIPEMD-128,是国际标准 ISO/IEC 的一部分。从安全考虑,128 比特的 Hash 函数应考虑升级为 160 比特。

RIPEMD-256 与 RIPEMD-320 分别是 RIPEMD-128 与 RIPEMD-160 的扩展,如果需要更长的摘要而不需更高的安全性,这两个是备选算法。

SHA-3 是指第三代安全 Hash 算法,前身为由 G. Bertoni 等设计的 Keccak,2015 年 NIST 颁布为标准。Keccak 基于一种新的方法称为海绵结构,使用了随机函数和随机置换。SHA-2 目前并没有出现明显的弱点,SHA-3 并不是要取代 SHA-2。由于对 MD5、SHA-0 和 SHA-1 出现成功破解,NIST 认为有必要征集一个与之前算法不同的、可替换的 Hash 算法,也就是 SHA-3。

SHA-3 系列由 4 个 Hash 函数和两个可扩展的输出函数(XOF)组成,这 4 个 Hash 函数分别为 SHA3-224、SHA3-256、SHA3-384 和 SHA3-512,两个 XOF 称为 SHAKE128 和 SHAKE256。该标准可用于非联邦政府组织,可运行于软件、固件、硬件或者其混合。XOF 可以将输出扩展为任何希望的长度。SHAKE128 和 SHAKE256 是 NIST 首次标准化的两个 XOF。

FIPS 支持的 Hash 函数摘要长度是 160、224、256 与 512 比特,如果某个应用需要非标准摘要长度的 Hash 函数,XOF 可作为备选函数。

## 2.7 Merkle 树

Merkle 树(默克尔树)也称为哈希树,是存储 Hash 值的一棵树。Merkle 树的叶子是原始数据(如文件或者文件集合)的 Hash 值,非叶节点是其子节点串联字符串的 Hash 值。

Hash 函数的直接应用是对单一数据进行完整性校验。在 P2P 网络中,原始大数据块被分割成多个小数据块实现分布式下载,最后合成完整的大数据块。通过构造 Hash 列表实现对多个小数据块的完整性校验。Merkle 树可以看作 Hash 列表的泛化,通过构造树形的 Hash 验证路径,可对完整数据的单个分支单独完成验证,在一定程度上提高了完整性验证的效率。

**1. 单一数据的完整性校验**

对数据完整性校验,最简单的方法是对整个数据计算 Hash 值,并同原始数据一起被下载(传输或存储)。在获得该数据时,对数据再次进行 Hash 计算,比较两个 Hash 值,如果相等,则说明该数据没有被损坏。该方法是将 Hash 函数用于数据完整性验证的最简单方法,不考虑安全性。

**2. 基于 Hash 列表的完整性校验**

Hash 列表可用于 P2P 网络数据传输的完整性校验。在该网络中，大文件被分割成多个小的数据块，分别从多个机器上下载，最终汇聚成整个文件，如图 2.19 所示。上传数据时，计算每个小数据块的 Hash 值，这些 Hash 值级联在一起，做一次 Hash 计算，就得到 Hash 列表的根 Hash(Root Hash)。下载数据时，首先从可信数据源得到正确的根 Hash，便可以用来校验 Hash 列表的正确性，进而校验数据块的完整性。

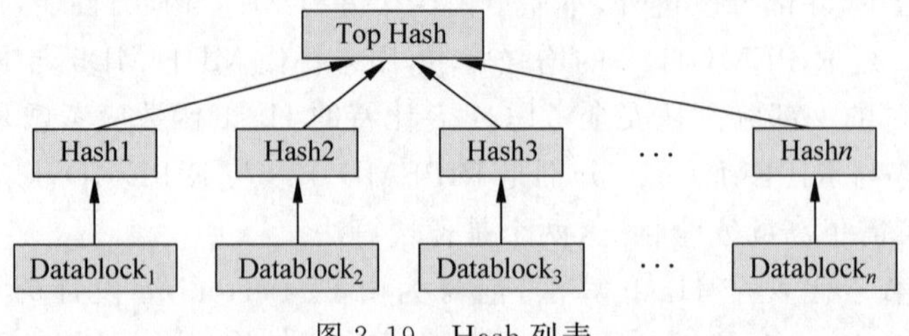


图 2.19 Hash 列表

**3. 基于 Merkle 树的完整性校验**

Merkle 树的最底层与 Hash 列表一样，每个小数据块有相应的 Hash 值，作为 Merkle 树的叶子节点，如图 2.20 所示。将相邻的两个 Hash 值连接，并计算它们的 Hash 值，每两个叶子节点(若是奇数个叶子，则最后单个叶子节点)都生成一个新的 Hash 值作为 Merkle 树的上一层节点；以此计算，最终获得一个根节点和所有的内部节点。

在 P2P 网络下载之前，可以先从可信节点获得文件的 Merkle 树的树根。一旦获得了树根，就可以从其他不可信节点获取 Merkle 树。如果检测出树的其他节点是损坏的，则重新从其他节点下载相应的损坏部分，直到构成一棵完整的 Merkle 树。

Merkle 树与 Hash 列表的主要区别在于，Merkle 树可以下载并验证一个分支。如果出现损坏，仅仅重新下载该分支对应的节点即可。如果文件比较大，Merkle 树的效率显著优于 Hash 列表。

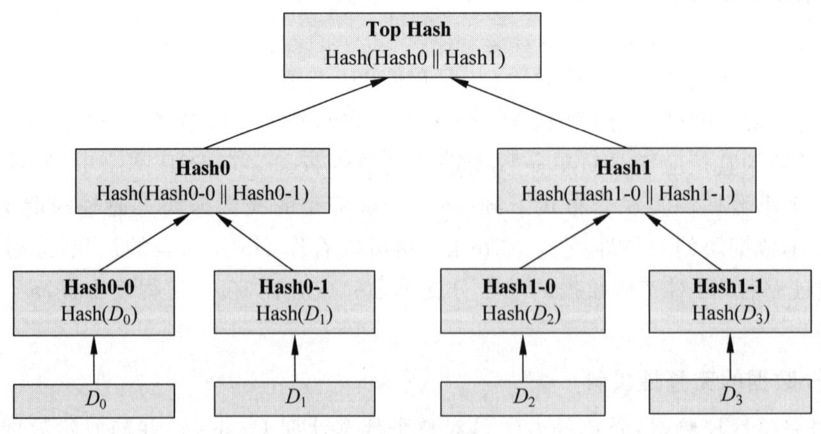


图 2.20 Merkle 树

Merkle 树大多指完全二叉树，也可以是完全多叉树。

构建 Merkle 树是 $O(n)$ 复杂度($O(n)$ 次 Hash 运算)，$n$ 是数据块的数量，相应 Merkle

树的树高是 $\log_2(n)+1$。

Merkle 树在很多其他领域也有重要应用，如一次性数字签名、可信计算、文件管理系统、比特币和以太坊等。

# 2.8 数字签名技术

数字签名是指使用私有密钥对数据进行某种密码运算生成一系列符号或数据单元，来代替手写签名或印章。在某些应用环境中，需要确认消息的来源，防止欺诈行为或消息伪造，通常使用的技术就是数字签名。

## 2.8.1 数字签名原理

数字签名随着公钥的发展而发展起来，在身份认证、数据源认证、完整性保护、不可否认性等方面有着重要的应用。

类似于手写签名，数字签名应具有以下性质：

(1) 可验证。收方能够验证签名生成者的身份，确定数据的来源，或者检测数据完整性。

(2) 不可伪造。签名的生成必须使用发送方独有的一些信息，他人无法冒充而生成合法的数字签名。

(3) 不可否认。发送方发出签名的信息后，就不能再否认他所签发的信息。

(4) 可仲裁。发生争端后，可通过第三方验证签名来解决通信双方的争议。

完整的数字签名方案包括签名生成和签名验证两部分，相应的签名算法和验证算法可分别用 Sig 和 Ver 表示，如图 2.21 所示。

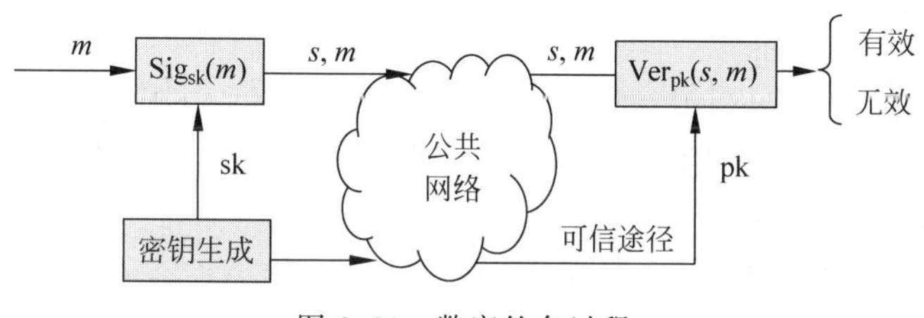


图 2.21 数字签名过程

签名生成过程主要包括两个步骤：第一，生成签名密钥与验证密钥。在公钥环境下，这两个密钥分别对应用于签名的私钥(sk)和用于验证的公钥(pk)。第二，计算待签数据($m$)的摘要，运用签名算法对该摘要进行签名。

在签名验证过程中，验证者接收到数字签名后，使用签发者的公钥和验证算法完成验证，从而判断签名的有效性。签名验证过程主要包括三个步骤：第一，通过可信途径获得签名者的公钥，如可通过公钥数字证书方式获得。第二，接收到签名信息后，计算原始数据的摘要，并使用验证算法进行验证。第三，根据验证规则，判断签名有效或无效。

### 2.8.2 RSA 签名方案

同 RSA 加密方案一样，RSA 签名方案也是基于大整数分解的困难问题，签名和验证分别只须做两个模指数运算，被广泛应用于互联网与电子商务等领域。

RSA 签名方案的实现过程如下。

**1. 参数生成**

(1) 选取两个秘密大素数 $p$ 和 $q$(至少 512 比特)。

(2) 计算模数 $n=p\times q$，以及欧拉函数值 $\varphi(n)=(p-1)(q-1)$。

(3) 选取一个公钥 $e$，满足 $1\leqslant e<\varphi(n)$，且 $\gcd(\varphi(n),e)=1$。

(4) 计算私钥 $d$，满足 $de\equiv 1(\bmod\ \varphi(n))$。

(5) 公开用户的公钥$(n,e)$，安全存储用户的私钥 $d$。

**2. 签名**

签名生成者使用 Hash 函数与自己的私钥完成以下运算。

(1) 计算待签数据 $m$ 的摘要 $H(m)$。

(2) 使用签名者的私钥计算

$$s=\mathrm{Sig}_{\mathrm{sk}}(m)=(H(m))^d(\bmod\ n)$$

将$(m,s)$发送给签名验证者。

**3. 验证**

验证者通过可信途径获得签名者的公钥，在收到签名信息$(m,s)$后，完成以下验证运算：

(1) 计算数据 $m$ 的摘要 $H(m)$。

(2) 使用签名者的公钥计算

$$H'(m)=s^e(\bmod\ n)$$

(3) 对比 $H'(m)$与 $H(m)$是否相等，若相等，签名有效；否则，签名无效。

**例 2.3** RSA 签名方案实例。

(1) 参数生成

① 秘密选取两个安全素数 $p=11,q=13$。

② 计算 $n=pq=11\times 13=143$，以及 $\varphi(n)=(p-1)(q-1)=10\times 12=120$。

③ 选择公钥 $e=17$，满足

$$\gcd(e,\varphi(n))=\gcd(17,120)=1$$

④ 计算私钥 $d=e^{-1}(\bmod\ 120)=17^{-1}(\bmod\ 120)=113(\bmod\ 120)$。

⑤ 公钥为$(e,n)=(17,143)$，私钥为 $d=113$。

(2) 签名

① 计算待签数据 $m$ 的摘要，设 $H(m)=51$。

② 使用签名者的私钥计算

$$s=\mathrm{Sig}_{\mathrm{sk}}(m)=51^{113}(\bmod\ 143)=90$$

将$(m,90)$发送给签名验证者。

(3) 解密

验证者通过可信途径获得签名者的公钥 $e=17$,在收到签名信息($m$,90)后,计算:

① 计算数据 $m$ 的摘要 $H(m)=51$;

② 使用签名者的公钥计算

$$H'(m)=s^e \pmod n = 90^{17} \pmod{143} = 51$$

③ 通过对比得到 $H'(m)$与 $H(m)$两者相等,签名有效。

将 Hash 函数用于数字签名过程,不仅提高了签名的安全性,而且提升了签名与验证的效率。

## 2.8.3 椭圆曲线签名方案

1991 年 8 月,美国国家标准技术研究院(NIST)颁布了数字签名标准(Digital Signature Standard,DSS),该标准采用了 DSA 算法(Digital Signature Algorithm)。DSA 是一种在有限域上构造的数字签名算法,由 D. W. Kravitz 在 ElGamal 和 Schnorr (1991)两个签名方案的基础上设计而成。该签名标准具有较大的兼容性和适用性,是网络安全体系的基本构件之一。

ECDSA(Elliptic Cure Digital Signature Algorithm)是参照 DSA 的椭圆曲线上实现的签名算法,其安全性依赖于椭圆曲线上的离散对数问题。区块链中使用的数字签名就是 ECDSA。

ECDSA 签名算法的实现过程如下。

### 1. 参数生成

(1) 全局参数。选择一个有限域 $F_p$($p$ 为大素数),通过选择参数构造椭圆曲线 $E_p(a,b)$,选择一个基点 $G$,满足 $G$ 在椭圆曲线上的阶是一个大素数 $n$。

(2) 用户参数。选择一个随机数 $d(1\leqslant d\leqslant n)$作为用户的私钥,计算 $Q=dG$ 作为用户的公钥。

(3) 公开用户的参数($F_p,a,b,E,G,n,Q$)。

### 2. 签名

用户对数据 $m$ 签名时,完成以下运算:

(1) 计算待签数据 $m$ 的摘要 $H(m)$($H(m)$是一个数值)。

(2) 选择一个随机数 $k(1\leqslant k\leqslant n)$,计算 $kG=(x,y)$,以及

$$r=x \pmod n$$
$$s=(H(m)+rd)k^{-1} \pmod n$$

($r,s$)即为用户对 $m$ 的签名。

### 3. 验证

验证者通过可信途径获得签名者的公钥,在收到签名信息($r,s$)后,完成以下验证运算:

(1) 计算数据 $m$ 的摘要 $H(m)$。

(2) 计算 $u=s^{-1}H(m) \pmod n$。

(3) 计算 $v=s^{-1}r \pmod n$。

(4) 计算$(x_1, y_1)=uG+vQ$,以及$r_1=x_1 (\bmod n)$。

(5) 如果$r_1=r$,则签名有效;否则签名无效。

事实上,如果收到的$(r,s)$的确是$m$的签名,则在验证(5)中,

$$\begin{aligned}(x_1, y_1) &= uG + vQ \\ &= s^{-1}H(m)G + s^{-1}rQ \\ &= (s^{-1}H(m) + s^{-1}rd)G \\ &= kG \\ &= (x, y)\end{aligned}$$

于是,$r_1=r$。

**注意**:ECDSA 中使用的有限域通常可以是$F_p$($p$为大素数),也可以是$F_2m$。

**例 2.4** ECDSA 签名算法实例。

(1) 参数生成

① 全局参数。选择一个有限域$F_{43}$,选取椭圆曲线$E_{43}(1,1)$,选择一个基点$G=(11,28)$,点$G$在椭圆曲线上的阶是17。

② 用户参数。设用户的私钥为7,计算$Q=7G=(20,25)$作为用户的公钥。

③ 公开用户的参数$(F_{43}, E_{43}(1,1), G=(11,28), n=17, Q=(20,25))$。

(2) 签名

用户对数据$m$签名时,完成以下运算:

① 设待签数据$m$的摘要$H(m)=38$。

② 选择一个随机数$k=12\in[1,17]$,计算$12G=(x,y)=(33,18)$,以及

$$r = x (\bmod 17) = 16$$

$$s = (H(m) + rd)k^{-1} (\bmod 17) = 4$$

$(r,s)=(16,4)$,即为用户对$m$的签名。

(3) 验证

验证者通过可信途径获得签名者的公钥,在收到签名信息$(r,s)$后,完成以下验证运算:

① 计算数据$m$的摘要$H(m)=38$。

② 计算$u=s^{-1}H(m)(\bmod 17)=1$。

③ 计算$v=s^{-1}r(\bmod 17)=4$。

④ 计算$(x_1, y_1)=uG+vQ=(33,18)$,以及$r_1=x_1(\bmod 17)=33(\bmod 17)=16$。

⑤ 由于$r_1=r$,所以签名有效。

## 2.9 零知识证明

零知识证明(ZKF)是指证明者能够向验证者证明自己拥有某个秘密,而不暴露该秘密,即给外界的“知识”为“零”。

20 世纪 80 年代,S. Goldwasser 等人提出的零知识证明,示证者和验证者之间需要进行交互,这样的零知识证明被称为“交互式零知识证明”。

### 2.9.1　交互式零知识证明

基于二次剩余问题，U. Fiege、A. Fiat 和 A. Shamir 于 1987 年给出了一种交互式零知识证明方案，用于实现身份识别。

在 Fiat-Shamir 身份识别方案中，证明者秘密选择 $t$ 个模平方根构成的一个向量 $y=(y_1,y_2,\cdots,y_t)$，这些数值可以嵌入示证者的身份等信息，在不泄露这些信息的情况下，向验证者证明拥有这些信息。

Fiat-Shamir 身份识别方案如下。

**1. 参数建立**

(1) 系统秘密选取两个大素数 $p,q$，计算模数 $n=pq$。

(2) 示证者随机选取 $t$ 个整数 $y_i\in Z_n, i=1,2,\cdots,t$，向验证者证明持有这些知识，计算 $x=(x_1,\cdots,x_t)=(y_1^2,y_2^2,\cdots,y_t^2)(\bmod n)$。

(3) 系统的公开参数是 $n$ 和 $x=(x_1,x_2,\cdots,x_t)$。

**2. 示证与验证过程**

(1) 示证者 P(如用户)选择一个随机数 $r\in Z_n$，计算 $a=r^2(\bmod n)$，并将 $a$ 发给验证者 V(如验证系统)。

(2) V 选择 $t$ 个随机数 $r_i\in\{0,1\}, i=1,2,\cdots,t$，并将 $e=(e_1,e_2,\cdots,e_t)$发给 P。

(3) P 计算 $b=r\prod_{i=1}^{t}y_i^{e_i}(\bmod n)$，并将 $b$ 发给 V。

(4) V 计算并验证

$$b^2=a\prod_{i=1}^{t}x_i^{e_i}(\bmod n)$$

若相等则验证者接受证明。

协议执行 $k$ 次交互证明后，V 能以约 $1-2^{-kt}$ 的概率相信 P 知道 $x_1,x_2,\cdots,x_t$ 模 $n$ 的平方根。

### 2.9.2　非交互式零知识证明

20 世纪 80 年代末，M. Blum 等进一步提出了“非交互零知识证明”的概念，证明了任何零知识证明系统的交互可以用一个共享的随机串代替。非交互零知识证明的一个重要应用场合是需要执行密码协议的大型网络或单向网络。

S. Goldwasser 等证明了下面的事情是可能的：在不透露证明过程的情况下，说明定理是正确的。

具备哪些条件才能使零知识证明可行？从传统的 ZKP 中总结三个因素：

(1) 交互。

(2) 隐藏的随机选择。验证者选择的质询随机串对示证者来说是不可预测的。

(3) 计算困难。将证明嵌入到困难问题中。

第(3)条“计算困难”使得第(1)条“交互”、第(2)条中含有的不可预测属性不是必需的。

如果证明者和验证者共享一个共同的随机串，可以在非交互的环境中实现零知识证明。

非交互零知识证明方案如下。

定义：若 $y \in NQR(n)(+1)$，称 $s$ 为 $z$ 模 $n$ 的一个根，如果 $z = s^2 (\bmod n)$ 或者 $yz = s^2 (\bmod n)$，记为 $s = \sqrt[(n,y)]{z}$。

其中：

$n$ 为 Blume 整数，即两个 $4k+3$ 形式的大素数乘积。

QR($n$)表示模 $n$ 的二次剩余全体。

$J_n^{+1}$ 表示模 $n$ 的雅可比符号为+1 的数的全体。

NQR($n$)(+1)表示模 $n$ 的二次非剩余且模 $n$ 的雅可比符号为+1 的全体。设 P 为示证者，V 为验证者。

**1. 参数建立**

(1) 随机选取 $y \in NQR(n)(+1)$。

(2) 一个 $l^3$ 比特的随机数串 $\rho = \rho_1 \rho_2 \cdots \rho_{l^2}$，其中 $\rho_i$ 的长度为 $l$。

**2. P 的操作**

如果 $\rho_i \in J_n^{+1}$，则随机选取 $s_i = \sqrt[(n,y)]{\rho_i}$（本有 4 个根），$i = 1, 2, \cdots, l^2$，并将 $s_1, s_2, \cdots s_{l^2}$ 发送给 B。

**3. V 的操作**

对每个 $\rho_i \in J_n^{+1}$，验证 $s_i = \sqrt[(n,y)]{\rho_i}$，若成立，ACCEPT；否则，REJECT。

## 2.10 Base58

Base58 是一种编码方式，包含了阿拉伯数字、小写英文字母和大写英文字母。在 Base64 的基础上去掉了 6 个易混淆的字符，即排除了大写字母 O、I，数字 0、1 与 +、/，以便在任何字体的显示中都能区分是什么字符。

Base58 编码同二进制、十进制、十六进制一样，可以看成一种五十八进制的编码，如表 2.9 所示。

表 2.9 二进制、十进制、十六进制、五十八进制的编码符号

| Base | 符号 |
|---|---|
| 二进制 | 0,1 |
| 十进制 | 0,1,2,3,4,5,6,7,8,9 |
| 十六进制 | 0,1,2,3,4,5,6,7,8,9,a,b,c,d,e,f |
| 五十八进制 | 1,2,3,4,5,6,7,8,9,A,<br>B,C,D,E,F,G,H,J,K,L,<br>M,N,P,Q,R,S,T,U,V,W,<br>X,Y,Z,a,b,c,d,e,f,g,<br>h,i,j,k,m,n,o,p,q,r,<br>s,t,u,v,w,x,y,z |

例如，

$$\text{Base10}(99999)=99999$$
$$\text{Base16}(99999)=1869f$$
$$\text{Base58}(99999)=[29][42][7]=\text{Wj8}$$

数值 0,1,…,57 分别对应 Base58 中的 1,2,…,z 符号。

由于普通数字的最高位不为 0，而编码的对象是字节流，允许字节流的最前面出现 0（0x00），因此 Base58 使用带余除法求得小段字节流的五十八进制表示时，会丢失这个信息。所以编码时需要特殊记录：字节流的开端有多少个 0x00，就直接在转换后的编码前面加上相同数目的 Base58 中的符号 1。同理，解码时需先记录前端的 Base58 中符号 1 的个数，解码之后在数据的前面加上相同数量的 0x00。

Base58 与 Base64 都会造成信息冗余，使传输的数据量增大，所以这两种编码方法只适合小数据。

Base64 最普遍的应用是 URL、邮件文本、图片；Base58 编码在比特币地址、私钥和脚本哈希的场景下得到了运用。相比于 Base64 直接切割比特的方法，Base58 采用大数进制转换，效率更低，所以使用场景的数据更少。

## 2.11 我国商用密码算法

商用密码是指用于商业领域的密码技术，包括密码算法研发与编制、编程技术、密码算法芯片以及加密卡等实现技术。

商用密码主要用于不涉及国家秘密但又具有敏感性的内部信息、行政事务信息、经济信息等进行加密保护，应用领域十分广泛，如各种网络安全认证、网上银行、数字签名、企业内部各类敏感信息的保护、企业门禁等。

国家密码管理局颁布了一系列商用密码标准，包括 SSF33、SM1、SM2、SM3、SM4、SM7、SM9、祖冲之密码算法等，其中 SSF33、SM1、SM4、SM7、祖冲之密码是对称算法，SM2、SM9 是非对称算法，SM3 是哈希算法。SM2/3/9 已相继纳入 ISO/IEC 国际标准。

SSF33 与 SM1 均为分组密码算法，分组长度和密钥长度均为 128 比特，目前这两个分组密码算法尚未公开，仅以 IP 核的形式存在于芯片中。由于性能原因，SSF33 逐步被 SM1、SM4 代替。基于 SM1 算法已经研制了系列芯片、智能 IC 卡、智能密码钥匙、加密卡等安全产品，主要应用于电子政务、电子商务及国民经济等应用领域。

SM2 是一种椭圆曲线公钥密码算法，在我国商用密码体系中被用来替换 RSA 算法。SM2 标准包括总则、数字签名算法、密钥交换协议、公钥加密算法 4 部分，主要考虑素域 $F_p(p>3)$ 和 $F_{2^m}$ 上的椭圆曲线。

SM3 是一种密码哈希函数标准，输出长度为 256 比特。在商用密码体系中，SM3 主要用于数字签名、消息认证码、随机数生成等。

SM4 算法是一种分组密码算法，其分组与密钥长度为 128 比特。以字（32 比特）为单位进行加密运算，加密算法与密钥扩展算法均采用 32 轮非线性迭代结构。SM4 算法的加密与解密算法的结构相同，只是轮密钥的使用顺序相反，其中解密轮密钥是加密轮密钥的逆序。

SM7 是一种分组密码算法，分组长度和密钥长度均为 128 比特，该算法未公开发布，SM7 主要用于门禁系统、电子标签、身份识别等领域。

SM9 是一种基于椭圆曲线上双线性对的标识密码标准，将用户的身份标识（如邮箱地址、手机号等）生成用户的公、私钥对，主要用于数字签名、数据加密、密钥交换以及身份验证等，减少了烦琐的证书管理。

祖冲之序列算法（ZUC 算法）是一种流密码算法，在 128 比特种子密钥和 128 比特初始向量的控制下，输出 32 比特的密钥字流。2011 年 9 月被 3GPP LTE 采纳为国际加密标准（TS 35.221），即第 4 代移动通信加密标准。

## 2.12 后量子密码

量子计算是一种遵循量子力学规律调控量子信息单元进行计算的新型计算模式。从计算的效率上，由于量子的叠加性，量子计算机比传统计算机具有更大的潜力。

目前，常用的公钥密码算法（如 RSA、Diffie-Hellman 和 ECC 等），大都基于整数分解或离散对数问题。1994 年，美国贝尔实验室的数学家 P. Shor 设计了一种量子算法，从理论上证明了该算法能够在短时间内解决这两个问题，从而宣布了这些公钥密码在量子计算环境下不安全。

另一方面，由于传统计算机具有量子计算机尚不具备的准确性和成熟度，各具优势，即使出现了量子计算机，两者也将共存。因此，研究用传统数学方法实现抗量子计算攻击的密码算法，即后量子密码，能够在未来量子时代继续为传统数据提供保护。目前的后量子密码主要分为 4 类：基于 Hash 函数的数字签名方案、基于格的密码、基于编码的密码以及多变量公钥密码。

L. Lamport 提出的基于 Hash 函数的一次性签名方案是重要的抗量子签名候选方案，其中的 Hash 函数也可使用 AES 等分组密码来构造。由于一次性签名方案的每组密钥对只能使用一次，密钥更新复杂度高。R. Merkle 使用完全二叉 Hash 树给出解决该问题的一个方法，增加了文件签署个数，减少了密钥更新次数。

格密码是一类备受关注的抗量子计算攻击的公钥密码体制，该类密码体制所基于的问题是，大维数格上的最短向量问题（SVP）和最近向量问题（CVP）等数学难题。最有代表性的是 1996 年由 J. Hofftstein 等基于多项式环构造的公钥密码体制（Number Theory Research Unit，NTRU），即可用于加密，也可用于签名。其特点是密钥短且容易生成，加密、解密的速度快，所需存储空间小；不足之处是解密可能出错。

基于编码理论构造密码体制的安全基础是译码的困难性。利用一般线性译码问题是 NPC 问题，R. J. McEliece 使用 Goppa 码首次提出了基于纠错码的公钥密码体制，公钥是生成矩阵被随机化处理后的结果，私钥是生成矩阵对应的译码算法，密文是被加了一个随机错误的码字，只有拥有私钥的人才能恢复出正确的码字。McEliece 公钥密码的主要缺点是公钥规模过大（从 100KB 到数兆字节），需要占用较多的存储空间。

多变量公钥密码是近几年后量子公钥密码研究的一个热点，其安全性基于有限域上非线性方程组求解的困难性。1998 年 H. Imai 与 T. Matsumoto 提出了多变量公钥密码体制，在随后的30年里，密码研究者提出了许多变量密码方案。

希望在后量子密码研究领域涌现出更多的数学工具和实用的密码方案，这对于未来的密码发展至关重要。

## 2.13 本章小结

本章介绍了区块链的安全基石密码学技术。目前，区块链技术中主要使用到的密码算法包括对称加密算法、非对称加密算法、Hash函数、Merkle树和数字签名技术等，在隐私保护型的区块链平台中大多使用到了零知识证明技术，地址编码中一般使用了Base58，本章都进行了一一讲解。本章还介绍了我国商用密码算法的基本情况，并且指出了量子计算后密码学技术的发展趋势。

## 参考文献


[1] 姜正涛. 信息安全数学基础[M]. 北京：电子工业出版社，2017.

[2] 杨波. 现代密码学[M]. 4版. 北京：清华大学出版社，2017.

[3] Blume M, Santis A, Micali S, et al. Non-interactive zero knowledge[C]. Proc. of the 20th Annual ACM Symposium on Theory of Computing, 1988, 103-112.

[4] Lamport L. Constructing digital signatures from a one-way function[OL]. Tehnical Report SRI-CSL-98, SRI International Computer Science Laboratory, 1979.

[5] Merkle R C. A certifield digital signature[C]. Advances in Cryptology-CRYPTO'89, 1989, LNCS 435, Springer, 218-238.

[6] Hoffstein J, Pipher J, Silverrnan J H. NTRU: A ring based public key cryptosystem[J]. International Algorithmic Number Theory Symposium, 1998, LNCS 1423, Springer, 267-288.

[7] Imai H, Matsumoto T. Algebraic methods for constructing asymmetric cryptosystems[J]. International Conference on Applied Algebra, Algebraic Algorithms, and Error-Correcting Codes, 1986, LNCS 229, Springer, 108-119.

# 第3章

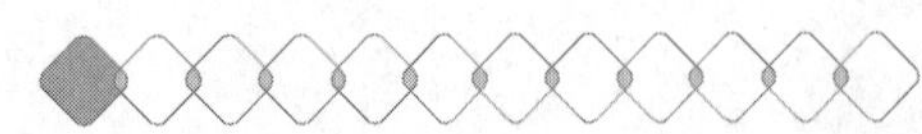

# 共识算法

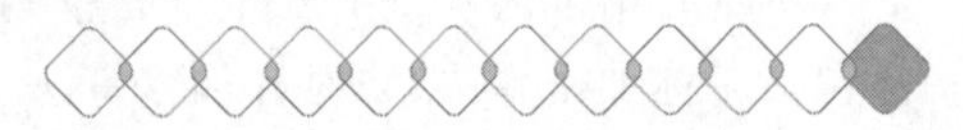

第 2 章介绍了作为区块链核心技术的密码学的一些重要知识，在本章中将为读者介绍区块链技术的另一个重要核心技术——分布式共识算法。分布式共识算法是分布式系统中保证系统状态一致性的重要技术，是分布式文件系统、分布式数据库的重要基础。区块链系统采用分布式共识算法在无中心节点控制、同时又可能存在破坏节点的环境下确立系统状态，从而建立信任。区块链因此也被称为“信任机器”，由此可见，共识算法是区块链技术中需要重点掌握的关键技术。共识算法因不同的应用场景而有所不同，从区块链的部署架构来看，有适合于公有链的共识算法，也有适合于联盟链或私有链的共识算法。公有链上的共识算法一般需要支持高扩展性，能够在共识节点动态出入网络的情况下保证共识流程的节奏，同时又要防止拜占庭节点对网络的攻击。受限于 FLP 定理和 CAP 定理，公有链的共识算法一般不能保证强一致性。而另一方面，联盟链的共识算法一般需要支持强一致性、高性能，但对高扩展性和防拜占庭节点攻击方面的要求往往没有公有链的要求那么高。

不同的共识算法在一致性、正确性、可终止性、交易吞吐量、记账频率、扩展性和安全性各有不同。在实际应用中，需要根据应用场景，选择能满足应用需求的共识算法。下面我们来介绍分布式共识算法的背景和典型的共识算法。

## 3.1 分布式共识算法背景

在数据库系统中，两阶段提交(Two-Phase Commit)是一个普遍使用的保证一致性的方法。如图 3.1 所示，两阶段提交由一个协调节点(Coordinator)居中控制。

第一阶段，协调节点会向所有节点发送一个询问“是否准备好”的消息，各节点会响应该消息；

第二阶段，如果各节点的响应都是准备好的回复，协调节点会向各节点发“提交”指令，否则会发“回滚”指令。

这样所有节点的状态都会保持一致，提交新的状态，或者回滚成以前状态。两阶段提交

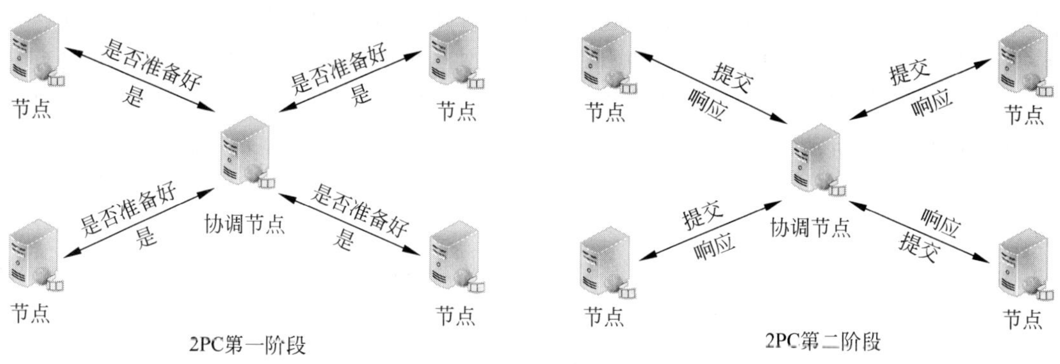


图 3.1 两阶段提交协议

协议在没有出现节点故障的情况下可以保证系统状态的一致性，但是当协调节点和另外一个节点同时出现故障的时候，系统没有办法知道故障节点的状态，因此无法决定是提交还是回滚。

为了解决这个问题，三阶段提交(Three-Phase Commit)协议被提出来(见图 3.2)，即在正式提交前，协调节点再发一次“准备提交”的消息，在收到所有节点的回复后，协调节点才最后发“提交”的指令。三阶段提交能部分解决两阶段提交中协调节点和另一节点同时出故障的问题，但是系统过分依赖一个协调节点，另外其余节点也没有办法形成对协调节点是否出现故障的共识，因此，无论两阶段提交或三阶段提交，都不能作为一个分布式共识算法，只能在通常情况下保障分布式系统的一致性。

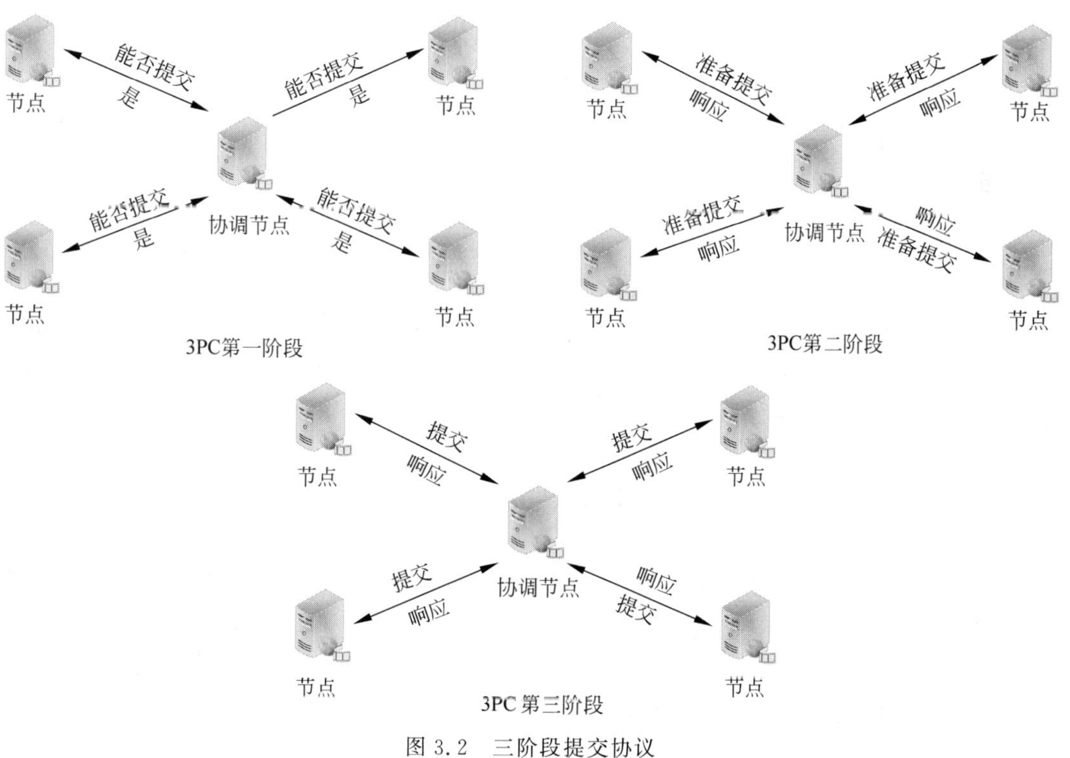


图 3.2 三阶段提交协议

两阶段提交或三阶段提交多数用在同步通信的分布式系统中，而通常的分布式系统是由多个主机通过异步通信方式组成网络集群。在这样的一个异步系统中，需要主机之间进行状态复制，以保证每个主机达成一致的状态共识。然而，异步系统中，可能出现无法通信的故障主机，而主机的性能可能下降，网络可能拥塞，这些可能导致错误信息在系统内传播。因此，需要在默认不可靠的异步网络中建立容错协议，以确保各主机达成安全可靠的状态共识。

利用区块链构造基于互联网的去中心化账本，需要解决的首要问题是如何实现不同账本节点上的账本数据的一致性和正确性。这就需要借鉴已有的在分布式系统中实现状态共识的算法，确定网络中选择记账节点的机制，以及如何保障账本数据在全网中形成正确、一致的共识。

在 20 世纪 80 年代出现的分布式系统共识算法，是区块链共识算法的基础。下面从基本的拜占庭将军问题入手，逐步介绍适合于联盟链/私有链和公有链的共识算法。

### 3.1.1 拜占庭将军问题

拜占庭将军问题是区块链平台的共识机制需要解决的一个核心问题。学习共识算法首先要理解拜占庭将军问题。

**1. 拜占庭将军问题提出与约束条件**

拜占庭将军问题是 Leslie Lamport 在 20 世纪 80 年代提出的一个假象问题。拜占庭是东罗马帝国的首都，由于当时拜占庭罗马帝国国土辽阔，各支军队的驻地分隔很远，将军们只能靠信使传递消息。发生战争时，将军们必须制订统一的行动计划。然而，这些将军中有叛徒，叛徒希望通过发布错误消息来影响忠诚将军们制订统一的行动计划，以达到破坏忠诚的将军们统一行动的目的。因此，将军们必须有一个预定的方法协议，使得满足两个条件：

A：使所有忠诚的将军能够达成一致；

B：少数几个叛徒不能使忠诚的将军做出错误的计划。

条件 B 比较难用形式化方式描述，这里需要了解的是将军们怎么做决策。一般来说，每个将军都会把他观察到的敌情派通信员告知其他将军。假设 $v(i)$是第 $i$ 个将军通知其他将军的消息，每个将军会采用某种方法把所有收到的消息 $v(1)v(2)\cdots v(n)$组成一个单一的行动计划，其中 $n$ 是将军的数目。条件 A 可以通过采用同一方法来组成行动计划来达到，而条件 B 则可以通过某种鲁棒性方式来达到，例如，通过多数人的意见来决定最后的行动计划。

如果要满足条件 A，下列条件必须满足：

(1) 每个忠诚的将军必须收到相同的命令值 $v(1),v(2),\cdots,v(n)$（$v(i)$是第 $i$ 个将军的命令）。

(2) 如果第 $i$ 个将军是忠诚的，那么他发送的命令和每个忠诚将军收到的 $v(i)$相同。

Lamport 把以上所有将军互相发命令的问题简化成一个将军发指令给 $n-1$ 个副官，从而得出拜占庭将军问题。

**拜占庭将军问题**——一个发送命令的将军要送一个命令给其余 $n-1$ 个副官，使得

IC1. 所有忠诚的接收命令的副官遵守相同的命令；

IC2. 如果发送命令的将军是忠诚的，那么所有忠诚的接收命令的副官将遵守所接收的

命令。

**拜占庭将军论断**——Lamport 指出在将军通过通信员口头传递信息的情况下，只要有 1/3 以上的叛徒，则没法保证忠诚的副官能达成一致的行动。

Lamport 采用一个简单的图来说明在一个将军两个副官的情况下，只要有一个叛徒存在，就不可能达成共识。如图 3.3 所示，当将军是叛徒的情况下，忠诚的副官 1 和副官 2 没法遵从同样的命令，因此没办法保障 IC1 的成立。

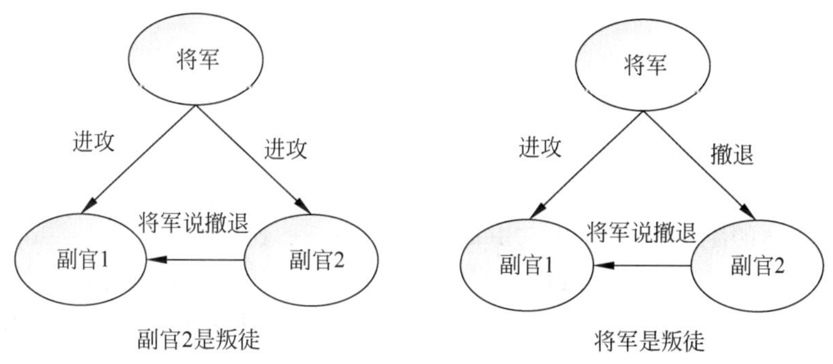


图 3.3　三个拜占庭将军，一个叛徒

Lamport 对拜占庭将军问题的研究表明，当 $n>3m$ 时，即叛徒的个数 $m$ 小于将军总数 $n$ 的三分之一时，通过口头同步通信(假设通信是可靠的)，可以构造同时满足 IC1 和 IC2 的解决方案，即将军们可以达成一致的命令。但如果通信是可认证、防篡改伪造的(如采用 PKI 认证、消息签名等)，则在任意多的叛徒(至少得有两个忠诚将军)的情况下都可以找到解决方案。

Lamport 对口头同步通信的定义如下：

A1. 每个发送的消息都会被正确地接收；

A2. 接收消息的人知道谁发送的消息；

A3. 消息没有发送可以被检测到。

Lamport 利用递归的方式定义了一个能在系统中叛徒少于 1/3 的将军总数的情况下，采用口头同步信息达成共识的算法，简单表示成 OM($m$)，即在最多 $m$ 个叛徒的情况下，该算法能使总共超过 $3m+1$ 的将军解决拜占庭将军的问题。该算法假设有一个 majority 的多数函数，当大多数的 $v(i)$ 值等于 $v$，则 majority($v(1),\cdots,v(n-1)$) 等于 $v$。如果 $v(i)$ 不存在，该函数值是 RETREAT(默认值是撤退)。

**2. 算法与定理**

1) M(0)($m=0$，没有叛徒的情况)

(1) 将军发他的值(相当于命令)给每一个副官。

(2) 每个副官用他接收到将军的值作为当前值，如果没有接收到，用 RETREAT(默认值撤退)。

2) 算法 OM($m$)，$m>0$

(1) 将军发他的值给每一个副官。

(2) 对每个 $i$，让 $v(i)$ 等于副官 $i$ 从将军那里接收到的命令，或者如果没有接收到指令的话，值就是 RETREAT(默认值撤退)。副官 $i$ 作为算法 OM($m-1$)的将军，发 $v(i)$ 给其他 $n-2$

个副官。

(3) 对每个 $i$,以及每个 $j \neq i$,让 $v(j)$ 等于步骤(2)中采用算法 OM($m-1$)副官 $i$ 从副官 $j$ 接收到的值,或者是没有收到值则默认为 RETREAT。副官 $i$ 取 majority($v(1)$,$v(2)$,…,$v(n-1)$)的值。

为了证明算法 OM($m$)对任意 $m$ 能解决拜占庭将军问题,先证明以下引理。

**引理 1**:对任意 $m$ 和 $k$,如果有多于 $2k+m$ 个将军和最多 $k$ 个叛徒,算法 OM($m$)满足 IC2。

**证明**:证明采用归纳法。IC2 只是规定在将军是忠诚的情况下需要满足的条件。根据 A1,可以容易看出当将军是忠诚的时候,OM(0)成立,所以引理 1 在 $m=0$ 情况下成立。现在假设在 $m>0$ 的情况下成立,只需要证明在 $m-1$ 情况下也成立,通过数学归纳法,可以得出引理 1 成立。在算法 OM($m$)第一步,忠诚的将军发一个值 $v$ 给所有 $n-1$ 个副官。在第(2)步,每个忠诚的副官递归调用 OM($m-1$),总共 $n-1$ 个将军。

根据假设 $n>2k+m$,可以得到 $n-1>2k+(m-1)$,所以可以采用归纳法来得出每个忠诚的副官从第 $j$ 个忠诚的副官得到 $v(j)=v$。因为最多只有 $k$ 个叛徒,并且 $n-1>2k+(m-1)>2k$,所以 $n-1$ 个副官中的多数是忠诚的。因此,每个忠诚的副官都在 $n-1$ 个副官的多数中收到 $v(i)=v$,所以在第(3)步会得到 majority($v(1)$,$v(2)$,…,$v(n-1)$)$=v$,证明了 IC2,即当将军是忠诚的情况下,所有忠诚的副官都执行接收的命令。

以下定理确认算法 OM($m$)能解决拜占庭将军问题。

**定理 1**:对任意 $m$,如果在至多 $m$ 个叛徒,而将军数超过 $3m$ 个的情况下,算法 OM($m$)满足条件 IC1 和 IC2。

**证明**:采用归纳法来证明。如果没有叛徒,很容易得出 OM(0)满足 IC1 和 IC2。假设定理在 OM($m-1$)时成立,只需要证明在 OM($m$),$m>0$ 时也成立。

首先考虑将军是忠诚的情况。在引理 1 中,使 $k=m$,可以得出 OM($m$)满足 IC2。如果将军是忠诚的,IC1 也会自动满足。所以只需要在将军是叛徒的情况下验证 IC1。最多只有 $m$ 个叛徒,由于将军是其中一个,因此有 $m-1$ 个副官是叛徒。因为有超过 $3m$ 个将军,会有超过 $3m-1$ 个副官,而且 $3m-1>3(m-1)$。因此采用递归来得出 OM($m-1$)满足条件 IC1 和 IC2。所以,对每个 $j$,任何两个忠诚的副官在第三步的时候会得到相同的 $v(i)$(如果两个副官中的一个是副官 $j$,可以从 IC2 中得出,否则可以从 IC1 中得出)。因此,任意两个忠诚的副官可以得到一样的向量 $v(1)$,$v(2)$,…,$v(n-1)$,因此会在步骤(3)获得一样的 majority($v(1)$,$v(2)$,…,$v(n-1)$),证明 IC1 成立。

综上所述,拜占庭将军问题的实质就是要寻找一个方法,使得在有故障情况下能建立系统的共识。在分布式系统中,特别是在区块链网络中的环境,也和拜占庭将军的环境类似,有运行正常的服务器(类似忠诚的拜占庭将军),有故障的服务器,还有破坏者的服务器(类似叛变的拜占庭将军)。共识算法的核心是在正常的节点间形成对网络状态的共识,也就是解决拜占庭将军问题。

## 3.1.2 共识系统的基本定义

从 3.1.1 节可见,拜占庭将军问题在一个分布式系统中,是一个非常有挑战的问题。在这里,先给出分布式计算中有关拜占庭缺陷和故障的 4 个定义。

**定义1：拜占庭缺陷**(Byzantine Fault)。任何从不同观察者角度看表现出不同症状的缺陷。

**定义2：拜占庭故障**(Byzantine Failure)。在需要共识的系统中由于拜占庭缺陷导致丧失系统服务。

**定义3：宕机缺陷**(Fail-Stop Fault)。在需要共识的系统中导致进程停止运行发生的缺陷，该缺陷不对系统产生其他副作用。

**定义4：宕机恢复故障**(Fail-Recovery Failure)。在需要共识的系统中导致进程停止运行发生的故障，该故障在重启进程后恢复，不对系统产生其他副作用。

在分布式系统中，不是所有的缺陷或故障能称作拜占庭缺陷或故障。像宕机、丢消息等缺陷或故障不能算为拜占庭缺陷或故障。拜占庭缺陷或故障是最严重缺陷或故障，拜占庭缺陷有不可预测、任意性的特点，例如遭黑客破坏、中木马病毒的服务器就是一个拜占庭服务器的例子。

在一个分布式系统中，所有的进程都有一个初始值。在这种情况下，共识问题(Consensus Problem)，就是要寻找一个算法和协议，使得该协议满足以下三个属性。

(1) **一致性(Agreement)**：所有的非缺陷进程都必须同意同一个值。

(2) **正确性(Validity)**：所有非缺陷的进程所同意的值必须来自非故障进程所提议的值。

(3) **可结束性(Termination)**：每个非缺陷的进程必须最终确定一个值。

通常也把满足一致性和正确性称为安全性(Safety)，而满足可结束性称为活性(Liveness)。

根据Fischer-Lynch-Paterson的理论(见3.1.3节)，在异步通信的分布式系统中，只要有一个拜占庭缺陷的进程，就不可能找到一个共识算法，可同时满足上述要求的一致性、正确性和可结束性。也就是说，不能同时满足安全性(Safety)和活性(Liveness)。

在实际情况下，根据不同的假设条件，有很多不同的共识算法被设计出来，这些算法各有优势和局限。算法的假设条件有以下几种情况：

**故障模型**：非拜占庭故障/拜占庭故障。

**通信类型**：同步/异步。

**通信网络连接**：节点间直连数。

**信息发送者身份**：实名/匿名。

**通信通道稳定性**：通道可靠/不可靠。

**消息认证性**：认证消息/非认证消息。

通常实用的共识算法，如果按照严格的FLP异步通信的假设，往往只满足安全性而牺牲活性。也就是说，大部分实用的异步通信网络下的共识算法，往往不能保证在有限的时间内，总能达成共识。

### 3.1.3 Fisher-Lynch-Paterson定理

1983年，Fischer、Lynch和Paterson三位科学家给出以下定理。

**Fischer-Lynch-Paterson(简称FLP)定理**：在一个多进程异步系统中，只要有一个进程不可靠，那么就不存在一个协议，此协议能保证有限时间内使所有进程达成一致。

FLP 定理不考虑拜占庭故障，而仅仅是一般的宕机故障。它假设异步通信是可靠的，也就是说异步通信能成功传递消息，而且能保证只传递一次消息而不会传递重复消息。在这里，异步通信的意思是对进程处理速度和发送消息的延迟不做任何假设，也就是说进程处理速度有可能非常慢，消息的延迟也有可能非常大。同时假设进程没有一个同步的时钟可以访问，也就是说不能依靠超时来做判断。最后，也假设没法通过监控来判断进程是否出现故障。也就是说，没法分别一个进程是出现故障还是运行得非常慢。

先给出 FLP 定理中共识协议的一些基本定义和假设。

**定义 1**：一个共识协议 $P$ 是一个有 $N$ 个进程（$N \geqslant 2$）的异步通信系统。每个进程 $p$ 有一个一位的输入寄存器 xp，一个输出寄存器 yp，它们的取值范围是 $\{b,0,1\}$。每个进程有无限的内存。$p$ 的内部状态由它的输入/输出寄存器、内存、程序计数器决定。$p$ 是一个基于转换函数的确定性（deterministic）的进程，也就是说，如果收到一个消息，$p$ 的状态就会转到一个确定的状态。初始状态（initial state）是不包含输入寄存器的所有内部状态。输出寄存器的值如果是 0 或者 1，这个视为决定状态。如果进程 $p$ 进入决定状态，那么转换函数就不能再改变输出寄存器，也就是说，输出寄存器是仅“一次写”。当所有的非故障进程都进入一个相同值（0 或 1）的决定状态，那么系统就达成了共识。整个 $P$ 系统是由每个进程的转换函数和其相应的输入寄存器的初始值决定的。

**定义 2**：系统中的进程通过互相发消息来进行通信。一个消息可以表示成 $(p,m)$，其中 $p$ 是接收消息的进程，$m$ 是消息的值，$m \in \boldsymbol{M}$，$\boldsymbol{M}$ 是一个固定的消息集合。消息在发送后并在没有接收前，存在消息缓存中。消息的操作支持以下两个抽象函数。

send$(p,m)$：把 $(p,m)$ 放入消息缓存；

receive$(p)$：把 $(p,m)$ 从消息缓存中删除，同时返回 $m$，在这种情况下 $(p,m)$ 已经送到；否则返回特殊的空集 $\varnothing$，同时不改缓存。

由此可见，虽然每个进程的转换函数是决定性的，但在异步通信环境下，由于存在不确定的延迟，接收消息是非确定性的。也就是说，即使有消息在缓存，调用 receive$(p)$ 也可能多次返回空集 $\varnothing$。

**定义 3**：共识系统的配置（configuration）由所有进程的内部状态，加上消息缓存组成。初始配置（initial configuration）是每个进程从初始状态开始，同时消息缓存是清空的状态。

**定义 4**：一个步骤（step）是一个单一进程的一次执行，把一个配置状态转到另一个配置状态。假设 $C$ 是一个配置，一个步骤的执行应有两阶段。第一阶段是进程 $p$ 调用 receive$(p)$ 接收信息 $m \in \boldsymbol{M} \cup \{\varnothing\}$。然后取决于 $p$ 的内部状态和 $m$，$p$ 进入一个新的内部状态，并发有限的消息给其他进程。因为 $p$ 是确定性的，所以步骤完全取决于 $e=(p,m)$，$e$ 称一个事件。$e(C)$ 表示结果配置，同时我们称 $e$ 可以作用于 $C$。需要了解的是事件 $(p,\varnothing)$ 也总可以作用于 $C$，所以总是有可能一个进程会走另一个步骤。

**定义 5**：一个从 $C$ 的计划（schedule）是一个可以作用于 $C$ 的有限或无限的事件序列 $u$。相关的序列步骤叫作一个运行（run）。如果 $u$ 是有限的，我们用 $a(C)$ 来表示结果配置，那么可以说结果配置可以由 $C$ 到达（reachable）。一个从初始配置（initial configuration）能到达的配置叫作可访问（accessible）。以后，所有提到的配置假设都可访问。

计划（schedule）有互换性（commutativity），见下面引理。

**引理 1**：假设从一个配置 $C$，两个不同的计划 $\sigma_1$ 和 $\sigma_2$ 能分别作用于 $C$，并分别得到结

果 $C_1$ 和 $C_2$。如果 $\sigma_1$ 和 $\sigma_2$ 没有相同的进程，那么 $\sigma_2$ 可以作用于 $C_1$，$\sigma_1$ 可以作用于 $C_2$，同时结果配置是一样的。

**证明**：由于 $\sigma_1$ 和 $\sigma_2$ 没有重合的进程，且每个进程都是确定性的，其每一步骤只改变一个进程的内部状态，而且改变的状态也是确定的，另外根据 FLP 的假设，系统没有同步的时钟可以访问，因此状态的改变与时间无关。因此，$\sigma_1+\sigma_2$ 的结果状态和 $\sigma_2+\sigma_1$ 的状态将一致，如图 3.4 所示。

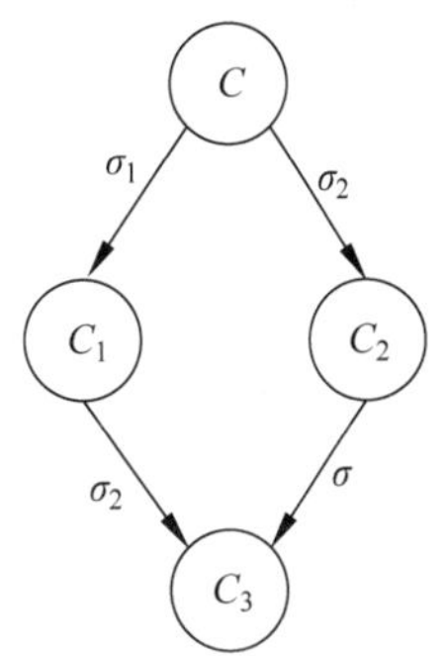

图 3.4　计划交换性

FLP 定理的作者采用反证法来证明 FLP 的正确性。他们首先假设在有一个进程出故障的情况下，异步系统能够达成共识状态，然后推出几个自相矛盾的引理。其中一个引理如下。

**引理 2**：任何一个异步通信共识协议 $P$，都有一个共识状态不确定的初始配置(initial configuration)。

这里所说的共识状态，指的是系统中所有非故障进程的 y 寄存器都进入全是“0”或者全是“1”的状态。如果全是“0”，FLP 定理作者把该状态定义成“0-valent”，如果全是“1”，则是“1-valent”。不确定状态，也就是说有些是“0”，有些是“1”，则定义成“bi-valent”，也就是说无法达成共识。

FLP 定理的作者采用反证法证明引理 2，其证明方式比较抽象难懂，这里用通俗语言来描述其证明。首先假设协议 $P$，只有一个共识状态确定的初始配置，要么是“0-valent”，要么就是“1-valent”。那么在所有可能的初始配置中，能够找到一个“0-valent”的初始配置，我们把它叫 $C_0$ 的初始配置，$C_0$ 通过一些步骤最后进入“0-valent”的决定状态，同时找到另外一个除进程 $p$ 之外状态和 $C_0$ 完全一样的 $C_1$ 初始配置，该配置通过一些步骤最后进入“1-valent”状态。$C_0$ 和 $C_1$ 只是在进程 $p$ 的状态不一样。如果进程 $p$ 出故障，也就是说进程 $p$ 不能接收或发送消息，那么 $C_0$ 和 $C_1$ 进入决定状态所运行的步骤就会一样。也就是说，在一个系统中，存在着一个运行计划(schedule)，有可能分别进入“0-valent”和“1-valent”的状态，因此和假设矛盾，从而证明了引理 2 的正确性。

在证明了引理 2 的基础上，FLP 定理作者更进一步证明引理 3。

**引理 3**：让 $C$ 是 $P$ 的一个不确定(bi-valent)配置，让 $e=(p,m)$ 是一个可以作用于 $C$ 的事件，让 $\zeta$ 是一组不运行 $e$ 而能从 $C$ 达到的配置，同时让 $\partial=e(\zeta)=\{e(E)|E\in\zeta$，$e$ 作用于 $E$，那么 $\partial$ 包含有一个不确定(bi-valent)的配置。

FLP 作者也是采用反证法来证明该引理，其证明过程比较烦琐，这里不做展开。其证明过程主要采用了引理 2 的证明技巧，同时加上引理 1 即运行计划的可交换性，得出自相矛盾的结果。

在引理 2 和引理 3 正确的基础上，可以容易地用反证法来导出 FLP 定理的正确性。

FLP 定理是共识算法中一个非常重要的基础性定理。该定理的出现在共识算法领域具有里程碑的意义，它推翻了过去很多研究者在共识算法领域的一些结论。在使用 FLP 定理的时候，我们一定要了解它的系统模型，也包括它的假设条件。在 FLP 的假设条件中，异步通信系统没有对进程接收消息、处理消息、回复消息的时间做一个上限。所以无法判断一个进程是出了故障，还是因为长时间处理而无回应。FLP 中的故障不是拜占庭故障，而仅仅是宕机类的故障。理解 FLP 定理的关键在于，尽管构成共识系统 $P$ 的每个进程 $p$ 的状态转换函数是确定性的(deterministic)，但是触发状态转换函数的消息接收和处理是异步的，也就是不确定的(un-deterministic)，因此，不可能在有一个缺陷进程的情况下达成整个系统的确定共识状态。

### 3.1.4 CAP 定理

在 2000 年的分布式计算原则大会(Symposium on Principles of Distributed Computing 2000)，Eric Brewer 做了一个主旨演讲，该主旨演讲分析了当时由于数据量的增长，新出现的一种数据库模式(BASE)。BASE 的意思是基本可用、软状态、最终一致性(Basically Available，Soft-State，Eventual Consistency)，这种新的模式是为了解决传统基于 ACID (Atomicity，Consistency，Isolation，Durability)的数据库在分布式环境扩展性差而产生的。Brewer 的分析结果中提出了 CAP(Consistency，Availability，Partition Tolerance)定理的假设。

**CAP 定理**：一个分布式数据库系统有三个需要的属性：①对网络分隔的容忍(Partition Tolerance)；②一致性(Consistency)；③可用性(Availability)。在任意一个数据共享系统，最多只能在三个属性中选择满足两个属性。

Brewer 当时并没有给出证明，而是在两年后由 Gilbert 和 Lynch 给出了正式的证明。在做该定理的证明前，Gilbert 和 Lynch 先对三个属性进行了严格的定义。

**Consistency**(数据对象原子性)：在所有的操作中，必须有一个完整的顺序存在，使得每个操作就像在单个实体上完成。在一个分布式多节点环境中，这意味着所有发生在一个写操作完成之后的读操作都必须返回该写操作写入的值。

**Availability**：每个非故障节点在收到请求后必须有回应。这意味着服务用的任何算法最后必须能终止。

**Partition Tolerance**：可以容忍网络丢失从一个节点发到另一节点任意多的消息。

Gilbert 和 Lynch 采用反正法来证明 CAP 定理。首先假设所有的条件(Consistency，Availability，Partition Tolerance)能同时成立。因为任意网络至少两个节点可以分别处在两个非空、不重合的网络节点集合$\{G_1, G_2\}$。一个原子对象 $o$ 有一个初始值 $v_0$。我们定义 $\alpha_1$ 是一个执行步骤，该步骤把在 $G_1$ 的 $o$ 的值改成 $v_1$，$v_1 \neq v_0$。假设 $\alpha_1$ 是唯一的一个用户请求。另外，假设 $G_1$ 和 $G_2$ 中的节点互相没有收到来自对方的消息。因为可用性的要求，我们知道 $\alpha_1$ 是完成的，也就是说 $o$ 现在在 $G_1$ 有 $v_1$ 的值。类似地，$\alpha_2$ 是一个在 $G_2$ 的一个单一的读 $o$ 的执行步骤，在 $\alpha_2$ 的执行过程中，$G_1$ 和 $G_2$ 之间没有消息的传递。由于可用性的要求，我们知道 $\alpha_2$ 也是完成的。如果我们执行 $\alpha_1$ 和 $\alpha_2$，$G_2$ 只能看到 $\alpha_2$(因为 $G_2$ 没有收到任何从 $G_1$ 来的消息，也看不到 $\alpha_1$ 的请求)，那么从 $\alpha_2$ 读来的结果还是 $v_0$。但由于 $\alpha_2$ 读的操作是在 $\alpha_1$ 写的操作完成之后开始的，一致性的要求被违反。这就证明了我们不能同时保证三个属性都满足。

CAP 定理对后来的分布式系统产生了深远的影响。它告诉人们，在三个属性中必须做取舍，只能同时满足两个属性。而分布式在网络环境下，由于分区容错是一个常态。因此在设计分布式系统的时候，需要在可用性和一致性上做权衡。AWS 后面推出的分布式数据库 Dynamo，就是舍掉一致性的一个例子。而谷歌的 GFS，则是在保证一致性前提下，舍弃一些可用性。

CAP 定理和 FLP 定理虽然在某些方面有些相似，都是研究在分布式系统中的一些不能解决的问题，但并不直接相关。也就是说，两个定理并不是等价关系。它们之间的区别在于：FLP 的假设是网络的异步通信是可靠的，消息虽然会有延迟，但不会丢失。CAP 中的网络分区则会导致消息丢失。另外，FLP 中的故障节点完全从网络中分隔，不会响应任何请求；而 CAP 中的可用性要求系统能响应请求。FLP 是关于分布式系统的共识问题，这个和 CAP 中的一致性有些相似，但 CAP 主要讨论关于原子性数据存储的一致性，以及和可用性的关系。

分布式共识算法的设计需要考虑 FLP 和 CAP 定理的限制，因为分布式系统都会有对一致性、可用性、可终止性的要求，重要的是，在共识协议的设计上对这些属性的取舍，还有就是在假设条件上规避 FLP 不可能达成共识的一些前提条件，如采用同步或半异步通信方式。

## 3.2 强一致性非拜占庭共识算法

在很多分布式系统场景下，并不需要解决拜占庭将军问题。也就是说，在这些分布式系统的实用场景下，其假设条件不需要考虑拜占庭故障，而只是处理一般的宕机恢复故障。在这种情况下，采用非拜占庭容错共识协议往往效率更高。这种共识协议也应用广泛。在这部分，重点介绍三个处理宕机恢复故障的协议：Viewstamped Replication、Paxos 和 Raft 协议。

### 3.2.1 Viewstamped Replicaton

Viewstamped Replication（以下简称 VR）是于 1988 年由 Brian Oki 在导师 Barbara Liskov 的指导下，在其博士论文中发表的第一个分布式共识算法，主要用于在分布式系统状态复制服务。

**1. VR 正常流程与视图更换**

VR 基于状态机复制技术，在很多节点运行副本（replicas），维护状态并给客户端提供服务。VR 的特点如下：

(1) VR 主要是一个复制协议，但它也能提供共识功能。

(2) VR 只处理宕机故障，一个节点应该是完全运行良好，或者是停机。

(3) VR 的运行环境是一个异步网络环境，消息可能丢失，接收顺序可能不能保证，同一消息可能会重复接收。

VR 副本的总数设成 $2f+1$ 个，这个是在异步通信网络下存在宕机故障的最少副本配置。VR 保证在不超过 $f$ 个副本出故障的情况下整个系统的可靠性和可用性，这个可以简单地通过投票中占多数的非故障节点来证明其可靠性和可用性。这个多数组 $f+1$ 个副本通常称为“法定人数（quorum）”。

VR 的架构如图 3.5 所示。

(1) 客户端的代码运行在 VR 代理。

(2) VR 代理和副本通信，将副本的计算结果返回给客户端。

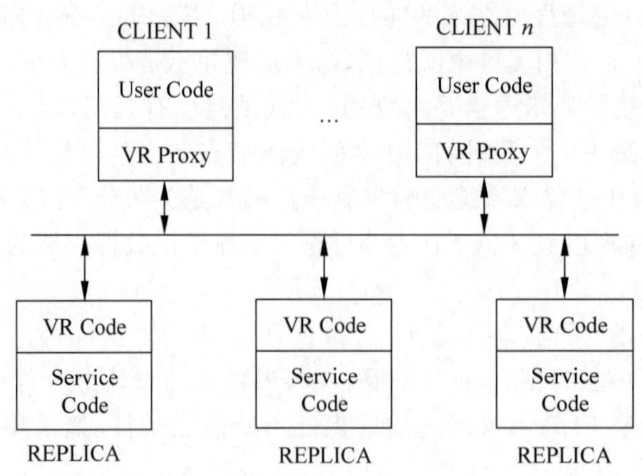


图 3.5 VR 架构

(3) VR 代码接受客户端的请求，调用服务代码执行协议。

(4) 服务代码返回结果给 VR 代码，VR 代码再把结果返回给客户端上的 VR 代理。

VR 共识协议的目的是为了保证在客户端并行发请求，同时存在着副本故障的情况下，所有非故障副本必须能按同一个顺序来执行。VR 中的副本分为主副本(primary)和从副本(secondary)。主副本决定客户请求执行的顺序，从副本执行主副本选择的执行顺序。如果主副本出故障，VR 允许不同的副本来替代主副本。这种情况下，VR 系统会发生视图转换，每个视图有一个副本做主副本的角色。其他副本都会关注主副本，如果主副本出现故障，其他副本可以通过一个“改变视图”的步骤来选举新的主副本。

因此，VR 协议有三种场景。第一个是正常情况下处理用户的请求；第二个场景是视图改变时新主副本的选举；第三个是故障恢复后的副本重新加入。

先来看 VR 副本的一些状态参数。VR 的配置(configuration)保存所有副本($2f+1$)的 IP 地址。参数 replicate_number 保存指向副本的索引，当前视图号保存在 view_number，初始值是 0。当前状态保存在 status，取值是 NORMAL、VIEW-CHANGE 和 RECOVERING。op-number 保存当前的请求号，初始值为 0。日志(log)保存一个存放 op-number 的数组，按收到的请求顺序存放。commit_number 是最近提交的 op-number。client_table 是一个保存每个客户最新请求的表，里面包括给客户的回复。

主副本的视图是通过视图号和配置表计算出来，不需要保存主视图的标志。每个副本按 IP 地址来排序，最小的 IP 地址定为 1，逐渐增加。

在客户端的代理会维护一些状态，包括配置(configuration)当前的视图号以跟踪主副本、客户端的 ID 和客户请求号码。

1) 正常情况的 VR 协议

图 3.6 给出了 VR 正常的流程。

具体步骤如下：

(1) 客户端发一个请求(Request)消息给主副本，让其执行某个操作，包括客户端 ID (client_id)和请求号 request_number。

(2) 主副本会检查 client_table，如果 request_number 小于在 client_ table 表中的请求

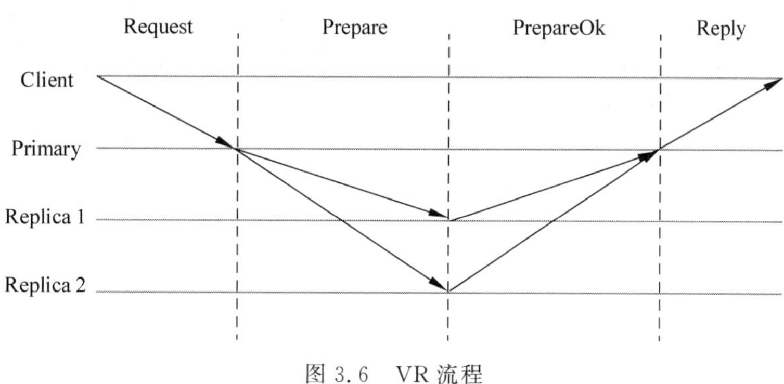


图 3.6 VR 流程

号，主副本会忽略该请求，并发送回复；如果该请求是最近被执行的一个请求，则会拒绝执行该请求。

(3) 主副本在 op-number 增加 1，把请求加到日志(log)并用新的请求号更新 client_table。然后发一个 Prepare 消息给其他副本，连同当前的视图号 view_number、op-number、客户的消息和 commit_number(最近提交的 op_number)。

(4) 副本按顺序来接收消息，然后把消息加进日志，更新 client_table 并发一个 PrepareOk 的消息给主副本。这个消息表示该操作以及以前的操作都准备好了。

(5) 主副本收到 $f$ 个副本的回复之后才提交操作，把 commit_number 加 1。当它确认所有在此之前的操作都执行后，它会调用服务代码执行当前的操作。一个 Reply 的消息会发给客户端，包含有 view_number、request_number 以及服务代码返回的结果。

(6) 其他副本执行请求时，只要保证在此请求之前的请求都被执行，然后执行该请求，在 commit_number 上增加 1，更新 client_table，但并不需要直接回复给客户端，只有主副本回复客户端。

(7) 如果一个客户端在一定时间内没有收到回复，它将重发请求给所有的副本。如果 VR 已经转到一个新的视图，这个消息将最后到达新的主副本。副本会忽略客户请求，只有主副本处理客户请求。

2) 视图转换协议

视图转换是在主副本出现异常情况时需要更换主副本的协议。该协议也是其他很多共识机制常用的异常处理机制，例如后面的 PBFT 算法的视图更换，也是采用相同的协议。

副本监控主副本，它们预期是间断性地能接收到主副本消息。一般情况下主副本发 Prepare 消息，但如果是空闲时段(没有客户请求)，它发 Commit 消息给副本。如果在一个超时发生而没有接收到主副本消息的情况下，副本会执行一个视图转换以选择新的主副本。主副本是通过轮流选出。每个副本有一个单一的 IP 地址，下一个主副本是具有最小 IP 地址并正常工作的副本。在 VR 组里的成员都能预计哪一个副本会成为下一个主副本。

视图转换的算法如下：

(1) 一个副本注意到需要更换视图，它把 view_number 增加 1，把状态改成 view_change，同时发一个 START-VIEW-CHANGE 消息。每个副本根据自身的定时器，或者因为接收到其他副本发送的 START-VIEW-CHANGE 或 DO-VIEW-CHANGE 中高于自身 view-number 的请求来决定是否更换视图。

(2) 当一个副本接收到 $f$ 个 START-VIEW-CHANGE 消息回应它的 view-number 后，它发 DO-VIEW-CHANGE 给将要成为主副本的节点。该消息包含副本的状态：日志(log)、最近的 op_number、commit_number 和上次状态是正常状态的视图号。

(3) 新的主副本等待接收 $f+1$ 个 DO-VIEW-CHANGE 来自其他副本的消息(包括自己)。然后它根据副本的消息将自己状态更新，它把自己的号码作为消息中的 view-number，把状态改成正常(normal)。它发一个 STARTVIEW 消息，连同最新的包括日志(log)，commit-number，和 op-number 给所有的副本节点。

(4) 主副本节点可以接收客户端请求。它执行请求并发回复给客户端。

(5) 当副本收到 STARTVIEW 消息，它们将根据消息来更新自身的状态。状态更新后，它们对在日志(log)中没有提交的操作，发 PrepareOK 消息给新主副本。然后执行这些操作以和新主副本同步。

(6) 当主副本接收到 $f$ 个 PrepareOK 消息后，主副本将提交操作，并调用服务代码。

**2. VR 副本节点故障恢复协议**

当一个副本从宕机恢复时，在它恢复到宕机之前的状态前，它不能参与处理请求和视图转换，否则系统就会出错。VR 副本需要记住它所执行的操作。VR 副本节点的状态是保存在别的副本节点上，不需要通过磁盘存储来保持状态。VR 副本的状态可以通过恢复协议来获得。

当一个节点从宕机恢复的时候，它把它的状态置为恢复(RECOVERYING)，同时执行恢复协议。恢复协议步骤如下：

(1) 恢复节点发一个 RECOVERY 消息给所有其他副本节点，连同一个随机数。

(2) 收到消息的副本节点，如果自身是处于正常状态，它会回复恢复节点一个 RECOVERY-RESPONSE 的消息，包含它的视图号码和收到的随机数。如果是主副本节点，它将把自己的日志(log)、op-number 和 commit-number 一同发回。

(3) 当恢复副本收到 $f+1$ 个 RECOVERY-RESPONSE 消息，包括一个从主副本收到的消息，它将更新自己的状态并把状态设置成正常状态。随机数的作用是保证恢复副本节点只接收对这次恢复的 RECOVERY-RESPONSE 消息，而不是以前的。

**3. VR 共识协议小结**

VR 是第一个正式发表的共识协议，它主要用于主从节点状态的复制，同时也提供一个可行的共识协议。它处理的是在异步通信下存在宕机恢复故障的一致性共识问题。只要在总数不超过一半的故障节点情况下，VR 系统能够达成共识。需要注意的是，VR 虽然也是一个异步通信环境的共识协议，但是与 FLP 中的异步通信假设还是不一样。在 FLP 的异步通信假设中，没有一个同步的时钟可以访问，也就是说不能依靠超时来做判断。同时，假设没法通过监控来判断进程是否出现故障，因此有 FLP 不可形成共识的结论。而 VR 则可以依靠超时来判断一个节点是否出现故障。因此，VR 可以达成共识与 FLP 的不可能达成共识的结论并不冲突，只是各自的假设条件不一样。如果严格按照 FLP 的条件来衡量，那么 VR 可以保证安全性(safety)，但 VR 不能保证活性(liveness)，也就是说不能保证在任何情况下，不出现不断更换视图的情况而无法进入正常共识流程。

### 3.2.2 Paxos 共识算法

与 VR 算法类似，Paxos 共识算法也是一个在异步通信环境的共识算法，能容忍半数以下的宕机恢复(非拜占庭故障)节点并达成共识。Paxos 由 Leslie Lamport 在 1998 年发表，成为强一致性共识算法的代表。大部分后来的强一致共识算法都是 Paxos 的变种。

Paxos 共识系统中有五种角色，每个节点可以同时扮演多种角色。

(1) Client(客户端)：客户端向分布式系统发出请求并等待回复，例如更新一个分布式文件系统。

(2) Proposer(提议者)：一个 Proposer 是接收客户端请求并按其要求提议系统接受特定值的节点。在任何时候可以有多个提议者。

(3) Acceptor(接受者)：一个从提议者那里接收提议的投票节点。接受者可以接受或拒绝提议。

(4) Learner(学习者)：一个不参与决策流程，但是必须从提议者和接受者那里了解最后的选择结果，然后采取行动，例如执行请求、返回结果给客户端。

(5) Leader(领导者)：在所有提议者中选出一个领袖，由该领袖来主导提议的发送、投票和最后选择。

Paxos 的提议 Proposal($x$,$n$)由提议值 $x$ 和一个提议号 $n$ 构成。当一个提议者发出一个新的提议，它会选择一个更大的唯一的提议号。

一个接受者看到一个比任何它原有接收到的提议都大的 $n$，就会接受该提议。接受者可以接收任意多的提议。接收到的提议不一定会被选择，可以选择多个提议，但这些选择的提议中，提议值必须相同。Paxos 正常流程如图 3.7 所示。

Paxos 协议分以下两个阶段。

**1. 准备阶段(Prepare)**

(1) 提议者发一个 Prepare($x$,$n$)消息给接受者的多数集，其中 $n$ 必须比提议者以前用过的提议号大。该消息告知所有的接受者希望提议 Propose($x$,$n$)。多数集由提议者选择，保证至少有 $f+1$ 个接受者接收(假设接受者至少 $2f+1$，$f$ 为可能出现的最多故障数)。

(2) 接受者收到该消息后，如果 $n$ 是大于它原来接收到的所有的提议号，接受者返回一个过去接收到的提议 Propose($y$,$m$)给提议者，$m$ 是过去接收到的最大的提议号。同时保证将不接收任何小于 $n$ 的提议。如果接受者过去从来没收到提议，则返回($\phi$,0)。如果 $n$ 不是最大的提议号，接受者可以不回答提议者，也可以发送拒绝消息(Nack)表示不同意对该提议的共识，否则接受者将把 $n$ 作为最大提议号，$x$ 作为最后收到的提议值记录下来。

**2. 提议阶段(Propose)**

(1) 如果提议者至少收到 $f+1$ 个回复，它将发正式提议。如果前面只接收到 Acc($\phi$,0)，它只发它自己提议的 $x$ 值，否则的话将采用接收到的最大的提议号 $m$ 中的 $y$ 值。在发出的提议中，它还是采用自己的提议号 $n$，也就是说发出 Propose($y$,$n$)的消息给接受者的多数集。

(2) 接受者收到提议后，如果它在过去没有向其他提议者保证过只接收大于 $n$ 的提议，那该接受者必须接受该提议。接受者把 $y$ 值记录下来，并发一个接受 Ack($y$,$n$)消息给提议者(Proposer)和学习者(Learner)，表示接受该提议。在表示接受提议时，接受者实际上承认该提议者为 Leader(领袖)。如果接受者在过去曾经向其他提议者保证过只接受大于 $n$ 的提议，那么该接受者将忽略这次收到的提议。

(3) 提议者在收到 $f+1$ 个 Ack($y$,$n$)回复，则该轮共识达成。否则需要用一个更大的提议号来发起新一轮共识。如果多个提议者发出互相冲突的提议，也会使得共识难以达成。

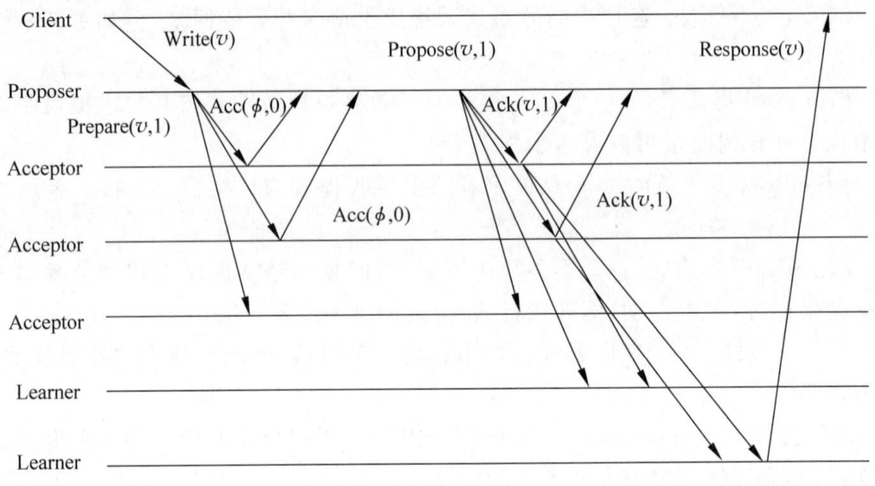


图 3.7 Paxos 正常流程

**3. Paxos 共识算法小结**

Paxos 是强一致、非拜占庭故障的典型共识算法，它在异步环境下能保证在故障节点不超过二分之一的情况下实现共识的安全性(Safety)，也就是说，能保证如果一个值被选择，其他节点只能选择相同的值。但却不能保证活性(Liveness)，这意味着在某些特殊情况，可能不能在有限时间内达成共识。例如，由于网络分隔的原因使得提议者得不到多数接受者的回复的情况，因此，Paxos 和 FLP 并不冲突。

Paxos 协议和 VR 非常类似，不同的地方在于 VR 是一个被动状态机复制协议，它关注的是相同顺序的操作指令被各副本按顺序执行，VR 是由主节点主导，只有主节点有决定性(Deterministic)状态机，从节点“被动”听从主节点指令的复制协议；而 Paxos 则更多是一个“主动”状态机复制共识协议，各节点自带决定性状态机，各节点同意同一个值或同一个执行顺序。

### 3.2.3 其他类 Paxos 共识协议

Paxos 共识协议是一个典型的高效非拜占庭故障的共识协议，但 Paxos 的缺点是协议比较复杂，比较难以理解，特别是在实施上会碰到不少的问题。因此后面很多共识协议的设计是基于 Paxos，但目的是设计适合于不同场景、比较容易理解、容易实现的共识协议。例如，像 Raft、Chubby、Zookeeper、etcd 等都是应用比较广泛的基于 Paxos 的共识协议。下面重点介绍 Raft，它在联盟链和私有链上得到比较广泛的应用。

**1. Raft 共识协议**

Raft 协议是近来比较流行的一个基于 Paxos 的共识协议。Raft 最初是一个用于管理复制日志的共识算法，也是基于状态机复制的协议。它是一个为真实世界应用建立的协议，主要注重协议的落地性和可理解性。Raft 是在非拜占庭故障下达成共识的强一致协议。

在区块链系统中，使用 Raft 实现记账共识的过程可以描述如下：首先选举一个首领 Leader，接着赋予 Leader 完全的权力管理记账。Leader 从客户端接收记账请求，完成记账操作，生成区块，并复制到其他记账节点。有了 Leader 简化了记账操作的管理。例如，Leader 能够决定是否接收新的交易记录项而无须考虑其他的记账节点，Leader 可能失效或与其他节点失去联系，这时，系统就会选出新的 Leader。

给定 Leader 方法，Raft 将共识问题分解为三个相对独立的子问题：

(1) Leader 选举：现有的 Leader 失效时，必须选出新 Leader。

(2) 记账：Leader 必须接收来自客户端的交易记录项，在参与共识记账的节点中进行复制，并使其他的记账节点认可交易所对应的区块。

(3) 安全：若某个记账节点对其状态机应用了某个特定的区块项，其他的服务器不能对同一个区块索引应用不同的命令。

1) Raft 基础

一个 Raft 集群通常包含 5 个服务器，允许系统有两个故障服务器。每个服务器处于三个状态之一：Leader、Follower 或 Candidate。正常操作状态下，仅有一个 Leader，其他的服务器均为 Follower。Follower 是被动的，不会对自身发出请求而是对来自 Leader 与 Candidate 的请求做出响应。Leader 处理所有的客户端请求(若客户端联系 Follower，则该 Follower 将转发给 Leader)。Candidate 状态用来选举 Leader。

Raft 阶段主要分为两个，首先是 Leader 选举过程，然后在选举出来的 Leader 基础上进行正常操作，如日志复制、记账等。

2) Leader 选举

当 Follower 在选举超时时间范围内未收到 Leader 的心跳消息，则转换为 Candidate 状态。为了避免选举冲突，这个超时时间是一个 150～300ms 之间的随机数。

一般而言，在 Raft 系统中，Leader 的选举步骤如下：

(1) 任何一个服务器都可以成为一个候选者 Candidate，它向其他服务器 Follower 发出要求选举自己的请求；

(2) 其他服务器同意了，发出 OK。注意，如果在这个过程中，有一个 Follower 宕机，没有收到请求选举的要求，此时候选者可以自己选自己，只要达到 $N/2+1$ 的大多数票($N$ 是所有节点的总数)，候选人还是可以成为 Leader 的。

(3) 这样，这个候选者就成为了 Leader 领导人，它可以向选民也就是 Follower 们发出指令，如进行记账。

(4) 以后通过心跳进行记账的通知。

(5) 如果一旦这个 Leader 宕机了，那么 Follower 中又有一个成为候选者，发出邀票选举。

(6) Follower 同意后，其成为 Leader，继续承担记账等指导工作。

3）记账过程

Raft 的记账过程按以下步骤完成：

（1）假设 Leader 领导人已经选出，这时客户端发出增加一个交易记录的记账要求。

（2）Leader 要求 Follower 遵从他的指令，都将这个新的交易记录追加到他们各自的账本中。

（3）大多数 Follower 服务器将交易记录写入账本后，确认追加成功，发出确认成功信息。

（4）在下一个心跳中，Leader 会通知所有 Follower 更新确认的项目。

对于每个新的交易记录，重复上述过程。

如果在这一过程中，发生了网络通信故障，使得 Leader 不能访问大多数 Follower 了，那么 Leader 只能正常更新它能访问的那些 Follower 服务器。而大多数的服务器 Follower 因为没有了 Leader，他们重新选举一个候选者作为 Leader，然后这个 Leader 作为代表与外界打交道，如果外界要求其添加新的交易记录，这个新的 Leader 就按上述步骤通知大多数 follower，如果这时网络故障修复了，那么原先的 Leader 就变成 Follower，在失联阶段这个老 Leader 的任何更新都不能算确认，都回滚，接受新的 Leader 新的更新。

**2. 其他类 Paxos 共识协议**

其他基于 Paxos 的共识算法有 Chubby、Zookeeper、etcd 等。这些共识算法广泛用于各种分布式系统。例如，谷歌公司的 GFS 和 BigTable 使用 Chubby 的分布式锁协议；Yahoo 公司的 Hadoop 系统和 Openstack、Mesos 等采用了 Zookeeper；Kubernetes 和 CoreOS 采用了 etcd 协议等。除了超级账本的 Fabric1.0 用了基于 Zookeeper 的 Kafka 做排序引擎外，这些共识协议用在区块链的场景目前不是很多见，因此我们这里不做详细叙述。

## 3.2.4 强一致性非拜占庭共识算法小结

共识问题是分布式系统中一个最重要的问题。在很多场景，包括服务器副本复制、日志复制、同步服务、分布式锁、领袖选举、元数据管理、消息队列中都会有共识的需求。分布式系统之所以能协同工作，归根结底有赖于共识协议的协调。拜占庭将军问题是一个形象的比喻，说明在一个同步通信系统中，当有超过三分之一系统节点总数的节点出现拜占庭故障时，该分布式将不可能达成共识。而 FLP 定理告诉我们在异步通信情况下，即使有一个非拜占庭故障（如宕机、宕机恢复故障）的存在，就不能保证系统能在有限的时间内达成共识，也就是说，不能同时满足安全性和活性的要求。分布式系统中著名的 CAP 定理也从另一个角度说明，分布式系统不能同时满足一致性、可用性和网络分区容错性，只能在三者中取其二。

因此，在设计共识算法的时候，要根据实际情况来规避以上的限制。大部分的分布式共识算法，都是在保证安全性，也就是一致性和正确性的前提下牺牲活性。

Viewstamped Replication 是第一个公开发表的共识协议。后面的共识协议大多基于 Paxos。Paxos 是一个高效而复杂的协议，比较难以理解，也难以实现。因此后来出现了各种不同的变种。例如，谷歌公司的 GFS、Bigtable 就采用了基于 Paxos 的 Chubby 的分布式锁协议；Yahoo 公司的 Hadoop 系统采用了类似 Paxos 协议的 Zookeeper 协议。Raft 也是为了避免 Paxos 的复杂性而专门设计成易于理解的一个分布式一致性算法。大部分强一致性的非拜占庭故障共识协议都能容忍少于系统总节点二分之一的宕机恢复故障。

在私有链和联盟链的场景下，通常共识算法有强一致性要求，同时对共识效率要求高。另外，一般安全性要比公有链场景高，一般来说不会经常存在拜占庭故障。因此，在一些场景下，可以考虑采用非拜占庭容错的分布式共识算法。在 Hyperledger 的 Fabric 项目中，未来共识模块被设计成可插拔的模块，支持 PBFT、Raft 等共识算法。目前在区块链项目中比较常见的非拜占庭容错共识算法是 Raft。

## 3.3 强一致性拜占庭容错共识算法

FLP 定理给出了在异步通信系统中对分布式共识的理论限制，但由于同步通信的可扩展性小，大部分分布式系统不能依靠同步通信，否则性能和效率将非常低。因此寻找一种实用的在异步通信环境下解决拜占庭将军问题的算法一直是分布式计算领域中的一个重要问题。

在区块链网络中，由于应用场景的不同、所设计的目标各异，不同的区块链系统采用了不同的共识算法。一般来说，在私有链和联盟链情况下，对一致性、正确性有很强的要求，要采用强一致性的共识算法。而在公有链情况下，对一致性和正确性通常没法做到百分之百，通常采用最终一致性(Eventual Consistency)的共识算法。

下面先来介绍适合私有链和联盟链场景的拜占庭容错系统。

区块链网络的记账共识和拜占庭将军问题是相似的。参与共识记账的每一个记账节点相当于将军，节点之间的消息传递相当于信使，某些节点可能由于各种原因而产生错误的信息传达给其他节点。通常，这些发生故障的节点被称为拜占庭节点，而正常的节点即为非拜占庭节点。

拜占庭容错系统是一个拥有 $n$ 台节点的系统，整个系统对于每一个请求，满足以下的条件：

(1) 所有非拜占庭节点使用相同的输入信息，产生同样的结果。

(2) 如果输入的信息正确，那么所有非拜占庭节点必须接受这个信息，并计算相应的结果。

与此同时，在拜占庭系统的实际运行过程中，还需要假设整个系统中拜占庭节点不超过 $m$ 台，并且每个请求还需要满足两个指标：

① 安全性：任何已经完成的请求都不会被更改，它可以被以后的请求看到。

② 活性：可以接受并且执行非拜占庭客户端的请求，不会被任何因素影响而导致非拜占庭客户端的请求不能执行。

拜占庭系统普遍采用的假设条件包括：

(1) 拜占庭节点的行为可以是任意的，拜占庭节点之间可以共谋。

(2) 节点之间的错误是不相关的。

(3) 节点之间通过异步网络连接，网络中的消息可能丢失、乱序并延时到达，但大部分协议假设消息在有限的时间里能传递到目的地(该假设是避免 FLP 的不可能共识条件)。

(4) 服务器之间传递的信息，第三方可以探测到，但是不能篡改、伪造信息的内容和验证信息的完整性。

### 3.3.1 实用的拜占庭容错系统

原始的拜占庭容错系统由于需要展示其理论上的可行性而缺乏实用性，另外需要额外的时钟同步机制支持，算法的复杂度也是随节点增加而指数级增加。Castro and Liskov 在 1999 年提出实用拜占庭容错系统(Practical Byzantine Fault Tolerance，PBFT)，降低了拜占庭协议的运行复杂度，从指数级别降低到多项式级别(Polynomial)，使拜占庭协议在分布式系统中应用成为可能。

PBFT 是一类状态机拜占庭系统，要求整个系统共同维护一个状态，所有节点采取的行动一致。为此，需要运行三类基本协议，包括一致性协议、检查点协议和视图更换协议。我们主要关注支持系统日常运行的一致性协议。

一致性协议要求来自客户端的请求在每个服务节点上都按照一个确定的顺序执行。这个协议把服务器节点分为两类：主节点和从节点，其中主节点仅一个。在协议中，主节点负责将客户端的请求排序，从节点按照主节点提供的顺序执行请求。每个服务器节点在同样的配置信息下工作，该配置信息被称为视图，主节点更换，视图也随之变化。

一致性协议至少包含 5 个阶段：请求(Request)、序号分配(Pre-Prepare)、交互(Prepare)、序号确认(Commit)和响应(Reply)等阶段。

PBFT 的一致性协议正常流程如图 3.8 所示。PBFT 系统通常假定故障节点数有 $f$ 个，而整个服务节点数为 $3f+1$ 个。每一个客户端的请求需要经过 5 个阶段，通过采用两次两两交互的方式在服务器达成一致之后再执行客户端的请求。由于客户端不能从服务器端获得任何服务器运行状态的信息，PBFT 中主节点是否发生错误只能由服务器监测。如果服务器在一段时间内都不能完成客户端的请求，则会触发视图更换协议。视图更换协议与 VR 的视图更换协议一样，请参考 3.2.1 节。

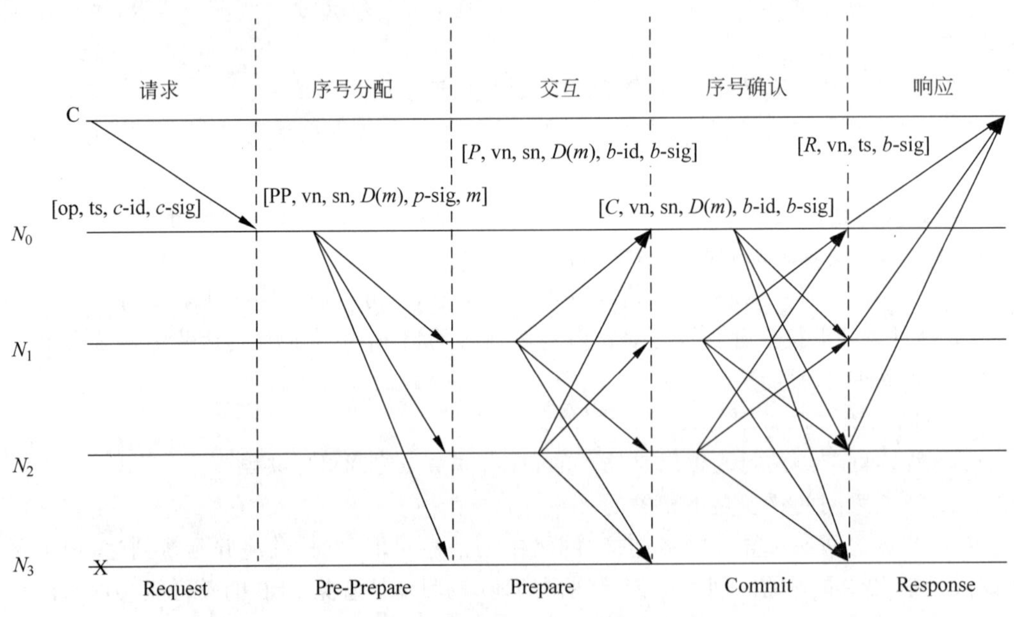


图 3.8 PBFT 协议正常模式

图 3.8 显示了一个简化的 PBFT 协议正常模式，其中 C 为客户端，$N_0$～$N_3$ 表示服务节点，$N_0$ 为主节点，X 表示 $N_3$ 为故障节点。虚线是各阶段边界，箭头表示消息从消息源节点发送到接收节点。整个协议的基本过程如下。

**1. Request（请求）阶段**

客户端发送请求给主节点，请求消息 $m$=[op，ts，$c$-id，$c$-sig]，其中 op 是需要执行的操作，ts 是时间戳，$c$-id 是客户端 ID，$c$-sig 是客户端签名。时间戳是为了保证命令只被执行一次，客户端的签名是为了客户认证和权限控制。

**2. Pre-Prepare（序号分配）阶段**

当主节点接收请求后，主节点给请求赋值一个序列号 sn，广播序号分配消息和客户端的请求消息 $m$，并将构造 Pre-Prepare 消息[PP，vn，sn，$D(m)$，$p$-sig，$m$]给各从节点，其中 PP 表示 Pre-Prepare 消息，vn 是视图号，$D(m)$是客户消息的摘要（哈希值），$p$-sig 是主节点的签名，$m$ 是客户消息。序列号是为了保证命令执行的顺序，视图号让从节点记录当前视图。主节点签名是为了让从节点认证主节点身份。消息摘要保证消息没有被篡改。

**3. Prepare（交互）阶段**

从节点接收 Pre-Prepare 消息，向其他服务节点广播 Prepare 消息[$P$，vn，sn，$D(m)$，$b$-id，$b$-sig]，其中 $P$ 表示 Prepare 消息，$b$-id 是从节点 ID，$b$-sig 是从节点签名。

**4. Commit（序号确认）阶段**

从节点在收到 $2f+1$ 个 Prepare 消息后，对视图内的请求和次序进行验证，广播 Commit 消息[$C$，vn，sn，$D(m)$，$b$-id，$b$-sig]，其中 $C$ 表示 Commit 消息。执行收到客户端请求并给客户端以响应。

**5. Response（响应）阶段**

（1）当各节点收到 $2f+1$ 个 Commit 消息后，它将执行操作并提交，同时把回复返回给客户端。回复消息是[$R$，vn，ts，$b$-sig]，其中 $R$ 表示回复消息。

（2）客户端等待来自不同节点的响应，若有 $f+1$ 个响应相同，则该响应即为运算的结果。

PBFT 能在异步环境下，容忍不足三分之一的总数节点是拜占庭节点，并能够达成共识。表面看起来这和 FLP 定理的不可能共识结论相违背，但其实如果检查其假设条件，可以看到 PBFT 的异步通信环境假设和 FLP 的异步通信假设不一样。PBFT 中有超时机制，而 FLP 中假设没有超时机制。在超时机制下，PBFT 能够保证 safety 和 liveness。另外，在 PBFT 中，消息的发送者是经过认证的，发送消息的身份可以被确定，节点有没有发消息也可以验证。

PBFT 在很多场景都有应用，在区块链场景中，一般适合于对强一致性有要求的私有链和联盟链场景。例如，在 IBM 主导的区块链超级账本项目中，PBFT 是一个可选的共识协议。Fabric 0.6 版本自带 PBFT 共识算法。除了 PBFT 之外，超级账本项目还引入了基于 PBFT 的自用共识协议，它的目的是希望在 PBFT 基础之上能够对节点的输出也做好共识。这是因为超级账本项目的一个重要功能是提供区块链之上的智能合约，即在区块链上执行的一段代码，因此它会带来区块链账本上最终状态的不确定，为此这个自有共识协议会在 PBFT 实现的基础之上，引入代码执行结果签名进行验证。

### 3.3.2 强一致性拜占庭容错共识算法小结

本节介绍了强一致性拜占庭容错共识算法中最为典型的实用拜占庭容错(PBFT)算法。在区块链的企业级应用,例如大部分联盟链或私有链,通常需要保证系统各节点的强一致性,也就是说,保证系统各节点按相同的顺序执行相同的命令,形成相同的结果。这些结果一旦形成共识,就不可改变。在特别有拜占庭故障的环境,需要有强一致的拜占庭容错共识算法,而 PBFT 是这一类共识算法的基础。其他的拜占庭容错共识算法还有 Fab Paxos、XFS、Zyzzyva、SBFT 等。

## 3.4 非强一致性共识算法 PoW 机制

比特币系统的重要概念是一个基于互联网的去中心化分布式账本,该分布式账本以区块链形式保存,每个区块相当于账本页,区块中记录的信息主体,即为相应的交易内容。传统账本为了保证交易内容的唯一性,一般要求记账行为是中心化的行为。然而,中心化所引发的单点失败,可能导致整个系统面临危机甚至崩溃。另外,中心化的记账要求所有交易相关方信任中心化记账机构。这种信任很多时候需要很高的成本才能维持,例如银行等金融机构需要有雄厚的资本来维持信任。

去中心记账可以克服中心化记账成本高、安全脆弱的缺点,但需要解决记账行为的一致性问题。从去中心化账本系统的角度,每个加入这个系统的节点都要保存一份完整的账本,但每个节点却不能同时记账,因为节点处于不同的环境,接收到不同的信息,如果同时记账,必然会导致账本的不一致,造成混乱。因此,需要达成由哪个节点有权记账的共识。比特币区块链通过基于算力的随机性竞争记账的方式,选出一个节点来生成一个区块的交易信息,向其他节点同步这个新增的区块信息,解决去中心化的记账系统的一致性问题。

比特币系统设计了以每个节点的计算能力(即"算力")来竞争记账权的机制。在比特币系统中,大约每 10 分钟进行一轮算力竞赛,竞赛的胜利者,就获得一次记账的权力,并向其他节点同步新增账本信息。然而,在一个去中心化的系统中,谁有权判定竞争的结果呢?比特币系统是通过一个称为"工作量证明(Proof of Work,PoW)"的机制完成的。简单地说,PoW 就是一份确认工作端做过一定量的工作的证明。PoW 系统的主要特征是计算的不对称性。工作端需要做一定难度的工作得出一个结果,验证方却很容易通过结果来检查出客户端是不是做了相应的工作。

举个例子,对于给定的字符串 blockchain,我们给出的工作量要求是,可以在这个字符串后面连接一个称为 Nonce 的整数值串,对连接后的字符串进行 SHA-256 哈希运算,如果得到的哈希结果(以十六进制的形式表示)是以若干个 0 开头的,则验证通过。为了达到这个工作量证明的目标,需要不停地枚举 Nonce 值,然后对得到的新字符串进行 SHA-256 哈希运算。按照这个规则,需要经过 2688 次计算才能找到前 3 位均为 0 的哈希值;而要找到前 6 位均为 0 的哈希值,则需进行 620 969 次计算。

```
    blockchain1 →
4bfb943cba9fb9926df93f33c17d64b378d56714e8a29c6ba8bdc9690cea8e27
    blockchain2 →
01181212a283e760929f6b1628d903127c65e6fb5a9ad7fe94b790e699269221
    … …
    blockchain515 →
0074448bea8027bebd6333d3aa12fd11641e051911c5bab661a9b849b83958a7
    … …
    blockchain2688 →
0009b257eb8cf9eba179ab2be74d446fa1c59f0adfa8814260f52ae0016dd50f
    … …
    blockchain48851: 00000b3d96b4db1a976d3a69829aabef8bafa35ab5871e084211a16d3a4f385c
    … …
    blockchain6200969: 000000db7fa334aef754b51792cff6c880cd286c5f490d5cf73f658d9576d424
```

通过上面这个计算特定 SHA-256 运算结果的示例，我们对 PoW 机制有了一个初步的理解。对于特定字符串后接随机 Nonce 值所构成的串，要找到一个 Nonce 值，满足前 $n$ 位均为 0 的 SHA-256 值，需要多次进行哈希值的计算。一般来说，$n$ 值越大，需要完成的哈希计算量也越大。由于哈希值的伪随机特性，要寻求 4 个前导 0 的哈希散列，预期大概要进行 216 次尝试，这个数学期望的计算次数，就是所要求的“工作量”。

比特币网络中任何一个节点，如果想生成一个新的区块并写入区块链，必须解出比特币网络出的 PoW 问题。这道题关键的三个要素是工作量证明函数、区块及难度值。工作量证明函数是这道题的计算方法，区块决定了这道题的输入数据，难度值决定了这道题的所需要的计算量。

**1. 工作量证明函数**

比特币系统中使用的工作量证明函数正是 SHA-256。

SHA 是安全哈希算法（Secure Hash Algorithm）的缩写，是一个密码散列函数家族。这组函数是由美国国家安全局（NSA）设计，美国国家标准与技术研究院（NIST）发布的，主要适用于数字签名标准。SHA-256 就是这个函数家族中的一个，是输出值为 256 位的哈希算法。到目前为止，还没有出现对 SHA-256 算法的有效攻击。

**2. 区块**

比特币的区块由区块头及该区块所包含的交易列表组成。区块头的大小为 80 字节，由 4 字节的版本号、32 字节的上一个区块头的哈希值、32 字节的默克尔根哈希值、4 字节的时间戳（当前时间）、4 字节的当前难度值、4 字节的随机数组成。区块包含的交易列表，也叫区块体，附加在区块头后面，其中的第一笔交易是 coinbase 交易，这是一笔为了让矿工获得奖励及手续费的特殊交易。

区块的大致结构如图 3.9 所示。

拥有 80 字节固定长度的区块头，就是用于比特币工作量证明的输入字符串。因此，为了使区块头能体现区块所包含的所有交易，在区块的构造过程中，需要将该区块要包含的交易列表，通过默克尔树算法生成默克尔根哈希值，并以此作为交易列表的哈希值存到区块头中。其中默克尔树的算法图解如图 3.10 所示。

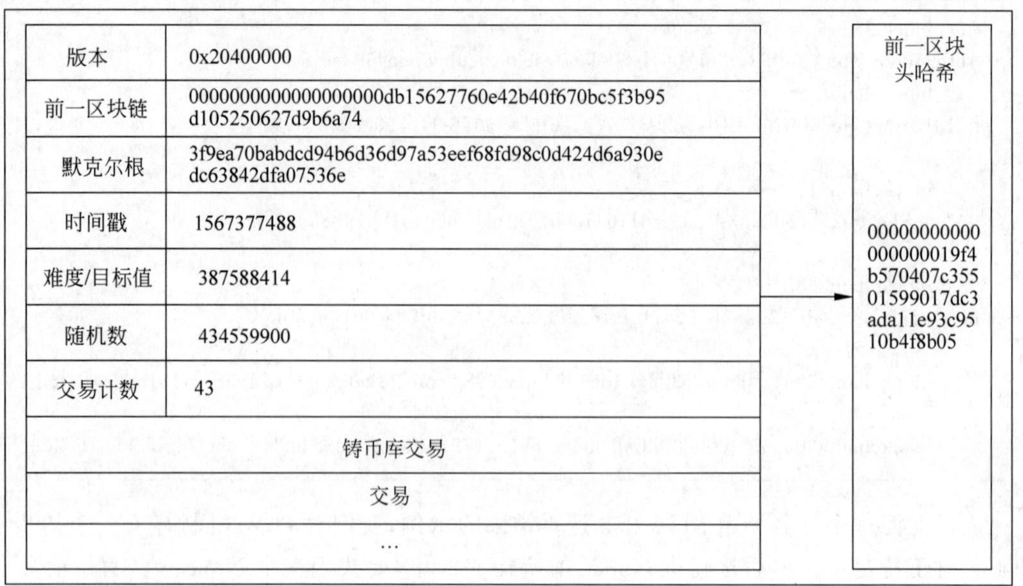


图 3.9 区块的结构

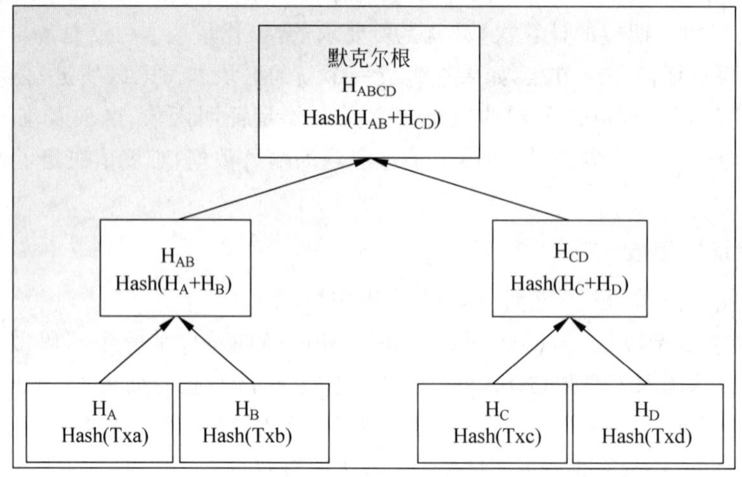


图 3.10 带 4 个交易记录的默克尔树的根哈希值的计算

图 3.10 展示了一个具有 4 个交易记录的默克尔树的根哈希值的计算过程。首先以这 4 个交易作为叶子节点构造一棵完全二叉树，然后通过哈希值的计算，将这棵二叉树转化为默克尔树。

首先对 4 个交易记录（Txa～Txd），分别计算各自的哈希值 $H_A \sim H_D$，然后计算两个中间节点的哈希值 $H_{AB}=Hash(H_A+H_B)$ 和 $H_{CD}=Hash(H_C+H_D)$，最后计算出根节点的哈希值 $H_{ABCD}=Hash(H_{AB}+H_{CD})$。

而构造出来的区块链如图 3.11 所示。

由图 3.11 所示简化的区块链结构可以发现，所有在给定时间范围需要记录的交易信息被构造成一个默克尔树，区块头中包含了指向这个默克尔树的哈希指针，关联了与该区块相关的交易数据；另一方面，区块中也包含了指向前一区块的哈希指针，使得记录了不同交易

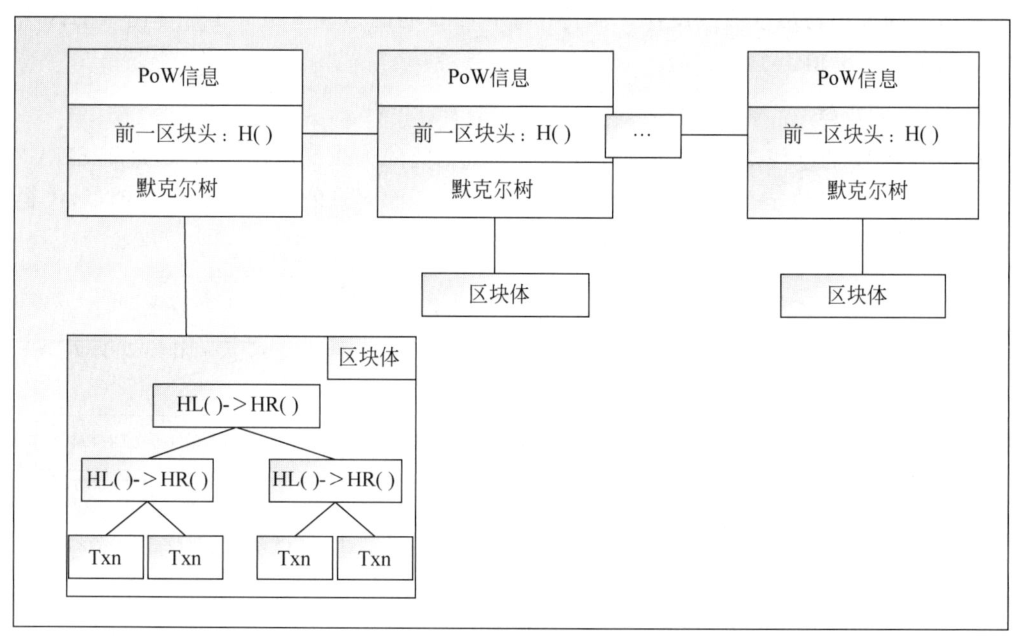


图 3.11 区块链的简化结构

的单个区块被关联起来，形成区块链。

**3. 难度值**

难度值是比特币系统中的节点在生成区块时的重要参考指标，它决定了节点大约需要经过多少次哈希运算才能产生一个合法的区块。比特币的区块大约每 10 分钟生成一个，如果要在不同的全网算力条件下，新区块的产生都基本保持这个速率，难度值就必须根据全网算力的变化进行调整。简单地说，难度值根据全网节点计算能力变化来设定，使得新区块产生速率能都保持在大约 10 分钟一个。

难度的调整是在每个完整节点中独立自动发生的。每 2016 个区块，所有节点都会按统一的公式自动调整难度，这个公式是由上个 2016 个区块的花费时长与期望时长（期望时长为 20 160 分钟，即两周，是按每 10 分钟一个区块的产生速率计算出的总时长）比较得出的，根据实际时长与期望时长的比值，进行相应调整（或变难或变易）。也就是说，如果区块产生的速率比 10 分钟快则增加难度，比 10 分钟慢则降低难度。

这个公式可以总结为如下形式：

新难度值＝旧难度值×（过去 2016 个区块花费时长/20 160）分钟

在比特币中，难度值是一个 32 字节的数，它将被压缩成一个 4 字节的难度位存在区块头中。目标值和难度位的换算关系如下：

目标值＝难度位后三字节$\times 2^{8\times(\text{难度位第一字节}-3)}$

目标值＝最大目标值/难度值

其中最大目标值为一个恒定值：

0x00000000FFFFFFFFFFFFFFFFFFFFFFFFFFFFFFFFFFFFFFFFFFFFFFFFFFFFF-FFFFF

目标值的大小与难度值成反比。比特币工作量证明的达成就是矿工计算出来的区块哈希值必须小于目标值。

**4. PoW 的过程**

比特币 PoW 的过程，可以简单理解成通过尝试不同的 Nonce 值作为输入，进行 SHA-256 哈希运算，找出满足给定数量前导 0 的哈希值的过程。而要求的前导 0 的个数越多，代表难度越大。工作量证明流程如图 3.12 所示。

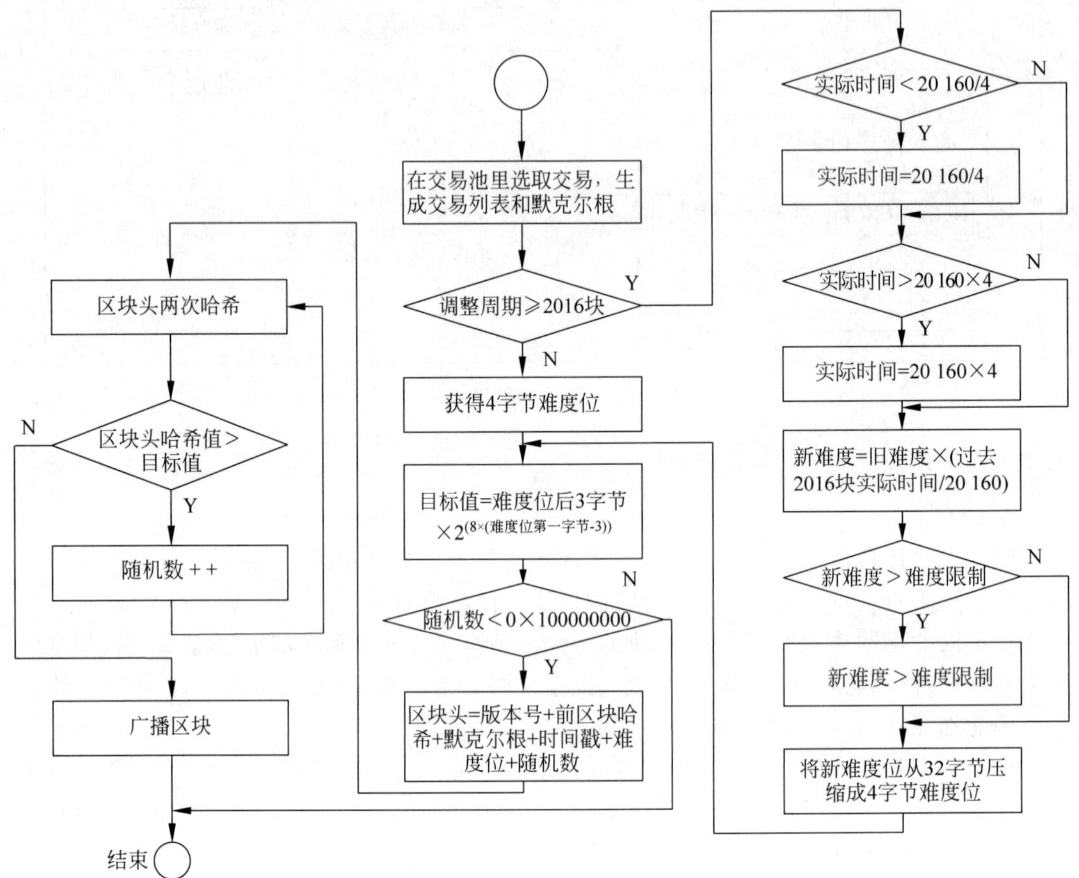


图 3.12 比特币 PoW 共识算法流程

可以把比特币节点求解工作量证明问题的步骤归纳如下：

(1) 生成铸币(Coinbase)交易，并与其他所有准备打包进区块的交易组成交易列表，通过默克尔树算法生成默克尔根哈希；

(2) 判断距上次难度调整是否到达 2016 区块，如果是，进行难度调整，获得新的难度位；

(3) 通过难度位计算目标值；

(4) 把版本号、前一区块头哈希值、默克尔根哈希值、时间戳、难度位和随机数字段组装成区块头，将区块头的 80 字节数据作为工作量证明的输入；

(5) 不停地变更区块头中的随机数，即 Nonce 的数值，并对每次变更后的区块头做双重 SHA-256 运算(即 SHA-256(SHA-256(Block_Header)))，将结果值与当前网络的目标值做比较，如果小于目标值，则解题成功，工作量证明完成。

比特币的工作量证明，就是俗称“挖矿”所做的主要工作。理解工作量证明机制，将为进一步理解比特币区块链的共识机制奠定基础。

**5. 基于 PoW 的共识记账**

以比特币网络的共识记账为例，来说明基于 PoW 的共识记账过程。

(1) 客户端产生新的交易，向全网进行广播，要求对交易进行记账。

(2) 每一个记账节点一旦收到这个请求，将收到的交易信息纳入一个区块中。

(3) 每个节点都通过 PoW 过程，尝试在自己的区块中找到一个具有足够难度的工作量证明。

(4) 当某个节点找到了一个工作量证明，它就向全网广播符合难度的区块。

(5) 当且仅当包含在该区块中的所有交易都是有效的且之前未存在过的，其他节点才认同该区块的有效性。

(6) 其他节点表示它们接受该区块，而表示接受的方法，则是在跟随该区块的末尾，制造新的区块以延长该链条，而将被接受区块的哈希值视为下一新区块的前项哈希值。

(7) 比特币系统默认最长的区块链为共识区块链，被最长区块链包含的区块，就是系统对区块内交易达成的共识的交易。

通过上述的记账过程，客户端所要求记录的交易信息被写入了各个记账节点的区块链中，形成了一个分布式的高概率的一致性账本。注意，比特币的工作量证明机制是最终一致性共识而不是强一致的共识算法，因为理论上存在一个概率，只要有足够的算力，形成一个更长的区块链，就可以把过去的共识结果推翻。当然，随着区块链的延长，要推翻过去共识的概率会呈指数型减少，因此可以达到最终一致性。

**6. 关于比特币 PoW 能否解决拜占庭将军的问题**

关于比特币 PoW 共识机制能否解决拜占庭将军问题一直在业界有争议。2015 年，Juan Garay 对比特币的 PoW 共识算法进行了正式的分析，得出的结论是比特币的 PoW 共识算法是一种概率性的拜占庭协议(Probabilistic BA)。Garay 对比特币共识协议的两个重要属性分析如下。

1) 一致性(Agreement)

在不诚实节点总算力小于 50%的情况下，同时每轮同步区块生成的概率很少的情况下，诚实的节点具有相同的区块的概率很高。用数学的严格语言应该是：当任意两个诚实节点的本地链条截取 $K$ 个节点，两条链条剩下的最后一个区块不相同的概率随着 $K$ 的增加呈指数型递减。

2) 正确性(Validity)

大多数的区块必须由诚实节点提供。严格地说，当不诚实算力非常小的时候，才能使大多数区块由诚实节点提供。

可以看到，当不诚实的算力小于网络总算力的 50%时，同时挖矿难度比较高，在大约 10 分钟出一个区块情况下，比特币网络达到一致性的概率会随确认区块的数目增多而呈指数型增加。但当不诚实算力具一定规模，甚至不用接近 50%的时候，比特币的共识算法并不能保证正确性，也就是，不能保证大多数的区块由诚实节点来提供。

因此，比特币的共识算法不适合于私有链和联盟链。其原因首先是它是一个最终一致性共识算法，不是一个强一致性共识算法。企业应用需要有强一致的共识算法来保证交易的正确性，而不能依赖概率来决定。第二个原因是其共识效率低，提升共识效率又会牺牲共识协议的安全性。强一致的非拜占庭容错共识算法也不适合像比特币这样的公有链环境，因为在公有链上一定存在拜占庭节点。而像 PBFT 那样的强一致的拜占庭容错共识算法也由于扩展性有限，不能支持成千上万个记账节点。

另一方面，比特币通过巧妙的矿工奖励机制来提升网络的安全性。矿工挖矿获得比特币奖励以及记账所得的交易费用，使得矿工更希望维护网络的正常运行，而任何破坏网络的非诚信行为都会损害矿工自身的利益。因此，即使有些比特币矿池具备强大的算力，它们都没有作恶的动机，反而有动力维护比特币的正常运行，因为这和它们的切实利益相关。

## 3.5 PoS 机制

PoW 背后的基本概念很简单：工作端提交难以计算但易于验证的已知计算结果，而其他任何人都能够通过验证这个答案，就确信工作端为了求得结果已经完成了相当大量的计算工作。然而 PoW 机制存在明显的弊端。一方面，PoW 的前提是，节点和算力是均匀分布的，因为通过 CPU 的计算能力来进行投票，拥有钱包(节点)数和算力值应该是大致匹配的，然而随着人们将 CPU 挖矿逐渐升级到 GPU、FPGA，直至 ASIC 矿机挖矿，节点数和算力值也渐渐失配。比特币网络每秒可完成数百万亿次 SHA-256 计算，但这些计算除了使恶意攻击者不能轻易地伪装成几百万个节点打垮比特币网络，并没有更多实际或科学价值。由于 PoW 非常耗能，因此比特币的 PoW 也因为巨大的能耗浪费被很多人诟病。当然，如果从另一方面来看，相对于允许世界上任何一个人在瞬间就能通过去中心化和半匿名的全球货币网络，给其他人几乎没有手续费地转账所带来的巨大好处，它的浪费也许只算是很小的代价。

鉴于此，人们提出了一些工作量证明的替代者。权益证明(Proof of Stake，PoS)就是其中的一种方法。

### 3.5.1 点点币 PoS 机制

权益证明要求用户证明拥有某些数量的货币(即对货币的权益)，点点币(Peercoin)是首先采用权益证明的虚拟货币，它采用一种混合共识机制，既用像比特币的 PoW 工作量证明挖矿机制，同时又用权益证明 PoS 机制。点点币中有两种块，一种是像比特币挖矿工作量证明产生的区块(区块中含有 Coinbase 交易)，另一种是权益证明产生的区块(区块中含有 Coinstake 区块)。

点点币在 SHA-256 哈希运算的难度方面引入了币龄的概念，使得工作量难度与交易输入的币龄成反比。在点点币中，币龄被定义为币的数量与币所拥有的天数的乘积，这使得币龄能够反映交易时刻用户所拥有的货币数量。

实际上，点点币的权益证明机制结合了随机化与币龄的概念，未使用至少 30 天的币可以参与竞争下一区块，越久和越大的币集有更大的可能去签名下一区块。然而，一旦币的权益被用于签名一个区块，则币龄将清为零，这样必须等待至少 30 日才能签署另一区块。同时，为防止非常老或非常大的权益控制区块链，寻找下一区块的最大概率在 90 天后达到最大值，这一过程保护了网络，并随着时间逐渐生成新的币而无须消耗大量的计算能力。点点币的开发者声称这将使得恶意攻击变得困难，因为没有中心化的挖矿池需求，而且购买半数以上的币的开销似乎超过获得51%的工作量证明的哈希计算能力。在一定程度上避免比特币的51%攻击。另外，攻击者的币龄会在攻击中受到消耗，所以对攻击者持续攻击的能力有限制。

在点点币的设计中，点点币的权益证明产生币的比率是每个币年消耗产生1分币，以保证未来的低通胀。为了避免出块率的陡然提升，工作量证明机制的目标值和权益证明机制的目标值是不停地调整的，不像比特币那样大约两周才调整一次。

和比特币中最大工作量的链被选为共识区块链不同，点点币中最大的消耗币龄的链条被选为共识区块链。

另一方面，用权益证明机制也使得改变区块链历史的攻击成本降低，同时双花攻击的成本也会降低。攻击者可以积累一定数量的币龄来强制重组区块链。为了应对这种威胁，点点币引入一个中心化 Checkpoint 广播机制，每天几次广播 Checkpoint 消息，以确认区块链中的交易。确认后的区块不能再被推翻，确认后的区块中的交易将被视为最终交易。

权益证明必须采用某种方法定义任意区块链中的下一合法区块，依据账户结余来选择将导致中心化，例如单个首富成员可能会拥有长久的优势。为此，人们还设计了其他不同的方法来选择下一合法区块。

未币(NXT)和黑币(Blackcoin)采用随机方法预测下一合法区块，使用公式查找与权益大小结合的最小哈希值，由于权益公开，每个节点都可以合理地准确预计哪个账户有权建立区块。详细的未币 PoS 机制见3.5.2节。

瑞迪币(Reddcoin)引入权益速度证明，即鼓励钱币的流动而非囤积。通过给币龄引入指数衰减函数，使得1个币的币龄不会超过2币月。

### 3.5.2 NXT PoS 机制

与点点币不同，NXT 币是一个完全使用 PoS 权益证明的虚拟货币，同时它也不采用"币龄"的概念。NXT 一次性产生10亿个币，平均每分钟出一个块。每10个块后，交易就采用 SHA-256 和 Curve25519 签名，Curve25519 是椭圆曲线中提供128位安全的一种签名机制。它采用椭圆曲线 Diffie-Hellman(ECDH)密钥协议机制，也是最快的 ECC 曲线之一，同时该曲线是公开的，没有专利保护。

在 NXT 中，三个数值决定哪个账户有资格竞争生成区块，哪个账户获得产生区块的资格，以及在有冲突时，哪个区块链被选为合法区块。这三个数值为基础目标值、目标值和累积难度值。

(1) 基础目标值。为了获得区块产生权，所有活跃的 NXT 账户竞争生成一个小于给定基础目标值的哈希值。这个基础目标值在每个区块都不一样，它是由上一个区块链的基础目标值乘以需要生成一个区块的时间来获得。

(2) 目标值。每个账户基于当前有效的权益来计算它自身的目标值：

$$T - \mathrm{Tb} \times S \times \mathrm{Be}$$

其中，$T$ 是新的目标值，Tb 是基础目标值，$S$ 是从上个区块生成以来的以秒为单位的时间，Be 是当前有效的权益。

从公式可以看出，目标值随着上个区块时间戳后的时间流逝而增加，最大的目标值是

1.537 228 67×1017。最小的目标值是上个区块的基础目标值的一半。

所有竞争生成区块的账户的基础目标值和时间都一样，唯一一个与账户相关的参数是余额。

(3) 累积难度值。是通过以下公式从基础目标值算出：

$$Dcb = Dpb + 264/Tb$$

其中，Dcb 是当前区块的难度，Dpb 是上个区块的难度，Tb 是当前区块的基础目标值。

区块产生算法如下。

链上的每个区块有一个区块产生签名参数。为了参与区块产生流程，一个活跃的账户用它的公钥对上个区块的产生进行签名，这个生产一个 64 字节的签名，然后对这个签名进行 SHA-256 哈希，结果的头 8 字节是一个数值，叫作账户的击中值。这个击中值将与当前目标值来比较，如果击中值比目标值小，那么下一个区块就可以产生。从以上公式可以看出，目标值随着时间的推移而增加，那么即使只有几个活跃账户，其中一个必然会生产一个区块，因为目标值会越来越大。这样一来，通过比较一个账户的击中值和目标值，就能预测任何一个账户生成区块所需的大致时间。由于任意一个节点可以查询任何一个活跃账户的余额，这样就可以在比较高的精确度下预测哪一个账户会产生下一个区块。

当一个活跃账户赢得生成区块的权利，会把 255 个尚未确认的交易打包进一个区块，并将这个区块广播到网络作为候选区块。当网络有多个候选区块时，具有最高累积难度值的区块将被选为当前区块链的新区块。

### 3.5.3 Tendermint PoS 机制

Tendermint 区块链针对比特币挖矿机制的能耗问题以及交易确认慢的问题，提出一个不需要挖矿，从而能提升交易确认性能，而又在理论上能保证拜占庭容错的 PoS 机制。传统的 PoS 机制存在着 nothing at stake problem(无成本作恶问题)，也就是说参与共识的节点可以不用担心损失而同时在两个分叉的链上投票。Tendermint 的 PoS 机制采用押金投票机制避免了这个问题，同时也能够在有不超过 1/3 的拜占庭节点存在情况下保证共识的一致性和正确性，是第一个能在理论上证明拜占庭容错的 PoS 共识协议。

Tendermint 区块链由 Validator(验证者)投票来验证交易。验证者需要在投票期中把一定的币作为抵押物，然后通过广播带有签名的投票交易投票选出下一个区块来参与共识。验证者的投票权重相当于他们抵押的资金。验证者如果要退出共识流程，可以发一个取消抵押的交易来申请取回押金。在验证者发出取消抵押的交易后，抵押的资金还会被锁定一段设定的期限(抵押锁定期)，等该期限过后验证者才能取回押金。一个共识区块需要有超过 2/3 的投票权重的验证者签名投票同意，才能被确认为共识区块。

当一个验证者故意同时投票给两个不同区块，任何其他节点可以发一个短的证据交易，并把该验证者的两个签名投票的冲突交易作为证据附上，这个交易会被记录在区块链上，这个证据将使得作弊的验证者的抵押资金被没收。只要证据在抵押锁定期过期前提交，作弊的验证者就会被惩罚。需要注意的是，这个并不能完全避免超过 2/3 的验证者投票产生一个分叉的区块链，因为有可能作弊者已经取回押金并将资金转给其他节点。这种攻击叫长范围双花攻击。用户可以通过在押金锁定期间同步区块链来避免这种攻击。短范围双花攻击发生在攻击者的押金还在锁定期。通过设定验证者获得的酬劳可以提供经济激励，让验证者意识到作弊损失比诚实投票大。

Tendermint 共识假设网络是部分同步的，它假设网络的延迟有一个上限，同时非拜占庭节点可以访问在一个区块共识期间保持足够准确的内部时钟，这些内部时钟不一定要和全球时间同步。

Tendermint 的共识流程分三个步骤，如图 3.13 所示。验证者首先发 Propose(提议)、Prevote(预投票)和 Precommit(预确认)，加上另外两个特殊步骤 Commit(确认)和 NewHeight(新高度)。

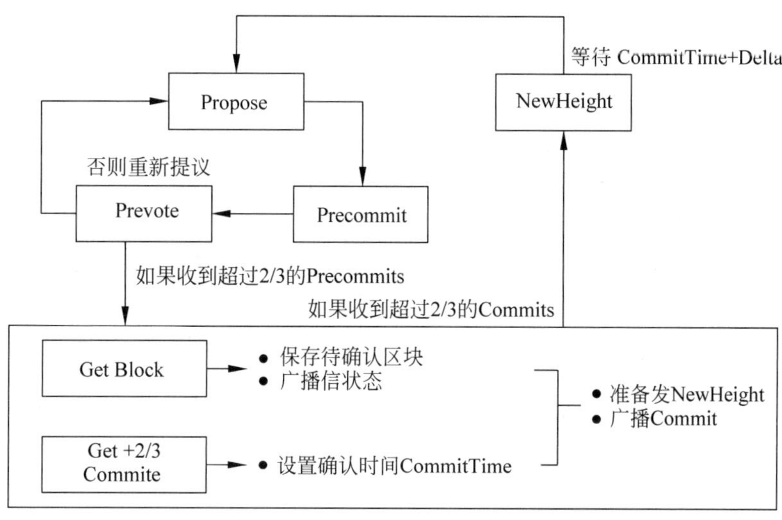


图 3.13 Tendermint 的共识流程

在每一轮共识中，验证者会采用轮询机制，按每个验证者押金的比例挑出一个验证者来做提议者，也就是押金多的验证者，被抽中做提议者的概率也相应比较大。

共识的第一阶段是提议(Propose)阶段。在提议的开始阶段，挑出来的提议者向其他邻节点广播一个提议，收到提议的节点也向它的邻节点广播该提议。

在预投票(Prevote)阶段，由每个验证者做决定，如果验证者在过去的投票阶段有一个提议，但还没被接收并处于锁住的区块，验证者可以对那个锁住的区块签名并广播一个 Prevote 交易。验证者如果接收当下这个提议者发出的提议，验证者也可以对目前的提议签名并广播一个 Prevote 交易。如果验证者没接到提议，或者这是一个不合规的提议，验证者需要签一个特殊的空 Prevote 交易并广播出去。

在 Precommit 阶段，每个验证者做一个决定，如果验证者收到对验证者提议的区块超过 2/3 的 Prevote 投票，验证者会对该区块签名并广播 Precommit 交易。验证者同时锁住该区块，并将过去锁住的区块解锁。每个验证节点每次最多能锁一个提议区块。如果一个验证者收到对验证者提议的区块超过 2/3 的空 Prevote 投票，验证者会简单地解锁。当锁或解锁提议区块，需要把 Prevote 交易的这些证据打包，放在一个 Proof-of-lock(锁证明)。如果一个验证者没有收到超过 2/3 的 Prevote 或空 Prevote，那么验证者不需要签名或锁提议区块。在 Precommit 阶段，所有的相邻节点互相通报 Precommit 交易。在 Precommit 阶段末，每个节点会做一个决定。如果节点收到对一个提议区块超过 2/3 的 Precommit 消息，那么就进入 Commit 阶段，否则的话会继续进入下一轮的提议阶段。即使一个节点还没收到被提议的区块，都会进入 Commit 阶段。

Commit 阶段是一个特殊的阶段，有两个并行的条件需要同时满足才能最后确认区块。首先，节点必须接收到网络 Commit 的提议区块，如果接收到了，节点需要签名并广播 Commit 消息；然后，节点必须收到超过 2/3 的 Commit 消息。当这两个条件满足之后，该节点设一个 CommitTime，然后转到 NewHeight 阶段。异步通信和本地的 CommitTime 可以让网络即使在不同步的时钟情况下仍然能达成共识。

在区块链高度 H 前的 NewHeight 步骤会继续收集在高度 H-1 的提议区块的 Commit 消息，直到 CommitTime 加上一个固定的时间之后，这个允许提议的区块包括超过最小 2/3 的 Commit 消息，这样可以把比较慢的验证者的 Commit 记录在区块链上。在共识流程的任何阶段，如果一个节点收到对一个提议区块超过 2/3 的 Commit 消息，它会立即进入 Commit 阶段，所以有两种进入 Commit 步骤的途径。一个在 R 轮对提议区块的确认(Commit)投票，可以算成是对所有 $R_0$ 轮（$R < R_0$）的 Prevote 和 Precommits。确认(Commit)投票消息会在节点之间广播。

在共识流程中的任何时间，如果一个节点 R 轮在一个提议区块上锁住，但接收到一个 $R_0$ 轮($R < R_0$)的锁证明(proof-of-lock)，这个节点将解锁。

**1. Proof of Safety 安全性证明**

Safety(安全性)包含一致性和正确性，也就是要证明其共识机制不会出现分叉。Tendermint 白皮书提供一个非正式的证明：

如果有低于 1/3 的拜占庭投票权重的验证者和至少一个诚实的验证者投票决定 B 区块，那么所有的诚实验证者都会投票决定 B 区块。考虑在最早的 R 轮，至少有一个诚实的验证者在 R 轮确认 B 区块，这个验证者在 R 轮会接收到超过 2/3 的 Precommit 消息。假设少于 1/3 的是拜占庭节点，那么至少有 1/3 的诚实验证者在 R 轮投了 B 区块 Precommit。这些诚实的验证者一定会在 R 轮对 B 区块加锁。其他的区块不可能被确认，除非一些诚实的验证者解锁 B 区块。因为一个验证者只能一次锁住一个区块。也就是说，不可能出现同时确认 B 区块和另一个区块的情况，因此不可能分叉。

**2. Proof of Liveness 活性证明**

Liveness(活性)指的是在有限的时间内能达成共识，而不出现死锁或永远达不到一致的情况。Tendermint 给出的非正式证明如下。

如果只有少于 1/3 的拜占庭投票权重，那么协议就不会死锁。只有两个不同的区块被一些不同的诚实验证者在不同的共识轮被锁住，共识流程才能进入死锁的情况。假设某些诚实验证者在 R 轮共识锁住了区块 B，一些别的诚实验证者在 $R_0$ 轮锁住了区块 $B_0$，这里 $R < R_0$。在这种情况下，在 $R_0$ 轮的一个诚实验证者的一个提议所包含的证明锁(proof-of-lock)总会有一个时间解锁，让那些在 R 轮锁住 B 区块的验证者能继续共识流程。

### 3.5.4 Ethereum Casper PoS 机制

以太坊在开始的版本规划的时候，就计划在未来的 Serenity 版本将共识机制从 PoW 切换到 Casper 的 PoS 共识机制，但后面制定 Casper 方案的工作一拖再拖，直到现在，并没有正式发布。下面从以太坊的一些论坛信息，和根据以太坊创始人 Vitalik Buterin 和 Virgil

Griffith 的网上白皮书 *Casper the Friendly Finality Gadget* 的资料总结出 Casper 共识机制的一些要点。

出于安全方面的考虑，Casper 的第一版本不会全部替换 PoW 共识算法，而是 PoW 和 PoS 的混合共识算法。具体说就是以太坊会继续使用 PoW 来验证绝大多数区块，PoS 将用来在每 100 个区块做 checkpoint，也就是永久确认。这个操作给以太坊区块链带来交易确认的最终性。

在 Casper 第一阶段，会在一个 CASPER_ADDR 地址上发布一个 Casper 合约。这个合约将让所有人打进以太币，并写上一个可用来签名的"验证代码"(可以想象成类似一个公钥)，从而成为一个验证者。当一个用户进入活跃的验证池之后，就可以发消息来参与 PoS 的共识流程。一个验证者的大小指的是他在合约上存放多少以太币。PoS 共识的目的是为了"最终确认"叫 checkpoint 的关键区块。每第 100 个区块就是一个 checkpoint。为了使得一个区块被最终确认，在活跃验证池的至少占总验证池 2/3 的一个子集验证者(其实是相当于超过 2/3 的存储金所代表的投票)需要针对这个区块发 Commit 消息。当一个区块被最终确认后，那就意味着永远不能推翻。即使 99%的矿工开始支持一个不包含该区块的链，客户都仍然会认为该区块所包含的交易是最终确认的。

验证者广播用自己私钥签名投票消息，投票消息中包含 4 个信息，其中两个是 checkpoint $s$ 和 $t$。$s$ 是源 checkpoint，指的是被确认过的 checkpoint，$t$ 是目标确认 checkpoint 区块。另外两个是 $s$ 和 $t$ 所对应的高度 $h(s)$ 和 $h(t)$。这里的高度指的是从创世区块开始顺着链下来 100 个区块的倍数。因为 Casper 只是用来验证并最终确认每 100 个区块(checkpoint)，因此这里的高度是指距离创世区块 100 的倍数。

Casper 合约中的规则叫"苛刻条件(Slashing Conditions)"，这些规则用来防止不兼容的两个区块同时被确认，同时防止验证者同时投票确认两个区块。假设验证者广播两个投票消息：$<s_1, t_1, h(s_1), h(t_1)>$和$<s_2, t_2, h(s_2), h(t_2)>$，主要有两个苛刻条件：

第一个是 $h(t_1) \neq h(t_2)$，也就是说，一个验证者不能发布两个不同的投票信息，其中的两个 checkpoint 的高度一样。第二个是验证者不能发布一个嵌套于另一个 checkpoint 的 checkpoint，也就是说，不能发布两个满足下面条件的验证消息，使得 $h(s_1) < h(s_2) < h(t_2) < h(t_1)$。违反苛刻条件的验证者会被没收押金。

这两个苛刻条件是为了避免区块链的分叉。如果区块 A 和 B 都是 C 的子块，那么如果 A 和 B 都得到确认，那就说明至少存在着有 1/3 的活跃验证池的验证者，同时发了消息确认 A 块和 B 块。这些发双重验证消息的验证者的消息证据会被发到 Casper 合约，他们存的以太币押金的 96%会被销毁，而他们存的以太币的 4%会被奖励给提供证据的举报者。所以一旦推翻一个被确认的区块会带来非常昂贵的损失。

Casper 第一阶段主要是实施两部分工作，第一部分是"分叉选择规则(fork choice rule)"，该功能是把过去 PoW 中选用的"最长链"规则改成选用带最大高度的最终确认区块(checkpoint)的规则。第二部分是实现 Casper 验证逻辑的一个后台进程。

### 3.5.5 LPoS 机制

在传统的 PoS 机制，小份额的权益人只有非常小的机会获得出块记账机会。就像在比特币的 PoW 中算力小的矿工非常难挖到矿一样，小的权益人可能需要很多年才能有足够的运气获得出块记账权。这就意味着很多小权益人没有动力运行节点，网络只由小部分的大玩家维持。这样的话，网络的安全性就比较差，因为一个安全的区块链网络需要很多参与者，所以需要激励小额权益者参与出块记账。LPoS(Leased Proof of Stake，租借权益证明)可以解决这个问题。它让权益人将自己的余额租借给别的节点来出块，租借的资金还是由权益人控制，同时在租借到期后可以花掉或者转走，出块后的收益由租借人和出块人共同分享。Waves 是采用 LPoS 的区块链项目。

### 3.5.6 DPoS 机制

PoW 机制和 PoS 机制虽然都能有效地解决记账行为的一致性共识问题，但是现有的比特币 PoW 机制纯粹依赖算力，导致专业从事挖矿的矿工群体似乎已和比特币社区完全分隔，某些矿池的巨大算力俨然成为另一个中心，这与比特币的去中心化思想相冲突。PoS 机制虽然考虑了 PoW 的不足，但依据权益结余来选择，会导致首富账户的权力更大，有可能支配记账权。DPoS(Delegated Proof of Stake，股份授权证明机制)的出现正是为了解决 PoW 机制和 PoS 机制的这类不足。

比特股(Bitshare)是一类采用 DPoS 机制的密码货币，它期望通过引入一个技术民主层来减少中心化的负面影响。

DPoS 是目前看到最快、最高效、也最去中心化和最灵活的共识模型。DPoS 利用权益人投票的权利来公平民主地解决共识问题。所有的网络参数，从交易费用、生成块的时间以及交易大小，都可以通过选出来的代理人来调整。确定性地选择出块人可以平均一秒的速率确认交易。比特股引入了见证人这个概念，见证人可以生成区块，每一个持有比特股的人都可以投票选举见证人。得到总同意票数中的前 $N$ 个($N$ 在 Bitshares 中定义为 101，在 EOS 中定义为 21)候选者可以当选为见证人，当选见证人的个数($N$)有以下条件确认：至少一半的参与投票者相信 $N$ 已经充分地去中心化。

见证人的候选名单每个维护周期(1 天)更新一次。见证人随机排列，每个见证人按序有两秒的权限时间生成区块，若见证人在给定的时间片不能生成区块，区块生成权限交给下一个时间片对应的见证人。DPoS 的这种设计使得区块的生成更为快速，也更加节能。

DPoS 充分利用了持股人的投票，以公平民主的方式达成共识，他们投票选出的 $N$ 个见证人，可以视为 $N$ 个矿池，而这 $N$ 个矿池彼此的权利是完全相等的。持股人可以随时通过投票更换这些见证人(矿池)，如果他们提供的算力不稳定、计算机宕机或者试图利用手中的权力作恶。

比特股还设计了另外一类竞选——代表竞选。选出的代表拥有提出改变网络参数的特权，包括交易费用、区块大小、见证人费用和区块区间。若大多数代表同意所提出的改变，持股人有两周的审查期，这个期间可以罢免代表并废止所提出的改变。这一设计确保代表技术上没有直接修改参数的权利以及所有的网络参数的改变最终需得到持股人的同意。

2017 年新出的 TeZoS 和 EOS 项目采用的是 DPoS 机制。

### 3.5.7 PoS 共识算法小结

PoS 共识基本上可以分两种类型：一种是用权益模仿 PoW 机制，通过伪随机数来模仿挖矿决定产生块的权利。这方面的例子像点点币(Peercoin)、黑币(Blackcoin)。还有在此基础上构造的 DPoS，它是一个更高效、更公平民主的 PoS 机制。另一种类型是把拜占庭容错(BFT)和 PoS 结合起来，可以有严格的数学证明保证只要满足超过 2/3 的诚实参与节点，共识协议不会确认不一致的区块。Tendermint 的共识算法是第一个实现 BFT 的 PoS 共识算法。以太坊未来的 Casper 的 PoS 机制也具有 BFT 容错能力。

## 3.6 Ripple 共识算法

**1. Ripple 的网络结构**

Ripple(瑞波)是一种基于互联网的开源支付协议，可以实现部分去中心化的货币兑换、支付与清算功能。在 Ripple 的网络中，交易由客户端(应用)发起，经过追踪节点(Tracking Node)或验证节点(Validating Node)把交易广播到整个网络中。追踪节点主要功能是分发交易信息以及响应客户端的账本请求。验证节点除包含追踪节点的所有功能外，还能够通过共识协议，在账本中增加新的账本实例数据。图 3.14 是 Ripple 共识过程中节点的交互示意图。

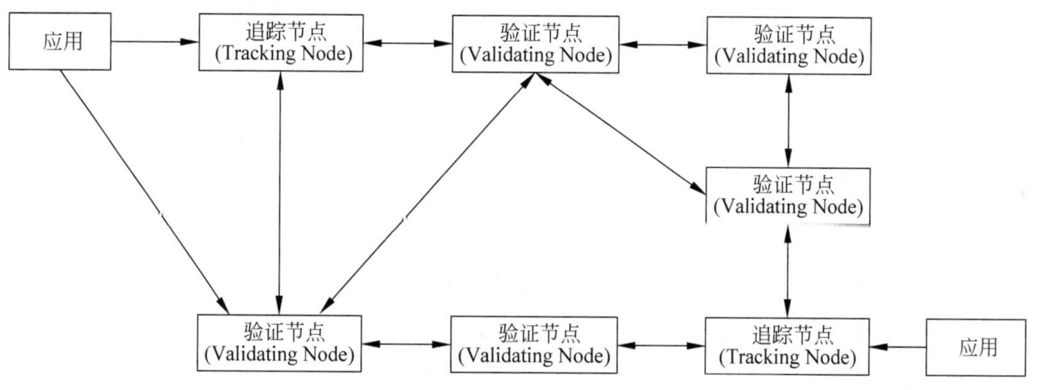


图 3.14 Ripple 共识过程中节点的交互示意图

**2. Ripple 共识算法**

Ripple 的共识达成发生在验证节点之间，每个验证节点都预先配置了一份可信任节点名单，称为 UNL(Unique Node List)。在名单上的节点可对交易达成进行投票。每隔几秒 Ripple 网络将进行如下共识过程。

(1) 每个验证节点会不断收到从网络发送过来的交易，通过与本地账本数据验证后，不合法的交易直接丢弃，合法的交易将汇总成交易候选集(Candidate Set)。交易候选集里面还包括之前共识过程无法确认而遗留下来的交易。

(2) 每个验证节点把自己的交易候选集作为提案发送给其他验证节点。

(3) 验证节点在收到其他节点发来的提案后，如果不是来自 UNL 上的节点，则忽略该提案。如果是来自 UNL 上的节点，就会对比提案中的交易和本地的交易候选集，如果有相同的交易，该交易就获得一票。在一定时间内，当交易获得超过 50%的票数时，则该交易进入下一轮。没有超过 50%的交易，将留待下一次共识过程去确认。

(4) 验证节点把超过 50%票数的交易作为提案发给其他节点，同时提高所需票数的阈值到 60%，重复步骤(3)和步骤(4)，直到阈值达到 80%。

(5) 验证节点把经过 80%UNL 节点确认的交易正式写入本地的账本数据中，称为最后关闭账本(Last Closed Ledger)，即账本最后(最新)的状态。

图 3.15 是 Ripple 共识算法流程。

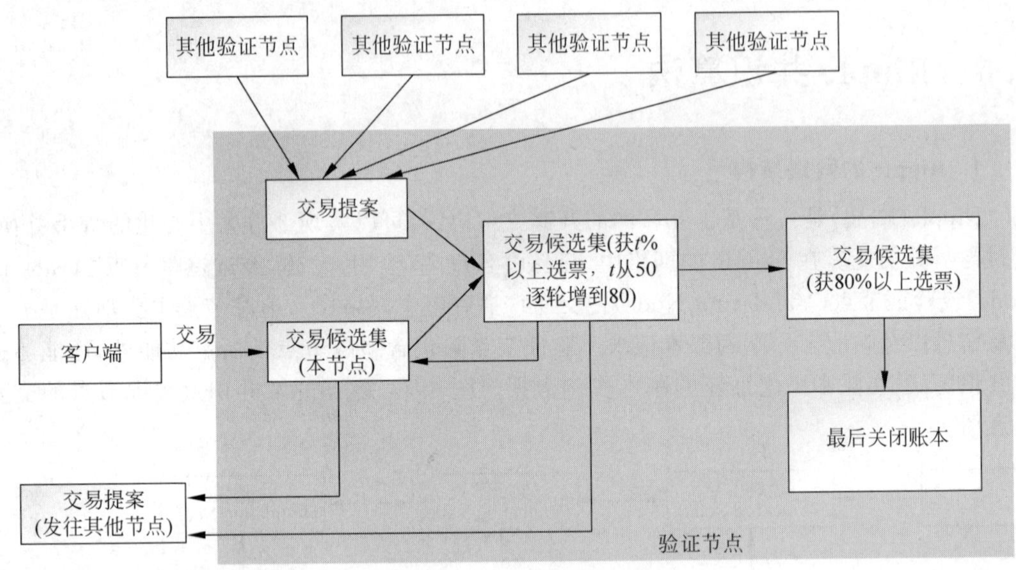


图 3.15 Ripple 共识算法流程

Ripple 共识算法的独特之处在于它不是在全网一次性达成共识，而是在 UNL 子网中达成共识。在 Ripple 的共识算法中 UNL 参与投票节点的身份是事先知道的，因此，算法的效率比 PoW 等匿名共识算法要高效，交易的确认时间只需要几秒钟。当然，这点也决定了该共识算法只适合于许可链(Permissioned Chain)的场景。同时 Ripple 共识算法假设拜占庭节点数少于所有节点数的 20%，需要任意两个 UNL 间重合的节点数至少占最大 UNL 节点数的 20%。另外，UNL 中的任意一个节点串通作恶的概率需要小于 20%。

Ripple 共识算法的拜占庭容错(BFT)能力为$(n-1)/5$，即可以容忍整个网络中 20%的节点出现拜占庭错误而不影响正确共识。

## 3.7 本章小结

本章主要讨论了共识机制。如何在分布式系统中高效地达成共识是分布式计算领域的重要研究问题，经典的拜占庭容错技术能够在拜占庭服务器不超过 1/3 以及同步通信的情况下，达成拜占庭系统中的共识。而在异步通信情况下，理论上只要有一个拜占庭故障服务器，就无法在全网中达成一致的共识。为了解决实际的分布式一致性问题，很多实用的共识算法被设计出来。这些算法有不同的假设条件,具有不同的优点和局限。本章重点介绍了适用于私有链和联盟链环境的实用拜占庭容错(PBFT)协议,以及针对非拜占庭故障的Raft 共识算法。Raft 技术则只需要故障服务器不超过 50%,就能实现交易记账的共识。

一般来说,PoW 和 PoS 机制比较适合公有链环境,而 PBFT 和 Raft 则比较适合联盟链和私有链的分布式环境。比特币的 PoW 机制是一种概率性的拜占庭协议,能在一定程度上解决拜占庭问题。而 PoS 等其他机制,目前并没有严格的数学证明其具有拜占庭容错的属性。

## 参考文献


[1] Roger Wattenhofer, Strong Consistency. ETH Zurich—Distributed Computing[OL]. www. disco. ethz. ch.

[2] Lamport L, Shostak R, Pease M. The Byzantine generals problem[J]. ACM Trans. on Programming Languages and Systems, 1982,4(3):382-401.

[3] Fischer M J, Lynch N A. Impossibility of distributed consensus with one faulty process[J]. ACM 32 (2), 374-382 (1985).

[4] Seth Gilbert, Nancy A. Lynch. Perspectives on the CAP Theorem[OL]. Available on: https://core. ac. uk/download/pdf/16520017. pdf.

[5] Barbara Liskov and James Cowling. Viewstamped Replication Revisited[R]. MIT Computer Science and Artificial Intelligence Laboratory.

[6] Lamport L. The part-time parliament[J]. ACM Trans. Comput. Syst., 16(2):133-169, 1998.

[7] Ongaro D, Ousterhout J. In Search of an Understandable Consensus Algorithm[C]. In: Proc. of USENIX Annual Technical Conference 2014, 305-319.

[8] Castro M, Liskov B. Practical Byzantine fault tolerance and proactive recovery[J]. ACM Trans. on Computer Systems, 2002,20(4):398-461.

[9] Satoshi N. Bitcoin: A peer-to-peer electronic cash system[OL]. Available on: http://bitcoin. org/bitcoin. pdf, 2012.

[10] Garay J A, Kiayias A, Leonardos N. The Bitcoin Backbone Protocol: Analysis and Applications[J]. IACR Cryptology ePrint Archive 2014, 765 (2014).

[11] Sunny King, Scott Nadal, PPCoin. Peer to Peer Cryptocurrency with Proof of Stake. [OL]. Available on: https://www. chainwhy. com/upload/default/20180619/126a057fef926dc286accb372da46955. pdf, 2012.

[12] Nxt community, Nxt Whitepaper[OL], Available on: https://www. jelurida. com/sites/default/files/Nxt whitepaper. pdf.

[13] Jae Kwon, Tendermint: Consensus without Mining[OL]. github. com/tendermint/tendermint/wiki, 2014.

[14] Vitalik Buterin and Virgil Griffith: Casper the Friendly Finality Gadget[OL].

[15] Fabian Schuh, Daniel Larimer, Bitshares 2.0: General Overview[R]. Cryptonomex, Cryptonomex. com_Blacksburg (VA), USA.

[16] David Schwartz, Noah Youngs, Arthur Britto. The Ripple Protocol Consensus Algorithm[R]. Ripple Labs Inc, 2014.

# 第2篇

# 技 术 篇

# 第4章

# 比特币概述

## 4.1 比特币简介

根据区块链实时监控网站 Blockchain.info 显示，比特币创世区块(简称创世块)诞生于2000 年 1 月 3 日 18:15:05(浏览器中为北京时间，所以有时差)，如图 4.1 所示，发展至今

| | |
|---|---|
| Hash | 000000000019d6689c085ae165831e934ff763ae46a2a6c172b3f1b60a8ce... |
| Confirmations | 616,239 |
| Timestamp | 2009-01-04 02:15 |
| Height | 0 |
| Miner | Unknown |
| Number of Transactions | 1 |
| Difficulty | 1.00 |
| Merkle root | 4a5e1e4baab89f3a32518a88c31bc87f618f76673e2cc77ab2127b7afdeda33b |
| Version | 0x1 |
| Bits | 486,604,799 |
| Weight | 1,140 WU |
| Size | 285 bytes |
| Nonce | 2,083,236,893 |
| Transaction Volume | 0.00000000 BTC |
| Block Reward | 50.00000000 BTC |
| Fee Reward | 0.00000000 BTC |

图 4.1 比特币创世块信息

已有十多年的历史，是迄今为止运行最为成功的加密货币，并且一直处于数字货币市场的龙头地位。根据数字货币大数据分析网站显示，截至 2018 年 4 月 16 日，比特币的市值为 8625 亿元人民币，长期占有着全球数字货币市场的第一位。根据 Blockchain.info 统计显示，平均每天约有几十亿美元的交易被写入比特币的区块链，目前已经生成了将近 58 万个区块。

比特币本质上是由分布式网络系统生成的数字货币，其发行过程不依赖于特定的中心化机构，而是依赖于分布式网络节点共同参与的一种称为工作量证明（Proof of Work，PoW）的共识过程，以完成比特币交易的验证与记录。比特币的流通依靠密码学方法保障安全。比特币凭借其技术上的先发优势，迅速席卷全球，目前已经形成体系完备的涵盖发行、流通和金融衍生市场的生态圈及产业链。

## 4.2 比特币客户端

加入比特币的网络使用比特币，需要首先选择适合自己的比特币钱包下载安装。比特币客户端主要是用来存储相关数据的，能为用户生成多个比特币的地址，并且可以帮助用户管理对应的私钥。有了比特币钱包，用户便可以接收或向他人支付比特币，同其他比特币用户进行交易。比特币发展到今天，已经拥有了许多适用于各种终端的钱包，如图 4.2 所示，本节主要以 BitcoinCore（中本聪客户端）为例介绍如何使用比特币的钱包。

图 4.2　官方推荐比特币钱包

### 4.2.1　BitcoinCore

比特币官方钱包客户端的原名是 Bitcoin-qt，现更名为 BitcoinCore 比特币核心钱包，这个钱包是最完整、最早的比特币钱包，也叫作“中本聪客户端”，可以从 bitcoin.org 上下载，但是比特币钱包的启动过程较慢，启动之前需要先下载所有的区块数据文件，体积庞大，仅适合高端的比特币用户使用。BitcoinCore 具有比特币系统的所有功能，包括整个钱包系统、整个交易账本的备份，是比特币 P2P 网络中的一个完整节点，这样的客户端也称为“全节点”。对于开发者来说，也可以从 github 上下载 Bitcoin 最新源码，自己动手编译最新的钱包。

第一次运行需要同步整个区块链系统的账本(从创世区块开始)。整个过程可能需要几天的时间，目前比特币的账本已经超过 190GB，需要保证自己的硬盘空间，在同步完账本之前，钱包不可以完成任务操作，如图 4.3 所示，只显示正在与网络同步。

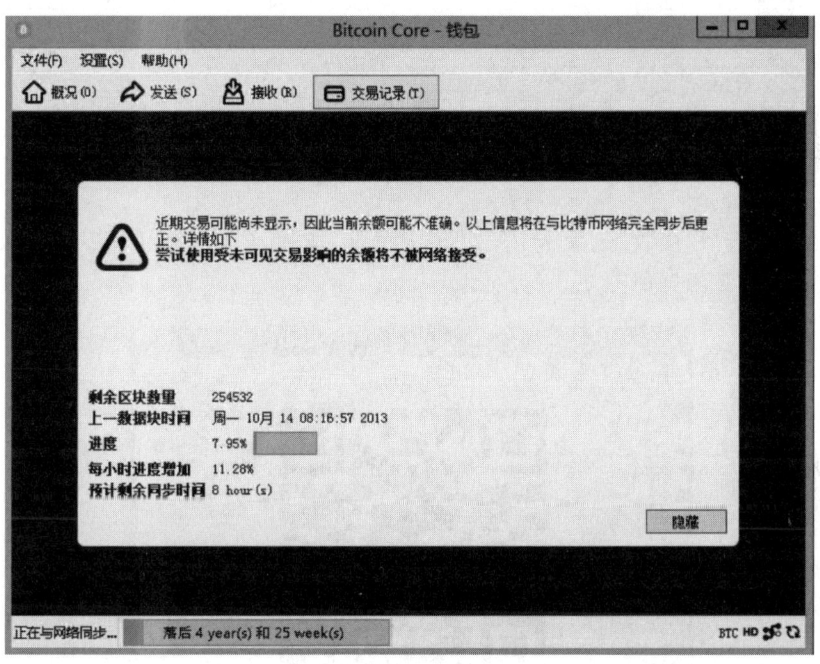


图 4.3　启动比特币钱包

#### 1. 比特币获取

获取比特币的途径一般有以下几种：①接收其他比特币用户的转账；②挖矿，可以购买专业的矿机设备，加入某个矿池，挖矿成功后就会获得比特币的奖励，但是主流的数字货币挖矿的门槛越来越高；③从比特币交易所购买，国内外比较知名的比特币交易平台有很多，如火币、OKCoin、币安、Bitfinex、POLONIEX、Coinbase 等。

#### 2. 创建第一笔交易

用户可以选择“发送”选项卡，如图 4.4 所示，填写完整比特币接收地址、支付金额等信息，系统会根据情况收取手续费，单击“发送”按钮，完成一笔支付交易。

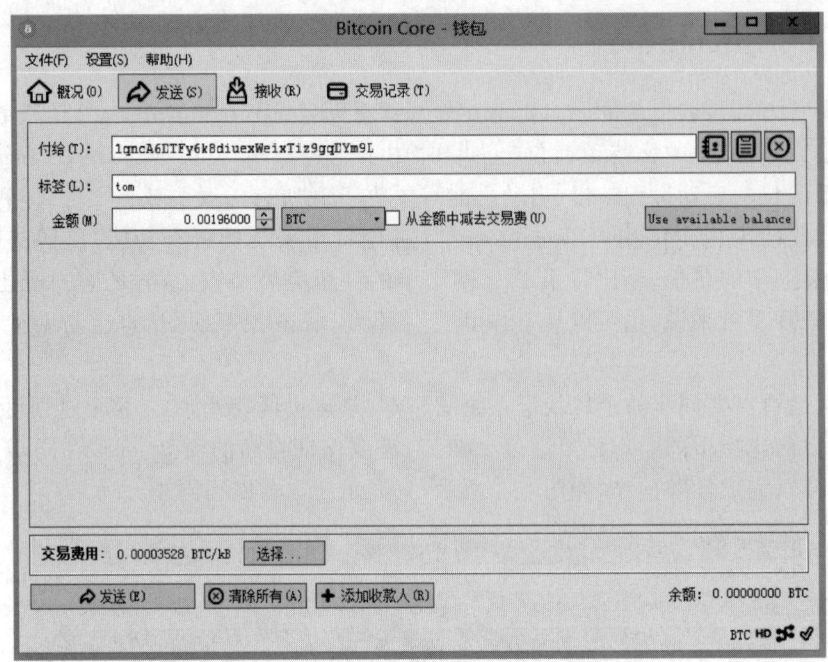


图 4.4 比特币转账

用户也可以选择"接收"选项卡,单击"请求付款"按钮,生成一个收款地址,收款地址可显示接收地址和二维码,如图 4.5 所示。

图 4.5 比特币收款地址

### 3. 查询交易

完成交易后，会返回一串交易 ID，用户可以在 blockchain. info 上输入交易 ID，查看交易的详细情况，当交易被 6 个区块确认后，交易正式完成，整个过程大约需要 1 小时，如图 4.6 所示。一旦交易经过 6 个区块确认后，就会被永久写入区块链中，不可撤销。

图 4.6　blockchain. info 比特币交易记录

### 4. 测试网络

用户只需要在区块下载的目录中创建配置文件 bitcoin. conf，并在里面添加 testnet=1 即可使用比特测试网络。比特币从 0.16.0 版本开始支持隔离见证，默认生成以 3 开头的 p2sh-segwit 类型地址，对于初学者来说，最好设置 addresstype=legacy，生成传统的以 1 开头的普通类型交易地址，本书的配置文件如图 4.7 所示。

```
testnet=1
txindex=1
deprecatedrpc=signrawtransaction
addresstype=legacy
rpcuser=RPCuser
rpcpassword=RPCpassword
rpcallowip=127.0.0.1
rpcport=8332
rpcconnect=127.0.0.1
```

图 4.7　比特币配置文件

配置完成后，用户可以生成一个测试币的地址，在这个网址 https://testnet. manu. backend. hamburg/faucet 申请测试币。同样，也可以在测试币的区块链浏览器查看自己的交易记录，比特币测试网络区块链浏览器的地址为 https://testnet. blockchain. info/。

### 4.2.2 其他版本比特币钱包

**1. 手机钱包**

运行在智能手机或平板电脑等移动设备上的客户端，如适用于 Android 上的 BitcoinWallet 和 Electrum、适用于苹果 iOS 设备上的 Bither 和 breadwallet。由智能终端自身的特点决定，移动钱包一般是作为轻量钱包或在线钱包使用。在比特币中，手机钱包与全节点也是完全同步的，但只存储区块头信息，且不能进行挖矿。

**2. 在线钱包**

在线钱包一般是通过网页浏览器请求第三方服务器发起转账和查询功能，用户可以方便地使用比特币，但是用户存储的比特币仍然与现有银行系统一样，密钥完全存储在第三方的服务器上，用户资金的安全取决于第三方。除了在线钱包外，数字货币的交易所也都是采用的这种模式，用户只能在交易所看到自己的地址，并不知道私钥，比特币的安全性主要取决于交易所信用、交易所安全防护技术等因素。

**3. 硬件钱包**

硬件钱包是指将数字资产私钥单独储存在一个芯片中，与互联网隔离，即插即用。硬件钱包的原理本质上就是用私钥签名过程完全在硬件内，保证用户私钥永不触网，以此来保证用户资金的安全。目前国内比较著名的硬件钱包有库神，几乎已经可以做到支持当前所有主流币种。国外比较著名的硬件钱包有 Ledger、Trezor、DigitalBitbox、KeepKey 等。硬件钱包一般价格会略微贵一些，但目前硬件钱包是最安全的。

## 4.3 本章小结

本章介绍了区块链技术的起源、比特币的诞生背景以及比特币十多年以来的发展史。以比特币官方客户端 BitcoinCore(中本聪客户端)为例，为读者展示了如何获取自己的比特币，如何使用比特币，并介绍了不同版本的比特币钱包，如手机钱包、在线钱包和硬件钱包。

# 第5章

# 比特币核心技术

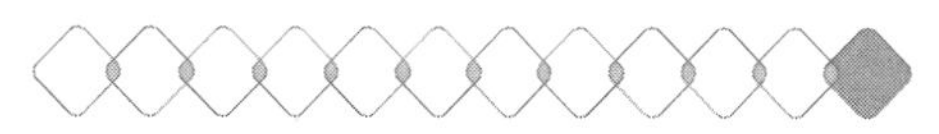

## 5.1 libbitcoin-explorer 工具

在介绍本节内容之前，先介绍一款比特币的命令行工具 libbitcoin-explorer。它是一款基于 C++层面，可扩展、多线程、模块化的执行工具。与比特币的命令行相似，但提供了相较于比特币更为丰富的功能。通过使用 libbitcoin-explorer，可以看到比特币中地址及交易等信息在各个生命周期阶段编码的样子，对于学习和理解比特币原理有很大帮助。这款工具在 github 上是开源的，感兴趣的读者可以登录 https://github.com/libbitcoin/libbitcoin-explorer#macintosh 查看它的源代码，包括其各个系统版本下的编译安装方式。

在这里，以 Mac OS 为例，介绍一下 Mac 环境下的安装方式。建议从 github 上复制源代码，自己动手进行编译，这样可以将 bx 的所有功能打包进来。

(1) 检查 Clang/LLVM 的版本。

```
$ clang++ --version
```

(2) 返回如下信息。

```
Apple LLVM version 9.1.0 (clang-902.0.39.1)
Target: x86_64-apple-darwin17.5.0
Thread model: posix
InstalledDir:
/Applications/Xcode.app/Contents/Developer/Toolchains/XcodeDefault.xctoolchain/usr/bin
```

(3) 如果提示更新 xcode 版本，则执行如下命令。

```
$ xcode-select --install
```

(4) 安装 Homebrew。

```
$ ruby -e "$(curl -fsSL https://raw.githubusercontent.com/Homebrew/install/master/install)"
```

(5) 安装依赖库和 wget。

```
$ brew install autoconf automake libtool pkgconfig wget
```

(6) 安装 boost(要求 1.57.0 及以上版本)。

```
$ brew install boost
```

(7)安装 ZeroMQ(要求 4.2.0 及以上版本)。

```
$ brew install zeromq
```

(8) 下载安装脚本并进入目录赋予 install.h 执行权限。

```
$ git clone https://github.com/libbitcoin/libbitcoin-explorer.git
$ chmod +x install.sh
```

(9) 执行安装脚本,其中 prefix 与 build 参数为自己指定的输出目录,编译好的可执行文件都在 prefix 文件夹中。

```
$ ./install.sh    --disable-shared    --prefix=/Users/me/Desktop/libbitcoin-explore/myprefix --build-dir=/Users/me/Desktop/libbitcoin-explore/build --build-icu --build-png --build-qrencode --build-boost --with-icu --with-png --with-qrencode
```

执行完毕后,编译好的 libbitcoin-explorer 程序就会在 prefix 参数指定的目录中的 bin 文件夹下,用户可以使用命令行进入到这个目录下调用 bx 程序来执行,如./bx help。libbitcoin-explorer 的命令及操作指南都可以在 Github 给出的文档中查找。

## 5.2 密钥与地址

在比特币系统中,是没有账户的概念的,所有比特币的归属权都是通过用户的私钥、比特币的地址和数字签名算法来确定的。用户的私钥实际上并不存储在网络上,而是存储在用户本的 wallet.dat 文件中,由用户自己保管。用户可以通过钱包软件生成和管理自己的地址,这些操作都是独立的,无须连接到比特币的网络。比特币的去中心化信任和控件、资产的归属权和安全模型,均是基于密码学算法来实现的。

### 5.2.1 Base58Check

在输入比特币地址的时候，如果比特币地址是错误的，BitcoinCore 钱包会有提示的：出现背景色，如图 5.1 所示。

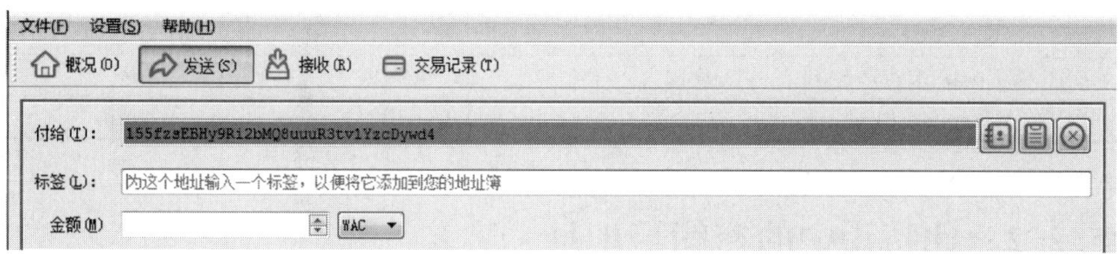


图 5.1 比特币转账地址输入错误提示

这是因为，在比特币系统中比特币地址加入了校验信息，用户验证转账时所输入的地址的合法性。这个检验地址合法性的过程，就是 Base58Check。Base58Check 的编码过程如图 5.2 所示。

(1) 将原始数据前边加上前缀版本号。

(2) 将生成后的数据进行两次 SHA-256 运算，即 SHA-256(SHA-256(版本信息+原始数据))。

(3) 取两次 SHA-256 运算后的前 4 字节作为校验码，拼接在数据后边。

(4) 对拼接完的数据进行 Base58 编码。

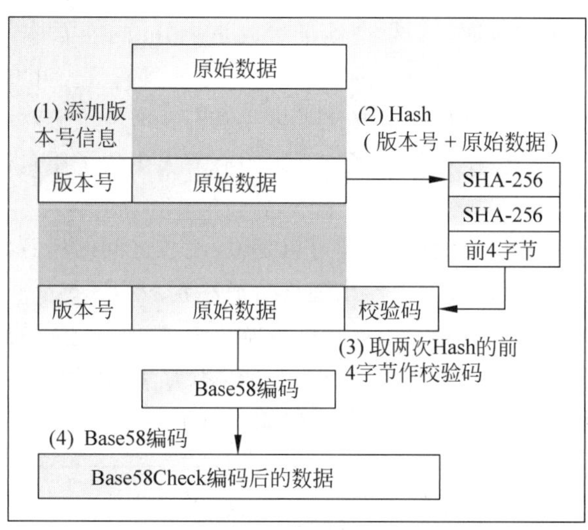


图 5.2 Base58Check 编码过程

Base58Check 编码中，版本前缀使数据的格式非常容易辨认，让人们能更加直观地看出数据是何种属性及如何使用它们。例如，比特币的地址以 1 或 3 开头的，而 Base58Check 编码的私钥 WIF 是以 5 开头的。比特币系统中常见的版本前缀和它们对应的 Base58 编码如表 5.1 所示。

表 5.1 Base58Check 版本前缀和 Base58 编码后的结果

| 种　类 | 版本前缀 Hex | Base58 编码 |
|---|---|---|
| Bitcoin Address | 0x00 | 1 |
| Pay-to-Script-Hash Address | 0x05 | 3 |
| Bitcoin Testnet Address | 0x6F | m 或 n |
| Private Key WIF | 0x80 | 5,K 或 L |
| BIP 39 Encrypted Private Key0x0142 | 0x0142 | 6P |
| BIP32 Extended Public Key | 0x0488B21E | xpub |

## 5.2.2 比特币中的密钥与地址

比特币系统是采用椭圆曲线签名算法来生成公钥与私钥的。其中,公钥是用来生成地址的,生成的地址用于接收比特币;私钥是用来生成支付其对应的公钥地址上拥有的比特币所必需的数字签名,来确定比特币的所有权。由于公钥是公开的,收款用户乃至全网用户都可以通过公钥地址来验证签名的正确性、比特币价值的所有权。所以,私钥是整个比特币价值流通过程中的关键,一旦私钥丢失或损坏,则对应公钥地址上的比特币也将丢失,并且再也无法找回。

**1. 比特币私钥**

比特币系统采用的椭圆曲线参数为 secp256k1 标准所定义的一条标准曲线。secp256k1 标准中私钥的长度为 256 位,即 32 字节。也就是说比特币系统一共有 $2^{256}$ 个私钥,对应的有 $2^{256}$ 个公钥和地址。如果把沙子看成是 1mm 的立方体,而整个地球都是由沙子构成的话,那么整个地球上沙子将一共有 $2^{70}$ 粒,远远没有比特币的地址多。所以,用户生成两个同样的比特币地址的概率,就好比是去年在三亚海滩度假时踩过的沙子,今年在北京进入到自己眼里了。因此,比特币的用户不用担心有人生成了跟自己一样的地址,并可以用私钥花掉自己的比特币。

本质上来讲,私钥就是一个随机数,即可以是 $0\sim2^{256}$ 之间的任意数字,比特币系统一般通过调用操作系统底层的随机数发生器来随机生成私钥。

在比特币核心客户端上使用 getnewaddress 命令来生成一个新的密钥对。出于对安全的考虑,这个参数只返回一个比特币的地址,不显示私钥信息。但是,可以通过 dumpprivkey 命令导出对应的私钥。整个过程如下所示。

```
$ bitcoin-cli getnewaddress
3A9y51qdu97FhWRvKBmrcWN2jUB9QDf57f
$ bitcoin-cli dumpprivkey 3A9y51qdu97FhWRvKBmrcWN2jUB9QDf57f
L2mJjmHaiedJHXkJq2JSYzetn35zgLB7j8BkVka8Gio6qvhjuns3
```

可以看到,L2mJjmHaiedJHXkJq2JSYzetn35zgLB7j8BkVka8Gio6qvhjuns3 就是地址 3A9-y51qdu97FhWRvKBmrcWN2jUB9QDf57f 对应的私钥。这种私钥的格式显示为 Base58 编码,被称为钱包导入格式(Wallet Import Format,WIF),主要是为了提高可读性和加入校验,防止输入错误。

表 5.2 展示了比特币系统中私钥存在的 7 种常见编码格式。

表 5.2　私钥存在的 7 种编码格式

| 编码格式 | 使用网络 | 前缀版本号 | 开头符号 | 描述 |
|---|---|---|---|---|
| Hex | 无 | — | 无 | 64 个十六进制数字 |
| WIF | 主网络 | 80 | 5 | Base58Check 编码：包含 128 位的版本前缀和 32 位的校验码，公钥使用未压缩格式 |
| WIF-compressed | 主网络 | 80 | K 或 L | 编码前加后缀 0x01，公钥使用压缩格式 |
| WIF | 测试网络 | EF | 9 | Base58Check 编码：包含 128 位的版本前缀和 32 位的校验码，公钥使用未压缩格式 |
| WIF-compressed | 测试网络 | EF | C | 编码前加后缀 0x01，公钥使用压缩格式 |
| BIP32 私钥 | 主网络 | 0488ADE4 | xprv | 主网络 BIP32 类型私钥 |
| BIP32 私钥 | 测试网络 | 04358394 | tprv | 测试网 BIP32 类型私钥 |

其中，WIF 格式是最经常看到的私钥格式，WIF 格式的私钥生成算法过程如图 5.3 所示。

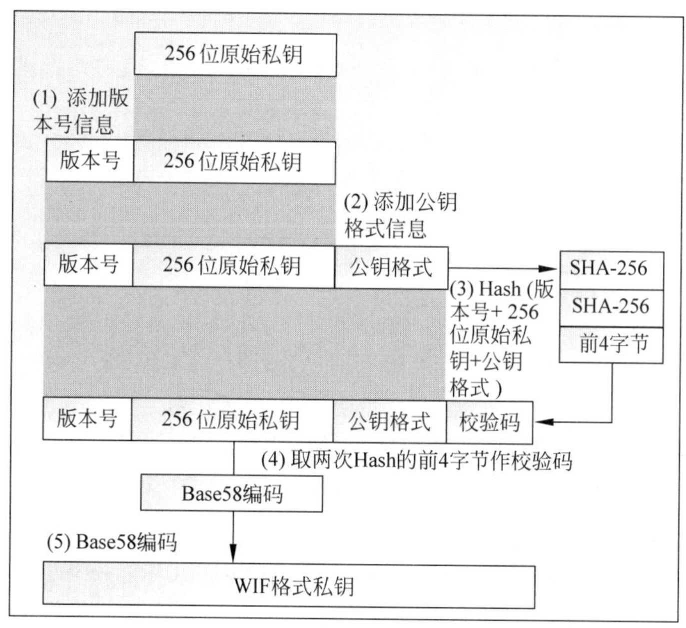

图 5.3　WIF 格式私钥生成过程

下面，我们使用 libbitcoin-explorer 工具来讲解一下比特币私钥在生命周期的各个步骤中，从最初的 256 位随机数到我们在 BitcoinCore 中看到的 WIF 格式的私钥，是如何编码变换的。

(1) 生成一个 256 位的随机数,即私钥。

```
$ bx ec-new ac55f88ab5d5818b11e9e2796a01baf7
629872b98745aa3711534ca964920651f8359d2a7000343f41c6c11bb59b9463
```

(2) 在生成的随机数前加上网络标识,0x80 表示 mainnet 主网络,0xef 表示 testnet 测试网络。在这里,我们以主网络为例,在前边加上 0x80。

```
80629872b98745aa3711534ca964920651f8359d2a7000343f41c6c11bb59b9463
```

(3) 如果使用压缩公钥,在步骤(2)的末尾追加 0x01;若不使用压缩公钥,则不在末尾追加 0x01,在这里以压缩格式为例,数据末尾再加上 0x01。

```
80629872b98745aa3711534ca964920651f8359d2a7000343f41c6c11bb59b946301
```

(4) 对步骤(3)的结果使用两次 SHA-256 哈希算法。

```
$ bx sha256 80629872b98745aa3711534ca964920651f8359d2a7000343f41c6c11bb59b946301
341427ac8b5f8c7b592c6ccc3b73b3d4ee662410c6d75aa781c09de99007e0d1
$ bx sha256 341427ac8b5f8c7b592c6ccc3b73b3d4ee662410c6d75aa781c09de99007e0d1
f27643d9e982807d80ae64bc2d545fb3da70fb694fcda671f1f0682de0e3a274
```

(5) 取步骤(4)的结果前 4 字节,即 0xf27643d9 作为校验值,追加到步骤(3)结果的末尾。

```
80629872b98745aa3711534ca964920651f8359d2a7000343f41c6c11bb59b946301f27643d9
```

(6) 对步骤(5)的结果进行 Base58 编码。

```
$ bx base58-encode 80629872b98745aa3711534ca964920651f8359d2a7000343f41c6c11bb59b946301-
f27643d9
KzXNH2g5C8Eu6b8M7s5n1MXcLSfjxVT8CmvbeYDKjAyw2XdMGBdr
```

最终返回的结果 KzXNH2g5C8Eu6b8M7s5n1MXcLSfjxVT8CmvbeYDKjAyw2XdMGBdr 就是我们在 BitcoinCore 中所见到的 WIF 格式的私钥。

**2. 比特币公钥**

在比特币系统中公钥存在的形式有两种:非压缩格式公钥和压缩格式公钥。下面我们以上文中的私钥为例,计算它对应的公钥及两种存在形式。私钥如下。

```
629872b98745aa3711534ca964920651f8359d2a7000343f41c6c11bb59b9463
```

1) 非压缩格式公钥

使用 libbitcoin-explorer 中的 bx ec-to-public -u 命令,参数为私钥,可生成对应的非压

缩格式的公钥。

```
$ bx ec-to-public -u 629872b98745aa3711534ca964920651f8359d2a7000343f41c6c11bb59b9463
0417c4c04516045dc5a9912ce3901f5f004a0e9c2df5521c4eaca
0134658ac510cbb7366fb45238b13ae65a27f4da7055c79d349cc91836e6a43f2163b0fa20ee1
```

在返回的结果中，前 8 位 0x04 是代表本条数据是非压缩格式的公钥，接下来 256 位是 $x$，最后 256 位是 $y$。例子中的公钥解析后如下。

```
x=17c4c04516045dc5a9912ce3901f5f004a0e9c2df5521c4eaca0134658ac510c
y=bb7366fb45238b13ae65a27f4da7055c79d349cc91836e6a43f2163b0fa20ee1
```

2）压缩格式公钥

带宽和存储对于比特币来说都是非常宝贵的资源，所以应该尽可能地对数据进行精简、压缩。对于非压缩格式的公钥来说，算上前缀共 520 位。比特币交易中是含有公钥信息的，如果有大量的交易时，在传输及写入数据都有大量的数据。

比特币的密钥对是通过参数为 secp256k1 标准所定义的一条标准椭圆曲线算法生成的。其椭圆曲线方程 $y^2=x^3+7\bmod p$ 是公开固定的，所以完全可以通过 $x$ 计算出 $y$。

使用 libbitcoin-explorer 中的 bx ec-to-public 命令，参数为私钥，可生成对应的压缩格式的公钥。

```
$ bx ec-to-public 629872b98745aa3711534ca964920651f8359d2a7000343f41c6c11bb59b9463
0317c4c04516045dc5a9912ce3901f5f004a0e9c2df5521c4eaca0134658ac510c
```

在返回的结果中，可以看到除了前缀 0x03 之外，剩下的就是在非压缩格式公钥中的 $x$。前缀 0x03 代表公钥中的 $y$ 是负数，前缀 0x02，代表公钥中的 $y$ 是正数。压缩格式公钥的具体压缩方法如图 5.4 所示。

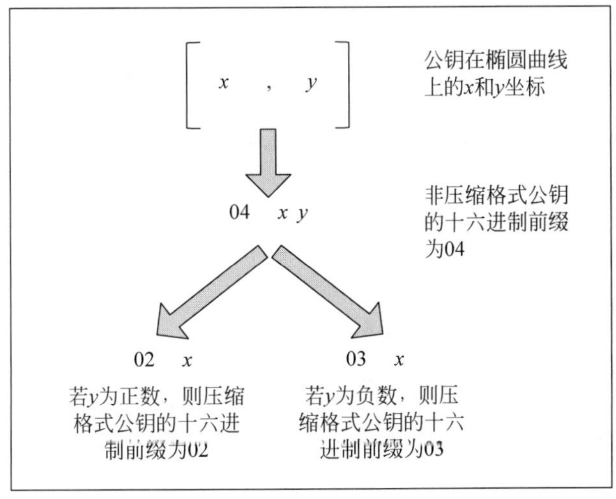


图 5.4　压缩格式公钥的压缩方法

### 3. 比特币地址

比特币的地址看起来是很没有规律的一串字符，如在 blockchain.info 中可以查到创世区块中的挖矿地址，也就是传说中“中本聪”的地址如下。

```
1A1zP1eP5Qgefi2DMPTfTL5SLmv7DivfNa
```

比特币的地址是由密钥对中的公钥计算而得的。具体的计算过程如图 5.5 所示。

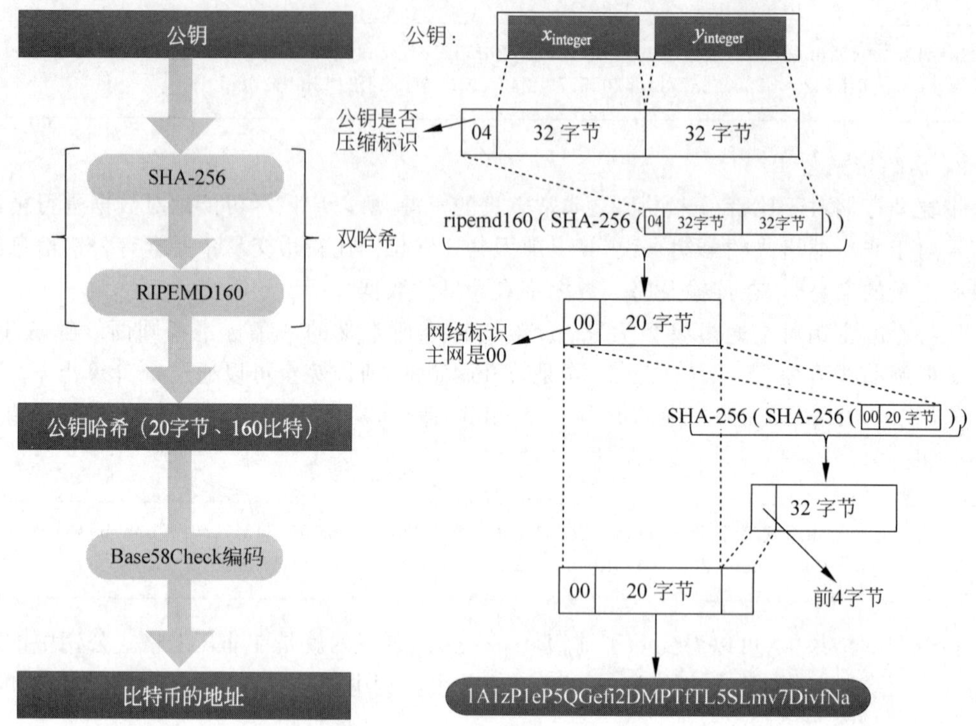


图 5.5　从公钥到比特币地址

以上文非压缩格式中公钥为例，使用 libbitcoin-explore 详细分析一下公钥是如何转变成一个比特币的地址的。

（1）生成公钥，在这里直接用上文中讲解非压缩格式公钥时的数据。

```
0417c4c04516045dc5a9912ce3901f5f004a0e9c2df5521c4eaca0134658ac510cbb7366fb45238b13ae65a2-
7f4da7055c79d349cc91836e6a43f2163b0fa20ee1
```

（2）对生成的公钥执行 SHA-256 算法。

```
$ bx sha256 0417c4c04516045dc5a9912ce3901f5f004a0e9c2df5521c4eaca0134658ac510cbb7366fb45-
238b13ae65a27f4da7055c79d349cc91836e6a43f2163b0fa20ee1
0cf8f4af5e32b237689f0c52a1526ef9583b05e7fc7df7ae0ac22f4c9b8b82d8
```

(3) 对步骤(2)中的结果执行 RIPEMD-160 哈希算法。

```
$ bx ripemd160 0cf8f4af5e32b237689f0c52a1526ef9583b05e7fc7df7ae0ac22f4c9b8b82d8
0fd8a9bb80ec366ad2fe64052b6168831b146f3c
```

(4) 在步骤(3)中的结果前加上网络识别的版本号，如 0x00 代表是 Main Network，0x6f 代表是 Test Network，0x34 代表是 Namecoin Net。在这里我们选用比特币正式运行的主网络，所以加上前缀 0x00。

```
000fd8a9bb80ec366ad2fe64052b6168831b146f3c
```

(5) 对步骤(4)中的结果再执行两次 SHA-256 算法。

```
$ bx sha256 000fd8a9bb80ec366ad2fe64052b6168831b146f3c
3312e1c9f947074135e6f72b0a7b2ef9f0e244186c23cc361e97d0309476277f
$ bx sha256 3312e1c9f947074135e6f72b0a7b2ef9f0e244186c23cc361e97d0309476277f
9910d379b4712175d61a3d6ae21c91bb3c0ae555d1e70f4afa8bfbe95abab485
```

(6) 取步骤(5)结果中的前 4 字节作为校验码。

```
9910d379
```

(7) 将步骤(6)中的校验码作为后缀拼接到步骤(4)的结果末尾。

```
000fd8a9bb80ec366ad2fe64052b6168831b146f3c9910d379
```

(8) 对步骤(7)中的结果进行 Base58Check 编码，得到对应的比特币地址。

```
$ bx base58-encode 000fd8a9bb80ec366ad2fe64052b6168831b146f3c5abab485
12SngtVcKJ2fWpoMQhkVPweunhPymaNV44
```

综上所述，由私钥 47181e60b4e24263dbf8b5a616ea35e1463db834b288315e2a3fa7c79451aeff 生成的一个比特币地址为 12SngtVcKJ2fWpoMQhkVPweunhPymaNV44。同理，使用计算地址的算法对上文中的压缩格式公钥进行同样的操作，会得到一个比特币地址 1MfGsiQtiJDTZ7mCWgr14UkdWAfM86tQea。经过对比，可以发现两次生成的地址是不一样的，所以一个比特币的私钥可以对应两个不一样的比特币地址。

表 5.3 展示了比特币系统中地址存在的 4 种常见编码格式。

**表 5.3　比特币地址存在的 4 种编码格式**

| 编码格式 | 使用网络 | 前缀版本号 | 开头符号 | 示　　例 |
|---|---|---|---|---|
| P2PKH 地址 | 主网络 | 00 | 1 | 17VZNX1SN5NtKa8UQFxwQbFeFc3iqRYhem |
| P2SH 地址 | 主网络 | 05 | 3 | 3EktnHQD7RiAE6uzMj2ZifT9YgRrkSgzQX |
| P2PKH 地址 | 测试网络 | 6F | m 或 n | mipcBbFg9gMiCh81Kj8tqqdgoZub1ZJRfn |
| P2SH 地址 | 测试网络 | C4 | 2 | 2MzQwSSnBHWHqSAqtTVQ6v47XtaisrJa1Vc |

**4. 比特币私钥、公钥、地址在转账过程中的作用**

在比特币系统中,地址可以看作是一个银行的账户,对应的私钥看作是账户的密码。那一个比特币地址的钱如何花出去呢?用户需要首先填写自己的一份转账账单,在自己的转账账单填写完毕后,使用自己的私钥对账单进行签名,得到签名信息后将签名信息附在账单上。

其他用户在收到这份账单的时候,会首先验证这个公钥经过地址生成的算法后是否为这个地址,即是否为对应的银行账户。如果通过的话,则再使用这个公钥验证这个账单的签名信息。如果签名信息也通过的话,则可以证明消费者的身份,可以将其账户下的资产花出去。

在比特币系统中,从一个随机数到一个地址,整个转换流程如图 5.6 所示。

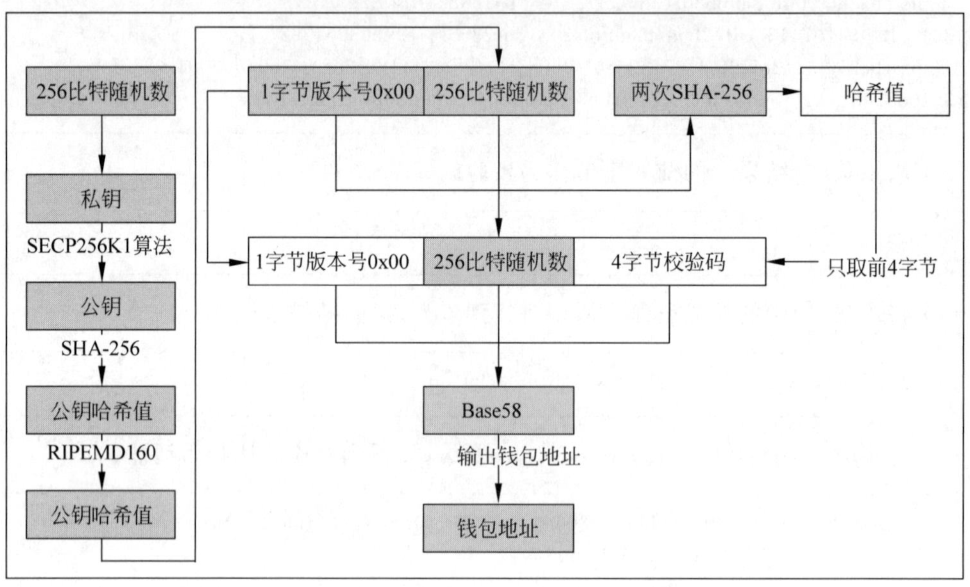


图 5.6 比特币系统随机数到地址的转换流程

从整个流程中可知,私钥可以计算出公钥,公钥可以计算出地址,但反过来任何一步都不可行。私钥、公钥、地址的关系如图 5.7 所示。

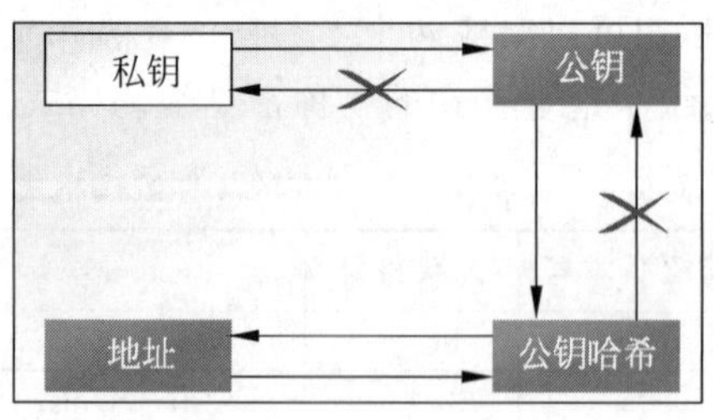


图 5.7 私钥、公钥和地址三者的关系

# 5.3 交易

在比特币系统中，比特币的交易是整个系统中最为重要的部分。根据比特币的设计原理可知，比特币系统中任何一部分的设计，都是为了保证价值的流转。要确保价值的正确流转，就要保证交易能够正确生成，能够在比特币网络中进行广播，能够通过其他节点的验证，并且最终加入整个比特币的全球账本中。

在本节，将介绍比特币交易的生命周期，并详细说明比特币交易数据是如何被创建，如何被广播验证，如何成为全球账本的一部分，解析交易在不同的阶段的各种形式、包含哪些信息、是怎样的一种数据结构。

## 5.3.1 交易的生命周期

在比特币系统中，用户 Bob 向用户 Alice 转账一笔比特币，就是一笔交易。比特币的一笔交易起始于它被创建的那一刻，结束于它被记入区块链总账。如图 5.8 所示，比特币的生命周期共分为 5 个阶段。

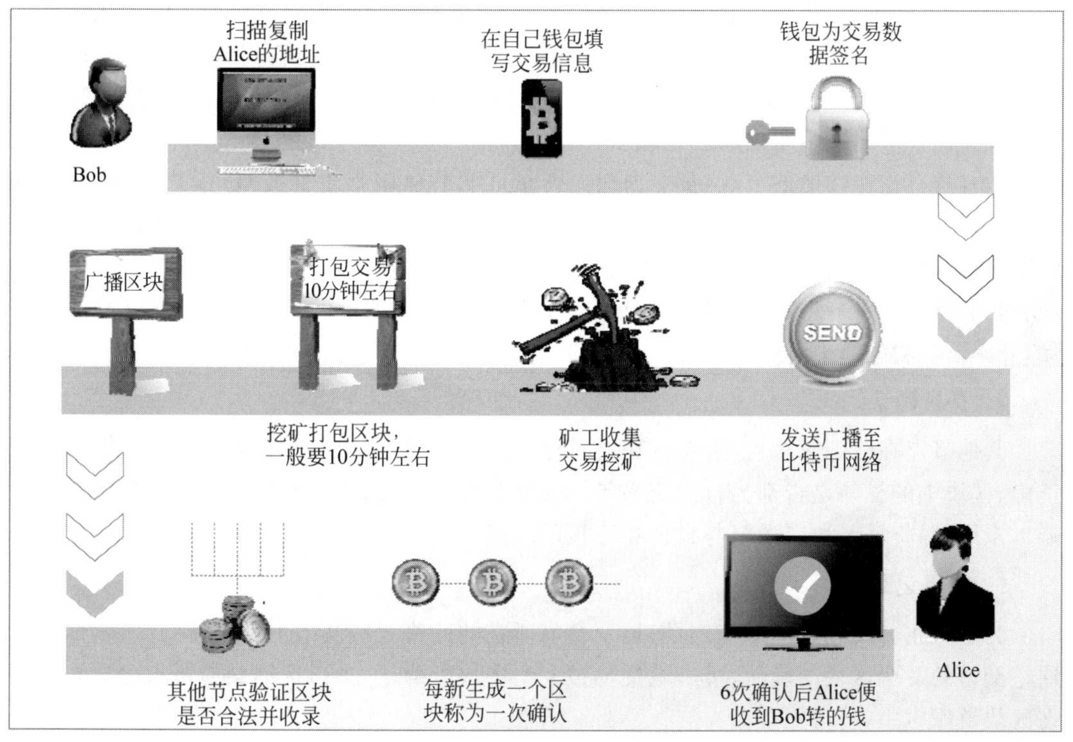


图 5.8 比特币交易的生命周期

### 1. 创建交易

比特币的交易可以被任何人在线上或线下创建，可以是一个账户的主人，也可以是其他人，这时的交易就相当于一张支票，比如 Bob 要向 Alice 进行转账，这张支票的意思就是 Bob 要付款给 Alice 一部分比特币。但是如果想让这张支票生效，那么支票上就必须要有 Bob 的签字，同时 Bob 的账户上还必须拥有比支票上额度多且合法的比特币，这笔交易才能成为一笔合法交易。在比特币系统中，交易的创建就是构造一条交易的数据，之后由资金的所有者进行数字签名的过程，这条交易数据包含了比特币在网络中进行价值流通的所有信息。最终，如果这笔交易是一笔可以被比特币网络接受的有效交易，那么就可以进入比特币的网络中。

**2. 广播交易**

比特币的交易被创建后，将会被发送到至少一个与比特币正式网络相连接的节点，节点会验证该交易是否是一笔合法的交易，如果交易有效，则该节点就会将这笔交易发送给与自己相连接的其他比特币节点，其他节点收到之后将会做同样的操作。以此类推，在几秒钟之内，一笔有效的交易就会呈指数级扩散一样在全网传播开来，直到所有的节点都收到它。

**3. 交易验证和打包**

交易在传播的过程中，为了能高效、灵活地将信息传送至所有区块，避免垃圾信息的传播，每个节点在收到交易后都会对交易进行验证，需要验证的信息主要包括交易的语法和数据结果是否正确，交易的总价值是否为 0～2100 万，交易的输入是否合法，交易的解锁脚本是否可以被所引用输出的锁定脚本验证等。这些检验可以在 BitcoinCore 源代码中的 AcceptToMemoryPool、CheckTransaction 和 CheckInputs 函数中获取更详细的阐述。

如果没有通过验证，则节点将会丢弃不合法的数据，从而避免其在比特币网络上进行传播。通常来讲，一笔异常交易所能达到的节点不会超过 1 个。这样做还可以防止拒绝服务攻击或其他针对比特币系统的恶意攻击。

所有具有挖矿功能的节点，都会通过工作量证明的机制来争取将最近的交易打包成区块。所谓的工作量证明就是一轮算力竞赛，谁先算出来正确的目标结果，谁就可以优先将自己制造的区块广播给其他区块。其他的节点收到区块后，如果这个区块合法有效，则会停止这一轮的算力竞赛，将该区块接入至自己的账本中，并将区块中的交易从自己的交易池中去除，开始下一轮的算力竞赛。

**4. 交易确认**

其他节点在收到区块后，会对区块进行检验，检验内容包括本轮算力竞赛目标结果是否正确、区块中的交易是否都为合法交易等。如果全部正确，则将该区块接入到自己区块链的账本末尾，并将该区块广播至与自己相连接的节点。

**5. 交易记录**

为了防止分叉和解决双花问题，这个交易所在的区块之后又接上一个新的区块，称为对这笔交易的一个区块的确认，当一笔交易被 6 个区块所确认之后，这笔交易便永远地被记录在区块链账本中，不可更改。

### 5.3.2 基于 UTXO 的交易模型

首先，从比特币的区块链浏览器 blockchain.info 上查找出一笔交易，如图 5.9 所示，是一笔被记录在第 300000 个区块内的一条交易记录。交易的来源是 3 个地址，交易的去向是 2 个地址。

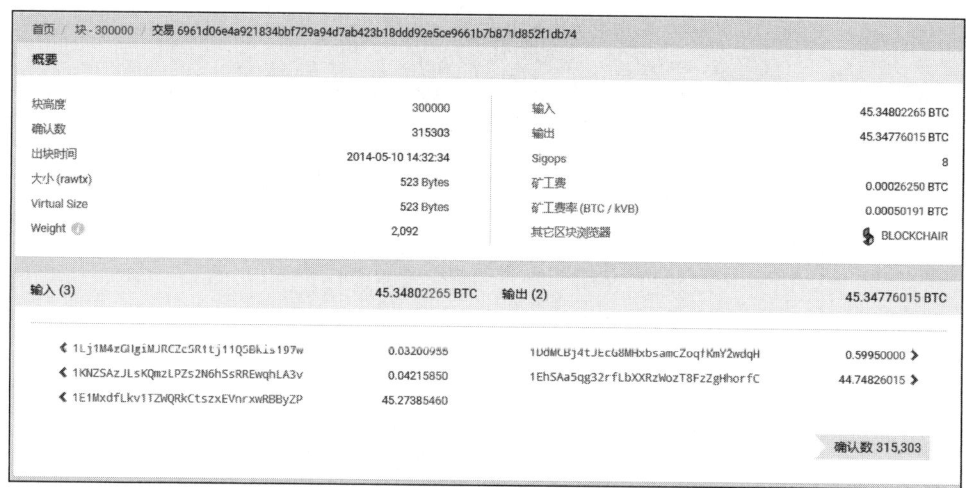


图 5.9　区块链浏览器中显示的交易

在比特币系统中，没有账户的概念，而是基于 UTXO（Unspent Transaction Outputs）模型，所有的交易都是由输入和输出构成。比特币的交易本质就是一条包含发送方的输入、接收方的输出以及其他与资产价值转移相关的数据结构。下面看一下官方给出的比特币交易数据结构，如表 5.4 所示。

**表 5.4　比特币交易的数据结构**

| 字　段 | 描　述 | 大　小 |
|---|---|---|
| 版本号 | 交易数据结构的版本号，目前是 1 | 4 字节 |
| 输入数量 | 交易中输入的数量 | 1～9 字节<br>var_int 类型 |
| 输入列表 | 交易中输入数组，可以是 1 个也可以是多个 | 不确定 |
| 输出数量 | 交易中输出的数量 | 1～9 字节<br>var_int 类型 |
| 输出列表 | 交易中输出数组，可以是 1 个也可以是多个 | 不确定 |
| 锁定时间 | 多意字段，为 0 时表示立即生效；＜500000000 时代表区块高度，表示该区块高度之前锁定；＞500000000 时代表 UNIX 时间戳，表示该时刻前锁定 | 4 字节 |

打一个比方来描述比特币交易中的输入和输出。例如，Alice 口袋中有 1 张 10 元、2 张 5 元、6 张 1 元的钞票，如果 Alice 需要向 Bob 支付 5 元钱，Alice 可以有多种支出方式，可以是 5 张 1 元的，也可是 1 张 5 元的，同样也可以付 1 张 10 元的，Bob 再找零 5 元。这与比特币系统中的输入输出相似，输入标志着价值的发送方，输出标识着价值的接收方，只要输入之和不少于输出之和，便可任意组合。输入之和与输出之和的差为交易的手续费。

在比特币系统中，除了挖矿所得的奖励之外，每一笔输入都可以在账本中找到与之对应的上一笔交易的输出，形成一条条交易链，使得每一笔交易都可以查找对应的来源。比特币交易流转的示意图如图 5.10 所示。一笔比特币交易可以有任意的数值，但必须是该用户可用的 UTXO 中创建出来的。在每一笔交易中，被消费掉的 UTXO 即为输入，新创建的

| ConiBase交易<br>交易号：#1001 | | | |
|---|---|---|---|
| 交易输入 | 交易输出（UTXO） | | |
| 资金来源 | 第几项 | 数额 | 收款人的地址 |
| 挖矿所得 | [0] | 12.5 | Alice的地址 |

| 普通交易<br>交易号：#1002 | | | |
|---|---|---|---|
| 交易输入 | 交易输出（UTXO） | | |
| 资金来源 | 第几项 | 数额 | 收款人的地址 |
| #1001 [0] | [0] | 5 | Bob的地址 |
| | [1] | 7.5 | Alice的地址 |

| 普通交易<br>交易号：#1003 | | | |
|---|---|---|---|
| 交易输入 | 交易输出（UTXO） | | |
| 资金来源 | 第几项 | 数额 | 收款人的地址 |
| #1002 [0] | [0] | 9 | Carol的地址 |
| #1002 [1] | [1] | 3.5 | Dave的地址 |

图 5.10　比特币交易流转示意图

UTXO 为输出。每一笔交易所消耗的比特币，都可以在区块链中查到其来源。而对于一般的比特币交易，用户在创建新的 UTXO 时，因为地址为收款方的公钥所得来的，所以收款方需要使用对应的私钥进行签名和公钥验证，才能向其他用户证明这笔钱归他所有，才能消费这笔比特币。由此，可以得出比特币交易链式结构，如图 5.11 所示。

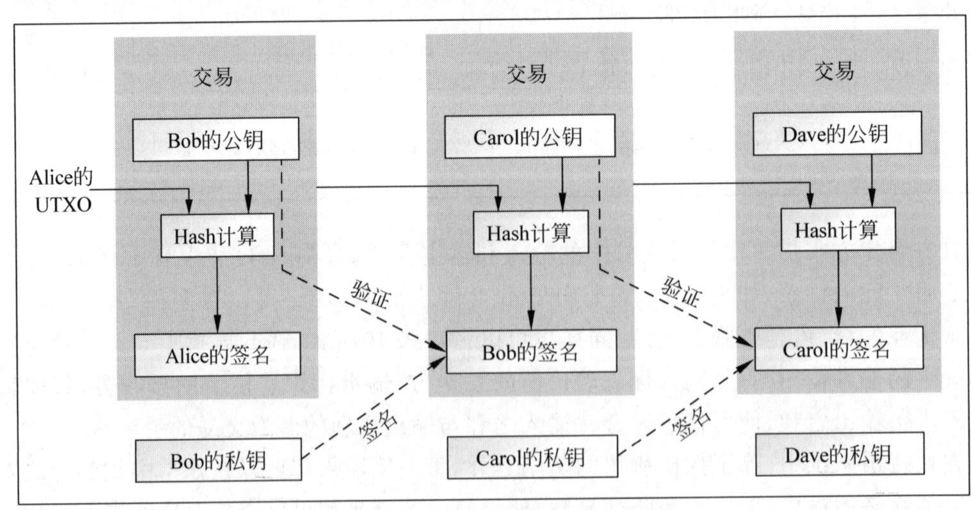


图 5.11　比特币交易链式结构图

### 1. 交易输出

每一笔比特币交易创造的输入、输出都会记录在比特币的账本中，比特币交易的本质就是用户消耗自己可用的UTXO，创造新的UTXO，将新创建的UTXO注册到收款人的比特币地址上，并且能被收款人用于新的支付。

一笔交易输出中主要包含两部分，一部分是一定量的比特币，另一部分是锁定脚本，其中锁定脚本就好比是收款用户的一把锁，付款用户用这把锁将对应的比特币"锁住"，只有收款用户有对应的钥匙，所以只有收款用户可以"解锁"花掉。交易输出的具体结构如表5.5所示。

表5.5　比特币交易输出结构

| 字　　段 | 大小/比特 | 描　　述 |
|---|---|---|
| 比特币数量 | 8 | 比特币的值，以聪为单位 |
| 锁定脚本大小 | 1～9 | 后边锁定脚本的长度，以字节为单位<br>var_int类型 |
| 锁定脚本 | 不定长 | 定义支付这笔比特币所需要的条件 |

一般来说，交易的输出一共有两种，分别是标准输出(Standard TxOut)和挖矿交易输出(Coinbase TxOut)。结合整个交易来看，交易输出的结构如图5.12所示。

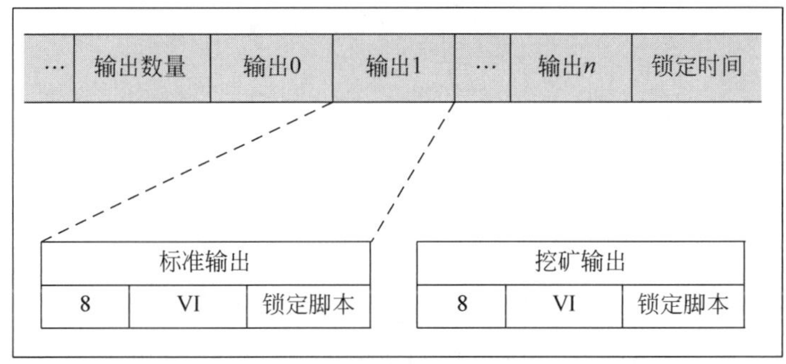


图5.12　交易输出的结构

### 2. 交易输入

交易输入一般是指向一个UTXO的指针，因为一笔交易的输入也是交易链中上一笔的某一笔输出，以交易哈希ID和UTXO的索引号$n$作为参考，代表以该ID所交易的第$n$个输出。另外，若想支付这笔交易，则需要"锁住"这笔交易对应的"钥匙"，即解锁脚本。只有解锁脚本和锁定脚本组合起来，满足支付条件，才可以被比特币网络所接收。交易输入的具体结构如表5.6所示。

表5.6　比特币交易输入结构

| 字　　段 | 大小/比特 | 描　　述 |
|---|---|---|
| 交易哈希 | 32 | 上一笔交易的ID |
| 输出索引号 | 4 | 上一笔交易中的输出索引号 |

续表

| 字　段 | 大小/比特 | 描　述 |
|---|---|---|
| 解锁脚本大小 | 1~9 | 后边解锁脚本的长度,以字节为单位<br>var_int 类型 |
| 解锁脚本 | 不定长 | 满足花费这笔比特币的解锁条件 |
| 序列号 | 4 | 目前未被使用的字段,设置为 0xFFFFFFFF |

一般来说,交易输入的类型一共有三种,标准交易输入(Standard TxIn)、花费挖矿交易输入(Spend Coinbase TxOut)和挖矿交易输入(Coinbase)。结合整个交易来看,交易输入的结构如图 5.13 所示。

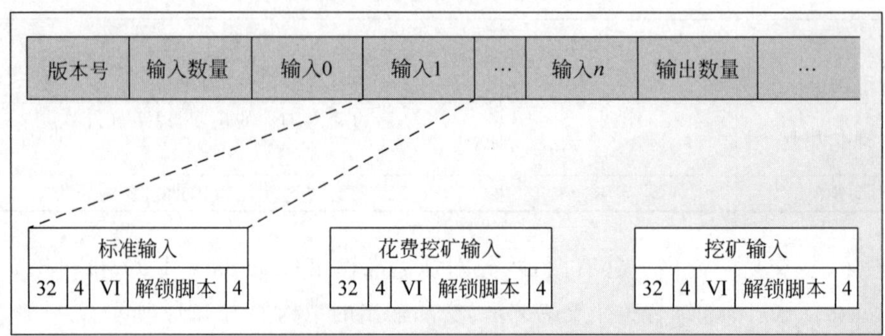


图 5.13　交易输入的结构

**3. 交易费**

在交易的数据结构中,我们发现并没有交易费这个字段,但是在上文中我们一再强调一笔合法的交易,所有的输入总价值必须不小于所有的输出总价值。交易费的计算公式为

交易费＝所有输入之和 － 所有输出之和

在比特币系统中,交易费是可以由用户来设置的,用户可以通过设置配置文件中的 payfee 参数或者在控制台调用 settxfee 命令来设置交易费。需要注意的是,这里设置的交易费率与这笔交易包含多少比特币没有关系,而是与这笔交易的大小(字节数)有关系,即设置的是发送的交易每千字节需要的手续费。

## 5.4 脚本

### 5.4.1 比特币脚本结构

比特币的脚本有两种,锁定脚本和解锁脚本。

锁定脚本(scriptPubKey)位于一个可用的 UTXO 上,是花费这个 UTXO 的一个“障碍”,相当于提出了一个问题,并且明确了要花费这个 UTXO 的条件。一般来讲,锁定脚本是在双方进行交易时,由付款方创建的,内容包含收款方的比特币地址信息。

解锁脚本(scriptSig)是一个解决锁定脚本中提出问题的答案,位于交易的输入中,只有这个答案能够解决锁定脚本中的问题,才可以花费这个 UTXO。锁定脚本是在双方进行交易时,由付款方创建,解决可用的 UTXO 中的问题。钱包中可用的 UTXO 中的问题由上一笔交易创建,包含这个钱包中的地址,所以一般解锁脚本中包含这个地址的公钥及使用对应私钥生成的签名信息。

比特币系统中最常见的交易类型(P2PKH:对公钥哈希的付款)的脚本结构如图 5.14 所示。

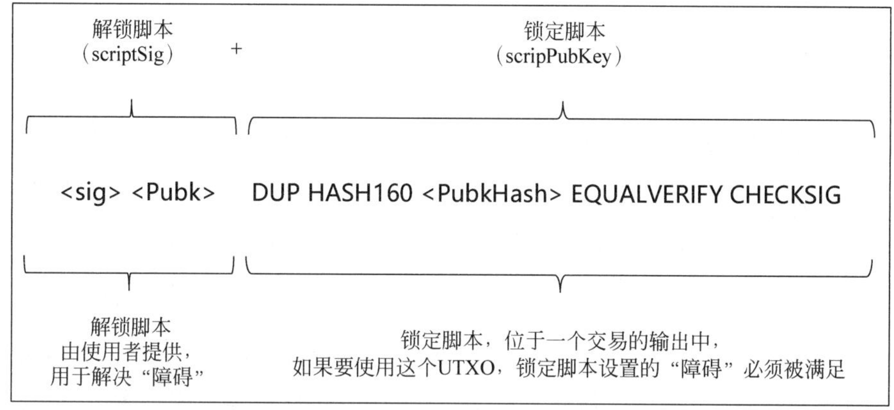


图 5.14 P2PKH 类型交易脚本结构

比特币的矿工在收到一笔交易时,会先使用堆栈执行这个交易所有输入中的解锁脚本,如果执行完解锁脚本没有报错,则会将解锁脚本执行完所得的数据复制。接下来,矿工将会执行锁定脚本,如果成功地执行且返回的结果为 true,则解锁脚本满足花费该 UTXO 的条件,矿工就会使交易生效,并将对应的可用的 UTXO 标记为“已使用”。

### 5.4.2 比特币交易脚本类型

在比特币系统中一共定义了五种类型的标准交易脚本,除了 P2PKH 外,还有 P2PK、MS、P2SH 和 OP_RETURN。本节将介绍这些交易类型的脚本格式。

**1. P2PKH**

P2PKH(pay-to-public-key-hash)交易是比特币网络中最常见的交易,绝大多数交易都是这种类型。在 P2PKH 类型交易里,其锁定脚本的主要内容是一个公钥的 Hash,解锁脚本包括该公钥和对应私钥的签名,验证的主要思想即验证公钥是否正确,再使用公钥验证签名是否正确。

P2PKH 型交易锁定脚本的格式如下:

```
OP_DUP OP_HASH160 <PubKHash> OP_EQUALVERIFY OP_CHECKSIG
```

P2PKH 型交易解锁脚本的格式如下:

```
<sig><Pubk>
```

**2. P2PK**

相较于 P2PKH 型的交易，P2PK(pay-to-public-key)型交易更为容易，这种交易类型主要用在挖矿交易中。在 P2PK 型交易中，锁定脚本中包含公钥本身，解锁脚本中的主要内容就是公钥对应私钥的签名。验证的主要思想也很简单，就是用公钥验证数字签名。

P2PK 型交易锁定脚本的格式如下：

```
<Public Key A> OP_CHECKSIG
```

P2PK 型交易解锁脚本的格式如下：

```
<Signature from Private Key A>
```

**3. MS**

MS(multiple signature)型交易为多重签名交易，即允许多个公钥签署一笔交易，以实现多方管理资产的目的。MS 交易中设定了一个条件，在锁定脚本中记录了 $N$ 个公钥，在解锁脚本中至少得有 $M$ 个签名验证通过才算有效交易，这也被称为 $M$～$N$ 交易，其中 $M$ 为签名的数量，$N$ 为公钥的数量。例如，一个 2～3 交易表达的意思就是，这笔交易必须 3 个人中至少有 2 个人签署了，才能成为一笔合法交易。这种类型交易的验证思想就是锁定脚本中 $N$ 个公钥中，与它们对应的私钥中，是否有任意 $M$ 个进行了正确的签名。MS 型交易锁定脚本格式如下：

```
M <Public Key 1> <Public Key 2> … <Public Key N> N CHECKMULTISIG
```

以 2～3 交易为例，MS 型交易锁定脚本格式如下：

```
2 <Public Key A> <Public Key B> <Public Key C> 3 CHECKMULTISIG
```

以 2～3 交易为例，MS 型交易解锁脚本格式如下：

```
<Signature B> <Signature C>
```

最终组成的交易脚本程序如下：

```
<Signature B> <Signature C> 2 <Public Key A> <Public Key B> <Public Key C>
3 CHECKMULTISIG
```

但是，操作符 OP_ CHECKMULTISIG 从其诞生开始就自带一个 bug，理论上来讲，执行 OP_ CHECKMULTISIG 应该从堆栈中弹出 $M+N+2$ 个参数。例如本例中，参数依次入栈，执行 OP_ CHECKMULTISIG 会先弹出 3，再弹出 3 个参数，之后弹出 2，再弹出 2 个参数，共 7 个参数。但实际上是操作符 OP_ CHECKMULTISIG 会弹出 $M+N+3$ 个参数，弹出最后一个参数时栈已为空，就会报出异常错误。所以在创建这个解锁脚本时，应该在最前边随便再加一个参数，默认写一个 0，这个 bug 并不影响后边签名的验证过程，已经被大家默认接受，所以最终的交易脚本程序应该如下：

```
0 < Signature B > < Signature C > 2 < Public Key A > < Public Key B > < Public Key C >
3 CHECKMULTISIG
```

**4. P2SH**

P2SH(pay-to-script-hash)型交易是 2012 年引入的一种新型、强大的交易类型，它能大大简化复杂交易类型的脚本程序。以 MS 类型的交易为例，虽然 MS 交易类型有诸多好处，可以实现多方管理资产，但其锁定脚本的长度会随着 $M$ 和 $N$ 的增加不断增长，这样一来，锁定脚本就会变得很长，会带来以下缺点：

(1) 锁定脚本过长，会为发起付款的客户带来昂贵的交易费。

(2) 交易完成后，这个 UTXO 会一直在用户的内存中，直到这笔 UTXO 被花费，如果这个 UTXO 的锁定脚本过长的话，会占用更多用户的内存。

P2SH 型交易正是为了解决这些问题而提出的，它是这样处理的：

(1) 将原锁定脚本进行 Hash，新的锁定脚本中只包括验证 Hash 部分。

(2) 花费这个 UTXO 时，解锁脚本中应包含原锁定脚本。

(3) 矿工验证时，会先验证原锁定脚本的 Hash 值是否与新锁定脚本中存储的 Hash 值相等，再验证签名的正确性。

如此一来，锁定脚本中就只存储了原解锁脚本的 Hash，长度缩短了很多。再次以 2～3 交易为例，设脚本 Temp 如下：

```
2 <Public Key A> <Public Key B> <Public Key C> 3 CHECKMULTISIG
```

锁定脚本如下：

```
OP_HASH160 <160bits hash of Temp> OP_EQUAL
```

解锁脚本如下：

```
0 <Signature B> <Signature C> Temp
```

P2SH 型交易更重要的一个用途是可以锁定脚本的 160 哈希值，按照 Base58 格式进行编码，编译成为一个地址，由于在比特币主网络中，P2SH 地址采用 0x05 作为前缀，所以主网中 P2SH 地址都是以 3 为开头的。

**5. OP_RETURN**

由于比特币自身具有的去中心化和时间戳账本的特点，所以比特币的价值和应用领域远远地超出了支付的范畴，许多开发者试图充分去利用比特币的脚本优势，将其应用到其他方面，如电子公证服务、证券认证和智能合约等领域。很多优秀开发者都在这方面付出了努力，利用脚本开发出新的符合比特币规则的交易，最早的创新应用是将文件的 Hash 值作为电子指纹存放在交易中，证明该文件的存在性。但是这种做法的反对者们认为，这样会使账本变得更加臃肿，进一步消耗磁盘容量。更有甚者，创建出来的交易的新 UTXO 是伪交易型 UTXO，不能用于创建新的交易，会使这些 UTXO 一直存储在用户的内存中。

从 Bitcoin0.9 的版本开始，比特币社区对这些用户进行了妥协，增加了 OP_RETURN 操作符。使用 OP_RETURN 操作符输出的记录，只会被记录在区块链上，并不会存储在用户的 UTXO 内存池中。RETURN 样式的脚本如下，其中 data 部分被限制为 80 字节数据。

```
OP_RETURN <data>
```

## 5.4.3 比特币脚本执行

在本节中，以比特币系统中最常见的交易类型(P2PKH)为例，分析矿工在收到一笔新交易后，是如何执行比特币脚本程序，验证这笔交易的有效性的。

以程序员使用比特币买比萨为例，程序员发起一笔向比萨店付款的交易，这个交易的输出中锁定脚本如下。

```
OP_DUP OP_HASH160 <Pizza's Public Key Hash> OP_EQUALVERIFY OP_CHECKSIG
```

如果比萨店想花费这笔交易，需要在输入中创建对应的解锁脚本。

```
<Pizza's Signature> <Pizza's Public Key>
```

矿工在收到交易后，会将二者结合起来，组成一个脚本程序。

```
<Pizza's Signature> <Pizza's Public Key> OP_DUP OP_HASH160 <Pizza's Public Key Hash>
OP_EQUALVERIFY OP_CHECKSIG
```

矿工执行脚本程序，验证交易有效性的过程如图 5.15 所示。

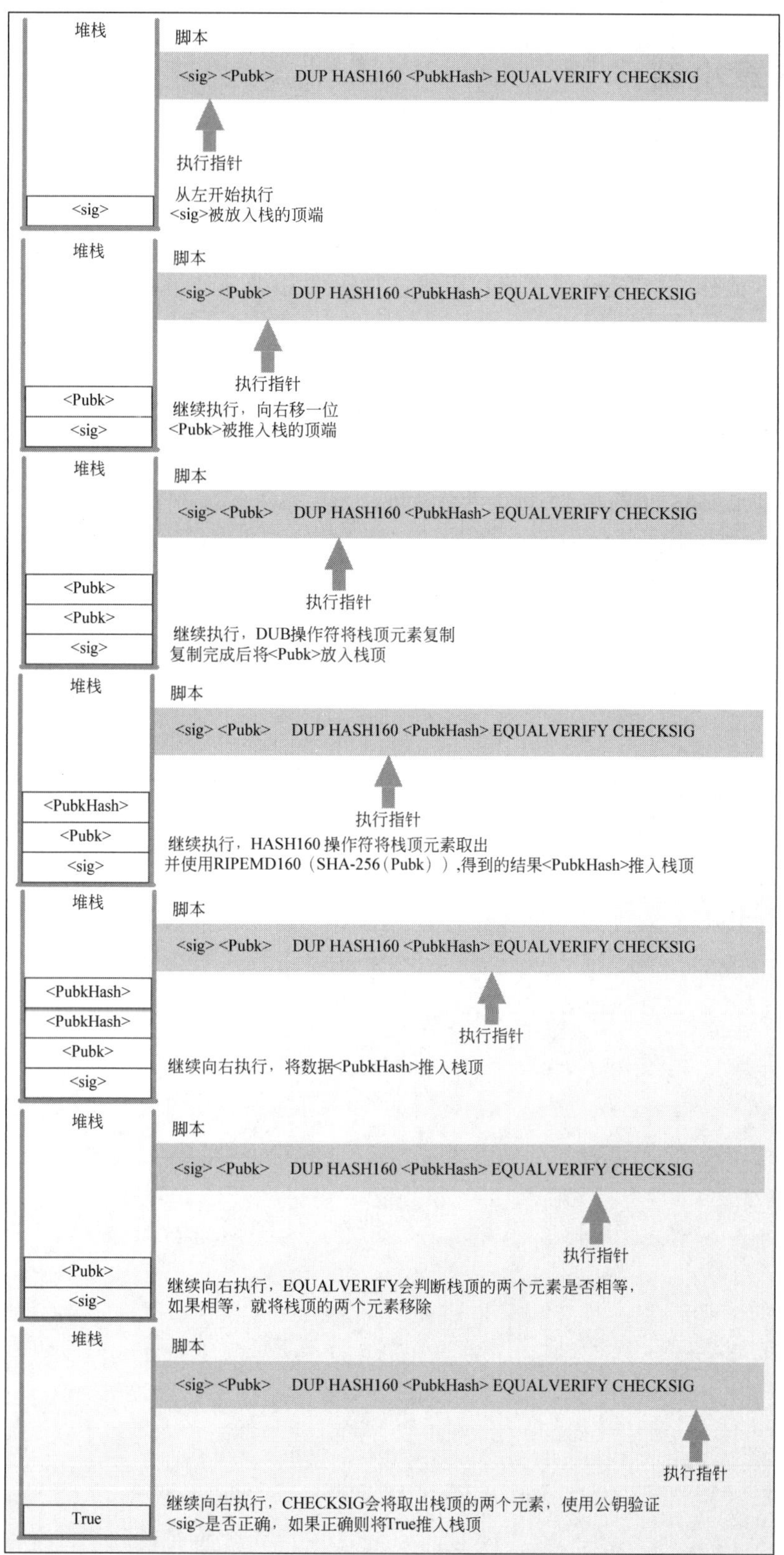


图 5.15 矿工执行 P2PKH 脚本交易有效性

## 5.5 本章小结

本章首先介绍了一种比特币的命令行操作工具 libbitcoin-explorer，该工具可以查看比特币地址和交易各个生命周期的格式及转换过程，方便读者更好地理解比特币的几大基本核心组件地址、交易和脚本，并从原理上讲解了比特币中地址、交易和脚本的数据结构，进行了实战分析。此外，本章还介绍了比特币钱包的分类，以及比特币社区关于比特币钱包的技术标准。

## 参考文献


[1] Satoshi Nakamoto. Bitcoin：A Peer-to-Peer Electronic Cash System[OL]. Available on：https://bitcoin.org/bitcoin.pdf，2008.

[2] Andreas M Antonopoulos. 精通比特币[OL]. Available on：http://book.8btc.com/books/1/master_bitcoin/_book/，2018.

# 第6章

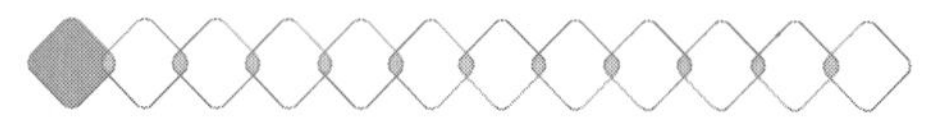

# 比特币区块链技术原理

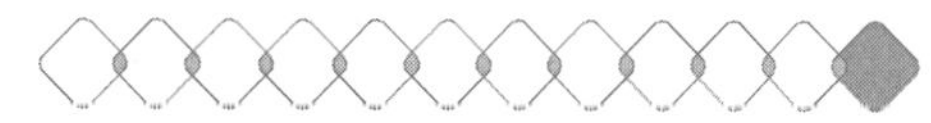

## 6.1 比特币参考架构

在比特币白皮书中，可以看到并没有提及任何与架构有关的概念。从时间上来看，中本聪是在2008年底发表的比特币白皮书，2009年1月比特币系统就正式上线了。据普林斯顿大学出版的*Bitcoin and Cryptocurrency Technologies*推测，中本聪很可能是先写好了比特币系统，才写《比特币白皮书》的。从最初的比特币源代码可以看出，比特币系统也没有很明确的模块划分，基本上很多功能代码都是在Main.cpp中实现的。因此，可能中本聪当时也没有从技术架构上去考虑太多，而是一气呵成用最简单直白的办法完成了比特币系统的开发。在本节中，我们从了解比特币的技术特征入手，然后按照比特币功能模块划分解析其功能架构，最后再给出按传统软件设计的分层架构。

### 6.1.1 比特币功能架构

按照比特币现有的功能模块划分，比特币的功能架构图如图6.1所示。比特币的功能主要分为前端与节点后台两部分。其中，前端最主要的一方面就是钱包以及一些图形化界面展示(如区块链浏览器等)。

在一个比特币的全节点中，节点后台的主要功能包含以下几部分。

#### 1. 区块链管理

比特币的区块链管理主要包括同步区块、接收区块、验证区块以及发现最长链等功能。在一个比特币的全节点第一次加入比特币网络的时候，先要下载并验证整条区块链。随着时间的推移，比特币的区块链容量会不断增大，下载的时间也会变得越来越长。2014年，从BitCoin 0.10.0开始，区块链的同步方式正式变为先从与自己相连的节点将区块头下载下来，与整个1MB的区块相比，区块头的大小只有80字节，所以同步起来会非常快。区块头

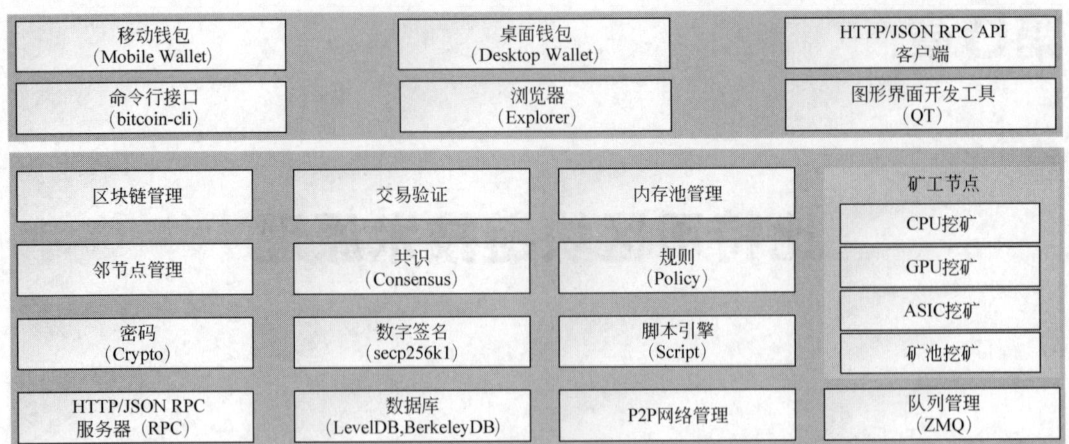


图 6.1 比特币功能架构

同步完成之后,节点就可以从不同的节点同时更新不同区间的区块,大大提升了整个区块同步的速度。同时,在同步的过程中,节点还会使用 CheckPoint 对区块链特定的区块的 Hash 进行校验,如第 11111 个区块的 Hash 值如下：

```
0x0000000069e244f73d78e8fd29ba2fd2ed618bd6fa2ee92559f542fdb26e7c1d
```

**2. 交易验证**

临近的节点在收到交易数据后,会对交易进行一系列的验证,查看交易是否有效。如果有效,则会将交易数据再次广播；如果无效,则会丢弃交易数据。这样的机制可以确保只有有效的合法交易才会在网络中广播,无效的交易在第一个节点处就会被废弃。

**3. 内存池管理**

比特币的内存池管理也就是对交易池的管理,节点会将通过验证的合法交易放入自己的交易池中,准备放在一个区块体中构成默克尔树进行挖矿。挖矿的时候,节点会按照一定的顺序从交易池中将交易取出并打包进区块中,这个顺序是由这个交易中的输入在区块链上存在的时间和用户的交易费用共同决定的。也就是说,存在时间越长的 UTXO 及交易费越高的交易,就拥有最高的优先级被打包进入区块。优先级的计算公式如下：

```
Priority=Sum(Value of Input × Input Age)/ Transaction Size
```

其中 Value of Input 是输入的价值,这个 Input 上有多少比特币。Input Age 是“链龄”,指这个输入所在的交易在区块链存在的时间,也就是从记录这个交易的区块为起点,到最新区块的高度。Value of Input × Input Age 即“币龄”,Sum 是求和的意思,对这笔交易的所有输入的“币龄”进行求和。Transaction Size 指交易的容量大小,以字节为单位。如果这个结果不小于 0.576,则达到免手续费的标准,这样的交易是免手续费的。

**4. 邻节点管理**

一个比特币节点启动的时候，需要去发现比特币网络的节点，至少与一个节点相连接才能使用，即通过 8333 端口与一个已知的节点建立 TCP 连接。发现新节点有两种方法：

（1）通过 DNS 种子。DNS 种子是提供比特币地址的 DNS 服务器。Bitcoin Core 中自带了 5 个不同的 DNS 种子。

（2）添加已知节点的 IP 地址。用户如果已知正在运行的比特币节点，可以在 conf 配置文件中或者在控制台命令行使用 addnode 添加已知节点的 IP 地址。新节点会将其地址信息再转发给其邻节点，邻节点收到后会继续广播，这样新的节点便会在网络中被其他节点知道。

**5. 共识管理**

比特币系统是在陌生的 P2P 环境下运行的，因此共识的管理非常重要。目前，比特币系统采用的是工作量证明机制（Proof of Work），我们将在 6.4 节中进行详细讲解。比特币社区也意识到共识管理的模块化非常重要，未来比特币共识模块将从比特币核心中分离出去，作为独立的模块。

**6. 规则管理**

定义比特币所有节点都需要遵守的规则，只有遵守这些规则才可以加入比特币网络正常运行。例如，比特币交易验证规则、区块验证规则等。另外，钱包中如果零钱 UTXO 过多，在构成一笔大额交易时会超出交易额。但最新的版本也应向前兼容保留这个缺陷，无法修复，否则会产生分叉。这些规则的代码目前都放在 policy 目录下。

**7. 密码模块**

在比特币系统中，大量地用到了密码学技术，密码模块主要处理的是比特币地址的生成及验证，使用 SHA-256 和 RIPEMD-160 的哈希算法，同时还有 Base58Check 编码。这些算法的代码都放在 crypto 子目录下。

**8. 签名模块**

比特币采用的是椭圆曲线数字签名算法（ECDSA）来实现数字签名以及生成公钥，使用的曲线为 secp256k1 曲线，因为 secp256k1 具有比其他曲线更高的性能。这部分代码放在 secp256k1 目录下。

**9. 脚本引擎**

虽然比特币的脚本语言非常小，只有 256 条指令，每条指令是 1 字节，常用的只有几条。但这可以说是最早版本的智能合约，为以太坊提供了解决思路。以太坊的虚拟机，其实是比特币脚本的一个扩展，为其增加了图灵完备性。目前，脚本这部分代码放在 script 目录下。

**10. 挖矿**

比特币共识机制工作量证明中，最核心的内容就是挖矿。挖矿的本质就是全网的矿工进行双哈希运算的算力竞赛，争取记账权利的一个过程。起初，比特币最早的挖矿程序是通过 CPU 来挖矿的，但随着矿工节点的增加，很快 CPU 就不能胜任挖矿所需的计算能力，

GPU 便取代 CPU 成为挖矿的主力。随着比特币价值的进一步升高，采用现场可编程逻辑门阵列（Field Programmable Gate Array，FPGA）和专用逻辑电路（Application Specific Integrated Circuit，ASIC）的专业设备相继出现。到现在 CPU、GPU 和 FPGA 的挖矿设备都已经被淘汰，均是清一色的 ASIC 专业矿机。

**11. HTTP/JSON RPC 服务端**

比特币的节点在启动的时候，初始化程序 init.cpp 会启动 HTTP/JSON RPC 服务端。该组件对外提供了 JSON RPC 的接口，外部的程序可以通过 JSON RPC 接口远程调用比特币 API 来控制比特币节点。远程连接比特币节点有极大的风险，所以一般不推荐使用。

**12. 数据库**

比特币系统中采用的数据库有 Berkeley DB 和 LevelDB，二者均是非关系型数据库。其中比特币的钱包用 Berkeley DB，而 LevelDB 主要用于存储区块的索引和 UTXO 记录。区块原始数据则以 dat 文件的形式存储在本地，并不是使用数据库存储的。

**13. ZeroMQ 队列**

比特币采用 ZeroMQ 作为消息队列管理和消息分发的工具。ZeroMQ 是一种基于消息队列的多线程网络库，其对套接字类型、连接处理、帧、路由的底层细节进行抽象，提供跨越多种传输协议的套接字。ZeroMQ 是网络通信中新的一层，介于应用层和传输层之间（按照 TCP/IP 划分），是一个可伸缩层，可并行运行，分散在分布式系统间。

## 6.1.2 比特币技术架构

比特币系统是区块链 1.0 的典型应用，是第一个去中心化的数字货币系统。一般来说，以比特币为代表的区块链 1.0 数字货币系统分层技术架构分为 5 层，数据层、网络层、共识层、激励层和应用层，如图 6.2 所示。

| 层 | | | |
|---|---|---|---|
| 应用层 | | 实现转账和记账功能 | |
| 激励层 | 发行机制 | | 分配机制 |
| 共识层 | | 工作量证明 | |
| 网络层 | P2P网络 | 传播机制 | 验证机制 |
| 数据层 | 区块数据 | 链式结构 | 数字签名 |
| | 哈希函数 | 默克尔树 | 非对称加密 |

图 6.2 比特币系统分层技术架构

**1. 数据层**

以密码学为基础构建的以区块为单位的链状数据结构，每一个新的区块都需要包括前一个区块的哈希值、当前的时间戳、最近一段时间的交易数据等信息及其默克尔根等内容。由于每一个区块都是与前续区块通过密码学证明的方式链接在一起的，当区块达到一定长度后，要修改某个历史区块中的交易就必须将该区块之后所有的区块及密码学证明进行重构，有效实现了防篡改。

**2. 网络层**

比特币系统采用 P2P(Peer-to-Peer，点对点)网络架构。所有的节点在网络中的地位均等，以扁平式的拓扑相联通和交互，不存在任何中心化的特殊节点和层级结构，每个节点均会承担网络路由、传播交易数据、验证区块数据、传播区块数据、发现新节点等功能。比特币也因此具有可靠、去中心化、开放性的特点。

**3. 共识层**

比特币因为其分布式架构，所以各个节点数据的一致性是必须考虑的问题，这也是共识层的作用。区块链技术的核心优势之一就是能够在决策权高度分散的去中心化使各节点高效地针对区块数据有效性达成共识。比特币区块链采用了高度依赖算力的工作量证明机制来保证比特币网络分布式记账的一致性。

**4. 激励层**

比特币中，所有的比特币均通过奖励的方式给那些创造出来有效区块的矿工。另一个激励的来源来自交易费，所有交易的手续费都会支付给打包此交易进区块的矿工。只有具有合理的分配激励机制，矿工才愿意提供更高的算力来维护比特币网络的稳定、安全、防止欺诈交易等。

**5. 应用层**

目前，因为比特币的唯一功能就是数字货币，所以其应用层主要还是钱包，包括在线钱包、硬件钱包、移动端钱包等。

## 6.2 比特币区块链

### 6.2.1 区块结构

比特币系统中，区块由区块头和区块体构成。其中区块头封装了当前版本号(Version)、前一区块的哈希值(Previous Block Hash)、随机数(Nonce)、目标值(Difficulty Target)、时间戳(Timestamp)以及默克尔根(Merkle Root)，这些信息在挖矿的时候会使用到。区块体中则包括最近 10 分钟内，已经通过验证的，创建区块过程中打包进区块的所有交易。这些交易记录以默克尔树的形式在区块体中存储，并通过默克尔根与区块头联系起来构成一个完整的区块。比特币区块的结构如图 6.3 所示。

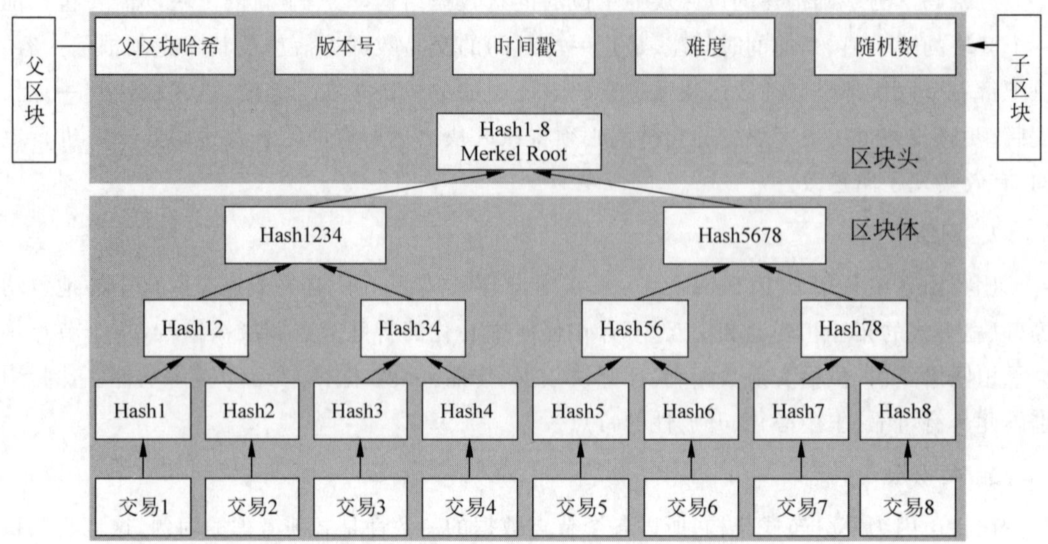


图 6.3　比特币区块的结构

## 6.2.2　创世块

创世块为比特币区块链的第一个区块，创建于 2009 年，从任意一个区块向前溯源，最终都会到达创世块。在比特币的源码中，创世块的信息在 chainparams.cpp 文件中，从里面我们可以看到创世区块的哈希值为 000000000019d6689c085ae165831e934ff763ae46a2a6c172b3f1b60a8ce26f，使用这个哈希值，我们可以在 blockchain.info 上查看创世块的详细信息，如图 6.4 所示。

首页 / 块 - 000000000019d6689c085ae165831e934ff763ae46a2a6c172b3f1b60a8ce26f

摘要

| | | | |
|---|---|---|---|
| 高度 | 0 | 版本 | 1 |
| 确认数 | 615,326 | 难度 | 2.54 K / 1.00 |
| 大小 | 285 Bytes | Bits | 0x1d00ffff |
| Stripped Size | 285 Bytes | Nonce | 0x7c2bac1d |
| Weight | 1,140 | 播报方 | unknown |
| 数量 | 1 | 时间 | 2009-01-04 02:15:05 |

| | |
|---|---|
| 块哈希 | 000000000019d6689c085ae165831e934ff763ae46a2a6c172b3f1b60a8ce26f |
| 前一个块 | N/A |
| 后一个块 | 00000000839a8e6886ab5951d76f411475428afc90947ee320161bbf18eb6048 |
| Merkle Root | 4a5e1e4baab89f3a32518a88c31bc87f618f76673e2cc77ab2127b7afdeda33b |

图 6.4　比特币创世块信息

创世块的这些信息均可以在 chainparams. cpp 中找到，所以，也可以说比特币的创世块是由代码创建的。每个节点在第一次启动的时候，如果发现区块的数据库为空，则会先构造创世区块，之后再从其他节点同步区块信息，这样便能确保创世区块不会被改变，每个节点均必须以这个区块作为首区块，从而构建了一个安全、可信的区块链。

### 6.2.3　区块链原理

比特币系统中，每个全节点都保存了完整的账本。这份完整的账本就是由上文中提到的一个一个的区块所构成。区块中含有一个字段为"前一区块的哈希值（Previous Block Hash）"，区块与区块之间通过这个字段连接起来形成一条链式结构，这就是所谓的区块链。这条链式结构也记录了整个比特币区块链的历史，任意比特币的数据都可以通过此链式结构依次向上查找，实现溯源和定位的功能。比特币区块链结构示意图如图 6.5 所示。

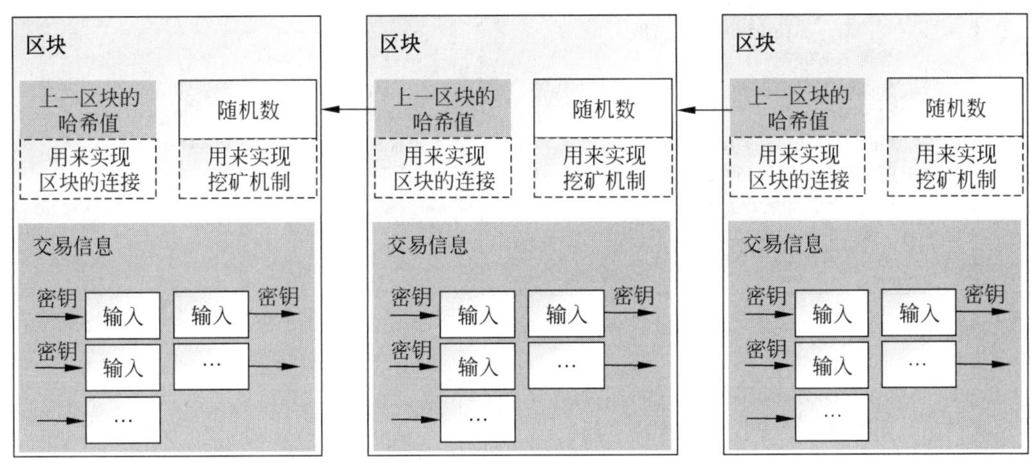


图 6.5　比特币区块链结构示意图

在整个区块链中，我们可以通过区块头的哈希值或区块高度来对特定的区块进行索引。区块头的哈希值，是对每个区块的区块头进行 double-SHA-256 算法生成的数字指纹，是一串 32 字节的随机数。因为每个区块包含的数据都不同，所以这个数字指纹可以唯一地、明确地标识某一个区块。例如，在上文中所提到的，000000000019d6689c085ae165831e934ff763ae46a2a6c172b3f1b60a8ce26f 为创世块的哈希值。需要注意的是，区块的哈希值并没有被包含在区块的结构中，区块头中只含有父区块的哈希，区块的哈希值都是节点在接收到新区块之后通过计算得出来的。计算出来之后，节点可以将其作为区块元数据的一部分存储在本地数据库中，以便查找和检索。

以实际数据为例，在区块链浏览器中查找高度为 525 033～525 035 的区块，其链式结构如图 6.6 所示。

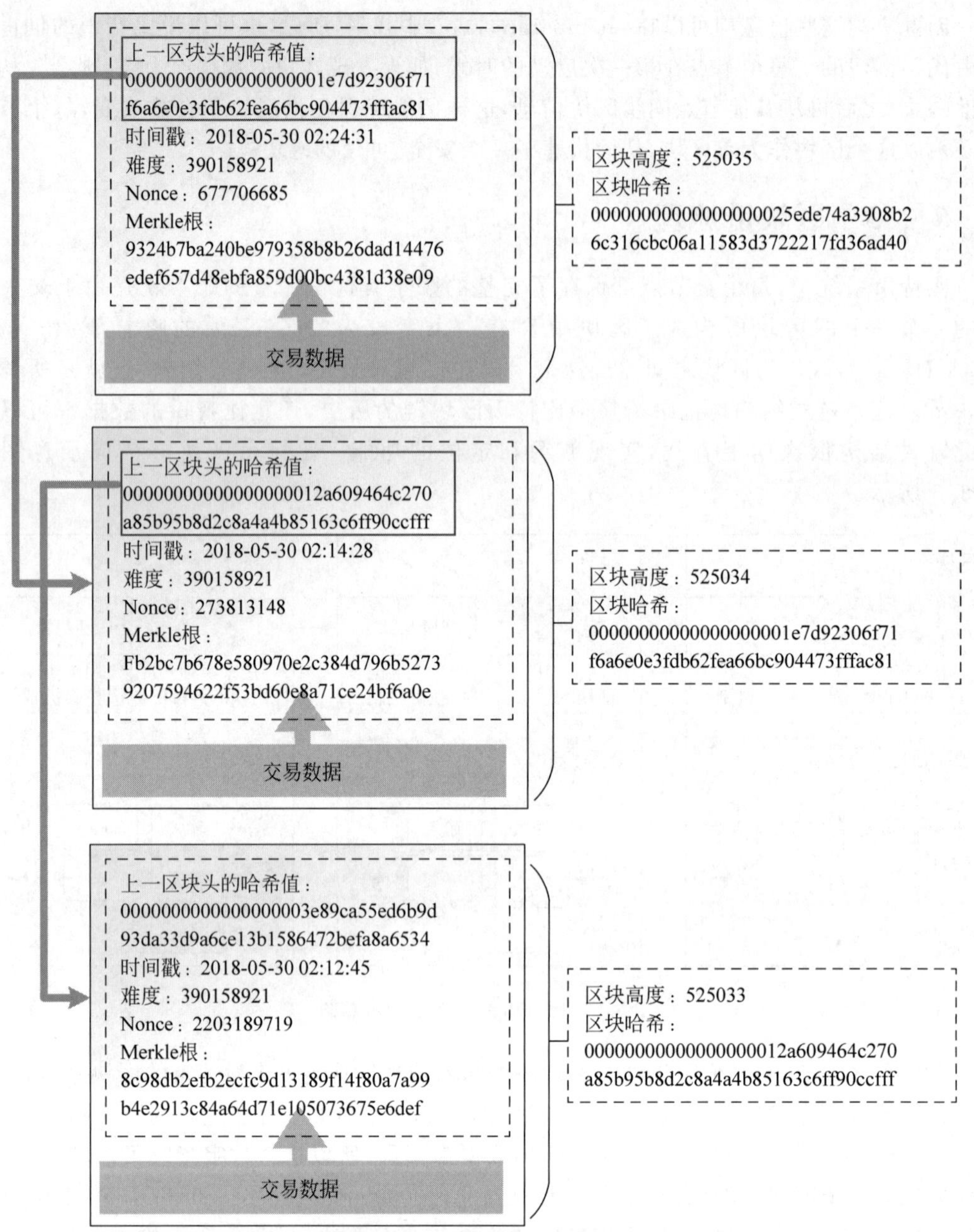

图 6.6　比特币区块链式结构

# 6.3 比特币网络

## 6.3.1 P2P 网络架构

比特币系统采用了基于互联网(Internet)的 P2P 网络架构。在 P2P 网络架构中，每个节点均处于同等地位，以扁平式的拓扑结构相连，节点之间相互协作、协同处理，每个节点都对外提供服务同时也使用其他节点所提供的服务。在整个网络中，不存在任务的服务器、中心化的服务或者层级结构。也正是因为如此，P2P 的网络具有可靠性、稳定性、去中心化以及开放等特点。

比特币网络架构图如图 6.7 所示。在比特币系统中，所有的节点均会承担网络路由、验

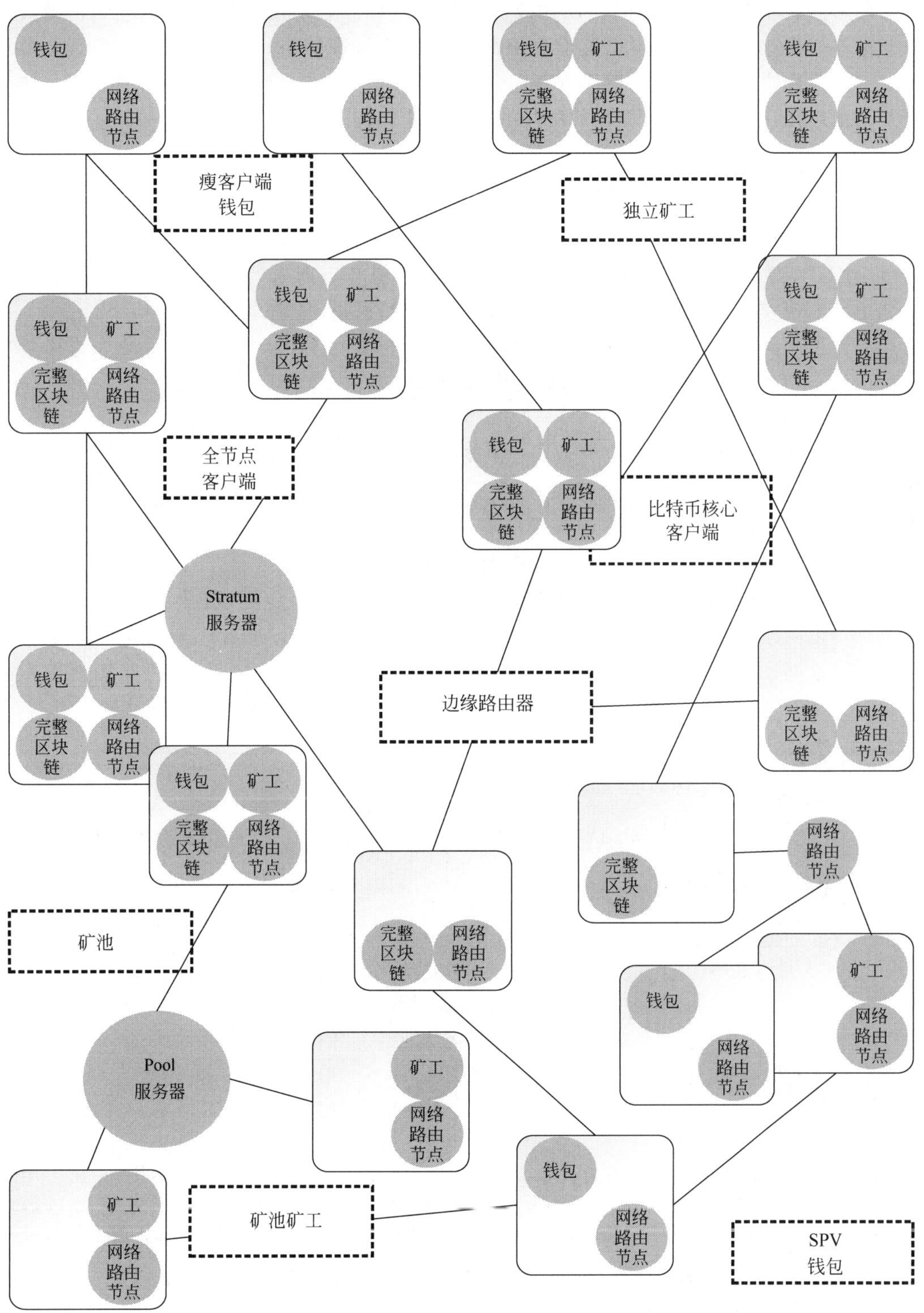


图 6.7　比特币网络架构图

证区块数据、传播区块数据、发现新节点、广播交易数据等全部或部分功能。比特币网络所采用的 P2P 网络架构不仅仅是只选择拓扑这么简单,它是一种点对点的数字现金系统,因为去中心化是其最主要的特性之一,所以只能通过 P2P 的网络来实现,同时还包括其他系统的网络协议。例如,Stratum 协议就被应用于挖矿以及轻量级或移动端钱包中。网关路由服务器提供这些协议,使用比特币 P2P 协议接入比特币网络,并把网络拓展到其他各个节点。一般来说,比特币网络指代所有包含比特币 P2P 协议、矿池挖矿协议、Stratum 协议以及其他连接比特币系统组件相关协议的整体网络结构。

## 6.3.2 比特币节点类型

尽管在比特币网络中,所有的节点都是平等没有差别的,但是比特币的全节点账本已经超过 200GB,对于普通用户或移动端用户来说包含全节点所有功能也是不现实的。所以,根据用户选择的节点类型不同,每个节点具有不同的角色,所提供的功能也不相同。一般来说,一个比特币的全节点包括钱包、矿工、完整区块链和网络路由节点四种功能,如图 6.8 所示。

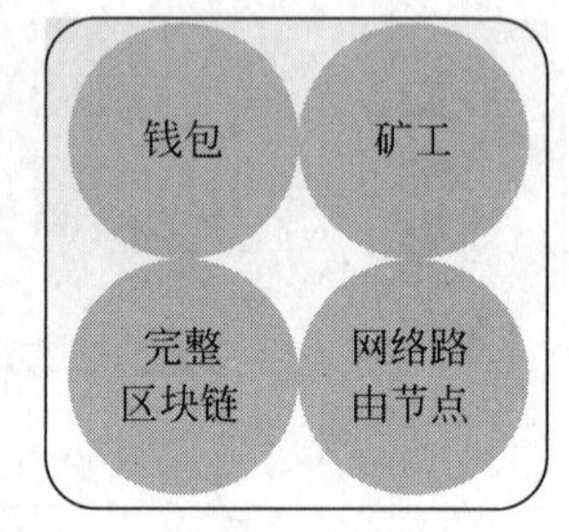


图 6.8 比特币全节点功能

具有上述所有四个功能的节点,一般被称作"全节点",如 Bitcoin Core 就是"全节点"。全节点一般存储比特币的整个账本数据,可以独立自主地在账本中检验所有交易,而不需要其他节点帮助。另外还有一些节点,如移动端节点,手机不可能存储所有的账本,所以移动端一般只包含除账本数据外的其他三个功能,这种节点被称为"轻量级节点",也叫"SPV 节点",这种节点通过"简易支付验证(SPV)"的方式来完成交易验证。

除了这些主要的节点类型之外,也有一些节点在运行着其他协议,如特殊矿池挖矿协议、轻量级客户端访问协议等。最为常见的几种比特币节点类型如图 6.9 所示。

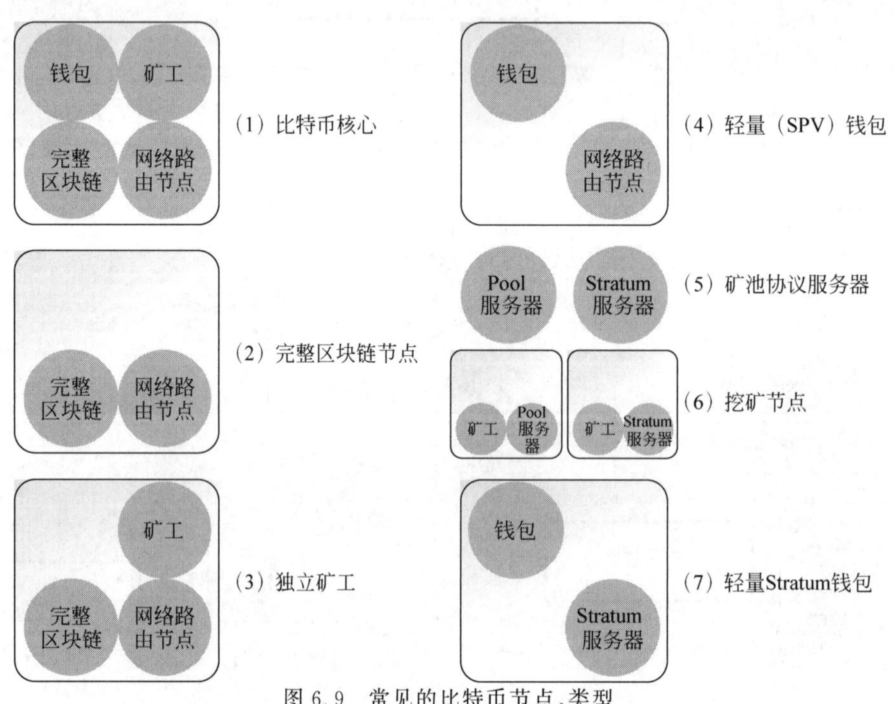


图 6.9 常见的比特币节点、类型

### 6.3.3　网络协议

当启动一个比特币节点时，为了能够加入比特币网络参与协同运作，首先需要去发现其他正在正常运转的比特币节点，并且至少与这些节点中的一个建立连接。由于比特币的网络拓扑结构与地理位置无关，所以各节点之间的关系与地理信息没有任何关系，新节点可以随机的选取网络中的节点建立连接。

在比特币主网络中，新节点通过端口号为 8333 的 TPC 协议与其他节点建立连接，比特币测试网络的端口号则为 18333。

(1) 新节点如想加入比特币网络，则首先需要寻找有效的比特币节点，并与之建立连接。寻找比特币节点的方法一般有三种：

- 使用“DNS 种子(DNS seeds)”，DNS 种子提供比特币节点的 IP 地址列表，在 Bitcoin Core 客户端中内置默认提供了 5 种不同的 DNS 种子，直接运行默认会从这些种子中查找地址。
- 手动通过-seednode 命令指定一个比特币的节点的 IP 地址作为比特币的种子节点。
- 手动通过-addnode 命令直接添加一个比特币的 IP 地址，并与其建立连接。

(2) 在建立连接时，新节点需要先将自己一些基本 version 信息发送给其他节点进行“握手”认证，这些基本信息如表 6.1 所示。

**表 6.1　新节点“握手”认证基本信息内容**

| 字　段 | 描　述 |
| --- | --- |
| nVersion | 该比特币客户端所采用的 P2P 协议的版本(如 160000) |
| nLocalServices | 一组该节点支持的本地服务列表，当前仅支持 NODE_NETWORK |
| nTime | 当前时间 |
| addrYou | 当前节点可见的远程节点的 IP 地址 |
| addrMe | 当前节点的 IP 地址 |
| subver | 指示当前节点运行的软件类型的子版本号(如/Satoshi:0.16.0/) |
| BestHeight | 当前节点的区块链高度，初始为 0，只包含创世区块 |

新节点会将上述 version 基本内容信息发送给其他正在正常运行比特币节点，其他节点在收到这些信息后，会对这些 version 基本内容进行检查，查看是否与本地正在运行的比特币客户端版本兼容，如果没有问题，则会发送一个 verack 消息对这个 version 信息进行确认，并与之建立连接。其具体过程如图 6.10 所示。

(3) 新加入的节点在建立一个或多个连接之后，新节点将会把一条包含自己 IP 地址的 addr 消息发送给与自己建立连接的节点，从而保证新节点的信息被多个节点接收。其具体的过程如图 6.11 所示。

(4) 全节点在连接到比特币网络中之后，首先需要与相连接的节点“交换区块清单”，构建完整区块链，才可以正常使用。如果是新节点，则其只包含区块高度为 0 的创世区块。具体的过程如图 6.12 所示。

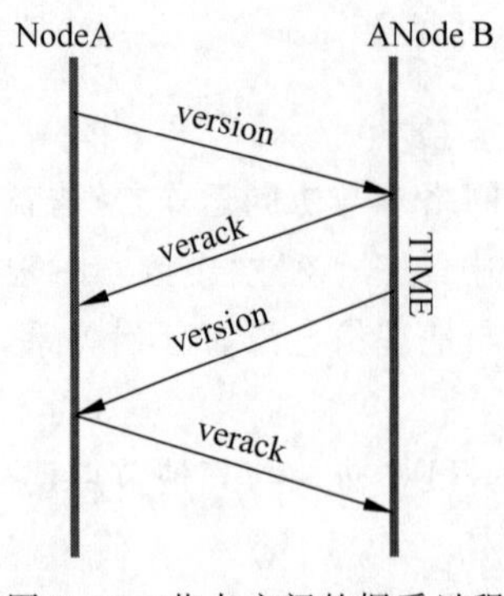


图 6.10 节点之间的握手过程

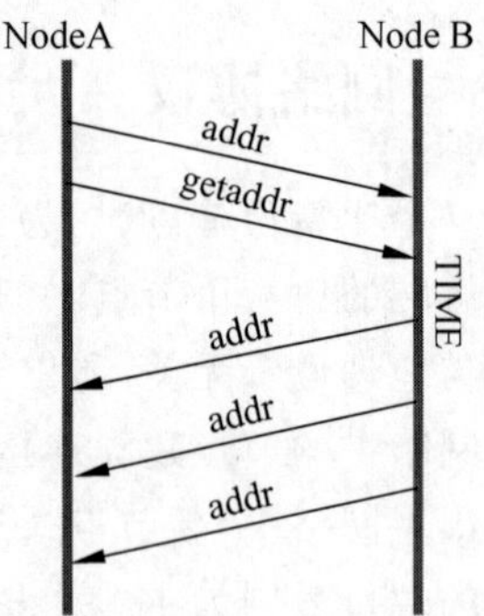


图 6.11 地址的传播与发现

(5) 与全节点不同,简易支付验证(Simplified Payment Verification,SPV)节点不需要将完整的区块数据全部下载下来,SPV 节点一般只需要下载区块头,大小约只有全节点账本的 1/1000。在全节点中,因为存储了完整的账本数据,所以全节点可以建立一个完整的 UTXO 数据库,用来验证交易的有效性。但 SPV 节点只有区块头的数据,所以 SPV 想要验证一笔交易数据的有效性,需要向其他节点请求该笔交易的 Merkle 路径,如果路径正确,并且这笔交易被 6 个以上的区块确认,则该交易有效。其具体的通信过程如图 6.13 所示。

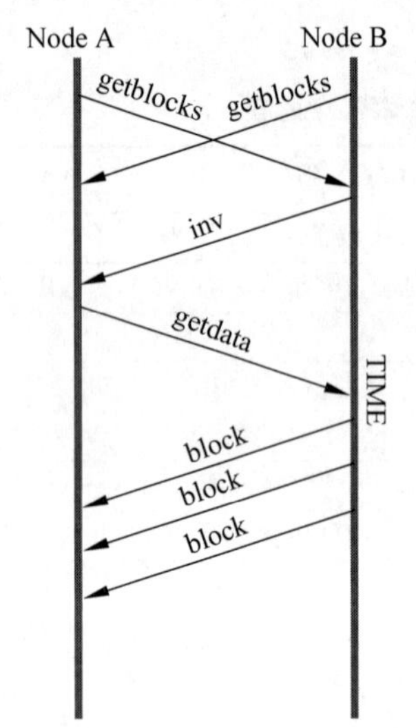


图 6.12 节点通过对等节点同步区块

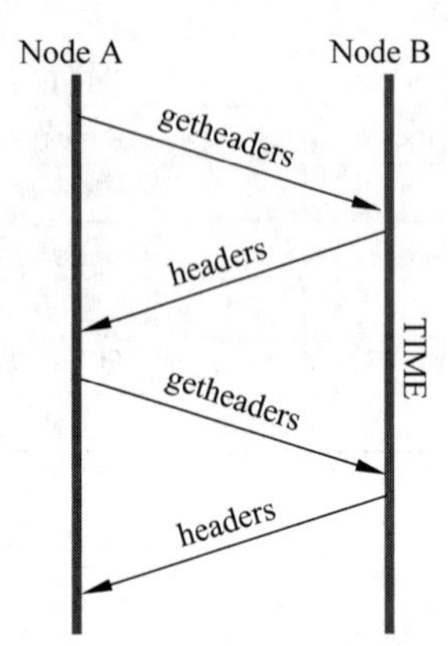


图 6.13 SPV 节点通信过程

可以看到,SPV 节点中使用 getheaders 消息代替了 getblocks 消息,其过程与全节点同步区块没有差异,相邻节点收到 getheaders 消息请求后,会使用 headers 消息发送 2000 个区块头给请求的节点。

## 6.4 挖矿与共识

众所周知,可以使用矿机通过“挖矿”的方式来获取比特币,“矿工”节点通过贡献自己的算力来换取获取比特币奖励的机会,获取这个机会的过程就是“挖矿”。本质上来讲,“挖矿”

就是为了争取到比特币记账权,获取相应的比特币奖励的机会,全网“矿工节点”大约每 10 分钟进行一次算力竞赛。每轮算力竞赛获胜的“矿工节点”将会把最近这段时间内发生的所有交易打包进区块放至区块链的最尾端,并将这个区块广播给全网其他节点。所以“挖矿”的目的不仅仅是为了获取比特币奖励,这只不过是一种激励机制,这种机制在保证了货币发行的同时,更保证了全网去中心化的安全。

矿工们在挖矿过程中,所获得的奖励包含两部分:创建区块的奖励和所包含交易的手续费。为了得到这些奖励,矿工们所进行的算力竞赛就是去求解一道非常复杂的数学难题,这道数学难题的答案将会被包括在新的区块中,作为“矿工”付出这些“工作量”的证明,这种机制被称为“工作量证明机制(Proof of Work)”。

## 6.4.1　构造区块体

在交易构造完成被广播至比特币网络中,并通过“矿工节点”独立验证之后,交易会被存放在“矿工节点”的交易池中,交易池中存放了最近一段时间内未被记账的交易。与其他节点不同的是,“矿工节点”不仅会收集、验证、传播这些交易,同时还会把这些交易整合起来,放在一个候选区块中去。

需要注意的是,“矿工节点”在构造区块体的时候,区块体中的第一笔交易是一笔特殊交易,被称作 Coinbase 交易。Coinbase 交易的交易输出地址为矿工自己的地址,金额为挖矿的奖励(目前为 12.5BTC)+所有交易的手续费。Coinbase 交易的输入也是存在的,只不过没有解锁脚本等信息。

如图 6.14 所示,在区块链浏览器中,我们可以看到第 525411 块体中包含 1467 笔交易,手续费为 0.17647646BTC,金额为 12.67647646BTC。

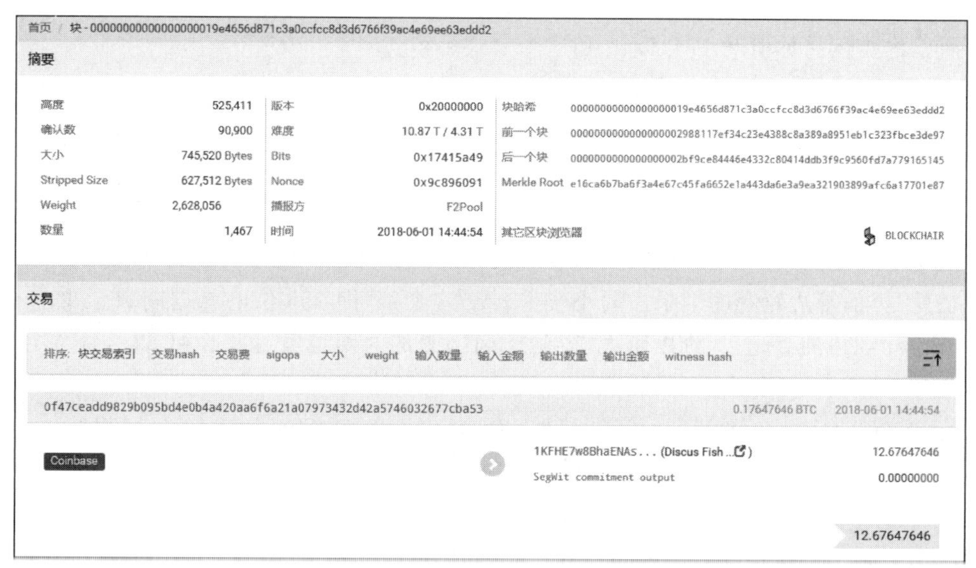


图 6.14　第 525411 个区块信息

### 6.4.2 构造区块头

区块头一共包含 6 个字段，分别是版本号、父区块哈希、默克尔根、时间戳、难度目标值、随机数。所以“矿工节点”在构造完区块体之后的工作，就是构造区块头，填充这几个字段的内容。例如，6.4.1 节中的第 525411 个区块的区块头填充信息如表 6.2 所示。

表 6.2 第 525411 个区块的区块头填充信息

| 字　段 | 描　述 |
| --- | --- |
| 版本号 | 0x20000000 |
| 父区块哈希 | 0x00000000000000000002988117ef34c23e4388c8a389a8951eb1c323fbce3de97 |
| 默克尔根 | 0xe16ca6b7ba6f3a4e67c45fa6652e1a443da6e3a9ea321903899afc6a17701e87 |
| 时间戳 | 1527835494 |
| 难度目标值 | 0x17415a49 |
| 随机数 | 0 |

其中，版本号目前默认为 0x20000000，父区块的哈希为“矿工节点”本地存储的区块链中第 525410 个区块的哈希值，默克尔根的值为 6.4.1 节中构造区块体时使用交易创建的 Merkle 树的根节点的值，随机数初始为 0，在挖矿的过程中随机数不断自增 1，直到找到正确的结果。

难度目标值的获取相对麻烦一点，难度目标值是动态调整的，保证平均 10 分钟产生一个区块。还以第 525411 个区块为例，其难度目标值为 0x17415a49，其中 0x17 为指数的十六进制表示，0x415a49 是系数。计算难度目标的公式如下：

$$\text{target}=\text{coefficient}\times 2^{(8\times(\text{exponent}-3))}$$

所以由难度目标值 0x17415a49 和这个公式可得：

$\text{target}=0\text{x}415\text{a}49\times 2^{(8\times(0\text{x}17-3))}$

$\text{target}=0\text{x}415\text{a}49\times 2^{(8\times 0\text{x}14)}$

$\text{target}=0\text{x}415\text{a}49\times 2^{0\text{x}90}$

$\text{target}=0\text{x}415\text{a}49\times 2^{160}$

target=0x0000000000000000000415a490000000000000000000000000000000000000000

也就是说，算力竞赛的结果需要小于 target 这个值，即 256 位的二进制数至少前 73 位为 0，target 前边的 0 越多，难度越大，得到正确结果的时间也就越长。第 525411 个区块的哈希值如下：

0x000000000000000000019e4656d871c3a0ccfcc8d3d6766f39ac4e69ee63eddd2

可以看到实际产生区块的哈希值满足上述难度要求。为了保证 10 分钟的成块时间，比特币网络会每 2016 个区块调整一次难度，调整的算法是根据产生这 2016 个区块的实际时间与理论时间 20160 分钟的比例计算的，难度的调整公式如下：

New Difficulty＝Old Difficulty×(Actual Time of Last 2016 Blocks/20160 minutes)

为了防止难度变化过快，比特币网络中默认规定每次难度调整的幅度不能大于 4 倍。如果大于 4 倍的话，则按 4 倍处理，在下一个周期的时间继续调整。

## 6.4.3 创建区块

在区块体和区块头的基本信息都构造完成之后，接下来创建区块的工作就是工作量证明了。工作量证明就是寻找区块头中满足条件的随机数的值，使对区块头进行哈希运算得出的值小于目标值。工作量证明的过程如图 6.15 所示。

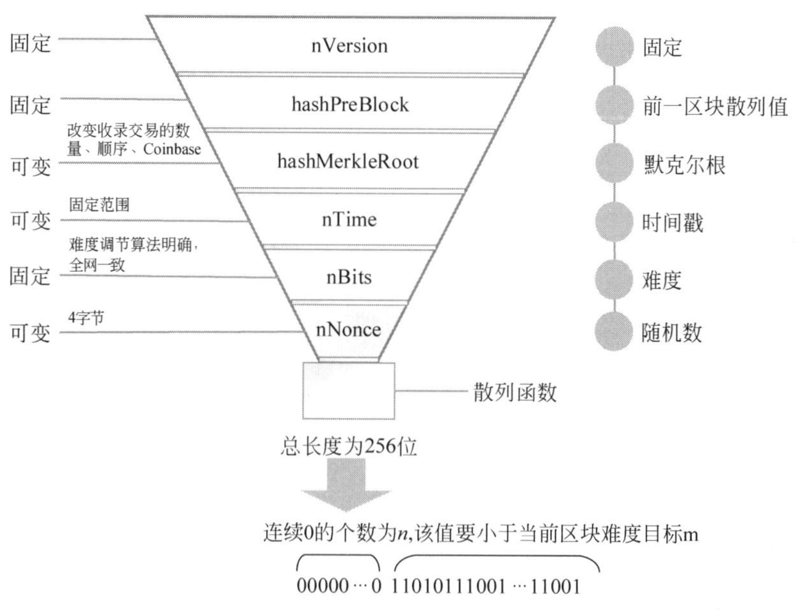


图 6.15　工作量证明算法的过程示意图

比特币系统中，工作量证明算法的数学难题公式如下：

SHA-256 (SHA-256 (nVersion + hashPreBlock + hashMerkleRoot + nTime + nBits + nNonce ) ) ≤ target

公式中除了 nNonce 值外，其他信息都是构造区块头的时候填写好的，nNonce 的默认值为 0，之后一直自增 1，直到找到满足条件的 nNonce 值。全网节点中，最先找到满足条件的 nNonce 的节点，就是赢得了本轮的算力竞赛，赢得了本轮记账和获取比特币奖励的权利。

## 6.4.4 分叉处理

在挖矿的过程中，有可能有多个"矿工节点"同时计算出了符合条件的 Nonce 值；也有可能由于网络原因，某个节点在某一时刻同时收到多个"矿工节点"创造的合法区块。这两种情况下，都有可能使比特币的区块链产生"分叉问题"，所以每个新产生的区块都不算是立即生效入链。这个时候"矿工节点"会选择一个自己认为正确的区块，在它之后继续进行下一轮的算力竞赛，也就是挖矿。同理，有可能会继续同时收到多个有效区块，继续产生"分叉问题"，但是随着时间的推移，继续"分叉"的概率会越来越小，形成一个树结构。比特币系统认为，6 个区块高度之内，必然会产生一条最长的链，作为正确链，所以一次交易成功的时间大约为 1 小时。也就是通常所说的 6 个区块的确认原则，多余的没有用的冗余区块数据，被节点删除。"分叉问题"的详解如图 6.16 所示，其中 A1、A2、C3、D4、D5、D6、D7、D8 为最长链，此时，C3 区块正式有效。

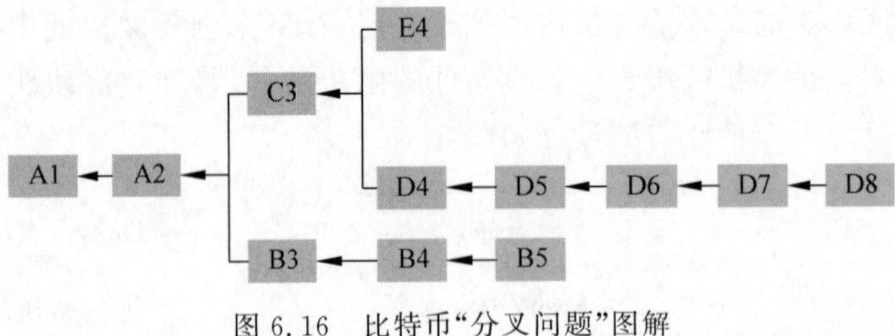


图 6.16 比特币"分叉问题"图解

## 6.5 本章小结

本章介绍了比特币系统中的区块链技术原理。首先，讲解了比特币区块链的参考架构，包括功能架构和技术架构，之后介绍了比特币区块链的区块信息、比特币网络关键技术、比特币区块链的挖矿与共识以及激励机制。比特币区块链账本具有时间戳的特性，保证了账本的可信性。

## 参考文献

[1] Narayanan A, Bonneau J, Felten E. Bitcoin and cryptocurrency technologies[OL]. Available on: http://www.academia.edu/download/61427212/princeton_bitcoin_book20191204-61607-etkyte.pdf, 2015.

[2] 邹均. 区块链核心技术与应用[M]. 北京：机械工业出版社，2018.

[3] Satoshi Nakamoto. Bitcoin: A Peer-to-Peer Electronic Cash System[OL]. Available on: https://bitcoin.org/bitcoin.pdf, 2008.

[4] Andreas M Antonopoulos. 精通比特币[OL]. Available on: http://book.8btc.com/books/1/master_bitcoin/_book/. 2018.

# 第7章

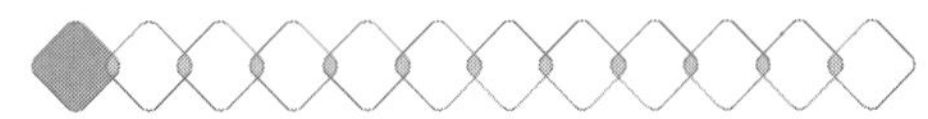

# 比特币创新技术

## 7.1 隔离见证

### 7.1.1 基本概念

在比特币系统中，每个区块的大小限制为1MB。随着比特币的不断普及和发展，网络中的交易数据变得越来越拥塞，所以比特币如何扩容一直是比特币社区关心的问题。隔离见证就是比特币扩容的一种方案，且已经在2017年8月被比特币网络采用，在比特币核心客户端Bitcoin Core Release 0.13.1就已经支持隔离见证，但是需要全网95%节点的支持才可以激活。

在密码学中，术语"见证(witness)"被用于形容一个加密难题的解决方案，而在比特币系统，"见证"就是一个可用的UTXO的解锁条件，即"解锁脚本(scriptSig)"。比特币的隔离见证就是一个交易中的解锁脚本(scriptSig)从基本数据结构中分离出来，放在一个新的数据结构中。矿工节点在打包交易的时候，会验证这个新的数据结构是否合法，以确保交易的有效性。当区块的交易固定在不超过1MB的时候，通过隔离见证将解锁脚本分离出去单独存放，这样就缩小了交易数据的大小，相当于为比特币的区块扩容。比特币系统使用隔离见证前后的交易数据结构如图7.1所示。

### 7.1.2 交易延展性问题

#### 1. 交易延展性

在比特币系统中，将交易中的所有数据进行哈希运算得到256位的值为交易的唯一标识。但是，交易一般包括输入与输出，而输入中包含上一笔交易对应输出的解锁脚本(scriptSig)，解锁脚本一般包括公钥和签名数据。数字签名不可能是对整个交易数据进行签名，因为scriptSig包含签名数据本身，所以比特币系统中其他节点在收到发送的交易数据后，可以更改解锁脚本中的内容，导致整个交易的哈希值txid发生改变，只要在规则下，

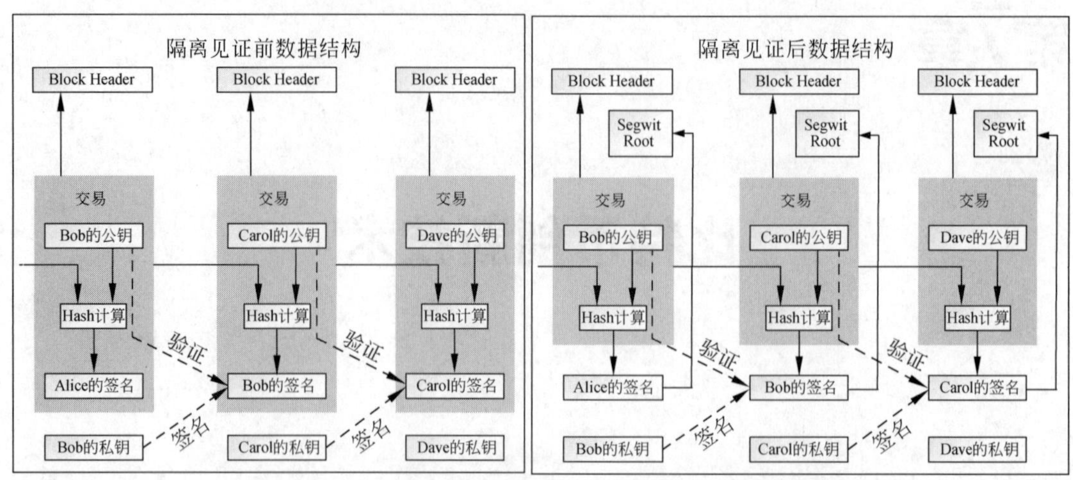


图 7.1 比特币系统使用隔离见证前后的交易数据结构

解锁脚本和对应输出的锁定脚本组合起来仍然能够验证通过即可。需要注意的是,攻击者只能修改解锁脚本中的部分内容,但交易输出中的地址是无法更改的,也就是说交易中的比特币仍然会转入原本打算的地址。然而,攻击者如果将处理后的交易数据发送到比特币网络中,可能先于所创建的交易被打包,这样一来,虽然转账没有丢失,但这一笔交易的交易ID确实是发生了改变。而在下一笔交易花费时,交易输入中是依赖于上一笔交易的 ID 的,即使是发出的交易先得到一个确认,也是不安全的,因为短期内的分叉,区块链是有可能自动调整的。

**2. 签名延展性攻击**

交易延展性攻击的第一种方式就是改变交易数据中的签名信息。在以前的比特币系统中,大部分矿工的 ECDSA 签名算法都是依赖于 openssl 来实现的,但是 openssl 兼容多种编码格式。另外,就是 ECDSA 算法本身,签名$(r,s)$和签名$(r,-s(\mathrm{mod}\ n))$都是有效的签名。所以对签名字符串本身的表现方式进行稍微调整,最终都是合法的签名,都是可以通过矿工验证的,但是整条交易数据的哈希 ID 已经发生了改变。

**3. 脚本延展性攻击**

脚本的执行过程是先将锁定脚本和解锁脚本拼接起来,之后类似按照使用堆栈进行多S 项式求值的方式进行运算。因为脚本系统中是包含 OP_DROP、OP_2DROP 等操作的,那么就很简单了,攻击者可以随意添加一条数据,再紧接使用 OP_DROP 命令,这样整条脚本在通过堆栈后,执行的结果不会发生改变。但是脚本的内容多出了数据和 OP_DROP 一部分,这样便使得整条交易数据的 ID 发生了改变。

**4. MT. GOX 事件**

2014 年 2 月 25 日,日本时间上午 11 点,MT. GOX 交易所停盘。MT. GOX 是当时著名的交易所,也曾经是比特币最大的交易所,一度交易量达到所有比特币交易的 80%。MT. GOX 的倒闭,源于黑客的攻击,一共丢失了 85 万个比特币,按当时的价格计算,损失将近 4.54 亿美元。

在当时，黑客所利用的就是比特币交易延展性这个特性。黑客的攻击过程如下：

（1）在交易所注册一个账号，使用自己的钱包向交易所比特币地址充值。

（2）从交易申请向自己钱包中提现，交易所会发起一笔交易。

（3）这笔交易在广播到比特币网络中后，被打包进区块之前，黑客收到了这笔交易。黑客稍微更改了这笔交易中的 scriptSig，致使交易 ID 发生改变，再将修改后的交易数据发送到网络中去。

（4）如果黑客发送的这笔交易先于交易所创建的交易被打包进区块，那么交易所使用自己创建的交易 ID 去区块链浏览器中查找，是查找不到结果的。但实际是，比特币已经转到了黑客的钱包中。

（5）黑客向交易所投诉，没有收到提现的比特币，交易所按自己创建的交易 ID 查询，确实没有，则会再次向黑客转钱。同一笔钱，被黑客提现了两次，甚至多次，使交易所蒙受了巨大损失，最终倒闭。

### 7.1.3　技术优势

隔离见证是对比特币系统的一种结构性优化，它将会在可扩展性、安全性、经济刺激以及比特币的整体性等多方面产生积极影响。

#### 1. 交易延展性

隔离见证激活最大的好处就是解决了交易延展性的问题。将解锁脚本从交易数据结构中移除之后，再为交易数据求哈希 ID 时就不包括解锁脚本了。因为解锁脚本是攻击者唯一可以修改的部分，这也使得交易哈希变为固定的值，从而解决了交易延展性的问题。通过隔离见证，交易 id 只有创建者本人可以更改，这极大提高了许多其他依赖于高级比特币交易架构的协议的可执行性，如支付通道、闪电网络、跨链交易等。

#### 2. 扩容

在比特币系统中，受限于 1MB 的区块数据大小，比特币网络会变得越来越拥塞。如果将解锁脚本信息移出去，那么交易数据就会变得小很多(有时候脚本占据了整个交易数据的超过 75%的空间)，同样的 1MB 区块数据就可以容纳更多的交易数据，从而在不改变区块大小的前提下，增加了比特币的吞吐量。需要注意的是，“隔离”“移出”并不是将解锁脚本真正移走存放在其他地方，而是所有交易的解锁脚本同样以 Merkle 树的形式构造，将 Merkle 根存放在 Coinbase 交易处，总的数据为不超过 4MB 大小，但是矿工验证 1MB 区块的规则是，不把解锁脚本数据算进去。

#### 3. 脚本版本管理

在引入隔离见证后，新的脚本结构中增加了版本号的字段，类似于交易和区块，脚本也有了自己的脚本版本号，这使得脚本语言也可以一种向后兼容的方式来发展。

#### 4. 签名算法的优化

隔离见证还升级了签名函数(如 CHECKSIG，CHECKMULTSIG 等)算法的计算复杂性。例如，一笔交易可能有多笔输入，那么在验证过程中就需要验证多次签名算法。在引入隔离见证之前，用于生成签名的算法需要大量的哈希操作，随着交易输入的增加，验证一笔交易的合法性所需的时间几乎呈指数增长。在引入隔离见证之后，随着交易输入的增加，验证一笔交易的合法性所需时间优化呈线性增长，大大提高了效率。

**5. 增强 SPV 节点的隐私性保护**

SPV 节点并不需要验证交易的有效性，只需要验证交易的存在性即可，所以 SPV 节点请求的交易数据并不需要签名信息。在没有签名信息的情况下，SPV 节点同等的带宽可以访问请求下载更多的交易数据，使得 SPV 节点的隐私性进一步提升。

**6. 增加 P2SH 类型交易的安全性**

隔离见证中，P2SH 类型的交易从使用 HASH160 变成了 SHA-256，增加了破解的难度。

**7. 减少交易手续费**

因为签名数据被单独存放起来，实际是对交易数据的一种“瘦身”。交易费是跟交易数据所占空间大小有关系的，交易数据变小了，自然手续费也会降低。

### 7.1.4 工作方式

隔离见证对于输出和交易的构建方式是一个十分重大的改变，相当于是改变了比特币的共识规则，这样的改变一般需要所有的比特币节点和钱包同时改变才可以实行，即“硬分叉”。但隔离见证采用了一种“软分叉”的方式，这种方式是一种向后兼容的方式。隔离见证的输出被设计成对于未升级的老节点看起来像是一个“任何人都可以花费的输出”。但是对于已经完成升级的新节点来说，会期望在隔离见证部分验证其签名。这样便使得只有大多数节点都完成升级之后，才会正式激活这个功能。即使激活之后，也不会影响老的节点使用，老节点收到新节点制造的区块后，区块中的交易会全部通过验证，但是老节点想使用“任何人都可以花费的输出”时，新节点并不会接受，因为新节点期望在隔离见证处验证其签名数据。

**1. 交易结构发生变化**

在支持隔离见证之前，交易数据的结构如下：

```
[version][txins][txouts][locktime]
```

其中，version 为版本号，txins 为输入的数组，txouts 为输出的数组，locktime 为锁定时间。在支持隔离见证之后，交易的数据结构变为如下格式：

```
[version][marker] [flag][txins] [txouts][witness] [locktime]
```

其中，version、txins、txouts、locktime 与之前的交易结构含义相同，marker 和 flag 为标识字段，目前 marker 字段必须是 0x00，flag 字段必须是 0x01，witness 字段是一个交易里面所有的见证数据。witness 字段的数据结构如下：

```
witness=[witness_field_1] [witness_field_2]…[witness_field_n]
```

交易每个 txin 都对应一个 witness_field，为这个 txin 的见证程序，结构如下：

```
witness_field=[item_count][item_1_len][item1]
[item_count][item_2_len][item2]…[item_count][item_k_len][itemk]
```

其中，item_count 为占用栈的数量，紧跟着是栈的成员值，每个栈的成员值由 item_len 和 item 组成，item_len 代表每个成员的长度，紧跟着对应长度的数据 item 就是成员的实际值。

如果一笔交易输入是非隔离见证交易，那么这笔交易输入对应的 witness_field 为空，表示为 0x00。

**2. 交易 ID 计算方法**

不管是否采用了隔离见证，交易 ID 的计算方法如下：

```
txid=HASH256(version+txins+txouts+locktime)
```

两种情况下，txid 的差别是，隔离见证前 txouts 中是包含见证数据的，即签名，隔离见证之后，txouts 中见证数据位置为空，使得 txid 的生成不会因为见证数据的改变而发生变化。

隔离见证之后，每条交易除了 txid 外，还定义了一个新的 wtxid，wtxid 的计算方法如下：

```
wtxid=HASH256(version+marker+flag+txins+txouts+witness+locktime)
```

**3. 区块结构的变化**

对于区块头来说，结构没有发生任何变化，因为如果对区块头进行改变，整个共识规则就会发生改变，会直接产生硬分叉，而不是向后兼容的软分叉。所以区块头仍然是包含如下信息：

```
[version][prev_block] [merkle_root][timestamp] [bits][nounce]
```

其中，默克尔根的计算方法和之前没有任何差异，都是通过区块内所有交易按照默克尔树的规则计算而来。如果区块内所有交易的输入都没有采用隔离见证的方式，那么区块的整体结构与之前可以没有任何差别。但如果区块中包含隔离见证方式的交易输入时，那就需要采用隔离见证的区块结构，隔离见证后的区块结构主要变化是多了一棵由所有交易的 wtxid 构成的默克尔树，其生成方式，与 txid 的默克尔树完全一致。

这样，便会多出一个 witness_merkle_root 的字段，理论上来讲，这个字段与之前交易的 merkle_root 是同一级别的数据结构，应该存放在区块头之中，但这样会改变区块头的结构，影响共识规则。所以，这个 witness_merkle_root 实际上是存放在 Coinbase 交易的 scriptpubkey 部分处。这样做的好处是，没有改变现有区块头的结构，但是，这其实是一个非常丑陋的设计，因为 witness 交易数据与 Coinbase 交易是完全没有关系的两样东西。

隔离见证下的Coinbase交易(cbtx)输入数据结构如下：

```
cbtx.txin.witness=witness_reserve_value
```

witness_reserve_value是一个32字节的数组，当前没有任何共识含义，但是在软件分叉中允许成为一个新的共识结构。

隔离见证下的Coinbase交易(cbtx)输出数据结构如下：

```
cbtx.txout.pk_script=[op_code][len][commitment_header][commitment_hash][optional_data]
```

其各个字段所代表的含义如表7.1所示。

**表7.1 隔离见证下Coinbase交易输出各个字段含义**

| 字　段 | 长度/字节 | 描　述 |
|---|---|---|
| op_code | 1 | 操作符OP_RETURN(0x6a) |
| len | 1 | 要入栈的数据长度，目前为36字节，即0x24 |
| commitment_header | 4 | 目前为0xaa21a9ed |
| commitment_hash | 32 | double-SHA-256(witness_merkle_root+witness_reserve_value) |
| optional_data | 39 | 目前没有任何共识意义 |

由表7.1可知，隔离见证下的Coinbase交易输出的scriptpubkey至少包含38字节数据，其中前6字节为0x6a24aa21a9ed。如果交易中有多个txout符合这个规则，则取索引值index最大的txout。

**4. 脚本运行机制**

例如，在隔离见证之前，一个P2PKH型交易的脚本结构如下：

```
pk_script=OP_DUP OP_HASH160 <pubkey_hash> OP_EQUALVERIFY OP_CHECKSIG
sig_script=<sig><pubkey>
```

脚本运行的机制主要基于pk_script(锁定脚本)和sig_script(解锁脚本)，这两项拼接起来利用堆栈运行。

P2SH类型交易的脚本结构如下：

```
pk_script = OP_HASH160 <hash160 of temp_script> OP_EQUAL
sig_script = <sig> [<sig>...] temp_script
```

隔离见证之后，脚本运行的机制主要基于pk_script(锁定脚本)和witness数据(见证程序)。见证程序一般会在以下两种情况下被触发。

1) Native Witness Program

```
pk_script = <version_byte><witness_program>
sig_script = empty
witness = <sig><pubkey>
```

2）P2SH Witness Program

```
pk_script = OP_HASH160 <hash160 of temp_script> OP_EQUAL
sig_script = <version_byte> <witness_program>
witness = 0 <Signature A> 1 <Public Key A> <Public Key B> 2 CHECKMULTISIG
```

其中，目前 version_byte 的值为 0，witness_program 的值在不同类型交易中的算法不同，根据 witness_program 算法不同，新添加两种交易：P2WPKH 型交易和 P2WSH 型交易。

在 P2WPKH 型的交易中，witness_program 的长度为 20 字节，其计算方法如下：

```
witness_program = HASH160(pubkey)
```

在 P2WSH 型的交易中，witness_program 的长度为 32 字节，其计算方式如下：

```
witness_program = HASH256(temp_script)
```

隔离见证之后，也就是在原有的交易类型基础上，增加了两种新的交易类型，以及对原有的 P2SH 型交易扩展实现这两种新交易类型的功能。综合起来，这四种类型的交易结构如下。

1）P2WPKH 型交易

```
pk_script = 0 <20-byte-hash>
sig_script = empty
witness = <sig> <pubkey>
```

2）P2WSH 型交易

```
pk_script = 0 <32-byte-hash>
sig_script = empty
witness = 0 <Signature A> 1 <Public Key A> <Public Key B> 2 CHECKMULTISIG
```

3）内嵌于 P2SH 的 P2WPKH 型交易

```
witness = <sig> <pubkey>
pk_script = HASH160 <20-byte-hash-of {0 <20-byte-pubkey-hash}> EQUAL
sig_script = <0 <20-byte-hash>>
```

4）内嵌于 P2SH 的 P2WSH 型交易

```
witness = 0 <sig1> <1 <pubkey1> <pubkey2> 2 CHECKMULTISIG>
pk_script = HASH160 <20-byte-hash-of {0 <32-byte-hash}> EQUAL
sig_script = <0 <32-byte-hash>>
```

## 7.2 闪电网络

随着比特币的蓬勃发展，比特币的交易数量也越来越多，从而比特币的区块链会面临许多技术挑战，如交易规模的可扩展性、实时支付、小额支付等。首先，目前面临急需解决的问题就是交易的吞吐率，虽然 7.1.4 节所说的隔离见证能在一定程度上提高比特币的 TPS，但只能说是缓解目前的压力，为能有更好的解决方案争取时间，并不能从根本上解决问题。其次就是交易即时确认的问题，目前交易的确认时间太长，一笔不可逆转的交易需要花费一小时左右的时间。

截至目前，比特币区块链有很多技术创新在沿着这个方向去努力，其中闪电网络(Lightning Network)是其中比较著名的一个。2015 年，Joseph Poon 和 Thaddeus Dryja 发表论文 *The bitcoin lightning network：Scalable off-chain instant payments*，第一次提出了闪电网络的概念。闪电网络提供了一个可扩展的微支付通道，交易双方如果事先在比特币区块链网络上设置一条微支付通道，便可以多次、高频、双向、瞬间确认地实现微支付。如果双方没有点对点的微支付通道，只要网络中存在一条可以连通双方的、由多条支付通道构成的支付路径，闪电网络同样可以利用这条支付路径完成上述特点的微支付。如果说，原有比特币网络是以步行走路的话，隔离见证就是为其开通了公交车，而闪电网络就是在其两个客流量较高的节点上开通了高铁。

另外，闪电网络主要针对解决的是小额支付，即使对方违约了，另一方的损失也非常小，风险在可以承受的范围。所以在使用的时候，必须注意“小额支付”这个前提，至于多少资金算是“小额”，显然是由支付双方根据自身的业务来决定的。

闪电网络虽然实现起来非常复杂，但其技术本质却非常简单。闪电网络的关键技术主要有三点，即 RSMC(Recoverable Sequence Maturity Contract)、HTLC(Hashed Time Lock Contract)和闪电网络，这三点中，按顺序每一点都依赖于前一项来实现。RSMC 建立支付通道并使资金在通道中快速流通，HTLC 解决了比特币价值跨节点通道中传递的问题，这两个技术类型组合起来构成了闪电网络。

### 7.2.1 RSMC

RSMC 的英文全称为 Recoverable Sequence Maturity Contract，中文可以翻译成为“序列到期可撤销合约”，它定义了比特币网络上一条双向微支付通道最基本的工作方式。其工作原理也非常简单，就是频繁交易的双方先向支付通道中沉淀一部分资金，同时通道记录资金的分配方案。例如，通道建立之初，分配方案可能是{Alice：0.4BTC，Bob：0.6BTC}，这就意味着通道中有 1BTC 的资产，其中 0.4BTC 属于 Alice，0.6BTC 属于 Bob。

如果 Alice 需要向 Bob 付款 0.1BTC，那么双方只需要线下在链外对一个新的分配方案{Alice：0.3BTC，Bob：0.7BTC}上签字生效，并且签字作废旧的分配方案{Alice：0.4BTC，Bob：0.6BTC}即可。这样 Bob 便有了 0.7BTC 的控制权。所以，RSMC 分为通道创建、交易更新和通道关闭三个阶段。下面来看一下，在比特币网络中如何使用技术手段来具体实现这三个阶段的。

### 1. 通道创建

支付通道的创建主要是通过支付双方向一个多重签名地址里转比特币来实现的,详细的实现过程如图 7.2 所示。

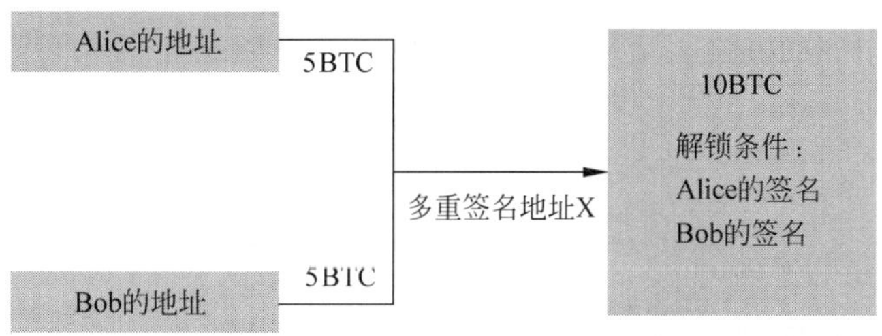


图 7.2 RSMC 支付通道创建

(1) Alice 和 Bob 两人一人出 5BTC 创建一笔交易,交易的输出是一个多重签名地址 X,这个输出作为下一笔交易的输入进行花费时,需要同时拥有 Alice 和 Bob 两人的签名作为解锁条件,才可以花费这 10BTC。

(2) 将这笔交易广播至比特币网络中,正式生效。这样 Alice 和 Bob 便锁定了 10BTC 在正式的比特币网络中。

(3) 双方各自确定一个随机数作为 secret(secret_A1 和 secret_B1),将 secret 的 Hash 值(hash_A1 和 hash_B1)相互发送给对方,支付通道创建成功。

### 2. 交易更新

(1) 支付通道创建之后,接下来就是 Alice 和 Bob 相互支付,每次支付都是更新支付通过状态的过程,这些操作都是在线下、链外操作的。例如,Alice 如果向 Bob 支付 1BTC,具体的过程如下。

Alice 需要向 Bob 发送的数据,如图 7.3 所示。Alice 使用创建通道时的多重签名交易所产生的 UTXO 创建一笔交易并签上自己的签名,交易的输入为这个 UTXO,交易的输出有两个,一个是 Alice 的地址,金额为 4BTC,另一个金额是 6BTC,可花费它的解锁条件为 Alice 的签名加上 secret_B1,或者是 Bob 的签名,但是需要 1000 个区块确认之后才可以花。

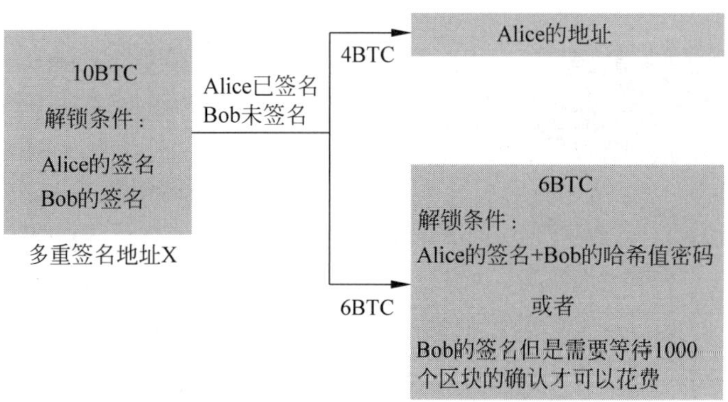


图 7.3 Alice 向 Bob 支付 1BTC 的支付通道更新

Alice 在链外将这笔交易数据发送给 Bob，这样 Bob 便可以随时签上自己的签名，将这笔交易广播至比特币网络中，使之正式生效。

Bob 需要向 Alice 发送的数据，如图 7.4 所示。Bob 使用创建通道时的多重签名交易所产生的 UTXO 创建一笔交易并签上自己的签名，交易的输入为这个 UTXO，交易的输出有两个，一个是 Bob 的地址，金额为 6BTC，另一个金额是 4BTC，可花费它的解锁条件是 Bob 的签名加上 secret_A1，或者是 Alice 的签名，但是需要 1000 个区块确认之后才可以花。

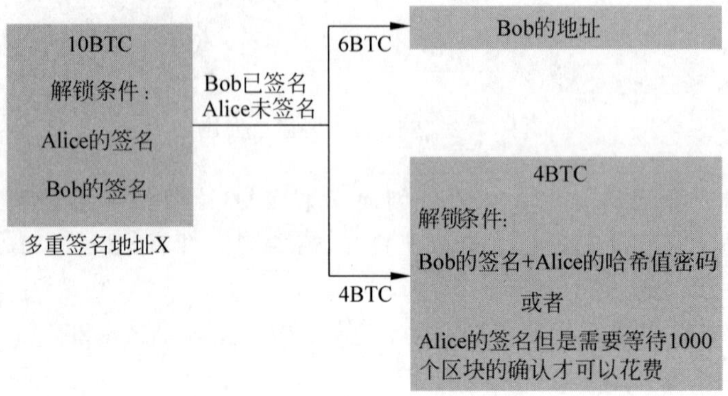


图 7.4 Alice 向 Bob 支付 1BTC 的支付通道更新

Bob 在链外将这笔交易数据发送给 Alice，这样 Alice 便可以随时签上自己的签名，将这笔交易广播至比特币网络中，使之正式生效。

(2) 如果 Bob 又要向 Alice 支付 1BTC，则需要继续更新通道状态，二者都需要重新生成一个随机数作为新的 secret(secret_A2 和 secret_B2)，并将新 secret 的 Hash 值(hash_A2 和 hash_B2)相互发送给对方，同时，将上一次更新通道状态时所产生的 secret(secret_A1 和 secret_B1)相互交换，具体的实现过程如下。

Alice 需要向 Bob 发送的数据，如图 7.5 所示。Alice 使用创建通道时的多重签名交易所产生的 UTXO 创建一笔交易并签上自己的签名，交易的输入为这个 UTXO，交易的输出有两个，一个是 Alice 的地址，金额为 5BTC，另一个金额是 5BTC，可花费它的解锁条件为 Alice 的签名加上 secret_B2，或者是 Bob 的签名，但是需要 1000 个区块确认之后才可以花。

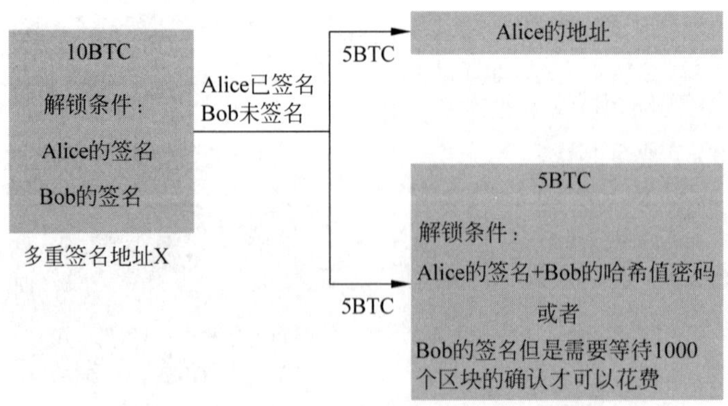


图 7.5 Bob 向 Alice 支付 1BTC 的支付通道更新

Alice 在链外将这笔交易数据发送给 Bob，这样 Bob 便可以随时签上自己的签名，将这笔交易广播至比特币网络中，使之正式生效。

Bob 需要向 Alice 发送的数据，如图 7.6 所示。Bob 使用创建通道时的多重签名交易所产生的 UTXO 创建一笔交易并签上自己的签名，交易的输入为这个 UTXO，交易的输出有两个，一个是 Bob 的地址，金额为 5BTC，另一个是金额 5BTC，可花费它的解锁条件是 Bob 的签名加上 secret_A2，或者是 Alice 的签名，但是需要 1000 个区块确认之后才可以花。

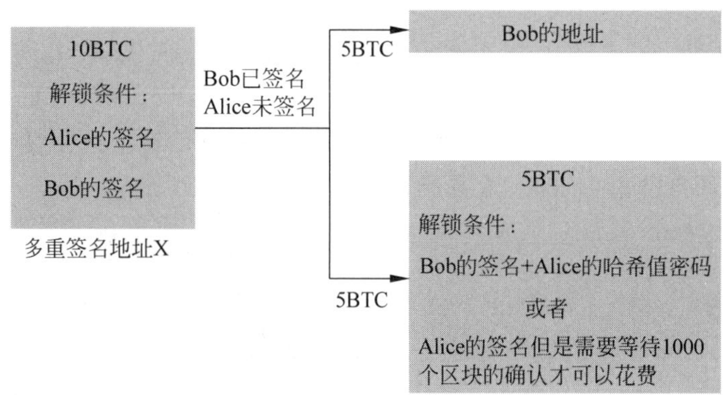


图 7.6 Bob 向 Alice 支付 1BTC 的支付通道更新

Bob 在链外将这笔交易数据发送给 Alice，这样 Alice 便可以随时签上自己的签名，将这笔交易广播至比特币网络中，使之正式生效。

**3. 通道关闭**

如果有一方想关闭通道，只需要将自己手里最新的通道状态数据签名，广播到正式的比特币网络中即可。但是，最先中止合同的一方，会后收到属于自己的 BTC，而对方则会即刻收到。闪电网络以此来鼓励人们将交易放在链外进行。

例如，Alice 将图 7.6 中的交易签名广播至比特币网络中时，Bob 会即刻收到属于自己的 5BTC，但 Alice 自己则需要 1000 个区块确认之后，才能收到属于自己的那部分。

如果有一方想作弊，将一个旧的通道状态广播到比特币网络中获取更多利益，例如，Alice 将图 7.4 中的交易签名，广播至比特币网络中。这时 Bob 会即刻收到属于自己的 6BTC，但 Alice 需要在 1000 个区块确认之后才能收到自己的 4BTC。但是，由于每次更新通道状态时，双方都需要交换上一次各自的 secret 信息，所以如果在这 1000 个区块确认时间之内，Bob 发现 Alice 想作弊，拿了一笔旧合同广播至正式网络中，此时，Bob 可以使用自己的签名加上 secret_A1 解锁那个 4BTC 的输出，将这 4BTC 转至自己的地址上。所以如果有人想作弊，就会有可能通道中的所有资产都归对方所有，闪电网络以此来保证双方资产的安全性。

## 7.2.2 HTLC

RSMC 实现了两个用户之间在线下直接、快速、高频交易。但如果两个用户之间没有建立支付通道呢？例如，Alice 希望发送 1BTC 给 Carol，他们之间没有直接的支付通道，但他们都和 Bob 创建了支付通道。于是 Alice 和 Carol 可以通过 Bob 作为一个中间人来完成支付。Alice 可以先支付 1BTC 给 Bob，Bob 再把 1BTC 给 Carol。

HTLC 英文全称为 Hashed Timelocked Contract，翻译为“哈希时间锁合约”，解决了这一过程中各方之间无信任的问题，保证交易的顺畅运行。其思想实际上也比较简单，就是 Bob 需要确保在他支付 1BTC 给 Carol 后，可以收到 Alice 支付的 1BTC。

在 HTLC 中，上述 Alice 向 Carol 支付的过程如下：

(1) 首先 Carol 要先生成一个随机数 secret_C1，其哈希值为 hash_C1，Carol 将这个 hash_C1 公开。

(2) Alice 创建一笔交易，向一个多重签名地址 Q 发送 1BTC，要花费这 1BTC 的解锁条件可以是 Alice 自己的签名，但需要一段时间之后，如 30 天，也可以是 Bob 的签名加上 secret_C1。这样，只要 Bob 在 30 天内得到 secret_C1，便可以拿走这 1BTC。否则，30 天之后，Alice 可以取回自己这 1BTC。交易结构如图 7.7 所示。

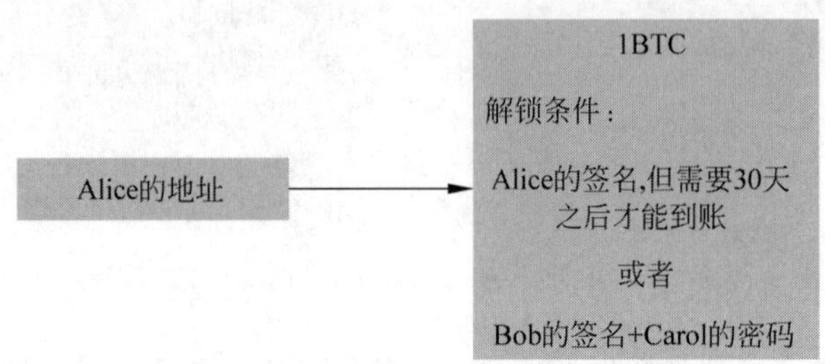


图 7.7 Alice 发送给 Bob 的交易数据

(3) Bob 创建一笔交易，向一个多重签名地址 X 发送 1BTC，要花费这 1BTC 的解锁条件可以是 Bob 自己的签名，但需要一段时间之后，这个时间要比 30 天短，如 29 天(因为如果时间较长，如 32 天，Alice 就可以在第 31 天取走步骤(2)中的钱，Carol 在第 32 天时取走 Bob 的钱，这样 Bob 便损失了 1BTC)，也可以是 Carol 的签名加上 secret_C1。Bob 将这笔交易链外发送给 Carol，如图 7.8 所示。

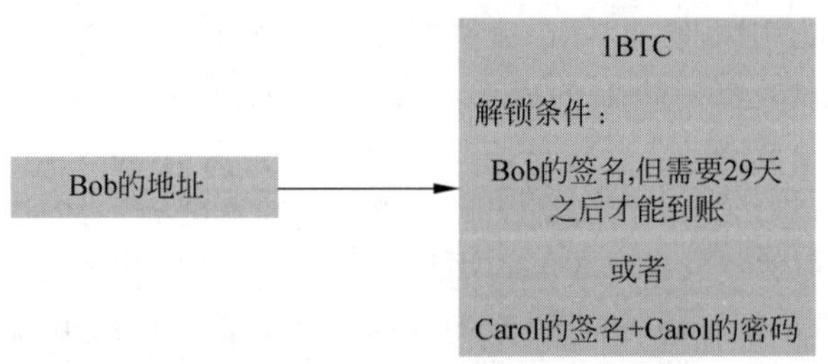


图 7.8 Bob 发送给 Carol 的交易数据

(4) Carol 如果想拿走这笔钱，就需要将图 7.8 中的交易签名并加上 secret_C1，广播至比特币网络中。这样 Carcol 的 secret 便被公开，Bob 便可以将图 7.8 中的交易数据签名加上 secret_C1，广播至比特币网络中，收到 Alice 支付的 1BTC。

闪电网络还可以通过多个中间节点来实现转账，中间节点所起的作用就好比是互联网中的路由器，只要两个用户之间存在这样的一条通路，便可以按照上述的原理进行支付。

### 7.2.3　技术特点

理论上来说，闪电网络应该允许网络中的所有参与者通过在节点之间找到一条路径，由此能够在各个方向上进行近乎即时且廉价的交易。因此，只要没有出现问题，就可以避免向比特币网络进行广播，从而形成可扩容网络。该体系架构甚至允许小微交易并增强付款隐私性。闪电网络具有以下优势，如表 7.2 所示。

表 7.2　闪电网络的优点

| 特　点 | 描　述 |
| --- | --- |
| 快速支付 | 在既定通道内的支付几乎可以像数据通过互联网在两个节点之间传输一样快，实际上也就是在互联网上相互发送一条交易数据 |
| 无须可信第三方 | 通道中的两个参与者直接使用常规的比特币交易进行互相支付(其中只有一个是广播的)，因此任何第三方都不能控制其资金 |
| 为比特币网络减负 | 只有开启通道、关闭通道和争议性交易需要提交到区块链上进行，允许闪电网络内的所有其他交易保持未提交状态。这使得闪电网络用户可以通过比特币进行频繁支付，而不会使必须处理区块链上每笔交易的完整节点承担过多的负担 |
| 支付通道可以无限期地保持开放 | 只要通道中的双方继续彼此合作，频道可以无限期地保持开放，没有强制超时期限 |
| 双方约定可快速关闭通道 | 在双方都同意的情况下，支付通道可以立即关闭 |
| 跨链 | 如果另一条区块链支持用于哈希锁的相同哈希函数，以及具备创建时间锁的能力，支付通道就可以跨多个区块链(包括侧链)进行路由 |
| 改进隐私 | 并非每个交易都存储在公共区块链上，只有当支付通道最终关闭并且余额支付给双方才会如此 |

闪电网络的反对者们同样认为其有许多弊端，这些缺点如表 7.3 所示。

表 7.3　闪电网络的弊端

| 特　点 | 描　述 |
| --- | --- |
| 匹配失败 | 如果其中一个对等方没有响应，用户可能需要等待数小时才能关闭付款通道并通过替代路线重新发送资金 |
| 没有离线付款 | 用户无法支付不在线的人 |
| 对于大额付款并不理想 | 尽管可能可以找到支付通道连接任意两个用户，但可能中转节点的钱比较少，所以对大额支付不是很理想 |
| 集中化 | 有可能会出现某些超级节点作为许多用户的中转点，这样就会逐渐变得有中心化，违背了比特币去中心化的初衷 |

## 7.3　本章小结

本章介绍了比特币系统目前比较新的两种技术，隔离见证和闪电网络。隔离见证是将比特币交易的见证信息隔离出块单独存放，这样就缩小了交易的大小，在同一区块内容纳的交易数量增加，达到扩容、提高吞吐率的目的。闪电网络则是在线下开辟支付通道，方便小额支付，快速确认并移到线下。二者都是为了提高区块链的交易效率。

## 参考文献


[1] Satoshi Nakamoto. Bitcoin：A Peer-to-Peer Electronic Cash System[OL]. Available on：https://bitcoin.org/bitcoin.pdf，2008.

[2] Andreas M Antonopoulos. 精通比特币[OL]. http://book.8btc.com/books/1/master_bitcoin/_book/. 2018.

[3] Poon J，Dryja T. The bitcoin lightning network：Scalable off-chain instant payments[OL]. Available on：https://www.bitcoinlightning.com/wp-content/uploads/2018/03/lightning-network-paper.pdf.

# 第8章

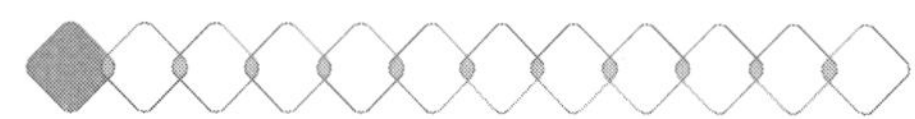

# 比特币开发实战

## 8.1 动手编译比特币

目前，Linux、Mac OS、Windows 都支持编译运行 Bitcoin Core 的代码。在本节中，我们将带领读者在不同平台下，编译 Bitcoin Core 的 C++ 代码。作者推荐读者在 Linux 或 Mac OS 平台下操作，因为在安装依赖库的时候直接使用 apt-get、brew 之类的命令即可，而 Windows 平台下只能自己手动去安装配置，比较麻烦。我们需要学习的是比特币代码本身，没有必要将时间浪费在编译过程上。

### 8.1.1 Ubuntu 系统

作者使用的系统版本是 Ubuntu 16.04.3，这也是比较常见的 Linux 版本。

(1) 安装 git，并将 Bitcoin 的源代码克隆至/home 目录下。

```
apt-get update
apt-get install git
cd /home/
git clone https://github.com/bitcoin/bitcoin.git
```

(2) 安装编译 Bitcoin 所需要的所有依赖库。

```
apt-get install make
apt-get install gcc
apt-get install g++
apt-get install libdb-dev
apt-get install libdb++-dev
apt-get install libboost-dev
apt-get install zlib1g-dev
```

```
apt-get install libssl-dev
apt-get install build-essential
apt-get install libminiupnpc-dev
apt-get install autoconf
apt-get install libboost-all-dev
apt-get install libqt4-dev
apt-get install libtool
apt-get install libprotobuf-dev protobuf-compiler
apt-get install libevent-dev
apt-get install libzmq3-dev
apt-get install libqrencode-dev
```

(3) 编译 Bitcoin。

```
cd bitcoin/
./autogen.sh
./configure --with-incompatible-bdb
make
make install
```

(4) 运行 Bitcoin。

如果想运行带 Qt 界面的比特币客户端,执行下面的命令。

```
bitcoin-qt
```

如果想让比特币在后台运行,执行下面的命令。

```
bitcoind -daemon
```

### 8.1.2 Mac 系统

在 Mac 系统下编译与在 Linux 系统下类似,笔者使用 Mac OS 系统版本是 10.13.4,具体的编译过程如下。

(1) 如果没有安装 xcode 和 brew,则先安装这两个。

```
xcode-select --install
ruby -e "$(curl -fsSL https://raw.githubusercontent.com/Homebrew/install/master/install)"
</dev/null 2>/dev/null
```

(2) 安装 git。

```
brew install git
```

（3）安装编译 Bitcoin 所需的依赖库。

```
brew install automake berkeley-db4 libtool boost --c++11 miniupnpc openssl pkg-config protobuf qt
libevent python3
```

（4）下载源码并编译。

```
git clone https://github.com/bitcoin/bitcoin
cd bitcoi
./autogen.sh
./configure
make
make install
```

### 8.1.3 Windows 系统

在 Windows 系统下编译 Bitcoin 的源码是一件非常痛苦的事情，因为需要下载并编译形形色色的依赖包。在 Windows 下，使用 MinGW 来编译 Bitcoin 程序。MinGW 全称为 Minimalist GNU For Windows，是个精简的 Windows 平台 C/C++、ADA 及 FORTRAN 编译器，使用较为方便。作者使用的 Windows 系统版本为 64 位 Windows 7 系统。前期准备和编译的过程如下。

（1）前期准备，下载编译需要的依赖包及软件。本书作者下载的文件均放在 C:\deps 目录下，有些可能需要翻墙下载。需要下载的文件和地址如表 8.1 所示。

表 8.1　Windows 下编译 Bitcoin 需要下载的文件和地址

| 文　件 | 下载地址 |
|---|---|
| mingw-get-setup.exe | https://sourceforge.net/projects/mingw/files/Installer/mingw-get-setup.exe/download |
| x86_64-4.9.2-release-posix-seh-rt_v3-rev1.7z | http://sourceforge.net/projects/mingw-w64/files/Toolchains%20targetting%20Win64/Personal%20Builds/mingw-builds/4.9.2/threads-posix/seh/x86_64-4.9.2-release-posix-seh-rt_v3-rev1.7z/download |
| openssl-1.0.1l.tar.gz | http://www.openssl.org/source/openssl-1.0.1l.tar.gz |
| db-4.8.30.NC.tar.gz | http://download.oracle.com/berkeley-db/db-4.8.30.NC.tar.gz |
| boost_1_57_0.tar.gz | http://sourceforge.net/projects/boost/files/boost/1.57.0/ |
| miniupnpc-1.9.20150206.tar.gz | http://miniupnp.free.fr/files/download.php?file=miniupnpc-1.9.20150206.tar.gz |
| protobuf-2.6.1.tar.gz | https://github.com/google/protobuf/releases/download/v2.6.1/protobuf-2.6.1.tar.gz |
| libpng-1.6.16.tar.gz | http://download.sourceforge.net/libpng/libpng-1.6.16.tar.gz |
| qrencode-3.4.4.tar.gz | http://fukuchi.org/works/qrencode/qrencode-3.4.4.tar.gz |
| qtbase-opensource-src-5.3.2.7z | http://ftp.vim.org/languages/qt/archive/qt/5.3/5.3.2/submodules/ |

续表

| 文　件 | 下载地址 |
|---|---|
| qttools-opensource-src-5.3.2.7z | http://ftp.vim.org/languages/qt/archive/qt/5.3/5.3.2/submodules/ |
| gmp-6.0.0a.tar.xz | https://gmplib.org/download/gmp/gmp-6.0.0a.tar.xz |
| libevent-2.0.22-stable.tar.gz | https://github.com/libevent/libevent/releases/download/release-2.0.22-stable/libevent-2.0.22-stable.tar.gz |
| pkg-config-lite-0.28-1.tar.gz | https://github.com/rapid7/metasploit-omnibus-cache/blob/master/pkg-config-lite-0.28-1.tar.gz |

（2）安装并配置 MinGW。

安装 mingw-get-setup.exe，安装目录选择 C:/MinGW。
安装完成后，在 MinGW installation manager -> All packages -> MSYS 下选中以下四项：

- msys-base-bin
- msys-autoconf-bin
- msys-automake-bin
- msys-libtool-bin

之后在菜单栏中选择 Installation -> Apply changes 选项。
将 x86_64-4.9.2-release-posix-seh-rt_v3-rev1.7z 解压在 C 盘目录下，解压后目录为 mingw64，并在系统环境变量的 path 中加上 C:\mingw64\bin。
MinGW shell 目录位置为 C:\MinGW\msys\1.0\msys.exe。

（3）在 MinGW shell 下编译 OpenSSL。

```
cd /c/deps/
tar xvfz openssl-1.0.1l.tar.gz
cd openssl-1.0.1l
./Configure no-zlib no-shared no-dso no-krb5 no-camellia no-capieng no-cast no-cms no-dtls1 no-gost no-gmp no-heartbeats no-idea no-jpake no-md2 no-mdc2 no-rc5 no-rdrand no-rfc3779 no-rsax no-sctp no-seed no-sha0 no-static_engine no-whirlpool no-rc2 no-rc4 no-ssl2 no-ssl3 mingw64
make
```

（4）在 MinGW shell 下编译 Berkeley DB。

```
cd /c/deps/
tar xvfz db-4.8.30.NC.tar.gz
cd db-4.8.30.NC/build_unix
../dist/configure --enable-mingw --enable-cxx --disable-shared --disable-replication
make
```

（5）在 Windows cmd 下安装 Boost。

```
把 boost_1_57_0.tar.gz 解压在目录 C:\deps\boost_1_57_0\
cd C:\deps\boost_1_57_0\
```

```
bootstrap.bat mingw
b2 --build-type=complete --with-chrono --with-filesystem --with-program_options --with-system
--with-thread toolset=gcc variant=release link=static threading=multi runtime-link=static stage
```

（6）在 Windows cmd 下安装 Miniupnpc。

```
把 miniupnpc-1.9.20150206.tar.gz 解压在目录 C:\deps\miniupnpc
cd C:\deps\miniupnpc
mingw32-make -f Makefile.mingw init upnpc-static
```

（7）在 MinGw shell 下编译 protoc and libprotobuf。

```
cd /c/deps/
tar xvfz protobuf-2.6.1.tar.gz
cd /c/deps/protobuf-2.6.1
configure --disable-shared
make
```

（8）在 MinGw shell 下编译 libevent。

```
cd /c/deps/
tar xvfz libevent-2.0.22-stable.tar.gz
cd /c/deps/libevent-2.0.22-stable
./configure --disable-shared
make
```

（9）在 MinGw shell 下编译 qrencode。

```
cd /c/deps/
tar xvfz libpng-1.6.16.tar.gz
tar xvfz qrencode-3.4.4.tar.gz
cd /c/deps/libpng-1.6.16
configure --disable-shared
make
cp .libs/libpng16.a .libs/libpng.a
cd /c/deps/qrencode-3.4.4
LIBS="../libpng-1.6.16/.libs/libpng.a ../../mingw64/x86_64-w64-mingw32/lib/libz.a" \
png_CFLAGS="-I../libpng-1.6.16" \
png_LIBS="-L../libpng-1.6.16/.libs" \
configure --enable-static --disable-shared --without-tools
make
```

（10）在 Windows cmd 下，安装 Qt5，Qt 5 libraries。注意，qtbase 解压在 C:\Qt\qtbase 目录下，qttools 解压在 C:\Qt\qttools 目录下。

```
set INCLUDE=C:\deps\libpng-1.6.16;C:\deps\openssl-1.0.1l\include
set LIB=C:\deps\libpng-1.6.16\.libs;C:\deps\openssl-1.0.1l
cd C:\Qt\qtbase
configure.bat -release -opensource -confirm-license -static -make libs -no-sql-sqlite -no-opengl -
system-zlib -qt-pcre -no-icu -no-gif -system-libpng -no-libjpeg -no-freetype -no-angle -openssl -no-
dbus -no-audio-backend -no-wmf-backend -no-qml-debug
mingw32-make
set PATH=%PATH%;C:\Qt\qtbase\bin
cd C:\Qt\qttools
qmake qttools.pro
mingw32-make
```

(11) 在 MinGw shell 下编译 gmp-6.0.0a。

```
cd /c/deps/
tar xvf gmp-6.0.0a.tar.xz
cd /c/deps/gmp-6.0.0
./configure --disable-shared
make
```

(12) 在 MinGw shell 下安装 pkgfig。

```
cd /c/deps/
tar xvfz pkg-config-lite-0.28-1.tar.gz
cd pkg-config-lite-0.28-1
configure --prefix=/usr && make && make install
```

(13) 在 https://github.com/bitcoin/bitcoin 下载源代码,解压在 C:\bitcoin-master 目录下,在 MinGw shell 下编译 Bitcoin。

```
cd /c/bitcoin-master
./autogen.sh
CPPFLAGS="-I/c/deps/db-4.8.30.NC/build_unix \
-I/c/deps/openssl-1.0.1l/include \
-I/c/deps/libevent-2.0.22-stable/include \
-I/c/deps \
-I/c/deps/protobuf-2.6.1/src \
-I/c/deps/libpng-1.6.16 \
-I/c/deps/qrencode-3.4.4 \
-I/c/deps/gmp-6.0.0" \
LDFLAGS="-L/c/deps/db-4.8.30.NC/build_unix \
-L/c/deps/openssl-1.0.1l \
-L/c/deps/miniupnpc \
-L/c/deps/protobuf-2.6.1/src/.libs \
-L/c/deps/libevent-2.0.22-stable/.libs \
-L/c/deps/libpng-1.6.16/.libs \
```

```
-L/c/deps/qrencode-3.4.4/.libs \
-L/c/deps/gmp-6.0.0/.libs" \
BOOST_ROOT=/c/deps/boost_1_57_0 \
./configure \
--disable-upnp-default \
--disable-tests \
--with-qt-incdir=/c/Qt/qtbase/include \
--with-qt-libdir=/c/Qt/qtbase/lib \
--with-qt-plugindir=/c/Qt/qtbase/plugins \
--with-qt-bindir=/c/Qt/qtbase/bin \
--with-protoc-bindir=/c/deps/protobuf-2.6.1/src
make
```

（14）编译完成，生成 exe 程序，bitcoind.exe、bitcoin-cli.exe、bitcoin-tx.exe 在 C:\bitcoin-master\src 目录下，bitcoin-qt.exe 在 C:\bitcoin-master\src\qt 目录下。

## 8.2　AltCoin 开发

制作自己的 AltCoin，就是我们俗称的建立私有链，或者说制作山寨币，最简单的办法就是下载 Bitcoin 的源代码，然后修改其中几个关键的参数即可。目前，市面上有大量的币其实都是基于 Bitcoin 的源代码改造的，这里先介绍一种快速搭建私有链的方法。因为，随着版本的更新，Bitcoin 的代码也复杂，每个新版本也会加入一些新的共识规则，所以直接修改最新版本的 Bitcoin 源代码，不利于初学者入门，在这里选用的是 Bitcoin Core v0.12.1-bitcore-4，该版本比特币源代码的下载地址为 https://github.com/bitpay/bitcoin/archive/v0.12.1-bitcore-4.zip。之所以采用这个版本，是因为相较于 Bitcoin 官方提供的 0.12.1 版本，增加了一些地址索引的功能，且 0.12.1 是内置挖矿算法的最后一个版本。

### 8.2.1　搭建私有链

（1）修改创世块，创世块的信息在 src/chainparams.cpp 中。

```
static CBlock CreateGenesisBlock(uint32_t nTime, uint32_t nNonce, uint32_t nBits, int32_t
nVersion, const CAmount& genesisReward)
{
    const char* pszTimestamp = "we are issuing a altcoin today,14/Jun/2018.";
    const CScript genesisOutputScript = CScript() << ParseHex("04678afdb0fe5548271967f1-
a67130b7105cd6a828e03909a67962e0ea1f61deb649f6bc3f4cef38c4f35504e51ec112de5c384df7ba0b8d5-
78a4c702b6bf11d5f") << OP_CHECKSIG;
     return CreateGenesisBlock(pszTimestamp, genesisOutputScript, nTime, nNonce, nBits,
nVersion, genesisReward);
}
```

其中 pszTimestamp 的内容为创世交易中的一段话，ParseHex 为创世块 Coinbase 交易中的公钥，但是前边我们介绍过，这个公钥对应地址上的币，是不可以花费的。

```
genesis = CreateGenesisBlock(1528940668, 25753884, 0x1d0fffff, 1, 100 * COIN);
consensus.hashGenesisBlock = genesis.GetHash();
std::cout << "hashMerkleRoot:" << genesis.hashMerkleRoot.ToString() << endl;
assert(consensus.hashGenesisBlock == uint256S("0x0000000cba591b1b6ff7d6f7eacb86c4c9506de-
a989709d0cdf2add80ea04cab"));
assert(genesis.hashMerkleRoot == uint256S("0xa1742de7118c7fbb0fcd3b9f6557361f10ed568827-
5f90f3a649e739655f13e3"));
```

修改传入 CreateGenesisBlock 中的参数，几个参数依次代表时间戳、nNonce、难度值、版本号、创世块中的奖励，这几个参数除 nNonce 之外都是事先填好的，填好之后可以把 hashMerkleRoot 的值在控制台输出，这时可以用这几个参数与 hashMerkleRoot 去挖矿计算 nNonce 与 consensus. hashGenesisBlock 的值，创建完成后再将 nNonce 填写上去，将 hashMerkleRoot、consensus. hashGenesisBlock 的值也填在 assert 处。

（2）清空种子网络连接参数与 checkpoint 检查数据。

```
vFixedSeeds = std::vector<SeedSpec6>(pnSeed6_main, pnSeed6_main+ARRAYLEN(pnSeed6_
main));
vFixedSeeds.clear();
vSeeds.clear();
fMiningRequiresPeers = false;
fDefaultConsistencyChecks = false;
fRequireStandard = false;
fMineBlocksOnDemand = false;
fTestnetToBeDeprecatedFieldRPC = false;

checkpointData = (CCheckpointData) {
boost::assign::map_list_of
      (0, uint256S("0x001")),
      1397080064,          // * UNIX timestamp of last checkpoint block
      36544669,            // * total number of transactions between genesis and last checkpoint
      // (the tx=... number in the SetBestChain debug.log lines)
      60000.0              // * estimated number of transactions per day after checkpoint
};
```

添加 vFixedSeeds. clear()； vSeeds. clear()；，将比特币默认内置的节点清空，将 fMiningRequiresPeers、fDefaultConsistencyChecks、fRequireStandard、fMineBlocksOnDemand、fTestnetToBeDeprecatedFieldRPC 置成 false。为防止分叉，比特币中还置入一些 checkpointData，将这些数据删除，只保留一个(0,uint256S("0x001"))。

（3）TESTNET 与 REGTEST 创世块的构建与 MAIN 一致，在这里我们不再修改这两个网络，所以将其注释掉。如需测试网络，则按照主网同样的方法，构建创世块。

chainparams. cpp 文件中注释如下。

```
...
//static CTestNetParams testNetParams;
```

```
...
//static CRegTestParams regTestParams;
...
CChainParams& Params(const std::string& chain)
{
    if (chain == CBaseChainParams::MAIN)
            return mainParams;
    //else if (chain == CBaseChainParams::TESTNET)
    //        return testNetParams;
    //else if (chain == CBaseChainParams::REGTEST)
    //        return regTestParams;
    else
        throw std::runtime_error(strprintf("%s: Unknown chain %s.", __func__, chain));
}
```

chainparamsbase.cpp 中将 TESTNET 和 REGTEST 都置成 main，这样就只会运行主网络，修改如下。

```
const std::string CBaseChainParams::MAIN = "main";
const std::string CBaseChainParams::TESTNET = "main";
const std::string CBaseChainParams::REGTEST = "main";
```

（4）main.cpp 中注释比特币网络中的检查信息，修改如下。

```
void static InvalidChainFound(CBlockIndex * pindexNew)
{
if (!pindexBestInvalid || pindexNew->nChainWork > pindexBestInvalid->nChainWork)
    pindexBestInvalid = pindexNew;
LogPrintf("%s: invalid block=%s height=%d log2_work=%.8g date=%s\n", __func__,
pindexNew->GetBlockHash().ToString(), pindexNew->nHeight,
log(pindexNew->nChainWork.getdouble())/log(2.0), DateTimeStrFormat("%Y-%m-%d %
H:%M:%S",
pindexNew->GetBlockTime()));
//CBlockIndex * tip = chainActive.Tip();
//assert (tip);
//LogPrintf("%s: current best=%s height=%d log2_work=%.8g date=%s\n", __func__,
//tip->GetBlockHash().ToString(), chainActive.Height(), log(tip->nChainWork.getdouble())/
log(2.0),
//DateTimeStrFormat("%Y-%m-%d %H:%M:%S", tip->GetBlockTime()));
//CheckForkWarningConditions();
}
```

（5）修改完以上信息后再编译运行，就可以搭建一条属于自己的私有链了。运行起来之后，在客户端的控制台输入 setgenerate true 便可以开始挖矿运行了，输入 getblockcount 可以查看挖到的区块，如图 8.1 所示。

也可以在交易记录界面查看挖到区块时的 Coinbase 交易记录，如图 8.2 所示。

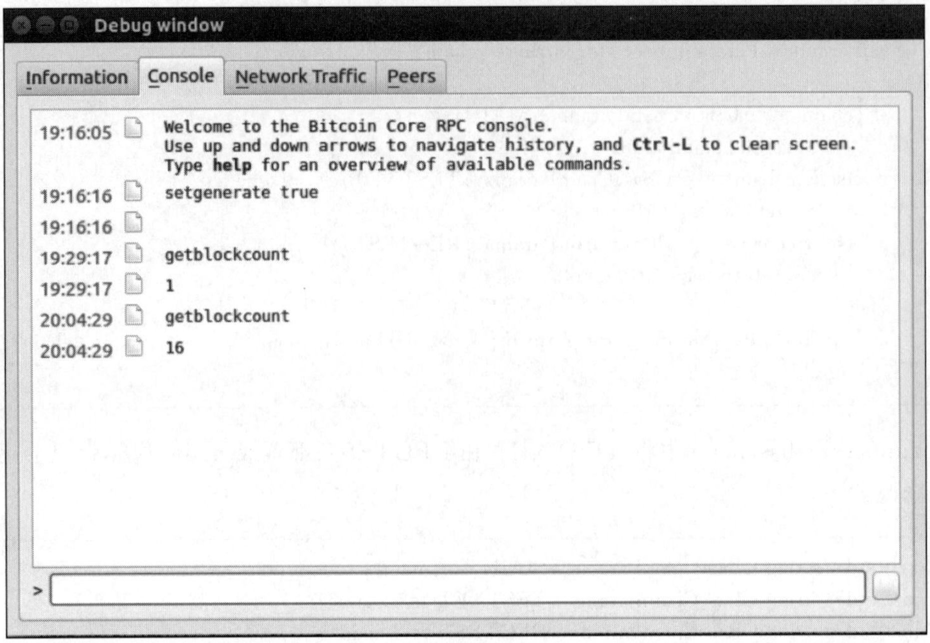

```
Debug window
Information | Console | Network Traffic | Peers

19:16:05  Welcome to the Bitcoin Core RPC console.
          Use up and down arrows to navigate history, and Ctrl-L to clear screen.
          Type help for an overview of available commands.
19:16:16  setgenerate true
19:16:16
19:29:17  getblockcount
19:29:17  1
20:04:29  getblockcount
20:04:29  16
```

图 8.1　搭建私有链启动挖矿

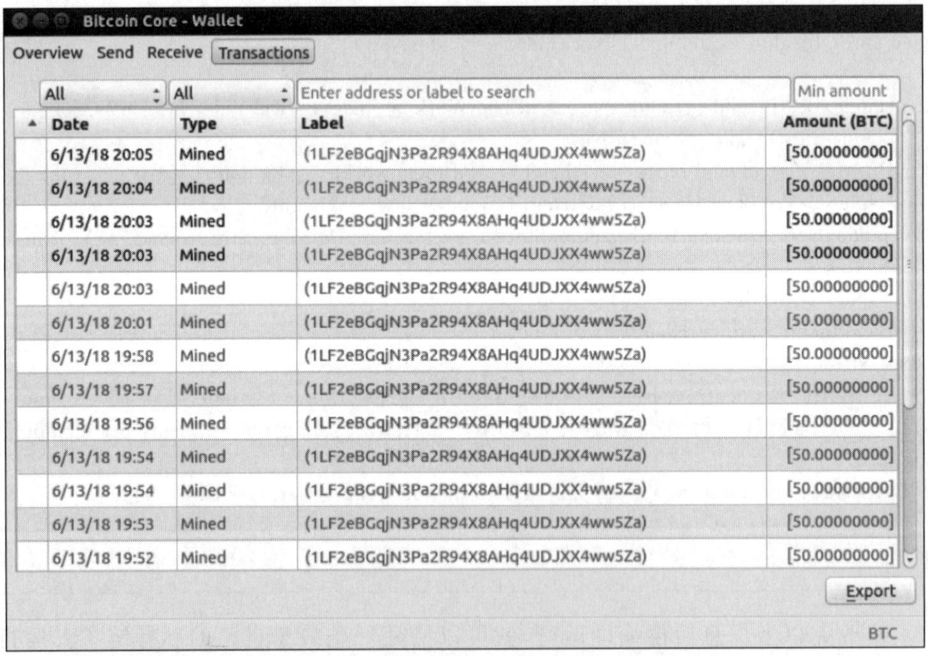

Bitcoin Core - Wallet

Overview　Send　Receive　Transactions

All　All　Enter address or label to search　Min amount

| Date | Type | Label | Amount (BTC) |
| --- | --- | --- | --- |
| 6/13/18 20:05 | Mined | (1LF2eBGqjN3Pa2R94X8AHq4UDJXX4ww5Za) | [50.00000000] |
| 6/13/18 20:04 | Mined | (1LF2eBGqjN3Pa2R94X8AHq4UDJXX4ww5Za) | [50.00000000] |
| 6/13/18 20:03 | Mined | (1LF2eBGqjN3Pa2R94X8AHq4UDJXX4ww5Za) | [50.00000000] |
| 6/13/18 20:03 | Mined | (1LF2eBGqjN3Pa2R94X8AHq4UDJXX4ww5Za) | [50.00000000] |
| 6/13/18 20:03 | Mined | (1LF2eBGqjN3Pa2R94X8AHq4UDJXX4ww5Za) | [50.00000000] |
| 6/13/18 20:01 | Mined | (1LF2eBGqjN3Pa2R94X8AHq4UDJXX4ww5Za) | [50.00000000] |
| 6/13/18 19:58 | Mined | (1LF2eBGqjN3Pa2R94X8AHq4UDJXX4ww5Za) | [50.00000000] |
| 6/13/18 19:57 | Mined | (1LF2eBGqjN3Pa2R94X8AHq4UDJXX4ww5Za) | [50.00000000] |
| 6/13/18 19:56 | Mined | (1LF2eBGqjN3Pa2R94X8AHq4UDJXX4ww5Za) | [50.00000000] |
| 6/13/18 19:54 | Mined | (1LF2eBGqjN3Pa2R94X8AHq4UDJXX4ww5Za) | [50.00000000] |
| 6/13/18 19:54 | Mined | (1LF2eBGqjN3Pa2R94X8AHq4UDJXX4ww5Za) | [50.00000000] |
| 6/13/18 19:53 | Mined | (1LF2eBGqjN3Pa2R94X8AHq4UDJXX4ww5Za) | [50.00000000] |
| 6/13/18 19:52 | Mined | (1LF2eBGqjN3Pa2R94X8AHq4UDJXX4ww5Za) | [50.00000000] |

Export

BTC

图 8.2　挖到区块后的 Coinbase 交易记录

## 8.2.2　优化配置

完成 8.2.1 节中的修改之后，只是搭建了一条私有链，其运行的规则（如发币总量、挖矿奖励等）仍是比特币的机制，在本节我们通过修改一些基本的参数来完成自己 Altcoin 的修改。

（1）修改共识参数，在 src/chainparams. cpp 文件中。

```
consensus.nSubsidyHalvingInterval = 210000;
consensus.nMajorityEnforceBlockUpgrade = 750;
consensus.nMajorityRejectBlockOutdated = 950;
consensus.nMajorityWindow = 1000;
consensus.BIP34Height = 227931;
consensus.BIP34Hash = uint256S("0x000000000000024b89b42a942fe0d9fea3bb44ab7bd1b19115dd-
6a759c0808b8");
consensus.powLimit = uint256S("7fffffffffffffffffffffffffffffffffffffffffffffffffffffffffffffff");
consensus. nPowTargetTimespan = 14 * 24 * 60 * 60; // two weeks
consensus. nPowTargetSpacing = 5 * 60;
consensus.fPowAllowMinDifficultyBlocks = false;
consensus.fPowNoRetargeting = false;
```

其中，nSubsidyHalvingInterval 代表多少个区块后挖矿奖励减半；powLimit 代表低于这个工作量值的区块无效，因为私有链算力较低，所以需将这个值设置大些；nPowTargetTimespan 代表多长时间调整一次挖矿难度；nPowTargetSpacing 代表出块时间。

（2）修改网络协议魔数和端口号。

```
pchMessageStart[0] = 0xf9;
pchMessageStart[1] = 0xbe;
pchMessageStart[2] = 0xb4;
pchMessageStart[3] = 0xd9;
vAlertPubKey = ParseHex("04fc9702847840aaf195de8442ebecedf5b095cdbb9bc716bda9110971b28-
a49e0ead8564ff0db22209e0374782c093bb899692d524e9d6a6956e7c5ecbcd68284");
nDefaultPort = 8666;
```

（3）修改地址端前缀。

```
base58Prefixes[PUBKEY_ADDRESS] = boost::assign::list_of(35).convert_to_container<std::
vector<unsigned char>>(); // F prefix
base58Prefixes[SCRIPT_ADDRESS] = boost::assign::list_of(65).convert_to_container<std::
vector<unsigned char>>(); // T prefix
base58Prefixes[SECRET_KEY] = boost::assign::list_of(45).convert_to_container<std::vector
<unsigned char>>();        // 7 prefix
base58Prefixes[EXT_PUBLIC_KEY] = boost::assign::list_of(0x04)(0x88)(0xB2)(0x1E).
convert_to_container<std::vector<unsigned char>>();
base58Prefixes[EXT_SECRET_KEY] = boost::assign::list_of(0x04)(0x88)(0xAD)(0xE4).
convert_to_container<std::vector<unsigned char>>();
```

有一个 wiki 的对照表可以用来选择公钥和脚本地址的前缀,读者可以根据这个对照表来设置自己的地址前缀。对照表的网址为 https://en.bitcoin.it/wiki/List_of_address_prefixes。

(4) 在 src/main.cpp 文件中修改奖励机制。

```
CAmount GetBlockSubsidy(int nHeight, const Consensus::Params& consensusParams)
{
    int halvings = nHeight / consensusParams.nSubsidyHalvingInterval;
    // Force block reward to zero when right shift is undefined.
    if (halvings >= 64)
        return 0;
    if(nHeight == 1)
        return 1000000 * COIN;
    CAmount nSubsidy = 1000 * COIN;
    // Subsidy is cut in half every 210,000 blocks which will occur approximately every 4 years.
    nSubsidy >>= halvings;
    return nSubsidy;
}
```

在 GetBlockSubsidy 函数中修改挖到每个区块所获得的奖励,通常所说的预挖矿也在此处设置,加入代码 if(nHeight == 1)部分,代表挖到第一个区块所奖励的币。

(5) 在 src/consensus/consensus.h 文件中,修改挖矿奖励的成熟时间 COINBASE_MATURITY 的值。这里我们修改成 10,代表 10 个区块确认之后才可以花费挖矿奖励。

```
/** The maximum allowed size for a serialized block, in bytes (network rule) */
static const unsigned int MAX_BLOCK_SIZE = 1000000;
/** The maximum allowed number of signature check operations in a block (network rule) */
static const unsigned int MAX_BLOCK_SIGOPS = MAX_BLOCK_SIZE/50;
/** Coinbase transaction outputs can only be spent after this number of new blocks (network rule) */
static const int COINBASE_MATURITY = 10;
```

(6) 在 src/qt/transactionrecord.h 文件中,修改交易确认时间 RecommendedNum-Con-firmations 的值。

```
enum Type
{
    Other,
    Generated,
    SendToAddress,
    SendToOther,
    RecvWithAddress,
    RecvFromOther,
    SendToSelf
};
/** Number of confirmation recommended for accepting a transaction */
static const int RecommendedNumConfirmations = 6;
```

(7) 在 src/amount.h 文件中修改币的总量 MAX_MONEY。如果不修改币的总量,转账超过总量时会报错,所以需要算一个适合自己的总量。

```
/** No amount larger than this (in satoshi) is valid.
 *
  * Note that this constant is *not* the total money supply, which in Bitcoin
  * currently happens to be less than 21,000,000 BTC for various reasons, but
  * rather a sanity check. As this sanity check is used by consensus-critical
  * validation code, the exact value of the MAX_MONEY constant is consensus
  * critical; in unusual circumstances like a(nother) overflow bug that allowed
  * for the creation of coins out of thin air modification could lead to a fork.
  * */
static const CAmount MAX_MONEY = 2100000000 * COIN;
inline bool MoneyRange(const CAmount& nValue) { return (nValue >= 0 && nValue <= MAX_
MONEY); }
```

# 8.3 区块链浏览器

众所周知,完成 Altcoin 的开发之后,还要有对应的区块链浏览器来开放查询整个 Altcoin 的区块以及交易等信息。Bitcore 是由全球知名比特币支出公司 BitPay 推出的,其功能主要是搭建区块链浏览器和半中心化钱包 Copay 等。由于 Bitcore 完全基于 Bitcoin Core 所编译的 Bitcoind 程序,所以也可以使用 8.2 节中修改的 Altcoin 为 Bitcore 的基础,来开发自己的浏览器和钱包。

Bitcore 主要包括以下几个模块:bitcoind、bitcore、insight-ui(区块链浏览器)、insight-api(区块链接口)、bws(bitcore-wallet-service)、copay 和 bitcore-wallet 钱包,这几个模块的关系都是后者基于前一项。在 Bitcore 的官网上,有关于 Bitcore 介绍、论坛以及文档,感兴趣的读者可以去其官网查看。

## 8.3.1 前期准备

### 1. 搭建私有链

按照 8.2 节中的方法,修改自己的 Altcoin,搭建私有链。记住一定要使用 0.12.1-bitcore-4 版本,不可以使用其他版本。另外,编译之前必须确认自己安装了 zmq 环境。因为 zmq 环境是选装的,没有安装也不影响 Bitcoind 的使用,但如果想使用 Bitcore 功能,则必须安装 zmq 环境。

### 2. 安装 Node

(1) 安装 npm。

```
$ apt install npm
```

(2) 安装 nvm。

```
$ wget -qO- https://raw.githubusercontent.com/creationix/nvm/v0.33.2/install.sh | bash
export NVM_DIR="$HOME/.nvm"
[ -s "$NVM_DIR/nvm.sh" ] && . "$NVM_DIR/nvm.sh"
```

(3) 输入 nvm,验证是否安装成功。

(4)安装 Node。

```
$ nvm install v4.*
```

(5) 如果安装过其他版本的 Node,则切换一下版本。

```
$ nvm use 4
```

## 8.3.2 搭建区块链浏览器

搭建区块链浏览器步骤如下。

(1) 安装 curl。

```
$ sudo apt install curl
```

(2) 全局安装 Bitcore。

```
$ npm install -g bitcore
```

如果安装过程中出现如下错误:

```
npm ERR! Linux 3.16.0-4-686-pae
npm ERR! argv "/home/user/.nvm/versions/node/v4.6.0/bin/node" "/home/user/.nvm/versions/node/v4.6.0/bin/npm" "install" "-g" "bitcore"
```

则执行如下命令进行安装。

```
npm install -g --unsafe-perm=true bitcore
```

(3) 安装完成后执行 bitcored 命令启动,会出现如下错误。

```
/home/apple/.nvm/versions/node/v4.9.1/lib/node_modules/bitcore/node_modules/insight-api/node_modules/bitcore-lib/index.js:12
    throw new Error(message);
    ^
Error: More than one instance of bitcore-lib found. Please make sure to require bitcore-lib and check that submodules do not also include their own bitcore-lib dependency.
```

```
        at Object. bitcore. versionGuard (/home/apple/. nvm/versions/node/v4. 9. 1/lib/node _ modules/
    bitcore/node_modules/insight-api/node_modules/bitcore-lib/index.js:12:11)
        at Object. < anonymous > (/home/apple/. nvm/versions/node/v4. 9. 1/lib/node _ modules/
    bitcore/node_modules/insight-api/node_modules/bitcore-lib/index.js:15:9)
```

这是因为每个 Bitcore 的各个子模块都带着 bitcore-lib，因为 Node 模块均是自动搜索的，本层目录找不到，就会去上一层目录找，所以只需要删除底层重复的目录就可以了，先找到 Bitcore 安装的目录位置，在作者系统中是这样的，读者可以根据自己的情况而定。

```
/home/ubuntu/.nvm/versions/node/v4.9.1/lib/node_modules/bitcore
```

在这个目录下查找所有的 bitcore-lib。

```
$ find . -name "bitcore-lib"
./node_modules/bitcore-lib
./node_modules/insight-api/node_modules/bitcore-lib
./node_modules/bitcore-node/node_modules/bitcore-lib
```

删除根目录下的所有 bitcore-lib。

```
rm -r ./node_modules/insight-api/node_modules/bitcore-lib
rm -r ./node_modules/bitcore-node/node_modules/bitcore-lib
```

(4) 确认关闭系统中所有 Bitcoin 程序，再次启动 Bitcored，由于 Bitcore 全局安装默认 insight-api 和 insight-ui，所以启动后可以打开浏览器，输入以下网址访问区块链浏览器即可。

```
localhost:3001/insight/
```

(5) 接入自己的 Altcoin。进入 Bitcore 数据目录，作者的数据目录如下。

```
/home/ubuntu/.bitcore/
```

打开目录下的 bitcore-node.json 文件，将 datadir 和 exec 字段替换成自己的 Altcoin 相当的目录位置即可。

```
{
  "network": "livenet",
  "port": 3001,
  "services": [
    "bitcoind",
    "web",
    "insight-api",
```

```
        "insight-ui"
    ],
    "servicesConfig": {
      "bitcoind": {
        "spawn": {
          "datadir": "/home/apple/.altcoin",
          "exec": "/usr/local/bin/altcoind "
        }
      }
    }
  }
```

## 8.4 本章小结

本章介绍了比特币区块链技术开发的实战操作,包括比特币在各个系统版本下的编译运行,讲解了如何使用比特币的开源代码搭建自己的私有链,发行自己的 Altcoin,并搭建区块链浏览器。除此之外,介绍了比特币的配置文件和 JSON-RPC 接口命令,引导读者在前面章节理论学习的基础之上,进一步动手实战了比特币区块链。

# 第9章

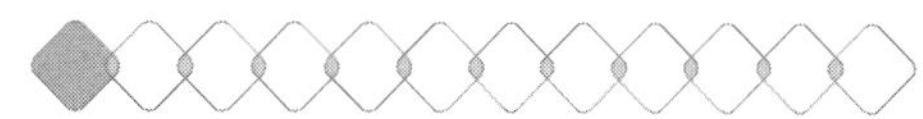

# 以太坊概述

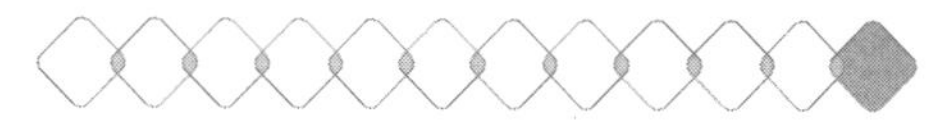

## 9.1 以太坊发展背景

以比特币为代表的区块链 1.0 主要是虚拟币的应用，区块链 2.0 则可实现更加丰富的功能，其中以太坊由于对智能合约的完美支持而被称为“全球计算机”。以太坊就是为了解决比特币的一些不足而诞生，要了解以太坊，就要先了解比特币有哪些不足。根据以太坊白皮书所描述，比特币的主要不足有以下几个方面。

1）无图灵性

尽管比特币脚本语言可以支持多种计算，但是它不能支持所有的计算。最主要的缺失是循环语句。

2）脚本简单

因为 UTXO 是不可分割的，故 UTXO 脚本不能为转账的额度提供精细的控制。例如，要转出 100 个比特币，唯一的方法是非常低效地采用许多有不同面值的 UTXO 凑出 100 个比特币进行转账。

3）缺少状态

UTXO 只能是已花费或者未花费状态，这就没有给需要任何其他内部状态的多阶段合约或者脚本留出生存空间。

4）扩展性差

UTXO 看不到区块链的数据，如随机数和上一个区块的哈希。这一缺陷剥夺了脚本语言所拥有的基于随机性的潜在价值，严重地限制了博彩等其他领域应用。

相较于比特币，以太坊有如下优势。

1）账户模式

以太坊没有使用比特币的 UTXO 模式，采用的是账户模式，账户模式使得以太坊可以拥有多状态，而不只是有已花费或未花费状态。

2）图灵完备

以太坊中引入了图灵完备的智能合约，利用智能合约可以开发功能丰富的DApp应用，大大拓展了区块链的功能范围。

3）共识机制

目前以太坊采用的共识机制也是PoW，但是以太坊的PoW采用的是“内存困难”的计算问题，这使得其具有抗ASICs计算的能力，从而减少了算力中心化趋势对系统的威胁性。而且以太坊的共识机制即将过渡到PoS，不再需要耗费巨大的电力资源去挖矿，使其更节约能源。

4）隐私保护

以太坊可通过智能合约对发送和接收的信息进行自定义加密和解密，从而达到保护用户隐私的目的，同时零知识证明等先进密码学技术的应用也将进一步推动其隐私保护功能的发展。

以太坊协议的正式规范都在“黄皮书”中定义，这个正式的规范，除了各种以太坊改进建议之外，还定义了以太坊客户端的标准行为。随着以太坊的重大改变，黄皮书会定期更新。黄皮书的获取地址为https://ethereum.github.io/yellowpaper/paper.pdf。

基于以太坊协议而创建的区块链项目除了我们熟知的以太坊(ETH)和以太坊经典(ETC)，比较有名的还有Ella、Expanse、Ubiq、Musicoin等。它们在很大程度上都符合以太坊黄皮书中定义的形式规范，但它们之间并不一定能相互操作。

以太坊客户端是实现以太坊规范并通过对等网络与其他以太坊客户端进行通信的软件应用程序。不同的以太坊客户端如果符合参考规范和标准化通信协议，就可以互操作。虽然这些不同的客户端由不同的团队和不同的编程语言实现，但它们都使用相同的协议并遵循相同的规则。

目前以太坊客户端主要有六个版本，它们使用六种不同的语言编写，有Go语言版本(Geth)、Rust语言版本(Parity)、C++语言版本(Aleth)、Python语言版本(Pyethereum)、Java语言版本(EthereumJ)、Scala语言版本(Mantis)。

现在大多数的以太坊工程都是依赖于以太坊的公有链，公有链上有数量巨大的用户、网络节点、货币和市场。然而，也经常会有一些原因使得一些互相信任的参与者之间更倾向于使用私有链和联盟链。

公有链是全世界任何人都可以读取的区块链，世界上任何人都可以发送交易，如果交易是合法的，那么都可以被查询到，世界上任何人都可以参与到一致性协商的过程中来，这个过程决定了哪个块会被添加到链上。作为集中信任机制的替代方案，公有链的安全由加密经济学、经济激励、密码学验证、工作量证明机制和股权证明机制共同确保。这样的区块链可以被称为“完全去中心化”的。

联盟链是指一致性协商的过程是由一些预先选择好的节点控制的一种区块链。例如，一个由15家金融机构组成的联盟，其中每一笔交易都需要至少10家机构进行签名以保证交易的合法性。链上信息的读取权限可以是公开的、成员受限的或混合类型的，如对于根散列的读取可以通过API控制成员只能进行有限次的访问，并获取部分链的状态。这类区块链可以被认为是“部分去中心化”的。

私有链是一条完全私有的区块链,区块的写权限只属于一个中心化的组织。读权限可以是公开的也可以是受限的。例如,私有链用于一个公司内部数据库的管理、审计时,当需要公开审计时可以对外公开读权限,仅用于内部审计时也可不公开读权限。

以太坊主网(MainNet)是一条公有链,是产生真正有价值的以太币的网络,可供所有人使用的以太坊工程都是连接到以太坊主网上,主网上有数量巨大的用户、网络节点、货币和市场。主网的 networkid 为 1,主网的全节点分布在世界各地。除了主网,以太坊还提供了供开发人员使用的测试网,以太坊公开的测试网络共有 4 个,目前仍在运行的有 3 个,分别为已退役的 Morden(共识机制为 PoW,networkid 为 2)、现存的 Ropsten(共识机制为 PoW,networkid 为 3)、Kovan(共识机制为 PoA,仅供 Parity 钱包客户端使用)和 Rinkeby(共识机制为 PoA,networkid 为 4)。以太坊测试网中没有像主网那么多的全节点组成,只有几个节点。

开发者在开发测试以太坊应用时,除了可以选择测试网,还可选择模拟节点 Ganache 或 Truffle Develop。Ganache 的前身为 testRPC,是一个基于 Node.js 开发的以太坊客户端,它使用 Ethereumjs 模拟以太坊完整客户端的行为,来帮助我们快速开发以太坊应用。使用该模拟的节点,好处是产生区块的速度更快,并且启动区块环境变得更加轻量,可以极大地提升开发效率。但是当我们的应用在本地演示无误后,为了让项目供更多的人来使用,应该部署在以太坊的主网上。

Truffle Develop 是 Truffle 内置的区块链开发环境,通过一个简单的命令行即可生成集成好的模拟区块链环境,无须任何安装步骤。Truffle 是以太坊的一个开发工具体系,用于以太坊应用的开发、测试和智能合约部署、调用等。

## 9.2 以太坊系统模型

以太坊在整体上可以看作是一个基于交易的状态机(transaction-based state machine),起始于一个创世区块(Genesis)状态,然后随着交易的执行状态逐步改变,一直到最终状态,这个最终状态是以太坊世界的权威"版本"。

以太坊的状态由交易来改变,这些交易执行完后会被打包记录到区块(Block)中,每个区块都和之前的区块链接起来,形成一个反向链表,所以叫区块链。在区块链的基础上增加了智能合约就打造了以太坊。区块链模型如图 9.1 所示。

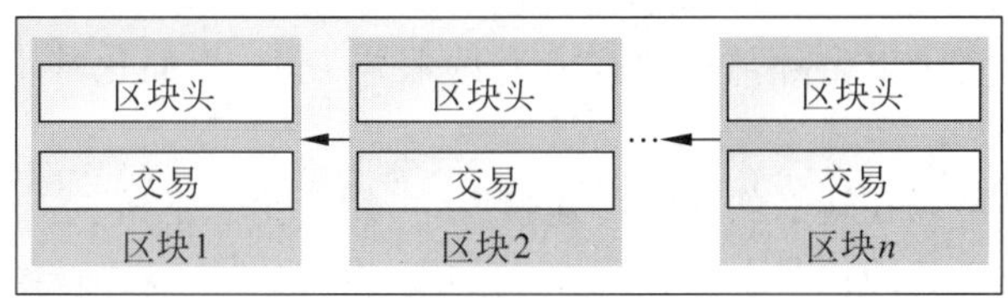


图 9.1 区块链模型

为了让一笔交易被认为是有效的,在执行完交易自身的逻辑之后,还要验证它所被打包进的区块是否有效,只有当它的所属区块也被验证有效后,这笔交易的状态才算完全确定。

区块的创建和验证过程也就是挖矿(Mine)。任何一个以太坊网络上的矿工都可以尝试创建和验证区块，如果一个区块被认为是有效的，并且是最快被验证的，那么就会被添加到主链上，主链是以太坊网络上最重(即总难度值最高)的那一条链。如果同时有多个矿工打包了一个区块，加上区块在网络中传播需要一定时间，难免会产生多条路径，这就是所谓的分叉。为了防止多条链的产生，以太坊使用了 GHOST(Greedy Heaviest Observed Subtree)协议，也就是选择一条计算量最多的路径，区块号越大，总难度值越高，则这条链就成为主链。因为矿工成功挖到一个新区块会得到一定以太币的奖励，所以从经济学和博弈论的角度，矿工把区块添加到主链上是最优的选择。以太坊分叉选择主链如图 9.2 所示。

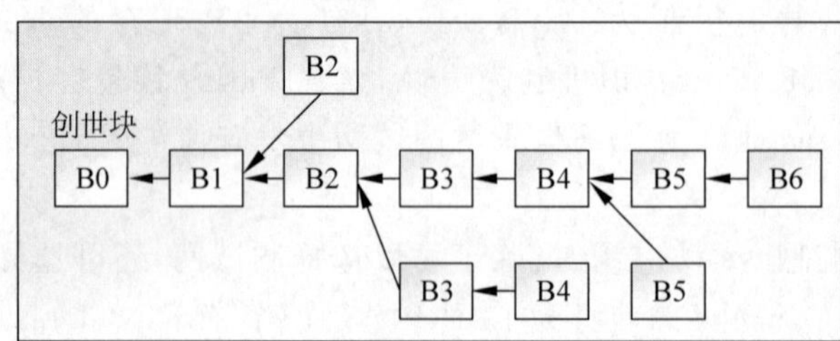


图 9.2　以太坊分叉选择主链

# 9.3　以太坊核心概念

## 9.3.1　账户和地址

以太坊中的账户包括外部账户和合约账户。

外部账户由人来创建，受私钥直接控制。外部账户的地址是一个外部账户的标识，类比于一个电子账户的账号，私钥则类比于账户的交易密码。除此之外，账户还包括账户余额等状态。

合约账户由外部账户创建，不受私钥控制，而是由合约代码控制。合约账户的地址根据合约创建者的地址和合约创建者发送过的交易总数进行计算得出。合约账户与外部账户最大的不同点就是前者存有智能合约，所以合约账户还包括合约代码和合约存储。

## 9.3.2　消息和交易

以太坊的消息在某种程度上类似于比特币的交易，但是两者之间存在三点重要的不同。

(1) 以太坊的消息可以由外部账户或者合约账户发送，然而比特币的交易只能从外部账户发送。

(2) 以太坊消息可以在转账的同时传递信息，可用于信息上链。

(3) 如果以太坊消息的接收者是合约账户，可以进行回应，这意味着以太坊消息也包含函数概念。

消息机制使得合约账户与外部账户拥有同样的权利，包括发送消息和创建其他合约的权利。

以太坊的交易是指一个签名数据包，用于从一个账户向另一个账户转移以太币、调用合约方法或部署一个新合约。交易只由外部账户创建，交易内容一般包含消息的接收者、用于确认发送者的私钥签名、要转账的以太币数量、要发送的数据和两个被称为 GasLimit 和 GasPrice 的数值。

为了防止代码的指数型爆炸和无限循环,每笔交易需要对执行代码所引发的计算步骤即初始消息和所有执行中引发的消息做出限制。gas 是以太坊用于执行交易的虚拟燃料。以太坊虚拟机通过衡量 gas 的消耗量来限制计算资源的消耗。或者说 gas 是执行交易的每条指令产生的计算单位。GasLimit 是交易执行允许进行的计算资源最大值,GasPrice 是每一计算步骤需要支付矿工的费用。当交易尚未执行完但是 gas 已经用尽时,所有改变了的状态会恢复原状态,但是已经支付的交易费用则不可收回了。如果执行交易完毕时还剩余 gas,那么这些 gas 将退还给发送者。所有交易实际使用的 gas(GasUsed)乘以 GasPrice 即本次交易的交易费。

## 9.3.3 区块结构

区块本质上是一个数据包,也可以定义为一种记录一段时间内发生的交易和状态结果的数据结构。一个区块的生成是对当前账本状态的一次共识。以太坊的区块主要由区块头、交易列表和叔区块头三部分组成。

区块头包含以下信息:父区块哈希(Prev Hash)、叔区块哈希(Uncles Hash)、状态树根哈希(State Root)、交易树根哈希(Transaction Root)、收据树根哈希(Receipt Root)、时间戳(Timestamp)、随机数(Nonce)等。

交易列表是矿工从交易池中选择打包进区块中的一系列交易。

叔区块是指没有被包含进主链,但是被主链中的区块引用的区块,每个主链中的区块最多可以引用两个叔区块。

区块链上的第一个区块称为创世区块(简称为创世块),区块链上除了创世块以外,每个区块会链接一个父区块,这样就形成了区块链。

## 9.3.4 以太坊节点

以太坊作为一个分布式系统,是由多个节点协同运作的。以太坊的节点包括全节点和轻节点。

全节点就是同步以太坊所有数据的节点,包括区块头、区块体、交易列表等所有以太坊信息。全节点保存了全部数据,不需要依赖中介去进行数据的验证。

轻节点就是每当有区块出现在以太坊网络中时只同步它的区块头,不存储全部的交易列表等信息,而是通过 Merkle 证明来判断一笔交易是否在现在的区块链交易列表中的节点,大大减少了存储空间。了解以太坊轻节点协议的详细介绍可参考 https://github.com/ethereum/wiki/wiki/Light-client-protocol。

不论是轻节点还是全节点,都有存在的价值及意义,可以根据自己的需求去选择部署相应的节点,虽说全节点的功能会比轻节点多且更安全可信,但是全节点的资源损耗也比轻节点大很多。

## 9.3.5 挖矿和共识

挖矿是矿工通过付出一定的努力(如工作量)来与其他矿工竞争一系列交易的记账权,把这些交易打包成区块,并把区块添加到区块链上的过程。

共识是用来评判哪个矿工具有把区块添加到区块链上的资格的方法。目前以太坊使用的共识算法为 PoW,即将切换到 PoS。

PoW 和 PoS 的对比如表 9.1 所示。

表 9.1 PoW 和 PoS 对比

| | PoW | PoS |
|---|---|---|
| 核心原理 | ① 寻找一个 Nonce 值,进行一个 Double SHA-256 运算<br>② 使得 F(Nonce)< Target<br>③ 算力越大,越容易得到记账权 | ① F(Timestamp) < Target×Balance<br>② 不单单是算力的比拼,余额越大,越容易得到记账权 |
| 优点 | ① 逻辑简单,容易实现<br>② 容错率达到 50%,安全性经过了严格的数学推导证明 | ① 解决了 PoW 中浪费能源和算力集中的两个痛点<br>② 在理论上缩短了达成共识的时间 |
| 缺陷 | ① 每一台设备都要进行大量数学计算,造成资源浪费<br>② 存在 51%攻击问题<br>③ 以比特币为例,全球的算力都集中在几大矿池上,违背去中心化原则 | ① 更容易产生分叉,一笔交易需要更多区块来确认<br>② 安全性和容错性也不像 PoW 一样有严格的数学论证<br>③ 不排除有人恶意积攒货币,争取记账权 |

## 9.3.6 以太坊虚拟机

虚拟机指的是通过软件模拟的、具备完整硬件系统功能并运行在隔离环境下的完整计算机系统,如虚拟化物理机 VMware、Java 虚拟机等。而以太坊虚拟机(Ethereum Virtual Machine,EVM)则是建立在以太坊区块链上的代码运行环境,其主要作用是处理以太坊系统内的智能合约。

以太坊虚拟机(EVM)是以太坊中智能合约的运行环境。它被完全隔离,也就是说运行在 EVM 内部的代码不能接触到网络、文件系统或者其他进程,甚至智能合约与其他智能合约只有有限的接触。EVM 是一个简单的基于栈的架构,栈的最大深度为 1024,其中字(Word)的大小(也就是栈中数据项的大小)是 256 位。这是为了便于执行 Keccak-256 位哈希和椭圆曲线计算。

## 9.3.7 数字资产

以太坊中的第一种数字资产是自身的内置货币——以太币。以太币主要有两种功能:作为数字货币流通,以及支付交易费用。以太坊的货币单位称为以太(ether),也被称为 ETH 或符号“Ξ”或“◆”。1 个以太币可以被称为 1 以太或 1ETH 或 Ξ1 或◆1。以太币的最小单位为 wei，它与以太的换算关系为 1ether=$10^{18}$wei，在以太坊内部，默认使用的以太币单位都是 wei。

以太币还有很多其他单位，它们与 wei 的换算关系如表 9.2 所示。

**表 9.2 以太币单位换算**

| 单　　位 | wei 值/wei |
|---|---|
| wei | 1 |
| ada(Kwei) | $10^3$ |
| babbage(Mwei) | $10^6$ |
| shannon(Gwei) | $10^9$ |
| szabo | $10^{12}$ |
| finney | $10^{15}$ |
| ether | $10^{18}$ |
| einstein | $10^{21}$ |
| douglas | $10^{42}$ |

## 9.4 本章小结

本章先对以太坊系统模型做了概括性的描述，然后从介绍以太坊的几个关键概念入手，介绍了散列算法、公钥和私钥、账户和地址、消息和交易、区块结构、挖矿和共识、以太坊虚拟机、智能合约以及数字资产。

# 第10章

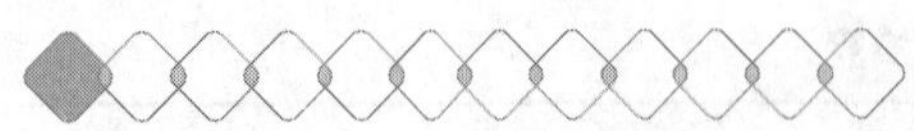

# 以太坊分层体系架构

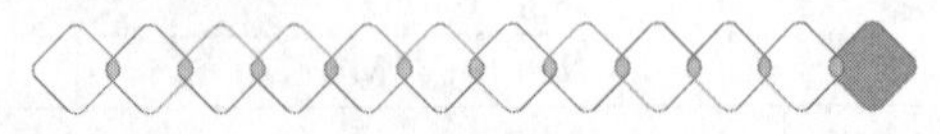

## 10.1 以太坊总体架构

通过借鉴计算机网络分层管理、各层标准化设计的思想和传统互联网的 OSI 模型，本书中把以太坊体系架构分为三个一级层级：数据传输层、区块链核心层和顶层应用层，如图 10.1 所示。

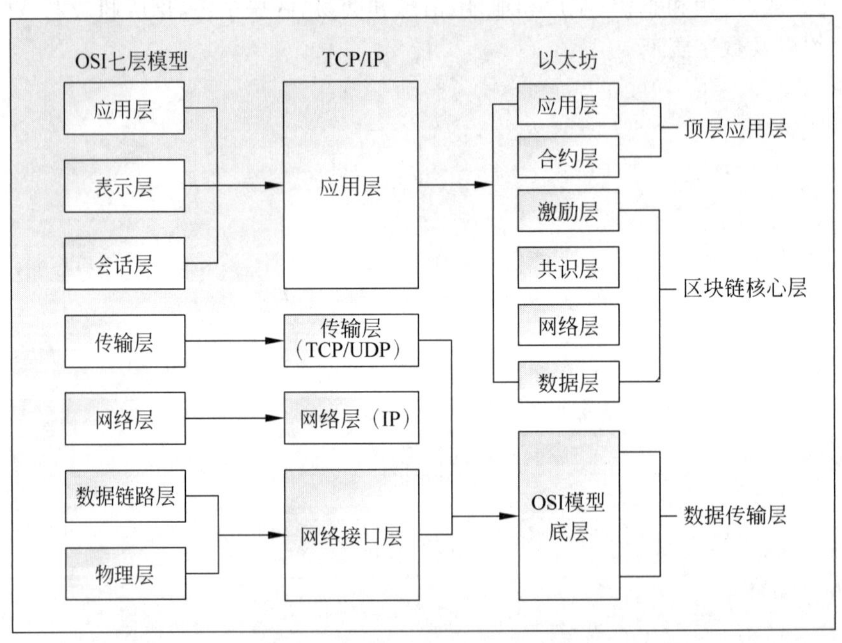


图 10.1 以太坊体系架构图

最底层的数据传输层与传统 OSI 七层模型对应，优化区块链与传统网络的结合问题。

以太坊的总体架构如图 10.2 所示。自顶向下的各层结构相互协同又各司其职，共同组成一个完整的以太坊系统。

图 10.2　以太坊总体架构图

区块链核心层解决底层账本问题，主要负责保障区块链系统的安全运行。结合以太坊特性又可以进一步把区块链核心层分为数据层、网络层、共识层和激励层。

顶层应用层解决广义应用问题，主要负责实现区块链系统的具体功能。顶层应用层又可进一步分为合约层和应用层来详细研究。

## 10.2　以太坊数据层

以太坊的数据层是区块链架构的最底层，在数据层中数据以[key，value]键值对的形式存储在 LeveDB 数据库中，使用 MPT（Merkle Patrcia Tree）作为数据结构来组织和管理。数据组成一个个区块，区块中包含交易列表，交易的执行改变以太坊的全局状态，全局状态的改变通过账户状态的改变来体现。

### 10.2.1　账户原理

以太坊与比特币相比的最大优点之一就是它使用了账户模型，而不是比特币中的 UTXO 模型，使得以太坊可以拥有多种状态。本小节将会从账户类型、账户状态、账户生成和账户管理这四个方面来讲解账户的原理。

**1. 账户类型**

在第 9 章中，简单介绍了账户分为外部账户和合约账户，外部账户由人为创建，不包含智能合约；合约账户由外部账户或合约账户创建，包含智能合约。这就决定了这两种账户在宏观的表现上有所不同。

外部账户可以通过自己私钥来对交易进行签名，发送交易给另外一个外部账户或者是合约账户。在两个外部账户之间传送的消息只是简单的价值转移；从外部账户到合约账户的消息则会激活合约账户中的合约代码，允许合约代码执行相应的逻辑，包括转移代币、修改合约状态、执行特定逻辑运算、创建新的合约、调用另外一个合约代码等。

合约账户被合约代码控制，与外部账户不同的是，合约账户不可以自己主动发起交易，只有在接收到一个交易之后才能触发一个响应,接收到的交易可以是外部账户发起或者是另一个合约账户的代码调用。但是这也并不代表一个合约与另一个合约无法通信。在以太坊状态全局范围内的合约可以与在相同范围内的合约通过"消息"或者"内部交易"进行通信。我们可以认为消息或内部交易类似于交易,不过与交易有着最大的不同点是它们不是由外部账户产生,而是由合约账户产生。而且它们只是虚拟对象,没有像交易一样被序列化并被记录到两区块链中,而是只存在于以太坊执行环境中。当一个合约发送一个内部交易给另一个合约,存在于接收者合约账户中相关联的代码就会被执行。

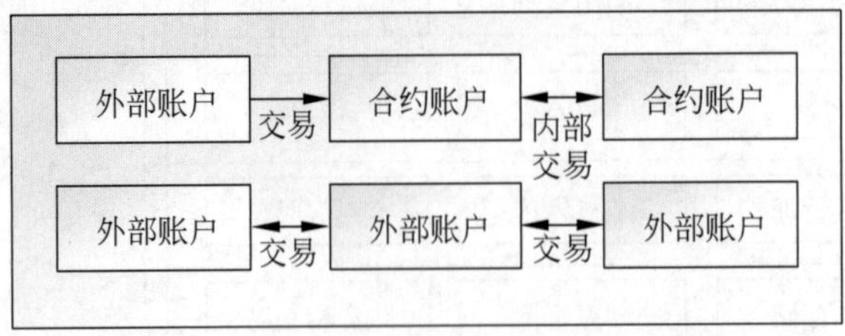


图 10.3　以太坊上所有账户间交易发起情况

图 10.3 说明了以太坊上所有的账户间交易发起情况。

因此,在以太坊上任何的动作,总是被外部拥有账户首先触发并产生交易。这两种账户在宏观表现上的不同正是由于微观上的账户状态不同而导致的。

**2. 账户状态**

外部账户和合约账户的账户状态有所不同,但账户状态都包含以下 4 个字段。

1) Nonce

如果是外部账户,则 Nonce 等于由此账户地址发出的交易数量,该字段会在发送交易时用来防止双花。如果是合约账户,则 Nonce 等于由这个账户所创建过的合约数量。

2) balance

账户余额,以 wei 为单位。1ether $=10^{18}$ wei。

3) storageRoot

账户存储内容的 MPT 的根节点哈希值。

4) codeHash

如果是外部账户,则 codeHash 字段是一个空字符串的哈希值。如果是合约账户,则 codeHash 是这个账户的 EVM code(编译后的智能合约字节码)的哈希值,当这个地址接收到一个消息调用时,这些代码会被执行。和其他字段不同的是,codeHash 是不可变的,它可被当作索引来从状态数据库中获得相应的 EVM code。

一个预编译合约的账户和一个被销毁的合约的账户状态都为空,当一个账户的状态不存在或为空时,就表示它不被包含在以太坊的全局状态中了。

而一个新生成的外部账户,只是账户的 Nonce 和 balance 均为 0,账户状态并不为空。

**3. 账户生成**

以太坊中一个新外部账户的生成是以生成一对公私钥的形式体现的。一个账户对应唯一一对公私钥,有了公钥就可以生成账户的地址。私钥和对应的地址被编码在一个钥匙文件里,钥匙文件是 json 文本文件,可以用任何文本编辑器打开和浏览,但是钥匙文件里的私钥是被创建账户时设置密码加密的,故拥有了一个账户的密码和钥匙文件,才拥有了这个账户的所有权。钥匙文件被保存在以太坊节点数据目录 data 的子目录 keystore 中,一份钥匙文件可代表一个账户,同一节点数据目录下的账户都属于同一个钱包。一个以太坊节点可以通过设置不同的数据目录来创建多个钱包。

一个新的合约账户的生成则是以一个合约被部署、新的合约地址生成的形式来体现的。合约账户不受私钥管理，通常是受合约发布者的管理，并且这种所有权还可以通过写在合约里的函数实现所有权转移、继承等。

合约所有者通常还拥有销毁这个合约的权利，销毁这个合约即合约地址上剩余的以太币会发送给指定的目标，然后这个合约账户的所有状态都会被清除。但合约代码并没有从区块链上移除，历史区块不会受到任何影响，只是合约被销毁后这个合约的所有函数都不能被调用，再向这个合约转入以太币将无法被转出。这样对全节点的存储空间是没有影响的，但是对某些轻节点来说可以减少存储。

**4. 账户管理**

以太坊客户端中，管理账户信息的模块可以管理多个钱包，每个钱包管理多个账户，存放于同一路径的账户由同一个钱包管理，每个账户对应一个账户地址。

上述钱包是指用于管理账户的功能模块，即私钥的容器。我们平常所说的钱包一般是指拥有用户界面的应用程序，可用来访问用户资金，管理密钥和地址，创建、签署交易，与合约进行交互(如进行代币转账等)和作为 DApps 的入口。

## 10.2.2　交易原理

以太坊是一个基于交易的状态机，通过 10.2.1 节对以太坊的账户介绍，我们知道了以太坊的全局状态就是由账户公钥地址和账户状态的一个映射组成。在两个不同账户之间发生的交易导致了账户状态的变化，进而导致了以太坊的全局状态从一个状态转换成另一个状态。

由此可以很容易理解交易的定义：以太坊交易是指一个签名数据包，用于从一个账户向另一个账户转移以太币、调用合约方法或部署一个新合约。交易分为两种类型：消息通信(message calls)和合约创建(contract creations)，两者都是由外部账户创建并提交到以太坊网络的，然后由以太坊网络传输，并在以太坊区块链上被记录。由此可见，交易是连接外部世界和以太坊内部状态的桥梁。

本节按照交易从产生到被记录到区块链上的基本流程，从交易内容、交易创建、交易签署、交易广播、交易提交、交易执行和交易存储这几个方面来详细介绍以太坊交易的原理，如图 10.4 所示。

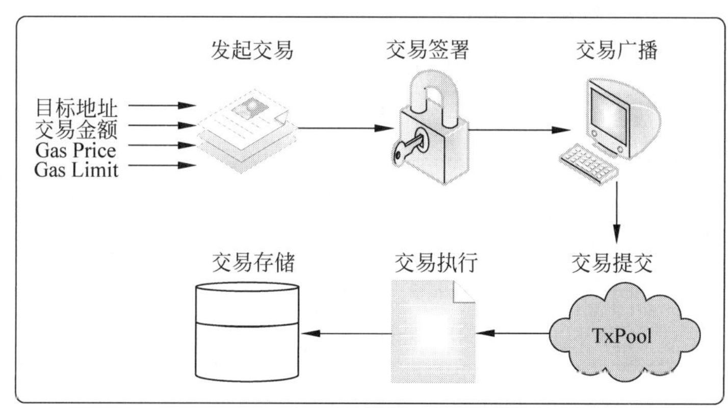


图 10.4　以太坊交易原理

### 1. 交易内容

交易的内容字段见表 10.1 所示。

表 10.1 交易内容字段

| 字段 | 含义 |
|---|---|
| Nonce | 与发送者账户中的 Nonce 相等,表示发送者总共发出的交易数量 |
| gasPrice | 发送者愿意支付的每单位 gas 的价格 |
| gasLimit | 发送者设置的执行这个交易可使用的最大 gas 数量 |
| to | 接收者的地址,在合约创建交易中为空,使用默认的零地址 |
| value | 发送者向接收者转移的 wei 的数目,或者是创建合约时作为合约账户的初始 wei 数目 |
| v,r,s | 用于产生标识交易发送者的签名信息 |
| init | 仅存在合约创建类型的交易中,用来初始化新合约账户的 EVM 代码片段。init 值会执行一次,然后就会被丢弃。当 init 第一次执行的时候,它返回一个账户代码体,也就是永久与合约账户关联的一段代码 |
| data | 一个不限制大小的字节数组,作为交易的附加信息或合约代码或合约参数 |

### 2. 交易创建

交易的创建即交易发起者填充上述字段的过程。

### 3. 交易签署

以太坊目前使用的签名方案是在 EIP-155 中指定的包括交易重播保护的新签名方案。“简单重放攻击保护”标准在签名之前的交易数据中包括了链标识符(Chain Identifier,有时简写为 Chain ID)。这确保了为一个区块链(如以太坊主网)创建的交易在另一个区块链(如 Ethereum Classic 或 Ropsten 测试网络)上无效。因此,在一个网络上广播的交易不能在另一个网络上广播,因此得名“重播攻击保护”。

EIP-155 向交易数据结构添加了三个字段 v、r 和 s。r 和 s 字段被初始化为零,v 字段被初始化为链标识符。这三个字段在交易被序列化之前添加到交易数据中,因此这三个附加字段会更改交易的哈希。通过在被签名的数据中包含链标识符,保证了链标识符的不可篡改,因为如果链标识符被篡改,签名将失效,因此交易无法在另一个链上重播,因为签名的有效性取决于链标识符。链标识符如表 10.2 所示。

表 10.2 链标识符

| 区块链名称 | 链标识符(Chain ID) |
|---|---|
| Ethereum main net | 1 |
| Expanse | 2 |
| Ropsten | 3 |
| Rinkeby | 4 |
| Rootstock main net | 30 |
| Rootstock test net | 31 |
| Kovan | 42 |
| Ethereum Classic main net | 61 |
| Ethereum Classic test net | 62 |
| Geth private testnets | 1337 |

**4. 交易广播**

以太坊使用的是P2P网络，在网络中每个节点都是对等的，都可以创建、发送、接收并验证交易。交易广播开始于创建该签名交易的以太坊节点，然后被传播到与始发节点直接相连的其他所有以太坊节点。

**5. 交易提交**

节点在接收到网络中新的交易后，会把它先放入到交易池中。交易池是临时存放交易的一块内存空间，包含两个列表：queue列表和pending列表。新加入的交易会被放入queue列表中，接着节点会从queue列表中选择交易添加到pending列表中，并更新queue列表和pending列表，加入新的交易、剔除旧的交易，保证交易数未超过各方面的限制。

**6. 交易执行**

被添加到pending列表中的交易是待处理交易，即可以被执行了。交易的执行是在矿工挖掘一个新区块时进行的。矿工从pending列表中选择交易，把它提交给EVM执行，并同时把它打包进区块中，并不等待执行结果。

**7. 交易存储**

上面讲到交易的执行是在区块中进行的，交易执行完成后会返回一个收据，包含了交易后账户状态的变化。当交易所在的区块被添加到区块链上时，此收据才会被提交到底层数据库中存储下来。这样，我们的交易完成了从创建到被签署、传播、被添加到区块链中的过程。它改变了以太坊这个状态机的状态，并在区块链上留下了不可磨灭的印记。

## 10.2.3 区块结构

10.2.2节介绍，交易会被打包到区块中，并随着区块的被挖掘过程被添加到区块链上，才能实现最终交易状态的完全确认。由此可见，区块是交易的载体，是区块链的基本组成单位。

区块链形成的完整流程就是矿工节点们从交易池中选择一些经过验证的交易并打包成交易列表，然后通过不断寻找一个小于系统给定的哈希值的数来争取往区块链上添加一个新区块的权利，第一个找到这个数 $n$ 的矿工A获得这个权利。A打包的交易列表、引用的叔区块和计算出的区块头组成一个新的区块a。A把这个新区块a广播给其他节点，如果其他节点都验证区块a是有效的，则区块a可以连接到已有的区块链后面。由于网络延迟等因素，A虽然是最早找到 $n$ 的矿工，但却不一定是最早把区块a广播给别的节点的矿工。因此此时可能有多个矿工B、C等也找到了 $n$ 并都把自己新创建的区块b、c等连接到了已有的区块链中，这就导致已有的区块链出现了分叉，分成了好几条链。如果A的区块a加入的这条链的总难度值是所有链中难度值最高的，则这条链为主链，矿工A获得奖励。而区块b、c等这些区块只有在被以后的区块当作叔区块引入时，矿工B、C等才会被给予一定奖励，否则区块b、c等就会成为孤儿块，不具有任何价值。

因此，本节将会按照区块内容、区块生成、区块封印、区块验证、选择主链到最后区块存储这一流程来为读者解开区块的“身世之谜”。

**1. 区块内容**

在以太坊中，区块主要是由区块头和区块体组成的。如图10.5所示，区块头中包含了

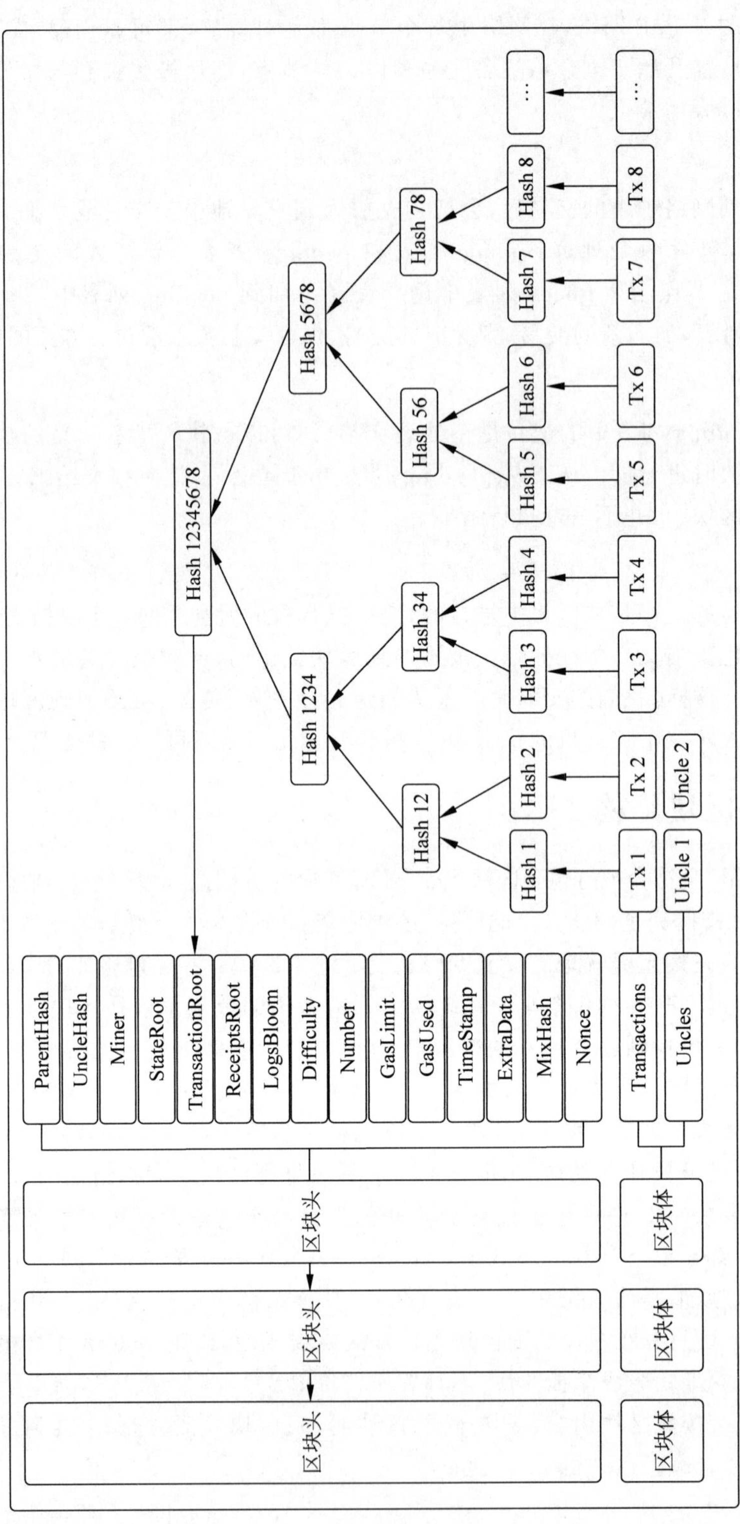


图 10.5 区块头包含区块验证所需的基本信息

区块验证所需的所有基本信息,在轻节点客户端中,节点可以只存储区块头就能实现对区块信息的验证。区块体中包含了交易列表和叔区块列表,交易列表中的交易的哈希形成了交易树,交易执行完后的状态形成了状态树,交易的收据形成了收据树,这三棵默克尔树的树根又被记录在区块头中。

1）区块头

区块头中包含的内容如表 10.3 所示。

**表 10.3 区块头包含内容**

| 字 段 | 含 义 |
| --- | --- |
| ParentHash | 前一个区块(父区块)头的 256 位 Hash |
| UnclesHash | 当前区块 uncles 列表的 256 位 Hash |
| Miner | 矿工地址(成功挖到这个区块并得到所有交易费的 160 位接收地址) |
| StateRoot | 所有交易被执行完且区块被确认后的状态树的根节点的 256 位 Hash |
| TransactionRoot | 由当前区块中所包含的所有交易所组成的树的根节点的 256 位 Hash |
| ReceiptsRoot | 由当前区块中所有交易的收据所组成的树的根节点的 256 位 Hash |
| LogsBloom | 由当前区块中所有交易的收据数据的日志组成的 Bloom 过滤器 |
| Difficulty | 当前区块难度值,它可以根据前一个区块的难度值和时间戳计算得到 |
| Number | 区块高度(当前区块的祖先的数量。创世区块的高度为 0,对于每个后续区块,区块高度都增加 1) |
| GasLimit | 目前每个区块可使用的 gas 数目上限。该数值在区块创建时设置,根据父区块的 GasUsed 同 GasLimit$\times\frac{2}{3}$的大小关系来计算得出 |
| GasUsed | 当前区块的所有交易所用掉的 gas 数目之和 |
| Timestamp | 当前区块初始化时的 UNIX 时间戳 |
| ExtraData | 当前区块的附加数据,但必须在 32 字节以内 |
| MixHash | 一个 256 位的哈希值,用来与 Nonce 一起证明当前区块已经执行了足够的计算量 |
| Nonce | 工作量证明过程中生成的一个 64 位的 Hash 值,用来与 MixHash 一起证明当前区块已经执行了足够的计算量 |

2）区块体

区块体可以理解为区块里的数组成员集合,它相对于区块头来说需要更多的内存空间,所以在数据传输和验证时,往往与区块头是分开进行的。

区块体主要包括了交易记录列表和引用的叔区块头列表两部分数据。

(1) 交易列表是由矿工从交易池中选择收入区块的一系列经过验证的交易。

(2) 叔区块是区块体中非常特别的一个成员,从业务功能上说,它并不是区块体所必需的,而且它的出现会使区块计算哈希值需要更长的时间。对叔区块的引用主要是为了使主链获得更多的安全保证,降低以太坊网络中那些计算能力特别强大的节点对区块产生有过大影响力的风险,并通过对叔区块挖掘者的奖励,以收益机制来调动网络中各节点运算资源分布更加均匀,防止这些节点破坏“去中心化”这个根本宗旨。

**2. 区块生成**

除创世块外，其他区块都由矿工创建并添加到以太坊网络中。区块的创建即获得记账权的矿工从交易池中选择一系列经过验证的交易打包，并生成区块头和区块体的过程。矿工即以太坊网络中负责接收、转发、验证、打包交易的节点。矿工争取记账权并创建区块的过程被称为"挖矿"，以太坊主网目前使用工作量证明算法(PoW)来判断矿工是否有记账权，这一争取记账权的过程称为区块的"封印(Seal)"。

**3. 区块封印**

我们一般所说的挖矿过程其实包括区块的创建和封印两部分。第一阶段先创建出新区块，这个区块的数据基本完整，包括区块头的部分属性、交易列表、叔区块列表等，并且所有交易都已经执行完毕，所有收据也已收集完毕，各账号状态更新完毕。只等第二阶段的 Seal 结果返回，就可以填补该区块的区块头的剩余的成员属性，如 Difficulty、Nonce、MixHash 等，组成一个完整的区块。第二阶段完成对该区块的封印(Seal)，没有成功封印的区块不能被广播给其他节点。第二阶段所消耗的运算资源，远超第一阶段。

区块封印过程由共识算法来完成，目前以太坊中的共识算法包括 Ethash 算法和 Clique 算法，在以太坊发展的第四个阶段，将会从工作量证明转为权益证明，采用 Casper 算法。Ethash 算法是我们目前使用的以太坊主网采用的，Clique 算法是测试网络(ganache)采用的。Seal 过程并不会增加或修改区块中任何跟有效数据有关的部分，它的目的是通过一系列复杂的步骤，选拔出有资格把新区块添加到链上的矿工，即被选出的矿工挖到了矿。

**4. 区块验证**

当区块按照上述步骤被挖掘出，这个新区块就会被广播到其他节点，接受其他节点的验证，看它是否够资格被加入到链上。区块验证的过程包含 4 个步骤：验证区块头和叔区块、验证交易、发放奖励、验证全局状态和工作量。

**5. 选择主链**

在新区块被其他节点验证为有效区块后，还需验证这个区块所在的链是否为主链。由于以太坊生成区块的速度较快，同时生成多个区块的场景很常见，故每一时刻生成的一定是一棵区块树。主链是在整个的区块树中从根节点到叶子节点路径最长的链。为了形成路径共识，最终会选择具有最大计算量的即总难度值最大的"最重"路径来作为主链。

识别最重路径的一个最直观的方法就是比较从根走到叶子节点的路径长度，即除了创世区块以外总共走过的区块数量。路径越长，一般到达叶子节点的总体挖矿工作量就越大。但当到达两个叶子节点的路径长度相同时，则比较到达这两个叶子节点的区块的总难度值。新区块的总难度值为它自己的难度值加父区块的总难度值，因为区块头中已经包含了难度值，所以仅通过区块头就能比较已经完成的计算量。

**6. 区块存储**

在新区块确定已经被加入主链之后，该区块中的数据最终才会被以键值对的形式存储在 LevelDB 数据库中，通过 Key 值可以查询 Value 值。

把区块存入数据库中包括以下过程：依次存入区块高度和区块哈希值的映射、上一个区块头哈希值、上一个区块的哈希值、快速同步链中上一个区块的哈希值、总体难度值、当前区块的 RLP 编码(区块头和区块体分开存入),并将属于区块的所有交易收据存储为单个收据数组,用于在区块链重组期间重新安排丢弃的交易。经过以上流程,一个个区块被添加到区块链上,并存入 LevelDB 数据库中,形成了以太坊的这条区块链。

至此,我们已经从数据层的角度经历了以太坊中的账户发送交易、交易组成区块、区块构成区块链、最终数据都被存储在数据库中的所有过程。

# 10.3 以太坊网络层

网络层为以太坊提供了分布式系统的基础设施,即 P2P 网络。P2P 网络中每一个节点彼此对等,都可以独立地生成和审核新数据,使得以太坊的去中心化成为可能。网络层的核心即 P2P 网络协议,通过这个协议来实现节点的发现、管理、通信等。

## 10.3.1 以太坊的 Kad

### 1. 协议操作

传统的 Kad 网络除了需要实现节点发现,还需要实现资源发现,而以太坊中主要是节点发现,所以 Kad 协议的操作类型和传统的不一样。以太坊中的协议操作类型有以下四种。

(1) PING:用于探测一个节点是否在线。

(2) PONG:用于响应 PING 命令。

(3) FIND_NODE:用于查找与目标(Target)节点异或距离最近的其他节点。

(4) NEIGHBOURS:用于响应 FIND_NODE 命令,会返回一或多个节点。

### 2. 路由算法

常规的 Kad 网络中的每个节点最多维护 160 个 $K$ 桶的信息,每个桶中最多有 $K$ 个邻近节点的信息,为了保证这 $K$ 个节点中至少有一个节点在网络中是存活的,通常取 $K$ 值为 20。

在以太坊网络中,由于节点 ID 为 256 位的二进制字符串,故每个节点最多维护 256 个 $K$ 桶的信息,$K$ 值为 16,即每个 $K$ 桶里面最多有 16 个邻近节点信息。$\alpha$ 值为 3,即在 $K$ 桶中查找节点时,返回节点数最多是 3 个。

以太坊中的 $K$ 桶刷新机制如下。

(1) 随机生成目标节点 ID,记为 TargetID,从编号 1 开始记录发现次数和刷新时间。

(2) 计算 TargetID 与 LocalID(本机节点 ID)的距离,记为 Dlt,然后从该距离的桶中取出所有 kadID。

(3) $K$ 桶中节点的 NodeID 记为 KadID,计算 KadID 与 TargetID 的距离,记为 Dkt。

(4) 找到 $K$ 桶中使 Dkt 小于 Dlt 的节点,并向这些节点发送 FIND_NODE 命令,FIND_NODE 命令中包含了 TargetID。

(5) $K$ 桶中的对应节点收到 FIND_NODE 命令后,同样执行步骤(2)~步骤(4)的过程,此时上一轮中选出的 KadID 成为了新的 LocalID,然后将 $K$ 桶中找到的节点使用 NEIGHBOURS 命令发回给本机节点。

(6) 本机节点收到 NEIGHBOURS 命令后,将收到的节点写入到 $K$ 桶中。

(7) 若搜索次数不超过 8 次,刷新时间不超过 600ms,则返回到步骤(2)循环执行。

**3. 节点发现**

以太坊网络中节点发现的流程如下。

(1) 系统第一次启动随机生成本机节点 NodeID,记为 LocalID。LocalID 生成后将固定不变。

(2) 系统读取公共节点信息,PING、PONG 命令完成后,即证明此公共节点存活,将公共节点信息写入本机节点的 $K$ 桶。

(3) 系统每隔 7200ms 执行一次 $K$ 桶刷新流程。

以太坊网络的节点发现与传统 Kad 网络不同的是,传统 Kad 网络中节点发现是为了寻找一个固定的目标节点,而以太坊网络的节点发现是为了尽可能地找多个目标节点,无固定目标节点。所以以太坊节点在节点发现的 8 次循环中,目标节点都是重新随机生成的。

## 10.3.2 P2P 节点通信

节点在经历上述节点发现流程找到自己的邻居节点之后,就可以进行节点之间的通信了。在以太坊中用 Peer 来表示自己的邻居节点,节点之间通过 TCP 和 UDP 接收和发送数据,数据通常为交易或区块。

**1. 节点通信类型**

以太坊网络中节点的通信使用 TCP,按照节点之间数据传输的类型和数据传输的数量可将节点之间的通信分为以下四种类型。

(1) 广播新出现的交易对象。一旦本机节点接收到一个新的交易,就立即广播给那些尚无此交易的邻居节点。

(2) 广播新挖掘出的区块。一旦本机节点成功挖掘出一个新区块,就立即将新区块的哈希值和 Number 发送给所有的邻居节点,而将整个新区块发送给一小部分邻居节点,以减少资源消耗。

(3) 定期与邻居节点进行整个区块链的强制同步。每次同步都会找到自己邻居节点中维护的区块链的 TotalDifficulty 最高的节点进行同步。因为 TotalDifficulty 最高意味着它的区块链是最新的,跟这样的节点进行同步可以保证之后的改动量最小。

(4) 将新出现的多个交易对象均匀地同步给邻居节点。

**2. 通信协议结构**

在以太坊目前实现的 P2P 通信协议族的结构类型中,按照功能和作用可分为三层。

(1) 顶层的结构类型用于管理协议,直接服务于当前以太坊系统。

(2) 中间层泛化的 P2P 通信结构,如代表节点的 Peer 对象、通信用的通道对象 protoRW、封装自更底层的用于连接的 Conn 对象以及处理节点加入或断开的 Server 对象等。

(3) 底层包括 Go 语言自带的网络代码包,分为两部分。第一部分包括代表网络连接的 Conn 接口、代表网络地址的 Addr 接口以及它们的实现类。第二部分包括更底层的网络相关系统调用类等,可视为封装了 OSI 七层协议中的网络层协议和传输层协议的系统实现。

按照以上方式，以太坊构建了一个高效的P2P网络系统。网络层的平稳运行是共识层的共识机制发挥其作用的先决条件。

## 10.4　以太坊共识层

共识算法解决的问题就是如何确保不同节点上的账本数据的一致性和正确性，是成就区块链去信任化特性的关键。本节将会对目前区块链系统常用的共识算法进行概述，着重介绍以太坊中正在使用和即将使用的共识算法。

以太坊网络中的共识是指多个节点在某一时间点对整个区块链的状态达成一致意见。为了实现这一点，需要做到能让自然人在对状态的抉择上达成共识，并保证在行为上也能达成共识，即链本身在技术上能选出最终状态。

对于区块链来说，能实现去中心化的、去信任化的、无中央决策实体的网络是其核心特点，然而实现这样的去中心化功能是需要成本的。由于系统中没有可信的仲裁员，任何分歧或欺骗都需要使用技术手段来协调和处理，因此共识模式的设计就显得尤为重要。

可使用共识度量作为区分不同共识模式的标准。共识度量把共识的达成具体化可供测量的数据，即共识达成的标志为区块链网络中所有的节点在共识度量这一数据上达成一致。在区块链技术中，每次将新区块添加到链中时，每个网络节点都会测量并验证数据是否达到一致性度量。区块链依靠每次共识度量的结果，从一个确定状态过渡到下一个确定状态，从而保持链的完整性和一致性。

Ethash算法（PoW）基于运算能力来筛选出有资格添加新区块的矿工，运算过程中使用了大量、多次、多种的哈希函数，通过极高的计算资源消耗，来阻碍节点轻易更改区块链的内容。修改区块内容是一种作恶行为。

Clique算法（PoA）利用数字签名算法完成Seal操作，不过签名所用公钥必须是已授权的，即地址是已授权的。所有授权地址基于特殊的投票地址进行动态管理，记名投票由不记名投票和投票方地址随机组合而成，杜绝重复的不记名投票，严格限制外部代码恶意操纵投票数据。

Casper算法（PoS）用验证者取代矿工。验证者首先押下一定比例的以太币作为保证金，当验证者发现一个他们认为可以被加到链上的区块的时候，可以押下赌注来验证它。如果该区块被加到链上，验证者们将得到一个跟他们的赌注成比例的奖励；如果一个验证者做出恶意的行为，会立即遭到惩罚，他们所有的权益都会被取消。

## 10.5　以太坊激励层

在公有链中必须激励遵守规则参与记账的节点，并且惩罚不遵守规则的节点，才能让整个系统朝着良性循环的方向发展。以太坊的激励层将经济因素集成到区块链技术体系中，激励层功能主要包括经济激励（即以太币的发行机制）和分配机制等。发行机制包括矿前发行与奖励发行，分配机制包括奖励分配与交易手续费分配。

目前，以太币的数量主要以四种形式存在，即Pre-mine（矿前）、Block rewards（普通区块奖励)、Uncle rewards(叔区块奖励)、Uncle referencing rewards(叔区块引用奖励)。

**1. 矿前(Pre-mine)**

以太币在初始发行时,价格锚定比特币,以1BTC(比特币单位)=1337~2000ETH(以太币)的价格发售,2014年7月~8月间,众筹约发行了7200万以太币。这7200万以太币被发往众筹投资人的以太坊地址中。

**2. 普通区块奖励(Block rewards)**

普通区块奖励是给挖出此普通区块的矿工的奖励,奖励规则如下。

(1) 固定奖励3ETH(拜占庭硬分叉后,将原来的5ETH奖励降为3ETH)。

(2) 区块内包含的所有交易的交易费。

(3) 如果普通区块引用了叔区块,每引用一个叔区块可以得到固定奖励3ETH的1/32,并且最多只能引用两个叔区块。

**3. 叔区块奖励(Uncle rewards)**

叔区块奖励是给挖出此叔区块的矿工的奖励。叔区块奖励=(叔区块高度+8-引用叔区块的普通区块高度)×普通区块的固定奖励/8。

**4. 叔区块引用奖励**

叔区块引用奖励是给挖出引用此叔区块的普通区块矿工的奖励。叔区块引用奖励的具体报酬见表10.4所示。

表10.4 叔区块引用奖励的具体报酬

| 与叔区块间隔高度 | 报酬比例 | 报酬(固定奖励3ETH)/ETH |
|---|---|---|
| 1 | 7/8 | 2.625 |
| 2 | 6/8 | 2.25 |
| 3 | 5/8 | 1.875 |
| 4 | 4/8 | 1.5 |
| 5 | 3/8 | 1.125 |
| 6 | 2/8 | 0.75 |

区块奖励的发放是指对当前区块和每个叔区块的矿工地址的账户余额的增加。如果叔区块和当前区块的矿工地址有重合,即两个叔区块有相同的矿工地址或者某一个叔区块的矿工地址与当前区块相同,额外奖励将会累积发放。

## 10.6 以太坊合约层

以太坊能作为一个应用开发平台,实现各种丰富的功能,都是因为智能合约的存在。合约层是一个承上启下的层级,它运行在底层的基础设施之上,又为应用层的运行提供各类功能的接口。

智能合约可看作是把现实中的合同条款的自然语言以代码的形式描述,并记录到区块链中,然后由以太坊虚拟机来自动执行条款。因此,智能合约从创建到执行需要经过以下几个过程。

(1) 编写合约。

把合约的逻辑使用智能合约语言编写出来。

(2) 编译合约。

使用编译器编译合约，生成 ABI 接口和字节码。

(3) 部署合约。

使用合约部署工具把合约部署到以太坊上。

(4) 执行合约。

合约代码被载入以太坊虚拟机中，解释成机器语言并执行，执行完毕后会更改相应账户的状态。

(5) 调用合约。

使用合约交互平台调用合约功能，由以太坊虚拟机负责执行。

(6) 销毁合约。

调用合约的自毁函数，清空这个合约账户的状态。

由以上步骤可知，以太坊虚拟机是合约层重要的基础设施。

## 10.6.1 智能合约创建

我们知道，如果某一笔交易的 to 字段为空，则表明该交易是一个合约创建交易。该交易的 data 字段即为合约代码被编译成的字节码。

智能合约创建的第 1 步是使用智能合约语言编写合约代码，目前用来编写以太坊智能合约的语言有 Solidity、Serpent 和 LLL，其中 Solidity 最为通用。在利用智能合约语言编写智能合约逻辑后，通过编译器将其编译成字节码，附在交易的 data 字段，就可以交给 EVM 去创建这个合约了。

EVM 使用 Create 函数创建智能合约的步骤如图 10.6 所示。

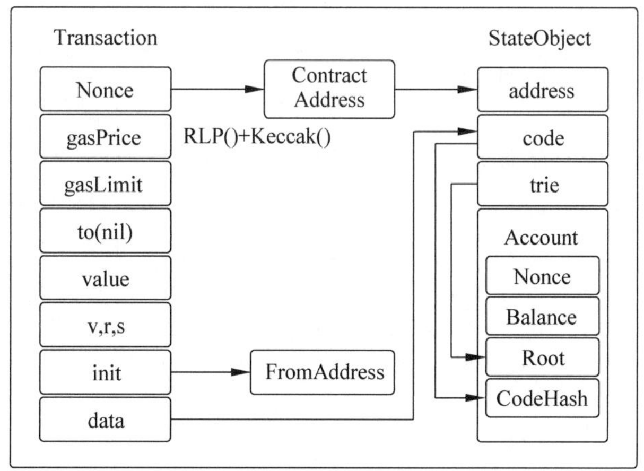


图 10.6 EVM 使用 Create 函数创建智能合约步骤

(1) 生成合约地址。即对交易发起人的地址和 Nonce 进行 RLP 编码，再算出 Keccak 哈希值，取后 20 字节作为该合约的地址。

(2) 根据合约地址创建对应的 StateObject,存储合约账户及其对应的状态,并在 StateDB 的 MPT 中加入此 StateObject,管理其状态的变化。

### 10.6.2 智能合约执行

EVM 在执行合约之前,会先判断此合约为预编译合约还是非预编译合约。若为预编译合约则直接执行;若为非预编译合约,则把合约字节码交给解释器,先解析成机器语言,然后再执行。

### 10.6.3 智能合约调用

智能合约的调用有两种类型:合约调用函数和合约调用合约。

**1. 合约调用函数**

在分析 EVM 解释执行合约的主要流程时,随着合约的字节码一起进入解释器的还有参数(Input),正是通过 Input,解释器才知道合约要执行的是哪个函数。Input 数据通常分为两个部分,前面 4 字节是某个函数签名的 Keccak 哈希值的前 4 字节,作为该函数的唯一标识,解释器就是通过这 4 字节知道该调用哪个函数,即通过 CALLDATALOAD 指令将前 4 字节压入栈中,然后依次跟该合约中包含的函数进行比对,如果匹配则调用 JUMPI 指令跳入该段代码继续执行;后面的字节就是调用该函数需要提供的参数,长度不定。

调用合约函数的过程如图 10.7 所示。

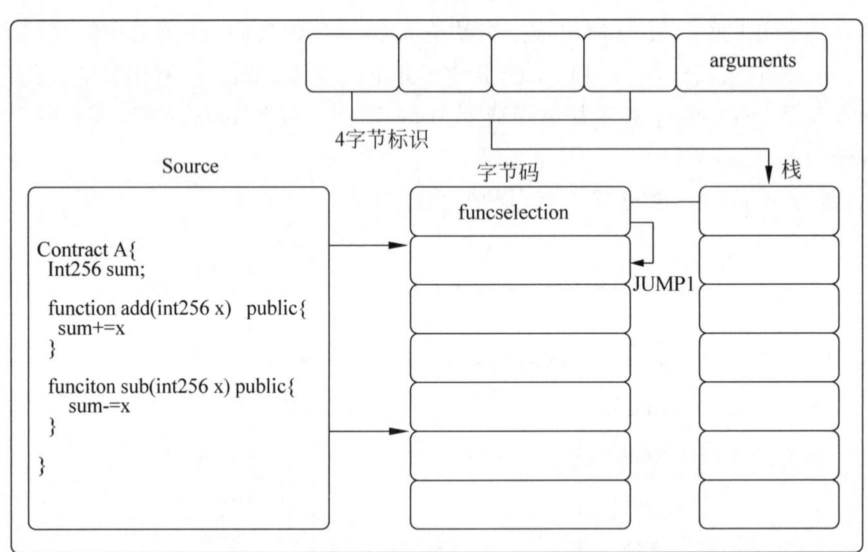


图 10.7 调用合约函数过程

**2. 合约调用合约**

合约调用另外一个合约有四种调用方式:CALL、CALLCODE、DELEGATECALL、STATICALL。STATICALL 表示不允许读取和修改状态变量的调用类型,暂未被使用,故不在此讨论。其他三种调用方式比较如表 10.5 所示。

表 10.5　三种调用方式比较

| 调用方式 | 被修改状态所属的合约 | msg. sender |
|---|---|---|
| CALL | 被调用的合约 | 被调用的合约 |
| CALLCODE(不建议使用) | 发起调用的合约 | 被调用的合约 |
| DELEGATECALL | 发起调用的合约 | 发起调用的合约 |

DELEGATECALL 被称为委托调用，是 CALLCODE 的升级版本。使用委托调用的目的就是让合约在不用传输自身状态的情况下，可以使用其他合约的代码，这使得合约可以实现“库”，即将可复用的代码放在一个合约中，当被其他合约委托调用时，只使用库的代码而不会更改库中变量的状态。

以最简单的 CALL 为例，合约调用合约的流程如图 10.8 所示。

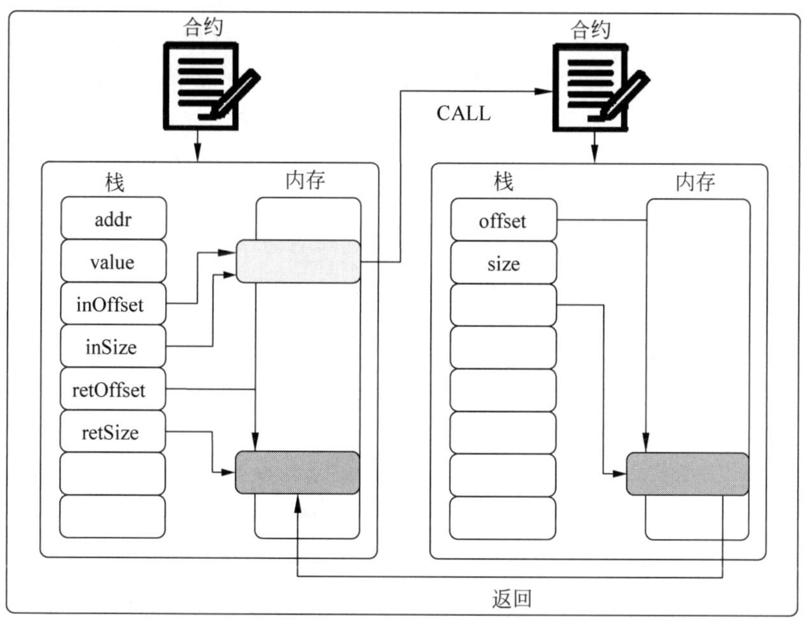


图 10.8　合约调用合约的流程

(1) 调用者把调用参数存储在内存中，然后执行 CALL 指令。

(2) CALL 指令执行时会创建新的合约对象，并以内存中的调用参数作为其 Input。

(3) 解释器会为新合约的执行创建新的栈和内存空间，不会破坏原合约的执行环境。

(4) 新合约执行完成后，通过 RETURN 指令把执行结果写入原合约指定的内存地址，然后原合约继续向后执行。

## 10.7　以太坊应用层

以太坊的应用层是区块链的展示层与业务层，通过调用 Web3 等接口，使各类应用与区块链集成。应用层总地来说包括两类应用：一类是链需要用到的工具类应用，它们的特点是本身用的非区块链技术，只是调用了区块链的一些接口为区块链提供图形化的界面方便用户使用，如轻节点钱包、区块链浏览器、中心化交易所等；另一类是使用了区块链技术的应用，在以太坊中这种应用被称为 DApp，它的功能全部或部分由区块链技术实现，可真正发挥区块链的优势。

### 10.7.1 钱包

在本节中介绍的钱包概念单指用于管理密钥的系统。

关于以太坊的一个常见误解是以太坊钱包包含以太币或代币。实际上，钱包只包含密钥，以太币或其他代币存在于以太坊区块链中。用户通过使用钱包中的密钥签署交易来证明他们拥有以太币或代币，从而控制以太坊网络上的以太币或代币。因此，钱包可以看成是一个包含私钥/公钥的钥匙串。

以太坊客户端中实现了软件钱包和硬件钱包。实现的软件钱包主要有两种类型，即非确定性钱包和确定性钱包，二者通过它们包含的密钥是否彼此相关来区分。非确定性钱包(nondeterministic wallet)中每个密钥都是从随机数中独立生成的，密钥之间不相互关联。确定性钱包(deterministic wallet)中所有密钥都来源于自称为种子(seed)的单个主密钥。这种类型的钱包中的所有密钥都是相互关联的，只要原始种子还存在，则子密钥都可以再次生成。确定性钱包中使用了许多不同的密钥派生方法，最常用的是使用树状结构，由此生成的钱包称为分层确定性(hierarchical deterministic)钱包或 HD 钱包。为了使种子更容易被记住，它通常被编码为一些英文单词，即助记词(mnemonic code)。

### 10.7.2 DApp

关于去中心化应用(Decentralized-Application，DApp)是一个基于开放的、去中心化的、点对点基础架构服务的 Web 应用程序。DApp 可以是一个网站，也可以是一个手机上的应用程序，只要有智能合约和 Web 用户界面，那就可以称它为一个 DApp。

**1. DApp 的优势**

DApp 比智能合约更能体现以太坊作为一种通用区块链平台的功能。每一个 DApp 都运行在一个基于以太坊的节点网络上，主要有以下几个优点。

1) 永不宕机

因为 DApp 是运行于区块链上的，而区块链是基于遍布全球的节点来运行的，所以只要区块链不出问题，DApp 就可以一直运行。

2) 去中心化

DApp 的数据分布式存储在区块链的所有节点中，得益于区块链的特性，使得这些数据具有去中心化、账务公开、不可篡改、可追溯的特点。

3) 公开透明

DApp 的代码是开源的，由分布在世界各地的人和组织来共同维护和监督，修改代码需由大多数用户达成共识所决定，而不是由某个机构私自修改。

4) 激励机制

由于 DApp 运行于各个用户节点上，需要用户投入一定的资源来维护和运行该应用，因此 DApp 需要设计激励机制来奖励消耗了算力、内存空间等的用户，来维持 DApp 的长久运行。

**2. DApp 的架构**

DApp 的架构通常有三种模式：间接模式、混合模式和直接模式。

1）间接模式

Web 网页客户端跟中间服务器交互，中间服务器再跟区块链交互。

2）混合模式

链上数据直接跟链交互，其他内容跟中间服务器交互。

3）直接模式

DApp 直接跟区块链交互。

DApp 的实现与传统 Web App 的对比如表 10.6 所示。

**表 10.6　DApp 与传统 Web App 对比**

| 类　别 | Web App | DApp |
|---|---|---|
| 前端实现 | HTML、CSS、JavaScript | HTML、CSS、JavaScript |
| 后端实现 | Java 等高级语言编写，部署在中心化的 Web 服务器上 | Solidity 等智能合约语言编写，部署在以太坊区块链上 |
| 数据存储 | 存储在中心化数据库中 | 存储在以太坊区块链上 |
| 使用货币 | 法币 | 以太币或合约创建的代币 |

传统 Web App 的技术架构称为 Web 2.0，而 DApp 的架构称为 Web 3.0。Web 3.0 是和信息互联网时代传统浏览器基于的 Web 2.0 完全不同的体系架构。区块链技术，尤其是以太坊的出现使 Web 3.0 成为基于区块链进行价值传递的基础网络。在设计理念和哲学思考上，Web 3.0 带来的是自由、平等、去中心化，用户可以自己治理和使用数据，不再需要依赖中心化服务器，从而能够避免数据被滥用，最大限度地保护自己的隐私，这样就可以杜绝 Web 2.0 时代屡次发生的数据大规模泄露问题。Web 3.0 的架构如图 10.9 所示。

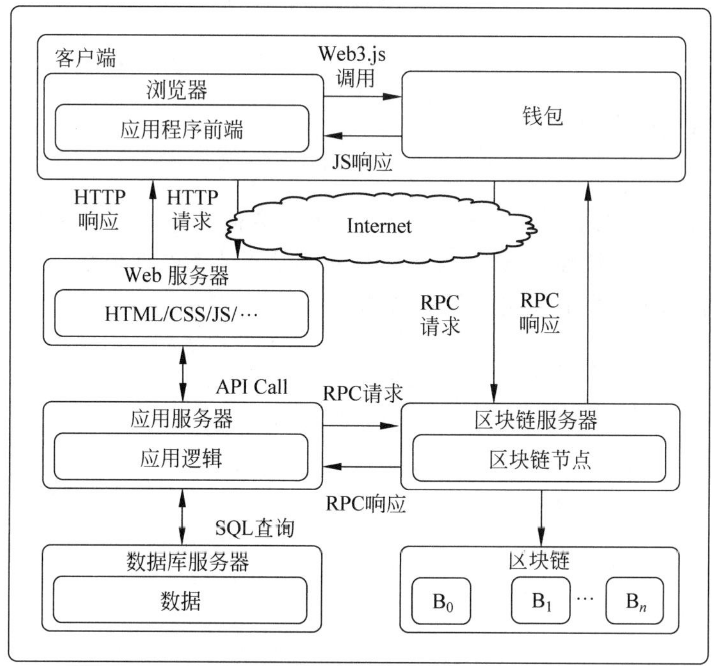


图 10.9　Web 3.0 架构图

从技术架构来看,Web 3.0 的体系架构更为复杂,它在传统信息互联网的基础上,增加了价值(Token)的传递。Web 3.0 引入了 Web3.js,通过远程调用(Remote Procedure Call,RPC)从远程计算机程序上请求服务来与区块链节点通信,并且需要借助钱包来连接前端的 DApp 和底层的区块链,从而实现信息和价值在整个网络的传递。

从整个流程来看,底层的逻辑很复杂,但是对于普通用户来说,比较普遍的方式就是通过 DApp 浏览器来访问使用 DApp,他们接触的还是与传统 App 无差别化的易用的前端页面。可以说,DApp 浏览器是连接用户和 Web 3.0 世界的窗口,为用户提供端对端、匿名、安全和无须信任的交互体验。

**3. DApp 浏览器**

随着智能手机的普及,移动互联网已经深入到生活的方方面面,用户更习惯于直接通过手机来使用各种应用程序。而目前绝大部分 DApp 仅支持 Web 端使用,这无疑增加了用户的使用成本,不利于 DApp 的普及,移动端的 DApp 浏览器正是在这样的背景下应运而生。

与传统浏览器不同的是,目前的 DApp 浏览器并不是一个独立的入口,它需要结合或者内嵌在数字钱包中才能与 DApp 交互。而传统浏览器无论是在 PC 时代,还是在移动互联网时代,都是一个独立的流量入口。因为区块链带来的是价值互联网,现阶段的价值需要借助钱包来传递,并且钱包是加密货币持有者的标配,借助钱包的流量入口优势,DApp 更容易触达到用户。

目前,常见的 DApp 浏览器包括 Mist、MetaMask、Coinbase Wallet、Trust Wallet、imToken、Status、Cipher 等。最早的 DApp 浏览器是以太坊的官方钱包 Mist,兼具钱包和 DApp 入口的功能,用户可通过 Mist 来和以太坊网络上的其他去中心化应用进行交互,但 Mist 需要用户下载整个以太坊区块链才能运行。由于以太坊全节点的数据量越来越大,导致同步一个全节点数据需要非常长的时间以及很大的硬盘容量,这对于普通用户来说是非常不友好的。因此之后的 DApp 浏览器多通过远程调用访问全节点来与区块链交互,而不是自己作为一个全节点。

## 10.8 本章小结

本章介绍了以太坊的 6 层技术架构,自底向上为数据层、网络层、共识层、激励层、合约层、应用层。这 6 层分工协作,有效地保证了区块链技术体系的系统性、完整性、灵活性与开放性,为区块链技术不断发展奠定了坚实的基础。

# 第11章

# 以太坊核心功能

从技术角度来看,以太坊是一个多层的、基于密码学的开源技术协议,并将各方面的技术进行了全面的整合。从功能角度来看,以太坊是一个创建和部署现代化、去中心化应用的综合平台。以太坊的核心功能可分为两个部分:一部分是对区块链本身特性的应用,如账户密钥管理、分布式数字存储等;另一部分是基于智能合约实现的功能,如发行数字资产、创建 DApp 等。

## 11.1 账户管理

在以太坊中存在着两种账户:外部账户和合约账户。本小节所讲的账户管理是针对外部账户的管理,包括外部账户的地址管理、私钥管理、资产管理。账户的地址、资产信息都属于账户的状态,一个账户地址又与一个私钥对应,故以太坊的账户模式可以很方便地实现上述三种管理功能。

私钥的管理至关重要,有了私钥就有了这个账户的所有权限。目前常见的私钥形态有三种:一种是 Private Key 形式,即一份随机生成的 256 位二进制数字编码的 64 位十六进制的字符串,可以通过把它记在纸上或电子设备上或脑海中的方式来存储它,但此种方法易泄露私钥;第二种是 Keystore 形式,公钥和私钥将会以加密的方式存在一份 json 文件中,并存储在以太坊节点数据目录的 Keystore 文件夹下,解密这个 json 文件需要生成账户时设置的密码,以太坊客户端管理地址和私钥对就是采用的 Keystore 形式;第三种是 Memonic code 形式,由 BIP39 方案提出,即由随机生成的 12~24 个比较容易记住的单词,该单词序列作为种子通过密钥衍生函数来生成对应的密钥,用户只需要记住这些单词即可。现在大多数数字资产钱包即采用此种方式保管私钥,安全又便捷。

绝大多数区块链用户都会使用钱包来管理自己的区块链账户。钱包是用户通往以太坊系统的门户,它帮用户管理着私钥,并且可以创建和广播交易。在第 1 章中我们介绍了全节点和轻节点的区别,因此以太坊钱包也分为全节点钱包与轻量级钱包。全节点一定是全节点钱包,如 Mist 和 Parity,实际上 Mist 是其在后端启动了一个 geth 全节点。当然,第 1 章中介绍到的六种语言版本的以太坊客户端都可作为全节点钱包，但只有 Parity 有 GUI 界面。而轻节点不等同于轻量级钱包，因为大多数以太坊轻量级钱包并不验证区块头或交易。它们完全信任由第三方(如 Infrua)运营的完整客户端，通过 RPC 来与第三方提供的全节点交互，这使得钱包设计更简洁，连区块头都不用存储，但这样就会受控于第三方节点，只能信任它提供的所有信息，无法验证真假。

钱包主要有 5 种不同的类型：桌面端钱包 Mist、Parity，移动端钱包 imToken，网页端钱包 MyEtherWallet、MetaMask，硬件钱包 Ledger Nano S，纸钱包 ETHAddress。

## 11.2 数据存储

由于区块链具有的去中心化、公开透明、不可篡改和可溯源等特征，使得存储在区块链上的数据也具有上述特征，看起来区块链很适合用于数据存储。然而对于诸多公有链，如比特币、以太坊、EOS 来说，链本身只实现了数据分布式计算，还未完全实现数据分布式存储，因此在公有链上存储数据是非常昂贵的。

一种解决方法是使用星际文件系统(Inter Planetary File System，IPFS)结合以太坊来实现数据的分布式存储，可充分利用以太坊去中心化、公开透明、不可篡改和可溯源的优势。IPFS 是分布式文件系统，可以实现数据的分布式存储，同时它也是一个去中心化网络的基础设施，包括公有链在内的不同类型的应用都可以构建在它的基础之上。

## 11.3 智能合约

智能合约是运行在以太坊虚拟机中的计算机程序，其基本功能有优化传统合同、进行资产的保管和流通、获取区块链外的数据、实现链上链下的数据交互等，依托这些基本功能，智能合约可作为 DApp 的基本组成单元。

智能合约相比于传统合约具有许多优势。首先不依赖第三方执行合约，可减少合约执行的人力、物力和时间成本；其次由于合约条款无法更改，不受人为干预，可减少用户受骗风险；最后合约存在区块链上，不存在丢失的风险。

智能合约中可以保存资金，并可直接对资金进行交易，除了管理以太坊本身的代币、以太币以外，智能合约还可以自定义各种类型的数字资产，并对它们进行类似以太币转账等的各种功能操作。

## 11.4 数字资产

目前，在以太坊上的众多智能合约之中，应用最为广泛的是代币合约。代币合约是在以太坊上发行代币和管理账户拥有的代币的智能合约。以太坊上的代币(Token)可以被称为数字资产(Digital Asset onEthereum)，代币既可以表示某一虚拟货币的价值，又可以象征某些实际的物理量，甚至可用于记录账户持有者的信誉值。但归根结底，以太坊上的数字资产就是指以太坊上代币合约中记录的账户代币余额数据。

与以往创建的由区块链直接记录的加密货币不同，以太坊上的数字资产是记录在以太坊之上的代币合约中的。一般意义上的加密货币，如比特币、以太币和莱特币等，是记录在账户状态中，直接存储在区块内的数据，伴随"挖矿"等机制发行，并通过交易的方式流通；而数字资产则是以以太坊区块链为平台，记录在更高一层的代币合约中，具体来讲是存储在以太坊交易消息数据字段的可执行代码中。数字资产的发行无须经过复杂的"挖矿"程序，代币合约的创建者可以通过智能合约定义自己的代币发行标准，直接在合约代码中实现"铸币"功能，并且，代币的流通是通过在以太坊交易中调用智能合约的函数接口进行转账，代币合约创建者同样可以在这一过程中添加一些自定义的操作。

那么，在功能繁多的代币智能合约之中，是否有共同点，或者对代币合约的基本功能进行一些规范呢？以太坊开发人员在以太坊改进计划（EthereumImprovement Proposal，EIP）中提出了 ERC-20 系列和 ERC-721 系列的代币合约标准，为以太坊代币合约制定了一套标准的规范。

ERC（Etuereum Request for Comment）是指以太坊的意见征求稿，包含一些关于以太坊网络建设的技术标准。为了创建一个以太坊平台的标准，开发人员应当提交一个以太坊改进方案（EIP），改进方案中包括协议规范和合约标准，一旦 EIP 被委员会批准并最终确定，它就成为 ERC。按以太坊的代币标准定义的代币主要有以 ERC-20 标准为主的同质化代币（Fungible Token，FT）和以 ERC-721 标准为主的非同质化代币（Non-Fungible Token，NFT）。

同质代币即每个单位的代币都是相同的、可互换的，无附加属性。非同质代币即每个单位的代币均有不同的 ID，不同 ID 的代币代表不同的含义。

**1. ERC-20 标准**

ERC-20 标准接口自 2015 年提出以来，ERC-20 代币合约标准在以太坊开发社区的协商下逐步确定为表 11.1 所展示的 11 个标准接口。ERC-20 标准接口总共可分为三类：常量、功能函数以及事件，接口详情如表 11.1 所示。

**表 11.1　ERC-20 接口定义**

| 接口名称 | 含　义 |
| --- | --- |
| name() | 代币名称 |
| symbol() | 代币符号 |
| decimals() | 小数点位 |
| totalSupply() | 总供应量 |
| balanceOf() | 余额 |
| transfer() | 转账 |
| transferFrom() | 从他人处转账 |
| approve() | 允许量值 |
| allowance() | 限额 |
| Transfer() | 转账事件 |
| Approval() | 授权事件 |

### 2. ERC-721 标准

和 ERC-20 一样，ERC-721 同样是一个代币标准，ERC-721 在 2017 年被提出并应用在游戏 CryptoKitties 中。基于 ERC-721 的代币被称为非同质代币(NFT)，每个 NFT 代表不同的含义。例如在 CryptoKitties 中，每一只猫就是一个 NFT，每只猫都被赋予独特的基因，猫之间是不能置换的。这种独特性使得某些稀有猫具有收藏价值，也因此受到追捧。非同质性广泛存在于我们的生活中，因此 ERC-721 合约必定有广泛的应用场景。

ERC-721 的接口定义如表 11.2 所示。

表 11.2 ERC-721 接口定义

| 接口名称 | 含义 |
|---|---|
| name() | 代币名称 |
| symbol() | 标识 |
| totalSupply() | 总供应量 |
| balanceOf() | 余额 |
| ownerOf() | 代币拥有者 |
| approve() | 授权某个代币 |
| transfer () | 转账 |
| takeOwnership() | 获得所有权 |
| tokenOfOwnerByIndex() | 查找某个代币 |
| tokenMetadata() | NFT 中继数据 |
| Transfer() | 转账事件 |
| Approval() | 授权事件 |

## 11.5 DApp 应用

DApp 是通过在区块链层部署一组智能台约，然后为这些智能合约编写用户友好的界面，使得用户可与这些智能合约进行交互而实现的。

以太坊 DApp 的应用场景可包含游戏、存储、社交、金融、安全、媒体等方面。

## 11.6 本章小结

以太坊正在全球范围内激发商业和社会创新，已经有上千个第三方项目或产品完全或者部分基于以太坊实现。本章介绍了以太坊生态系统的两大类主要应用链相关应用和基于以太坊智能合约的 DApp 应用。已经介绍完了以太坊的理论部分，相信读者们对以太坊的运行原理已经有了足够深入的了解。

# 第12章

# 以太坊开发环境搭建

本章将首先介绍 Geth 客户端的安装、运行，接着介绍如何通过以太坊客户端连接到以太坊主网、搭建私有链、搭建多节点组网、搭建 Ganache 测试网，最后介绍搭建基于以太坊开发的环境所需的其他工具的安装和使用，如合约代码编译、部署工具 Remix、Truffle，钱包工具 MetaMask、MyetherWallet，以太坊信息浏览工具 Etherscan。

## 12.1 以太坊客户端安装

源代码默认的安装方式如下所述。

默认源代码的节点搭建即采用官方的节点源代码，不经过任何修改，直接部署搭建，是最快速、简单的方式。本部分采用的是以太坊 Go 版本代码进行搭建，即 Go-Ethereum 工程，官方代码地址为 https://github.com/ethereum/go-ethereum。首先需要下载操作系统对应的工程文件，下面对 Ubuntu 系统、Mac OS X 系统、Windows 系统和 Docker 方式的下载安装进行说明。若使用的是其他操作系统，则可以参见如下网址 https://github.com/ethereum/go-ethereum/wiki/Building-Ethereum。

**1. 在 Ubuntu 下安装**

Ubuntu 系统版本为 Ubuntu 16.04 LTS。

1）安装 Go 语言环境

（1）下载安装包。

```
$ wget https://dl.google.com/go/go1.10.linux-amd64.tar.gz
```

（2）解压安装包。

```
$ sudo tar zxvf go1.10.linux-amd64.tar.gz -C /usr/local
```

(3) 配置环境变量。

```
$ vim ~/.bashrc
```

在文件中添加以下内容。

```
export GOROOT=/usr/local/go
export GOPATH=/home/taoyx/program_develop/go_demo
export PATH=$PATH:$GOPATH:/usr/local/go/bin
```

保存并使其生效。

```
$ source ~/.bashrc
```

(4) 检测 Go 版本,出现版本信息则安装完成。

```
$ go version
```

2) 添加以太坊官方 APT 源

添加以太坊官方 APT 源,并安装以太坊客户端。终端依次执行命令如下:

```
$ sudo apt-get install software-properties-common
$ sudo add-apt-repository -y ppa:ethereum/ethereum
```

若出错,则执行 apt-get -f install 来修复。

```
$ sudo apt-get update
$ sudo apt-get install ethereum
```

若希望安装最新开发版本,执行以下命令:

```
$ sudo apt-get install ethereum-unstable
```

终端执行 $ geth version,若出现 Geth 版本信息,则安装成功。

**2. 在 Mac OS 下安装**

Mac OS 版本为 Mac OS X 10.9。

(1) 安装 Homebrew,在终端上执行以下命令:

```
$ /usr/bin/ruby -e "$(curl -fsSL https://raw.githubusercontent.com/Homebrew/install/master/install)"
```

（2）本地 homebrew 添加第三方提供的仓库，在终端执行以下命令：

```
$ brew tap ethereum/ethereum
```

（3）安装添加的第三方仓库 Ethereum，在终端执行以下命令：

```
$ brew install ethereum
```

若希望安装正在开发分支的最新版本，可在终端执行以下命令：

```
$ brew install ethereum -devel
```

可通过 brew 完成 Geth 版本升级。

```
$ brew update
$ brew upgrade ethereum
```

终端执行 $ geth version，若返回 Geth 版本信息，则安装成功。

**3. 在 Windows 下安装**

直接从 http://geth.ethereum.org/downloads/网站中下载合适的 Geth 发布版本的可执行文件即可，如图 12.1 所示。

Android　iOS　Linux　macOS　Windows

| Release | Commit | Kind | Arch | Size | Published | Signature | Checksum (MD5) |
|---|---|---|---|---|---|---|---|
| Geth 1.9.10 | 58cf5686… | Installer | 32-bit | 65.61 MB | 01/20/2020 | Signature | fa9a2e417b555d59b60db31abedfc366 |
| Geth 1.9.10 | 58cf5686… | Archive | 32-bit | 16.82 MB | 01/20/2020 | Signature | c7aa3e75185e17f6d722449564684bf0 |
| Geth 1.9.10 | 58cf5686… | Installer | 64-bit | 66.51 MB | 01/20/2020 | Signature | e6972f965f3b5c7a226037e655dafd5a |
| Geth 1.9.10 | 58cf5686… | Archive | 64-bit | 17.13 MB | 01/20/2020 | Signature | c753ba0418f468394c469e2cf8404ecf |
| Geth & Tools 1.9.10 | 58cf5686… | Archive | 32-bit | 88.19 MB | 01/20/2020 | Signature | b3bf754085fa4d0e5ebda79c8dd5d88c |
| Geth & Tools 1.9.10 | 58cf5686… | Archive | 64-bit | 89.86 MB | 01/20/2020 | Signature | aa0162b7cf5b082840b0634eff2315f3 |
| Geth 1.9.9 | 01744997… | Installer | 32-bit | 65.56 MB | 12/06/2019 | Signature | 77188fed3ecfba5a628cafa24e7aaecc |
| Geth 1.9.9 | 01744997… | Archive | 32-bit | 16.81 MB | 12/06/2019 | Signature | 185eb9fdc35bfff3da40787ec79a104d |
| Geth 1.9.9 | 01744997… | Installer | 64-bit | 66.45 MB | 12/06/2019 | Signature | bdb025fb1152800ac80ab60e0bdc132b |
| Geth 1.9.9 | 01744997… | Archive | 64-bit | 17.12 MB | 12/06/2019 | Signature | 9f2d966a5a7159a8448991a7401ff3d1 |
| Geth & Tools 1.9.9 | 01744997… | Archive | 32-bit | 88.12 MB | 12/06/2019 | Signature | 6221fa18c74f6a9a7366807d1eee1c81 |
| Geth & Tools 1.9.9 | 01744997… | Archive | 64-bit | 89.79 MB | 12/06/2019 | Signature | ea1de487b635edba2de1beec431057e5 |

图 12.1　Geth 安装下载

**4. 在 Docker 下安装**

1）在 Ubuntu 下安装 Docker

（1）卸载历史版本 Docker。

```
$ sudo apt-get remove docker docker-engine docker.io
```

（2）Ubuntu 14.04 版本则需安装 extra 包，Ubuntu 16.04 中已默认包含此包。

```
$ sudo apt-get install linux-image-extra-$(uname -r) linux-image-extra-virtual
```

（3）更新 apt 包索引。

```
$ sudo apt-get update
```

（4）安装 https 支持包。

```
$ sudo apt-get install apt-transport-https    ca-certificates    curl software-properties-common
```

（5）添加 Docker 官方 GPG key。

```
$ curl -fsSL https://download.docker.com/linux/ubuntu/gpg | sudo apt-key add -
$ sudo apt-key fingerprint 0EBFCD88
```

（6）添加稳定版的仓库源。

```
$ sudo add-apt-repository "deb [arch=amd64] https://download.docker.com/linux/ubuntu
$(lsb_release -cs) stable"
```

（7）更新 apt 包索引。

```
$ sudo apt-get update
```

（8）安装最新稳定版本 Docker。

```
$ sudo apt-get install docker-ce
```

安装指定版本 Docker。

```
$ apt-cache madison docker-ce
```

选择需要的版本，例如 17.12.0～ce-0～ubuntu，执行以下命令：

```
$ sudo apt-get install docker-ce='17.12.0~ce-0~ubuntu'
```

（9）校验安装是否成功，运行 hello world 镜像。

```
$ sudo docker run hello-world
```

显示以下信息，表示安装成功。

```
Hello from Docker!
This message shows that your installation appears to be working correctly.
```

2）安装以太坊客户端

（1）检查 Docker 版本。

```
$ sudo docker version
```

（2）启动镜像。

```
$ sudo service docker start
```

（3）本地安装镜像文件查看。

```
$ sudo docker images
```

显示如下信息：

```
REPOSITORY    TAG      IMAGE ID       CREATED      SIZE
hello-world   latest   fce289e99eb9   3 days ago   1.84KB
```

（4）安装以太坊客户端镜像文件。

```
$ sudo docker pull ethereum/client-go
$ sudo docker images
```

显示如下信息：

```
REPOSITORY           TAG      IMAGE ID       CREATED          SIZE
ethereum/client-go   latest   9891b836a8a0   21 minutes ago   38.4MB
hello-world          latest   fce289e99eb9   3 days ago       1.84KB
```

3）4 种启动以太坊客户端的方法

（1）JavaScript 控制台交互式的启动方式。

```
$ sudo docker run -it -p 30303:30303 ethereum/client-go console
```

（2）普通启动方式。

```
$ sudo docker run -it -p 30303:30303 ethereum/client-go
```

(3) 远程交互式启动方式。

```
$ sudo docker run -it -p 8545:8545 -p 30303:30303 ethereum/client-go --rpc --rpcaddr "0.0.0.0"
```

注意，设置 0.0.0.0 参数后，会在 8545 接口上接收所有主机发送的请求，公共网络慎用。

(4) 指定存储位置启动方式。

```
$ sudo docker run -it -p 30303:30303 -v /path/on/host:/root/.ethereum ethereum/client-go
```

# 12.2 以太坊网络的搭建

## 12.2.1 搭建连接到主网的全节点

### 1. 同步区块

运行 Geth 客户端前必须先同步区块，同步的目的是把网络上的区块全部下载到本地，以同步到网络的最新状态。在同步数据时可以指定 datadir 参数设置区块数据存放位置，fast 启动快速区块同步模式。在同步到最新区块后，转化为正常区块同步模式，出于安全原因，fast 参数只能在没有同步过任何数据的情况下使用。

```
$ geth -fast -cache=512 -datadir "your path" console
```

### 2. 导入/导出区块链数据

如果已经有一份同步完毕的以太坊节点数据，可以从完整的节点导出一份数据，然后导入到新的节点上。可以使用命令 $ geth export filename 从完整节点导出数据，然后使用命令 $ geth import filename 在新的节点上导入。

### 3. 检查节点连接情况

Geth 会尝试持续连接网络上的节点，直到找到一个对等节点，Geth 通过被称为发现协议的方式搜寻对等节点，发现协议中，节点之间通过网络发送协议寻找彼此。初始化过程中，Geth 会启动一些记录在源代码中的初始节点。

在交互式的命令台中可以查看当前有多少个对等节点被连接，命令 net 包含两个属性，分别是当前连接的对等节点数量和本地节点的监听状态。

```
> net.listening
true
> net.peerCount
4
```

**4. 添加静态节点**

Geth 支持一个被称为静态节点的特性,如果拥有一台稳定连接在网络上的节点,就可以被称为静态节点。可以把静态节点的地址写入一个名为 static-nodes. json 的 ASCII 文件中,并将这个文件放在与 chaindata 和 keystore 平行的目录中。

static-nodes. json 文件格式如下,每个节点占用一行。

```
[
" enode://f4642fa65af50cfdea8fa7414a5def7bb7991478b768e296f5e4a54e8b995de102e0ceae2e826f29-
3c481b5325f89be6d207b003382e18a8ecba66fbaf6416c0@33.4.2.1:30303",
       "enode://pubkey@ip:port"
]
```

也可以在运行过程中在 JavaScript 命令台中输入 admin. addPeer(),添加静态节点。

```
>
admin.addPeer("enode://f4642fa65af50cfdea8fa7414a5def7bb7991478b768e296f5e4a54e8b995de10-
2e0ceae2e826f293c481b5325f89be6d207b003382e18a8ecba66fbaf6416c0@33.4.2.1:30303")
```

**5. 连接的常见问题**

经常会发生无法连接到任何节点的情况,很大可能是因为如下原因:

本地的时间不正确,正确的本地时间是以太坊网络所必需的,检查系统时间并同步系统时间(例如命令 sudo ntpdate -s time. nist. gov),本地时间误差达到 12s 都能导致零连接的情况发生。

一些防火墙设置项会防止 UDP 数据流拥堵,可以尝试通过命令 admin. addPeer()手动添加一些静态节点来解决这个问题。

可以通过参数 nodiscover 关闭发现协议来启动 Geth。

## 12.2.2 搭建单节点的以太坊私有链

在以太坊的公有链上部署智能合约、发起交易需要花费以太币。而通过修改配置,可以在本机搭建一套以太坊私有链,因为与公有链没关系,既不用同步公有链庞大的数据,也不用花钱购买以太币,很好地满足了智能合约开发和测试的要求,开发好的智能合约也可以很容易地切换接口部署到以太坊公有链上。

**1. 初始化创世块**

根据创世块配置文件生成创世块,执行命令如下:

```
$ geth -datadir [区块数据以及密钥目录路径] init [创世块配置文件路径]
```

**2. 启动节点**

创世块创建成功后,可以启动节点并且开启挖矿,以便开发测试,执行命令如下:

```
$ geth -datadir [区块数据以及密钥目录路径] -networkid [创世块配置文件中 chainId] -rpc -rpcaddr "0.0.0.0" -port "30303" -rpcapi "admin, debug, eth, miner, net, personal, txpool, web3" -rpcport "8999" -rpccorsdomain "*" -nodiscover -mine -minerthreads=1
```

如果希望守护进程运行节点，可以在命令的前面加上 nohup，在命令的后面加上 &。

**3. 进入 JavaScript 控制台**

通过命令启动交互式环境来连接访问启动的节点，执行命令如下：

```
$ geth attch http://IP:rpcport
```

需要注意，如果远程连接节点，要确保服务器开放 rpcport 端口。成功连接后如下所示：

```
$ geth attach http://[IP 地址]:[端口号]
Welcome to the Geth JavaScript console!
instance: Geth/v1.8.6-stable-12683fec/linux-amd64/go1.10
coinbase: 0x13cacb242e5d4491003716a89f44f28f21fa43c0
at block: 102612 (Mon, 14 May 2018 16:30:46 CST)
 datadir: /root/ethprivaty/data1
 modules: admin:1.0 debug:1.0 eth:1.0 miner:1.0 net:1.0 personal:1.0 rpc:1.0 txpool:1.0 web3:1.0
>
```

**4. 创建账户**

前面只是搭建了私有链，并没有自己的账户，可以在 js console 中输入 eth.accounts 来验证。

```
> eth.accounts
[]
```

此时没有账户，接下来使用 personal 对象来创建一个账户。

```
> personal.newAccount()
> Passphrase:
> Repeat passphrase:
"0x4a3b0216e1644c1bbabda527a6da7fc5d178b58f"
```

Passphrase 其实就是密码的意思，输入两次密码后，就创建了一个账户。再次执行如下命令：

```
> personal.newAccount()
> Passphrase:
> Repeat passphrase:
"0x46b24d04105551498587e3c6ce2c3341d5988938"
```

这时候再去看账户，就有两个了。

```
> eth.accounts
["0x4a3b0216e1644c1bbabda527a6da7fc5d178b58f",
"0x46b24d04105551498587e3c6ce2c3341d5988938"]
```

账户默认会保存在数据目录的 keystore 文件夹中。查看目录结构，发现 data0/keystore 中多了两个文件，这两个文件就对应刚才创建的两个账户，这是 json 格式的文本文件，可以打开查看，里面存的是私钥经过密码加密后的信息。

**5. 查看账户余额**

eth 对象提供了查看账户余额的方法。

```
> eth.getBalance(eth.accounts[0])
0
> eth.getBalance(eth.accounts[1])
0
```

目前，两个账户的以太币余额都是 0，要使账户有余额，可以从其他账户转账过来，或者通过挖矿来获得以太币奖励。

**6. 启动、停止挖矿**

通过 miner.start()启动挖矿。

```
> miner.start(10)
```

其中 start 的参数表示挖矿使用的线程数。第一次启动挖矿会先生成挖矿所需的 DAG 文件，这个过程有点慢，等进度达到 100%后，就会开始挖矿，此时屏幕会被挖矿信息刷屏。

如果想停止挖矿，并且进度已经达到 100%之后，可以在 js console 中输入。

```
> miner.stop()
```

注意，输入的字符会被挖矿刷屏信息冲掉，没有关系，只要输入完整的 miner.stop()之后回车，即可停止挖矿。

挖到一个区块会奖励 5 个以太币，挖矿所得的奖励会进入矿工的账户，这个账户叫做 coinbase，默认情况下 coinbase 是本地账户中的第一个账户。

```
> eth.coinbase
"0x4a3b0216e1644c1bbabda527a6da7fc5d178b58f"
```

现在的 coinbase 是账户 0，要想使挖矿奖励进入其他账户，通过 miner.setEtherbase()将其他账户设置成 coinbase 即可。

```
> miner.setEtherbase(eth.accounts[1])
true
> eth.coinbase
"0x46b24d04105551498587e3c6ce2c3341d5988938"
```

挖到区块以后,账户 0 里面应该就有余额了。

```
> eth.getBalance(eth.accounts[0])
2.31e+21
```

getBalance()返回值的单位是 wei,wei 是以太币的最小单位,1 以太币 $=10^{18}$ wei。要查看有多少个以太币,可以用 web3.fromWei()将返回值换算成以太币。

```
> web3.fromWei(eth.getBalance(eth.accounts[0]), 'ether')
2310
```

**7. 发送交易**

截至目前,账户一的余额还是 0。

```
> eth.getBalance(eth.accounts[1])
0
```

可以通过发送一笔交易,从账户 0 转移 10 个以太币到账户 1。

```
> amount = web3.toWei(10, 'ether')
"10000000000000000000"
> eth.sendTransaction({from:eth.accounts[0], to:eth.accounts[1], value:amount})
Error: authentication needed: password or unlock
    at web3.js:3143:20
    at web3.js:6347:15
    at web3.js:5081:36
    at <anonymous>:1:1
```

这里报错了,原因是账户每隔一段时间就会被锁住,要发送交易,必须先解锁账户。由于要从账户 0 发送交易,所以要解锁账户 0。

```
> personal.unlockAccount(eth.accounts[0])
Unlock account 0x4a3b0216e1644c1bbabda527a6da7fc5d178b58f
Passphrase:
true
```

输入创建账户时设置的密码,就可以成功解锁账户,然后再发送交易。

```
> amount = web3.toWei(10,'ether')
"10000000000000000000"
> eth.sendTransaction({from:eth.accounts[0],to:eth.accounts[1],value:amount})
INFO [03-07|11:13:11] Submitted transaction fullhash=0x1b21bba16dd79b659c83594b0c41de-
42debb2738b447f6b24e133d51149ae2a6 recipient=0x46B24d04105551498587e3C6CE2c3341d5988938
"0x1b21bba16dd79b659c83594b0c41de42debb2738b447f6b24e133d51149ae2a6"
```

查看账户 1 中的余额。

```
> eth.getBalance(eth.accounts[1])
0
```

发现还没转过去，此时交易已经提交到区块链，但还未被处理，这可以通过查看 txpool 来验证。

```
> txpool.status
{
  pending: 1,
  queued: 0
}
```

其中有一条 pending 的交易，pending 表示已提交但还未被处理的交易。

要使交易被处理，必须要挖矿。这里我们启动挖矿，然后等待挖到一个区块之后就停止挖矿。

```
> miner.start(1);admin.sleepBlocks(1);miner.stop();
```

当 miner.stop()返回 true 后，txpool 中 pending 的交易数量应该为 0 了，说明交易已经被处理了，而账户 1 应该收到币了。

```
> web3.fromWei(eth.getBalance(eth.accounts[1]),'ether')
10
```

**8. 查看交易和区块**

eth 对象封装了查看交易和区块信息的方法。

查看当前区块总数。

```
> eth.blockNumber
463
```

通过区块号查看区块。

```
> eth.getBlock(66)
```

通过交易 hash 查看交易。

```
> eth.getTransaction("0x1b21bba16dd79b659c83594b0c41de42debb2738b447f6b24e133d51149ae-2a6")
```

## 12.3 开发环境其他工具

**1. EthStats.net**

EthStats.net 是以太坊网络的实时统计网站，网站上显示了诸如当前块、哈希难度、Gas 价格和 Gas 消耗等信息。网页上显示的节点仅仅是网络上比较活跃的节点。任何人都可以把自己的节点加入到 EthStats 的页面上。

**2. Etherchain.org**

Etherchain.org 显示以太坊区块链的实时状态。这个网站可以查看账户信息、区块信息、节点信息等各种想查询的信息，还有 API 可供使用。

**3. Etherscan.io**

Etherscan 是以太坊的区块浏览网页，任何在以太坊主网以及官方的测试网络上的交易都可以在 Etherscan 上查询得到。其中以太坊主网的查询地址为 https://etherscan.io/，Ropsten 网络的查询地址为 https://ropsten.etherscan.io/，本章后续的查询，均在 Ropsten 网址下进行。

**4. MyEtherWallet**

在 MyEtherWallet 中可发送以太币和代币、发布合约、发送离线交易、注册以太坊域名、查询交易状态等，网址为 https://www.myetherwallet.com/。

**5. MetaMask**

MetaMask(https://metamask.io/)是浏览器扩展插件，它可以使得浏览器变身成以太坊浏览器，通过中继的方式，使得前端应用可以连接到区块链的节点(主网节点、测试网络节点、本地测试节点均可)。MetaMask 提供了账户管理功能，方便用户在浏览器的环境下查看 MetaMask 连接节点的账户信息，对于前端应用需要向区块链发起交易等行为，MetaMask 可以在客户端安全地使用用户私钥签署交易，并中继到连接的区块节点上进行广播确认，使浏览器前端应用可以很方便地与区块链进行交互。

**6. Remix**

在 Remix 中可编写合约代码、编译并发布合约、调用合约函数、查看合约成员变量等。Remix 中的合约可仅在 JavaScript VM(模拟以太坊虚拟机的虚拟环境)中运行，也可通过 MetaMask 与主网 MainNet 或测试网相连。Remix 的网址为 remix.ethereum.org。

## 12.4　本章小结

本章为开发实战的第一步，搭建底层区块环境。首先介绍默认节点的搭建，包括下载安装、Geth命令介绍、创世区块的字段说明以及节点启动等内容；然后介绍自定义源代码节点的搭建，包括获取源代码、Go-Ethereum工程的代码目录介绍、自定义源代码编译以及节点启动等内容；多节点组网的搭建，包括组网的方案、引导节点的配置以及多节点的启动等内容；最后介绍本地测试节点的搭建。底层区块环境准备好后，便可进入智能合约开发。

# 第13章

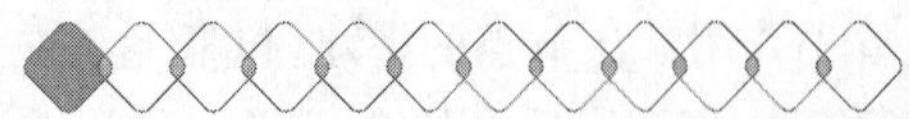

# 以太坊智能合约开发

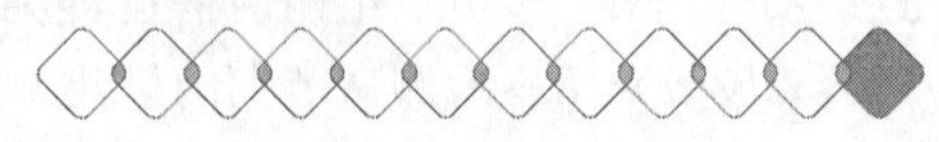

## 13.1 智能合约开发语言

基于以太坊的智能合约语言，包括 Viper(处于试验阶段的语言)、Serpent(类 Python 语言)、LLL(类 Fortran 语言)、Mutan(类 C 语言)、Solidity(类 JavaScript 语言)。本部分使用最常用的 Solidity 语言来编写智能合约。

## 13.2 智能合约代码编写

先看一个简单的存取数据的合约例子 SimpleStorage. sol。该合约的功能为允许任何人在合约中存储一个单独的数字，函数 set 和 get 可以用来变更或取出变量的值，并且这个数字可以被世界上任何人访问，且没有可行的办法阻止发布这个数字。当然，任何人都可以再次调用 set，传入不同的值，覆盖这个数字，但是这个数字仍会被存储在区块链的历史记录中。

```
pragma solidity ^0.4.0;

contract SimpleStorage {
    uint storedData;

    function set(uint x) public {
        storedData = x;
    }

    function get() public view returns (uint) {
        return storedData;
    }
}
```

（1）第 1 行 pragma solidity ^0.4.0 表示源代码使用 Solidity 版本 0.4.0 写的，并且使用 0.4.0 以上版本运行也没问题（最高到 0.5.0，但是不包含 0.5.0）。这是为了确保合约不会在新的编译器版本中突然行为异常。关键字 pragma 的含义，一般来说，pragmas（编译指令）是告知编译器如何处理源代码的指令的（如 pragma once）。

（2）第 4 行 uint storedData 声明一个类型为 uint（256 位无符号整数）的名为 storedData 的状态变量。可以认为它是数据库里的一个位置，通过调用管理数据库代码的函数进行查询和变更。

## 13.3 智能合约编译方法

**1. 使用 solc 编译合约**

solc 是 Solidity 的命令行编译器，Solidity 编写的以太坊智能合约可通过带参数的命令行工具 solc 进行编译，成为以太坊虚拟机中的代码。最终部署到链上形成我们所见到的各种智能合约。

$ solc --bin sourceFile. sol 编译后输出一个名为 sourceFile. sol 的智能合约文件。如果想从 solc 获得更丰富的一些输出变量，可以使用 $ solc -o outputDirectory --bin --ast --asm sourceFile. sol。

**2. 使用 truffle 编译合约**

（1）使用$ truffle init 创建空项目，会有一个 Migrations. sol 文件，用于协助部署过程。如果是使用 Truffle Box 模板，那么将会有多个初始化的. sol 文件在 contracts/ 目录下。

（2）把所有合约存放在 contracts/ 路径下。由于合约使用 Solidity 语言编写，所有合约均必须以 . sol 为扩展名。其中引用的 Solidity 库也要是以. sol 为扩展名的。

（3）进入项目的文件夹内，使用$ truffle compile 命令。首次运行的时候，所有合约将依次被编译。之后的运行只会编译自上次成功编译后作出修改的合约，如果想要在之后仍然全部编译，给上面的命令加一个 all 参数。编译将生成对应的合约工件文件存储在相对于该项目的根路径的 build/contracts/ 文件夹中，文件夹不存在将自动创建。

## 13.4 智能合约部署方法

下面对智能合约部署到 Ropsten 网络中，提供以下 4 种方案。

**1. 使用 Remix 部署合约**

该方案使用 Remix 结合 MetaMask。Remix 是以太坊官方提供的智能合约开发平台，可以在浏览器中快速开发部署测试智能合约；而 MetaMask 则是浏览器的一个插件，方便对以太坊上的账户进行管理，以及作为中继，可以很好地与任意以太坊节点进行交互，本书的各种实战案例也都使用到了 MetaMask。

**2. 使用 Truffle+Infura 部署合约**

该方案使用 Truffle 结合 Infura。Truffle 是以太坊生态上的开发框架，使得开发 DApp 应用更加简单，并且工程化；Infura 是以太坊基础设施服务平台，提供以太坊主网以及测试网络的全节点，这样可以让我们免去安装全节点，使用 Infura 提供的服务，便可与主网或是测试网络进行交互。当在 MetaMask 中选择连接到主网或是测试网络时，实际上 MetaMask 会连接到 Infura 提供的全节点，完成交易查询或者对签名后的交易进行广播。

**3. 使用 Truffle +本地全节点部署合约**

该方案使用 Truffle 连接以太坊全节点进行部署。有关全节点，即同步所有以太坊网络区块数据，并参与挖矿的节点。本方案的部署方法与本地部署测试时类似，不同的地方在于本地测试启动的是 Ganache，一个模拟的以太坊节点环境，而本处需要在机器上部署全节点，并暴露 rpc 端口供 Rruffle 连接。

全节点会同步大量以太坊网络数据，占用大量的机器资源。本处介绍使用 Geth 来搭建以太坊网络的全节点，首先需要下载 Geth，按照第 4 章的步骤进行安装，成功后执行命令。

**4. 使用 Web3. js 部署合约**

该方案使用合约的 deploy()方法将其部署到区块链上，其返回的 Promise 对象将在成功部署后解析为新的合约实例。

**5. 部署总结**

上面介绍的 4 种部署方案，各有优劣，选择一种方式即可。其中，第一种方案操作最简单，仅仅需要将智能合约代码复制到 Remix 平台，通过连接 MetaMask 进行交互式的部署即可。缺点是部署流程不规范，依赖 Remix 以及 MetaMask 提供稳定服务，当智能合约代码文件较多时，复制会十分烦琐，并且需要手工获取智能合约地址，手工修改前端代码，在实际生产环境中，不够自动化，增加了出错的风险。第二种方案，使用 Truffle 结合 Infura，仅在初期准备工作时操作较多，包括注册 Infura 申请连接通证、获取创建账户的助记词、安装第三方依赖，供部署合约时在本地签名交易；修改配置文件代码。准备工作完成后，后续智能合约的部署，仅需要在终端执行 Truffle 命令即可。缺点是部署依赖 Infura 提供的全节点服务，并且有关助记词的安全保存，也是需要考虑的问题。第三种方案，使用 Truffle 结合全节点，则使得部署工作完全在自己的掌握下，不需要依赖任何第三方服务，并且部署配置也相对简单。缺点是需要维护全节点，全节点会需要大量的存储空间同步数据，占用本机大量的资源，对于同步失败、资源空间不足等问题需要考虑以及解决。而全节点的选择，本章选择了 Geth 客户端，当然，也可以选择 cpp-ethereum、pairty、Mist 等。第四种方案，使用 Web3. js 部署合约，是写在前端代码中的方法，优点是可以直接控制部署的流程，缺点是需要自己编写代码。

## 13.5 智能合约调用方法

**1. 使用合约调用其他合约函数**

1) 通过继承合约

Solidity 支持多重继承。所有的函数调用都是虚拟的，这意味着最远的派生函数会被调用，除非明确给出合约名称。当一个合约从多个合约继承时，在区块链上只有一个合约被创建，所有基类合约的代码被复制到创建的合约中。

2）通过声明一个其他合约类型的变量

如果一个合约想要调用另一个合约，那么调用者必须知晓被调用合约的源代码或合约地址。

3）通过其他合约的地址

在 Solidity 中有三种调用函数可以实现跨合约的函数调用功能，包括 call、delegatecall 和 callcode 三种方式。以下是 Solidity 中 call 函数簇的调用模型。

```
<address>.call(...) returns (bool)
<address>.callcode(...) returns (bool)
<address>.delegatecall(...) returns (bool)
```

这些函数提供了灵活的方式与合约进行交互，并且可以接受任何长度、任何类型的参数，其传入的参数会被填充至 32 字节，最后拼接为一个字符串序列，由 EVM 解析执行。在函数调用的过程中，Solidity 中的内置变量 msg 会随着调用的发起而改变，msg 保存了调用方的信息，包括调用发起的地址、交易金额、被调用函数字符序列等。

call 为最常用的调用方式，调用后内置变量 msg 的值会修改为调用者，执行环境为被调用者的运行环境（合约的 storage）。

delegatecall 调用后内置变量 msg 的值不会修改为调用者，但执行环境为调用者的运行环境。

callcode 调用后内置变量 msg 的值会修改为调用者，但执行环境为调用者的运行环境。通过下面的例子对比三种调用方式，在 remix 部署调试，部署地址为 0xca35b7d915458ef54-0ade6068dfe2f44e8fa733c。

在部署后可以看到合约 A 的变量值为 temp1＝0x0，temp2＝0x0，同样合约 B 的变量值为 temp1＝0x0，temp2＝0x0。现在调用语句 1 call 方式，观察变量的值发现合约 A 中变量值为 0x0，而被调用者合约 B 中的 temp1＝address(A)，temp2＝100。

**2. 使用 Web3.js 调用合约函数**

通过 Web3 的封装，与智能合约的交互就像与 JavaScript 对象交互一样简单。为指定的合约方法创建一个交易对象，以便使用该交易对象进行调用、发送或估算 gas。

```
myContract.methods.myMethod([param1[, param2[, ...]]])
```

**3. 使用 Truffle 调用合约函数**

标准的与以太坊网络交互的方法是通过以太坊官方构建的 Web3 库。尽管这个库非常有用，但使用其提供接口与合约交互有些困难，特别是以太坊的新手。为降低学习曲线，Truffle 使用 Ether Pudding 库，它也是基于 Web3 的基础之上，目的是为了让交互更简单。

为了体验一下合约接口的作用，我们使用框架自带的默认 metacoin 的合约例子。

```
import "ConvertLib.sol";

contract MetaCoin {
    mapping (address => uint) balances;
    event Transfer(address indexed _from, address indexed _to, uint256 _value);

    function MetaCoin() {
        balances[tx.origin] = 10000;
    }

    function sendCoin(address receiver, uint amount) returns(bool sufficient) {
        if (balances[msg.sender] < amount) return false;
        balances[msg.sender] -= amount;
        balances[receiver] += amount;
        Transfer(msg.sender, receiver, amount);
        return true;
}

    function getBalanceInEth(address addr) returns(uint){
        return ConvertLib.convert(getBalance(addr),2);
    }
    function getBalance(address addr) returns(uint) {
        return balances[addr];
    }
}
```

合约有三个方法和一个构造方法。所有三个方法可以被执行为交易或调用。现在看一下 Truffle 和 Ether Pudding 提供的 MetaCoin 的 Javascript 对象,可以在前端中使用。

```
// Print the deployed version of MetaCoin
console.log(MetaCoin.deployed());

// outputs:
//
// Contract
// - address: "0xa9f441a487754e6b27ba044a5a8eb2eec77f6b92"
// - allEvents: ()
// - getBalance: ()
// - getBalanceInEth: ()
// - sendCoin: ()
```

通过这套框架提供的接口,可以简单地在以太坊网络上调用合约函数。

1) 使用 deployed()方法获得合约实例

每一个抽象出来的合约接口都有一个 deployed()方法,上述例子中已经见到过。调用这个函数返回一个实例,这个实例代表的是之前部署到网络的合约所对应的抽象接口的实例。

```
var meta = MetaCoin.deployed();
```

**注意**：这仅对使用 Truffle deploy 部署的合约，且一定是在 project configuration 中配置发布的才有效。如果不是这样，这个函数执行时会抛出异常。

2）使用 at()方法获得合约实例

类似于 deployed()，可以通过一个地址得到一个代表合约的抽象接口实例。当然这个地址一定是这个合约的部署地址。

```
var meta = MetaCoin.at("0x1234...")
```

**注意**：当地址不正确，或地址对应的合约不正确时，这个函数并不会抛出异常，但调用接口时会报错。需保证在使用 at()时输入正确的地址。

3）使用 new()方法获得合约实例

可以通过这个方法部署一个全新的合约到网络中。需要注意的是这是一个交易，会改变网络的状态。

```
MetaCoin.new().then(function(instance) {
  // `instance` is a new instance of the abstraction.
  // If this callback is called, the deployment was successful.
  console.log(instance.address);
}).catch(function(e) {
  // There was an error! Handle it.
});
```

4）调用需发送交易的函数

当调用 sendCoin，将作为一个交易来执行。下面来演示一下把 10 个币从一个账户发到另一个账户，改变要永久保存在网络上。

```
var account_one = "0x1234...";          // an address
var account_two = "0xabcd...";          // another address

var meta = MetaCoin.deployed();
meta.sendCoin(account_two, 10, {from: account_one}).then(function(tx_id) {
  // If this callback is called, the transaction was successfully processed.
  // Note that Ether Pudding takes care of watching the network and triggering
  // this callback.
  alert("Transaction successful!")
}).catch(function(e) {
  // There was an error! Handle it.
})
```

直接调用接口的 sendCoin 函数，最终是默认以交易的方式来执行的。

交易被成功执行时，回调函数会直到交易被执行时才真正被触发。这样带来的一个好处是不用一直去检查交易的状态。我们对 sendCoin 函数传递了第三个参数，需要注意的是原始合约函数的定义中并没有第三个参数。这里看到的是一个特殊的对象，用于编辑一些交易中的指定细节，它可以作为第三个参数传进。这里，我们设置 from 的地址为 account_one。

5）调用只读函数

继续用 MetaCoin 的例子。其中的 getBalance 函数就是一个很好地从网络中读取数据的例子。它压根不需要进行任何数据上的变更，只是返回传入的地址的账户余额，下面来简单看一下。

```
var account_one = "0x1234...";        // an address

var meta = MetaCoin.deployed();
meta.getBalance.call(account_one, {from: account_one}).then(function(balance) {
  // If this callback is called, the call was successfully executed.
  // Note that this returns immediately without any waiting.
  // Let's print the return value.
  console.log(balance.toNumber());
}).catch(function(e) {
  // There was an error! Handle it.
})
```

6）捕捉事件

合约可以触发事件，可以捕捉以进行更多的控制。事件 API 与 Web3 一样。

```
var meta = MetaCoin.deployed();
var transfers = meta.Transfer({fromBlock: "latest"});
transfers.watch(function(error, result) {
  // This will catch all Transfer events, regardless of how they originated.
  if (error == null) {
    console.log(result.args);
  }
}
```

## 13.6 智能合约测试方法

Truffle 集成自动化测试框架让测试工作变得简单。框架支持两种语言进行编写：JavaScript 一般用于接口测试，就像从应用调用一样；Solidity 一般用于高级测试，测试更底层的内容，每一种方式都有对应的优劣。

**1. 测试代码存放的位置**

所有的测试代码必须存放在 ./test 目录内，Truffle 将会自动识别以.js 、.es、.es6、.jsx 和 .sol 为扩展名的测试代码，其他扩展名将被忽略。

#### 2. 测试命令

```
$ truffle test
```

此外，当指定一个测试文件路径的时候，将指定运行该测试文件。

```
$ truffle test ./path/to/test/file.js
```

#### 3. 清洁的沙箱环境

Truffle 提供了一个清洁的沙箱测试环境。当测试环境连接本地 Ganache 或者 Truffle 开发环境（Truffle develop），Truffle 将使用高级的快照特性，保证每个测试的环境并不相互影响。当使用其他客户端，例如 Go-Ethereum 的时候，Truffle 将会在运行每个测试文件之前重新部署所有部署合约，以便保证有一个全新的合约用于测试。

#### 4. 高效可信的测试环境选择

在运行测试的时候，使用 Ganache 和 Truffle 开发环境都相对其他客户端更快更便捷。此外，两个环境都包含与 Truffle 吻合的高级特性，用于加速近 90%的速度。一般工作流，强烈推荐在开发和测试过程使用 Ganache 或者 Truffle 开发环境，然后在部署正式网络环境之前，以 Go-Ethereum 或者其他客户端为环境测试一次。

1）使用 JS 编写测试脚本

Truffle 使用 Mocha 测试框架，Chai 作为断言工具，提供 JS 测试用的可靠框架。

2）使用 Solidity 编写测试脚本

Solidity 测试合约与 JS 测试合约并驾齐驱，只是以 .sol 为扩展名。当执行 Truffle Test 的时候，每个测试文件都会单独地被引用执行。这些合约保持与 JS 测试脚本相同的优势，每个测试都会创建清洁的沙箱环境，可以直接访问部署好的合约，支持导入任何合约依赖。除了这些功能之外，Truffle 的 Solidity 测试框架创建的时候考虑到了下面的问题：

（1）Solidity 测试代码不能使用继承（如 Test 合约基类）。这使得测试脚本尽可能地简短，并且能够极大化地控制测试合约的功能。

（2）Solidity 测试代码无须引入第三方断言库。Truffle 提供默认的断言库，支持在使用的时候修改断言库的参数来满足个性化需求。

（3）可以直接基于 Ethereum 客户端使用 Solidity 测试脚本。

## 13.7 智能合约开发实例

下面详细介绍基于 ERC-20 标准的代币合约的编写、编译、部署、调用完整过程。

### 13.7.1 数字资产开发

#### 1. SafeMath 函数库

SafeMath 函数库的代码如下。

```
pragma solidity ^0.4.18;
/**
 * @title SafeMath
 * @dev Math operations with safety checks that throw on error
 */
library SafeMath {
  function mul(uint256 a, uint256 b) internal pure returns (uint256) {
    if (a == 0) {
       return 0;
    }
    uint256 c = a * b;
    assert(c / a == b);
    return c;
  }

  function div(uint256 a, uint256 b) internal pure returns (uint256) {
    // assert(b > 0);                    // Solidity automatically throws when dividing by 0
    uint256 c = a / b;
    // assert(a == b * c+a % b); // There is no case in which this doesn't hold
    return c;
  }

  function sub(uint256 a, uint256 b) internal pure returns (uint256) {
    assert(b <= a);
    return a - b;
  }

  function add(uint256 a, uint256 b) internal pure returns (uint256) {
    uint256 c = a+b;
    assert(c >= a);
    return c;
  }
}
```

建议合约中涉及数字运算的都调用此库中的方法，以防止计算溢出。每个函数都被 pure 关键字修饰，表示不能读取或修改状态变量。在 Solidity 中与 pure 类似的关键字还有 constant、view。

**2. ERC-20 基础接口**

ERC-20Basic.sol 中包含了 4 个基本接口，totalSupply()函数用于查询代币发行总量，balanceOf()函数用于查询某一地址拥有的代币数目，transfer()函数用于调用地址向另一个地址转账，tansfer()函数用于记录转账事件。

```
// ERC20Basic.sol
pragma solidity ^0.4.24;
/**
 * @title ERC20Basic
```

```
 * @dev Simpler version of ERC-20 interface
 * See https://github.com/ethereum/EIPs/issues/179
 */
contract ERC-20Basic {
  function totalSupply() public view returns (uint256);
  function balanceOf(address _who) public view returns (uint256);
  function transfer(address _to, uint256 _value) public returns (bool);
  event Transfer(address indexed from, address indexed to, uint256 value);
}
```

### 3. ERC-20 基本接口功能的实现

BasicToken.sol 实现了 ERC-20Basic.sol 中的 tansfer 和 balanceOf 接口。

```
// BasicToken.sol
pragma solidity ^0.4.18;
import './ERC-20Basic.sol';
import './SafeMath.sol';
/**
 * @title Basic token
 * @dev Basic version of StandardToken, with no allowances.
 */
contract BasicToken is ERC-20Basic {
  using SafeMath for uint256;
  mapping(address => uint256) balances;
  /**
   * @dev transfer token for a specified address
   * @param _to The address to transfer to.
   * @param _value The amount to be transferred.
   */
  function transfer(address _to, uint256 _value) public returns (bool) {
    require(_to != address(0));
    require(_value <= balances[msg.sender]);
    // SafeMath.sub will throw if there is not enough balance.
    balances[msg.sender] = balances[msg.sender].sub(_value);
    balances[_to] = balances[_to].add(_value);
    Transfer(msg.sender, _to, _value);
    return true;
  }
  /**
   * @dev Gets the balance of the specified address.
   * @param _owner The address to query the the balance of.
   * @return An uint256 representing the amount owned by the passed address.
   */
  function balanceOf(address _owner) public view returns (uint256 balance) {
    return balances[_owner];
  }
}
```

**4. ERC-20 高级接口**

ERC-20. sol 定义了 allowance()、transferFrom()、approve()函数接口和 Approval 事件接口。approve()函数用于授权其他地址从本地址转移一定数量的代币，allowance()函数用于查询某个地址是否拥有另一个地址的授权，transferFrom()函数只能由被授权地址调用，执行从授权地址转移一定数量的代币到另一地址。

```
// ERC-20.sol
pragma solidity ^0.4.24;
import "./ERC-20Basic.sol";

/**
 * @title ERC-20 interface
 * @dev see https://github.com/ethereum/EIPs/issues/20
 */
contract ERC-20 is ERC-20Basic {
function allowance(address _owner, address _spender)
public view returns (uint256);

function transferFrom(address _from, address _to, uint256 _value)
public returns (bool);

function approve(address _spender, uint256 _value) public returns (bool);
event Approval(
address indexed owner,
address indexed spender,
uint256 value
);
}
```

**5. ERC-20 高级接口功能的实现**

StandardToken. sol 实现了 ERC-20. sol 中定义的所有接口，并增加了 increaseApproval() 和 decreaseApproval()函数，increaseApproval()函数用于增加授权的代币数量，decreaseApproval()函数用于减少授权的代币数量。

```
pragma solidity ^0.4.18;

import './BasicToken.sol';
import './ERC-20.sol';

/**
  * @title Standard ERC-20 token
  *
  * @dev Implementation of the basic standard token.
  * @dev https://github.com/ethereum/EIPs/issues/20
  * @dev Based on code by FirstBlood: https://github.com/Firstbloodio/token/blob/master/
smart_contract/FirstBloodToken.sol
```

```
 */
contract StandardToken is ERC-20, BasicToken {

  mapping (address => mapping (address => uint256)) internal allowed;


  /**
   * @dev Transfer tokens from one address to another
   * @param _from address The address which you want to send tokens from
   * @param _to address The address which you want to transfer to
   * @param _value uint256 the amount of tokens to be transferred
   */
  function transferFrom(address _from, address _to, uint256 _value) public returns (bool) {
    require(_to != address(0));
    require(_value <= balances[_from]);
    require(_value <= allowed[_from][msg.sender]);

    balances[_from] = balances[_from].sub(_value);
    balances[_to] = balances[_to].add(_value);
    allowed[_from][msg.sender] = allowed[_from][msg.sender].sub(_value);
    Transfer(_from, _to, _value);
    return true;
  }

  /**
   * @dev Approve the passed address to spend the specified amount of tokens on behalf of msg.
sender.
   *
   * Beware that changing an allowance with this method brings the risk that someone may use
both the old
   * and the new allowance by unfortunate transaction ordering. One possible solution to
mitigate this
   * race condition is to first reduce the spender's allowance to 0 and set the desired value
afterwards:
   * https://github.com/ethereum/EIPs/issues/20#issuecomment-263524729
   * @param _spender The address which will spend the funds.
   * @param _value The amount of tokens to be spent.
   */
  function approve(address _spender, uint256 _value) public returns (bool) {
    allowed[msg.sender][_spender] = _value;
    Approval(msg.sender, _spender, _value);
    return true;
  }

  /**
   * @dev Function to check the amount of tokens that an owner allowed to a spender.
   * @param _owner address The address which owns the funds.
   * @param _spender address The address which will spend the funds.
```

```
     * @return A uint256 specifying the amount of tokens still available for the spender.
     */
    function allowance(address _owner, address _spender) public view returns (uint256) {
      return allowed[_owner][_spender];
    }
    /**
     * @dev Increase the amount of tokens that an owner allowed to a spender.
     *
     * approve should be called when allowed[_spender] == 0. To increment
     * allowed value is better to use this function to avoid 2 calls (and wait until
     * the first transaction is mined)
     * From MonolithDAO Token.sol
     * @param _spender The address which will spend the funds.
     * @param _addedValue The amount of tokens to increase the allowance by.
     */
    function increaseApproval(address _spender, uint _addedValue) public returns (bool) {
      allowed[msg.sender][_spender] = allowed[msg.sender][_spender].add(_addedValue);
      Approval(msg.sender, _spender, allowed[msg.sender][_spender]);
      return true;
    }
    /**
     * @dev Decrease the amount of tokens that an owner allowed to a spender.
     *
     * approve should be called when allowed[_spender] == 0. To decrement
     * allowed value is better to use this function to avoid 2 calls (and wait until
     * the first transaction is mined)
     * From MonolithDAO Token.sol
     * @param _spender The address which will spend the funds.
     * @param _subtractedValue The amount of tokens to decrease the allowance by.
     */
    function decreaseApproval(address _spender, uint _subtractedValue) public returns (bool) {
      uint oldValue = allowed[msg.sender][_spender];
      if (_subtractedValue > oldValue) {
        allowed[msg.sender][_spender] = 0;
      } else {
        allowed[msg.sender][_spender] = oldValue.sub(_subtractedValue);
      }
      Approval(msg.sender, _spender, allowed[msg.sender][_spender]);
      return true;
    }
}
```

**6. 设置代币基本信息**

Mycoin.sol设置代币的名称(name)、符号(symbol)、精确度(decimals)和初始供应量(INITIAL_SUPPLY)。同时此合约通过继承之前的合约,拥有ERC-20标准定义的所有功能。

```
// Mycoin.sol
pragma solidity ^0.4.23;
import "./StandardToken.sol";

contract Mycoin is StandardToken {
    string public name;
    string public symbol;
    uint8 public decimals;
    uint256 public INITIAL_SUPPLY;
    constructor(string _name,string _symbol,uint8 _decimals,uint256 total_supply) public{
        name = _name;
        symbol = _symbol;
        decimals = _decimals;
        totalSupply = total_supply * (10 ** uint256(decimals));
        balances[msg.sender] = totalSupply;
    }
}
```

## 13.7.2　代币合约部署

本例使用 Remix＋metaMask 把此代币合约部署到主网上，具体的过程如图 13.1 所示。

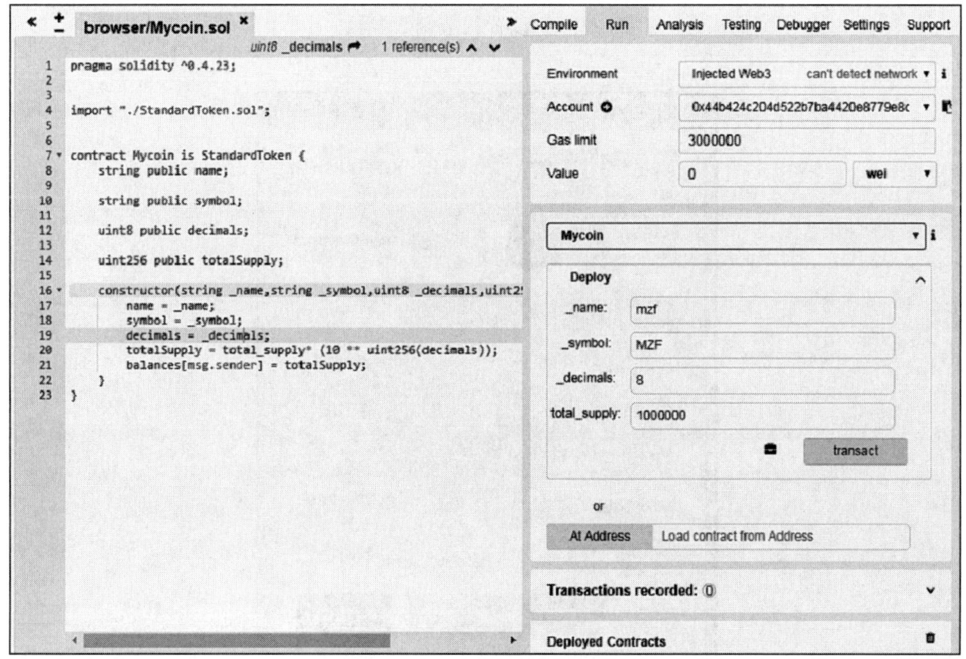


图 13.1　代币合约部署主网

(1) 在 Remix 中设置构造函数参数,如图 13.2 所示。

(2) 使用 metaMask 支付部署合约手续费,如图 13.3 所示。

(3) 在 EtherScan 中查询合约创建是否成功,如图 13.4 所示。

(4) 在 Remix 中查看合约部署成功后的函数,此合约的主要函数和成员变量如图 13.5 所示。

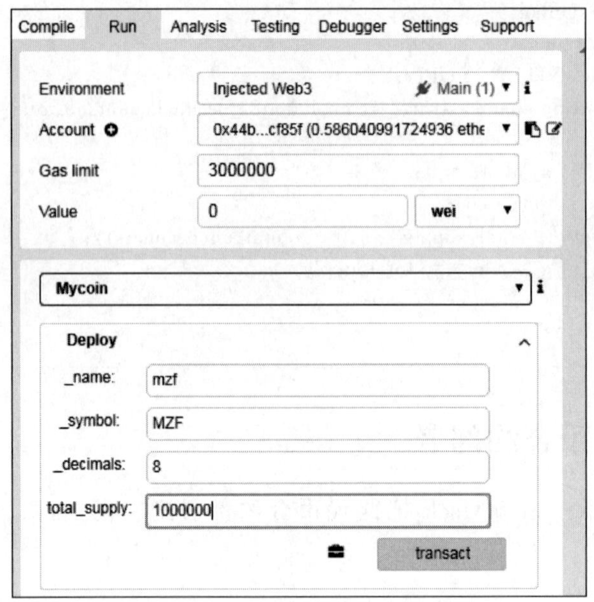


图 13.2 设置构造函数参数

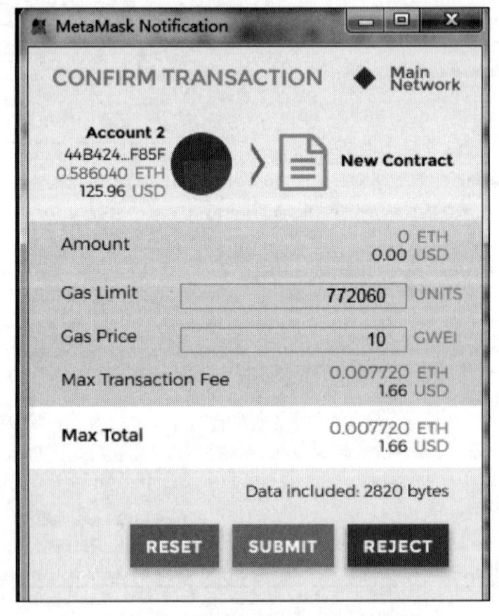


图 13.3 支付部署合约手续费

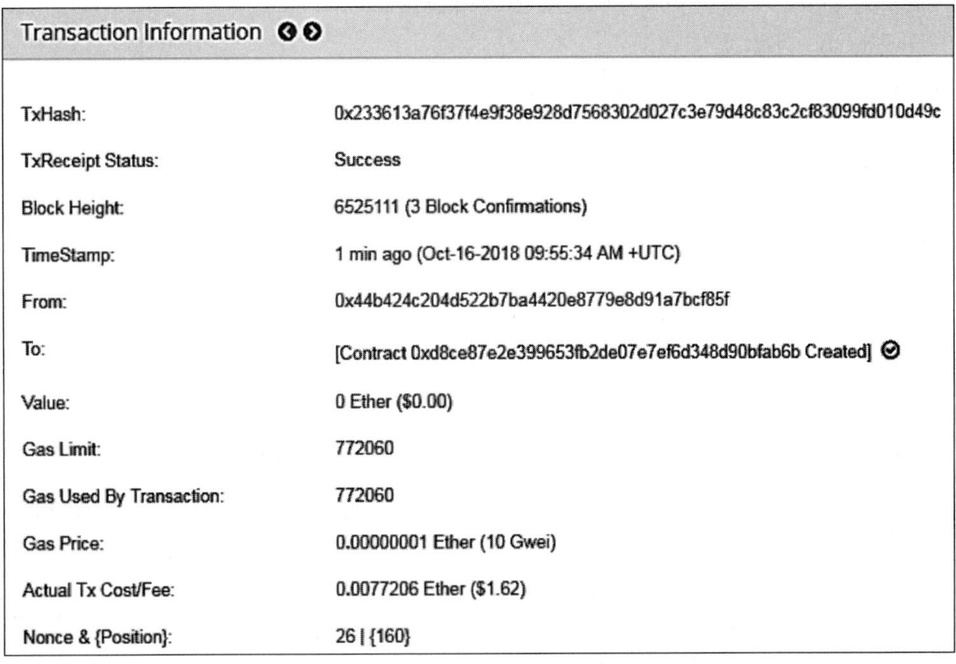


图 13.4　查询合约创建情况

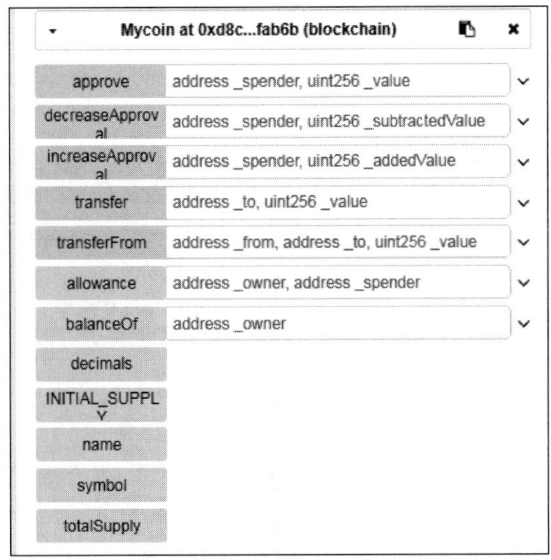


图 13.5　主要函数和成员变量

- approve：授权某个账户可从本账户转走的代币数量。
- decreaseApproval：减少授权额度。
- increaseApproval：增加授权额度。
- transfer：从本账户转移代币到某个账户。
- transferFrom：从某个账户转移代币到另一个账户。

- allowance：查询某个账户被授权的额度。
- balanceOf：查询某个账户所持有的代币数量。
- decimals：小数点位数。
- name：代币名称。
- symbol：代币单位名称。
- totalSupply：代币总量。

### 13.7.3 代币合约调用

(1) 将部署好的代币添加到 metaMask 中，如图 13.6 所示。

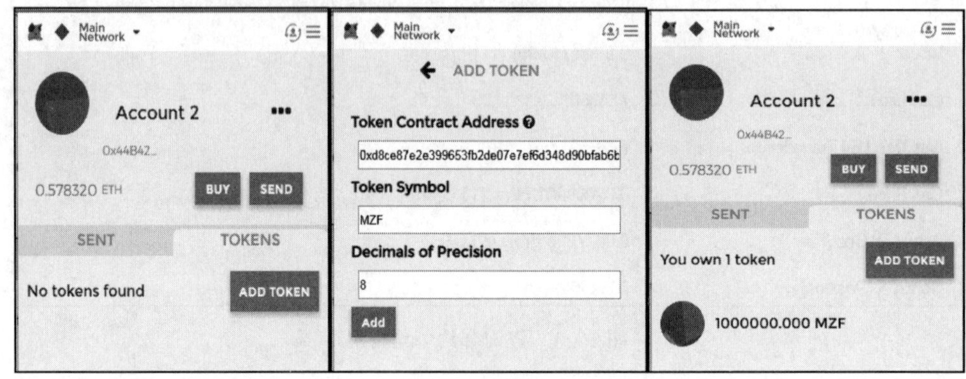


图 13.6 代币添加到 metaMask 中

可以看到 metaMask 中出现了刚刚部署的代币的符号 MZF，总量为 1000000，如图 13.7 所示。

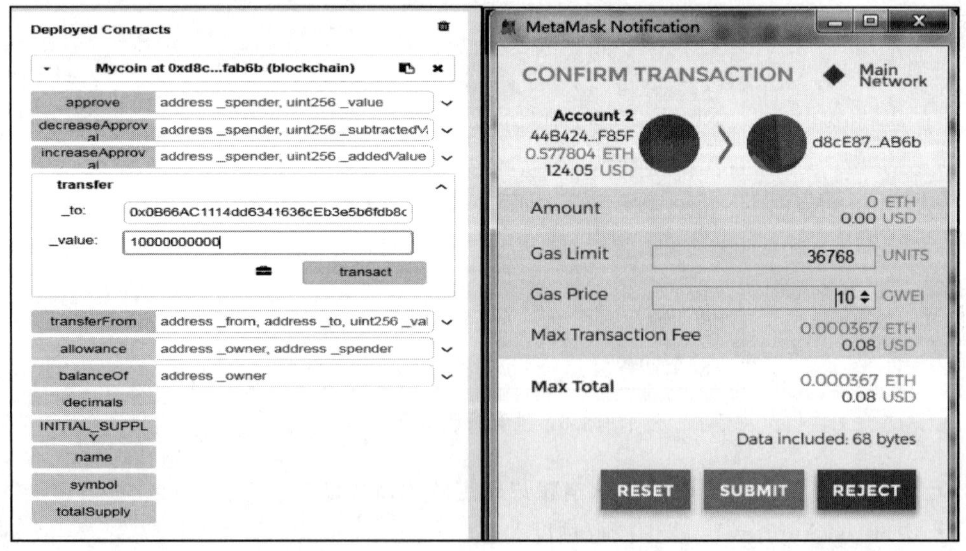


图 13.7 metaMask 显示代币符号和总量

（2）在 Remix 中调用 transfer()函数执行转账。

向另一个地址转账 100MZF，注意要加上精度的 8 位 0，再利用 metaMask 支付转账手续费。

（3）在 EtherScan 中查询交易详情，如图 13.8 所示。

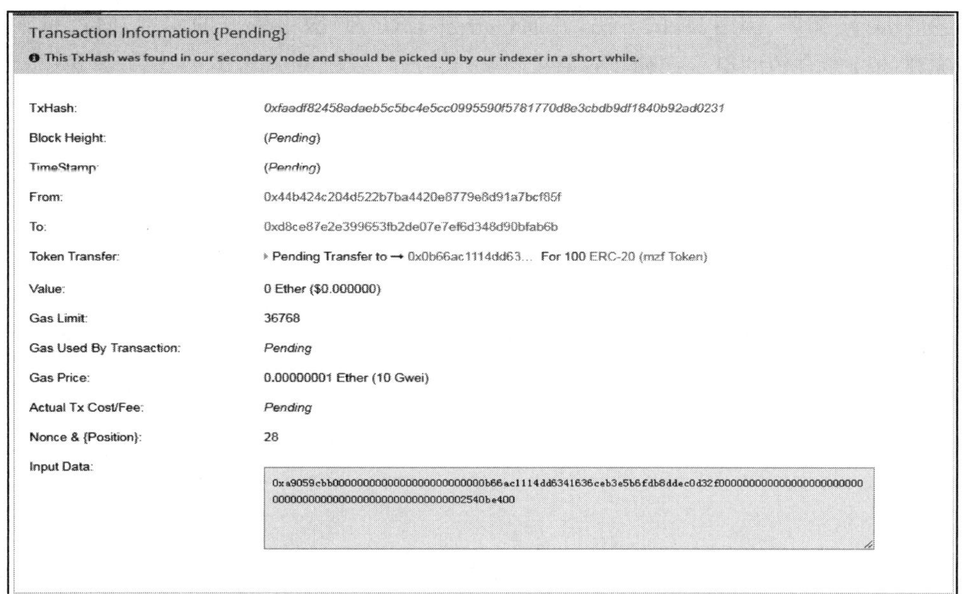


图 13.8　EtherScan 查询交易详情

（4）在 EtherScan 中查询代币详情，如图 13.9 所示。

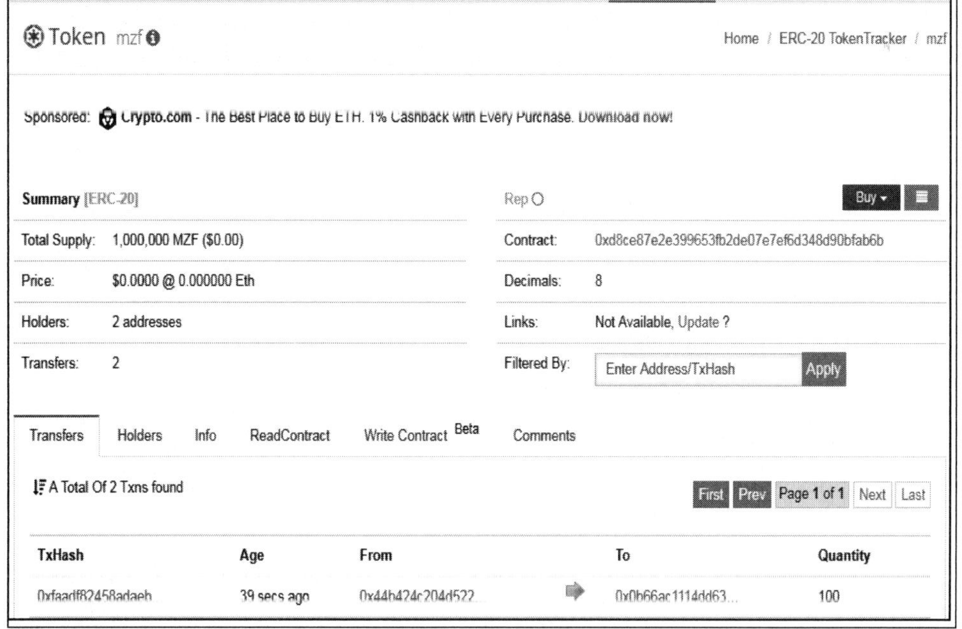


图 13.9　EtherScan 查询代币详情

## 13.8 本章小结

本章介绍了开发以太坊智能合约的全过程，从智能合约语言 Solidity 的语法介绍，到智能合约的编译、部署、调用、测试方法，并通过开发 ERC-20 数字资产的实例，向读者演示了一个完整的智能合约的诞生和使用过程。

# 第14章

# 以太坊DApp开发实践

## 14.1 DApp 开发流程

2004 年,Web 2.0 一词引人注目,描述了网络向用户生成内容、响应接口和交互性的演变。Web 2.0 不是技术规范,而是描述 Web 应用程序新焦点的术语。DApp 的概念旨在将万维网引入其下一个自然演进,将去中心化对等协议引入 Web 应用程序的每个方面。用于描述这种演变的术语是 Web3,意思是网络的第三个"版本"。由 Gavin Wood 首先提出,Web3 代表了 Web 应用程序的新愿景和焦点:从集中拥有和管理的应用程序到基于去中心化协议的应用程序。

在后面的章节中,我们将探索 Ethereum+Web3.js+JavaScript 库,它将浏览器中运行的 JavaScript 应用程序与以太坊区块链连接起来。Web3.js 库还包含一个名为 Swarm 的 P2P 存储网络接口和一个称为 Whisper 的 P2P 消息传递服务。通过在 Web 浏览器中运行的 JavaScript 库中包含这三个组件,开发人员可以使用完整的应用程序开发套件来构建 Web3 DApp。

实现一个 DApp 通常需要以下几个步骤。

(1) 创建智能合约。

(2) 测试智能合约。

(3) 部署智能合约。

(4) 编写后端逻辑。

(5) 编写前端页面。

(6) 前端交互逻辑。

## 14.2 DApp开发工具

**1. Node.js**

简单地说，Node.js就是运行在服务端的JavaScript。随同Node.js一起安装的有一个包管理工具NPM，能解决Node.js代码部署上的很多问题，常见的使用场景有以下几种：

(1) 允许用户从NPM服务器下载别人编写的第三方包到本地使用。

(2) 允许用户从NPM服务器下载并安装别人编写的命令行程序到本地使用。

(3) 允许用户将自己编写的包或命令行程序上传到NPM服务器供别人使用。

安装Node.js的步骤如下。

1) Windows操作系统

Windows下，直接下载安装包即可安装，下载地址为https://Nodejs.org/en/download/，选择后缀为.msi或.exe的文件下载安装。

2) Ubuntu操作系统

Ubuntu下，在命令行输入以下命令即可安装。

```
$ sudo apt-get install nodejs
$ sudo apt-get install npm
$ node --version
v0.10.25
```

3) Mac OS操作系统

Mac OS下，在命令行输入以下命令即可安装。

```
$ brew install node
```

**2. Web3.js**

Web3.js提供了用于和Geth通信的JavaScript API。内部使用JSON RPC协议与Geth通信，可通过包管理器NPM安装Web3.js。

```
$ npm install web3
```

**3. Infrua**

通过Infrua可以连接以太坊主网或测试网全节点，登录Infura官网https://infura.io，注册申请一个Infura账户，即可通过该账户连接Infura全节点。

**4. IPFS**

IPFS是分布式文件系统，可以实现数据的分布式存储。

## 14.3　案例：分层确定性钱包

分层确定性钱包(HD 钱包)可由一个 seed 衍生出多个地址和密钥,用户只需要存储一个 seed,即可备份和存储多个账户,seed 可由 12 个单词组成的助记词(Mnemonic)生成,更容易被用户记住。

本钱包包含的功能有账户管理、创建账号地址、账号余额展示和转账功能。这些功能将基于 Ethers.js 进行开发,Ethers.js 和 Web3.js 一样,也是一套和以太坊区块链进行交互的库,不仅如此,Ethers.js 还对 BIP 39 等相关的提案进行了实现。

### 14.3.1　Ether.js 库

Ethers.js 库是一个更加完整的以太坊 Javascript 代码库,包括 Web3.js 没有的助记词与 HD 钱包支持等。文档地址为 https://docs.ethers.io/。

**1. 安装方法**

```
npm install -save ethers
```

**2. 连接到以太坊网络**

钱包的创建是离线的,不需要依赖网络即可创建钱包地址,但如果想获取钱包的相关信息,如金额、交易记录,又或者想广播交易的话,就需要让钱包连上以太坊的网络。

在 Web3 中是用 Provider 来进行网络连接的,Ethers.js 也是一样,而且 Ethers.js 提供了集成多种 Provider 的方式。

1) 连接到第三方全节点

(1) 默认 Provider(推荐方式):是一个多种类型的 Provider 集合(Infrua 和 Etherscan),如果前面的 Provider 有问题,会自动连接后面的。

```
//网络名称可设为 mainnet、ropsten、rinkeby、kovan 中的一个
let defaultProvider = ethers.getDefaultProvider('ropsten');
```

(2) Etherscan Provider:连接 Etherscan API 的 Provider。

```
let etherscanProvider = new ethers.providers.EtherscanProvider ('ropsten');
```

(3) Infura Provider:连接 Infura 网络的 Provider,Infura 是一套以太坊的基础设施服务,同样有以太坊的主网络和测试网络。

```
let etherscanProvider = new ethers.providers.EtherscanProvider ('ropsten');
```

2）连接到 Geth 或 Parity 全节点

JsonRPCProvider：连接本地以太坊网点的 Provider。

```
//默认连接到 http://localhost:8545,可传入 url 参数更改默认连接
let httpProvider = new ethers.providers.JsonRpcProvider ();
```

3）连接到已存在的 Web3 Provider

通过 MetaMask：连接已有 Web3 对象的 Provider。

```
//连接到的网络类型根据 MetaMask 中连接到的网络类型自动调整
let provider = new ethers.providers.Web3Provider(web3.currentProvider);
```

### 3. 与钱包集成

在通过私钥创建钱包的方法中，除了第一个参数私钥外，还有一个可选参数就是 Provider，所以我们可以将 Provider 集成到钱包中。

```
const provider = providers.getDefaultProvider();
const wallet = new Wallet(privateKey, provider);
```

也可以直接通过给钱包对象的 Provider 属性赋值集成 Provider。

```
const provider = providers.getDefaultProvider();
const wallet = new Wallet(privateKey);
wallet.provider = provider;
```

### 4. 生成助记词

还有一个比较常见的业务场景是生成助记词，Ethers.js 也很贴心地提供了这项功能。

```
const entropy = utils.randomBytes(16);
const mnemonicTemp = HDNode.entropyToMnemonic(entropy);
// 生成了 12 个随机单词, mnemonicTemp 为 "radar blur cabbage chef fix engine embark joy
scheme fiction master release";
const walelt = Wallet.fromMnemonic(mnemonicTemp);
```

### 5. BigNumber 计算

Ethers.js 还提供了一些比较常用的工具方法，如对 BigNumber 的操作。有人可能会问为什么需要操作 BigNumber？因为以太坊的计量单位是 wei，1 以太币 $=10^{18}$ wei，如果用普通的 JS number 对象来存储操作，可能会因为数据溢出而导致结果异常。

常见的业务场景是：计算出当前钱包的价值，即用钱包账户金额（以太币数量）乘以货币单位汇率（美元或者人民币）得到最终结果。

```
// 汇率,截至 2018-04-29,ETH 价格为 693.01 USD
const USD_RATE = 693.01;
// 钱包金额
const balance = await wallet.getBalance();
// bigNumber 不能和小数进行计算,所以要先将汇率变成整数
const rate = Math.round(USD_RATE * 100);
const result = balance.mul(rate).div(100)
```

计算结果后,需要将其转换成正常的数量单位并展示到前台,Ethers.js 提供了相关的方法,还可以通过不同参数展示不同格式的结果。

```
const wei = utils.bigNumberify("1000000000000000000000");

console.log(utils.formatEther(wei));
// "1000.0"

console.log(utils.formatEther(wei, {commify: true}));
// "1,000.0"

console.log(utils.formatEther(wei, {pad: true}));
// "1000.000000000000000000"

console.log(utils.formatEther(wei, {commify: true, pad: true}));
// "1,000.000000000000000000"
```

## 14.3.2　创建钱包后端

### 1. 创建工程

代码如下:

```
$ mkdir hdWallet                        //创建工程目录
$ cd hdWallet
$ npm init                              //初始化 package.json 信息
$ npm install -save ethers              //安装 Ethers.js 库
$ npm install -save express             //安装 Node.js 后端框架 express
$ ls
                                        //现在工程目录中文件信息如下
node_modules     package-lock.json     package.json
$ cd node_modules
$ ls
                                        //node_modules 中已安装的模块如下
@types             express              path-to-regexp
accepts            finalhandler         proxy-addr
aes-js             forwarded            qs
array-flatten      fresh                range-parser
bn.js              hash.js              raw-body
```

```
body-parser           http-errors            safe-buffer
brorand               iconv-lite             safer-buffer
bytes                 inherits               scrypt-js
content-disposition   ipaddr.js              send
content-type          js-sha3                serve-static
cookie                media-typer            setimmediate
cookie-signature      merge-descriptors      setprototypeof
debug                 methods                statuses
depd                  mime                   type-is
destroy               mime-db                unpipe
ee-first              mime-types             utils-merge
elliptic              minimalistic-assert    uuid
encodeurl             ms                     vary
escape-html           negotiator             xmlhttprequest
etag                  on-finished
ethers                parseurl
```

**2. 生成钱包**

生成钱包为离线过程，无须连接到网络。在工程目录下创建 create.js 文件。

```
$ touch create.js
```

create.js 文件中的代码如下：

```
//引入 ethers.js
var ethers = require('ethers');

//拿到生成的钱包信息
let wallet = ethers.Wallet.createRandom();

//获取助记词
let mnemonic = wallet.mnemonic;
console.log("钱包助记词：",mnemonic)

//获取钱包的私钥
let privateKey = wallet.privateKey;
console.log("钱包私钥：",privateKey)

//获取钱包地址
let address = wallet.address;
console.log("钱包地址：",address)
```

在命令行中执行 node create.js，可以看到钱包的助记词、私钥、地址已经生成。

```
$ node create.js
钱包助记词：south load toast accident focus trend chief wasp online air cricket roof
钱包私钥：0x17e7bebb60b5b6430724eec553b71ae67700ab90d29d0b51920e01a08b658a09
```

```
钱包地址: 0x3E8B1d865aCE6C9D70e7882c3D0bd4a93d7f6558
```

可根据相同的助记词生成多个私钥/地址对。

```
//create1.js
var ethers = require('ethers');
//使用刚才生成的助记词
let mnemonic = "south load toast accident focus trend chief wasp online air cricket roof";
let mnemonicWallet = ethers.Wallet.fromMnemonic(mnemonic);

// 得到由这个助记词生成的第二个账号
let path = "m/44'/60'/1'/0/0";
let secondMnemonicWallet = ethers.Wallet.fromMnemonic(mnemonic, path);

//获取钱包的私钥
let privateKey = secondMnemonicWallet.privateKey;
console.log("钱包私钥: ",privateKey)

//获取钱包地址
let address = secondMnemonicWallet.address;
console.log("钱包地址: ",address)
```

在命令行中执行 node create1.js,可以看到使用同一助记词生成的另一个私钥和地址。

```
$ node create1.js
钱包私钥: 0x339935590db583269a3ee600e7b4425d5c6471af24467354665986fad36f51e2
钱包地址: 0x912e1F47925F431cdc8B59b71F0FffBcDB546EB9
```

### 3. 查询账户余额

查询账户余额需要连接到以太坊网络。在工程目录下创建 balance.js 文件。

```
$ touch balance.js
```

balance.js 的代码如下:

```
//引入 ethers.js
var ethers = require('ethers');
//连接到 ropsten 网络
let provider = ethers.getDefaultProvider('ropsten');
//使用刚生成的第一个地址
let address = "0x3E8B1d865aCE6C9D70e7882c3D0bd4a93d7f6558";

provider.getBalance(address).then((balance) => {

    // balance 是一个 BigNumber (单位为 wei),将它转换成以 ether 为单位的一个 string,便于展示
```

```
    let etherString = ethers.utils.formatEther(balance);

    console.log("余额: "+etherString +" ETH");
});
```

在命令行执行 node balance.js,可看到当前账户余额为 0。

```
$ node balance.js
余额: 0.0 ETH
```

从 https://faucet.ropsten.be/获取一些测试网用的以太币,如图 14.1 所示。

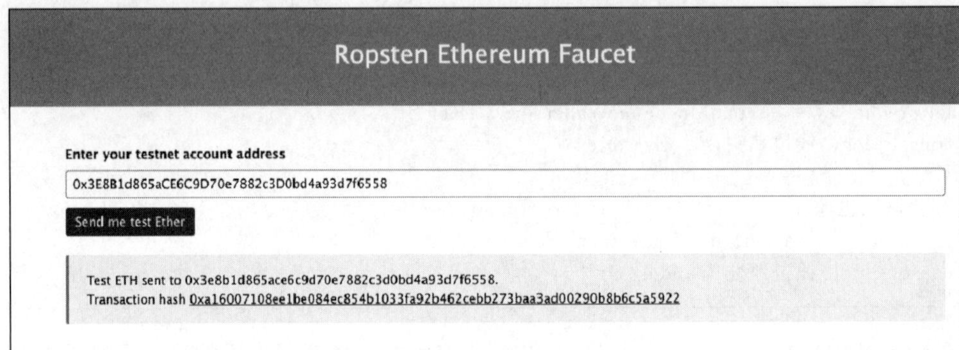


图 14.1 获取测试网用的以太币

交易完成后,再次查询余额。

```
$ node balance.js
余额: 2.997669372337860645 ETH
```

**4. 转账交易**

转账需连接到以太坊网络。在工程目录下创建 tansfer.js 文件。

```
$ touch tansfer.js
```

transfer.js 的代码如下:

```
//引入 ethers.js
var ethers = require('ethers');
//连接到 ropsten 网络
let provider = ethers.getDefaultProvider('ropsten');
//使用刚生成的第一个地址的私钥
let privateKey = "0x17e7bebb60b5b6430724eec553b71ae67700ab90d29d0b51920e01a08b658a09"
//根据私钥创建钱包
```

```
let wallet = new ethers.Wallet(privateKey)
// 地址为"0x3E8B1d865aCE6C9D70e7882c3D0bd4a93d7f6558"
let address=wallet.address;

provider.getTransactionCount(address).then((transactionCount) => {
    console.log("此账户发出的交易数目为: "+transactionCount);
    // 交易内容
    let transaction = {
        nonce: transactionCount,
        gasLimit: 21000,
        gasPrice: ethers.utils.bigNumberify("10000000000"),
        //刚刚创建的第二个账户
        to: "0x912e1F47925F431cdc8B59b71F0FffBcDB546EB9",
        //转账数目为 1 ether
        value: ethers.utils.parseEther("1.0"),
        data: "0x",
        chainId: ethers.utils.getNetwork('ropsten').chainId
    }
    //签名交易
    let signPromise = wallet.sign(transaction)

    signPromise.then((signedTransaction) => {

        console.log("交易的签名为: " +signedTransaction);
        //发送签名后的交易
        provider.sendTransaction(signedTransaction).then((tx) => {

            console.log("交易信息为: "+tx);

        });
    })
});
```

在命令行执行 node balance.js，可看到当前账户余额为 0。

```
$ node transfer.js
此账户发出的交易数目为: 0
交易的签名为: 0xf86c808502540be40082520894912e1f47925f431cdc8b59b71f0fffbcdb546eb9880de-0b6b3a76400008029a0c6ffa05b85440c644d8b2dc63be9bb27851b0309ca39185e84f451f60e5d753fa05a1-fab93fdaefa88dce8c0167b2cb4f93a12a324b83ea7ba2fe513e1d469b2fa
交易信息为: [object Object]
```

可以看到交易信息为一个 object，未直接显示，因此把原代码中的 console.log("交易信息为："+tx)替换为下面的代码。

```
console.log("交易信息为: "+JSON.stringify(tx));
```

保存后再次执行 node transfer.js。

```
$ node transfer.js
此账户发出的交易数目为: 1
交易的签名为: 0xf86c018502540be40082520894912e1f47925f431cdc8b59b71f0fffbcdb546eb9880de-0b6b3a7640000802aa03c6300b6cf50890e1bea6aedbecffd7a8a7acbb
988332e38c87c188b50d4c85ca04eb0fc1ee59e0b126f967b7101910a7497c88057c5b3bbf6e7fb7c6a5f069eca
交易信息为: {"nonce":1,"gasPrice":{"_hex":"0x02540be400"},"gasLimit":{"_hex":"0x5208"},"to":"0x912e1F47925F431cdc8B59b71F0FffBcDB546EB9","value":{"_hex":"0x0de0b6b3a7640000"},"data":"0x","chainId":3,"v":42,"r":"0x3c6300b6cf50890e1bea6aedbec-ffd7a8a7acbb988332e38c87c188b50d4c85c","s":"0x4eb0fc1ee59e0b126f967b7101910a7497c88057c-5b3bbf6e7fb7c6a5f069eca","from":"0x3E8B1d865aCE6C9D70e7882c3D0bd4a93d7f6558","hash":"0x899cb0c70bc047879b350055b8a969846b333957b640c1f3733417468ff97a32"}
```

可看到交易信息中包含交易的 nonce、gasPrice、gasLimit、to、value、data、chainId、v、r、s、from 和 hash。下面查询一下两个账户此时的余额。

```
//balance1.js
//引入 ethers.js
var ethers = require('ethers');
//连接到 ropsten 网络
let provider = ethers.getDefaultProvider('ropsten');
//我们刚刚生成的第一个地址
let address1 = "0x3E8B1d865aCE6C9D70e7882c3D0bd4a93d7f6558";
//我们刚刚生成的第二个地址
let address2 = "0x912e1F47925F431cdc8B59b71F0FffBcDB546EB9";
//查询两个账户的余额
provider.getBalance(address1).then((balance) => {
    let etherString = ethers.utils.formatEther(balance);
    console.log("账户 1 余额: "+etherString +" ETH");
    provider.getBalance(address2).then((balance) => {
        let etherString = ethers.utils.formatEther(balance);
        console.log("账户 2 余额: "+etherString +" ETH");
    });
});
```

以上两个交易成功后运行此代码,可看到第二个地址里面多了 2 ether,而第一个地址少了 2 ether,这是因为还扣除了手续费。

```
$ node balance1.js
账户 1 余额: 0.997249372337860645 ETH
账户 2 余额: 2.0 ETH
```

新建一个 app.js 文件,使用 express 框架作为后端与前端交互。

```
var express = require("express");
var app = express();

app.use(express.static("public"));
```

```
//发送请求到前端页面
app.get("/", function(req, res){
    res.sendFile(__dirname+"/public/html/index.html");
})

app.listen(3000);
```

### 14.3.3 创建钱包前端

在工程目录下创建一个 public 文件夹存放前端代码文件，在 public 目录下创建一个 js 文件夹、一个 css 文件夹、一个 html 文件夹。进入 html 文件夹，创建一个 index. html 文件。进入 js 文件夹，创建一个 main. js 文件。下载一个 bootstrap. min. css 文件放入 css 文件夹中，下载 ethers-v4. min. js 文件放入 js 文件夹中。

```
$ mkdir public && cd public
$ mkdir js css html && cd html
$ touch index.html
$ cd ../js && touch main.js
```

**1. html 文件**

index. html 的代码如下。

```
//index.html
<!DOCTYPE html>
<html lang="en">
    <head>
        <title>index.html</title>
        <meta charset="utf-8">
        <meta name="viewport" content="width=device-width, initial-scale=1, shrink-to-fit=
no">
        <meta http-equiv="x-ua-compatible" content="ie=edge">
        <link rel="stylesheet" href="../css/bootstrap.min.css">
    </head>
    <body>
        <div class="container">
            <div class="row">
                <div class="col-md-6 offset-md-3">
                    <br>
                    <hr>
                        <h5 class="text-xs-left">创建钱包</h5>
                        <br>
                    <div class="alert alert-info" id="info" role="alert">
                            创建新钱包或使用已存在的钱包
                        </div>
                    <form>
```

```
                    <div class="form-group">
                        <label for="seed">输入 12 个单词的助记词</label>
                        <input type="text" class="form-control" id="seed">
                    </div>
                    <button type="button" class="btn btn-primary"
onclick="generate_addresses()">生成新地址</button>
                      <button type="button" class="btn btn-primary" onclick=
"generate_seed()">生成新助记词</button>
                </form>
                <br>
                <hr>
                <h5 class="text-xs-left">钱包信息</h5>
                <br>
                <ol id="list">
                </ol>
                <br>
                <hr>
                <h5 class="text-xs-left">地址余额</h5>
                <br>
                <form>
                    <div class="form-group">
                        <label for="address">地址</label>
                        <input type="text" class="form-control" id="address">
                    </div>
                    <div class="form-group">
                        <label for="balance">余额(ETH): </label>
                        <span id="balance"></span>
                    </div>
                    <button type="button" class="btn btn-primary" onclick="getBalance
()">查询余额</button>
                </form>
                <br>
                <hr>
                <h5 class="text-xs-left">转账</h5>
                <br>
                <form>
                    <div class="form-group">
                        <label for="path">转出方 path </label>
                        <input type="text" class="form-control" id="path">
                    </div>
                    <div class="form-group">
                        <label for="address1">转出方地址: </label>
                        <span id="address1"></span>
                    </div>
                    <div class="form-group">
                        <label for="address2">转入方</label>
                        <input type="text" class="form-control" id="address2">
                    </div>
                    <div class="form-group">
```

```
                        <label for="ether">数量(ETH)</label>
                        <input type="text" class="form-control" id="ether">
                    </div>
                    <button type="button" class="btn btn-primary" onclick="send_ether()"
>发送</button>
                </form>
                <div class="alert alert-info" id="info1" role="alert">
                </div>
            </div>
        </div>
    </div>
    <script src="../js/ethers-v4.min.js"></script>
    <script src="../js/main.js"></script>
    </body>
</html>
```

**2. js 文件**

main.js 的代码为 14.3.2 节的 create.js、balance.js、transfer.js 的融合。

```
//main.js
//连接到 ropsten 网络
var provider = ethers.getDefaultProvider('ropsten');
function generate_seed()
{
    //拿到生成的钱包信息
    let wallet = ethers.Wallet.createRandom();

    //获取助记词
    let mnemonic = wallet.mnemonic;
    console.log("钱包助记词: ",mnemonic);

    document.getElementById("seed").value = mnemonic;
    generate_addresses(mnemonic);
}
var totalAddresses = 0;

function generate_addresses(seed)
{
    if(seed == undefined)
    {
        seed = document.getElementById("seed").value;
    }

    totalAddresses = prompt("你想生成多少个地址?");

    if(!Number.isInteger(parseInt(totalAddresses)))
    {
        document.getElementById("info").innerHTML = "请输入有效的地址个数";
```

```
        return;
    }

    let html = "";

    for(let count = 0; count < totalAddresses; count++)
    {
        let path = "m/44'/60'/"+count+"'/0/0";
        let wallet= ethers.Wallet.fromMnemonic(seed, path);
        let address = wallet.address;
        let private_key = wallet.privateKey;
        html = html+"<li>";
        html = html+"<p><b>Path: </b>"+path+"</p>";
        html = html+"<p><b>Address: </b>"+address+"</p>";
        html = html+"<p><b>Private Key: </b>"+private_key+"</p>";
        html = html+"</li>";
    }

    document.getElementById("list").innerHTML = html;

}
function getBalance()
{
    let address = document.getElementById("address").value;
    //获取地址余额
    provider.getBalance(address).then((balance) => {
    let etherString = ethers.utils.formatEther(balance);
        document.getElementById("balance").innerHTML=etherString;
    });
}
function send_ether()
{
    let seed = document.getElementById("seed").value;
    let path = document.getElementById("path").value;
    let wallet= ethers.Wallet.fromMnemonic(seed, path);

    let address1=wallet.address;
    document.getElementById("address1").innerHTML=address1;
    let to = document.getElementById("address2").value;
    let ethvalue = document.getElementById("ether").value;

    provider.getTransactionCount(address1).then((transactionCount) => {
        console.log("此账户发出的交易数目为: "+transactionCount);
        // 交易内容
         let transaction = {
            nonce: transactionCount,
            gasLimit: 21000,
            gasPrice: ethers.utils.bigNumberify("10000000000"),
            to: to,
```

```
            value: ethers.utils.parseEther(ethvalue),
            data: "0x",
            chainId: ethers.utils.getNetwork('ropsten').chainId
        }
        //签名交易
        let signPromise = wallet.sign(transaction);

        signPromise.then((signedTransaction) => {

            console.log("交易的签名为: " +signedTransaction);
            //发送签名后的交易
            provider.sendTransaction(signedTransaction).then((tx) => {

                console.log("交易信息为: "+JSON.stringify(tx));
                document.getElementById("info1").innerHTML = "交易信息为: "+JSON.stringify(tx);

            });
        })
    });
}
```

### 3. 配置文件

在 package.json 中设置启动项目的命令。

```
//package.json
{
  "name": "hdwallet",
  "version": "1.0.0",
  "description": "",
  "main": "index.js",
  "scripts": {
    "start": "node app.js"                //表示执行 npm start 命令等同于执行 node app.js 命令
  },
  "author": "",
  "license": "ISC",
  "dependencies": {
    "ethers": "^4.0.21",
    "express": "^4.16.4"
  }
}
```

### 4. 前端页面

在工程目录下启动。

```
$ npm start
```

在浏览器打开 localhost:3000,可看到工程的前端页面如图 14.2 和 14.3 所示。

图 14.2　创建钱包页面

图 14.3　钱包转账页面

## 14.3.4　钱包应用演示

### 1. 创建账户

在助记词位置填入之前生成的助记词,并创建两个地址,如图 14.4 所示。

可看到新生成的两个地址与之前生成的两个地址相同,如图 14.5 所示。

图 14.4　创建两个地址

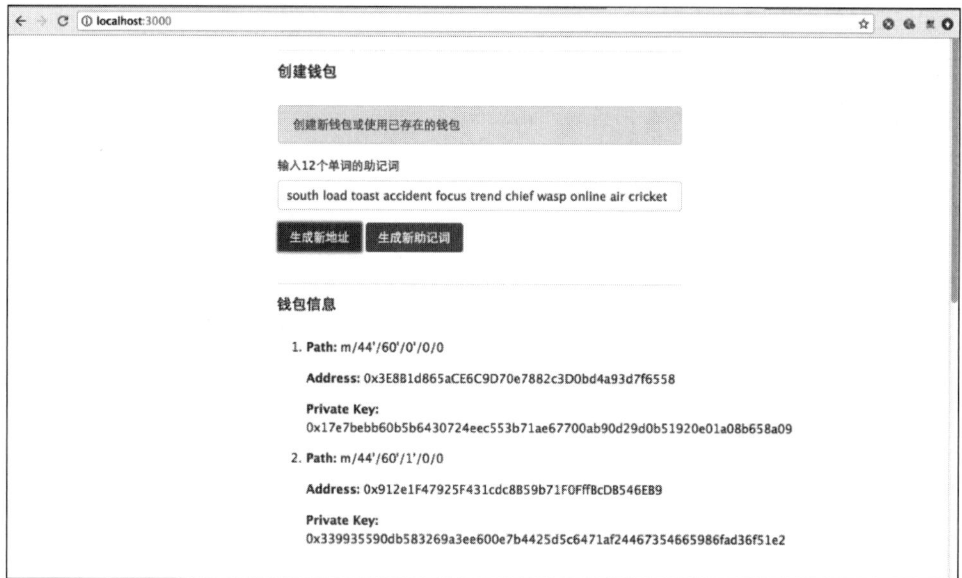


图 14.5　钱包地址信息

### 2. 查询余额

查询这两个地址的余额。第一个地址的余额如图 14.6 所示。

图 14.6　地址余额查询

第二个地址的余额如图 14.7 所示。

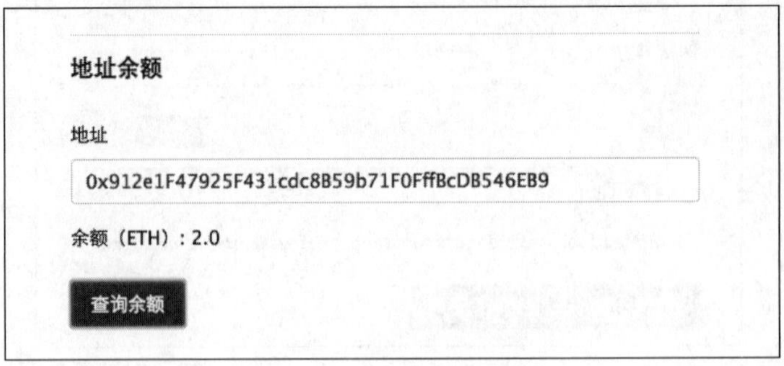

图 14.7　地址余额查询

均与之前查询的结果相同。

**3. 转账交易**

从地址 1 转账 0.1 个 ether 到地址 2，如图 14.8 所示。

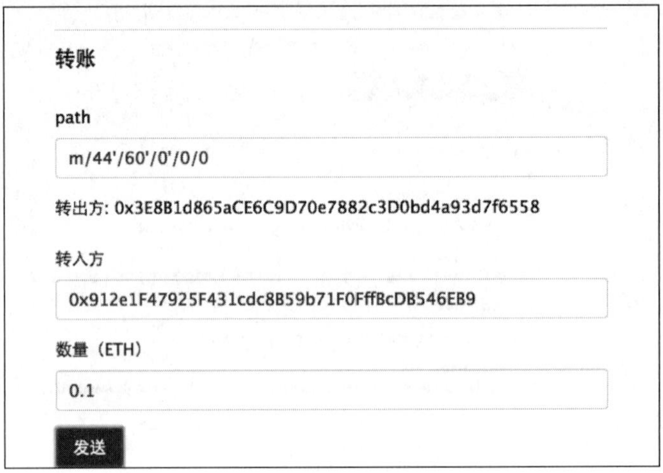

图 14.8　钱包转账

交易成功后再查询地址 2 的余额，发现增加了 0.1 个 ether，如图 14.9 所示。

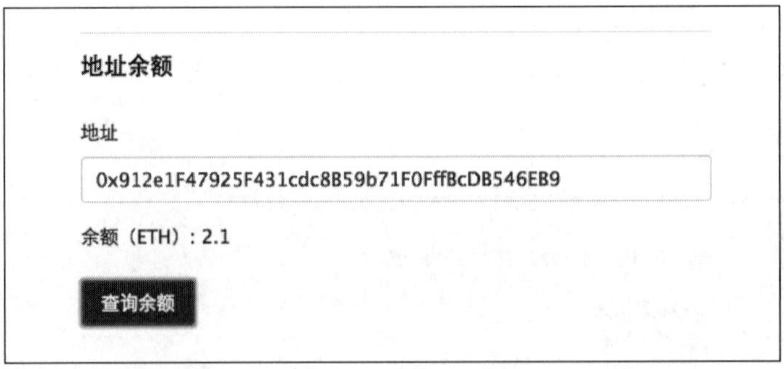

图 14.9　地址余额查询

## 14.4　本章小结

本章介绍了DApp开发流程、开发工具和应用开发实战案例，实现了一个一键发行数字资产和资产锁仓的平台，演示了如何发行安全的数字资产的全部过程，使用Web3.js+Remix+Node.js实现一个完整的DApp。

# 第15章

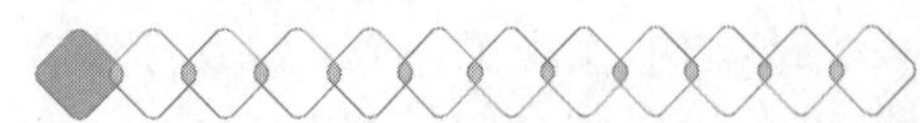

# 以太坊新技术展望

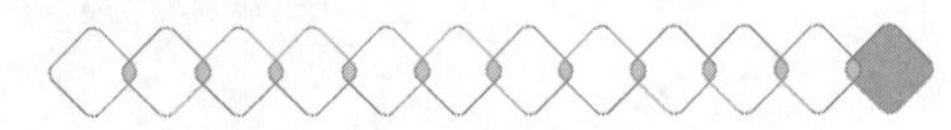

## 15.1 以太坊的联盟链

以太坊联盟链 Quorum 是基于以太坊分布式账本协议开发而成，是一个企业级分布式账本和智能合约平台，可看作企业版的以太坊，它比以太坊拥有更高的吞吐量，且支持交易与合约的隐私性、支持网络节点的许可管理、支持基于投票的共识算法 Raft。

Quorum 的设计目标之一，就是尽可能复用更多的已有技术，最大限度地减少对现有以太坊的改造。Quorum 的总体架构如图 15.1 所示。

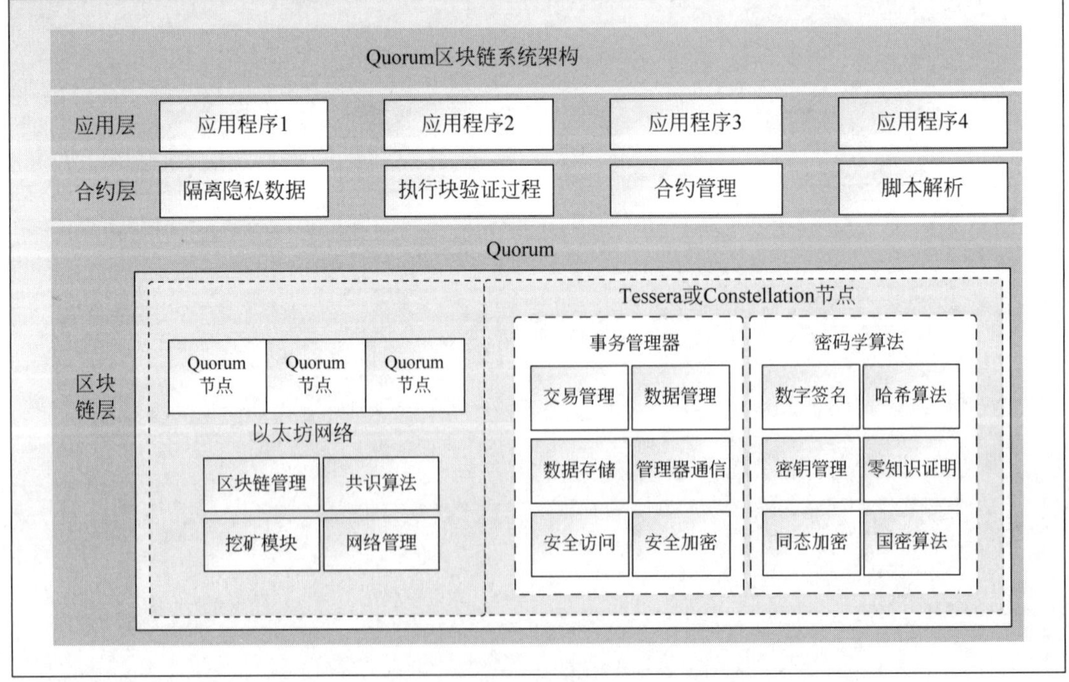


图 15.1　Quorum 总体架构

Quorum 的本质,是使用密码学技术来防止交易方以外的人看到敏感数据。该解决方案需要一个单独的共享区块链和一个智能合约框架与以太坊原始代码的修改组合,其中智能合约框架对隐私数据进行了隔离。对 Go-Ethereum 代码库进行的修改,包括区块提案和验证过程的修改。区块验证过程是通过执行交易合约代码进行的,如所有节点都对公开交易和与交易方相关的私有交易进行验证;对于其他私有交易,节点将会忽略合约代码的执行过程。

这样的操作,将导致状态数据库的分离,如状态数据库被分成私有状态数据库和公开状态数据库两类。网络中所有节点的公开状态,均完美达成状态共识。私有状态数据库的情况有所不同,即使客户端节点的状态数据库不再保存整个全局状态数据库的状态,实际的分布式区块链及其中所有事务仍可以同步到所有节点,为防篡改而做加密安全处理。与其他基于多链的分段策略相比,这是一个明显的区别,同时增强了设计的安全性和弹性。具体参考如图 15.2 所示。

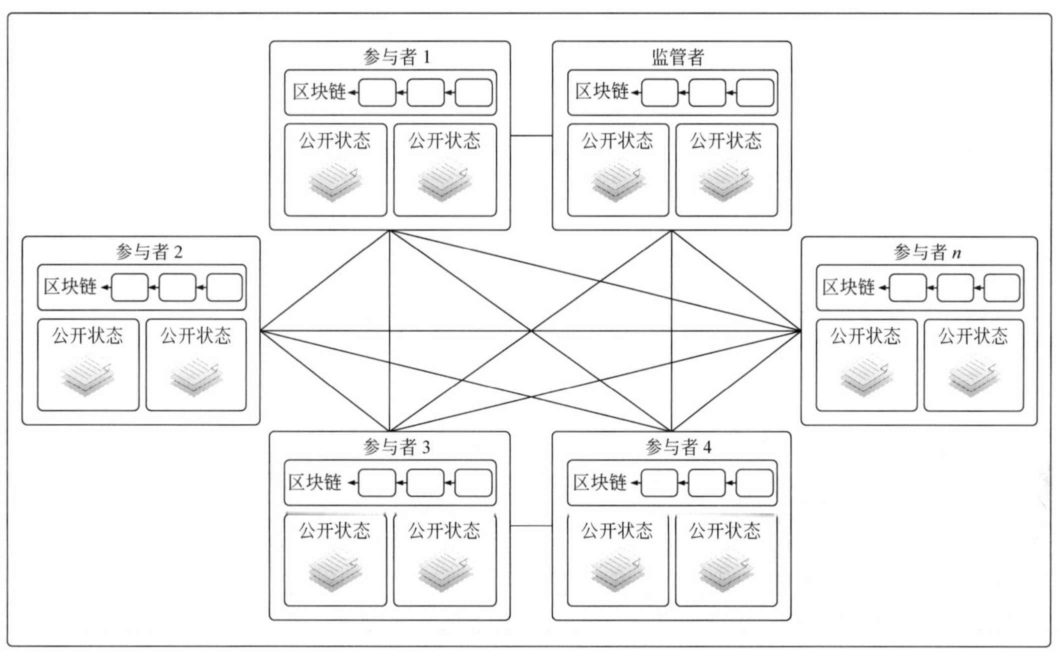


图 15.2　Quorum 状态数据库分离

## 15.2　以太坊分片技术

以太坊 2.0 将以太坊网络分为两层,上层为现有的以太坊(也叫主链 Main chain),基本保持不变;下层为分片链,主要来处理和验证状态分区中的交易。具体结构如图 15.3 所示。

为了更多地提高每个分片的共识速度,以太坊 2.0 将会把原有的 PoW 共识机制升级成为 PoW/PoS 共识机制,即 Casper 共识算法(Casper the friendly Finality gadget ,CFFG),后续可能还会将共识机制转变为完全的 PoS 机制,即 CTFG(Casper the Friendly Ghost)。

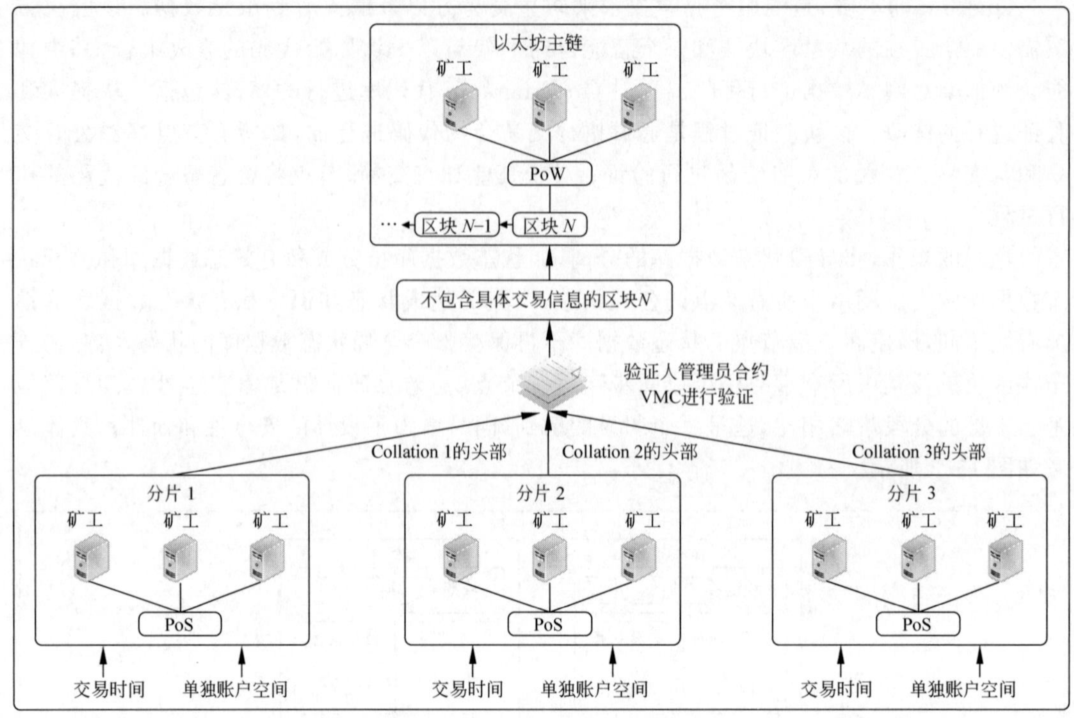

图 15.3 以太坊分片技术结构图

以太坊 2.0 的分片网络被分为主链和分片链。其中，主链可以理解为现有的 PoW 共识机制的主网，主要来处理和验证状态分区中的交易。主链和分片子链的职责如表 15.1 所示。

**表 15.1 主链和分片子链的职责**

| 主链(Main chain) | 分片子链(Shard chain) |
|---|---|
| 生成随机数(Random number generation) | 处理交易(Process transactions) |
| 保存验证节点相关信息(Keep track of validators) | 存储账户/合约的状态(Store account/contract state) |
| 追踪子链的区块(Keep track o shards) | |

为了更好地实现两层网络，引入了一些新的概念。

可以简单地认为：分片中的交易都会被装入校对块。与侧链类似，校对块只有一小部分会被记录到主链。

(1) 分片链上的交易处于自己独立的空间中，分片验证人(shard validator)只需要验证他们所关注的分片。

(2) 分片链也通过 PoS 机制依附于主链，以获得更高层次的共识(higher level of consensus)。

具体过程就是分片中包含多个节点，即分片验证人，可以通过 PoS 机制在分片中完成交易的验证，验证之后产生一个 Collation，而这个 Collation 的头部信息被加入到主链上，具体的交易并不保存在主链上。

为了将分片链加入到主链中，主链上提供了一种叫作验证人管理员的智能合约，该合约是整个分片机制的核心。该合约提供许多函数接口，主要有权益证明系统、伪随机采样、Collation Header 验证、跨分片通信、链上治理等。

## 15.3　以太坊侧链技术

最近，区块链技术引起了广泛关注。虽然区块链技术目前正在快速发展，但是传统区块链技术要落地到商业应用，特别是金融应用，仍然存在很多问题需要解决，如交易性能、隐私保护等。解决这些问题的一种做法是重新开发新的区块链，但是这种做法会造成大量重复性工作，并且需要不断发行新的数字资产。那么是否存在在不影响原有区块链工作的基础上，依托于原有区块链进行技术升级的解决方案？侧链就是在这种需求背景下被提出的。

侧链协议本质上是一种跨区块链解决方案。通过这种解决方案，可以实现数字资产从第一个区块链到第二个区块链的转移，又可以在稍后的时间点从第二个区块链安全返回到第一个区块链。其中第一个区块链通常被称为主区块链或者主链，第二个区块链则被称为侧链。最初，主链通常指的是比特币区块链，而现在主链可以是任何区块链。

通过侧链，可以在主链的基础上进行交易隐私保护技术、智能合约等新功能的添加，这样可以让用户访问大量的新型服务，并且对现有主链的工作并不造成影响。另外，侧链也提供了一种更安全的协议升级方式，当侧链发生灾难性的问题时，主链依然安然无恙。

侧链实现的技术基础是双向锚定（Two-way Peg），通过双向锚定技术，可以实现暂时的将数字资产在主链中锁定，同时将等价的数字资产在侧链中释放。同样，当等价的数字资产在侧链中被锁定时，主链的数字资产也可以被释放。双向锚定实现的最大难点是协议改造需兼容现有主链，也就是不能对现有主链的工作造成影响，其具体实现方式可以分为单一托管模式、联盟模式、SPV 模式、驱动链模式和混合模式 5 类。

## 15.4　本章小结

本章介绍了使用 Quorum 实现以太坊联盟链解决以太坊公有链在企业中的应用和以太坊的隐私保护的问题，使用分片技术解决以太坊吞吐量低和可扩展性差的问题，使用侧链技术以融合的方式实现加密货币金融生态的目标，而不是像其他数字资产一样排斥现有的系统。侧链技术进一步扩展了区块链技术的应用范围和创新空间，使传统区块链可以支持多种资产类型，以及小微支付、智能合约、安全处理机制、财产注册等，并可以增强区块链的隐私保护。

# 第16章

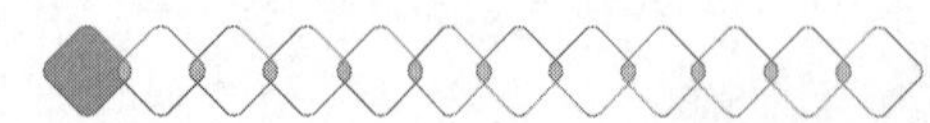

# 超级账本系统架构

本章介绍超级账本系统架构，让读者从全局到细节去接触超级账本，以理解超级账本内部的运转。16.1节整体介绍，让读者快速了解超级账本到底是什么；16.2节对应超级账本的数据层，从最基础的结构讲起；16.3节对应网络层，包含了数据传输，利用Gossip协议进行同步，提供底层构建区块链网络的基本能力，还包含了Fabric最新版本中出现的私有数据；16.4节对应共识层，基于网络层的连通，介绍共识机制和权限管理，它是提供分布式账本的基础；16.5节极具超级账本的特色，讲解了超级账本的通道化数据管理；16.6节详细展示了交易在超级账本中的流程以及实现；16.7节对应合约层，合约层连接了应用层和底层的区块链网络，复杂的定制化业务逻辑都在这里完成。理解了合约层，才能方便之后应用层的开发。

## 16.1　超级账本分层体系架构

不同于传统互联网是以信息为基础的信息网，区块链网络是以信用为基础的可信网络，在区块链的公有链成为社会热点之后，为了让区块链能更贴近企业需求，出现了适合企业级发展的联盟链。与比特币和以太坊这类公有链不同，联盟链网络中的节点必须经过授权认证后才能加入，从而避免了PoW资源开销，大幅提高了交易处理效率，满足企业级应用对处理性能的诉求。

现在联盟链的主流系统有超级账本(Hyperledger)和企业级以太坊(EEA)，以太坊本身是公有链，但应用在企业场景之下提出了企业级以太坊的概念。而超级账本是Linux发起的开源项目，它本身就是为满足联盟链需求而被设计的，Fabric是超级账本之下的一个子项目，它不是一个链，而是联盟链的一个开源框架。

区块链技术为新类型的应用程序提供了机会，这些应用程序可以跨组织边界实现数据共享，其中所有组织节点可以共同分享和管理数据。虽然区块链经常被混淆作为关系数据库或大数据解决方案的替代方案，但区块链并非仅仅只是这样。对于需要可信中介、多方协调以及对透明度、可审计性和完整性要求较高的应用程序，区块链具有特别的优势。虽然区块链目前在公众面前大多只是因为比特币、以太坊或其他数字货币，但企业区块链应用程序正在出现，并可能很快大量用于生产。了解完本书之后的章节，你会看到作为联盟链代表的超级账本，在企业构建真实、可信的区块链应用中将有很大发展空间。

### 16.1.1　项目背景简介

超级账本是 Linux 基金会于 2015 年发起的推进区块链数字技术和交易验证的开源项目，30 家初始成员（包括 IBM 公司等）共同宣告 Hyperledger 项目成立。

Hyperledger Fabric 是 Linux Foundation 的 Hyperledger 项目托管的联盟链平台之一，后面还会介绍到超级账本框架下其他的项目。Fabric 是分布式账本技术(DLT)的一种实现，可在模块化区块链架构中提供企业级网络安全性、可扩展性、机密性和高效性能。该平台专为有兴趣使用共享数据构建和部署区块链应用程序的企业而构建，它的目标是满足企业级应用开发的机密性隐私和可扩展性要求。

Fabric 要求参与组织是信用已知的，并且在区块链初始化期间将每个参与组织作为节点配置到网络中。区块链平台由基本的事务、块和分布式账本结构、底层协议和共识模型简单组成，使应用程序能够专注于应用程序设计和开发，从而实现应用程序的快速开发。实际应用程序可以提供良好的用户体验以及优秀的性能和可伸缩性，在本书之后的章节学习中将体会到这些特点。

### 16.1.2　系统逻辑架构

超级账本的框架采用模块化功能设计，针对不同的开发人员提供不同层面的功能。自下而上包括五层，如表 16.1 所示。

**表 16.1　超级账本五层功能设计**

| | |
|---|---|
| 数据层 | 也称为存储层，是网络模型最基础的结构，数据层包括数据区块的链式数据结构相关的时间戳以及一些加密技术，数据的安全是网络的基础 |
| 网络层 | 面向系统管理人员，包含了数据传播、数据验证机制以及 P2P 组网机制等。由多个节点组成 P2P 网络，通过 grpc 通道进行交互，利用 Gossip 协议进行同步，提供底层构建区块链网络的基本能力，包括代表不同角色的节点和服务 |
| 共识层 | 面向联盟和组织的管理人员，包含各个节点的共识算法和共识机制，是区块链网络运转的最核心层面。基于网络层的连通，实现共识机制和权限管理，提供分布式账本的基础 |
| 合约层 | 封装了智能合约(包括系统和用户两种)以及各类自动脚本，还有一些高级算法，合约层连接了应用层和底层的区块链网络，复杂的定制化业务逻辑都在这里完成，是整个应用丰富性、实用性的具体体现 |
| 应用层 | 在最顶层，针对业务应用开发人员，封装了各种应用场景的代码，将区块链网络与业务场景相结合 |

比起比特币和以太坊，超级账本没有也不需要有激励层，超级账本参考的逻辑架构包括四大类：身份识别、共识、区块链和智能合约。超级账本参考框架如图 16.1 所示。这些分类都是方便理解的逻辑结构，并没有将组件划分成独立的进程、地址空间或(虚拟)机的物理描述。

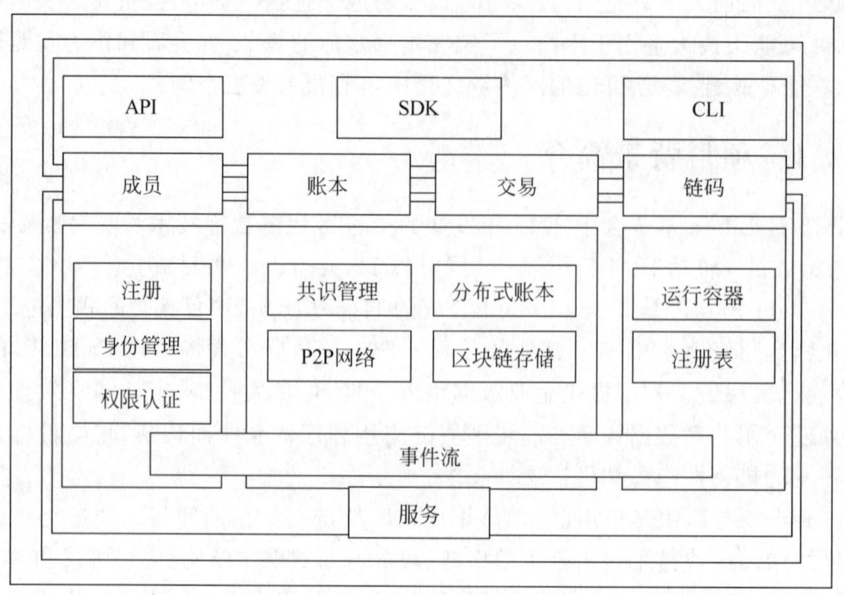


图 16.1 超级账本参考架构

如图 16.1 中,系统逻辑架构很清晰,开发接口有 API、SDK 和 CLI,通过这些接口访问到的网络资源有成员、账本、交易及链码,这些都是由下面三种服务实现的。下面我们从不同逻辑角度进行具体分析。

**1. 应用开发角度**

Fabric 架构为应用开发提供了应用编程接口,其中 grpc 的 API,提供能够完成通道、链码、交易等方面的操作接口;为了方便编程语言的调用,Fabric 绑定了 Java、Node.js 以及 Go 的 SDK;此外,因为整个网络是部署在 Docker 容器中的,还可以通过命令行接口 CLI,无须编程直接调用 Fabric 的功能,使用 Fabric 网络中的各种资源以及服务。

1)权限管理服务

权限管理服务负责管理诸如参与者和分类账对象这样的实体的身份识别,同时负责整个资源访问过程的权限管理(参与者通过注册获取身份,之后通过授权机构发放的密钥进行交易)。Hyperledger Fabric 使竞争的商业利益以及任何需要私人机密交易的群体能够在同一个权限网络上共存。专用信道是受限制的消息传递路径,可用于为网络成员的特定子集提供事务隐私和机密性。通道上的所有数据(包括交易、成员和通道信息),对于未明确授予对该通道的访问权限的任何网络成员都是不可见且不可访问的。

2)区块链服务模块

区块链服务模块负责通过点对点通信协议管理整个网络的核心——分布式账本。分布式账本记录了所有应用信息,经过优化的数据结构可以有效维护在每个节点中都保存的整体状态信息。而应用可以通过发起交易来向分布式账本中记录数据,同时共识算法会嵌入到每一个配置节点中,以保证整个网络的高度一致性。策略服务负责管理访问控制、隐私、联盟规则、共识规则等。

3）链码服务

链码服务负责提供安全又轻便的方式供智能合约在验证节点上运行。智能合约也就是链码，承载了交易执行的逻辑。这些逻辑确保交易遵循相同的规则和要求，特定类型的事务通过调用这些链码来完成需求。为了确保整个系统按规则运转，系统链码定义整个通道的操作参数，生命周期和配置系统链码定义了通道的规则，认可和验证系统链码定义了认可和验证交易的要求。

Fabric 采用高度模块化的系统设计理念，为网络设计人员提供了功能选择。权限认证模块（MSP）、共识服务模块（Ordering Service）、背书模块（Endorsing Peers）、区块提交模块（Committing Peers）等模块分离部署，使开发者可以根据具体的业务场景替换模块，访问 Fabric 网络中的多种资源，包括账本、交易、链码、事件、权限等，实现了模块的插件式管理（plug-in/plug-out）。超级账本的每个模块都清晰、完整地定义了相应的 API 接口，因此这些模块可以实现“即插即用”。例如，共识算法的 API 支持用户无须修改算法代码就可以在各类用例中使用这一算法。完善的 API 接口为超级账本支持各类用例提供了有力保障。

任何行业或公共领域都可以采用 Fabric 区块链架构，确保网络可以跨市场、跨监管和跨地理进行信息交流，而达成共识的独特方法可实现企业所需的灵活性和可扩展性，保持自己的网络特性。超级账本所具有的一整套完全独立的 API 接口、智能合约模块以及共识协议模块是保障参与者能够在整个生态系统中提供贡献的基础。这一特性保障了整个生态系统的快速成长。

**2. 底层组件角度**

底层的模块化功能为应用程序提供区块链服务支持，Hyperledger Architecture WG 区分了以下业务区块链组件。

1）成员服务提供者（MSP）

MSP 提供虚拟成员操作的管理框架，经过 MSP 可以成为 Fabric 网络中的节点。权限管理利用了已有的 PKI（public key infrastructure）体系、数字证书、加解密算法等诸多安全技术建立一个根信任证书体系，利用 PKI 对成员进行身份认证和授权访问认证等管理。

2）链码

智能合约负责处理业务请求，并通过执行业务逻辑确定事务是否有效。链码依赖容器和状态机开发时用 Docker 管理普通链码，支持多种语言，具有良好的扩展性。例如，为资产所有权变更定义参数的 Chaincode 可确保所有转移所有权的交易都遵循相同的规则和要求。将资产定义和资产处理逻辑封装成接口，当其被用户调用时，会改变账本的状态。策略服务负责管理系统中指定的各种策略，如背书策略、共识策略或组织管理策略。

3）安全和密码服务

使用 BCCSP（blockchain cryptographic service provider）实现密钥生成、Hash 运算、签名验证、加密解密等。

4）事件流

Hyperledger Fabric 按节点类型分配网络角色。为了向网络提供高并发性和高并行性，背书与排序功能分开。每个 Peer 节点能同时处理多个事务，然后再传给 Orderer 节点。

这种并发执行提高了每个 Peer 节点的处理效率,并加速了向 Orderer 节点的交付。除了加速并行处理之外,分工还可以减轻订单节点对事务执行和分布式账本维护的需求,同时使对等节点免于订购(共识)的负载压力。角色的这种分叉也限制了授权和认证所需的处理,所有对等节点都不必信任所有排序节点,反之亦然。因此,一方上的进程可以独立于另一方的验证运行。

### 16.1.3 网络主要节点

Hyperledger 要求参与的组织是信用已知的,就是说默认以及加入的组织节点是可以信任的,并且在区块链初始化期间将每个参与组织作为节点配置到网络中。这些不同组织的实际节点主要分成以下 4 种。

**1. 客户端节点**

客户端节点也就是应用程序,它必须连接到一个 Peer 节点或者排序服务节点才能与区块链网络进行通信。客户端节点有两个职责:操作 Fabric 网络,包括更新网络配置、启停节点等;操作运行在网络中的链码,包括安装、实例化、发起交易调用链码等。客户端节点具有 Submitter 的能力,用于将终端用户的交易请求发送到区块链网络。下面是客户端参与的一些典型场景。

客户端加入网络的应用通道通过从 CA 获取合法的身份证书;发起正式交易前,需要先构造交易提案提交给 Endorse 进行背书;客户端收集到足够的背书支持后,可以利用背书构造一个合法的交易请求,发给 Orderer 进行排序处理;客户端还可以通过事件机制来监听网络中消息,获知交易是否被成功接收。

命令行客户端的主要实现代码在 Fabric 框架下的 peer/chaincode 目录下。与客户端连接的 Endor 节点主要提供 ProcessProposal(ctx context. Context, signedProp * pb. SignedProposal)(* pb. ProposalResponse, error)方法(代码在 core/endorser/endorser. go 文件中)供客户端调用,完成对交易提案的背书处理。而区块链网络节点收到来自客户端的交易提案后,首先进行合法性和 ACL 权限检查,检查通过则模拟运行交易,对交易导致的状态变化进行背书并返回结果给客户端,客户端再进行下一步的处理。

**2. Orderer 节点**

Orderer 节点仅负责排序,为网络中所有合法交易进行全局排序,并将一批排序后的交易组合生成区块结构。Orderer 节点一般不需要跟账本和交易内容直接打交道,它是提供共识服务的网络节点,例如使用 Solo、Kafka 或 PBFT。

此外,Orderer 节点提供了通向客户端和 Peer 节点的共享通信通道,提供了包含交易的消息广播服务(broadcast 和 deliver)。客户端可以通过这个通道向所有的节点广播(broadcast)消息。通道可以向连接到该通道的节点投递(deliver)消息。

Orderer 节点服务支持多通道(multi-channel)。客户端和 Peer 节点可以连接到一个给定的通道,并通过给定的通道发送和接收消息。多通道使得给定的 Peer 节点集合接收包含相关交易的区块,从而与其他交易完全隔离,实现数据隔离和保密。

Orderer 节点的作用如表 16.2 所示。

表 16.2 Orderer 节点作用

| 序 号 | 作 用 |
|---|---|
| 1 | 交易排序 |
| 2 | 目的：保证系统的最终一致性(有限状态机) |
| 3 | Solo：单节点排序 |
| 4 | Kafka：外置的分布式消息队列 |
| 5 | 区块分发 |
| 6 | Orderer 中的区块并不是最终持久化的区块 |
| 7 | 是一个中间状态的区块 |
| 8 | 包含了所有交易，不管是有效还是无效，都会打包传给组织的锚节点 |
| 9 | 多通道的数据隔离 |
| 10 | 客户端可以使用某个通道，发送交易 |

Orderer 节点主要实现代码在 Fabric 框架的 orderer 目录下。对外主要提供广播 Broadcast (srvab. AtomicBroadcast Broad-castServer) error 和投递 Deliver(srvab. AtomicBroadcast De-liverServer)error 两个 RPC 方法；前者代表客户端将数据(交易)发给 Orderer 节点，后者代表从 Orderer 节点获取到排序后构造的区块结构。客户端可以使用 atomicBroadcastClient 结构访问这两个接口，维持了一个 gRPC 的双向通道。

**3. Peer 节点**

Peer 节点是维护账本的网络节点，Chaincode 部署在 Peer 节点上，它对账本进行直接读写操作。Peer 托管账本和智能合约、区块链网络中的多个 Peer 节点，是构成 Fabric 网络的基本物理结构。

Hyperledger Fabric1.0 之后的版本，根据交易过程中不同环节的功能，逻辑上将节点解耦为 Endorser 和 Committer，让不同类型的节点可以同时关注处理不同的工作负载。实际上，一个 Peer 节点可以充当多种角色，如背书者 Endorser、提交者 Committer。

1) Endorser 角色

背书节点会根据交易消息的签名信息验证其是否是一个有效的消息，验证通过后，背书节点会根据当前账本数据模拟执行链码中的业务逻辑并生成读写集(RwSet)，其中包含响应值、读写集等，主要代码在 core/endorser 目录下。

2) Committer 角色

负责维护区块链和账本结构。该节点会定期地从 Orderer 节点获取排序后的批量交易区块结构，对这些交易进行落盘前的最终检查。检查通过后执行合法的交易，将结果写入账本，同时构造新的区块，更新区块中 BlockMetadata 记录交易是否合法等信息。

同一个物理节点 Peer 可以仅作为 Committer 角色运行，也可以同时担任 Endorser 和 Committer 这两种角色，主要实现代码在 core/committer 目录下。

Peer 节点相关的主要数据结构包括 PeerEndpoint 和 EndorserClient。前者代表一个 Peer 节点在网络中的接入端点；后者实现 EndorserClient 接口，代表连接到 Peer 节点的客户端句柄，提供对 Endorser 角色实现的 ProcessProposal(ctx context. Context, signedProp * pb. SignedProposal)( * pb. ProposalResponse, error)方法的访问。

**4. Fabric CA 证书节点**

Hyperledger Fabric CA 是 Hyperledger Fabric 的证书颁发机构，负责网络中所有证书的管理，实现标准的 PKI 架构。CA 在签发证书后，自身不参与网络中的交易过程。

CA 节点负责对 Fabric 网络中的成员进行身份管理。它提供了以下功能：

(1) 身份注册，或者将连接到 LDAP 作为用户注册。

(2) 颁发登录证书(ECerts)。

(3) 颁发交易证书(TCerts)，保证链上交易的匿名性与不可连接性。

(4) 证书续期与撤销。

Hyperledger Fabric CA 由服务器和客户端组件组成，Fabric 目前采取数字证书节点机制来实现对身份的鉴别和权限控制，CA 节点则实现了 PKI 服务，主要负责对身份证书进行管理，包括生成和撤销。CA 可以提前签发身份证书，发送给对应的成员实体，这些实体拿到证书之后可以访问区块链网络中的各项资源。后续访问过程中，实体无须再次向 CA 节点进行请求。由此可见，CA 节点的处理和网络交易的处理之间是解耦的，并不会造成对交易的性能影响。

CA 服务器在 Hyperleder Fabric 框架体系架构中的工作方式如图 16.2 所示。

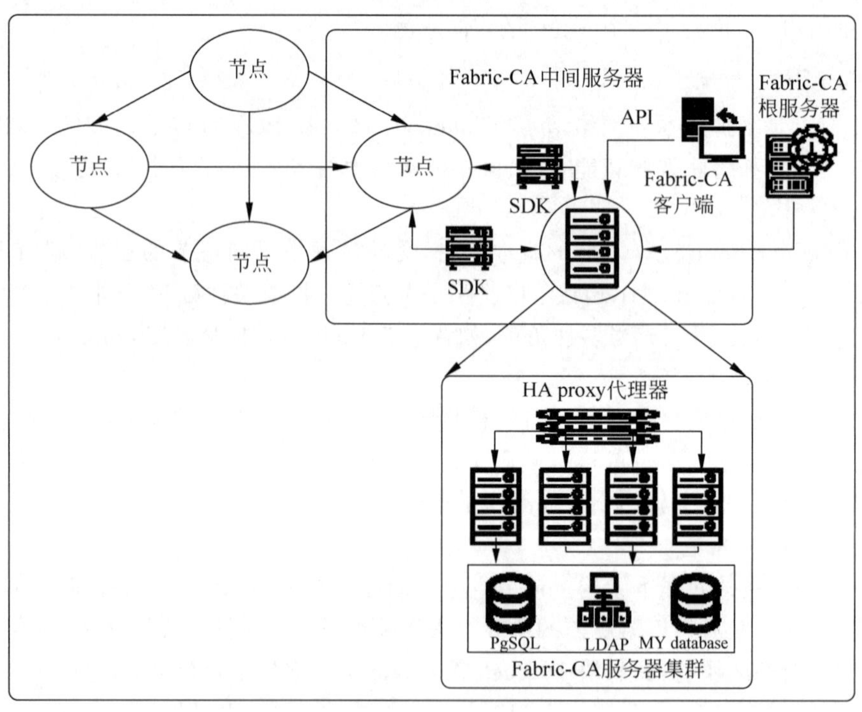


图 16.2 Fabric-CA 工作方式图

从图中可以看出 Fabric-CA 提供了两种访问方式调用 Server 服务，一种是通过 Client 调用，另一种是通过 SDK 调用，主要代码在 Fabric 网络单独的 Fabric-CA 项目中。

**5. 其他**

此外，还有一些基本的 Hyperledger 网络组成部分的概念。

1）通道

Order 服务提供了可供 Peer 节点订阅的主题（如发布-订阅消息队列），每个主题是一个通道。Peer 可以订阅多个通道，并且只能访问订阅通道上的交易。

2）账本

账本保存由 Orders 提交经过节点确认的交易记录。

3）成员

访问和使用账本的网络节点。

4）链

基本上，一个链由 1 个通道＋ 1 个账本＋ $N$ 个成员组成。非链的成员无法访问该链上的交易，链的成员可以由应用程序动态指定。

### 16.1.4 主要项目介绍

超级账本所有的项目代码都放在 Gerrit 和 GitHub 上面，Hyperledger 中最主要项目有 8 个，如图 16.3 所示。

图 16.3 超级账本主要项目

#### 1. Fabric

Fabric 就是一个支持合约的区块链网络实现。Hyperledger 把 Fabric 这样的系统称为 Framework。这里的 Framework 是指实现了区块链，提供了将数据写入链和从链中读取数据的方法，可以在此基础上，开发一些使用到了区块链特性的应用。Fabric 的目标是区块链的基础核心平台，支持 PBFT 等新的共识机制，支持权限管理，最早由 IBM 和 DAH 发起。

Fabric 是模块化设计的，可以根据自己的情况使用不同的共识机制。这里的机制包括排序共识、Solo、Kafka 以及 PBFT。Fabric 的合约是实现一组 API 的程序，API 函数都遵循 Fabric 规定的格式。把实现了上述样式接口的代码打包提交到 Fabric 中，完成初始化之后，就可以通过每一个节点（Peer）调用这些 API，开发人员可以用 SDK 来调用这些 API，使开发工作更为简洁方便。

Fabric 现在包括 Fabric、Fabric-CA、Fabric-SDK（其中包含 Node、Java、Python），还有 Fabric API。

#### 2. Composer

Composer 是一个区块链应用开发工具，在 Composer 中，通过一些简单的定义，可以很快地生成一个区块链应用。它的定位是开发辅助框架，开发者可以使用 JavaScript 定义应用逻辑，加上资源、参与者、交易等模型和访问规则，生成 Hyperledger Fabric 支持的链码。

**3. Sawtooth**

Sawtooth 项目是由 Intel 公司在 2016 年提交到社区的，同 Fabric 一样，该项目的定位也是分布式账本平台，基于 Python 语言实现，目前的提交次数超过了 3000 次。

Sawtooth 的特点在于利用 Intel 芯片的专属功能，实现了低功耗的 PoET(proof of elapsed time)共识机制。PoET 以最小的资源消耗为目标，针对大型分布式验证器群。Sawtooth 特别强调自己支持并行，通过并行，可以提高处理效率，方便用户快速开发应用。Sawtooth 还支持以太坊上的合约，通过一个叫 seth 的项目实现兼容。

**4. Iroha**

Iroha 的设计目标是移动优先，它的定位是分布式账本平台框架，基于 C++语言，是日本公司贡献的。它声称自己的共识算法 YAC(Yet Another Consensus)更为高效。

Iroha 也是支持授权的，而且自称它的授权实现目前是最好的。Iroha 项目在设计上类似 Fabric，同时提供基于 C++语言的区块链开发环境，并考虑移动端和 Web 端的一些需求。

**5. Burrow**

Burrow 项目由 Monax、Intel 等企业于 2017 年 4 月提交到社区。该项目的前身为 eris-db，基于 Go 语言实现，目前提交次数已经超过 1000 次。Burrow 项目支持以太坊虚拟机的智能合约区块链平台，并支持 proof-of-stack 共识机制和权限管理，可以提供快速的区块链交易。

**6. Indy-node**

Indy-node 项目致力于打造一个基于区块链和分布式账本技术的数字中心管理平台。该平台支持去中心化，支持跨区块链和跨应用的操作，可以实现全球化的身份管理。该项目主要由 Python 语言开发，包括服务节点、客户端和通用库等。

**7. Explorer**

该项目的是区块链平台的浏览器，经常被称作区块链浏览器，是基于 Node. js 实现的，提供 Web 操作界面，其实就是一个可以查看区块链内容和区块链网络状态的 Web 应用，用户可以用它迅速查到底层区块链平台的运行信息，如区块个数、交易情况等基本信息。

**8. Cello**

Hyperledger Cello 是超级账本项目下面的一个子项目，为用户提供按需部署的功能，可以将区块链部署在各种裸机、虚拟机、容器中。该项目最初由 IBM 公司发起，得到了 Soramitsu、华为和 Intel 的赞助。

Cello 可以容易地帮助用户实现以下方面：

(1) 从头开始快速构建一个区块链，即服务(BaaS)的平台。

(2) 支持可定制的区块链，如 Hyperledger Fabric Network v1.0。

(3) 可以在裸机、虚拟云端(如虚拟机、vsphere Clouds 等)，或容器集群(如 Docker、Swarm、Kubernates 等)中管理一个区块链网络资源。

(4) 从 dashboard 中就可以完成检查系统状态、调整区块链数量、扩展资源等功能。

Cello 项目的定位为区块链管理平台，同时提供 BaSS 服务，实现区块链环境的快速部署，以及对区块链平台的运行管理。Cello 让开发者更加关注于应用开发而不是底层平台的管理和维护。

### 16.1.5　Fabric 新的变化

自最初的 Hyperledger Fabric v1.0 发布以来，Hyperledger Fabric 已经成熟，Fabric 运营商和开发人员社区也在成熟。Fabric 开发人员一直与网络运营商和应用程序开发人员合作，提出了最新的 1.4 版本，重点关注稳定性、生产操作和开发人员的易用性。Hyperledger Fabric v1.4 的两个主要发布主题围绕以下三个领域。

#### 1. 可维护性和操作

随着更多 Hyperledger Fabric 网络的部署和进入生产状态，可维护性和操作方面至关重要。Fabric v1.4 通过日志改进、运行状况检查和运营指标实现了巨大飞跃。除了关注稳定性和修复，Fabric v1.4 是生产操作的推荐版本。未来的修复程序将在 v1.4.x 流上提供，而 v2.0 流中正在开发新功能。

#### 2. 用于开发应用程序的改进编程模型

编写分散式应用程序变得更加容易。Node.js SDK 和 Node.js 链代码中的编程模型改进使得分散式应用程序的开发更加直观，使开发者可以专注于应用程序逻辑。现有的 npm 软件包仍可供使用，而新的 npm 软件包提供了一层抽象，以提高开发人员的工作效率和易用性。

#### 3. 私人数据增强

私有数据功能已成为 Fabric 的一部分，1.2 版本推出了两项新增强功能。

(1) 协调，允许 Peer 节点添加到私有数据集合组织，从而有权检索先前事务的私有数据。

(2) 客户端访问控制，根据客户组织成员资格，自动强制执行链代码中的访问控制，而无须编写特定的链代码逻辑。

## 16.2　超级账本分布式账本结构

超级账本的区块链总账由两个主要的部分组成：一个是区块链，一个是世界状态，如图 16.4 所示。区块链在磁盘上既可以文件形式存储，也可以数据库形式存储。以文件存储的区块链是在总账中的一系列连接好的用来记录交易的区块，更方便于日志形式的追加操作；以数据库存储的世界状态是一个用来存储交易执行状态的键-值(key-value)数据库，更易实现查询与修改区块链。

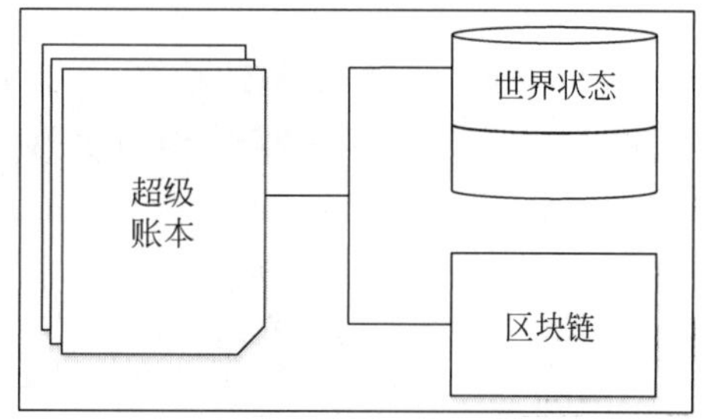

图 16.4　账本的组成

一般来讲，账本是指超级账本 Fabric 网络中的逻辑分类账本，实际上，区块链网络维护账本的多个副本，通过称为共识的过程与每个其他副本保持一致。术语分布式账本技术(DLT)通常与这种分布式账本是相关联的，虽然在逻辑上是单一的，但在整个网络中分布的副本都是一致的。

下面将详细地研究区块链数据结构和世界状态。

## 16.2.1 区块链区块结构

### 1. 区块链

区块链是一个事务日志，结构为链式数据结构，每个块包含一系列交易，每个交易代表对世界状态的查询或更新。在本书后面章节有对排序事务机制的具体分析，创世块首次创建时建立块排序以及块内的交易排序是非常主要的。

每个块的头部包括块的交易的散列 Hash，以及先前块的头部的散列 Hash 的副本。通过这种方式，分类账上的所有交易都按顺序排列并以加密方式链接在一起。这种散列的链接使账本数据非常安全。即使存有账本的一个节点被篡改，它也无法说服其他节点它具有"正确"的区块链，因为账本分布在整个独立节点的网络中。

物理上，区块链总是作为文件实现，与使用数据库的世界状态形成对比。这是一种明智的设计选择，因为区块链数据结构严重偏向于一小组简单操作。附加到区块链的末尾是主要操作。区块链是由一个区块链表定义的，每个区块包含它在链中前一个区块的哈希。区块链的结构如图 16.5 所示。

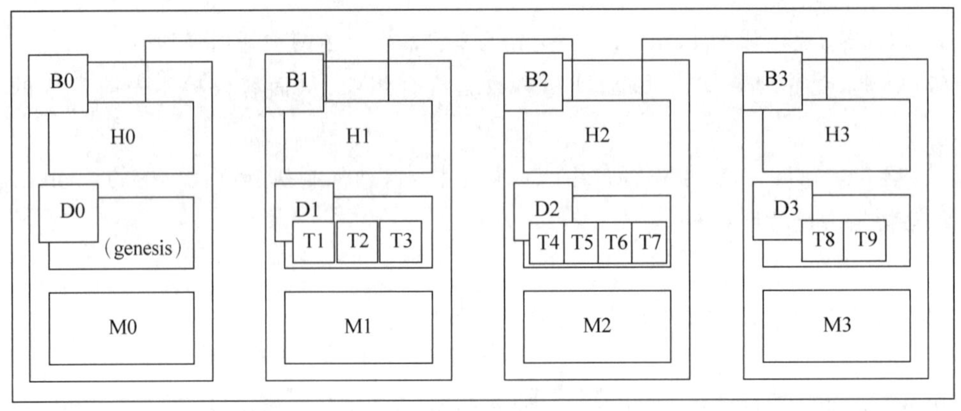


图 16.5 区块链结构

区块链 B 包含块 B0、B1、B2、B3。B0 是区块链中的第一个区块，即创世块，它是账本的起点，不包含任何用户事务，但包含网络信道的初始状态的配置事务。

### 2. 区块结构

区块 B2 具有块数据 D2，其包含其所有事务为 T4、T5、T6、T7。B2 具有区块头 H2，其包含 D2 中所有事务的加密散列以及来自前一块 B1 的副本。通过这种方式，块是不可分割和不可分割地相互联系的。Hyperledger Fabric 区块头除含有交易 Merkle 根外，还含有针对账户状态数据的状态 Merkle 根 (State Root)。每个区块的结构如图 16.6 所示。

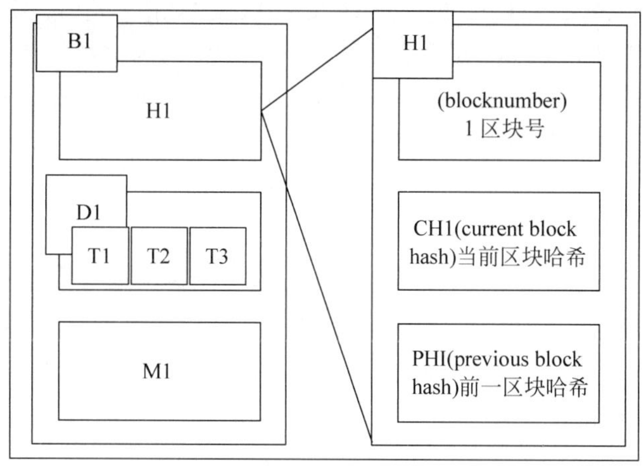


图 16.6 区块结构

区块的数据结构(Protobuf 格式)定义如下：

```
message Block {
  version = 1;
  google.protobuf.Timestamp timestamp = 2;
  bytes transactionsHash = 3;
  bytes stateHash = 4;
  bytes previousBlockHash = 5;
  bytes consensusMetadata = 6;
  NonHashData nonHashData = 7;
}

message BlockTransactions {
  repeated Transaction transactions = 1;
}
```

数据结构的含义如下：

(1) version：用来追踪协议变化的版本号。

(2) timestamp：由区块提议者填充的时间戳。

(3) transactionsHash：区块中交易的 merkle root hash。

(4) stateHash：世界状态的 merkle root hash。

(5) previousBlockHash：前一个区块的 Hash。

(6) consensusMetadata：共识可能会引入的一些可选的元数据。

(7) nonHashData：nonHashData 消息会在计算区块的哈希前设置为 nil，但是在数据库中存储为区块的一部分。

(8) BlockTransactions.transactions：交易消息的数组，由于交易的大小，它们不会被直接包含在区块中。

区块包含的另外两个重要信息是它包含区块执行所有交易后的交易列表和世界状态的 Hash。

比特币、Hyperledger Fabric 1.0 的区块链以文件形式存储，其索引数据存储在 LevelDB 数据库。区块链系统中存在大量哈希计算，交易、区块都依靠哈希值进行标识，所以底层数据库通常都选择了 key-value 数据库。除存储区块链数据，以太坊、Hyperledger Fabric 还都基于 LevelDB 构建了状态数据库(worldDB)以存储账户余额或业务状态数据。

### 16.2.2 状态数据库结构

世界状态代表所有分类账状态的当前值。因为程序通常需要分类账状态的当前值，我们只需直接从世界状态获取它，而不需要遍历整个区块链来计算。分类账状态用于记录要通过区块链共享的应用程序信息。应用程序调用通过简单 API 访问状态的链代码，它们使用状态键获取、放置和删除状态。

**1. 键-值对**

区块链的最新状态被建模为一个版本化的键-值存储(KVS)，键是名字，值是任意二进制对象(blobs)。这些键-值对被运行在区块链上的链码(应用程序)通过 put 和 getKVS 操作来操纵。状态被持久化存储并且状态的更新被记录为日志。注意，状态模型采用的是版本化的 KVS，具体实现可以使用实际的 KVS 存储，但是也可以用关系数据库系统或其他的解决方案。

更正式地说，状态 $s$ 被建模为一个字典元素 $K \rightarrow (V \times N)$，其中：

(1) $K$ 是一个键集合。

(2) $V$ 是一个值集合。

(3) $N$ 是一个版本号的无穷有序集合。映射函数 next：$N \rightarrow N$ 取 $N$ 中的一个元素并返回下一个版本号。

$V$ 和 $N$ 都包含一个特别的元素⊥(空类型)，是 $N$ 的最小元素。初始是所有的键都映射为(⊥,⊥)，对于 $s(k)=(v,\text{ver})$，用 $s(k)$. value 表示 $v$，用 $s(k)$. version 表示 ver。

KVS 操作被如下建模：

```
- put(k,v) for k ∈ K and v ∈ V,
```

取得区块链的状态 $s$ 然后转换为 $s'$，对于所有的 $k'!=k$，则：

```
s'(k)=(v,next(s(k).version)),
s'(k')=s(k') - get(k)返回 s(k)
```

状态由 Peer 节点维护，而不是 Order 节点和客户端。

还有一个重要的概念，即状态分区。KVS 中的键可以从它们链码的名字识别，在这个意义上，只有一个特定链码的交易可以修改属于这个链码的键。原则上，任何链码都可以读取属于其他链码的键。为了支持跨链码交易，修改属于两个或更多个链码的状态作为一个 V1 后的功能点。

**2. 状态数据库**

在物理上，世界状态是作为数据库实现的，提供简单且有效的存储和检索账本状态。这很有意义，因为数据库提供了丰富的运算符集，可以有效地存储和检索状态。世界状态数据库的选项目前包括 LevelDB 和 CouchDB。

LevelDB 是默认值，当分类账状态是简单的键值对时尤其适用。LevelDB 数据库与网络节点紧密共存，它嵌入在同一操作系统进程中。当分类账状态结构化为 json 文档时，CouchDB 是一个特别合适的选择，因为 CouchDB 支持丰富的查询和更新业务事务中常见的更丰富的数据类型。在实现方面，CouchDB 在单独的操作系统进程中运行，但网络节点和 CouchDB 实例之间仍然存在 1∶1 的关系。所有这些对于链码都是不可见的。

事务捕获对世界状态的更改，事务具有生命周期。它们由应用程序创建，最终被提交到分类账区块链。关键设计点是，只有由一组认可组织签署的交易才会导致对世界状态的更新。如果交易未由足够的代言人签署，那么它将无法通过此有效性检查，并且不会导致对世界状态的更新。在 LevelDB 和 CouchDB 中，我们看到了 Hyperledger Fabric 的一个重要方面，那就是它是可插拔的。世界状态数据库可以是关系数据存储，或图形存储，或时间数据库。这为可以有效访问的分类账状态类型提供了极大的灵活性，允许 Hyperledger Fabric 解决许多不同类型的问题。

**3. 交易与状态**

在基于账户模型的区块链平台中，交易数据被打包进区块且经共识算法确认后，先追加入区块链，而后再写入状态数据库。当新的节点加入区块链网络时，为了和已有节点数据保持一致，新节点需要同步区块链数据以达到全网区块的高度，同时，状态数据库也需和全网同步。从传统数据库来看，区块链数据相当于状态数据库的日志。

一个交易定义了部署或执行的链码，同时交易也捕获了世界状态的变化。当链码执行时，它们可能会改变世界状态，之后世界状态的哈希会被记录在区块中。图 16.7 是包含块中事务的详细 blockdata 结构。

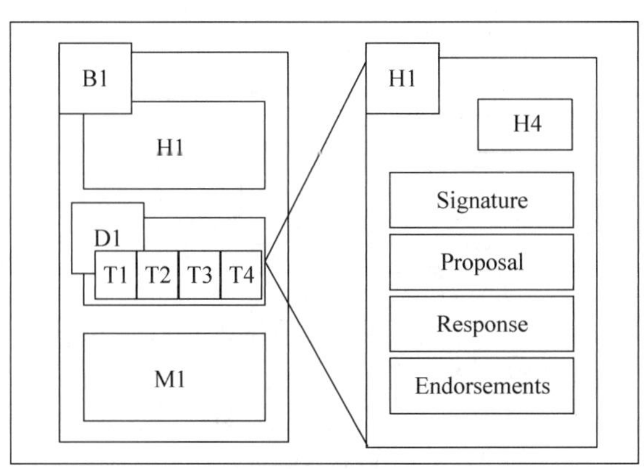


图 16.7　blockdata 结构

块 B1 的块数据 D1 中的事务 T4 包括事务头 H4、事务签名 S4、事务提案 P4、事务响应 R4 和认可列表 E4。

（1）事务头捕获了有关事务的一些基本数据，例如相关链代码的名称及其版本信息；

（2）事务签名说明该部分包含由客户端应用程序创建的加密签名。此字段用于检查事务详细信息是否被篡改，因为它需要应用程序的私钥生成；

（3）事务提案说明该字段将应用程序提供的输入参数编码到链代码，该链代码创建提议的分类账更新。当链代码运行时，该提议提供了一组输入参数，这些参数与当前世界状态一起确定新的世界状态；

(4) 事务响应说明该部分捕获世界状态的前后值，作为读写集(RW 集)。它是链代码的输出，如果事务成功验证，它将应用于分类账以更新世界状态；

(5) 认可列表是每个所需组织的签名交易响应列表，足以满足认可政策。虽然交易中只包含一个交易响应，但有多个认可。这是因为每个认可都有效地编码了其组织的特定交易响应，这意味着不需要包含任何不符合足够认可的交易响应，因为它将被拒绝为无效，并且不会更新世界状态。

最后，当首次创建分类账时，世界状态为空。因为任何代表世界状态有效变化的交易都记录在区块链上，这意味着可以随时从区块链重新生成世界状态。

### 16.2.3 有效账本

为了维护一个只包含有效的、确认的交易的总账本(如比特币)，Peer 节点可以除了状态和总账本之外再维护一个有效账本(VLedger)。这是总账本滤掉无效交易以后的一个派生哈稀链。

VLegder 的区块结构(vBlocks)是这样构成的。PeerLedger 可能包含无效交易(有无效背书的交易或有无效的版本依赖)，这些无效交易在从一个 Block 添加到一个 vBlock 之前被 Peer 节点过滤掉。每个 Peer 节点自已办这事(如用 PeerLedger 关联的比特掩码)。一个 vBlock 定义为有一个不含无效交易的 Block，无效交易已经被过滤掉了。这些 vBlock 的尺寸是动态的，可能为空。vBlock 的结构如图 16.8 所示。

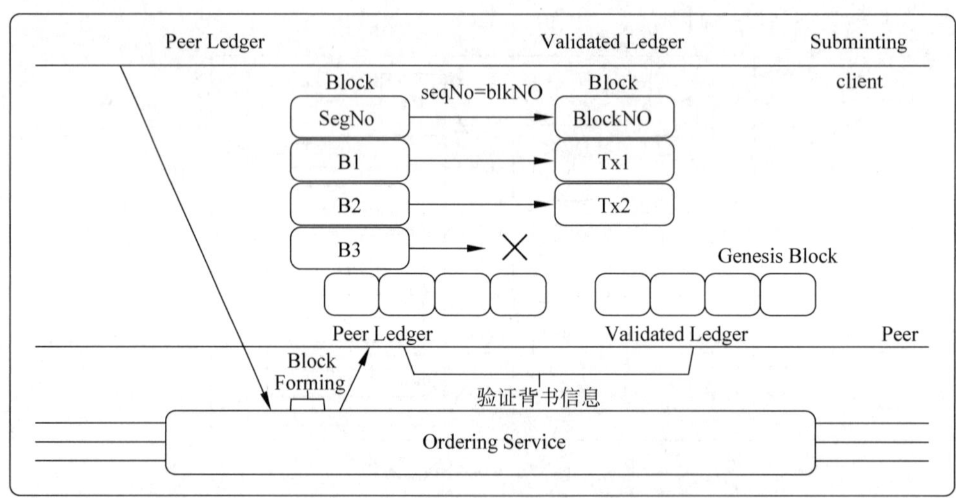


图 16.8 从 PeerLedger 生成 vBlock 链

vBlock 被每个 Peer 节点链进一条哈希链。进一步说，每个 vBblock 包括：

(1) 前一个 vBlock 的哈希。

(2) vBlock 编号。

(3) 自上一个 vBlock 被计算出来以来所有被 Peer 节点确认的有效交易的列表(即一个 Block 里的有效交易的列表)。

(4) 派生当前这个 vBlock 的 Block(在 PeerLedger 里)的哈希。

全部这些信息被一个 Peer 节点处理,在 VLedger 里生成 vBlock 的哈希。

## 16.3 超级账本数据处理与同步

### 16.3.1 Gossip 协议

Hyperledger Fabric 通过在事务执行(支持和提交)Peer 节点和事务排序节点之间划分工作负载来优化区块链网络性能、安全性和可伸缩性。这种网络操作的分离需要安全、可靠和可扩展的数据传播协议,以确保数据的完整性和一致性。为了满足这些要求,Fabric 实现了一个 Gossip 数据传播协议。

Peers 利用 Gossip 以一种可扩展的方式广播账本和通道数据。Gossip 消息传递是连续的,并且信道上的每个 Peer 节点不断地从多个 Peer 节点接收和当前账本一致的数据。每个闲聊消息都被签名,从而允许拜占庭参与者容易地识别发送伪造消息并且防止将消息分发到不想要的目标。受延迟、网络分区或导致错过块的其他原因影响的 Peer 节点,最终将通过联系拥有这些丢失块的 Peer 节点同步到当前分类账状态。

基于 Gossip 的数据传播协议在 Fabric 网络上执行三个主要功能:

(1) 通过不断识别可用的成员 Peer 节点并最终检测已脱机的 Peer 节点,来管理 Peer 节点和通道成员资格。

(2) 在通道中的所有同行中分发分类账数据。具有与通道其余部分不同步的数据的任何 Peer 节点,识别丢失的块并通过复制正确的数据来同步自身。

(3) 通过允许分类账数据的对等状态传输更新,使新连接的 Peer 节点加速。

基于 Gossip 的广播由 Peer 节点操作,该 Peer 节点从信道上的其他 Peer 节点接收消息,然后将这些消息转发到该信道上的多个随机选择的 Peer 节点,其中数量是可配置的常数。同行也可以使用拉动机制而不是等待传递消息。该循环重复,通道成员资格、分类账和状态信息的结果不断保持最新和同步。为了传播新的块,通道上的领导者从订购服务中提取数据,并向其自己组织中的同行发起 Gossip 传播。

领导者选举机制用于选择每个组织的一个 Peer 节点,该 Peer 节点将维持与订购服务的连接并且开始在其自己的组织的 Peer 节点上分发新到达的块。利用领导者选举为系统提供了有效利用订购服务带宽的能力。领导者选举模块有两种可能的操作模式:

(1) 静态。系统管理员手动将组织中的 Peer 节点配置为领导者。

(2) 动态。Peer 节点执行领导者选举程序以选择组织中的一个 Peer 节点成为领导者。

静态领导者选举允许手动将组织内的一个或多个同伴定义为领导者同伴。注意,如果有太多 Peer 节点连接到订购服务,则可能导致带宽使用效率低下。要启用静态领导者选举模式,在 core. yaml 部分中配置以下参数:

```
peer:
    # Gossip related configuration
    Gossip:
        useLeaderElection: false
```

```
        orgLeader: true
```

动态领导者从组织内的Peer节点中选取一个可以连接到订购服务并提取新块的节点。该领导者独立地当选为组织的同行。一个动态选出的领导者会向其他节点发送心跳信息,作为其活跃的证据。如果一个或多个节点在规定的时间内没有收到心跳的更新,他们将选举一个新的领导者。在网络分区的最坏情况下,组织将有多个活跃的领导者来保证弹性和可用性,以允许组织的同行继续取得进展。在网络分区恢复稳定后,其中一位领导者将放弃其领导权。在没有网络分区的稳定状态下,只有一个活动的领导者连接到订购服务。

以下配置控制领导者head的频率。

```
peer:
    # Gossip related configuration
    Gossip:
        election:
            leaderAliveThreshold: 10s
为了启用动态领导者选举,需要在core.yaml中配置以下参数:
peer:
    # Gossip related configuration
    Gossip:
        useLeaderElection: true
        orgLeader: false
或者,可以使用环境变量配置和覆盖这些参数:
export CORE_PEER_GOSSIP_USELEADERELECTION=true
export CORE_PEER_GOSSIP_ORGLEADER=false
```

## 16.3.2 数据处理同步

### 1. 锚节点

Gossip使用锚节点来确保不同组织中的Peer节点彼此了解。当提交包含锚节点更新的配置块时,Peer节点会连接到锚Peer节点并从它们那获取锚节点已知的所有Peer节点信息。一旦每个组织中至少有一个Peer节点已经连接了锚节点,锚节点就会知道该通道中的每个Peer节点。由于Gossip通信是不变的,并且由于Peer节点总是要求被告知它们所不知道的其他存在的Peer节点,因此可以建立一个通道的成员视图。

例如,假设我们在通道中有三个组织A、B、C,为组织C定义了一个单独的Peer,peer0.orgC。当peer1.orgA(来自组织A)联系peer0.orgC时,peer1.orgA将会告诉peer0.orgC自己的信息。而且,稍后peer1.orgB联系peer0.orgC,后者会告诉前者peer0.orgA。从那时起,组织A和B将在没有peer0.orgC的任何帮助的情况下直接开始交换会员信息。

由于跨组织的通信依赖于Gossip工作,因此必须在通道配置中定义至少一个锚节点。强烈建议每个组织都提供自己的一组锚点,以实现高可用性和冗余。注意,锚节点不需要与领导节点是同一节点。

**2. 外部和内部端点**

为了使 Gossip 有效地工作，同伴需要能够获得它们自己组织中的同伴以及其他组织中的同伴的端点信息。

当 Peer 节点被引导时，它将在 core. yaml 中使用 peer. Gossip. bootstrap 来宣传自己并交换成员资格信息，构建自己组织内所有可用 Peer 节点的视图。

Peer 节点的 core. yaml 中的 peer. Gossip. bootstrap 属性用于在组织内引导 Gossip。如果正在使用 Gossip，通常会将组织中的所有 Peer 节点配置为指向一组初始引导 Peer 节点(可以指定以空格分隔的 Peer 节点列表)。内部端点通常由 Peer 节点本身自动计算，或者通过 core. yaml 中的 core. peer. address 显式传递。如果需要覆盖此值，可以将 CORE_PEER_GOSSIP_ENDPOINT 导出为环境变量。

同样需要 Bootstrap 信息来建立跨组织的通信。通过上述锚节点设置提供初始跨组织引导信息。如果要让组织中的其他 Peer 节点知道其他组织，则需要在 Peer 节点的 core. yaml 中设置 peer. Gossip. externalendpoint。如果未设置，则不会将 Peer 节点的端点信息广播给其他组织中的 Peer 节点。

设置如下属性：

```
export CORE_PEER_GOSSIP_BOOTSTRAP=<a list of peer endpoints within the peer's org>
export CORE_PEER_GOSSIP_EXTERNALENDPOINT=<the peer endpoint, as known outside
the org>
```

**3. Gossip 消息**

在线 Peer 节点通过不断广播“活动”消息来指示其可用性，每个消息包含公钥基础结构(PKI)ID 和发送者对消息的签名。同行通过收集这些有效消息来维护通道成员资格。如果没有 Peer 节点从特定 Peer 节点接收到有效消息，则该“死”Peer 节点最终将从通道成员资格中清除。由于“活动”消息是加密签名的，因此恶意 Peer 节点永远不会冒充其他 Peer 节点，因为它们缺少由根证书颁发机构(CA)授权的签名密钥。

除了自动转发所接收的消息之外，状态协调过程还在每个信道上的 Peer 节点之间同步世界状态。每个 Peer 节点不断从通道上的其他 Peer 节点中提取块，以便在识别出差异时修复其自身状态。由于不需要固定连接来维护基于 Gossip 的数据传播，因此该过程可靠地为共享分类账提供数据一致性和完整性，包括容忍节点崩溃。

由于信道是隔离的，因此一个信道上的 Peer 节点不能在任何其他信道上发送信息或共享信息。虽然任何 Peer 节点都可以属于多个通道，但是分区消息传递可以防止通过应用将块传播到不在通道中的 Peer 节点。

Fabric 网络中的节点之间通过 Gossip 协议来进行状态同步和数据分发。Gossip 协议是 P2P 领域的常见协议，用于进行网络内多个节点之间的数据分发或信息交换。由于其设计简单，容易实现，同时容错性比较高，而被广泛应用到了许多分布式系统。Gossip 协议的基本思想十分简单，数据发送方从网络中随机选取若干节点，将数据发送过去，接收方重复这一过程。这一过程持续下去，网络中所有节点最终都会达到一致。数据传输的方向可以是发送方发送或获取方拉取。在 Fabric 网络中，节点会定期地利用 Gossip 协议发送它看到的账本的最新的数据，并对发送消息进行签名认证。通过使用该协议，主要实现如下功能：

(1) 通道内成员的探测。新加入通道的节点可以获知其他节点的信息，并发送 Alive 信息宣布在线，离线节点经过一段时间后可以被其他节点感知。

(2) 节点之间同步数据。多个节点之间彼此同步数据，保持一致性。

另外，Leader 节点从 Orderer 拉取区块数据后，也可以通过 Gossip 传播给通道内其他节点。

## 16.3.3 私有数据

### 1. 私有数据简介

如果某个渠道上的组织需要将数据与该渠道上的其他组织保密，它们可以选择创建一个仅包含需要访问数据的组织的新渠道。根据 Fabric 文档，隐私数据被定义为：如果某个通道上的一组织需要对该通道上的其他组织保持数据私有，则可以选择创建一个新通道，其中只包含需要访问数据的组织。但是，在每种情况下创建单独的通道都会产生额外的管理开销(维护链代码版本、策略、msp 等)，并且不允许在使用用例时所有通道参与者都看到事务，保持部分数据的私有。在实时场景中，几乎所有参与实体都彼此共享敏感数据(价格、个人信息等)，但敏感数据不需要在每个人之间共享。在 Fabric v1.2 的早期版本中，必须在 SDK 端编写额外的业务逻辑，通过限制访问或为每个参与者创建单独的通道来不向所有参与者公开敏感数据，这不是一个可行的解决方案。为了避免这些情况，我们引入了私有数据。私有数据在多个参与者之间引入了数据隐私集合的概念，不需要为彼此创建单独的通道。

### 2. 私有数据集合

私有数据的集合，基本上表示私有数据数据库，可以访问策略中定义的特定成员。每个集合都是在内部调用 Chaincode 函数来执行私有数据的 get、put、delete 功能的 authorize Peer 上安装和实例化的。在集合的定义中，一个集合中可能又会有一个或多个集合，每个集合具有一个策略列出了集合中的所有组织，还包括用来控制在背书阶段私有数据的传播所使用的属性，另外还有一个选项来决定数据是否会被删除。在链代码实例化(或升级)时，集合定义被部署到通道。如果使用对等 CLI 实例化链代码，则使用--collections-config 标志将集合定义文件传递给链代码实例化。另外，还可以使用客户端 SDK 来进行实例化，私有数据集合如图 16.9 所示。

集合定义由以下属性组成。

(1) name：集合的名称。

(2) policy：私有数据集合策略定义允许哪些组织的 Peer 使用签名策略，每个成员都包含在 OR 签名策略列表中。

(3) requiredPeerCount：每个背书 Peer 必须在 Peer 签署背书之前，成功传播私有数据并将提案响应返回给客户端的最小 Peer 节点数(跨授权组织)。

(4) maxPeerCount：出于数据冗余目的，每个背书 Peer 会尝试将私有数据分发到的其他 Peer(被授权组织)的最大数量。

(5) blockToLive：表示数据在块方面应该在私有数据库上存在多长时间。数据将在私有数据库上为此指定数量的块生效，之后将被清除，使得此数据从网络中过时，从而无法从

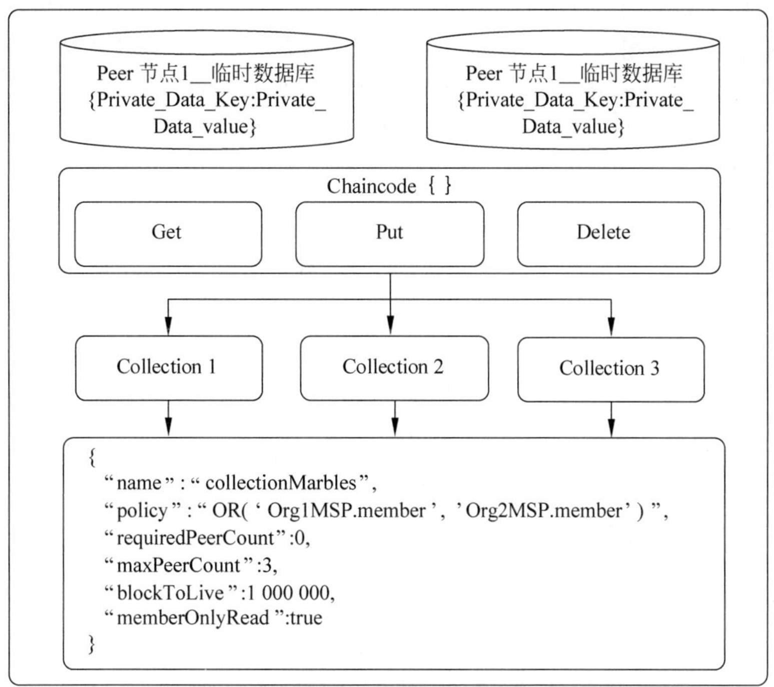


图 16.9　私有数据集合

链代码查询，并且无法供请求 Peer 使用。要无限期地保留私有数据，即永远不会清除私有数据，将 blockToLive 属性设置为 0。

(6) memberOnlyRead：true 表示 Peer 节点自动强制，只允许属于其中一个集合成员组织的客户端对私有数据进行读访问。

这是一个示例集合定义 json 文件，包含两个集合定义的数组。

```
[
  {
     "name": "collectionMarbles",
     "policy": "OR('Org1MSP.member', 'Org2MSP.member')",
     "requiredPeerCount": 0,
     "maxPeerCount": 3,
     "blockToLive":1000000,
     "memberOnlyRead": true
  },
  {
     "name": "collectionMarblePrivateDetails",
     "policy": "OR('Org1MSP.member')",
     "requiredPeerCount": 0,
     "maxPeerCount": 3,
     "blockToLive":3,
     "memberOnlyRead": true
  }
]
```

此示例使用 BYFN 示例网络中的组织 Org1 和 Org2。collectionMarbles 定义中的策略将组织授权给私有数据。当链码数据需要从订购服务节点保持私有时，这是典型配置。但是，collectionMarblePrivateDetails 定义中的策略限制对通道中组织子集的访问（在本例中为 Org1）。在实际情况中，渠道中将有许多组织，每个集合中有两个或更多组织在它们之间共享私有数据。

**3. 私有数据传播**

由于私有数据未包含在提交给订购服务的事务中，因此未包含在分配给通道中所有 Peer 的块中，背书 Peer 在向授权的其他 Peer 传播私有数据方面起着重要作用。这确保了频道集合中私人数据的可用性，即使支持同伴在获得背书后变得不可用也是如此。为了帮助进行这种传播，集合定义中的 maxPeerCount 和 requiredPeerCount 属性控制着背书时间的传播程度，私有数据传播流程如图 16.10 所示。

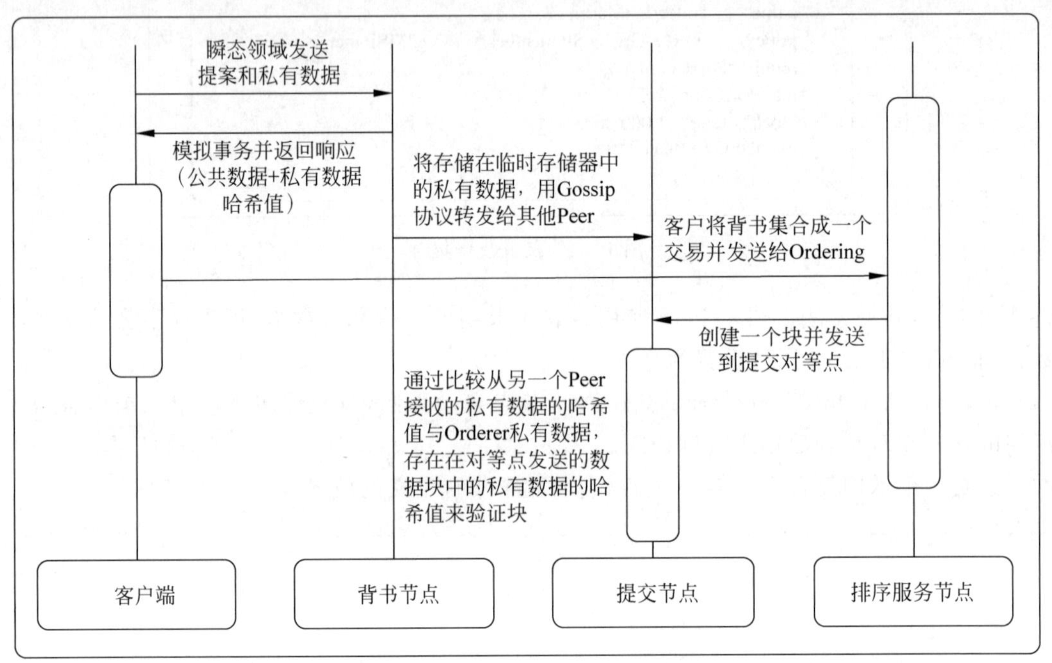


图 16.10 私有数据传播流程

如果支持 Peer 无法成功地将私有数据传播到至少 requiredPeerCount 定义的 Peer 数，则它会将错误返回给客户端。背书节点将尝试将私有数据传播给不同组织的 Peer 节点，以确保每个授权组织具有私有数据的副本。由于事务未在链代码执行时提交，因此支持 Peer 和接收方 Peer 将私有数据的副本与区块链一起存储在本地临时存储中，直到提交事务为止。

当授权 Peer 在提交其临时数据存储中没有私有数据的副本时（因为它们不是背书 Peer，或者因为它们在背书时间没有通过传播接收私有数据），它们将尝试提取来自另一个授权 Peer 的私有数据。

**4. 具有私有数据的 Fabric 体系结构**

每个 Peer 节点都有临时存储，通过该存储，私有数据可以使用 Gossip 协议传播到其他授权 Peer 节点。私有数据永久存储在 Peer 节点内部的私有状态 DB (couch DB)中,私有数据 Fabric 体系架构如图 16.11 所示。

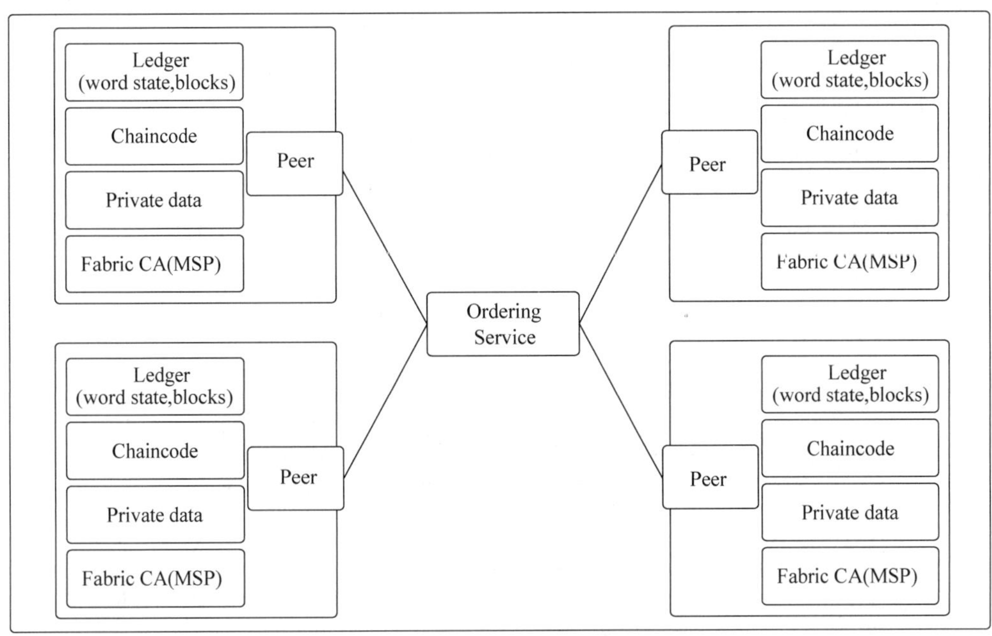


图 16.11 私有数据 Fabric 体系架构

## 16.3.4 确保数据隐私的方式

可以从以下方面着手数据隐私:

(1) 将网络隔离到通道中,其中每个通道代表有权查看部署到该通道的链代码数据的参与者子集。

(2) 使用私有数据将分类账数据保留在通道上的其他组织中。一个私有数据收集允许通道上定义的组织子集能够支持、提交或查询私有数据,而无须创建单独的通道。通道上的其他参与者仅接收数据的哈希。本书中私有数据相关章节说明了何时使用私有数据而不是通道。

(3) 作为 Fabric 使用私有数据散列数据的替代方法,客户端应用程序可以在调用链代码之前对数据进行散列或加密。如果对数据进行哈希处理,则需要提供共享源数据的方法。如果对数据进行加密,则需要提供共享解密密钥的方法。

(4) 通过在链代码逻辑中构建访问控制,可以限制对组织中某些角色的数据访问。

(5) 静止的分类账数据可以通过 Peer 节点上的文件系统进行加密,并且传输中的数据通过 TLS 加密。那么排序者是否可以看到交易数据,回答是否定的,订货人只订购交易,他们不会打开交易。如果不想要这些数据,那么就可以使用这些数据来表达对象。或者,可以在调用链码之前对客户端应用程序中的数据进行哈希处理或加密。如果对数据进行加密,则需要提供共享解密密钥的方法。

## 16.4 超级账本共识机制

在分布式账本技术中，共识已成为单个函数内特定算法的同义词。然而，共识不仅包括简单地就交易顺序达成一致，Hyperledger Fabric 通过共识在整个交易流程，从提案和背书，到排序、验证和承认都要保持账本交易在整个网络中同步的过程都一致。简而言之，共识被定义为确保一系列事务的正确性，也就是确保分类账仅在交易被相应参与者批准时更新，并且以相同的顺序更新相同的交易称为共识，共识过程如图 16.12 所示。

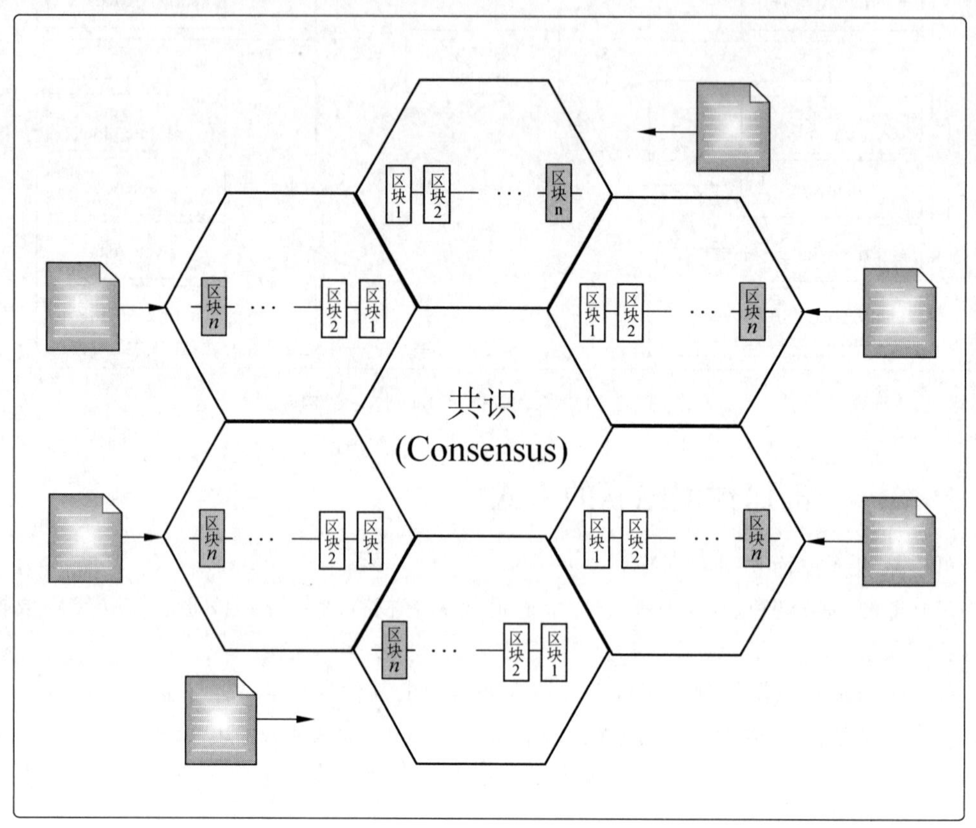


图 16.12 共识过程

区块链中的共识算法核心就是解决三个问题：

(1) 产生 block 的角色。

(2) 产生 block 的时间。

(3) 验证 block 的合法性。

Hyperledger Fabric 的共识算法和比特币有很大不同。前者是由 permissioned 节点组成的分布式系统，所有记账节点都是可信的(不会恶意伪造交易信息)，所以，不需要 PoW 算力证明。同时，Hyperledger Fabric 的各个节点的交易信息统一由排序服务节点(Orderer Service Node)处理，保证每个节点上的交易顺序一致，自然避免了分叉问题。

### 16.4.1 背书过程

在背书的阶段,背书节点对客户端发来的交易预案进行合法性检验,模拟执行链码得到交易结果,最后根据设定的背书逻辑判断是否支持该交易预案。如果背书逻辑决定支持交易预案,它将把预案签名发回给客户端。默认情况下,背书节点的背书逻辑是支持预案并签名。但是节点也可以按照业务规则设定背书逻辑,从而进队服务业务需求的交易进行背书。如果背书节点判定不支持交易,则给客户端返回出错信息。

客户端通常需要根据链码的背书策略,向一个或多个成员的背书节点发出背书请求。背书策略会定义需要哪些节点背书交易才有效,例如需要 5 个成员的背书节点中至少 3 个同意,或者某个特殊身份的成员支持。客户端只有在手机满足背书策略的支持之后,广播出去的交易才有效。

### 16.4.2 排序过程

排序服务把一段时间内收到的交易进行排序,然后把排序后的交易打包成区块,再把区块广播给通道中的成员。采用这种方式,各个成员收到的是一组繁盛顺序相同的交易,从而保证了所有节点数据的一致性。在所有 Peer 节点中,交易信息必须按照一致的顺序写入账本(区块链的基本原则)。例如,比特币通过 PoW 机制,由最先完成数学难题的节点决定本次区块中的信息顺序,并广播给全网所有节点,以此来达成账本的共识。而 Hyperledger Fabric 采用了更加灵活、高效的共识算法,以适应企业场景下,对高 TPS 的要求。目前, Hyperledger Fabric 有三种交易排序算法可以选择。

**1. Solo**

只有一个 Order 服务节点负责接收交易信息并排序,这是最简单的一种排序算法,一般用在实验室测试环境中。Solo 属于中心化的处理方式,Solo 排序算法如图 16.13 所示。

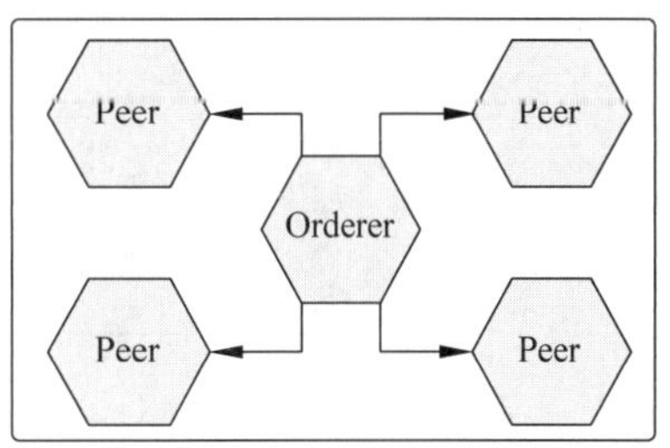


图 16.13 Solo 排序算法

**2. Kafka**

Kafka 是 Apache 的一个开源项目,主要提供分布式的消息处理/分发服务,每个 Kafka 集群由多个服务节点组成。Hyperledger Fabric 利用 Kafka 对交易信息进行排序处理,提供高吞吐、低延时的处理能力,并且在集群内部支持节点故障容错。Kafka 排序算法如图 16.14 所示。

**3. SBFT**

简单拜占庭算法,相比于 Kafka,提供更加可靠的排序算法,包括容忍节点故障以及一定数量的恶意节点。目前,Hyperledger Fabric 社区正在开发该算法。SBFT 排序算法如图 16.15 所示。

Fabric 1.0 中排序服务支持可插拔的架构。除了提供 Solo 和 Kafka 模式外,用户还可以添加第三方的排序服务。Solo 是确认模式,仅适合开发测试中使用。Kafka 模式基于

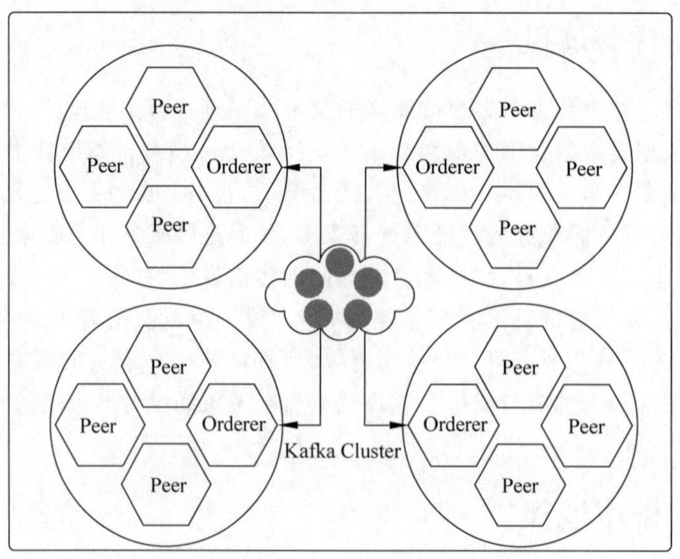

图 16.14 Kafka 排序算法

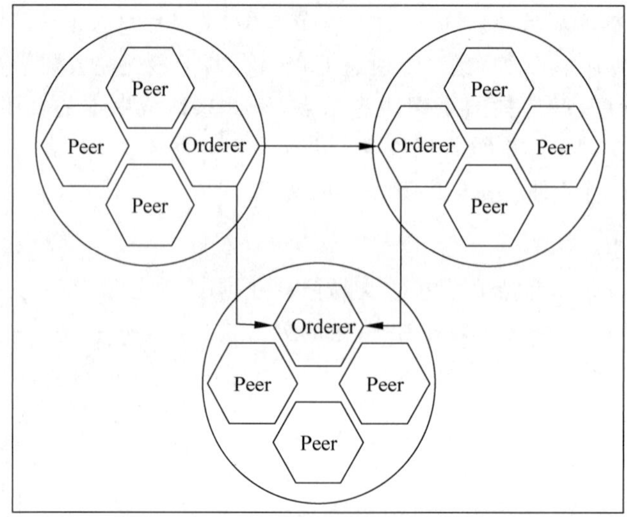

图 16.15 SBFT 排序算法

Kakfa 开源的分布式数据流平台,具有高扩展性和容错,适合在生产系统。需要注意的是,Kafka 只提供了 CFT 类型的容错能力,仅对核对节点的一般故障失效容错。缺乏对节点故意作恶进行容错的能力。因此,需要第三方的容错方案来支持 BFT。

排序服务是共识机制中重要的一环,所有交易都需要通过排序服务的排序才可以达成全网共识,因此排序服务要避免成为网络上的性能瓶颈。为此,排序服务采用轻量级设计,只完成确定交易顺序的功能,不参与其他操作。

目前,Hyperledger Fabric 主要提供两种排序算法,Solo 和 Kafka,其中 Solo 模式只有一个 Order 服务节点负责接收交易信息并排序,这是最简单的一种排序算法,不适合大规模的实际生产环境,一般用在实验室测试环境中。

而 SBFT 被普遍认为是 Hyperledger Fabric 的下一代共识，PBFT 在 Fabric 0.6 的时候被采用，但是由于一些说不清的原因，在 Fabric 1.0 中并没有采用 PBFT，而是使用 Kafka 进行排序，作为共识节点。在 Fabric 的提案中，采用 SBFT(Simple BFT)，这种 BFT 算法会对 PBFT 进行简化，具体什么时候实现 Fabric 官方还未说明。

### 16.4.3　校验过程

交易阶段是确认节点对排序后的交易进行一系列的校验，包括交易数据的完整性检查、是否重复交易、背书签名是否符合背书策略的要求、交易读写集是否符合多版本控制的校验等。当交易通过了所有校验之后，标注为合法并写入账本中，因为所有的确认节点按照相同的顺序校验交易，并且把合法的交易一次写入账本中，所以他们的状态能够始终保持一致。

## 16.5　超级账本通道化数据管理

联盟链提供了节点的准入机制，很大程度限制了恶意节点，使区块链网络更加安全。但是联盟链中所有节点依然共享同一账本，在某些金融场景中，很多交易要求更加严格的隐私保护机制，现有的联盟链无法满足这些需求。因此 Fabric 对联盟链网络进行粒度更小的划分，增加数据隔离和保密，使其隐私性更高。

### 16.5.1　数据隔离和保密

Hyperledger Fabric 架构使用具有保证的发布-订阅模式消息传递通道(如 Kafka 中的主题分区)将共识服务与交易日志(账本)分离。共识服务由称为 Orderers 的网络节点提供，并且账本由 Peer 节点管理。每个 Peer 节点连接到共识服务的一个或多个通道，就像发布-订阅通信系统中的客户端一样。在通道上广播的交易按共识的顺序排列(如 PBFT、Kafka)，订阅通道的 Peer 节点接收到加密的区块。每个 Peer 节点验证区块并将其提交到账本，然后向应用程序提供其他使用账本的服务。

在共识服务上支持多通道消息传递，使得 Peer 节点可以基于应用访问控制策略来订阅任意数量的通道。也就是说，应用程序指定在 Peer 节点的子集中架设通道。这些 Peer 节点组成提交到该通道交易的相关者集合，而且只有这些 Peer 节点可以接收包含相关交易的区块，与其他交易完全隔离。

此外，Peer 节点的子集将这些私有块提交到不同的账本上，允许它们保护这些私有交易，与其他 Peer 子集的账本隔离开来。应用程序根据业务逻辑决定将交易发送到一个或多个通道。这不是内置的限制，区块链网络不知道并假设不同通道上的交易之间没有关系。多通道示意图如图 16.16 所示。

可以看到每个通道都有一个相关的账本。一般来说，称不涉及所有 Peer 的账本为子账本，另一种是系统账本，即全账本。通道和账本的组合是一个虚拟链，因此一个区块链网络可以具有一个共识服务的多个链。

每个区块链网络只有一个系统链。如果交易是公开的，区块链网络可能永远不需要多个链，所有的交易对所有 Peer 成员都可见。然而，在成员间进行私密交易(如双边合同)，单

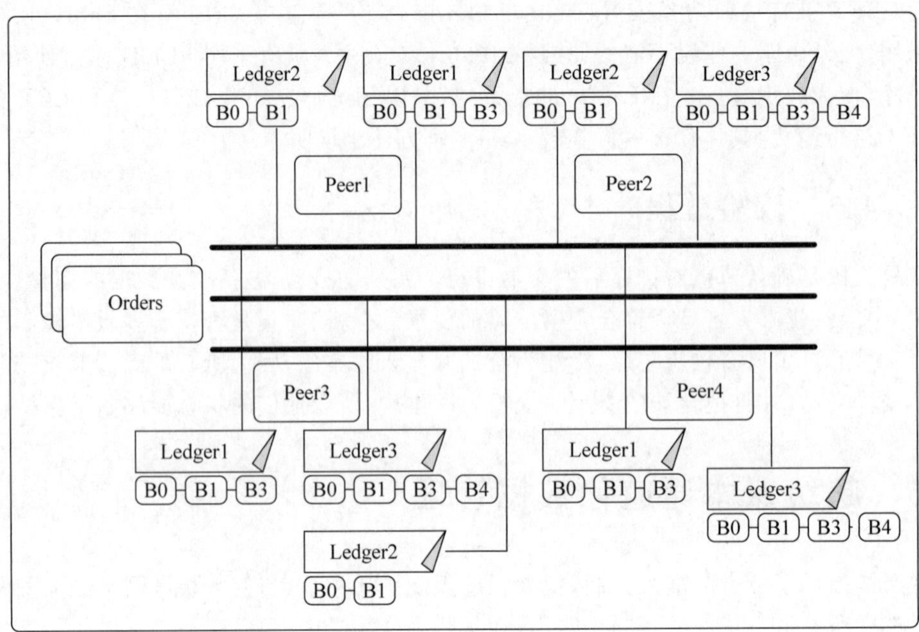


图 16.16　多通道示意图

独的链是隔离数据，提供保密的方式。

需要注意的是，共识服务接收所有链的所有交易，因此保密性仅与 Peer 而不是 Orderer 相关。当共识服务由被许可网络中的可信方和监管机构组成时，这样是合理的，也就是说，这些交易作为业务需求仅对他们可见。另一方面，如果应用程序不希望 Orderer 知道交易的内容，它必须利用其他技术来隐藏敏感数据，如哈希散列或加密。共识服务作为一个信任方存在，如果是由拜占庭容错(BFT)共识协议实现(如 PBFT)，可以防止不可信的 Orderer 破坏账本的一致性和阻碍系统可用性。然而，现在还没有一种协议可以在有不可信的 Orderer 存在的情况下，提供多通道设计的同时提供数据保密。

## 16.5.2　创建新通道

通道是私有区块链覆盖，允许数据隔离和机密性。特定于通道的分类账在通道中的对等方之间共享，并且交易方必须对通道进行适当的身份验证才能与其进行交互。通道由配置块定义。当前的 Fabric 共识服务实现中，通道是隐含的；当 Peer 连接至区块链网络时，不会指定一个通道。所以为了支持多通道，Orderer 和 Peer 都需要改变。Orderer 必须提供多通道订阅，Peer 需要知道可以订阅哪些通道。具体技术细节如下。

### 1. 准备工作

共识服务由一个或多个 Orderer 组成。每个 Orderer 配置有匹配的创世块由引导 CLI 命令生成，提供一些必要的数据，包括一系列可信根节点的列表、Orderer 证书和 IP 地址的列表、一组特定的共识算法配置以及访问控制策略(谁可以创建信道)。

要启动并连接到共识服务，Peer 至少需要以下配置：

(1) 准入网络的注册证书。证书可以来自任意 CA，只要 CA 是 Peer 将连接到的共识服务的可信任根的一部分。

（2）来自共识服务管理 CLI 生成的 Orderer 证书和 IP 地址的列表。

（3）可信任根节点列表。

（4）Peer 可以订阅的通道可选列表。除非明确配置，否则 Peer 在启动时不订阅任何通道。

注意，(2)和(3)来自引导的创世区块，我们可以从引导 CLI 命令获得。

通过 CLI 或使用 SDK API 的应用程序，Peer 可以订阅已经存在的通道。Orderer 通过在通道创建或重新配置期间收到的消息决定谁可以加入通道。

可以通过发送通道配置事务和参与成员证书列表到共识服务来创建通道。应用程序决定哪些成员创建通道。成员证书在 Peer 之间是公开的，且能被查询到。通道中成员间共识的达成，为了避免在 Orderer 处理过程中不必要的麻烦，不需要使用 Chaincode 类型的交易背书，直接使用通道配置事务即可。

我们将介绍一个新的系统 Chaincode，叫作配置系统 Chaincode(CSCC)，主要负责处理所有的配置相关的事务。CSCC 提供方法查询众多的配置数据，包括通道配置。例如，假设 Peer A 和 Peer B 属于两个不同成员 Alice 和 Bob。注意，Alice 和 Bob 可能在网络上有多个 Peer，并且他们的任何 Peer 都可以加入通道。

**2. 典型序列**

（1）应用程序/ SDK 获得 A 和 B 的背书用于创建通道 foo 的配置交易。

（2）应用程序/ SDK 调用 Broadcast RPC，将背书过的配置交易传递给 Order 服务。

（3）应用程序/ SDK 调用在通道 foo 上 deliver RPC。此 RPC 将返回一个错误，直到 Order 服务成功创建通道。

（4）当通道最终被创建后，Deliver RPC 将返回通道的信息到应用程序/ SDK。在这一时点，通道 foo 应当仅具有包含相关订阅者的创世区块，并且与该配置交易一起被(或最近的重新配置交易)引导。

（5）应用程序/ SDK 在 A 和 B 上调用 JoinChannel API，将通道 foo 的创世区块传递给 A 和 B，添加 CSCC 到通道上。

（6）A 和 B 上的 CSCC 检查创世区块，包括检查区块中配置交易的背书。如果一切正确，他们调用在通道上的 Deliver RPC 来开始接收块。

如果通道已经存在，则参与者列表将被替换。Orderer 自动替换订阅者并且将该交易与该通道上的其他交易一起发送给新成员，新成员将同步完整的块。

**3. 关闭通道**

应用程序可以通过发送类似于创建通道的配置交易来关闭其创建的通道。它需要根据应用程序设置的策略从通道参与方得到背书。Peer 不会自动销毁相关的账本，但是裁剪进程会在适当的时候处理。应用程序可以继续从已关闭的账本中读取数据，只要该账本尚未被删除，但由于通道已被销毁，因此不能执行交易了。

**4. 查询通道**

通道只能被该通道的成员查询。也就是说，交易发起方的签名能够被存储在账本配置区块中的 CA 证书验证通过。这是通过发起一个查询交易到 CSCC，同时附上链的 ID，返回的结果是一个配置区块，里面包含了成员证书和一些其他的配置信息。

通道为何如此重要？因为它们为联盟成员之间的私人通信和私人数据提供了一种机制。通道提供来自其他通道和网络的隐私。Hyperledger Fabric 在这方面非常强大，因为它允许组织共享基础架构并同时保持其私密性。这里没有矛盾，网络中的不同联盟需要适当地共享不同的信息和流程，并且通道提供了一种有效的机制来实现这一点。通道提供有效的基础设施共享，同时保持数据和通信隐私。

还可以看到，一旦创建了一个通道，它就是一个非常真实的"免于网络"的意义。只有在通道配置中明确指定的组织才能对其进行任何控制。因此，通道是有用的，因为它们允许构成通道的组织之间的私人通信。此外，信道中的数据与网络的其余部分完全隔离，包括其他信道。

另外，还有一个特殊的系统通道，定义供订购服务使用。它的行为方式与常规通道完全相同，因此通常称为应用程序通道。通常不需要担心这个通道，在本节的后面部分将进行讨论。

### 16.5.3 网络与通道

在之前的介绍中，我们看到了网络和通道配置的重要性。这些配置很重要，因为它们封装了网络成员同意的策略，这些策略为控制对网络资源的访问提供了共享参考。网络和通道配置还包含有关网络和通道组成的事实，如联盟及其组织的名称。

**1. 链上的交易**

一个交易必须包含目标的链 ID(链 ID ＝通道 ID ＝账本 ID)。共识服务将把交易放置在由链 ID 标识的指定通道上，并且在该通道内被排序，而与其他通道上的交易无关。最终在该通道上产生一个包含交易的区块并发送到订阅了该通道的那些 Peer。

注意，每个链都是独立和并行的，因此一个 Peer 可以同时接收和处理不同链上的区块。Chaincode 事务只能操作指定链中的状态变量(类似于对对象的实例变量操作的函数)。

**2. 链上的 Chaincode**

Chaincode 被部署到链上并只能在这个链上被调用。有些应用场景，我们要从另一个链调用数据，修改自己的链或其他链的状态值。当我们需要一个 Chaincode 只部署一次但是可以在任何链上可以被调用的时候，跨链调用就变得特别有用。

例如，假设系统账本具有记录输入事件的 Weather Chaincode，ABC 是新创建的账本。我们可能想从 ABC 调用 Weather，从系统链查询返回值，因此发送事务[ABC，Weather. worldMap()]，将返回系统链上的当前天气图。但我们可能还希望 Weather Chaincode 操作局部变量，因此发送[ABC，Weather. temperature()]，将返回 ABC 链上的当前温度，而不是系统链上的当前温度。该示例的需求是特殊的，但它说明我们需要从一个交易或从另一个 Chaincode 调用不同链之间的 Chaincode 的能力，这对于系统链上的那些 Chaincode 特别有用，只需要部署一次就可以从任意私有链调用它们。

我们需要一个可编程模型来表达被调用 Chaincode 的操作。一个可选的方案是包括一个上下文，它封装了 Chaincode 将运行的账本(数据对象)。然而，Chaincode 可能在每个部署的账本上具有一些初始化参数(init 函数)，所以需要能够在每个新的账本上初始化

Chaincode，希望 Chaincode 可以在本地执行。

在这一点上，应该设定以下一些约定，以使得编程模型清晰。

(1) 从交易调用 Chaincode，总是在交易被发送的链上进行操作。

(2) 只有系统链上的 Chaincode 可以被私有链上的其他 Chaincode 调用并且是只读的。

**3. API**

如上面实现部分所述，我们将在 Peer 上增加一个新的 gRPC API 和一个新的顶层交易类型。API 允许 App / SDK 通知 Peer 已成功加入的通道。加入通道 API 的输入是由新创建的通道上的共识服务返回的创世区块，Peer 使用此区块设置与通道关联的账本。

新的交易类型称为配置交易，这种类型的交易可以由 Orderer 和 Peer 处理。创建或重新配置通道的交易都属于配置交易，其中背书请求是让 Peer 批准或不批准它们创建或重新配置通道。Peer 可以通过提案请求返回接受或拒绝。为了保持灵活性，我们将提供一个系统 Chaincode 来处理通道创建的背书请求，它将自动响应签名请求。Chaincode 还提供查询此通道上参与成员列表的功能。

配置交易具有 ConfigurationEnvelope 类型的 payload，其嵌入序列号、链 ID 和签名配置条目的列表。配置交易包含整个链的配置，并且单个配置总是独立存在。这种简单的编码允许在将来很容易进行裁剪，并且能够简化配置交易的开销。新配置交易必须包含所有先前的配置条目，并且所有新/修改的配置条目必须用其包含配置网络的序列号和链 ID 标记。每个配置条目都具有枚举类型，唯一(按类型划分)ID 以及由名称引用的修改策略。Order 服务将根据现有配置策略验证配置交易，如果不满足全部修改策略，则拒绝它。

SDK 可以向 API 提供进一步的抽象。例如，它可以提供一个 API，创建通道(成员证书列表)，它将执行在创建通道部分中讨论的所有 6 个步骤。最后，SDK 将调用应用程序上的回调，返回创建通道的状态。

### 16.5.4　多通道管理

通道(channel)是由共识服务(ordering)提供的一种通信机制，类似于消息系统中的发布-订阅中的 topic。基于这种发布-订阅关系，将 Peer 和 Orderer 连接在一起，形成一个个具有保密性的通信链路(虚拟)，实现了业务隔离的要求。通道某种意义上可以说是逻辑账本。通道与账本(ledger)-状态(worldstate)紧密相关。

通道的概念是基于 Hyperledger Fabric 提出的。通道存在于联盟链的网络中，是对联盟链进行有效划分。在现实场景中，可以把对某一特定交易的关联方或者对交易隐私有更高需求的组织加入同一通道，同一通道内的成员节点共享一个账本，通道中的交易在通道之外不可见。在通道上未获授权的用户无法加入该通道，也不能在该通道上进行交易。联盟链中的不同节点可以根据需要加入不同的通道，因此每个节点可以持有多个账本。一般来讲，不涉及所有 Peer 的账本叫子账本，另一种是系统账本，也称为全账本。

通道和账本的组合是一个虚拟链，每一个超级账本区块链网络都可以具有一个共识服务但有多个链，系统通道和全账本一起构成系统链。注意系统链只有一个，区别于比特币的区块链网络交易是公开的，为了达到在成员间进行私密交易，多链多通道可以给小团体提供独立的链达到隔离数据、提供保密的方式。

为了解决 Hyperledger Fabric 的系统扩展性和交易隐私性问题，Hyperledger Fabric 1.0 提出了多通道的方案。以太坊的分片技术从资源均衡的角度将整个区块链网络划分成为大小相同的多个分片；Hyperledger Fabric 的通道技术则基于交易规则将整个区块链网络划分为多个逻辑上的通道，每个节点根据自己需要参与的交易来选择加入相应的通道。每个节点可以在多个链上同时接收和处理区块，多个链上的交易可以独立、并发地执行。相对于原来的单链结构，全网吞吐量将显著提升。Ordering 服务节点提供插件化的共识服务，可基于 Kafka 消息系统或 SBFT 共识对所有链上的每个交易进行统一排序，当其由可信方或监管机构组成时，就不涉及交易隐私泄露的问题；但若不希望 Ordering 服务节点获知交易的具体内容，则可利用加密来隐藏交易数据。

通道只能被该通道内的成员查询。也就是说，交易发起方的签名能够被存储在账本配置区块中的 CA 证书验证通过。这是通过发起一个查询交易到系统查询链码，同时附上链的 ID，返回的结果是一个配置区块，里面包含了成员证书和一些其他的配置信息。

网络中所有的交易都必须包含指定的通道 ID。通道 ID 用来表明交易发生在哪个通道上，客户端需要给哪个成员发送交易，哪些账本需要存储交易日志。

排序服务将把交易放置在由通道 ID 标识的指定通道上，并且在该通道内被排序，这些交易与其他通道上的交易无关，即在多个通道上交易在排序服务分别被排序，并根据通道 ID 分别发给不同的通道。最终在该通道上产生一个包含交易的区块并发送到该通道的成员节点上。每个通道独立并行运行，因此节点可以同时在不同通道上接收和处理交易数据。

排序服务会接收所有通道的所有交易。因此机密性仅与节点有关，与 Orderer 无关。最好的情况是，排序服务由受信任的网络中的受信任方和监管机构组成，因此本论文不考虑 Orderer 的情况，认为它是可信的。

但在金融场景中，各机构之间的交易是比较随机的。例如，在同一通道的两家机构想进行一笔交易，但是并不想让该通道内的其他节点得知交易内容。这时他们可选择再创建另一个只有两家机构的通道，但是这种方法显然效率低下且浪费资源。因此，在通道内设计相应的访问控制策略是很有必要的。

在基于 PoW 共识机制的比特币和以太坊中，节点在任意时刻都可自由加入或退出。Hyperledger Fabric 采用的 PBFT 算法要求所有节点数目已知且静态不变，这就不利于区块链网络的动态扩展。为此，Hyperledger Fabric 1.0 将网络节点分为共识节点（Orderer）和记账节点（Committer），解耦了共识服务和记账服务，从而实现了记账节点的动态加入或退出。

## 16.6 超级账本交易流程

我们介绍了超级账本中几个节点类型：背书节点、排序节点、主节点和应用程序节点。所有节点在进行交易前都应该提前发布好证书，正常启动之后加入已创建的通道，然后在实例化了的链码通道上发起一个交易，最后成功记账。接下来我们将详细介绍交易流程。

### 16.6.1 交易流程

交易流程及架构如图16.17所示。

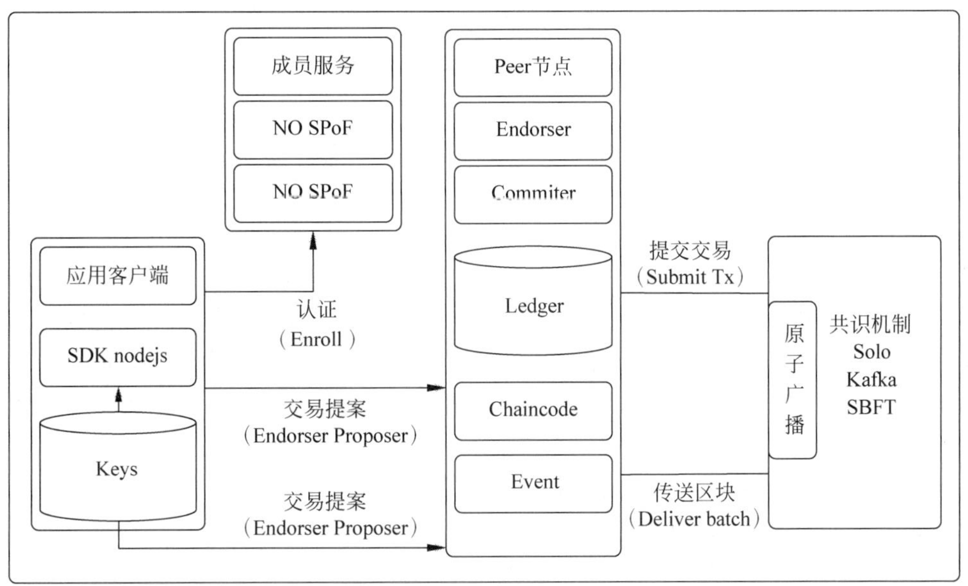


图16.17 交易流程及架构

(1) 区块链客户端把交易请求发给之前约定好的所有背书节点。背书节点是一种Peer节点角色,负责检验某个交易是否合法,是否愿意为之背书、签名。背书节点的选择是由交易所属的链码和该链码所定义的背书策略共同决定的。

(2) 背书节点收到上述信息后,首先用Client的公钥验证它的签名,背书节点执行智能合约,模拟交易,但并不会写到账本里,将执行的结果包括读写集等反馈给客户端。其中,读集包含在模拟执行交易时,背书节点读取唯一键及其提交的版本的列表。写集包含唯一键的列表以及交易执行后写入的新值。如果交易执行的更新是删除键,那么设置键的删除标记。此外,如果交易为键多次写入值,则只保留最后写入的值。提交者使用读写集的读集部分校验一笔交易的有效性,使用写集更新相关键的版本和键值。

(3) 客户端依照背书策略搜集"足够"多的背书节点的结果后,把交易打包发给共识节点(Orderer)。相反,如果Client没有搜集到足够多的信息,这个交易就会被废止。Client可以选择重新发起交易。共识节点是交易在区块中打包的角色,组成网络中的排序服务,可以集中式或分散式服务,担任Fabric中共识的角色。排序服务提供可插拔的共识算法,可使用Kafka、PBFT或自行设计的共识算法。排序服务旨在给网络中的节点提供其交易记录的原子广播服务。这意味着许多用户可能会提交消息到排序服务,并且所有用户都会收到。

(4) 共识阶段虽然有不同的算法,不过目的都是把有效的交易加入新生成的区块,并通知所有节点使它们的账本保存一致。共识节点将结果广播所有的节点,然后各节点再更新自己账本。

### 16.6.2 流程详解

**1. 客户端创建交易和发送给它选择的背书 Peer 节点**

调用交易，客户端发送一个 PROPOSE 消息到它选择的一组背书 Peer 节点。给定 ChaincodeID 的背书 Peer 节点的设置由客户端通过 Peer 节点实现，从背书策略知道背书 Peer 节点的设置。例如，交易能被发送给所有给定 ChaincodeID 背书者，也就是说，一些背书者能够离线，其他人可能反对和选择不为交易背书。提交客户端尝试满足背书者可用的背书策略表达。

接下来，将描述 PROPOSE 消息格式，讨论在提交客户端和背书者之间可能的互动模式。

一个 PROPOSE 消息的格式是< PROPOSE，tx，[anchor]>，其中 tx 是强制的，anchor 可选参数包括：clientID 是提交客户端的身份，ChaincodeID 引用交易相关的链码，txPayload 是提交交易自身的载体，timestamp 是由客户端维护的一个单独递增整型值，clientSig 是 tx 的其他域客户端签名。

txPayload 的细节会在调用交易和部署交易之间有所不同。

对于调用交易，txPayload 会包含以下两个域：

(1) operation 表示链码操作函数和参数。

(2) metadata 表示调用相关的属性。

对于部署交易，txPayload 会包含以下四个域：

(1) source 表示链码的源码。

(2) metadata 表示链码和应用的相关属性。

(3) policies 包含所有 Peer 节点可访问的链码的相关策略，如背书策略。注意，背书策略在部署交易中不支持 txPayload，但部署的 txPayload 包含背书策略 ID 和它的参数。

(4) anchor 包含读版本依赖，或更具体地说，键-版本对(即 anchor 是 KxN 的一个子集)，它捆绑或“锚”PROPOSE 请求到指定 KVS 中 Key 的版本。如果客户端指定 anchor 参数，背书者背书交易的情况是，只基于读它本地 KVS 匹配 anchor 中相应 Key 的版本号。

tx 加密哈希被所有 node 节点用作唯一的交易标识 tid(即 tid=HASH(tx))。客户端保存 tid 在内存中，等待背书 Peer 节点的响应。

客户端决定与背书者互动的顺序。例如，客户端通常会发送(即没有 anchor 参数)到一个单独的背书者，背书者随后产生版本依赖(anchor)，客户端可以在晚些时候使用这个版本依赖(anchor)作为它的 PROPOSE 消息参数，发送给其他背书者。另外的例子，客户端能直接发送(没有 anchor)到它选择的所有背书者。不同的通信模式都有可能，客户端在这方面是自由的。

**2. 背书 Peer 节点模拟交易和产生背书签名**

在从客户端接收消息时，背书 Peer 节点 epID 首先校验客户端签名 clientSig，然后模拟一个交易。如果客户端指定了 anchor，那么背书 Peer 节点模拟交易只基于在它本地 KVS 匹配的由 anchor 指定的版本号对应的 Key，读取版本号(即下面定义的 readset)。

模拟一个交易涉及背书节点，尝试执行一个交易(txPayload)，通过调用链码到交易引用(ChaincodeID)和背书 Peer 节点本地持有的状态拷贝。

作为执行的结果，背书 Peer 节点计算读版本依赖（readset）和状态更新（writeset），在 DB 语言中称为 MVCC＋postimage info。背书 Peer 节点模拟交易和产生背书签名如图 16.18 所示。

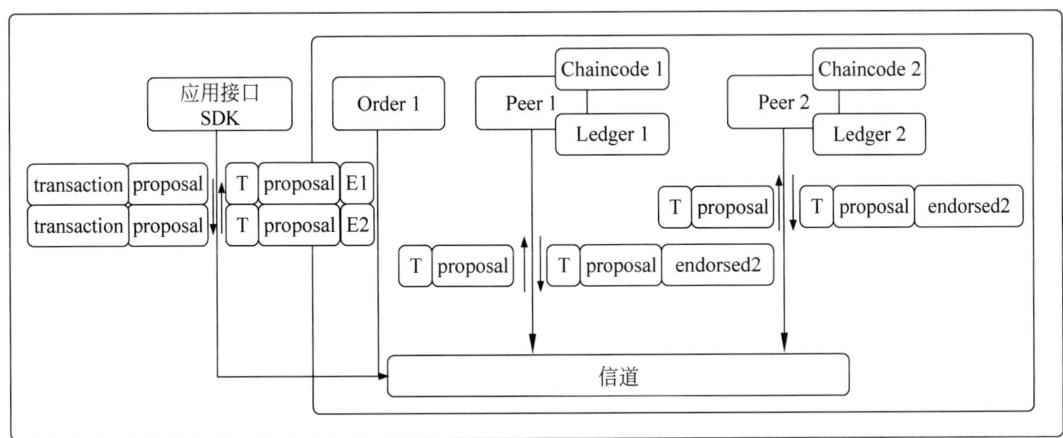


图 16.18　背书 Peer 节点模拟交易和产生背书签名

回顾状态包含键-值对。所有键-值对实体都是版本化的，那就是说，每个实体包含排序版本信息，它是在每次键的值更新时增加的。解释交易的 Peer 节点记录了所有的被链码访问的键-值对，不管读或是写，Peer 节点不会更新它的状态。更具体地说：

（1）在背书节点执行一个交易前给定状态 s，被交易读取的每个键 k，键-值对（k，s（k）. version）被添加到 readset。

（2）对于每一个被交易编辑的键 k 到值 v′，键-值对（k，v′）被添加到 writeset。或者，v′能成为新值与前值（s（k）. value）的增量。

如果客户端在 PROPOSE 消息中指定了 anchor，那么客户端指定的 anchor 在模拟交易时必须等于背书 Peer 节点产生的 readset。

Peer 节点内部提交交易提案到它的逻辑部分来背书交易，称为背书逻辑。默认情况下，一个 Peer 节点的背书逻辑接受交易提案并简单签署。无论如何，背书逻辑可以执行任意功能。

如果背书逻辑决定背书一个交易，它发送消息到提交客户端，其中：

（1）交易提案 tran-proposal＝（epID，tid，ChaincodeID，txContentBlob，readset，writeset），这里 txContentBlob 是链码/交易专用信息，目的是让 txContentBlob 用作 tx 的一些陈述（如 txContentBlob＝tx. txPayload）。

（2）epSig 是背书 Peer 节点的交易提案签名。如果背书逻辑拒绝背书交易，背书者可以发送消息（TRANSACTION-INVALID，tid，REJECTED）到提交客户端。

注意，背书者在这一步不能改变它的状态，在背书没有影响状态的情况下交易模拟产生状态更新。

### 3. 提交客户端收集交易背书并通过排序服务广播

提交客户端一直等待，直到它在（TRANSACTION-ENDORSED，tid，*，*）上收集到“足够”的消息和签名来推断出交易提案已背书。“足够”的准确数字取决于链码背书策略。如果背书策略是安全的，交易已经背书（注意它还没提交）。经过背书节点签过名的 TRANSACTION-ENDORSED 消息的集合包含了被背书过的交易。提交客户端收集交易背书并通过广播如图 16.19 所示。

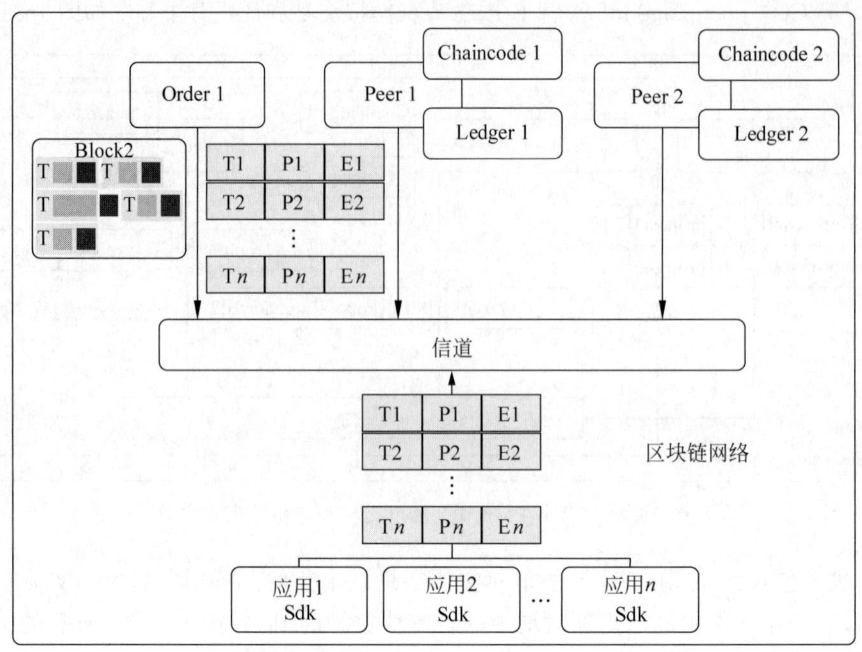


图 16.19 提交客户端收集交易背书并通过广播

如果提交客户端没有设法为交易提案收集背书，则放弃这个交易，稍后再试。对于一个具有有效背书的交易，我们现在开始使用排序服务。提交客户端使用 broadcast(blob)调用排序服务，其中 blob=endorsement。如果客户端没有能力直接调用排序服务，可以通过它选择的 Peer 节点代理广播。这样的 Peer 节点必须被客户端信任，不会从背书移除任何消息或其他可能被无效的交易。注意，无论如何，代理 Peer 节点不可能制造有效背书。

**4. 排序服务向 Peer 节点提交交易块**

当 Peer 节点收到一个(seqno，prevhash，blob)事件后，同时 Peer 节点已经完成所有序列号低于 seqno 的 blob 更新状态，Peer 节点会做如下操作。排序服务提交交易如图 16.20 所示。

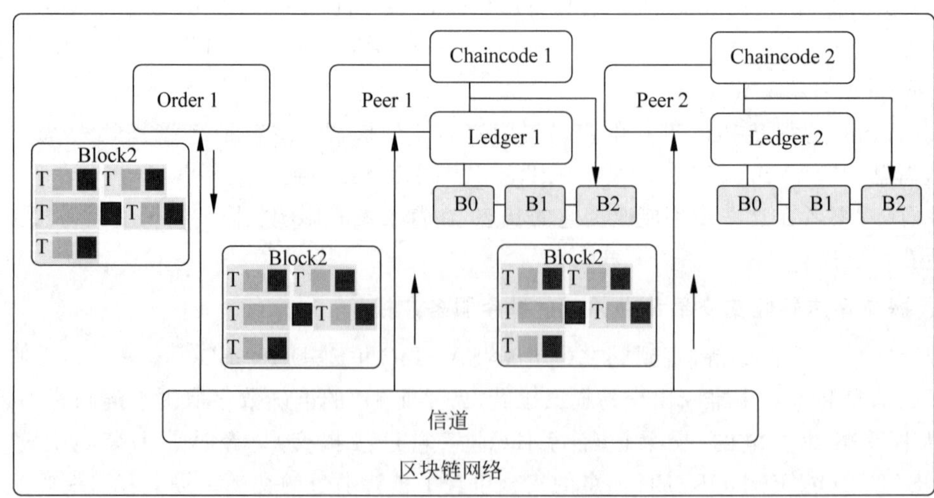


图 16.20 排序服务提交交易

(1) 检查 blob. endorsement 是有效的，根据的是它引用的链码(blob. tran-proposal. chaincodeID)。

(2) 在典型情况下，它也验证了依赖(blob. endorsement. tran-proposal. readset)没有被违反。在更复杂的用例中，背书中的交易提案域可能不同，在这种情况下，背书策略指定状态如何形成。

依赖的验证能以不同的方式实现，根据一致性属性或为状态更新选择的"孤立保证"。Serializability 是一个默认的孤立保证，除非链码背书策略指定一个不同的。Serializability 能够通过在 readset 中的每个 Key 关联的版本被提供，相当于 Key 在状态中的版本，并拒绝不满足这个要求的交易。

(3) 如果所有这些检查通过，交易被视为有效或承诺。在这种情况下，Peer 节点在 PeerLedger 用 1 标记交易，适用于 blob. endorsement. tran-proposal. writeset 区块链状态(如果交易提案是相同的，其他背书策略逻辑定义了函数处理 blob. endorsement)。

(4) 如果 blob. endorsement 背书策略验证失败，交易无效，并且 Peer 节点在 PeerLedger 的位掩码用 0 标记交易。重要的是，要注意无效交易不会改变状态。

## 16.6.3　背书策略

### 1. 背书策略规范

背书策略是背书一笔交易的条件。区块链 Peer 节点有一个预先设定的背书策略集，由安装特殊链码的部署交易设置。背书策略可以被参数化，这些参数可以由部署交易指定。

为了保障区块链的完整和安全属性，背书策略集应该是一套经过验证的，并且提供有限功能的策略，用于确保有限的执行时间(可终止)、决定机制、性能和安全。

动态添加背书策略(如通过链码上的部署交易部署时间)在评估时间、决定机制、性能和安全保障方面是非常敏感的。因此，不允许动态添加背书策略，未来可能会支持。

背书策略有以下两个主要组成部分。

(1) 主体(principal)：P 定义了期望的签名来源实体。

(2) 门阀阈值(threshold gate)：T 有两个参数，整数 t(阈值)和 n 个主体，表示从这 n 个主体中获取 t 个签名。

举个例子：

- T(2,'A','B','C')表示需要 A、B、C 中任意两个主体的签名背书。
- T(1,'A',T(2,'B','C'))表示需要来自主体 A 的签名或者来自 B 和 C 两者的签名背书。

### 2. 对背书策略的交易评估

一笔交易仅在依据背书策略被成功背书以后才被声明为有效的。调用一个链码的调用交易，首先务必获得一个满足这个链码的策略的背书，否则它不会被确认。这通过 16.6.2 节解释的提交客户端和背书节点之间的交互来进行。

形式上背书策略是对背书的一个断言，判断其潜在的下一步状态是 True 还是 False。部署交易的背书通过系统策略获得(如从系统链码)。

背书策略断言某些特定的变量，可能是指：

(1) 链码的密钥或身份(从链码的元数据里找),如一组背书者。

(2) 链码的下一步元数据。

(3) endorsement 和 endorsement. tran-proposal 的元素。

以上列表是按表达性和复杂性增序排序的,也就是说,仅支持节点的密钥和身份的策略相对简单。

背书策略断言的评估必须是确定的。每一个 Peer 节点应该在本地评估一份背书,这样一个 Peer 节点不需要与其他 Peer 节点交互,而且所有正确的 Peer 节点用相同的方法评估背书策略。

**3. 指定背书策略**

部署 Chaincode 时可以指定背书策略。注意,如果没有指定背书策略就使用默认的背书策略,即需要 MSPDEFAULT 的一个成员的签名背书。

部署 Chaincode 时用-P 指定背书策略,例如:

```
peer chaincode instantiate -C testchainid -n mycc -p
github.com/hyperledger/fabric/examples/chaincode/go/chaincode_example02 -c
'{"Args":["init","a","100","b","200"]}' -P "AND('Org1.member', 'Org2.member')"
```

此命令会以背书策略 AND('Org1. member','Org2. member')在链 testchainid 上部署 chaincodemycc。

### 16.6.4 交易实现

**1. Tx 概述**

交易有两种类型。

1) 部署交易

创建新链码并以一个程序作为参数。当一个部署链码成功执行以后,链码被安装在区块链上。

2) 调用交易

在之前部署的链码的上下文中执行操作。一笔调用交易指的是一个链码和它提供的若干功能中的一个功能。如果调用交易成功,链码执行了特定的函数,这个函数可能涉及修改相应的状态,然后返回一个输出。

Tx 即 Transaction,交易或事务。Tx 代码分布目录结构如下:

```
protos/common/common.pb.go,交易的封装即 Envelope 结构体,也包括 Payload、Header、ChannelHeader 和 SignatureHeader
protos/utils 目录,交易相关部分工具函数,包括 txutils.go、proputils.go 和 commonutils.go
core/ledger/kvledger/txmgmt 目录,TxMgr 的基础目录
rwsetutil 目录,读写集相关结构体及方法
version 目录,version.Height 结构体及方法
validator 目录,validator 接口及实现
txmgr 目录,txmgr 接口及实现
```

**2. 交易的封装 Envelope 结构体**

1）Envelope 结构体

Envelope 直译为信封，封装 Payload 和 Signature。结构体如下：

```
//代码在 protos/common/common.pb.go
type Envelope struct {                 //用签名包装 Payload，以便对信息做身份验证
    Payload []byte                     //Payload 序列化
    Signature []byte                   //Payload header 中指定的创建者签名
}
```

2）Payload 相关结构体

Payload 直译为有效载荷。Payload 结构体如下：

```
type Payload struct {
    Header  * Header                   //Header
    Data []byte                        //Transaction 序列化
}
```

3）Header 结构体

Header 结构体如下：

```
type Header struct {
    ChannelHeader []byte
    SignatureHeader []byte
}
```

ChannelHeader 结构体如下：

```
type ChannelHeader struct {
    Type int32
    Version int32                                   //消息协议版本
    Timestamp  * google_protobuf.Timestamp          //创建消息时的本地时间
    ChannelId string                                //消息绑定的 ChannelId
    TxId string                                     //TxId
    Epoch uint64                                    //纪元
    Extension []byte                                //可附加的扩展
}
```

HeaderType 结构体如下：

```
type HeaderType int32
const (
    HeaderType_MESSAGE HeaderType = 0
    HeaderType_CONFIG HeaderType = 1
    HeaderType_CONFIG_UPDATE HeaderType = 2
```

```
    HeaderType_ENDORSER_TRANSACTION HeaderType = 3
    HeaderType_ORDERER_TRANSACTION HeaderType = 4
    HeaderType_DELIVER_SEEK_INFO HeaderType = 5
    HeaderType_CHAINCODE_PACKAGE HeaderType = 6
)
```

SignatureHeader 结构体如下：

```
type SignatureHeader struct {
    Creator []byte                    //消息的创建者，指定为证书链
    Nonce []byte                      //可能只使用一次的任意数字，可用于检测重播攻击
}
```

4）Transaction 相关结构体

Transaction 结构体如下：

```
type Transaction struct {
    Actions [] * TransactionAction //Payload.Data 是个 TransactionAction 数组，容纳每个交易
}
//代码在 protos/peer/transaction.pb.go 中
```

TransactionAction 结构体如下：

```
type TransactionAction struct {
    Header []byte
    Payload []byte
}
//代码在 protos/peer/transaction.pb.go 中
```

5）ChaincodeActionPayload 相关结构体

ChaincodeActionPayload 结构体如下：

```
type ChaincodeActionPayload struct {
    ChaincodeProposalPayload []byte
    Action * ChaincodeEndorsedAction
}
//代码在 protos/peer/transaction.pb.go 中
```

ChaincodeEndorsedAction 结构体如下：

```
type ChaincodeEndorsedAction struct {
    ProposalResponsePayload []byte          //ProposalResponsePayload 序列化
    Endorsements [] * Endorsement
}
//代码在 protos/peer/transaction.pb.go 中
```

ProposalResponsePayload 结构体如下：

```
type ProposalResponsePayload struct {
    ProposalHash []byte
    Extension []byte                    //ChaincodeAction 序列化
}
//代码在 protos/peer/proposal_response.pb.go 中
```

ChaincodeAction 结构体如下：

```
type ChaincodeAction struct {
    Results []byte                      //TxRwSet 序列化
    Events []byte
    Response *Response
    ChaincodeId *ChaincodeID
}
//代码在 protos/peer/proposal.pb.go 中
```

**3. 交易验证代码 TxValidationFlags**

```
type TxValidationFlags []uint8
//创建 TxValidationFlags 数组
func NewTxValidationFlags(size int) TxValidationFlags
//为指定的交易设置交易验证代码
func (obj TxValidationFlags) SetFlag(txIndex int, flag peer.TxValidationCode)
//获取指定交易的交易验证代码
func (obj TxValidationFlags) Flag(txIndex int) peer.TxValidationCode
//检查指定的交易是否有效
func (obj TxValidationFlags) IsValid(txIndex int) bool
//检查指定的交易是否无效
func (obj TxValidationFlags) IsInvalid(txIndex int) bool
//指定交易的交易验证代码与 flag 比较,相同为 true
func (obj TxValidationFlags) IsSetTo(txIndex int, flag peer.TxValidationCode) bool
//代码在 core/ledger/util/txvalidationflags.go 中
```

**4. RWSet(读写集)**

1) RWSet 概述

在背书节点模拟 Transaction 期间,为交易准备了一个读写集合。

Read Set 包含模拟 Transaction 读取的 Key 和版本的列表,Write Set 包含 Key、写入的新值以及删除标记(是否删除 Key)。

RWSet 相关代码在 protos/ledger/rwset、core/ledger/kvledger/txmgmt /rwsetutil 目录下。目录结构如下：

```
protos/ledger/rwset 目录如下:
(1) rwset.pb.go,TxReadWriteSet 和 NsReadWriteSet 结构体定义
```

(2) kv_rwset.pb.go, KVRWSet、KVRead、KVWrite、Version、RangeQueryInfo 结构体定义以及 isRangeQueryInfo_ReadsInfo 接口定义
core/ledger/kvledger/txmgmt/rwsetutil 目录如下:
(1) rwset_proto_util.go, TxRwSet 和 NsRwSet 结构体及方法
(2) rwset_builder.go, RWSetBuilder 结构体及方法
(3) query_results_helper.go, RangeQueryResultsHelper 结构体及方法

2) TxReadWriteSet 结构体

TxReadWriteSet 结构体如下:

```
type TxReadWriteSet_DataModel int32
const (
    TxReadWriteSet_KV TxReadWriteSet_DataModel = 0
)
type TxReadWriteSet struct {
    DataModel TxReadWriteSet_DataModel
    NsRwset [] * NsReadWriteSet
}
type NsReadWriteSet struct {
    Namespace string
    Rwset []byte                                    //KVRWSet 序列化
}
```

3) KVRWSet 结构体:

```
type KVRWSet struct {
    Reads [] * KVRead
    RangeQueriesInfo [] * RangeQueryInfo
    Writes [] * KVWrite
}
type KVRead struct {
    Key string
    Version  * Version
}
type KVWrite struct {
    Key string
    IsDelete bool
    Value []byte
}
type Version struct {
    BlockNum uint64
    TxNum uint64
}
type RangeQueryInfo struct {
    StartKey string
    EndKey string
    ItrExhausted bool
    ReadsInfo isRangeQueryInfo_ReadsInfo
}
//代码在 protos/ledger/rwset/kvrwset/kv_rwset.pb.go 中
```

4）TxRwSet 结构体

TxRwSet 结构体如下：

```
type TxRwSet struct {
   NsRwSets [] * NsRwSet
}
type NsRwSet struct {
   NameSpace string
   KvRwSet  * kvrwset.KVRWSet
}
//按 TxRwSet 构造 TxReadWriteSet 并序列化
func (txRwSet  * TxRwSet) ToProtoBytes() ([]byte, error)
//[]byte 反序列化为 TxReadWriteSet,按 TxReadWriteSet 构造 TxRwSet
func (txRwSet  * TxRwSet) FromProtoBytes(protoBytes []byte) error
//构造 KVRead
func NewKVRead(key string, version  * version.Height)  * kvrwset.KVRead
//构造 version.Height
func NewVersion(protoVersion  * kvrwset.Version)  * version.Height
//构造 Version
func newProtoVersion(height  * version.Height)  * kvrwset.Version
//构造 KVWrite
func newKVWrite(key string, value []byte)  * kvrwset.KVWrite
//代码在 core/ledger/kvledger/txmgmt/rwsetutil/rwset_proto_util.go 中
```

5）MerkleTree(默克尔树)

下面从代码层面分析它是如何验证一笔交易的。

```
type MerkleTreeLevel uint32
type Hash []byte
const leafLevel = MerkleTreeLevel(1)
type MerkleTree struct {
   tree map[MerkleTreeLevel][]Hash
   maxLevel MerkleTreeLevel                    //1
   maxDegree uint32                            //单层最大个数
}
//代码在 core/ledger/kvledger/txmgmt/rwsetutil/query_results_helper.go 中
```

涉及方法如下：

```
//构造 MerkleTree
func newMerkleTree(maxDegree uint32) ( * merkleTree, error)
//加入哈希,从第一层开始加,直至当前层哈希数量没有超过限额为止
func (m  * merkleTree) update(nextLeafLevelHash Hash) error
func (m  * merkleTree) done() error
//构造 QueryReadsMerkleSummary
```

```
func (m *merkleTree) getSummery() *kvrwset.QueryReadsMerkleSummary
//获取 maxLevel
func (m *merkleTree) getMaxLevel() MerkleTreeLevel
//maxLevel 层哈希数组
func (m *merkleTree) getMaxLevelHashes() []Hash
//maxLevel 为 1 且第 1 层哈希数组为空
func (m *merkleTree) isEmpty() bool
func (m *merkleTree) String() string            //String
//计算哈希数组合并后哈希
func computeCombinedHash(hashes []Hash) (Hash, error)
//[]Hash 转换为[][]byte
func hashesToBytes(hashes []Hash) [][]byte
//代码在 core/ledger/kvledger/txmgmt/rwsetutil/query_results_helper.go 中
```

func (m *merkleTree) update(nextLeafLevelHash Hash) error 代码如下：

```
//const leafLevel = MerkleTreeLevel(1)
m.tree[leafLevel] = append(m.tree[leafLevel], nextLeafLevelHash) //先加入第一层
currentLevel := leafLevel
for {
  currentLevelHashes := m.tree[currentLevel]
  //如果当前层数量没有超过限额,则返回,即 Hash 加到没有数量超出限额的层为止
  if uint32(len(currentLevelHashes)) <= m.maxDegree {
    return nil
  }
  //如果当前层数量超过限额
  nextLevelHash, err := computeCombinedHash(currentLevelHashes) //计算当前层合并哈希
  delete(m.tree, currentLevel)                  //删除当前层
  nextLevel := currentLevel+1                   //进入更高一层
  m.tree[nextLevel] = append(m.tree[nextLevel], nextLevelHash) //合并哈希加入更高一层
  if nextLevel > m.maxLevel { //如果更高一层层高超过原定最大高度,则重置最大高度为更高一
//层层高
    m.maxLevel = nextLevel
  }
  currentLevel = nextLevel                      //更新当前层为更高一层
}
//代码在 core/ledger/kvledger/txmgmt/rwsetutil/query_results_helper.go 中
```

func (m *merkleTree) done() error 代码如下：

```
currentLevel := leafLevel                       //从第一层开始
var h Hash
var err error
for currentLevel < m.maxLevel {                 //循环至最高层
  currentLevelHashes := m.tree[currentLevel]
  switch len(currentLevelHashes) {
  case 0:                                       //当前层数量为 0,进入更高一层
```

```
        currentLevel++
        continue
    case 1:                                         //当前层数量为1,获取当前值
        h = currentLevelHashes[0]
    default:                                        //当前层数量为1,计算合并哈希
        h, err = computeCombinedHash(currentLevelHashes)
    }
    delete(m.tree, currentLevel)                    //删除当前层
    currentLevel++                                  //进入更高一层
    m.tree[currentLevel] = append(m.tree[currentLevel], h) //前一层合并哈希加入本层
}
finalHashes := m.tree[m.maxLevel]                   //最高一层
if uint32(len(finalHashes)) > m.maxDegree {         //如果最高一层超出限额
    delete(m.tree, m.maxLevel)                      //删除本层
    m.maxLevel++                                    //进入更高一层
    combinedHash, err := computeCombinedHash(finalHashes) //计算合并哈希
    m.tree[m.maxLevel] = []Hash{combinedHash} //合并哈希加入新的最高层
}
return nil
//代码在 core/ledger/kvledger/txmgmt/rwsetutil/query_results_helper.go 中
```

6）version. Height 结构体及方法

version. Height 结构体及方法如下：

```
type Height struct {
        BlockNum uint64                              //区块编号
        TxNum uint64                                 //交易编号
    }
    func NewHeight(blockNum, txNum uint64) *Height //构造 Height
    func NewHeightFromBytes(b []byte) (*Height, int) //[]byte 反序列化构造 Height
    func (h *Height) ToBytes() []byte               //Height 序列化
    func (h *Height) Compare(h1 *Height) int //比较两个 Height
    func AreSame(h1 *Height, h2 *Height) bool //比较两个 Height 是否相等
    //代码在 core/ledger/kvledger/txmgmt/version/version.go 中
```

7）Validator 接口及实现(验证读写集)

Validator 接口定义如下：

```
type Validator interface {
  //验证和准备批处理
  ValidateAndPrepareBatch(block *common.Block, doMVCCValidation bool) (*statedb.
UpdateBatch, error)
}
//代码在 core/ledger/kvledger/txmgmt/validator/validator.go 中
```

Validator 接口实现，即 statebasedval. Validator 结构体及方法。Validator 结构体定义如下：

```
type Validator struct {
  db statedb.VersionedDB                    //statedb
}
//代码在 core/ledger/kvledger/txmgmt/validator/statebasedval/state_based_validator.go 中
```

涉及方法如下：

```
//构造 Validator
func NewValidator(db statedb.VersionedDB) *Validator
//验证背书交易
func (v *Validator) validateEndorserTX(envBytes []byte, doMVCCValidation bool, updates *statedb.UpdateBatch) (*rwsetutil.TxRwSet, peer.TxValidationCode, error)
//验证和准备批处理,Block 中写集加入批处理
func (v *Validator) ValidateAndPrepareBatch(block *common.Block, doMVCCValidation bool) (*statedb.UpdateBatch, error)
func addWriteSetToBatch(txRWSet *rwsetutil.TxRwSet, txHeight *version.Height, batch *statedb.UpdateBatch)
func (v *Validator) validateTx(txRWSet *rwsetutil.TxRwSet, updates *statedb.UpdateBatch) (peer.TxValidationCode, error)
func (v *Validator) validateReadSet(ns string, kvReads []*kvrwset.KVRead, updates *statedb.UpdateBatch) (bool, error)
func (v *Validator) validateKVRead(ns string, kvRead *kvrwset.KVRead, updates *statedb.UpdateBatch) (bool, error)
func (v *Validator) validateRangeQueries(ns string, rangeQueriesInfo []*kvrwset.RangeQueryInfo, updates *statedb.UpdateBatch) (bool, error)
func (v *Validator) validateRangeQuery(ns string, rangeQueryInfo *kvrwset.RangeQueryInfo, updates *statedb.UpdateBatch) (bool, error)
//代码在 core/ledger/kvledger/txmgmt/validator/statebasedval/state_based_validator.go 中
```

func (v *Validator) ValidateAndPrepareBatch(block *common.Block, doMVCCValidation bool) (*statedb.UpdateBatch, error)代码如下：

```
updates := statedb.NewUpdateBatch()           //构造批处理
//type TxValidationFlags []uint8
txsFilter := util.TxValidationFlags(block.Metadata.Metadata[common.BlockMetadataIndex_TRANSACTIONS_FILTER])
if len(txsFilter) == 0 {
  txsFilter = util.NewTxValidationFlags(len(block.Data.Data))
  block.Metadata.Metadata[common.BlockMetadataIndex_TRANSACTIONS_FILTER] = txsFilter
}
for txIndex, envBytes := range block.Data.Data {
  if txsFilter.IsInvalid(txIndex) {                //验证交易是否有效
    continue
  }
  env, err := putils.GetEnvelopeFromBlock(envBytes) //Envelope
  payload, err := putils.GetPayload(env)        //Payload
```

```
    chdr, err := putils.UnmarshalChannelHeader(payload.Header.ChannelHeader)
//ChannelHeader
    txType := common.HeaderType(chdr.Type) //HeaderType
    if txType != common.HeaderType_ENDORSER_TRANSACTION {
        continue
    }
    //验证背书交易,获取读写集
    txRWSet, txResult, err := v.validateEndorserTX(envBytes, doMVCCValidation, updates)
    txsFilter.SetFlag(txIndex, txResult)
    if txRWSet != nil {
      committingTxHeight := version.NewHeight(block.Header.Number,
uint64(txIndex))
      //在读写集中,写集加入批处理
      addWriteSetToBatch(txRWSet, committingTxHeight, updates)
      txsFilter.SetFlag(txIndex, Peer.TxValidationCode_VALID)
    }
}
block.Metadata.Metadata[common.BlockMetadataIndex_TRANSACTIONS_FILTER]
= txsFilter
return updates, nil
//代码在 core/ledger/kvledger/txmgmt/validator/statebasedval/stat_based_validator.go 中
```

8）TxMgr 接口及实现(交易管理)

TxMgr 接口定义如下：

```
type TxMgr interface {
  NewQueryExecutor() (ledger.QueryExecutor, error)
  NewTxSimulator() (ledger.TxSimulator, error)
  ValidateAndPrepare(block *common.Block, doMVCCValidation bool) error
  //返回 statedb 一致的最高事务的高度
  GetLastSavepoint() (*version.Height, error)
  ShouldRecover(lastAvailableBlock uint64) (bool, uint64, error)
  CommitLostBlock(block *common.Block) error
  Commit() error
  Rollback()
  Shutdown()
}
//代码在 core/ledger/kvledger/txmgmt/txmgr/txmgr.go 中
```

TxMgr 接口实现，即 LockBasedTxMgr 结构体及方法。LockBasedTxMgr 结构体如下：

```
type LockBasedTxMgr struct {
  db statedb.VersionedDB                //statedb
  validator validator.Validator         //Validator
  batch *statedb.UpdateBatch            //批处理
  currentBlock *common.Block            //Block
```

```
    commitRWLock sync.RWMutex                    //锁
}
//代码在 core/ledger/kvledger/txmgmt/txmgr/lockbasedtxmgr/lockbased_txmgr.go 中
```

涉及方法如下：

```
//构造 LockBasedTxMgr
func NewLockBasedTxMgr(db statedb.VersionedDB) * LockBasedTxMgr
//调取 txmgr.db.GetLatestSavePoint(),返回 statedb 一致的最高事务的高度
func (txmgr * LockBasedTxMgr) GetLastSavepoint() ( * version.Height, error)
//调取 newQueryExecutor(txmgr)
func (txmgr * LockBasedTxMgr) NewQueryExecutor() (ledger.QueryExecutor, error)
func (txmgr * LockBasedTxMgr) NewTxSimulator() (ledger.TxSimulator, error)
//验证 Block,并从 Block 中获取写集加入批处理 txmgr.batch
func (txmgr * LockBasedTxMgr) ValidateAndPrepare(block * common.Block,
doMVCCValidation bool) error
func (txmgr * LockBasedTxMgr) Shutdown()
//执行 txmgr.batch
func (txmgr * LockBasedTxMgr) Commit() error
func (txmgr * LockBasedTxMgr) Rollback()
func (txmgr * LockBasedTxMgr) ShouldRecover(lastAvailableBlock uint64) (bool, uint64, error)
func (txmgr * LockBasedTxMgr) CommitLostBlock(block * common.Block) error
//代码在 core.go 中
```

lockBasedQueryExecutor 结构体及方法(实现 ledger.QueryExecutor 接口)如下：

```
type lockBasedQueryExecutor struct {
    helper * queryHelper
    id string
}
func newQueryExecutor(txmgr * LockBasedTxMgr) * lockBasedQueryExecutor
func (q * lockBasedQueryExecutor) GetState(ns string, key string) ([]byte, error)
func (q * lockBasedQueryExecutor) GetStateMultipleKeys(namespace string, keys []string) ([][]
byte, error)
func (q * lockBasedQueryExecutor) GetStateRangeScanIterator(namespace string, startKey string,
endKey string) (ledger.ResultsIterator, error)
func (q * lockBasedQueryExecutor) ExecuteQuery(namespace, query string) (ledger.ResultsIterator,
error)
func (q * lockBasedQueryExecutor) Done()
//代码在 core/ledger/kvledger/txmgmt/txmgr/lockbasedtxmgr/lockbased_query_executer.go 中
```

QueryHelper 结构体及方法如下：

```
type queryHelper struct {
    txmgr * LockBasedTxMgr                        //LockBasedTxMgr
    rwsetBuilder * rwsetutil.RWSetBuilder         //读写集工具
    itrs [] * resultsItr
```

```
    err error
    doneInvoked bool                                //是否调用完成
}
//statedb 中获取 versionedValue,并加入 rwsetBuilder 的 nsRWs.readMap 中
func (h *queryHelper) getState(ns string, key string) ([]byte, error)
//statedb 中获取多个 versionedValue,并加入 rwsetBuilder 的 nsRWs.readMap 中
func (h *queryHelper) getStateMultipleKeys(namespace string, keys []string) ([][]byte, error)
//构造 resultsItr,并加入 queryHelper.itrs
func (h *queryHelper) getStateRangeScanIterator(namespace string, startKey string, endKey
string) (commonledger.ResultsIterator, error)
//执行查询并构造 queryResultsItr
func (h *queryHelper) executeQuery(namespace, query string) (commonledger.ResultsIterator,
error)
//done
func (h *queryHelper) done()
func (h *queryHelper) checkDone()
//代码在 core/ledger/kvledger/txmgmt/txmgr/lockbasedtxmgr/helper.go 中
```

resultsItr 结构体及方法如下：

```
type resultsItr struct {
    ns string
    endKey string
    dbItr statedb.ResultsIterator
    rwSetBuilder *rwsetutil.RWSetBuilder
    rangeQueryInfo *kvrwset.RangeQueryInfo
    rangeQueryResultsHelper *rwsetutil.RangeQueryResultsHelper
}
func newResultsItr(ns string, startKey string, endKey string, db statedb.VersionedDB,
rwsetBuilder *rwsetutil.RWSetBuilder, enableHashing bool, maxDegree uint32) (*resultsItr,
error)
func (itr *resultsItr) Next() (commonledger.QueryResult, error)
func (itr *resultsItr) updateRangeQueryInfo(queryResult statedb.QueryResult)
func (itr *resultsItr) Close()
//代码在 core/ledger/kvledger/txmgmt/txmgr/lockbasedtxmgr/helper.go 中
```

## 16.7 超级账本智能合约

在企业可以相互交易之前，必须定义一套共同的合同，涵盖共同的术语、数据、规则、概念定义和流程。总而言之，这些合同规定了管理交易各方之间所有互动的商业模式。智能合约(Smart Contracts)本质上是运行在区块链上的业务逻辑。智能合约可以像数据更新一样简单，也可以像执行有附加条件的合同一样复杂。例如，智能合约可以更新账户余额，并通过验证确保在进行借记之前账户中有足够的资金。另外，可以编写更复杂的智能合约，通过运输时间规定运输物品的成本。合约经双方同意并写入账本的条款，规定的资金就会在收到项目时自动转账。

有以下两种不同类型的智能合约。

**1. 内置的智能合约(Installed smart contracts)**

在网络启动之前,内置的智能合约会在网络中的验证器上安装业务逻辑。

**2. 链上智能合约(On-chain smart contracts)**

链上智能合约将业务逻辑部署为提交到区块链的交易,然后由后续交易调用。通过链上智能合约,定义业务逻辑的代码成为账本的一部分。

### 16.7.1 智能合约业务逻辑

智能合约业务逻辑如图 16.21 所示,显示了如何处理发送到智能合约的请求。输入包括合约标识符、事务请求、可能存在的任何依赖项以及账本的当前状态。

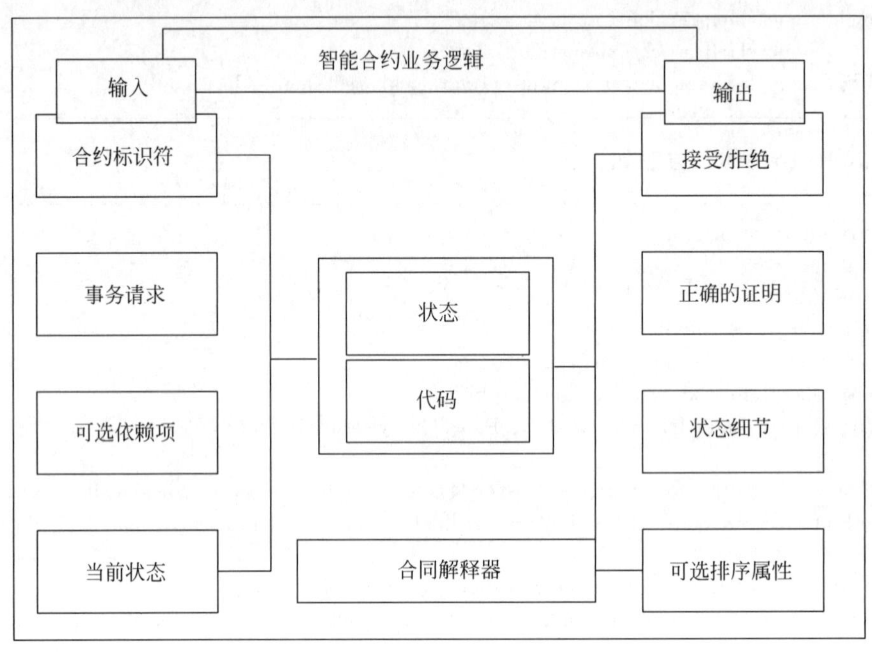


图 16.21 智能合约业务逻辑

合同解释器(中间的块)加载了账本的当前状态和智能合约代码。当合同解释程序收到请求时,会立即检查并拒绝任何无效请求。如果请求有效且已接受,则会生成相应的输出。这些输出包括一个新状态和任何副作用。当所有处理完成后,解释器打包新状态、正确性证明以及共识服务的任何所需订购提示。该包将发送给共识服务部门,以便对区块链做出最终确认。智能合约层通过确认符合策略和交易指定的合约来验证每个请求。无效请求被拒绝,并且可能会从包含中删除,这具体取决于选用的框架。

验证错误可分为两类:语法错误和逻辑错误。对于语法错误,如无效输入、无法验证的签名以及任何重复的交易(由于错误或重放攻击),应删除该请求。逻辑错误更复杂,是否继续处理的决定应该是策略驱动的。例如,如果请求会导致双重花费或版本控制失败,则可能需要记录该审核请求(如果策略要求)。

在智能合约中验证请求的结果是捕获到交易新状态的转换。每个 Hyperledger 框架都以不同的方式表示状态转换。例如，Hyperledger Fabric 使用更改集，而 Hyperledger Sawtooth 使用可加密验证的状态。

合约执行与共识之间的这种分离使得对区块链的确认变得复杂。例如，并行执行的两个请求可能导致合约状态不一致，除非它们以特定方式排序。通常，共识层控制排序。但是，智能合约可以选择提供有关排序等属性的提示。

处理请求可能会产生副作用，即未在状态增量中捕获的结果。副作用可能包括事件通知、对其他智能合约的请求、对全局资源的修改甚至是不可逆转的操作，如发布敏感信息或发送包。

## 16.7.2　框架中的智能合约

Hyperledger Fabric 中的智能合约是一个名为链码(Chaincode)的程序。链码可以用 Go、JavaScript(Node.js)编写，也可用其他编程语言编写，如实现规定接口的 Java。链码运行在 Docker 容器中。链码通过应用程序提交的交易来初始化和管理账本状态。

链码通常处理网络成员已同意的业务逻辑。由链码创建的状态仅限于该链码，并且不能由另一个链码直接访问。但是，通过适当的权限，同一网络中的链码可以调用另一个链码来访问其状态。

有以下两种不同类型的链码。

(1) 系统链码。系统链码通常处理与系统相关的交易，如生命周期管理和策略配置。但是，系统链码 API 也是开放的，用户也可以实现其应用程序需求。

(2) 应用程序链码。应用程序链码管理账本上的应用程序状态，包括数字资产或任意数据记录。链码以一个包开始，该包封装有关链码的关键元数据，包括名称、版本和对方签名，以确保代码和元数据的完整性，然后将链码包安装在交易对手的网络节点上。

适当的网络成员(由策略配置控制)通过向网络提交实例化交易来激活链码。如果交易被批准，则链码进入活动状态，可以通过客户端应用程序从用户接收交易。任何经过验证的链码交易都会附加到共享账本，然后这些交易可以相应地修改世界状态。在实例化链码之后的任何时候，都可以通过升级交易来升级它。

**1. 系统链码**

在链码中定义的智能合约是关于区块链组织之间商定的业务流程的依赖规则。但是，链码还可以定义低级程序代码，处理与系统相关的交易，与业务流程的智能合同无关。

表 16.3 是不同类型的系统链码及其相关缩写。

**表 16.3　不同类型系统链码及其相关缩写**

| 链码名称 | 含　义 |
|---|---|
| 生命周期系统链码(LSCC) | 在所有 Peer 中运行，以处理包签名、安装、实例化和升级链码请求 |
| 配置系统链码(CSCC) | 在所有 Peer 中运行，以处理对通道配置的更改，如策略更新 |
| 查询系统链码(QSCC) | 在所有 Peer 中运行，以提供包括块查询、事务查询等分类账 API |
| 认可系统链码(ESCC) | 通过签署交易建议回复来处理认可 |
| 验证系统链码(VSCC) | 处理事务验证，包括检查认可策略和多路调用并发控制 |

低级 Fabric 开发人员和管理员可以根据自己的需要修改这些系统链码。但是,系统链码的开发和管理是一项专门的活动,与智能合约的开发完全分开,通常不是必需的。系统链码的更改必须非常小心,因为它们是 Hyperledger Fabric 网络正常运行的基础。例如,如果系统链码没有正确开发,则一个 Peer 节点可以不断地更新其世界状态或区块链的副本到另一个节点。缺乏共识是分类账分叉的一种形式,这是一种不利的情况。

**2. 智能合约的依赖性**

支持智能合约的所有 4 个 Hyperledger 框架 Hyperledger Burrow、Hyperledger Fabric、Hyperledger Iroha 和 Hyperledger Sawtooth 都假设事务是原子的。换句话说,交易被认为尚未开始或已完成,交易不能部分完成。这可确保事务完整性。

当必须一起提交依赖操作时,某些框架会假定依赖操作在单个智能合约中捕获。其他人允许跨多个智能合约进行交易批量处理。因此,智能合约可以指定必须以原子方式提交多个事务之间的依赖关系。这些引用可以是隐式的也可以是显式的。

使用隐式引用时,通常无法确定必须应用事务的顺序。比特币通过反复尝试应用事务来解决这个问题,这导致事务在满足其先决条件时逐渐执行。此行为需要事务暂存组件,如 mempool 负责处理系统无法应用的任何过期事务。通过显式引用,提交事务的用户使用某种形式的事务标识符指定排序。正如隐式和显式引用会影响块的形成一样,依赖图也是如此。依赖图可以是循环的或非循环的。对于循环依赖性,包含循环的整个组必须包含在同一个块中。例如,如果事务 A 依赖于事务 B,事务 B 依赖于事务 C 并且事务 C 依赖于事务 A,则所有三个事务必须包括在同一块中。对于非循环依赖性,只要根据依赖图包括事务,序列的任何部分都可以包括在块中。例如,如果事务 B 依赖于事务 A,则事务 A 必须在事务 B 之前提交。对于隐式依赖,循环可能很复杂,这可能会阻止某些事务并行和提交验证。另一方面,显式依赖引用可以允许在同一块内并行执行非冲突事务。

通常,智能合约层与共识层密切配合。具体地,智能合约层接收来自共识层 1 的提议。此提议指定要执行的合同、交易的详细信息,包括要求执行合同的实体的身份和凭据,以及任何交易依赖性。智能合约层使用分类账的当前状态和共识层的输入来验证交易。在处理交易时,智能合约层使用身份服务层验证和授权要求执行智能合约的实体。这确保了两件事:实体在区块链网络上是已知的,并且实体具有执行智能合约的适当访问权限。可以通过多种方法提供身份:简单的基于密钥的身份、通过分类账管理的身份和凭证、匿名凭证或来自外部证书颁发机构的托管身份服务。处理完交易后,智能合约层将返回交易是被接受还是被拒绝。如果交易被接受,则智能合约层将返回正确性证明、状态增量以及确保考虑交易依赖性所需的任何可选排序提示。状态增量包括更改集以及在对等方成功提交交易时应发生的任何副作用。

**3. 智能合约完整性**

为了保证智能合约的完整性和实用性,企业区块链必须控制对某些资源的访问。由于智能合约是程序,因此易受恶意攻击、编码错误以及糟糕设计的影响。任何这些领域的细分都可能损害区块链系统的完整性或可用性。Hyperledger 建议将以下 4 个安全措施与智能合约层一起使用,以帮助确保完整性和可用性。

1）拒绝服务保护

在恶意拒绝服务(DoS)攻击中,攻击者试图通过暂时中断服务来使其目标用户无法使用机器或网络资源。这通常是通过一系列旨在使系统过载的请求来使计算机、服务器或网络泛洪完成的,这样就无法为合法请求提供服务。

在部分信任环境中运行的许可区块链网络中,可以通过使用身份管理和访问控制策略来减少恶意 DoS 攻击。这些有助于确保只有已知实体才能参与区块链网络。如果任何不良行为者通过欺骗或其他盗用身份的方式获得对网络的访问权限,然后启动 DoS 攻击,则可以识别、隔离和删除。

2）沙盒

安全设计的区块链系统必须确保智能合约只能执行给定交易所需的功能。如果没有安全措施,恶意或错误的智能合约代码可能会破坏网络,导致私人数据被盗或泄露。用于隔离执行环境的各种经过验证的技术可以应用于智能合约层,如分区和容器。

3）资源管理/流程控制

无论是错误的还是恶意的智能合约都会消耗过多的网络资源,阻止其他合约的执行或以其他方式降低系统性能。流量控制是指诸如背压和过载保护之类的技术,确保资源的可用性。业务区块链系统可以应用基于时间或基于令牌的资源管理技术,以确保任何特定的智能合约不会消耗过多的资源。

4）应用程序生命周期管理(ALM)

由于智能合约是应用程序代码,因此必须在整个软件生命周期内对其进行管理,包括测试、部署、更新和退役。业务区块链系统必须本地或通过与 ALM 工具集成来提供这些功能。

## 16.7.3　用户链码基本结构

用户链码是开发者用来开发多种复杂应用的工具,它提供了基于账本的状态处理逻辑,可以根据世界状态自动做出相应操作执行代码逻辑,与账本进行交互。例如,Fabric 项目自带的链码示例可以完成转账,例子的代码在 examples/chaincode/go 目录下的 chaincode_example02.go 文件中。下面通过例子了解一下链码的基本结构。

每个链码都需要实现 Chaincode 接口,包括 Init 和 Invoke 两个接口,代码如下:

```
Chaincode 接口
type Chaincode interface {
Init(stub shim.ChaincodeStubInterface) peer.Response
Invoke(stub shim.ChaincodeStubInterface) peer.Response
}
```

Init 和 Invoke 两个链码接口的说明如表 16.4 所示。

表 16.4 链码接口说明

| 方法 | 说明 | 分支 | 示例 |
| --- | --- | --- | --- |
| Init | 当链码实例化或者升级时被调用 | 无 | Init ( stub ChaincodeStubInterface, function string, args [ ] string ) ([]byte,error) |
| Invoke | 当链码收到调用(Invoke)或者查询时被调用 | Query 查询交易时调用。链上代码仅读(而不是修改)它的状态变量并返回结果 | Query ( stub ChaincodeStubInterface, function string, args [ ] string ) ([]byte,error) |
| | | Invoke 每次调用交易都会调用。链上代码可能会改变状态变量 | Invoke ( stub ChaincodeStubInterface, function string, args [ ] string ) ([]byte,error) |

链码的基本结构如下：

```
package main
// 引入相应的依赖包
    import (
"fmt"
"github.com/hyperledger/fabric/core/chaincode/shim"
"github.com/hyperledger/fabric/protos/peer"
)
type SimpleChaincode struct {
}
// 链码实例化(instantiate)或升级(upgrade)时调用 Init 方法
func (t * SimpleChaincode) Init(stub shim.ChaincodeStubInterface) peer.Response{
return shim.Success(nil)
}
// 链码收到调用(invoke)或查询(query)时调用 Invoke 方法
func (t * SimpleChaincode) Invoke(stub shim.ChaincodeStubInterface) peer.Response {
return shim.Success(nil)
}
// 主函数,调用 shim.Start 方法
func main() {
err := shim.Start(new(SimpleChaincode))
if( err!= nil){
fmt.Printf("Error starting Simple Chaincode is %s \n",err)
}
}
```

**1. 使用链码开发业务合约和去中心化的应用程序**

通常有两种方法可以为 Hyperledger Fabric 开发业务合约：

(1) 将单个合约编码为独立的链码实例。

(2) 使用一个链码处理所有合约(某些类型),并让它公开 API 以管理这些合约的生命周期。

其中,第二种方法可能更有效。

**2. 使用链码定义和管理资产**

Hyperledger Fabric 的用户还可以使用链码来定义资产和管理它们的逻辑。在大多数区块链解决方案中，有两种流行的方法来定义资产。

(1) 无状态 UTXO(未使用的交易输出)模型，其中账户余额被编码到过去的交易记录中。

(2) 账户模型，其中账户余额保留在分类账的状态存储空间中。

每种方法都有其优点和缺点。Hyperledger Fabric 确保两种方法都易于实现。

在最简单的层面上，区块链不可变地记录更新分类账中状态的交易。智能合约以编程方式访问分类账的两个不同部分：不可变地记录所有交易的历史记录和保存这些状态当前值的世界状态。智能合约主要在世界状态下放置(put)、获取(get)和删除(delete)状态，还可以查询不可变的区块链交易记录。

(1) put 通常会创建新业务对象或修改分类账世界状态中的现有业务对象。

(2) get 通常表示用于检索有关业务对象的当前状态信息的查询。

(3) delete 通常表示从分类账的当前状态中删除业务对象，而不是其历史记录。

智能合约有许多 API 可供它们使用。重要的是，在所有情况下，无论事务是创建、读取、更新还是删除世界状态中的业务对象，区块链都包含这些更改的不可变记录。

# 16.8 超级账本用户管理

## 16.8.1 成员服务基础

成员权限管理服务为网络提供身份管理，隐私、保密和可审计性的服务。在一个不带权限的区块链中，参与者是不需要被授权的，且所有的节点都可以提交交易并把它们汇集到可接受的块中，它们并没有角色的区分。成员服务通过公钥基础设施(PublicKey Infrastructure，PKI)和去中心化的共识技术，使得不带权限的区块链变成带权限的区块链。PKI 是一套集生成密钥、签发证书(分发证书、维护证书)等功能于一体的公钥管理基础设施，其职能包括为用户生成密钥(公钥、私钥)、签发数字证书、管理数字证书(公布有效数字证书和公布无效数字证书)等。PKI 的基本构成元素为 CA，即证书机构。PKI 通过 CA 完成其公钥管理功能。

成员服务提供者(MSP)通过列出其成员的身份或通过识别来识别信任哪些根 CA 和中间 CA，以定义信任域(如组织)的成员；或者通过识别哪些 CA 被授权为其成员，以发布有效身份。此外，MSP 的强大功能不仅仅是列出谁是网络参与者或频道成员。MSP 可以在 MSP 所代表的组织范围内(例如，管理员或作为子组织组的成员)识别参与者可能扮演的特定角色，并为在网络环境中定义访问权限设置基础和频道(如频道管理员、读者、作家)。MSP 的配置被通告给相应组织的成员参与的所有信道。除了通道 MSP、对等方、订购者和客户端之外，还维护本地 MSP，对通道上下文之外的成员消息进行身份验证，并定义对特定组件(谁能够在对等方上安装链代码)的权限。

在带权限的区块链中，通过实际注册来获得身份凭证。在用户使用过程中，注册证书允许交易证书颁发机构 TCA 颁发交易证书(Tcert)，该证书可以用来对提交的交易进行授权。Fabric 中的成员管理服务利用注册－交易两级安全证书体系来实现前台匿名后台可监管的需求。这两类证书分别是注册证书(Ecert)和交易证书(Tcert)，其中 Ecert 代表用户的真实身份。用户在 Fabric 系统中进行注册时，获得由注册证书颁发机构颁发的实名注册证书 Ecert；当用户需要交易时，从交易证书颁发机构(TCA)获得一批由 Ecert 派生出的匿名交易证书 Tcert。

Fabric 采用分级 CA，不同的证书由不同 CA 签发。Tcert 是每个交易的短期证书。它们是由 TCA 根据授权的用户请求而颁发的。它们安全地给一个交易授权，并可以被配置为隐藏交易用户的身份信息。它们包含签名密钥对的公共部分，并可以被配置为包含一个密钥协议的密钥对的公共部分。它们仅颁发给用户。它们只和其所有者有关联，并且只有 TCA 和审计人员可以知道这种关联。Tcert 可以配置成不携带用户的身份信息，使得用户以匿名方式参与到系统中，阻止了交易之间的关联性。表 16.5 是证书类型，后面小节会详细介绍这些类型如何组成 MSG 结构。

**表 16.5　证书类型说明**

| 证书类型 | 含　义 |
| --- | --- |
| 根 CA 证书 | 每个 MSP 只有一个根 CA 证书(Root Certifiate)，从根 CA 证书到最终用户证书形成一个证书信任链(chain of trust)。根 CA 证书为自签名的证书，用根 CA 签名生成的证书可以签发新的证书，形成树形结构(必须配置) |
| 中间 CA 证书 | 由其他 CA 证书签发的证书，可以利用自己的私钥签发新的证书(可选配置) |
| MSP 管理员证书 | 有根 CA 的证书路径，有权限修改 channel 配置(必须配置)——创建 channel、加入 channel 等请求都需要管理员私钥进行签名 |
| TLS 根 CA 证书 | 自签名的证书，用于 TLS(Transport Layer Security，安全传输层协议)传输(必须配置) |

需要注意的是，MSP 中各实体资源的证书必须被证书信任树上的叶子节点签名，中间层签名的证书会被认为是非法实体证书。

## 16.8.2　成员服务提供者

成员服务提供者(MSP)是一个提供抽象化成员操作框架的组件。一个 Hyperledger Fabric 区块链网络可以被一个或多个 MSP 管理，这提供了模块化的成员操作，以及兼容不同成员标准与架构的互操作性。下面将详细说明在 Hyperledger Fabric 支持下 MSP 的具体结构与配置。

**1. MSP 结构**

到目前为止，可以看到 MSP 最重要的元素是用于在相应组织中建立 actor 或节点成员资格的根 CA 或中间 CA 的规范。但是，有更多的元素与这两个元素结合使用以协助成员函数。MSP 结构如图 16.22 所示。

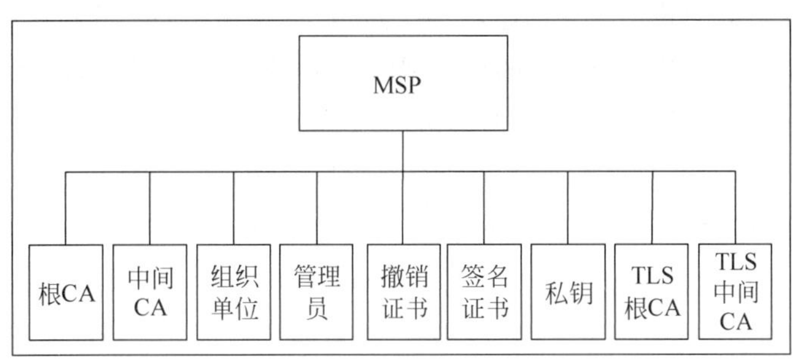


图 16.22　MSP 结构

图 16.22 显示了本地 MSP 如何存储在本地文件系统中。尽管通道 MSP 的物理结构并非如此,但该结构对于思考和学习 MSP 仍然是一种非常有用的方法。可以看到 MSP 有 9 个元素,最简单的方法是在目录结构中考虑这些元素,其中 MSP 名称是根文件夹名称,每个子文件夹代表 MSP 配置的不同元素。下面会更详细地描述这些文件夹,看看它们为什么重要。

(1) 根 CA:此文件夹包含由此 MSP 表示的组织信任的根 CA 的自签名 X.509 证书列表。此 MSP 文件夹中必须至少有一个 Root CA X.509 证书。这是最重要的文件夹,因为它标识了必须从中派生所有其他证书才能被视为相应组织的成员的 CA。

(2) 中间 CA:此文件夹包含此组织信任的中间 CA 的 X.509 证书列表。每个证书必须由 MSP 中的一个根 CA 或中间 CA 签名,中间 CA 的颁发 CA 链最终会返回到受信任的根 CA。中间 CA 可以代表组织的不同细分(如 ORG1 的 ORG1-MANUFACTURING 和 ORG1-DISTRIBUTION),或组织本身(如果商业 CA 用于组织的身份管理,则可能就是这种情况)。在后一种情况下,中间 CA 可用于表示组织细分。在这里,可以找到有关 MSP 配置最佳实践的更多信息。注意,可能有一个没有中间 CA 的正常运行的网络,在这种情况下,此文件夹将为空。与根 CA 文件夹一样,此文件夹定义必须颁发证书才能被视为组织成员的 CA。

(3) 组织单位:这些单位列在 $ FABRIC_CFG_PATH / msp / config.yaml 文件中,并包含一个组织单位列表,其成员被视为该 MSP 所代表的组织的一部分。当希望将组织成员限制为拥有其中包含特定组织单位的身份(由 MSP 指定的 CA 之一签名)的成员时,此功能尤其有用。指定组织单位是可选的。如果未列出任何组织单位,则作为 MSP 一部分的所有身份(由根 CA 和中间 CA 文件夹标识)将被视为组织的成员。

(4) 管理员:此文件夹包含一系列标识,用于定义具有此组织管理员角色的角色。对于标准 MSP 类型,此列表中应该有一个或多个 X.509 证书。值得注意的是,仅仅因为一个角色具有管理员的权限,并不意味着他们可以管理特定的资源,给定标识在管理系统方面的实际功能由管理系统资源的策略决定。例如,渠道策略可能指定 ORG1-MANUFACTURING 管理员有权将新组织添加到渠道,而 ORG1-DISTRIBUTION 管理员则没有此类权限。即使 X.509 证书具有 ROLE 属性(如指定某个 actor 是管理员),这也是指其在组织内而不是在区块链网络中的角色。这类似于组织单位属性的用途，如果已定义，则指向组织中的角色。如果已编写该通道的策略以允许组织(或某些组织)的任何管理员执行某些通道功能(如实例化链码)，则ROLE属性可用于在通道级别授予管理权限。通过这种方式，组织角色可以赋予网络角色。

(5) 撤销证书：如果已撤销参与者的身份，则在此文件夹中保存有关身份的信息而不是身份本身。对于基于X.509的标识，这些标识符称为主题密钥标识符(SKI)和授权访问标识符(AKI)的字符串对，并在每次使用X.509证书时检查，以确保证书未被证实撤销。此列表在概念上与CA的证书吊销列表(CRL)相同，但它也与从组织中撤销成员身份有关。因此，MSP(本地或频道)的管理员可以通过向CA发布的已撤销证书发布更新的CRL来快速撤销组织中的参与者或节点。这个“列表”是可选的，它只会在证书被撤销时填充。

(6) 签名证书：该文件夹包含节点的标识，即加密材料与KeyStore的内容组合将允许节点在发送给其信道和网络的其他参与者的消息中认证自身。对于基于X.509的标识，此文件夹包含X.509证书。这是对等方在交易提议响应中放置的证书，例如，用于指示对等方已经认可它随后可以在验证时针对结果交易的认可政策进行检查。

此文件夹对于本地MSP是必需的，并且该节点必须只有一个X.509证书，不用于通道MSP。

(7) 私钥：此文件夹是为对等或订购者节点(或客户端的本地MSP)的本地MSP定义的，包含节点的签名密钥。此密钥以加密方式匹配节点，标识文件夹中包含的节点标识，并用于签署数据。例如，签署交易提议响应，作为认可阶段的一部分。此文件夹对于本地MSP是必需的，并且必须只包含一个私钥。显然，对此文件夹的访问权限必须仅限于对等人具有管理职责的用户的身份。通道MSP的配置不包括此文件夹，因为通道MSP仅旨在提供身份验证功能而不是签名功能。

(8) TLS根CA：此文件夹包含此组织为TLS通信所信任的根CA的自签名X.509证书列表。TLS通信的一个例子是Peer端需要连接到Orderer以便它可以接收总账更新。换句话说，MSP TLS信息与网络内部的节点(即Peer和定向器)相关，而不是消耗网络的应用程序和管理。此文件夹中必须至少有一个TLS根CA X.509证书。

(9) TLS中间CA：此文件夹包含由此MSP代表的组织信任的用于TLS通信的列表中间CA证书。当商业CA用于组织的TLS证书时，此文件夹特别有用。与成员中间CA类似，指定中间TLS CA是可选的。

下面从实例出发分析Fabric v1.1示例中的crypto-config目录，网络中共有一个Orderer节点和4个Peer节点(分为两个组织Org1,Org2)，该目录利用cryptogen工具生成。目录下有ordererOrganizations和peerOrgnizations两个子目录，分别表示Orderer节点和Peer节点MSP配置。这里分析Org1的MSP配置，为了方便节点的部署，目录中有很多冗余存储。

```
org1.example.com
├── ca                          # 根 CA 的私钥和证书
│   ├── 0e729224e8b3f31784c8a93c5b8ef6f4c1c91d9e6e577c45c33163609fe40011_sk
│   └── ca.org1.example.com-cert.pem
├── msp                         # MSP 配置目录
│   ├── admincerts                               # MSP 管理员证书
│   │   └── Admin@org1.example.com cert.pem
│   ├── cacerts                                  # MSP 根 CA 证书（与 ca 目录下的证书一致）
│   │   └── ca.org1.example.com cert.pem
│   └── tlscacerts                               # TLS 根 CA 证书
│       └── tlsca.org1.example.com-cert.pem
├── peers                       # Peer 节点的 MSP 配置私钥
│   ├── peer0.org1.example.com      # Peer 0 节点配置
│   │   ├── msp
│   │   │   ├── admincerts                       # 管理员证书
│   │   │   │   └── Admin@org1.example.com cert.pem
│   │   │   ├── cacerts                          # CA 根证书
│   │   │   │   └── ca.org1.example.com cert.pem
│   │   │   ├── keystore                         # 节点的私钥
│   │   │   │   └── 27db82c96b1482480baa1c75f80e5cce249beaab27b70c741bb0e2554355957e_sk
│   │   │   ├── signcerts                          节点的证书
│   │   │   │   └── peer0.org1.example.com cert.pem
│   │   │   └── tlscacerts                       # TLS 根 CA 证书
│   │   │       └── tlsca.org1.example.com cert.pem
│   │   └── tls
│   │       ├── ca.crt                           # TLS 根 CA 证书
│   │       ├── server.crt                       # 节点用的 TLS 证书
│   │       └── server.key                       # 节点的 TLS 私钥
│   └── peer1.org1.example.com
│       ├── msp
│       │   ├── admincerts
│       │   │   └── Admin@org1.example.com-cert.pem
│       │   ├── cacerts
│       │   │   └── ca.org1.example.com-cert.pem
│       │   ├── keystore
│       │   │   └── fdee12a3510fde3155c37128cfec26090ae249bfbca28f884e60c21338493edd_sk
│       │   ├── signcerts
│       │   │   └── peer1.org1.example.com-cert.pem
│       │   └── tlscacerts
```

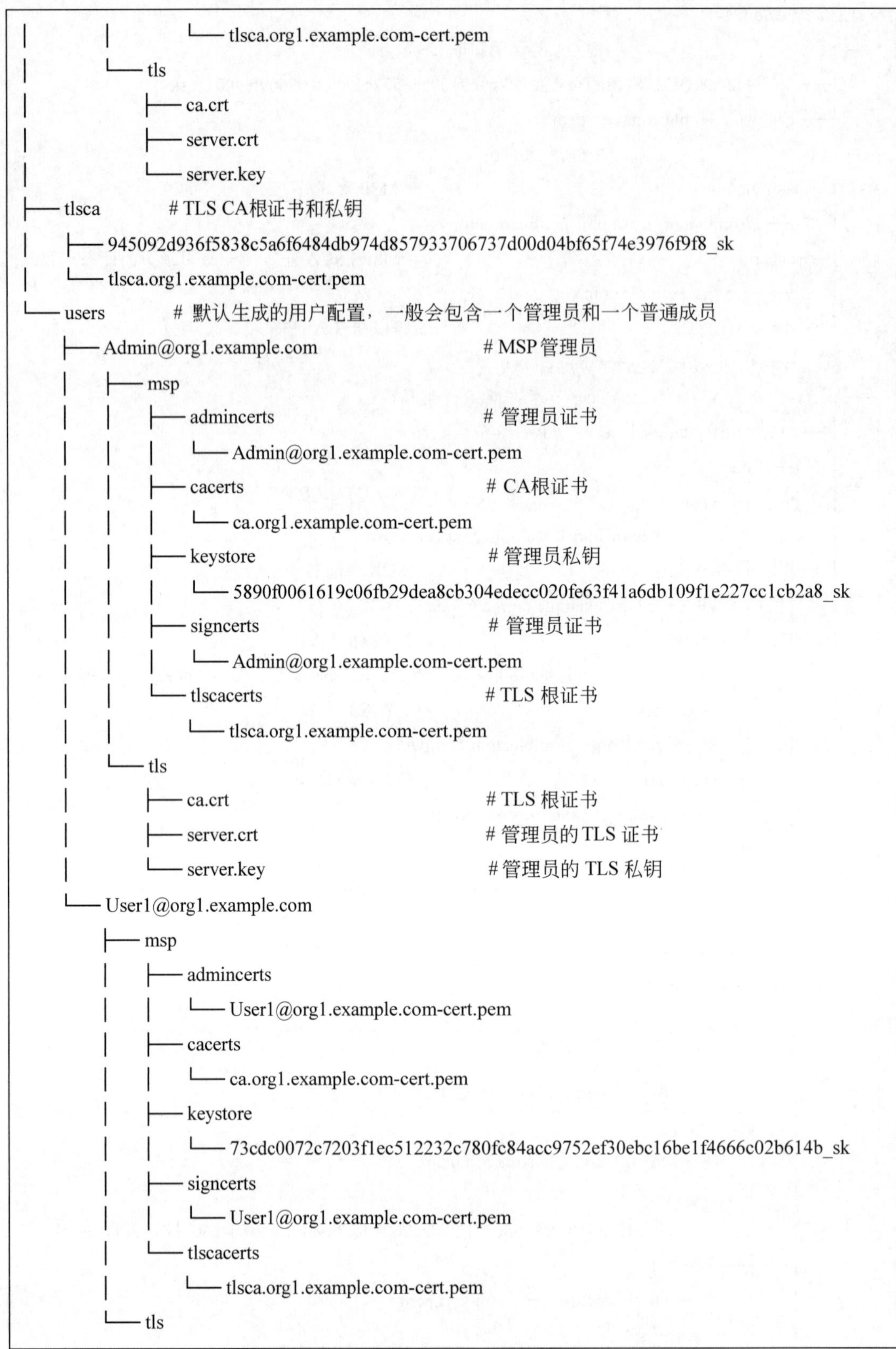

```
│   │   └── tlsca.org1.example.com-cert.pem
│   └── tls
│       ├── ca.crt
│       ├── server.crt
│       └── server.key
├── tlsca          # TLS CA根证书和私钥
│   ├── 945092d936f5838c5a6f6484db974d857933706737d00d04bf65f74e3976f9f8_sk
│   └── tlsca.org1.example.com-cert.pem
└── users          # 默认生成的用户配置，一般会包含一个管理员和一个普通成员
    ├── Admin@org1.example.com                    # MSP管理员
    │   ├── msp
    │   │   ├── admincerts                        # 管理员证书
    │   │   │   └── Admin@org1.example.com-cert.pem
    │   │   ├── cacerts                           # CA根证书
    │   │   │   └── ca.org1.example.com-cert.pem
    │   │   ├── keystore                          # 管理员私钥
    │   │   │   └── 5890f0061619c06fb29dea8cb304edecc020fe63f41a6db109f1e227cc1cb2a8_sk
    │   │   ├── signcerts                         # 管理员证书
    │   │   │   └── Admin@org1.example.com-cert.pem
    │   │   └── tlscacerts                        # TLS 根证书
    │   │       └── tlsca.org1.example.com-cert.pem
    │   └── tls
    │       ├── ca.crt                            # TLS 根证书
    │       ├── server.crt                        # 管理员的TLS 证书
    │       └── server.key                        # 管理员的 TLS 私钥
    └── User1@org1.example.com
        ├── msp
        │   ├── admincerts
        │   │   └── User1@org1.example.com-cert.pem
        │   ├── cacerts
        │   │   └── ca.org1.example.com-cert.pem
        │   ├── keystore
        │   │   └── 73cdc0072c7203f1ec512232c780fc84acc9752ef30ebc16be1f4666c02b614b_sk
        │   ├── signcerts
        │   │   └── User1@org1.example.com-cert.pem
        │   └── tlscacerts
        │       └── tlsca.org1.example.com-cert.pem
        └── tls
```

```
├── ca.crt
├── server.crt
└── server.key
```

MSP 是一个包含了根证书、证书(经过 CA 签署的公钥)和私钥的目录。在组织、组件和用户三个地方会用到。组织的 MSP 目录中,包含的是组织管理员的证书、用来验证用户证书有效性的根证书和验证 TLS 通信使用的证书的根证书。

**2. MSP 分级**

通道和本地 MSP 之间的分离反映了组织管理本地资源(如对等或订购者节点)及其通道资源(如在通道或网络级别运营的分类账、智能合约)的需求。将这些 MSP 视为处于不同级别是有帮助的,MSP 处于与网络管理问题相关的更高级别,而较低级别的 MSP 处理私有资源管理的身份。MSP 在每个管理级别都是必需的,网络、通道、对等、订购者和用户都需定义 MSP。区块链网络中的 MSP 如图 16.23 所示。其中,Org 代表组织,RCA 代表根证书。

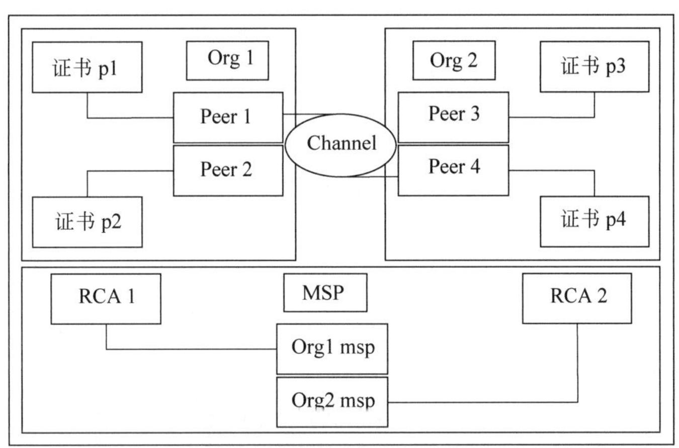


图 16.23　区块链网络中的 MSP

Peer 和订购者的 MSP 是本地的,而信道的 MSP(包括网络配置信道)在该信道的所有参与者之间共享。在图 16.23 中,网络配置通道由 Org1 管理,但另一个应用程序通道可由 Org1 和 Org2 管理。Peer 是 Org2 的成员和管理者,是 Org1 管理的定购者。Org1 信任来自 RCA1 的身份,而 Org2 信任来自 RCA2 的身份。注意,这些是管理身份,反映了谁可以管理这些组件。因此,当 Org1 管理网络时,Org2. MSP 确实存在于网络定义中。

1) 网络 MSP

网络的配置定义谁是网络中的成员,通过定义参与者组织的 MSP 以及授权哪些成员执行管理任务(如创建信道)。

2) 通道 MSP

通道必须单独维护其成员的 MSP。通道在特定的一组组织之间提供私人通信,这些组织又对其进行管理控制。在该通道的 MSP 上下文中,解释了通道策略定义谁有能力参与通道上的某些动作,例如,添加组织或实例化链码。注意,管理通道的权限与管理网络配置通道(或任何其他频道)的能力之间没有必然的关系。

3) 对等 MSP

本地 MSP 在每个 Peer 的文件系统上定义,并且每个 Peer 都有一个 MSP 实例。从概念上讲,它执行与通道 MSP 完全相同的功能,但限制仅适用于定义它的对等方。使用对等方的本地 MSP 评估其授权的操作的示例是在对等方上安装链码。

4) Orderer MSP

与对等 MSP 一样,Orderer 本地 MSP 也在节点的文件系统上定义,仅适用于该节点。与 Peer 节点一样,Orderer 也由单个组织拥有,因此只有一个 MSP 列出它信任的 actor 或节点。

MSP 出现在两个地方:在信道上有一个全局的 MSP,而每个 Peer、Orderer、Client 等角色上都维护有本地的局部 MSP。本地 MSP 只保存有 Global MSP 上的子集,内容保存在本地文件系统上,而全局 MSP 可在逻辑上认为是配置在系统上的,它实际也在每个参与者上保存一份拷贝,但会维持一致性。底层的 network MSP 负责网络层的准入,其 MSP 由 Org1 拥有,而上面的某个信道的 MSP 则由 Org1 和 Org2 共同管理。除了账号的私钥和证书,Fabric 中还存在一套 TLS 证书,这套证书就很好理解了,它们是用来对 gRPC 通信过程加密的。Fabric 的 Peer、Orderer 之间使用 gRPC 通信。

MSP 目录可以用 Fabric 提供的 cryptogen 命令生成,但是用 cryptogen 命令生成是非常不灵活的,生产环境中应当使用 Fabric 提供的另一个组件 Fabric CA。

**3. MSP 配置**

要想初始化一个 MSP 实例,每一个 Peer 节点和 Orderer 节点都需要在本地指定其配置,并在信道上启用 Peer 节点、Orderer 节点及 Client 的身份的验证与各自的签名验证。注意,信道上的全体成员均参与此过程。

首先,为了方便地在网络中引用 MSP,每个 MSP 都需要一个特定的名字(如 msp1、org2、org3. divA)。在一个 channel 中,当 MSP 的成员管理规则表示一个团体、组织或组织分工时,该名称会被引用。这又被称为 MSP 标识符或 MSP ID。对于每个 MSP 实例,MSP 标识符都必须独一无二。例如,系统 channel 创建时,如果检测到两个 MSP 有相同的标识符,那么 Orderer 节点的启动将以失败告终。

对于该 MSP 实例,有效的身份应符合以下条件:

(1) 它们应符合 X. 509 证书标准,且具有一条可验证的路径(该路径通往信任源的一个证书)。

(2) 它们没有包含在任何 CRL 中。

(3) 它们列出了一个或多个 MSP 配置的组织单元(列出的位置是它们 X. 509 证书结构的组织单位区内)。

除了验证相关参数外,为了使 MSP 可以对已实例化的节点进行签名或认证,需要指定:

(1) 用于节点签名的签名密钥(目前只支持 ECDSA 密钥)。

(2) 节点的 X. 509 证书,对 MSP 验证参数机制而言是一个有效的身份。

值得注意的是，MSP 身份永远不会过期，它们只能通过添加到合适的 CRL 上来被撤销。此外，现阶段不支持吊销 TLS 证书。

**4. 生成 MSP 证书与签名密钥**

要想生成 X. 509 证书以满足 MSP 配置，应用程序可以使用 Openssl。必须强调，在 Hyperledger Fabric 中，不支持包括 RSA 密钥在内的证书。另一个选择是使用 cryptogen 工具，Hyperledger Fabric CA 也可用于生成配置 MSP 所需的密钥及证书。

**5. 节点上的 MSP 的设置**

要想为 Peer 节点或 Orderer 节点建立本地 MSP，管理员应创建一个文件夹（如 $MY_PATH/mspconfig），并在其中包含 8 个子文件夹与一个文件。

（1）一个 admincerts 文件夹包含几个 PEM 文件，每个文件对应一个管理员证书。

（2）一个 cacerts 文件夹包含几个 PEM 文件，每个文件对应到一个根 CA 证书 。

（3）（可选）一个 intermediatecerts 文件夹包含几个 PEM 文件，每个文件对应一个中间 CA 证书。

（4）（可选）一个 config. yaml 文件包含所考虑的组织单位的信息；组织单位信息被定义在一个叫 OrganizationalUnitIdentifiers 的 yaml 数组条目下的键-值对（< Certificate, OrganizationalUnitIdentifier >），这里 Certificate 是 CA 证书的相对路径（根或中间），用来证明这个组织单位成员（如. . /cacerts/cacert. pem），而 OrganizationalUnitIdentifier 表示出现在 X. 509 证书中的组织单位字段（例如 COP）。

（5）（可选）一个 crls 文件夹包含了撤销证书列表（CRL）。

（6）一个 keystore 文件夹包含一个 PEM 文件，是节点的签名密钥；注意，不支持 RSA 密钥。

（7）一个 signcerts 文件夹包含一个 PEM 文件，是节点的 X. 509 证书。

（8）（可选）一个 tlscacerts 文件夹包含几个 PEM 文件，每个对应到一个 TLS 根 CA 证书。

（9）（可选）一个 tlsintermediatecerts 文件夹包含几个 PEM 文件，每个对应一个中间 TLS CA 证书。

在节点的配置文件中（对 Peer 节点而言配置文件是 core. yaml 文件，对 Orderer 节点而言则是 orderer. yaml 文件），需要指定到 mspconfig 文件夹的路径，以及节点的 MSP 标识符。到 mspconfig 文件夹的路径预期是一个对 FABRIC_CFG_PATH 的相对路径，且会作为参数 mspConfigPath 和 LocalMSPDir 的值分别提供给 Peer 节点和 Orderer 节点。节点的 MSP 标识符则会作为参数 localMspId 和 LocalMSPID 的值分别提供给 Peer 节点和 Orderer 节点。运行环境可以通过为 Peer 使用 CORE 前缀（如 CORE_PEER_LOCALMSPID）及为 Orderer 使用 ORDERER 前缀（如 ORDERER GENERAL LOCALMSPID）对以上变量进行覆写。注意，对于 Orderer 的设置，需要生成并为 Orderer 提供系统 channel 的创世区块。MSP 配置对该区块的需求详见本书后面的章节。

## 16.9 本章小结

本章详细介绍超级账本网络架构以及架构组成细节,从数据层、网络层到共识层都进行了基础的讲解。此外,介绍了超级账本用户管理。通过本章的学习和实践,希望读者能对超级账本网络有初步了解,能够理解超级账本的交易流程及超级账本的特点,能对超级账本网络的实践工作产生浓厚的兴趣。

# 第17章

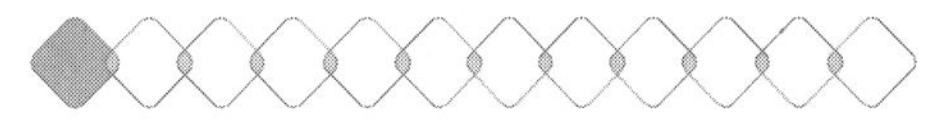

# 超级账本的部署及配置

本章介绍超级账本网络部署及配置的相关内容，旨在让读者能实实在在地接触到超级账本网络，从基础环境的搭建、简单快速构建超级账本网络以及逐步构建超级账本网络三个方面说明，17.1节提供了基础环境的要求，这是17.2和17.3节的基础，同时也给出了源代码编译Fabric组件的方式。本章主要目的在于让读者参与到Fabric项目开发，向主分支提交自己实现的代码，根据Fabric提供的接口，去实现自定义的共识机制、排序机制，也可以模仿Fabric架构实现自己的联盟链。

## 17.1 基础环境搭建

超级账本网络支持的系统平台有Linux、Mac OS、Windows。由于生产环境中一般将超级账本网络部署在Linux平台上，可以是CentOS或者Ubuntu上。建议配置一台安装CentOS或者Ubuntu的实体机，当然使用虚拟机软件安装CentOS或者Ubuntu也可以。

表17.1给出参考的Linux系统配置表单。

表17.1 Linux系统配置表单

| 系统名称 | 处理器 | 内存 | 硬盘空间 | 版本 |
|---|---|---|---|---|
| Ubuntu | 4核 | 4GB及以上 | 128GB及以上 | 16.04及以上 |
| CentOS | 4核 | 4GB及以上 | 128GB及以上 | 7.4及以上 |
| Fedora | 4核 | 4GB及以上 | 128GB及以上 | 25及以上 |

### 17.1.1 工具安装

工具安装的整体情况如图17.1所示，由下往上安装，首先安装基础工具，接着安装Docker镜像，最后生成编译工具。

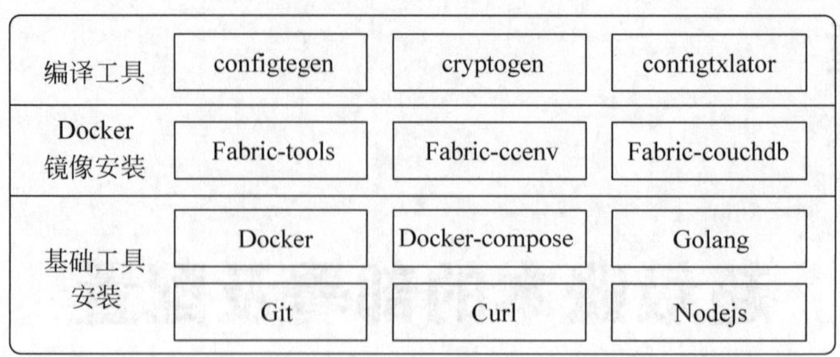


图 17.1 工具安装图

**1. Curl 工具安装**

系统默认带有 Curl 工具，该工具是一款利用 URL 语法在命令行下工作的文件传输工具。它支持文件上传和下载，一般作为下载工具使用。检查是否安装成功的命令如下：

```
curl --version
```

如果没有安装，则可以到该网站 https://curl.haxx.se/download/下载最新的 Curl 安装包。使用 wget 命令下载，tar 命令解压文件，make 命令安装，具体操作命令如下：

```
wget https://curl.haxx.se/download/curl-7.62.0.tar.gz
tar -xzvf curl-7.62.0.tar.gz
cd curl-7.62.0
./configure
sudo make
sudo make install
```

至此，Curl 安装完成，再次使用 curl --version 检查即可。

**2. Docker 的安装**

Docker 是一个开源的应用容器引擎，让开发者可以打包他们的应用以及依赖包到一个可移植的容器中，然后发布到任何流行的 Linux 机器上，也可以实现虚拟化。容器是完全使用沙箱机制，相互之间不会有任何接口。在测试或开发环境中，Docker 官方为了简化安装流程，提供了便捷的安装脚本，下面将使用提供的脚本安装。

Ubuntu 系统 Docker 安装及启动如下：

```
curl -sSL https://get.daocloud.io/docker | sh
sudo systemctl enable docker
sudo systemctl start docker
sudo docker version
```

CentOS 系统 Docker 安装及启动如下：

```
curl -fsSL get.docker.com -o get-docker.sh
sudo sh get-docker.sh --mirror Aliyun
```

```
sudo systemctl enable docker
sudo systemctl start docker
sudo docker version
```

在执行完 sudo docker version 后能正确查看到 Docker 版本，即表示 Docker 安装正确。表 17.2 列出常用的 Docker 命令。

**表 17.2　Docker 命令**

| 命　　令 | 命令说明 | 示　　例 |
| --- | --- | --- |
| docker images | 查看镜像的列表 | docker images -a |
| docker ps | 查看运行的容器的信息，默认返回容器 ID | docker ps -a |
| docker version | 查看 Docker 版本号 | docker version |
| docker pull <containter_name> | 从 Docker Hub 上下载镜像 | docker pull nginx |
| docker start/stop/restart <container_name/id> | 启动容器/停止容器/重新启动容器 | docker start nginx |
| docker logs | 获取容器日志 | docker logs -f nginx |
| docker exec -it <container_name/id> /bin/bash | 进入容器实例，其中 i 表示保持标准输入打开，t 表示伪 tty 终端，即文本的输入输出环境，/bin/bash 代表执行简单的 shell 命令 | docker exec -it nginx /bin/bash |

### 3. Docker Compose 的安装

Docker Compose 是 Docker 的一种编排服务，是一个用于在 Docker 上定义并运行复杂应用的工具，可以让用户在集群中部署分布式应用。Docker Compose 定位是定义和运行多个 Docker 容器的应用。

Docker Compose 允许用户在一个模板（YAML 格式）中定义一组相关联的应用容器（被称为一个 project，即项目），如一个 Web 服务容器再加上后端的数据库服务容器等。然后使用一条指令安装这个应用的所有依赖，完成构建，它解决了容器与容器之间如何管理编排的问题。

通过 curl 安装 Docker Compose 工具。

```
sudo curl -L "https://github.com/docker/compose/releases/download/1.23.1/
docker-compose-$(uname -s)-$(uname -m)" -o /usr/local/bin/docker-compose
```

给下载的 Docker Compose 文件赋予执行权限。

```
sudo chmod +x /usr/local/bin/docker-compose
```

查看 Docker Composc 版本。

```
docker-compose version
```

最后能正确显示版本，则表示 Docker Compose 正常安装。

**4. Git 的安装**

Git 是一个分布式账本控制软件，与 CVS、Subversion 一类的集中式版本控制工具不同，它采用了分布式版本库的做法，不需要服务器端软件，就可以运作版本控制，使得源代码的发布和交流极其方便。超级账本网络代码是托管 GitHub 上，GitHub 是通过 Git 进行版本控制的软件源代码托管服务。

检查 Git 是否安装，执行如下命令：

```
git version
```

如果没有安装，Ubuntu 系统执行命令：

```
sudo apt-get update
sudo apt-get install git
```

CentOS 系统则执行命令：

```
sudo yum update
sudo yum install git
```

再次检查 Git 版本即可。

**5. Go 语言的安装**

Go 语言是 Google 开发的一种静态强类型、编译型、并发型，并具有垃圾回收功能的编程语言。超级账本网络的源代码是使用 Go 语言编写的。

选择下载二进制版本的安装方法。

可以从网址 https://golang.google.cn/dl/手动下载，如图 17.2 所示，选择版本号应大于 1.10.x，因为 Hyperledger Fabric 1.2 以上编译时需要 Go 版本大于 1.10.x。

Firefox 浏览器默认将文件下载到 $HOME/Downloads 目录，执行命令，解压到/usr/local/路径下。命令如下：

```
cd $HOME/Downloads/
sudo tar -C /usr/local go1.10.7.linux-amd64.tar.gz
```

下载完成，并解压到/usr/local 目录下，最后都需要设置环境变量。

添加 GOROOT 和 GOPATH 参数到～/.bashrc 文件末尾，添加内容如下：

```
sudo vim ~/.bashrc
export GOROOT=/usr/local/go
export GOPATH=/root/go/
export PATH=$PATH:$GOPATH/bin
export PATH=$PATH:$GOROOT/bin
```

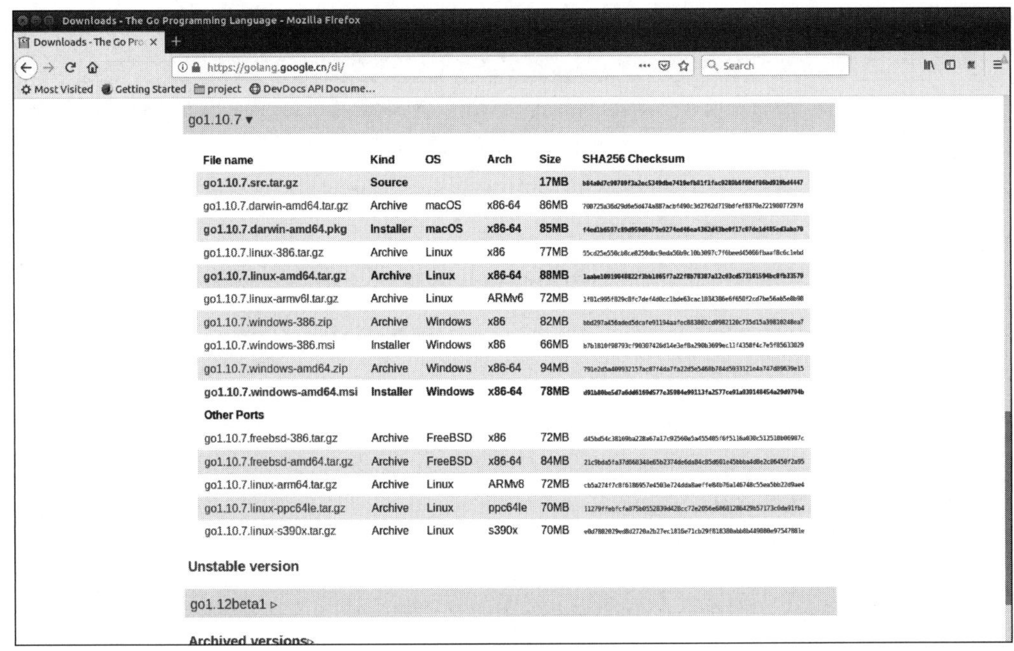


图 17.2　Go 语言下载

保存修改，使用 source 命令使其立即生效，命令如下：

```
source ~/.bashrc
sudo go version
```

验证 Go 是否设置正确，修改~/.bashrc 而不是修改~/.profile 或者/etc/profile，因为~/.bashrc 在登录时或者打开一个 shell 时都会读取该文件的配置，后两者都是在登录时读取，会造成打开另一个 shell 时，显示没有安装 Go 或者需要重新登录才能生效。

### 17.1.2　编译 Fabric 组件

Fabric 是 Hyperledger 项目组中的核心项目，Fabric 并不是一个独立的程序，而是由一组模块组成，这些模块都是可独立运行的可执行文件。通过表 17.3 可以详细地了解这些模块的大概信息。

**表 17.3　Fabric 组成模块列表**

| 模块名称 | 功　能 |
| --- | --- |
| Peer | 节点模块，负责存储区块链数据，运行维护链码 |
| Orderer | 排序节点模块，负责对交易排序，打包交易到区块 |
| Cryptogen | MSP 生成工具，为网络实体创建证书和公私钥等 |
| Configtxgen | 配置生成工具，生成创世块或者通道配置文件等 |
| Configtxlator | 协议转换工具，负责 Protocol Buffer 和 json 之间的转换 |

续表

| 模块名称 | 功能 |
| --- | --- |
| Discover | 服务发现命令工具，可以进行全组织 MSP 配置查询、Peer 成员查询、给定链码的背书策略查询、本地的 Peer 成员信息(需要管理员身份) |
| Idemixgen | Identity Mixer MSP 配置生成器，用于创建新的 CA 密钥对，使用以前的 CA 密钥对生成 MSP 配置 |

表 17.3 中的模块在开发 Fabric 应用中起到非常重要的作用。接下来从官方下载源代码，并编译生成表中工具。

**1. 创建目录**

建议创建在 $GOPATH/src 下，这样更方便管理，命令如下：

```
sudo mkdir -p $GOPATH/src/github.com/hyperledger/
cd $GOPATH/src/github.com/hyperledger/
```

切换到新创建的 hyperledger 目录后，使用 Git 下载 Hyperledger Fabric 源代码，命令如下：

```
sudo git clone https://github.com/hyperledger/fabric.git
```

Fabric 源代码目前发布的版本是 1.4。

```
git status
```

看到 HEAD detached at v1.4.即代表当前版本为 1.4.0。

**2. 编译 Fabric 模块**

使用管理员身份，因为需要创建新的二进制文件，sudo -i 或者 su 切换提升用户权限，命令如下：

```
cd fabric
make release
```

如图 17.3 所示，这是正常编译成功的结果。

**3. 检查 release 文件夹生成的文件**

查看 release 文件夹下的结构，使用 tree 命令查看，将所有文件以树的形式列出来，执行如下命令：

```
tree release
```

```
File Edit View Search Terminal Help
root@dali-ThinkPad-X1-Carbon-3rd:~/go/src/github.com/hyperledger/fabric# make release
Building release/linux-amd64/bin/configtxgen for linux-amd64
mkdir -p release/linux-amd64/bin
CGO_CFLAGS=" " GOOS=linux GOARCH=amd64 go build -o /root/go/src/github.com/hyperledger/fabric/release/linux-amd64/bin/configtxgen -tags "" -l
dflags "-X github.com/hyperledger/fabric/common/tools/configtxgen/metadata.CommitSHA=ab0a67a" github.com/hyperledger/fabric/common/tools/conf
igtxgen
Building release/linux-amd64/bin/cryptogen for linux-amd64
mkdir -p release/linux-amd64/bin
CGO_CFLAGS=" " GOOS=linux GOARCH=amd64 go build -o /root/go/src/github.com/hyperledger/fabric/release/linux-amd64/bin/cryptogen -tags "" -ldf
lags "-X github.com/hyperledger/fabric/common/tools/cryptogen/metadata.CommitSHA=ab0a67a" github.com/hyperledger/fabric/common/tools/cryptoge
n
Building release/linux-amd64/bin/idemixgen for linux-amd64
mkdir -p release/linux-amd64/bin
CGO_CFLAGS=" " GOOS=linux GOARCH=amd64 go build -o /root/go/src/github.com/hyperledger/fabric/release/linux-amd64/bin/idemixgen -tags "" -ldf
lags "-X github.com/hyperledger/fabric/common/tools/idemixgen/metadata.CommitSHA=ab0a67a" github.com/hyperledger/fabric/common/tools/idemixge
n
Building release/linux-amd64/bin/discover for linux-amd64
mkdir -p release/linux-amd64/bin
CGO_CFLAGS=" " GOOS=linux GOARCH=amd64 go build -o /root/go/src/github.com/hyperledger/fabric/release/linux-amd64/bin/discover -tags "" -ldfl
ags "-X github.com/hyperledger/fabric/cmd/discover/metadata.CommitSHA=ab0a67a" github.com/hyperledger/fabric/cmd/discover
Building release/linux-amd64/bin/configtxlator for linux-amd64
mkdir -p release/linux-amd64/bin
CGO_CFLAGS=" " GOOS=linux GOARCH=amd64 go build -o /root/go/src/github.com/hyperledger/fabric/release/linux-amd64/bin/configtxlator -tags ""
-ldflags "-X github.com/hyperledger/fabric/common/tools/configtxlator/metadata.CommitSHA=ab0a67a" github.com/hyperledger/fabric/common/tools/
configtxlator
Building release/linux-amd64/bin/peer for linux-amd64
mkdir -p release/linux-amd64/bin
CGO_CFLAGS=" " GOOS=linux GOARCH=amd64 go build -o /root/go/src/github.com/hyperledger/fabric/release/linux-amd64/bin/peer -tags "" -ldflags
"-X github.com/hyperledger/fabric/common/metadata.Version=1.3.0 -X github.com/hyperledger/fabric/common/metadata.CommitSHA=ab0a67a -X github.
com/hyperledger/fabric/common/metadata.BaseVersion=0.4.13 -X github.com/hyperledger/fabric/common/metadata.BaseDockerLabel=org.hyperledger.fa
bric -X github.com/hyperledger/fabric/common/metadata.DockerNamespace=hyperledger -X github.com/hyperledger/fabric/common/metadata.BaseDocker
Namespace=hyperledger -X github.com/hyperledger/fabric/common/metadata.Experimental=false" github.com/hyperledger/fabric/peer
Building release/linux-amd64/bin/orderer for linux-amd64
mkdir -p release/linux-amd64/bin
CGO_CFLAGS=" " GOOS=linux GOARCH=amd64 go build -o /root/go/src/github.com/hyperledger/fabric/release/linux-amd64/bin/orderer -tags "" -ldfla
gs "-X github.com/hyperledger/fabric/common/metadata.Version=1.3.0 -X github.com/hyperledger/fabric/common/metadata.CommitSHA=ab0a67a -X gith
ub.com/hyperledger/fabric/common/metadata.BaseVersion=0.4.13 -X github.com/hyperledger/fabric/common/metadata.BaseDockerLabel=org.hyperledger
.fabric -X github.com/hyperledger/fabric/common/metadata.DockerNamespace=hyperledger -X github.com/hyperledger/fabric/common/metadata.BaseDoc
kerNamespace=hyperledger -X github.com/hyperledger/fabric/common/metadata.Experimental=false" github.com/hyperledger/fabric/orderer
mkdir -p release/linux-amd64/bin
root@dali-ThinkPad-X1-Carbon-3rd:~/go/src/github.com/hyperledger/fabric#
```

图 17.3 编译结果

可查看结果如下：

```
release
├── linux-amd64
│   └── bin
│       ├── configtxgen
│       ├── configtxlator
│       ├── cryptogen
│       ├── discover
│       ├── get-docker-images.sh
│       ├── idemixgen
│       ├── orderer
│       └── peer
└── templates
└── get-docker-images.in
```

可以看到 linux-amd64 的子目录 bin 中，生成 Fabric 模块执行文件。

**4. 检查生成 Fabric 模块文件的版本号**

切换到组件生成目录 release/linux-amd64/bin/，执行如下命令：

```
$GOPATH/src/github.com/hyperledger/fabric
    cd release/linux-amd64/bin
    ./configtxgen version
```

```
./configtxlator version
./cryptogen version
./orderer version
./peer version
```

若结果都能正确显示版本号为1.3.0，则代表编译的是1.3.0版本的，否则说明安装过程存在问题。仔细检查上述编译步骤，直到所有检查命令都能显示正确的版本信息为止。

**5. 运行 Orderer 节点和 Peer 节点**

在编译完成后，生成 Orderer 节点和 Peer 节点两个二进制文件。现在需要运行这两个文件，Orderer 节点需要 orderer. yaml 文件才能运行，而 Peer 节点则需要 core. yaml 文件。

orderer. yaml 文件用来对 Orderer 节点进行环境配置，如监听端口、账本存储位置、证书目录等。orderer. yaml 配置文件主要由 5 部分组成，分别是 General、FileLedger、RAMLedger、Kafka、Debug，简略说明见表 17.4。

**表 17.4 orderer. yaml 配置文件说明**

| 配置模块 | 模块说明 |
|---|---|
| General | 配置通用的属性，如监听的地址和端口，以及 TLS 证书目录，本地的 MSP 目录等 |
| FileLedger | 账本文件配置，如设置账本文件存储位置 |
| RAMLedger | 内存账本配置，设置账本在内存中保存的大小 |
| Kafka | Kafka 配置，设置 Kafka 重试、超时和 TLS 证书等其他配置 |
| Debug | 调试相关配置，可以设置广播跟踪目录和传递跟踪目录，记录每个请求到文件中 |

core. yaml 是 Peer 节点配置的默认文件，该配置文件主要包括日志、链码、账本等设置。core. yaml 配置由 6 部分组成(基于 Fabric 1.3.0)，分别是 Logging、Peer、Vm、Chaincode、Ledger、Metrics。各部分的简略说明见表 17.5。

**表 17.5 core. yaml 配置文件说明**

| 配置模块 | 模块说明 |
|---|---|
| Logging | 日志模块，设置日志级别以及日志显示格式等配置 |
| Peer | Peer 模块，设置 Peer 节点的 gossip 引导地址、TLS 证书位置、MSP 证书位置、账本本地存储路径等配置 |
| Vm | 容器模块，配置 Docker 服务器 daemon 地址，Docker 中 tls 证书设置等 Docker 配置 |
| Chaincode | 链码模块，设置 Peer 服务器地址，设置各种语言版的链码基础镜像、系统链码的开关、链码的日志级别 |
| Ledger | 账本模块，设置状态存储数据库配置 |
| Metrics | 评估模块，设置对 Peer 节点本身的监控配置，支持 statsd 和 prometheus |

这两个文件在 Fabric 根目录下的 sampleconfig 里可以看到，可以将编译好的 Orderer 和 Peer 二进制文件复制到 sampleconfig 目录下，然后运行，命令如下：

```
sudo cp release/linux-amd64/bin/orderer sampleconfig
```

```
sudo cp release/linux-amd64/bin/peer sampleconfig
cd sampleconfig
./orderer start
```

打开另一个命令窗口，切换到 sampleconfig 文件夹，执行 Peer 节点，命令如下：

```
./peer node start
```

这时能各自运行 Orderer 和 Peer，但还没有联系起来，还需要 MSP 证书文件、创世块以及通道配置文件等。

### 17.1.3　构建 Fabric-Peer 镜像

Fabric 模块运行方式，除了 17.1.2 节中介绍的直接编译源代码方式，还可以通过 Docker 来运行这些模块。通过 Docker 运行 Fabric 模块有两种方法。

**1. 通过本地源代码生成 Fabric 模块的 Docker 镜像**

本地编译安装相关的依赖包，命令如下：

```
go get github.com/golang/protobuf/protoc-gen-go
mkdir -p $GOPATH/src/github.com/hyperledger/fabric
/.build/docker/gotools/bin
cp $GOPATH/bin/protoc-gen-go $GOPATH/src/github.com/hyperledger/
fabric/.build/docker/gotools/bin/
```

在下载完 Fabric 源代码后，执行如下命令：

```
make docker
```

正常编译成功的结果如图 17.4 所示。

完成后使用 docker images 命令查看生成的镜像文件。

**2. 从 Docker 仓库中下载 Fabric 模块的镜像文件**

第一种方法使用 docker pull 下载镜像，可以手动逐个下载，命令如下：

```
docker pull hyperledger/fabric-peer
docker pull hyperledger/fabric-orderer
```

这样下载的是最新版本的 Orderer 和 Peer 组件。

第二种方法是使用 Fabric 源代码包中提供的脚本，执行后可以自动下载 Docker 镜像，前提是需要下载 Fabric 源代码，命令如下：

```
cd $GOPATH/src/github.com/hyperledger/fabric/scripts
./bootstrap.sh
```

```
File Edit View Search Terminal Help
root@dali-ThinkPad-X1-Carbon-3rd:~/go/src/github.com/hyperledger/fabric# make docker
mkdir -p .build/image/ccenv/payload
cp .build/docker/gotools/bin/protoc-gen-go .build/bin/chaintool .build/goshim.tar.bz2 .build/image/ccenv/payload
mkdir -p .build/image/ccenv
Building docker ccenv-image
docker build  -t hyperledger/fabric-ccenv .build/image/ccenv
Sending build context to Docker daemon  24.86MB
Step 1/5 : FROM hyperledger/fabric-baseimage:amd64-0.4.13
 ---> 27240288889f
Step 2/5 : COPY payload/chaintool payload/protoc-gen-go /usr/local/bin/
 ---> f9d1dfc5c6bf
Step 3/5 : ADD payload/goshim.tar.bz2 $GOPATH/src/
 ---> f0dff3e6e361
Step 4/5 : RUN mkdir -p /chaincode/input /chaincode/output
 ---> Running in d92a60d02c85
Removing intermediate container d92a60d02c85
 ---> 8fbb05b51825
Step 5/5 : LABEL org.hyperledger.fabric.version=1.3.0       org.hyperledger.fabric.base.version=0.4.13
 ---> Running in 4409e648a6f2
Removing intermediate container 4409e648a6f2
 ---> 97ac551271b7
Successfully built 97ac551271b7
Successfully tagged hyperledger/fabric-ccenv:latest
docker tag hyperledger/fabric-ccenv hyperledger/fabric-ccenv:amd64-1.3.0-snapshot-ab0a67a
docker tag hyperledger/fabric-ccenv hyperledger/fabric-ccenv:amd64-latest
(cd .build/docker/gotools/bin && tar -jc *) > .build/gotools.tar.bz2
mkdir -p .build/image/buildenv/payload
cp .build/gotools.tar.bz2 .build/docker/gotools/bin/protoc-gen-go .build/image/buildenv/payload
mkdir -p .build/image/buildenv
Building docker buildenv-image
docker build  -t hyperledger/fabric-buildenv .build/image/buildenv
Sending build context to Docker daemon  7.886MB
Step 1/4 : FROM hyperledger/fabric-baseimage:amd64-0.4.13
 ---> 27240288889f
Step 2/4 : COPY payload/protoc-gen-go /usr/local/bin/
 ---> 66596e0d60f8
Step 3/4 : ADD payload/gotools.tar.bz2 /usr/local/bin/
 ---> 7d80a3f2af3d
Step 4/4 : LABEL org.hyperledger.fabric.version=1.3.0       org.hyperledger.fabric.base.version=0.4.13
 ---> Running in 0ddcb39efb9b
Removing intermediate container 0ddcb39efb9b
```

图 17.4 make docker 的执行

bootstrap.sh 正常执行结果如图 17.5 所示。

```
root@dali-ThinkPad-X1-Carbon-3rd: ~/go/src/github.com/hyperledger/fabric/scripts
File Edit View Search Terminal Help
root@dali-ThinkPad-X1-Carbon-3rd:~/go/src/github.com/hyperledger/fabric/scripts# ./bootstrap.sh
./bootstrap.sh: line 179: [: too many arguments

Installing hyperledger/fabric-samples repo

===> Cloning hyperledger/fabric-samples repo and checkout v1.3.0
Cloning into 'fabric-samples'...
remote: Enumerating objects: 57, done.
remote: Counting objects: 100% (57/57), done.
remote: Compressing objects: 100% (45/45), done.
remote: Total 2418 (delta 10), reused 53 (delta 7), pack-reused 2361
Receiving objects: 100% (2418/2418), 852.51 KiB | 330.00 KiB/s, done.
Resolving deltas: 100% (1175/1175), done.
Checking connectivity... done.
Note: checking out 'v1.3.0'.

You are in 'detached HEAD' state. You can look around, make experimental
changes and commit them, and you can discard any commits you make in this
state without impacting any branches by performing another checkout.

If you want to create a new branch to retain commits you create, you may
do so (now or later) by using -b with the checkout command again. Example:

  git checkout -b <new-branch-name>
```

图 17.5 bootstrap.sh 的执行

## 17.2 脚本构建超级账本网络

本节简单介绍构建超级账本网络，目的在于快速了解超级账本网络的全貌，为逐步手动构建超级账本网络奠定基础和激发读者兴趣。

本节是基于 Docker 运行环境的，这是因为链码依赖于 Docker 才能启动运行，而且超级账本网络节点在 Docker 环境中能更方便地运维管理。当然，也能选择基于 Vagrant 的运行环境和基于 Virtualbox 的运行环境。

本章操作的整体情况如图 17.6 所示，基于 Hyperledger 子项目 Fabric-samples，地址为 https://github.com/hyperledger/fabric-samples，目前发布的版本为 1.4。我们选了 first-network 项目提供的脚本进行简单快速构建。

图 17.6　超级账本网络整体情况图

## 17.2.1　检测 Docker 环境

### 1. 检测 Docker 是否正确安装

打开控制台，执行命令 sudo docker version，能获得查询结果。图 17.7 表示 Docker 正确安装。

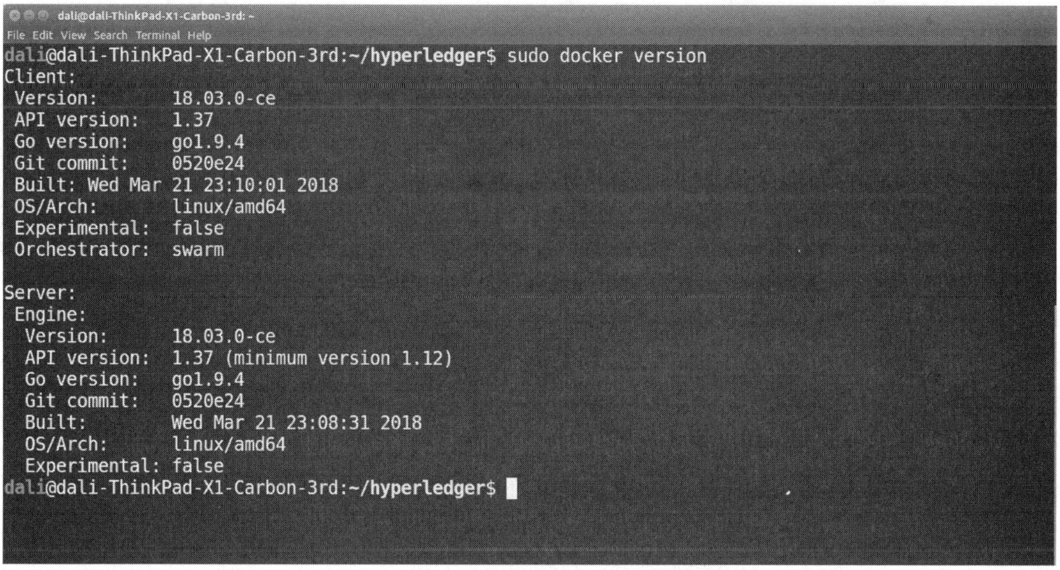

```
dali@dali-ThinkPad-X1-Carbon-3rd: ~
File Edit View Search Terminal Help
dali@dali-ThinkPad-X1-Carbon-3rd:~/hyperledger$ sudo docker version
Client:
 Version:       18.03.0-ce
 API version:   1.37
 Go version:    go1.9.4
 Git commit:    0520e24
 Built: Wed Mar 21 23:10:01 2018
 OS/Arch:       linux/amd64
 Experimental:  false
 Orchestrator:  swarm

Server:
 Engine:
  Version:      18.03.0-ce
  API version:  1.37 (minimum version 1.12)
  Go version:   go1.9.4
  Git commit:   0520e24
  Built:        Wed Mar 21 23:08:31 2018
  OS/Arch:      linux/amd64
  Experimental: false
dali@dali-ThinkPad-X1-Carbon-3rd:~/hyperledger$ 
```

图 17.7　Docker 版本

**2. 检测必需的 Docker 镜像文件**

DockerHub 下载的超级账本镜像文件如表 17.6 所示。

表 17.6 超级账本镜像文件

| 镜 像 名 称 | 镜 像 说 明 | 是 否 可 选 |
|---|---|---|
| hyperledger/fabric-orderer | Orderer 节点镜像文件 | 必选 |
| hyperledger/fabric-peer | Peer 节点镜像文件 | 必选 |
| hyperledger/fabric-ccenv | Golang 链码基础镜像文件 | 必选 |
| hyperledger/fabric-tools | 包含 cryptogen、configtxgen、configtxlator 等工具镜像文件 | 可选 |
| hyperledger/fabric-zookeeper | Zookeeper 镜像文件 | 可选 |
| hyperledger/fabric-kafka | Kafka 镜像文件 | 可选 |
| hyperledger/fabric-ca | Fabric-ca 镜像文件 | 可选 |
| hyperledger/fabric-couchdb | CouchDB 数据库镜像文件 | 可选 |
| hyperledger/fabric-baseos | 基于 Ubuntu 16.04 的镜像文件 ubuntu/xenial64 | 必选 |

控制台中输入命令 sudo docker images，图 17.8 表明系统具备必要的 Fabric 镜像。

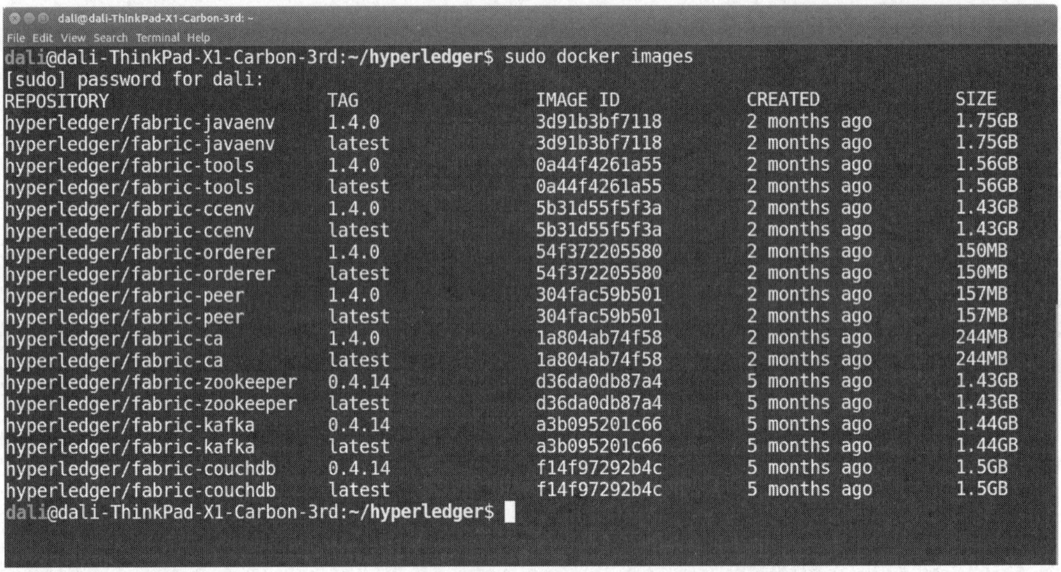

```
dali@dali-ThinkPad-X1-Carbon-3rd:~
File Edit View Search Terminal Help
dali@dali-ThinkPad-X1-Carbon-3rd:~/hyperledger$ sudo docker images
[sudo] password for dali:
REPOSITORY                     TAG       IMAGE ID        CREATED         SIZE
hyperledger/fabric-javaenv     1.4.0     3d91b3bf7118    2 months ago    1.75GB
hyperledger/fabric-javaenv     latest    3d91b3bf7118    2 months ago    1.75GB
hyperledger/fabric-tools       1.4.0     0a44f4261a55    2 months ago    1.56GB
hyperledger/fabric-tools       latest    0a44f4261a55    2 months ago    1.56GB
hyperledger/fabric-ccenv       1.4.0     5b31d55f5f3a    2 months ago    1.43GB
hyperledger/fabric-ccenv       latest    5b31d55f5f3a    2 months ago    1.43GB
hyperledger/fabric-orderer     1.4.0     54f372205580    2 months ago    150MB
hyperledger/fabric-orderer     latest    54f372205580    2 months ago    150MB
hyperledger/fabric-peer        1.4.0     304fac59b501    2 months ago    157MB
hyperledger/fabric-peer        latest    304fac59b501    2 months ago    157MB
hyperledger/fabric-ca          1.4.0     1a804ab74f58    2 months ago    244MB
hyperledger/fabric-ca          latest    1a804ab74f58    2 months ago    244MB
hyperledger/fabric-zookeeper   0.4.14    d36da0db87a4    5 months ago    1.43GB
hyperledger/fabric-zookeeper   latest    d36da0db87a4    5 months ago    1.43GB
hyperledger/fabric-kafka       0.4.14    a3b095201c66    5 months ago    1.44GB
hyperledger/fabric-kafka       latest    a3b095201c66    5 months ago    1.44GB
hyperledger/fabric-couchdb     0.4.14    f14f97292b4c    5 months ago    1.5GB
hyperledger/fabric-couchdb     latest    f14f97292b4c    5 months ago    1.5GB
dali@dali-ThinkPad-X1-Carbon-3rd:~/hyperledger$
```

图 17.8 Docker 镜像列表

**3. 检测 Docker Compose 工具是否正确安装**

打开控制台，执行命令 sudo docker-compose version，如果能返回版本信息，则表明安装成功。

## 17.2.2 下载 Fabric-Samples 源代码

首先建立相关的目录路径，命令如下。

```
mkdir -p $GOPATH/src/github.com/hyperledger
```

通过 git 命令下载 fabric-sample 源代码到此目录,命令如下。

```
cd $GOPATH/src/github.com/hyperledger
git clone https://github.com/hyperledger/fabric-samples.git
```

这时,新创建的 hyperledger 文件夹内会有一个 fabric-samples 目录,这就是 Fabric-Samples 源代码目录。

### 17.2.3 启动脚本注解

进入到 fabric-samples 子项目 first-network 中,在命令终端中执行脚本./byfn.sh -h,命令如下。

```
cd fabric-samples/first-network
./byfn.sh -h
```

byfn.sh 脚本的帮助信息如表 17.7 所示。

**表 17.7 byfn.sh 脚本注解**

| 参 数 | 参数说明 |
|---|---|
| Up | 使用 Docker Compose 启动网络 |
| Down | 使用 Docker Compose 停止网络 |
| Restart | 重新启动网络 |
| Generate | 生成必需的证书和创世块 |
| Upgrade | 更新网络,从 1.1.x 版本更新到 1.2.x |
| -c <channel name> | 指定通道名称,默认使用 mychannel |
| -t <timeout> | 指定 CLI 容器持续时间,单位为秒,默认值为 10 |
| -d <delay> | 启动延迟持续时间,单位为秒,默认值为 3 |
| -f <docker-compose-file> | 指定启动的 Docker Compose 文件,默认使用 docker-compose-cli.yaml |
| -s <dbtype> | 指定需要使用的数据后端,默认使用 LevelDB,可选的为 CouchDB |
| -l <language> | 指定链码语言,默认使用 Golang,可选的为 node |
| -i <imagetag> | 启动网络使用的镜像标签 |
| -v | 指定使用 verbose 模式显示,能更详细显示计算机正在执行的操作以及启动期间加载的驱动程序和软件的其他详细信息 |
| -h | 打印帮助信息 |

### 17.2.4 生成证书文件

首先,检查 fabric-samples 下是否有 bin 目录,该目录包含两个生成重要工具,一个是 cryptogen,该工具为超级账本网络实体生成加密材料,即 MSP 证书;另一个是 configtxgen,该工具用于为超级账本提供通道配置、生成排序服务节点的创世块、创建通道使用的通道配置交易以及更新通道用的锚节点交易。

这两个工具的获取途径有多种方式,除了用 17.1 节中从 Fabric 源代码编译生成,在

fabric-samples 里手动创建 bin 目录,复制到 bin 里面,还可推荐使用以下这种方法,执行 fabric-samples 子文件夹 scripts 里面的 bootstrap. sh 脚本,执行命令如下:

```
cd fabric-samples/first-network
./bootstrap.sh
```

该脚本会从地址 https://nexus. hyperledger. org/content/repositories/releases/org/hyperledger/fabric/hyperledger-fabric/下载 Fabrictool 工具,需要指定系统架构以及版本号。同时,该脚本还会下载 Fabric 镜像。

执行脚本./byfn. sh -m generate 可以生成 MSP 证书文件,命令如下:

```
./byfn.sh -m generate
```

在控制台中看到如下结果,说明 MSP 证书生成成功,结果内容如下:

```
Generating certs and genesis block for channel 'mychannel' with CLI timeout of '10' seconds and CLI
delay of '3' seconds
    Continue? [Y/n] Y
    proceeding
    /home/dali/hyperledger/fabric-samples/first-network/../bin/cryptogen
    ###################################
    ##### Generate certificates using cryptogen tool #########
    ###################################
    + cryptogen generate --config=./crypto-config.yaml
    org1.example.com
    org2.example.com
    + res=0
    + set +x
    /home/dali/hyperledger/fabric-samples/first-network/../bin/configtxgen
    ###################################
    ##########  Generating Orderer Genesis block ######
####################################
    … …                          // 代表省略了一些打印消息
    #########################################
    ### Generating channel configuration transaction 'channel.tx' ###
    #########################################
    … …                          // 代表省略了一些打印消息
    #########################################
    ########     Generating anchor peer update for Org1MSP     #####
########################################
    … …                          // 代表省略了一些打印消息
    #########################################
    ########     Generating anchor peer update for Org2MSP     #####
    #########################################
```

执行结束后,可以看到 first-network 下创建了 crypto-config 文件夹。这个文件夹包含了 Orderer 节点以及 4 个 Peer 节点的 MSP 证书。

### 17.2.5 超级账本网络启动

执行脚本./byfn.sh -m up，通道名等参数都使用默认参数，执行后脚本使用 Docker Compose 执行当前目录 docker-compose-cli.yaml 文件，启动 Docker 容器。随之启动 Orderer 节点、Peer 节点、Cli 节点，打开终端命令行，执行以下命令：

```
./byfn.sh -m up
```

看到以下内容，则表明正在启动网络节点，内容如下：

```
Creating orderer.example.com
Creating peer0.org1.example.com
Creating peer1.org1.example.com
Creating peer0.org2.example.com
Creating peer1.org2.example.com
Creating cli
```

这里表明超级账本网络各个节点正在启动。在启动 cli 容器的时候，容器自动执行当前目录文件夹 scripts/script.sh 文件。这是因为 cli 容器挂载本地当前目录的 Scripts 文件夹到容器/opt/gopath/src/github.com/hyperledger/fabric/peer/scripts/文件夹。

scripts/script.sh 脚本主要实现创建通道、节点加入通道、更新通道锚点、安装链码、实例化链码、查询链码和调用链码。执行 scripts/script.sh 脚本，创建通道，使用默认的通道名 mychannel。控制台部分内容如下：

```
Channel name : mychannel
Creating channel...
+ peer channel create -o orderer.example.com:7050 -c mychannel -f ./channel-artifacts/channel.tx --tls
true --cafile
/opt/gopath/src/github.com/hyperledger/fabric/peer/crypto/ordererOrganizations/example.com/
orderers/orderer.example.com/msp/tlscacerts/tlsca.example.com-cert.pem
+ res=0
+ set +x
2018-12-27 12:00:06.223 UTC [channelCmd] InitCmdFactory -> INFO 001 Endorser and orderer
connections initialized
2018-12-27 12:00:06.268 UTC [cli/common] readBlock -> INFO 002 Received block: 0
================== Channel 'mychannel' created ==============
```

Peer 节点逐个成功加入通道，控制台内容如下：

```
Having all peers join the channel...
+ peer channel join -b mychannel.block
+ res=0
+ set +x
2018-12-27 12:00:06.343 UTC [channelCmd] InitCmdFactory -> INFO 001 Endorser and orderer
connections initialized
```

```
2018-12-27 12:00:06.447 UTC [channelCmd] executeJoin -> INFO 002 Successfully submitted proposal to join channel
============ peer0.org1 joined channel 'mychannel' ===============
+ peer channel join -b mychannel.block
+ res=0
+ set +x
2018-12-27 12:00:09.525 UTC [channelCmd] InitCmdFactory -> INFO 001 Endorser and orderer connections initialized
2018-12-27 12:00:09.619 UTC [channelCmd] executeJoin -> INFO 002 Successfully submitted proposal to join channel
```

成功更新组织锚节点，控制台内容如下：

```
Updating anchor peers for org1
+ peer channel update -o orderer.example.com:7050 -c mychannel -f ./channel-artifacts/Org1MSPanchors.tx --tls true --cafile /opt/gopath/src/github.com/hyperledger/fabric/peer/crypto/ordererOrganizations/example.com/orderers/orderer.example.com/msp/tlscacerts/tlsca.example.com-cert.pem
+ res=0
+ set +x
2018-12-27 12:00:19.048 UTC [channelCmd] InitCmdFactory -> INFO 001 Endorser and orderer connections initialized
2018-12-27 12:00:19.057 UTC [channelCmd] update -> INFO 002 Successfully submitted channel update
====== Anchor peers updated for org 'Org1MSP' on channel 'mychannel' ======
Updating anchor peers for org2...
+ peer channel update -o orderer.example.com:7050 -c mychannel -f ./channel-artifacts/Org2MSPanchors.tx --tls true --cafile /opt/gopath/src/github.com/hyperledgerfabric/peer/crypto/ordererOrganizations/example.com/orderers/orderer.example.com/msp/tlscacerts/tlsca.example.com-cert.pem
+ res=0
+ set +x
2018-12-27 12:00:22.128 UTC [channelCmd] InitCmdFactory -> INFO 001 Endorser and orderer connections initialized
2018-12-27 12:00:22.138 UTC [channelCmd] update -> INFO 002 Successfully submitted channel update
====== Anchor peers updated for org 'Org2MSP' on channel 'mychannel' =======
```

在 peer0.org1 节点上成功安装链码，控制台内容如下：

```
Installing chaincode on peer0.org1
+ peer chaincode install -n mycc -v 1.0 -l golang -p github.com/chaincode/chaincode_example02/go/
+ res=0
+ set +x
2018-12-27 12:00:25.221 UTC [chaincodeCmd] checkChaincodeCmdParams -> INFO 001 Using default escc
```

```
2018-12-27 12:00:25.221 UTC [chaincodeCmd] checkChaincodeCmdParams -> INFO 002 Using default vscc
2018-12-27 12:00:25.362 UTC [chaincodeCmd] install -> INFO 003 Installed remotely response:< status:200 payload:"OK" >
============== Chaincode is installed on peer0.org1 =============
```

在 peer0.org2 节点上成功安装链码，控制台内容如下：

```
Install chaincode on peer0.org2...
+ peer chaincode install -n mycc -v 1.0 -l golang -p github.com/chaincode/chaincode_example02/go/
+ res=0
+ set +x
2018-12-27 12:00:25.440 UTC [chaincodeCmd] checkChaincodeCmdParams -> INFO 001 Using default escc
2018-12-27 12:00:25.441 UTC [chaincodeCmd] checkChaincodeCmdParams -> INFO 002 Using default vscc
2018-12-27 12:00:25.578 UTC [chaincodeCmd] install -> INFO 003 Installed remotely response:< status:200 payload:"OK" >
============== Chaincode is installed on peer0.org2 ===============
```

在 peer0.org2 节点上实例化链码，实例化两个键-值对，分别为 a：100 和 b：100，控制台显示内容如下：

```
Instantiating chaincode on peer0.org2
+ peer chaincode instantiate -o orderer.example.com:7050 --tls true
--cafile /opt/gopath/src/github.com/hyperledger/fabric/peer/crypto/ordererOrganizations/
example.com/orderers/orderer.example.com/msp/tlscacerts/tlsca.example.com-cert.pem
-C mychannel -n mycc -l golang -v 1.0 -c '{"Args":["init","a","100","b","200"]}'
-P 'AND ('\''Org1MSP.peer'\'','\''Org2MSP.peer'\'')'
+ res=0
+ set +x
2018-12-27 12:00:25.656 UTC [chaincodeCmd] checkChaincodeCmdParams -> INFO 001 Using default escc
2018-12-27 12:00:25.656 UTC [chaincodeCmd] checkChaincodeCmdParams -> INFO 002 Using default vscc
====== Chaincode is instantiated on peer0.org2 on channel 'mychannel' ========
```

在 peer0.org1.example.com 节点上查询链码，查询 a 的值为 100，控制台内容如下：

```
Querying chaincode on peer0.org1...
============ Querying on peer0.org1 on channel 'mychannel' ==========
Attempting to Query peer0.org1 ...3 secs
+ peer chaincode query -C mychannel -n mycc -c '{"Args":["query","a"]}'
+ res=0
+ set +x
```

```
100
========= Query successful on peer0.org1 on channel 'mychannel' ===========
```

在 peer0. org1、peer0. org2 节点上调用链码，把 a 转移 10 到 b，控制台内容如下：

```
Sending invoke transaction on peer0.org1 peer0.org2...
+ peer chaincode invoke -o orderer.example.com:7050 --tls true
--cafile /opt/gopath/src/github.com/hyperledger/fabric/peer/crypto/ordererOrganizations/
example.com/orderers/orderer.example.com/msp/tlscacerts/tlsca.example.com-cert.pem
-C mychannel -n mycc --peerAddresses peer0.org1.example.com:7051
--tlsRootCertFiles /opt/gopath/src/github.com/hyperledger/fabric/peer/
crypto/peerOrganizations/org1.example.com/peers/peer0.org1.example.com/tls/ca.crt
--peerAddresses peer0.org2.example.com:7051
--tlsRootCertFiles /opt/gopath/src/github.com/hyperledger/fabric/peer/crypto/
peerOrganizations/org2.example.com/peers/peer0.org2.example.com/tls/ca.crt
-c '{"Args":["invoke","a","b","10"]}'
+ res=0
+ set +x
2018-12-27 12:00:56.753 UTC [chaincodeCmd] chaincodeInvokeOrQuery -> INFO 001 Chaincode
invoke successful. result: status:200
=Invoke transaction successful on peer0.org1 peer0.org2 on channel 'mychannel' ==
```

在 peer1. org2 节点上安装链码，控制台内容如下：

```
Installing chaincode on peer1.org2
+ peer chaincode install -n mycc -v 1.0 -l golang -p github.com/chaincode/chaincode_
example02/go/
+ res=0
+ set +x
2018-12-27 12:00:56.832 UTC [chaincodeCmd] checkChaincodeCmdParams -> INFO 001 Using
default escc
2018-12-27 12:00:56.832 UTC [chaincodeCmd] checkChaincodeCmdParams -> INFO 002 Using
default vscc
2018-12-27 12:00:56.986 UTC [chaincodeCmd] install -> INFO 003 Installed remotely response:
<status:200 payload:"OK">
============= Chaincode is installed on peer1.org2 ==============
```

在 peer1. org2 节点上查询 a 的值，控制台内容如下：

```
Querying chaincode on p+eer1.org2
========== Querying on peer1.org2 on channel 'mychannel' ===========
Attempting to Query peer1.org2 ...3 secs
+ peer chaincode query -C mychannel -n mycc -c '{"Args":["query","a"]}'
+ res=0
+ set +x
90
========== Query successful on peer1.org2 on channel 'mychannel' ========
```

实际上 peer1. org2. example. com 节点没有参与背书过程，而且调用链码是在其他节点完成的，但是 peer1. org2. example. com 上安装链码后查询 a 的值，仍然能查询到最新的值。

此时，脚本自动执行的过程已经结束，超级账本网络已经正常运行，按 Ctrl+C 快捷键退出命令框，使用 docker ps -a 命令查询正在运行的容器，如图 17.9 所示，可以看到 Orderer 节点、Peer 节点、Cli 节点正在运行，以及在 peer0. org1、peer0. org2 和 peer1. org2 上安装的链码在正常运行。

```
root@dali-ThinkPad-X1-Carbon-3rd: /home/dali/hyperledger/fabric/scripts/fabric-samples/first-network
File Edit View Search Terminal Help
dali@dali-ThinkPad-X1-Carbon-3rd:~/hyperledger/fabric/scripts/fabric-samples/first-network$ sudo docker ps
 -a
CONTAINER ID        IMAGE
                  COMMAND                  CREATED             STATUS              PORTS
                            NAMES
e2fb456e1baa        dev-peer1.org2.example.com-mycc-1.0-26c2ef32838554aac4f7ad6f100aca865e87959c9a126e86d7
64c8d01f8346ab   "chaincode -peer.add…"   2 minutes ago       Up 2 minutes
                            dev-peer1.org2.example.com-mycc-1.0
0e66047273b1        dev-peer0.org1.example.com-mycc-1.0-384f11f484b9302df90b453200cfb25174305fce8f53f4e94d
45ee3b6cab0ce9   "chaincode -peer.add…"   3 minutes ago       Up 3 minutes
                            dev-peer0.org1.example.com-mycc-1.0
5812c809fd6a        dev-peer0.org2.example.com-mycc-1.0-15b571b3ce849066b7ec74497da3b27e54e0df1345daff3951
b94245ce09c42b   "chaincode -peer.add…"   3 minutes ago       Up 3 minutes
                            dev-peer0.org2.example.com-mycc-1.0
d3c57631bd44        hyperledger/fabric-tools:latest
                  "/bin/bash"              4 minutes ago       Up 4 minutes
                            cli
618e98fafac0        hyperledger/fabric-peer:latest
                  "peer node start"        4 minutes ago       Up 4 minutes        0.0.0.0:8051->7051/tcp,
0.0.0.0:8053->7053/tcp     peer1.org1.example.com
b323d0448b6c        hyperledger/fabric-peer:latest
                  "peer node start"        4 minutes ago       Up 4 minutes        0.0.0.0:7051->7051/tcp,
0.0.0.0:7053->7053/tcp     peer0.org1.example.com
db4d05e52645        hyperledger/fabric-peer:latest
                  "peer node start"        4 minutes ago       Up 4 minutes        0.0.0.0:9051->7051/tcp,
0.0.0.0:9053->7053/tcp     peer0.org2.example.com
8093ffc09cca        hyperledger/fabric-orderer:latest
                  "orderer"                4 minutes ago       Up 4 minutes        0.0.0.0:7050->7050/tcp
                            orderer.example.com
50dc3dac539c        hyperledger/fabric-peer:latest
                  "peer node start"        4 minutes ago       Up 4 minutes        0.0.0.0:10051->7051/tcp,
 0.0.0.0:10053->7053/tcp   peer1.org2.example.com
dali@dali-ThinkPad-X1-Carbon-3rd:~/hyperledger/fabric/scripts/fabric-samples/first-network$ 
```

图 17.9　Docker 正常运行的容器

## 17.2.6　超级账本网络关闭

脚本测试完成后，执行. /byfn. sh -m down，可以关闭网络，关闭网络后清除 Docker 缓存，可以保证 Docker 环境的清洁，在开发中可以避免因 Docker 环境引起的问题，这对初学者来说极其重要。在 17.3 节中逐步构建超级账本网络或者实践 Fabric-Samples 里的其他项目都需要保证 Docker 环境的清洁。

执行结果如图 17.10 所示。

执行 Docker 命令 sudo docker ps -a，检查是否有 Docker 容器运行，如图 17.11 所示。

可以看到没有任何 Docker 容器在运行，在 first-network 子项目中，MSP 证书文件夹 crypto-config 也被删除了。

```
root@dali-ThinkPad-X1-Carbon-3rd: /home/dali/hyperledger/fabric/scripts/fabric-samples/first-network
File Edit View Search Terminal Help
root@dali-ThinkPad-X1-Carbon-3rd:/home/dali/hyperledger/fabric/scripts/fabric-samples/first-network# ./byf
n.sh -m down
Stopping for channel 'mychannel' with CLI timeout of '10' seconds and CLI delay of '3' seconds
Continue? [Y/n] Y
proceeding ...
Stopping cli ... done
Stopping peer0.org2.example.com ... done
Stopping peer1.org1.example.com ... done
Stopping peer0.org1.example.com ... done
Stopping peer1.org2.example.com ... done
Stopping orderer.example.com ... done
Removing cli ... done
Removing peer0.org2.example.com ... done
Removing peer1.org1.example.com ... done
Removing peer0.org1.example.com ... done
Removing peer1.org2.example.com ... done
Removing orderer.example.com ... done
Removing network net_byfn
Removing volume net_peer0.org3.example.com
WARNING: Volume net_peer0.org3.example.com not found.
Removing volume net_peer1.org3.example.com
WARNING: Volume net_peer1.org3.example.com not found.
Removing volume net_orderer.example.com
Removing volume net_peer0.org2.example.com
Removing volume net_peer0.org1.example.com
Removing volume net_peer1.org1.example.com
Removing volume net_peer1.org2.example.com
40075e198103
d178b436f1ea
0c8a38817b4a
Untagged: dev-peer1.org2.example.com-mycc-1.0-26c2ef32838554aac4f7ad6f100aca865e87959c9a126e86d764c8d01f83
46ab:latest
Deleted: sha256:d836a4d5d5830b5508ef0e5222bd831e574a6b93f3c04b69e6e397b38cd2e9be
Deleted: sha256:50f794359612b9b145e8733fed09e84801c29b0811034edce06877d410bd6e2b
Deleted: sha256:538f7ce1d635c63bc1ba99da969584ac2ac49fed3caf6f61f789fd8e1181e0c0
```

图 17.10 清空 Docker 环境

```
root@dali-ThinkPad-X1-Carbon-3rd: /home/dali/hyperledger/fabric/scripts/fabric-samples/first-network
File Edit View Search Terminal Help
root@dali-ThinkPad-X1-Carbon-3rd:/home/dali/hyperledger/fabric/scripts/fabric-samples/first-network# docke
r ps -a
CONTAINER ID        IMAGE               COMMAND             CREATED             STATUS              PORTS
              NAMES
root@dali-ThinkPad-X1-Carbon-3rd:/home/dali/hyperledger/fabric/scripts/fabric-samples/first-network# ls
base                crypto-config.yaml              docker-compose-e2e-template.yaml  org3-artifacts
byfn.sh             docker-compose-cli.yaml         docker-compose-kafka.yaml         README.md
channel-artifacts   docker-compose-couch-org3.yaml  docker-compose-org3.yaml          scripts
configtx.yaml       docker-compose-couch.yaml       eyfn.sh
root@dali-ThinkPad-X1-Carbon-3rd:/home/dali/hyperledger/fabric/scripts/fabric-samples/first-network# 
```

图 17.11 Docker 运行容器

## 17.3 构建超级账本网络

由 17.2 节可知，把超级账本网络节点建立起来后，执行通道和链码操作即可完成构建超级账本网络。本节将一步步手动执行完成构建过程。

### 17.3.1 生成 MSP 证书

MSP 证书等同于联盟链中的一个成员账号，实际上是根据 PKI 规范生成的一组证书和密钥文件。在联盟链中的所有操作都需要账号才能完成，所以首先要生成 MSP 证书。

生成 MSP 证书有两种方法，分别是使用 cryptogen 工具生成和使用 Fabric CA 生成(这里主要介绍使用 cryptogen 工具生成)。这两者的区别是开发环境中使用 cryptogen 生成，而生产环境则使用 Fabric CA 生成。共同点是这两种方法生成的 MSP 证书效果是一样的。

这里仍然使用 fabric-samples 子项目 first-network 作为演示，bin 目录的工具仍然使用 17.2 节中生成的工具。

把 bin 目录下工具复制到 $GOPATH 的 bin 目录下，这些工具就可以全局使用，执行命令如下：

```
cd $GOPATH/src/github.com/hyperledger/fabric-samples/
cp bin/* $GOPATH/bin
```

执行 cryptogen 工具查看版本，命令如下：

```
cryptogen version
```

复制 first-network 目录并重命名为 bupt-network，命令如下：

```
cp -r first-network bupt-network
cd bupt-network
```

修改 bupt-network 文件夹中的 crypto-config.yaml 文件，重新定义文件中的域名，如表 17.8 所示。

**表 17.8 修改 crypto-config.yaml 文件**

| 类别 | 字段 | 值 | 含义 |
|---|---|---|---|
| OrdererOrgs | Domain | bupt.com | 定义了排序节点的域 |
| PeerOrgs | Name | SOCS | 第一个组织名 |
| PeerOrgs | Domain | socs.bupt.com | 第一个组织的域，它是属于排序节点域的子域 |
| PeerOrgs | Count | 1 | 生成一个 Peer 节点 MSP 证书文件夹 |
| PeerOrgs | Name | IONT | 第二个组织名 |
| PeerOrgs | Domain | iont.bupt.com | 第二个组织的域，它是属于排序节点域的子域 |
| PeerOrgs | Count | 1 | 生成一个 Peer 节点 MSP 文件夹 |

crypto-config. yaml 文件内容如下。

```
OrdererOrgs:
  - Name: Orderer
    Domain: bupt.com
    Specs:
      - Hostname: orderer
PeerOrgs:
  - Name: SOCS
    Domain: socs.bupt.com
    EnableNodeOUs: true
    Template:
      Count: 1
    Users:
      Count: 1
  - Name: IONT
    Domain: iont.bupt.com
    EnableNodeOUs: true
    Template:
      Count: 1
    Users:
      Count: 1
```

执行 cryptogen 生成 MSP 文件命令，命令如下。

```
cryptogen generate --config=./crypto-config.yaml
```

执行完成后可以看到 crypto-config 文件夹，查看 crypto-config 中的内容，命令如下：

```
ls crypto-config/peerOrganizations/
```

可以看到 iont. bupt. com、socs. bupt. com 这两个文件夹，表示已正确生成 MSP 证书。

### 17.3.2 生成通道材料

这一步需要生成创世块文件和通道配置文件，创世块文件包含相关的组织配置文件，这是 Orderer 节点启动时必须指定的。而通道配置文件则用来创建通道，其他的 Peer 节点可以加入创建的通道中。

修改 configtx. yaml 文件，这里修改了 MSPDir 和 Host 参数，命令如下：

```
cd $GOPATH/src/github.com/hyperledger/fabric-samples/bupt-network
```

编译 configtx. yaml 文件，可以使用 vi、vim、gedit 等工具编辑。文件内容如下：

```
Organizations:
    - &OrdererOrg
```

```
            Name: OrdererOrg
            ID: OrdererMSP
            MSPDir: crypto-config/ordererOrganizations/bupt.com/msp
    - &Org1
            Name: Org1MSP
            ID: Org1MSP
            MSPDir: crypto-config/peerOrganizations/socs.bupt.com/msp
              AnchorPeers:
                  - Host: socs.bupt.com
                    Port: 7051
     - &Org2
            Name: Org2MSP
            ID: Org2MSP
            MSPDir: crypto-config/peerOrganizations/iont.bupt.com/msp
            AnchorPeers:
                  - Host: iont.bupt.com
                    Port: 7051
Orderer: &OrdererDefaults
        OrdererType: solo
        Addresses:
            - orderer.bupt.com:7050
```

其他的默认配置不需要修改。

清空 channel-artifacts 文件夹，命令如下：

```
sudo rm channel-artifacts/ *
```

生成创世块文件，命令如下：

```
configtxgen -profile TwoOrgsOrdererGenesis -outputBlock ./channel-artifacts/genesis.block
```

生成创世块过程如图 17.12 所示。

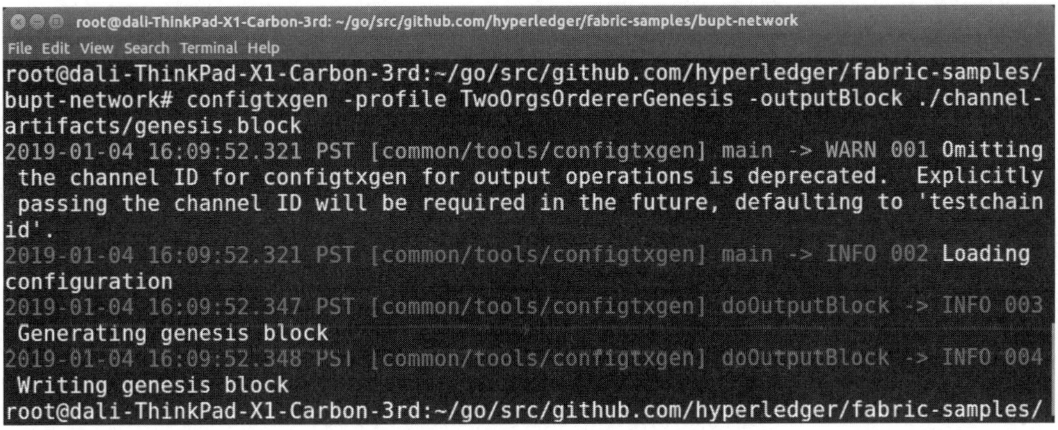

```
root@dali-ThinkPad-X1-Carbon-3rd: ~/go/src/github.com/hyperledger/fabric-samples/bupt-network
File Edit View Search Terminal Help
root@dali-ThinkPad-X1-Carbon-3rd:~/go/src/github.com/hyperledger/fabric-samples/
bupt-network# configtxgen -profile TwoOrgsOrdererGenesis -outputBlock ./channel-
artifacts/genesis.block
2019-01-04 16:09:52.321 PST [common/tools/configtxgen] main -> WARN 001 Omitting
 the channel ID for configtxgen for output operations is deprecated.  Explicitly
 passing the channel ID will be required in the future, defaulting to 'testchain
id'.
2019-01-04 16:09:52.321 PST [common/tools/configtxgen] main -> INFO 002 Loading
configuration
2019-01-04 16:09:52.347 PST [common/tools/configtxgen] doOutputBlock -> INFO 003
 Generating genesis block
2019-01-04 16:09:52.348 PST [common/tools/configtxgen] doOutputBlock -> INFO 004
 Writing genesis block
root@dali-ThinkPad-X1-Carbon-3rd:~/go/src/github.com/hyperledger/fabric-samples/
```

图 17.12　生成创世块

生成 buptchannel 通道配置文件，命令如下：

```
configtxgen -profile TwoOrgsChannel -outputCreateChannelTx ./channel-artifacts/buptchannel.tx -channelID buptchannel
```

生成通道配置文件过程如图 17.13 所示。

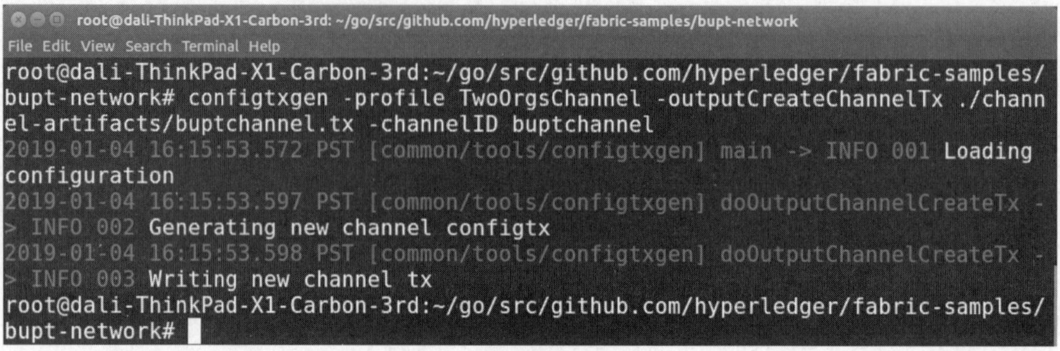

```
root@dali-ThinkPad-X1-Carbon-3rd: ~/go/src/github.com/hyperledger/fabric-samples/bupt-network
File Edit View Search Terminal Help
root@dali-ThinkPad-X1-Carbon-3rd:~/go/src/github.com/hyperledger/fabric-samples/
bupt-network# configtxgen -profile TwoOrgsChannel -outputCreateChannelTx ./chann
el-artifacts/buptchannel.tx -channelID buptchannel
2019-01-04 16:15:53.572 PST [common/tools/configtxgen] main -> INFO 001 Loading
configuration
2019-01-04 16:15:53.597 PST [common/tools/configtxgen] doOutputChannelCreateTx -
> INFO 002 Generating new channel configtx
2019-01-04 16:15:53.598 PST [common/tools/configtxgen] doOutputChannelCreateTx -
> INFO 003 Writing new channel tx
root@dali-ThinkPad-X1-Carbon-3rd:~/go/src/github.com/hyperledger/fabric-samples/
bupt-network#
```

图 17.13　生成通道配置文件

查看 channel-artifacts 文件夹，如图 17.14 所示，命令如下：

```
ls channel-artifacts
```

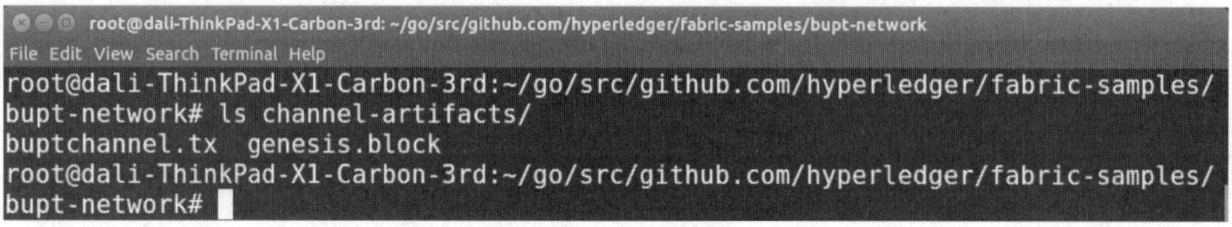

```
root@dali-ThinkPad-X1-Carbon-3rd: ~/go/src/github.com/hyperledger/fabric-samples/bupt-network
File Edit View Search Terminal Help
root@dali-ThinkPad-X1-Carbon-3rd:~/go/src/github.com/hyperledger/fabric-samples/
bupt-network# ls channel-artifacts/
buptchannel.tx  genesis.block
root@dali-ThinkPad-X1-Carbon-3rd:~/go/src/github.com/hyperledger/fabric-samples/
bupt-network#
```

图 17.14　查看 channel-artifacts 文件夹

可以看到 channel-artifacts 文件夹内生成 genesis.block 文件和 buptchannel.tx 文件，这表明文件生成成功，可以进行下一步操作。

### 17.3.3 启动节点网络

选择使用 Docker 容器方式启动节点，这样能够非常方便灵活地管理节点。需要对 docker-compose-base.yaml 文件和 docker-compose-cli.yaml 文件进行修改，配置相应的 MSP 目录，以及删除不必要的 Peer 节点配置。

复制 docker-compose-cli.yaml 并命名为 docker-compose-bupt-cli.yaml，命令如下：

```
cd $GOPATH/src/github.com/hyperledger/fabric-samples/bupt-network
cp docker-compose-cli.yaml docker-compose-bupt-cli.yaml
```

编辑 docker-compose-bupt-cli.yaml 文件，文件内容已经放在 github 上，地址为 https://

github. com/brainsky/foresics-blockchain/blob/master/bupt-network/docker-compose-bupt-cli. yaml。

复制 docker-compose-base. yaml 并命名为 docker-compse-base-bupt. yaml，修改 docker-compose-base-bupt. yaml 文件，执行命令如下：

```
cd $GOPATH/src/github.com/hyperledger/fabric-samples/bupt-network/base/
cp docker-compose-base.yaml docker-compose-base-bupt.yaml
```

编辑 docker-compose-base-bupt. yaml 文件，该文件内容同样放在 github 上，地址如下为 https://github. com/brainsky/foresics-blockchain/blob/master/bupt-network/base/docker-compose-base-bupt. yaml。

使用 Docker Compose 启动超级账本节点网络，命令如下：

```
sudo docker-compose -f docker-compose-bupt-cli.yaml up
```

启动超级账本节点网络的效果如图 17.15 所示。

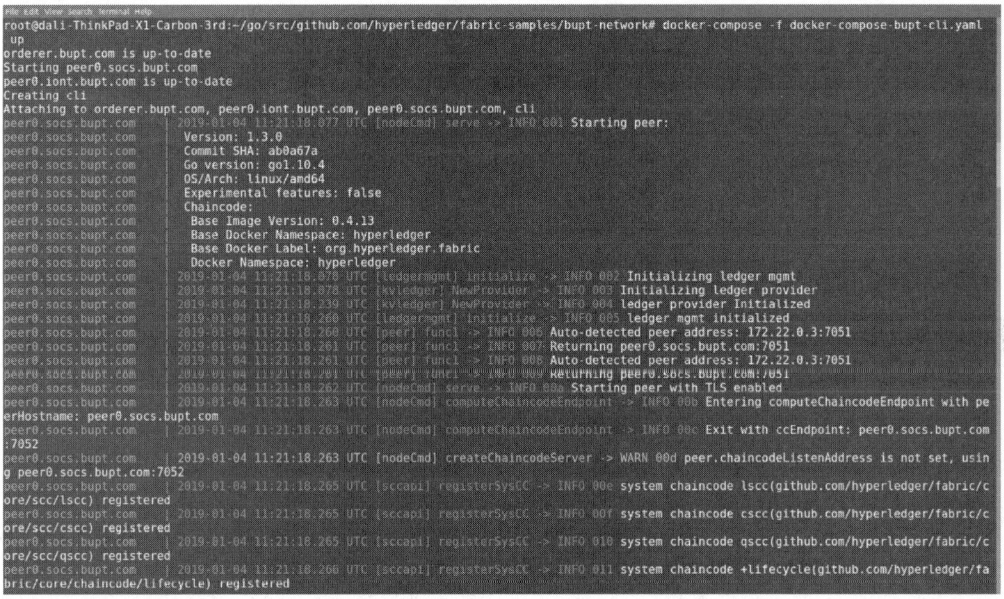

图 17.15 Docker Compose 启动网络

如果加入-d 参数则表示后台执行，命令如下：

```
sudo docker-compose -f docker-compose-bupt-cli.yaml up -d
```

打开另一个命令行窗口，查看 Docker 运行的容器，执行如下命令：

```
sudo docker ps -a
```

查看 Docker 运行窗口的效果如图 17.16 所示。

```
dali@dali-ThinkPad-X1-Carbon-3rd: ~
File Edit View Search Terminal Help
dali@dali-ThinkPad-X1-Carbon-3rd:~$ sudo docker ps -a
[sudo] password for dali:
CONTAINER ID        IMAGE                                COMMAND              CREATED           STATUS
          PORTS                                              NAMES
7d6fd1275af3        hyperledger/fabric-tools:latest      "/bin/bash"          8 minutes ago     Up 8 minu
tes                                                          cli
4cb774ba6fab        hyperledger/fabric-peer:latest       "peer node start"    8 minutes ago     Up 8 minu
tes       0.0.0.0:7051->7051/tcp, 0.0.0.0:7053->7053/tcp    peer0.socs.bupt.com
e9be2699bf10        hyperledger/fabric-peer:latest       "peer node start"    10 minutes ago    Up 8 minu
tes       0.0.0.0:8051->7051/tcp, 0.0.0.0:8053->7053/tcp    peer0.iont.bupt.com
4a3dbcc8510e        hyperledger/fabric-orderer:latest    "orderer"            10 minutes ago    Up 8 minu
tes       0.0.0.0:7050->7050/tcp                            orderer.bupt.com
dali@dali-ThinkPad-X1-Carbon-3rd:~$
```

图 17.16 查看 Docker 运行的容器

由图 17.16 可以看到，orderer. bupt. com、peer0. socs. bupt. com、peer0. iont. bupt. com 和 cli 这 4 个容器正在运行，表明超级账本网络节点正常启动了。

## 17.3.4 通道成员管理

节点正常启动后，需要创建 buptchannel 通道，把两个组织的 Peer 节点加入通道。

(1) 进入到 cli 容器内，命令如下：

```
sudo docker exec -it cli bash
```

(2) 使用 ORDERER_CA 变量定义 Orderer 节点 TLS CA 文件路径，命令如下。

```
ORDERER_CA=/opt/gopath/src/github.com/hyperledger/fabric/peer/crypto/ordererOrganizations/bupt.com/orderers/orderer.bupt.com/msp/tlscacerts/tlsca.bupt.com-cert.pem
```

(3) 检查是否正确设置 ORDERER_CA，命令如下：

```
echo $ORDERER_CA
```

(4) peer0. socs. bupt. com 节点创建 buptchannel，如图 17.17 所示，表明 buptchannel 通道创建成功，命令如下：

```
peer channel create -o orderer.bupt.com:7050 -c buptchannel -f ./channel-artifacts/buptchannel.tx --tls true --cafile $ORDERER_CA
```

```
root@a441d7ec332e: /opt/gopath/src/github.com/hyperledger/fabric/peer
File Edit View Search Terminal Help
root@a441d7ec332e:/opt/gopath/src/github.com/hyperledger/fabric/peer# peer channel create -o orderer.bu
pt.com:7050 -c buptchannel -f ./channel-artifacts/buptchannel.tx --tls true --cafile $ORDERER_CA
2019-01-04 12:16:52.457 UTC [channelCmd] InitCmdFactory -> INFO 001 Endorser and orderer connections in
itialized
2019-01-04 12:16:52.499 UTC [cli/common] readBlock -> INFO 002 Received block: 0
```

图 17.17 创建 buptchannel 通道

查看新生成的 buptchannel.block 块文件，使用 list 命令查看当前目录下的文件，结果如图 17.18 所示。

```
root@a441d7ec332e:/opt/gopath/src/github.com/hyperledger/fabric/peer# ls
buptchannel.block  channel-artifacts  crypto  scripts
root@a441d7ec332e:/opt/gopath/src/github.com/hyperledger/fabric/peer#
```

图 17.18 查看 buptchannel.block

将 peer0.socs.bupt.com 节点加入 buptchannel，命令如下：

```
peer channel join -b buptchannel.block
```

查看已加入的通道，命令如下。

```
peer channel list
```

如图 17.19 所示，表明 socs 组织 peer0 节点加入了 buptchannel 通道。

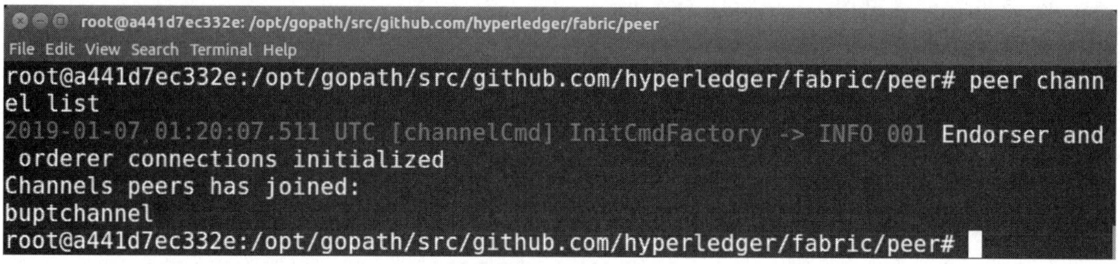

```
root@a441d7ec332e:/opt/gopath/src/github.com/hyperledger/fabric/peer# peer chann
el list
2019-01-07 01:20:07.511 UTC [channelCmd] InitCmdFactory -> INFO 001 Endorser and
 orderer connections initialized
Channels peers has joined:
buptchannel
root@a441d7ec332e:/opt/gopath/src/github.com/hyperledger/fabric/peer#
```

图 17.19 查询通道列表

cli 容器是可以任意切换到某个节点上的，只要将 core.yaml 中的参数覆盖掉即可，覆盖的方式是从环境变量中直接替换即可。

```
CORE_PEER_LOCALMSPID="Org2MSP"
PEER0_ORG2_CA=/opt/gopath/src/github.com/hyperledger/fabric/peer/crypto/peerOrganizations/
iont.bupt.com/peers/peer0.iont.bupt.com/tls/ca.crt
CORE_PEER_TLS_ROOTCERT_FILE=
CORE_PEER_ADDRESS=
```

检查是否切换正确，因为 peer0.iont.bupt.com 没有加入到 buptchannel 中的，可以查看是否加入了通道，命令如下：

```
peer channel list
```

检查节点是否切换正确的结果，如图 17.20 所示。

图 17.20 表明，没有加入任何通道，此时代表切换到 iont 组织的 Peer0 节点上，接下来将 iont 组织 Peer0 节点加入到 buptchannel 通道中，命令如下：

```
root@a441d7ec332e:/opt/gopath/src/github.com/hyperledger/fabric/peer# peer channel list
2019-01-07 02:06:32.686 UTC [channelCmd] InitCmdFactory -> INFO 001 Endorser and orderer co
nnections initialized
Channels peers has joined:
root@a441d7ec332e:/opt/gopath/src/github.com/hyperledger/fabric/peer#
```

图 17.20　查询通道列表

```
peer channel join -b buptchannel.block
```

图 17.21 显示 Peer 节点成功加入到 buptchannel 通道中。

```
root@a441d7ec332e:/opt/gopath/src/github.com/hyperledger/fabric/peer# peer channel join -b buptcha
nnel.block
2019-01-07 02:54:35.124 UTC [channelCmd] InitCmdFactory -> INFO 001 Endorser and orderer connectio
ns initialized
2019-01-07 02:54:35.222 UTC [channelCmd] executeJoin -> INFO 002 Successfully submitted proposal t
o join channel
root@a441d7ec332e:/opt/gopath/src/github.com/hyperledger/fabric/peer#
```

图 17.21　Peer 节点加入 buptchannel 通道

查看通道列表可以检查结果，命令如下：

```
peer channel list
```

图 17.22 结果表明 iont 组织 Peer0 节点已加入 buptchannel 通道，至此，通道成员管理操作就完成了。

```
root@a441d7ec332e:/opt/gopath/src/github.com/hyperledger/fabric/peer# peer channel list
2019-01-07 03:01:43.289 UTC [channelCmd] InitCmdFactory -> INFO 001 Endorser and orderer connectio
ns initialized
Channels peers has joined:
buptchannel
root@a441d7ec332e:/opt/gopath/src/github.com/hyperledger/fabric/peer#
```

图 17.22　查询通道列表

### 17.3.5　链码操作管理

节点加入到 buptchannel 通道后，Peer 节点需要通过链码才能执行更新、查询账本等操作，所以需要给每个 Peer 节点安装上链码，链码的逻辑根据自己的需求去编辑。

这里直接采用 fist-network 例子中的链码来操作，即 17.2 节中简单构建超级账本网络中的链码。

**1. 安装链码 democc**

在 cli 容器内的路径如下：

```
$GOPATH/src/github.com/chaincode/chaincode_example02/go/
```

重新登入 cli 容器内，设置链码路径，命令如下：

```
docker exec -it cli bash
CC_SRC_PATH="github.com/chaincode/chaincode_example02/go/"
```

使用 Peer 命令安装链码，把链码名称命名为 democc，如图 17.23 所示，版本为 1.0，链码语言为 Golang，命令如下：

```
peer chaincode install -n democc -v 1.0 -l golang -p ${CC_SRC_PATH}
```

```
root@a441d7ec332e: /opt/gopath/src/github.com/hyperledger/fabric/peer
File Edit View Search Terminal Help
root@a441d7ec332e:/opt/gopath/src/github.com/hyperledger/fabric/peer# peer chaincode install -n de
mocc -v 1.0 -l golang -p ${CC_SRC_PATH}
2019-01-07 06:36:09.896 UTC [chaincodeCmd] checkChaincodeCmdParams -> INFO 001 Using default escc
2019-01-07 06:36:09.896 UTC [chaincodeCmd] checkChaincodeCmdParams -> INFO 002 Using default vscc
2019-01-07 06:36:10.105 UTC [chaincodeCmd] install -> INFO 003 Installed remotely response:<status
:200 payload:"OK" >
root@a441d7ec332e:/opt/gopath/src/github.com/hyperledger/fabric/peer#
```

图 17.23　安装 democc 链码

**2. 切换不同组织节点安装链码**

成功安装 democc 链码后，检查当前客户端连接的是否是 socs 组织下的 Peer0 节点，命令如下：

```
echo $CORE_PEER_ADDRESS
```

结果为 peer0.socs.bupt.com:7051，则表明在 socs 组织上安装了 democc 链码，接下来则需要将 cli 容器的参数切换为 iont 组织 Peer0 节点的参数进行操作，进行安装链码操作，切换连接节点环境变量，命令如下：

```
CORE_PEER_LOCALMSPID="Org2MSP"
PEER0_ORG2_CA=/opt/gopath/src/github.com/hyperledger/fabric/peer/crypto/peerOrganizations/
iont.bupt.com/peers/peer0.iont.bupt.com/tls/ca.crt
CORE_PEER_TLS_ROOTCERT_FILE=
CORE_PEER_ADDRESS=
```

切换完成后，使用 peer chaincode install 命令安装链码，命令如下：

```
peer chaincode install -n democc -v 1.0 -l golang -p ${CC_SRC_PATH}
```

成功后，即表明在 iont 组织上安装完成链码。直接在 iont 组织上的 Peer0 节点实例化链码即可。

### 3. 实例化链码 democc

实例化两个键-值对,分别是 a:100 和 b:200,命令如下:

```
peer chaincode instantiate -o orderer.bupt.com:7050 --tls true --cafile $ORDERER_CA -C buptchannel -n democc -l golang -v 1.0 -c '{"Args":["init","a","100","b","100"]}' -P "AND ('Org1MSP.peer','Org2MSP.peer')"
```

### 4. 查询 democc 链码

检查实例化是否成功,命令如下:

```
peer chaincode query -C buptchannel -n democc -c '{"Args":["query","a"]}'
```

### 5. 调用 democc 链码中的 invoke 函数

调用 democc 链码中的 invoke 函数,将 a、b 的值改变一次,可以理解为转账 a 转给 b 10 元,命令如下:

```
peer chaincode invoke -o orderer.bupt.com:7050 --tls true
--cafile $ORDERER_CA -C buptchannel -n democc
--peerAddresses peer0.socs.bupt.com:7051 --tlsRootCertFiles
/opt/gopath/src/github.com/hyperledger/fabric/peer/crypto/peerOrganizations/
socs.bupt.com/peers/peer0.socs.bupt.com/tls/ca.crt
--peerAddresses peer0.iont.bupt.com:7051 --tlsRootCertFiles
/opt/gopath/src/github.com/hyperledger/fabric/peer/crypto/peerOrganizations/
iont.bupt.com/peers/peer0.iont.bupt.com/tls/ca.crt
-c '{"Args":["invoke","a","b","10"]}'
```

响应为 status: 200,则代表调用成功。查询 a 的值可以看到已经变为 90,而 b 的值变为 110,执行查询操作,命令如下:

```
peer chaincode query -C buptchannel -n democc -c '{"Args":["qeury","a"]}'
peer chaincode query -C buptchannel -n democc -c '{"Args":["qeury","b"]}'
```

快速切换到 socs 组织中的 Peer0 节点上,执行查询链码操作,分别查询 a、b 的值。退出容器,重新进入容器,Peer 节点加载的 core.yaml 文件将重新读取默认配置,即 socs 组织 Peer0 节点的连接信息,命令如下:

```
exit
docker exec -it cli bash
peer chaincode query -C buptchannel -n democc -c '{"Args":["qeury","a"]}'
peer chaincode query -C buptchannel -n democc -c '{"Args":["qeury","b"]}'
```

至此,链码操作管理完成。

## 17.4 本章小结

本章详细介绍超级账本网络部署以及配置过程，涉及搭建基础环境、简单构建超级账本网络、手动构建超级账本网络三个方面。此外，还介绍了基于 Docker 容器操作的相关命令。

通过本章学习和实践，希望读者能对超级账本网络有切身体会，能够灵活地利用官方的例子完成自己的需求，能对超级账本网络的工作有更深入的理解。

# 第18章

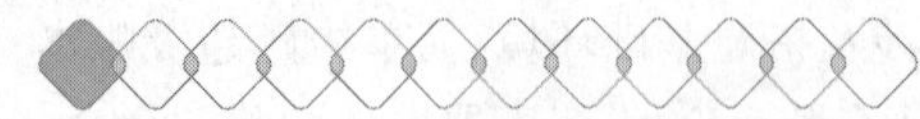

# 超级账本核心技术开发

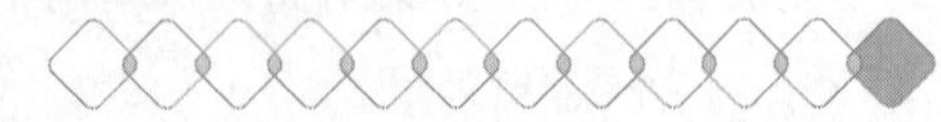

超级账本核心开发包括链码开发、SDK接口封装两部分，链码也称为智能合约，链码是运行在Docker容器中，通过gRPC协议与相应的Peer节点进行交互，达到操作分布式账本中数据的目的。应用程序与Peer通信可以通过Fabric提供的基于gRPC的接口描述文件进行通信。目前Hyperledger Fabric项目实现了Node.js、Go、Java、Python这四种语言的SDK，应用这些SDK可以非常容易地和Fabric进行通信。

本章18.1节介绍链码开发的例子，合适的链码逻辑设计可以成倍地提高系统交易的吞吐量，这对于系统性能提升来说非常重要。18.2节和18.3节分别介绍基于Node.js和Java版本的SDK的应用接口开发，18.4节使用Java版本的SDK开发一个溯源项目，希望读者通过本章实践可以轻松地开发出自己需要的项目。

## 18.1 链码开发

链码是独立可运行的应用程序，也称为智能合约。智能合约也是一种合约，合约是平等的当事人之间执行约定内容的协议。参与方对合约的内容要达成一致，并且遵守合约执行的结果。

链码可以由Go、Java、Node.js等语言开发，本节分别介绍使用这三种语言编写智能合约的例子。

### 18.1.1 Golang链码结构

Go语言是开发链码最为成熟的语言，接下来介绍如何使用Go语言开发的链码。

首先介绍Golang版本的链码，每个链码应用程序必须实现Chaincode接口，这是在系统包github.com/hyperledger/fabric/core/chaincode/shim中定义的。

Chaincode接口包含两个方法，一个是Init方法，另一个是Invoke方法，Chaincode接口的方法用来响应收到的事务。这两个方法的具体作用如表18.1所示。

表 18.1　Chaincode 接口

| 方法名称 | 功　能 |
| --- | --- |
| Init | 当链码收到 instantiate 或者 upgrade 事务时调用该方法，此时链码可以执行任何必要的初始化工作 |
| Invoke | 链码响应 invoke 事务来处理事务提案 |

系统包 github.com/hyperledger/fabric/core/chaincode/shim 中还定义了另一个接口 ChaincodeStubInterfaces，该接口的方法用来访问和修改账本，以及在链码之间进行调用。该接口的核心方法分为两大类，访问账本通用数据和访问账本私有数据，如表 18.2 所示。

表 18.2　ChaincodeStubInterfaces

| 方法名称 | 功　能 |
| --- | --- |
| GetTxID | 获取交易提案中的交易 ID |
| GetChannelID | 获取交易提案中的通道名称 |
| InvokeChaincode | 调用其他链码 |
| GetFunctionAndParameters | 获取客户端发送的参数 |
| GutState | 根据指定的键获取账本中的值 |
| PutState | 将指定的 key 和 value 作为数据写入提案，放入到交易的 writeset 中，直到交易验证并成功提交才能改变账本 |
| DelState | 根据指定的 keys 删除账本中的 key 和对应 value |
| SetStateValidationParameter | 设置基于 key-level 的背书策略 |
| GetStateValidationParameter | 检索基于 key-level 的背书策略 |
| GetStateByRange | 从账本中返回指定范围的数据 |
| GetStateByRangeWithPagination | 分页查询指定范围的账本数据 |
| GetStateByPartialCompositeKey | 通过部分复合键查询账本中的状态 |
| CreateCompositeKey | 创建复合键，将给定的属性字符串组成复合键 |
| SplitCompositeKey | 拆分复合键，将指定的键拆分为形成复合键的属性 |
| GetQueryResult | 支持富查询获取查询结果，只有使用支持富查询的数据库才行，如 CouchDB 数据库 |
| GetQueryResultWithPagination | 支持富查询并对结果进行分页获取 |
| GetHistoryForKey | 获取历史 key 的值，对于更新过的 key，返回历史值和相关联的交易 ID 和时间戳 |
| GetPrivateData | 获取私有数据，从指定的集合中返回指定 key 对应的值 |
| PutPrivateData | 存储私有数据，存放指定的 key 和 value 到私有的 writeset 中 |
| DelPrivateData | 根据指定的 key 删除私有数据 |
| SetPrivateDataValidationParameter | 对私有数据设置 key 级别的背书策略 |
| GetPrivateDataValidationParameter | 获取私有数据的 key 级别的背书策略 |
| GetPrivateDataByRange | 按范围查询私有数据 |
| GetPrivateDataByPartialCompositeKey | 按组合键查询私有数据 |
| GetPrivateDataQueryResult | 获取富查询结果，对给定的私有集合执行富查询 |
| GetCreator | 获取签名创建身份，该身份是在签名提议中的 SignatureHeader.Creator 参数 |
| GetTransient | 获取 ChaincodeProposalPayload.Transient 字段 |
| GetBinding | 获取交易绑定，用于强制应用数据和提案本身的链接 |

续表

| 方法名称 | 功 能 |
| --- | --- |
| GetDecorations | 获取提案中的添加数据,该数据来源于 Peer 节点 |
| GetSignedProposal | 获取签名提案对象 |
| GetTxTimestamp | 获取交易创建的时间戳 |

接下来使用 17.3 节中使用的链码进行具体说明,链码位置为 examples/Chaincode/go/Chaincode_example02/Chaincode_example02.go。

### 1. 链码的基本结构

```
package main                                                    //包声明
import (
    ...                                                         //引入必要的包,如 shim 包
)
type SimpleChaincode struct {}                                  //声明链码结构体
func (t * SimpleChaincode) Init(stub shim.ChaincodeStubInterface) pb.Response{}
//实现 Chaincode 接口中的 Init 方法
func (t * SimpleChaincode) Invoke(stub shim.ChaincodeStubInterface) pb.Response {}
//实现 Chaincode 接口中的 Invoke 方法
func main(){}                                                   //main 函数
```

### 2. chaincode_example02.go 文件结构

导入主要的包,代码清单如下:

```
import (
    "fmt"
    "strconv"
    "github.com/hyperledger/fabric/core/chaincode/shim"
    pb "github.com/hyperledger/fabric/protos/peer"
)
```

主要引入 shim 包和 peer 包,shim 包实现 Chaincode 接口,peer 包是获取与 peer 通信的结果。

声明链码结构体,代码清单如下:

```
type SimpleChaincode struct {}
```

实现 Init 方法,使用 ChaincodeStubInterfaces 接口中的方法,获取调用链码的参数,以及将参数存入账本,代码清单如下:

```
func (t * SimpleChaincode) Init(stub shim.ChaincodeStubInterface) pb.Response
{
    _, args := stub.GetFunctionAndParameters()             //获取调用功能名和参数
    err = stub.PutState(A, []byte(strconv.Itoa(Aval)))   //把 A 的值存储到账本中
```

```
        if err != nil {
            return shim.Error(err.Error())
        }
        err = stub.PutState(B, []byte(strconv.Itoa(Bval)))  //把 B 的值存储到账本中
        if err != nil {
            return shim.Error(err.Error())
        }
        return shim.Success(nil)
    }
```

实现 Invoke 方法，定义了三个功能，分别为 invoke、delete 和 query，这三个功能是可以通过 peer 调用的，其中 args 参数是从 GetFunctionAndParameters 中获取的，代码清单如下：

```
    func (t * SimpleChaincode) Invoke(stub shim.ChaincodeStubInterface) pb.Response {
    function, args := stub.GetFunctionAndParameters()
    if function == "invoke" {
                return t.invoke(stub, args)
        } else if function == "delete" {
                return t.delete(stub, args)
        } else if function == "query" {
                return t.query(stub, args)
        }
        return shim.Error("Invalid invoke function name. Expecting \"invoke\" \"delete\" \"query\"")
    }
```

接着实现这三个功能，invoke 功能为从账本中获取 A、B 的值，进行四则运算，再将 A、B 的值重新放回到账本中，代码清单如下：

```
    func (t * SimpleChaincode) invoke(stub shim.ChaincodeStubInterface, args []string) pb.Response {
        var A, B string                              // Entities
        var Aval, Bval int                           // Asset holdings
        var X int                                    // Transaction value
        var err error
        A = args[0]
        B = args[1]
        Avalbytes, err := stub.GetState(A)
        Bvalbytes, err := stub.GetState(B)
        Aval = Aval - X
        Bval = Bval+X
        err = stub.PutState(A, []byte(strconv.Itoa(Aval)))
        if err != nil {
            return shim.Error(err.Error())
        }
        err = stub.PutState(B, []byte(strconv.Itoa(Bval)))
    }
```

第二个为 delete 功能，实现根据特定值删除账本数据，代码清单如下：

```
func (t * SimpleChaincode) delete(stub shim.ChaincodeStubInterface, args []string) pb.Response {
    A := args[0]
    err := stub.DelState(A)
}
```

第三个为 query 功能，从账本中查询 A 或者 B 的值，代码清单如下：

```
func (t * SimpleChaincode) query (stub shim. ChaincodeStubInterface, args [ ] string) pb.
Response {
    var A string                                          // Entities
    var err error
    A = args[0]
    Avalbytes, err := stub.GetState(A)
}
```

最后是 main 主函数，创建 SimpleChaincode 对象，Start 会连接 Peer 节点并且注册链码到 Peer 中，代码清单如下：

```
func main() {
    err := shim.Start(new(SimpleChaincode))
}
```

至此，Golang 链码的开发工作就完成了，在实现自己需要的功能中调用 ChaincodeStubInterface 中的方法就可以了。链码的调试需要建立在 Hyperledger Fabric 网络之上，可以参考 Hyperledger Fabric 官网上的教程，网址为 https://hyperledger-fabric.readthedocs.io/en/release-1.4/chaincode4ade.html。

链码的安装参考 17.3.5 节链码操作管理，即可完成链码的使用。

## 18.1.2 Node.js 链码结构

Node.js 语言编写链码同样也是非常方便的，使用 fabric-shim 模块可以非常快速地完成编写。

先安装 fabirc-shim 模块，命令如下：

```
npm install --save fabric-shim
```

使用 18.1.1 节中链码 chaincode_example02.go 的逻辑，引入 fabric-shim 包，定义 Chaincode 类，接着实现 Chaincode 接口中的 Init 函数和 Invoke 函数，以及实现自定义的 invoke、delete、query 功能。

定义 Init 函数，stub 参数是 fabric-shim 中的 ChaincodeStub 类，实现 ChaincodeStubInterfaces 中的所有功能，只是功能名第一个字母为小写，如 GetFunctionAndParameters 变为

getFunctionAndParameters。代码清单如下：

```
const shim = require('fabric-shim');
const util = require('util');
var Chaincode = class {}
async Init(stub) {
    let ret = stub.getFunctionAndParameters();
    let args = ret.params;
    let A = args[0];
    let B = args[2];
    let Aval = args[1];
    let Bval = args[3];
      await stub.putState(A, Buffer.from(Aval));
      await stub.putState(B, Buffer.from(Bval));
      return shim.success();
  }
```

定义 Invoke 函数，ret.fcn 获取调用的方法名，使用 this[ret.fcn]，使用当前 Chaincode 类中方法，代码清单如下：

```
async Invoke(stub) {
    let ret = stub.getFunctionAndParameters();
let method = this[ret.fcn];
let payload = await method(stub, ret.params);
return shim.success(payload);
}
```

定义 invoke 函数，实现存储 A、B 的值到账本中，代码清单如下：

```
async invoke(stub, args) {
   let A = args[0];
   let B = args[1];
   let Avalbytes = await stub.getState(A);
   let Aval = parseInt(Avalbytes.toString());
   let Bvalbytes = await stub.getState(B);
   let Bval = parseInt(Bvalbytes.toString());
   let amount = parseInt(args[2]);
   Aval = Aval - amount;
   Bval = Bval+amount;
   await stub.putState(A, Buffer.from(Aval.toString()));
   await stub.putState(B, Buffer.from(Bval.toString()));
}
```

定义 delete 函数，实现从账本中删除数据，代码清单如下：

```
async delete(stub, args) {
    let A = args[0];
```

```
        await stub.deleteState(A);
    }
```

定义 query 函数,实现从账本中查询数据,代码清单如下:

```
async query(stub, args) {
        let A = args[0];
        let Avalbytes = await stub.getState(A);
        return Avalbytes;
    }
```

使用 Chaincode 类,使用 fabric-shim 包中的 start 方法启动链码即可,代码清单如下:

```
shim.start(new Chaincode());
```

至此,使用 Node.js 语言编写链码就结束了,可以看出来操作是非常方便的,并且与 Golang 语言编写效果是一样的。如果要查看更多和更详细的 ChaincodeStub 类中方法,可以查看 https://fabric-shim.github.io/release-1.4/fabric-shim.ChaincodeStub.html。

### 18.1.3 Java 链码结构

本节介绍 Java 语言的链码开发,因为 Java 语言一直高居 TIOBE 编程语言排行榜,近 20 年来,Java 语言都一直位于前 3 名,所以 Java 语言是非常多企业使用的,使用 Java 语言开发链码也将成为未来的趋势。

接下来介绍 Java 语言如何实现 chaincode_example02.go 中的逻辑,使用 Java 语言编写链码首先需要引入 fabric-chaincode-shim 这个 jar 包,引入方法访问地址 https://mvnrepository.com/artifact/org.hyperledger.fabric-chaincode-java/fabric-chaincode-shim,下载 jar 包到本地或者使用 maven、gradle 构建都可以。

引入必要的类,为了实现 Chaincode 接口和 ChaincodeStub 接口的函数。

编写的链码类继承 ChaincodeBase 抽象类,该类是一个抽象类,需要实现两个抽象方法,分别是 init 方法和 invoke 方法。

新建一个 SimpleChaincode 类,继续 ChaincodeBase 抽象类,然后实现其中的 init 方法,代码清单如下:

```
import java.util.List;
import com.google.protobuf.ByteString;
import org.hyperledger.fabric.shim.ChaincodeBase;
import org.hyperledger.fabric.shim.ChaincodeStub;
public class SimpleChaincode extends ChaincodeBase {
@Override
public Response init(ChaincodeStub stub) {
        String func = stub.getFunction();
```

```
        List<String> args = stub.getParameters();
        String account1Key = args.get(0);
        int account1Value = Integer.parseInt(args.get(1));
        String account2Key = args.get(2);
        int account2Value = Integer.parseInt(args.get(3));
        stub.putStringState(account1Key, args.get(1));
        stub.putStringState(account2Key, args.get(3));
        return newSuccessResponse();
    }
}
```

这里就可以看到的 ChaincodeStub 接口定义的方法和 ChaincodeStubInterfaces 中定义的有一些差别,如获取功能名的函数是 getFunction(),获取参数的函数是 getParameters(),而存储数据到账本的函数是 putStringState()。这些函数在网址 https://fabric-chaincode-java.github.io/org/hyperledger/fabric/shim/ChaincodeStub.html 可以查看。

实现 invoke 方法,判断功能名是否为 invoke、delete、query 这三个方法,主要代码如下:

```
@Override
public Response invoke(ChaincodeStub stub) {
    String func = stub.getFunction();
    List<String> params = stub.getParameters();
    if (func.equals("invoke")) {
        return invoke(stub, params);
    }
    if (func.equals("delete")) {
        return delete(stub, params);
    }
    if (func.equals("query")) {
        return query(stub, params);
    }
        return newErrorResponse("Invalid invoke function name. Expecting one of: [\"invoke\", \"
        delete\", \"query\"]");
}
```

实现自定义的 invoke 方法,存储数据到账本中,主要功能为类似于 A 用户转账到 B 用户一笔金额,主要代码清单如下:

```
private Response invoke(ChaincodeStub stub, List<String> args) {
    String accountFromKey = args.get(0);
    String accountToKey = args.get(1);
    String accountFromValueStr = stub.getStringState(accountFromKey);
    int accountFromValue = Integer.parseInt(accountFromValueStr);
    String accountToValueStr = stub.getStringState(accountToKey);
    int accountToValue = Integer.parseInt(accountToValueStr);
    int amount = Integer.parseInt(args.get(2));
    accountFromValue -= amount;
```

```
        accountToValue += amount;
         stub.putStringState(accountFromKey, Integer.toString(accountFromValue));
        stub.putStringState(accountToKey, Integer.toString(accountToValue));
                return newSuccessResponse("invoke finished successfully", ByteString.copyFrom
                (accountFromKey + ": " + accountFromValue + " " + accountToKey + ": " +
                accountToValue, UTF_8).toByteArray());
    }
```

实现 delete 方法,从账本中删除指定的 key 和 value,主要代码清单如下:

```
    private Response delete(ChaincodeStub stub, List<String> args) {
        String key = args.get(0);
        stub.delState(key);
        return newSuccessResponse();
    }
```

实现 query 方法,从账本中获取指定的 key 对应的 value,代码清单如下:

```
    private Response query(ChaincodeStub stub, List<String> args) {
        String key = args.get(0);
        String val= stub.getStringState(key);
        return newSuccessResponse(val,ByteString.copyFrom(val, UTF_8).toByteArray());
    }
```

实现 main 主函数,把 SimpleChaincode 对象新建出来,执行 ChaincodeBase 中的 start 方法,建立与 peer 的通信。代码清单如下:

```
    public static void main(String[] args) {
        new SimpleChaincode().start(args);
    }
```

至此,Golang、Node.js 和 Java 语言的链码开发已经介绍完成了,读者根据自己熟悉的语言开发链码就变得非常容易了。

## 18.2 Fabric SDK 介绍

Hypeledger Fabric SDK 是应用程序与 Peer 节点和 Orderer 节点通信、交互的桥梁,根据 Fabric 中 Peer 模块、Orderer 模块提供的 gRPC 协议接口,Hyperledger Fabric 提供了基于 Node.js、Java、Go、Python 这四种语言的 SDK,可以根据合适的语言直接调用这些已经封装好的 SDK,这在很大程度上能够简化开发工作。当然,如果有兴趣去了解 gRPC 接口实现的话,可以查看 protocol buffers 的接口定义文件,地址为 https://github.com/hyperledger/fabric/tree/release-1.4/protos,尝试实现自己的 SDK。本节介绍 Node.js、Java、Go 三种语言实现的 SDK 的使用方法。

## 18.2.1 Fabric Node.js SDK 的使用

Fabric Node.js SDK 是最为成熟的 SDK，官网 https://fabric-sdk-node.github.io/提供了完整的 API 文档，Fabric-Sample 项目中有相当多的样例可以理解和使用。Fabric-samples 地址为 https://github.com/hyperledger/fabric-samples，对于入门者来说相对友好，但可能对一些异步的调用不太理解。不过如果有足够好奇心，能学习 Node.js 也是相当不错的。

下面介绍使用 Node.js SDK 快速开发基于 Fabric 的应用。

**1. Fabric Node.js SDK 项目介绍**

截至编写本书时，Fabric Node.js SDK 最新发布的版本为 1.4，在 1.4 版本之前 Node.js SDK 是被分为两个子项目，分别是 fabric-client 和 fabric-ca-client。1.4 版本分为三个子项目，分别是 fabric-network、fabric-client 和 fabric-ca-client。fabric-client 项目主要用来为应用程序基于超级账本网络执行安装、实例化链码、提交和查询交易等操作，fabric-ca-client 主要用来登记用户、注册用户、撤销用户、针对证书的可定制持久化存储等操作，fabric-network 项目主要应用于与智能合约交互，包括提交交易到智能合约、查询最新应用程序状态的智能合约。

**2. 安装 Fabric Node.js SDK 依赖**

创建目录，命令如下：

```
mkdir -p SDK-Demo/nodejs
```

切换到 nodejs 目录，命令如下：

```
cd SDK-Demo/nodejs
```

这里选择使用 1.3 版本的 SDK，首先安装 fabric-client 和 fabric-ca-client 两个 packages，初始化创建 packages.json 文件。命令如下：

```
npm init -y
npm install fabric-client@1.3.0 --save
npm install fabric-ca-client@1.3.0 --save
```

**3. 编写初始化配置文件**

安装完成后，开始编写初始化配置文件。Fabric 是基于权限控制区块链，所以操作都依赖于用户证书。演示使用 17.3 节生成的 MSP 证书，将 crypto-config 文件复制到目录中。命令如下：

```
cp -r $GOPATH/src/github.com/hyperledger/fabric-samples/bupt-network/crypto-config ./
```

选择将初始化配置信息编写在 network-config. json 文件内，这样更方便管理。其内容如下：

```
{
    "CC_SRC_PATH":"../chaincode/",
    "keyValueStore": "/tmp/fabric-client-kvs",
    "eventWaitTime": "30000",
"network-config": {
"orderer": {
"url": "grpcs://localhost:7050",
    "server-hostname": "orderer.example.com",
    "tls_cacerts":"./crypto-config/ordererOrganizations/bupt.com/orderers/orderer.bupt.com/tls/ca.
crt"
},
"org1": {
"name": "peerOrg1",
"mspid": "Org1MSP",
"ca": "https://localhost:7054",
        "peers": {
                "peer1": {
                    "requests": "grpcs://localhost:7051",
                    "events": "grpcs://localhost:7053",
                    "server-hostname": "peer0.socs.bupt.com",
                    "tls_cacerts":"./crypto-config/peerOrganizations/
socs.bupt.com/peers/peer0.socs.bupt.com/tls/ca.crt"
                }
            },
            "admin": {
"key":"./crypto-config/peerOrganizations/socs.bupt.com/
users/Admin@socs.bupt.com/msp/keystore",
"cert":"./crypto-config/peerOrganizations/socs.bupt.com/users/
Admin@socs.bupt.com/msp/signcerts"
        }
    },
    "org2": {
        "name": "peerOrg1",
        "mspid": "Org2MSP",
        "ca": "https://localhost:8054",
        "peers": {
            "peer1": {
    "requests": "grpcs://localhost:8051",
    "events": "grpcs://localhost:8053",
        "server-hostname": "peer0.iont.bupt.com",
        "tls_cacerts":"./crypto-config/peerOrganizations/iont.bupt.com/
        peers/peer0.iont.bupt.com/tls/ca.crt"
            }
        },
    "admin":{
        "key":"./crypto-config/peerOrganizations/iont.bupt.com/users/
```

```
Admin@iont.bupt.com/msp/keystore",
        "cert":"./crypto-config/peerOrganizations/iont.bupt.com
/users/Admin@iont.bupt.com/msp/signcerts"
                    }
                }
            }
}
```

**4. 实例化 Fabric Client 对象**

使用 hfc 添加 network-config.json 配置文件到 Fabric Client，初始化加密凭证实例，最后根据用户名获取加密凭证实例。新建 config.js 文件，代码清单如下：

```
var path = require('path');
var util = require('util');
var log4js = require('log4js');
var logger = log4js.getLogger('config');
logger.setLevel('DEBUG');
var hfc = require('fabric-client');
var file = 'network-config.json';
async function getClientForOrg (userorg, username){
        let client = hfc. addConfigFile (path.join(_ _dirname, file));
        client.loadFromConfig(userorg+config);                     //需要修改
        await client.initCredentialStores();
    if(username){
         let user = await client.getUserContext(username, true);
         if(!user){
                throw new Error(util.format('User was not found :', username))
   }else{
         logger.debug('User %s was found to be registered and enrolled', username);
   }
    }
    return client;
}
```

**5. 使用管理员创建用户**

先获取 Fabric Client 实例，判断用户是否已经登记，如果没有，根据网络配置信息中的管理员用户名和管理密钥，向 Fabric CA 证书颁发中心登记新用户，将新用户实例设置为此客户端实例的上下文中，对客户端发起的所有请求进行签名。代码清单如下：

```
var getRegisteredUser = async function(username, userOrg, isJson) {
    try {
        var client = await getClientForOrg(userOrg);
        var user = await client.getUserContext(username, true);
        if (user && user.isEnrolled()) {
            logger.info('Successfully loaded member from persistence');
```

```
            } else {
                var admins = hfc.getConfigSetting('admins');
                let adminUserObj = await client.setUserContext({username: admins[0].username,
password: admins[0].secret});
                let caClient = client.getCertificateAuthority();
                let secret = await caClient.register({
                    enrollmentID: username,
                    affiliation: userOrg.toLowerCase()+'.department1'
                }, adminUserObj);
                user = await client.setUserContext({username:username, password:secret});
                logger.debug('Successfully enrolled username %s and setUserContext on the client
object', username);
            }
            if(user && user.isEnrolled) {
                if (isJson && isJson === true) {
                    var response = {
                        success: true,
                        secret: user._enrollmentSecret,
                        message: username+' enrolled Successfully',
                    };
                    return response;
                }
            } else {
                throw new Error('User was not enrolled ');
            }
        } catch(error) {
            return 'failed '+error.toString();
        }
};
```

**6. 执行查询链码**

首先获取 Fabric Client 实例，根据指定通道名称获取通道实例，这仅限于在加载的网络配置中查找通道名称，如果需要查询 Peer 节点加入的通道列表，则需要调用 Fabric Client 的 queryChannels 方法查询，这里不展开描述。建立请求参数，包括目标 Peer 域名、链码名称、链码中定义的功能名，以及链码中定义的功能所需的参数。最后调用 queryByChaincode 方法，发送到 Peer 中。新建 query.js 文件，代码清单如下：

```
var queryChaincode = async function(peer, channelName, chaincodeName, args, fcn, username,
org_name) {
    try {
        var client = await helper.getClientForOrg(org_name, username);
        logger.debug('Successfully got the fabric client for the organization "%s"', org_name);
        var channel = client.getChannel(channelName);
        if(!channel) {
            let message = util.format('Channel %s was not defined in the connection profile',
channelName);
            logger.error(message);
```

```
            throw new Error(message);
        }
        var request = {
            targets : [peer],
            chaincodeId: chaincodeName,
            fcn: fcn,
            args: args
        };
        let response_payloads = await channel.queryByChaincode(request);
        if (response_payloads) {
            for (let i = 0; i < response_payloads.length; i++) {
                logger.info(args[0]+' now has '+response_payloads[i].toString('utf8') +
                    ' after the move');
            }
            return args[0]+' now has '+response_payloads[0].toString('utf8') +
                ' after the move';
        } else {
            logger.error('response_payloads is null');
            return 'response_payloads is null';
        }
    } catch(error) {
        return error.toString();
    }
};
```

**7. 调用链码功能**

提交交易需要生成交易 ID，构造请求参数，分别是 Peer 节点域名、链码名称、连接的 Peer 域名、链码定义功能、链码定义功能所需的参数、交易 ID。与查询链码不同的是增加了交易 ID 这个参数。之后发送交易提案到 Peer 节点，Peer 节点通过链码模拟执行功能并返回结果到客户端，客户端检测交易提案中的响应状态，如果一切都是正确的，需要通过监听通道事件中心分发区块中交易的状态，确定最终交易是否合法，这个时候已经生成区块，不合法的交易也会记录到区块中。新建 invoke.js，代码清单如下：

```
var invokeChaincode = async function (peerNames, channelName, chaincodeName, fcn, args,
username, org_name) {
    var error_message = null;
    var tx_id_string = null;
    try {
        var client = await helper.getClientForOrg(org_name, username);
        logger.debug('Successfully got the fabric client for the organization "%s"', org_name);
        var channel = client.getChannel(channelName);
        if(!channel) {
            let message = util.format('Channel %s was not defined in the connection profile',
channelName);
            logger.error(message);
            throw new Error(message);
```

```
    }
    var tx_id = client.newTransactionID();
    tx_id_string = tx_id.getTransactionID();
    var request = {
        targets: peerNames,
        chaincodeId: chaincodeName,
        fcn: fcn,
        args: args,
        chainId: channelName,
        txId: tx_id
    };
    let results = await channel.sendTransactionProposal(request);
    var proposalResponses = results[0];
    var proposal = results[1];
    var all_good = true;
    for (var i in proposalResponses) {
        let one_good = false;
        if (proposalResponses && proposalResponses[i].response &&
            proposalResponses[i].response.status === 200) {
            one_good = true;
            logger.info('invoke chaincode proposal was good');
        } else {
            logger.error('invoke chaincode proposal was bad');
        }
        all_good = all_good & one_good;
}
```

这里使用 Promise 编程，这是一种异步编程的解决方案。ECMAScript 6.0 将 Promise 写入了标准，统一了标准，提供了 Promise 对象。Promise 的作用为执行一个未来才能完成的操作并为其保存结果，即一个异步的操作，可以从 Promise 获取执行的结果。

接着向 channelEventHub 注册交易事件，用来监听给定的交易 ID，当给定的交易 ID 被提交到区块时调用该交易事件，然后返回交易 ID，交易状态和交易所在区块的区块高度。

```
if (all_good) {
                var promises = [];
                let event_hubs = channel.getChannelEventHubsForOrg();
                event_hubs.forEach((eh) => {
                logger.debug('invokeEventPromise - setting up event');
let invokeEventPromise = new Promise((resolve, reject) => {
                let event_timeout = setTimeout(() => {
                let message = 'REQUEST_TIMEOUT:'+eh.getPeerAddr();
                                logger.error(message);
                                eh.disconnect();
                    }, 3000);
                    eh.registerTxEvent(tx_id_string, (tx, code, block_num) => {
                        logger.info('The chaincode invoke chaincode transaction has been
committed on peer %s',eh.getPeerAddr());
```

```
                    logger.info('Transaction %s has status of %s in blocl %s', tx, code,
block_num);
                    clearTimeout(event_timeout);
                    if (code !== 'VALID') {
                     let message = util.format('The invoke chaincode transaction was invalid,
code:%s',code);
                    logger.error(message);
                    reject(new Error(message));
                } else {
                    let message = 'The invoke chaincode transaction was valid.';
                        logger.info(message);
                        resolve(message);
                    }
                }, (err) => {
                    clearTimeout(event_timeout);
                    logger.error(err);
                    reject(err);
                },
                {unregister: true, disconnect: true}
                );
                eh.connect();
                });
                promises.push(invokeEventPromise);
});
```

构造排序服务节点交易参数，将交易 ID、从 Peer 节点获取的交易提案和提案响应发送到排序服务节点。待确认节点确认交易后，可以从响应中获取交易是否合法。

```
var orderer_request = {
                        txId: tx_id,
                        proposalResponses: proposalResponses,
                        proposal: proposal
                };
                var sendPromise = channel.sendTransaction(orderer_request);
                promises.push(sendPromise);
                let results = await Promise.all(promises);
                let response = results.pop();
                if (response.status === 'SUCCESS') {
                    logger.info('Successfully sent transaction to the orderer.');
                } else {
                     error_message = util.format('Failed to order the transaction. Error code:
%s',response.status);
                      logger.debug(error_message);
                        }
                        for(let i in results) {
                            let event_hub_result = results[i];
                            let event_hub = event_hubs[i];
```

```
                    logger.debug('Event results for event hub :%s', event_hub.
getPeerAddr());
                    if(typeof event_hub_result === 'string') {
                        logger.debug(event_hub_result);
                    } else {
                        if(!error_message) error_message = event_hub_result.toSt-
ring();
                        logger.debug(event_hub_result.toString());
                    }
                }
            } else {
                error_message = util.format('Failed to send Proposal and receive all
good ProposalResponse');
                logger.debug(error_message);
            }
        } catch (error) {
            logger.error('Failed to invoke due to error: ' + error.stack ? error.stack :
error);
            error_message = error.toString();
        }
        if (!error_message) {
            let message = util.format('Successfully invoked the chaincode %s to the
channel \'%s\' for transaction ID: %s',
            org_name, channelName, tx_id_string);
            logger.info(message);
            return tx_id_string;
        } else {
            let message = util.format('Failed to invoke chaincode. cause:%s', error_
message);
            logger.error(message);
            throw new Error(message);
        }
};
```

至此，Fabric Node.js SDK 的使用说明就结束了。示例说明的代码可以直接从 Fabric-Samples 中的子项目 balance-transfer 中 app 文件夹获取，地址为 https://github.com/hyperledger/fabric-samples/tree/release-1.3/balance-transfer/app。

## 18.2.2 Fabric Java SDK

Fabric Java SDK 现在也有很完整的教程，github 项目地址为 https://github.com/hyperledger/fabric-sdk-java.git。下面介绍如何使用 Fabric Java SDK 快速编写应用程序。

**1. 安装 Fabric Java SDK 依赖**

使用 Maven 安装 Fabric Java SDK 会非常方便和快捷，使用 eclipse 或者 IntelliJ IDEA 等 Java IDE 新建 Maven 项目，在生成的 pom.xml 文件 dependencies 属性中添加 Fabric Java SDK 依赖即可。代码如下：

```
<dependency>
  <groupId>org.hyperledger.fabric-sdk-java</groupId>
<artifactId>fabric-sdk-java</artifactId>
<version>1.4.0</version>
</dependency>
```

当然也可以直接下载 jar 包，访问 maven 的中央仓库 https://mvnrepository.com/tags/maven，搜索 fabric-sdk-java，选择需要的版本下载即可。如选择 1.3.0 版本，https://mvnrepository.com/artifact/org.hyperledger.fabric-sdk-java/fabric-sdk-java/1.3.0。然后选中列表中 Files 对应的 jar 下载。

**2. 编写初始化配置文件**

可以直接使用 18.2.1 节中的 network-config.json 文件。使用 json 库读取该文件更加方便，这里选择使用阿里巴巴公司开发的 json 库 FastJson。继续添加 FastJson 依赖，代码如下：

```
<dependency>
            <groupId>com.alibaba</groupId>
            <artifactId>fastjson</artifactId>
            <version>1.2.47</version>
        </dependency>
```

**3. 读取初始化配置**

首先创建 Org、User、CertStore 三类 javabean，这三类将对应组织、用户以及证书管理。CertStore 类主要用于将用户和证书联系起来。所以要读取生成的证书，代码如下。指定安全提供者为 BouncyCastleProvider。

```
static {
 Security.addProvider(new org.bouncycastle.jce.provider.BouncyCastle
 Provider());
}
static PrivateKey getPrivateKeyFromBytes(byte[] data) throws IOException, NoSuchProviderException,
NoSuchAlgorithmException, InvalidKeySpecException {
        final Reader pemReader = new StringReader(new String(data));
        final PrivateKeyInfo pemPair;
        try (PEMParser pemParser = new PEMParser(pemReader)) {
                pemPair = (PrivateKeyInfo) pemParser.readObject();
        }
        PrivateKey privateKey = new JcaPEMKeyConverter().setProvider(BouncyCastleProvider.
PROVIDER_NAME).getPrivateKey(pemPair);
        return privateKey;
}
```

产生的 PrivateKey 用于设置 User 的 Enrollment 属性。

```
String certificate = new String(IOUtils.toByteArray(new FileInputStream(certificateFile)), "UTF-8");
PrivateKey privateKey = getPrivateKeyFromBytes(IOUtils.toByteArray(new FileInputStream(privateKeyFile)));
sampleUser.setEnrollment(new SampleStoreEnrollment(privateKey, certificate));
```

而 SampleStoreEnrollment 则是实现 Enrollment 接口的类，非常简单，定义 PrivateKey privateKey、String certificate 两个属性，并实现 Enrollment 接口的 getKey()、getCert()这两个方法。

```
static final class SampleStoreEnrollment implements Enrollment{
            private final PrivateKey privateKey;
    private final String certificate;
    SampleStoreEnrollment(PrivateKey privateKey, String certificate) {
            this.certificate = certificate;
            this.privateKey = privateKey;
    }
    @Override
    public PrivateKey getKey() {
      return privateKey;
    }
   @Override
   public String getCert() {
       return certificate;
   }
}
```

User 类则定义用户的基本属性，包括所属姓名、组织、CertStore 等属性。代码如下：

```
public class User{
            private String name;
        private Set<String> roles;
        private String account;
        private String affiliation;
        private String organization;
        private String enrollmentSecret;
        Enrollment enrollment = null;
        private transient CertStore keyValStore;
        private String keyValStoreName;
        private transient CryptoSuite cryptoSuite;
}
```

Org 类则定义组织的基本属性，包括组织名称、MSPID、组织内的 Peer 连接地址、组织提交交易的 Orderer 连接地址等属性。部分代码如下：

```
public class Org {
```

```
        final String name;
        final String mspid;
        HFCAClient caClient;
        Map< String, User > userMap = new HashMap<>();
        Map< String, String > peerLocations = new HashMap<>();
        Map< String, String > ordererLocations = new HashMap<>();
        Map< String, String > eventHubLocations = new HashMap<>();
        private User admin;
        private String caLocation;
        private Properties caProperties = null;
        private User peerAdmin;
        private String domainName;
}
```

完成这三个基本的 javabean 类，接下来就可以加载初始化配置了，将配置中的值添加到 javabean 中。

```
globalObject = loadNetworkConfig(DEFAULT_CONFIG);
HashMap< String, Object > map = (HashMap) globalObject.get(NETWORK_CONFIG); //
network-config
JSONObject obj = (JSONObject) map.get("orderer");
Orderer orderer = new Orderer();
orderer.setUrl(obj.getString("url"));
orderer.setHostname(obj.getString("server-hostname"));
orderer.setTls_cacerts(obj.getString("tls_cacerts"));
for (Entry< String, Object > vo : map.entrySet()) {
  String key = vo.getKey();
  if(key.startsWith(ORG_PREFIX)){                        //org
        JSONObject object = (JSONObject) vo.getValue();
        String orgName = object.getString("name");
        String mspid = object.getString("mspid");
        Org org = new Org(orgName, mspid);
        org.addOrderer("orderer", orderer);
        HashMap< String, Object > peers = (HashMap) object.get("peers");
  for(Entry< String, Object > peer: peers.entrySet()){        //peer
        String name = peer.getKey() ;                    //peer name
            JSONObject peerJSONObj = (JSONObject) peer.getValue();
          Peer peerObj = new Peer();
           peerObj.setName(name);
             peerObj.setRequests(peerJSONObj.getString("requests"));
             peerObj.setServerHostName(peerJSONObj.getString("server-hostname"));
           peerObj.setEvents(peerJSONObj.getString("events"));
             peerObj.setTlsCACerts(peerJSONObj.getString("tls_cacerts"));
            org.addPeerLocation(name, peerObj);
}
        org.setCaLocation(object.getString("ca"));
        Properties properties = new Properties();
        JSONObject admin = object.getJSONObject("admin");
```

```
            String adminKey = admin.getString("key");
            org.setAdminKey(adminKey);
            String adminCert = admin.getString("cert");
            org.setAdminCert(adminCert);
            String orgpath = adminKey.substring(0, adminKey.indexOf("users"));
            String orgDomainName = orgpath.substring(orgpath.lastIndexOf("peerOrganizations"));
            String caPath = String.join(File.separator, orgpath,"ca",String.format("ca.%s-cert.
pem", orgDomainName));
            properties.setProperty("pemFile", caPath );
            org.setCaProperties(properties);
            sampleOrgs.put(orgName, org);
                }
    }
```

#### 4. 初始化登记用户

Fabric 客户端需要 MSP 提供的证书才能访问 Peer 节点或 Orderer 节点，首先向 Fabric CA 注册管理员用户，然后可以使用管理员用户创建其他用户，而且创建通道和安装链码等操作也需要 MSP 颁发的管理员证书。部分代码如下：

```
public void enrollUsersSetup(SampleStore sampleStore) throws Exception {
            HFCAClient ca = sampleOrg.getCAClient();
            final String orgName = sampleOrg.getName();
            final String mspid = sampleOrg.getMSPID();
              ca.setCryptoSuite(CryptoSuite.Factory.getCryptoSuite());
              if (testConfig.isRunningFabricTLS()) {
             final EnrollmentRequest enrollmentRequestTLS = new EnrollmentRequest();
               enrollmentRequestTLS.addHost("localhost");
               enrollmentRequestTLS.setProfile("tls");
                final Enrollment enroll = ca.enroll("admin", "adminpw", enrollmentRequestTLS);
                final String tlsCertPEM = enroll.getCert();
               final String tlsKeyPEM = getPEMStringFromPrivateKey(enroll.getKey());
              final Properties tlsProperties = new Properties();
        tlsProperties.put("clientKeyBytes",tlsKeyPEM.getBytes(UTF_8));
              tlsProperties.put("clientCertBytes",tlsCertPEM.getBytes(UTF_8);
                clientTLSProperties.put(sampleOrg.getName(), tlsProperties);
                sampleStore.storeClientPEMTLCertificate(sampleOrg, tlsCertPEM);
                sampleStore.storeClientPEMTLSKey(sampleOrg, tlsKeyPEM);
            }
            HFCAInfo info = ca.info();
            SampleUser admin = sampleStore.getMember(TEST_ADMIN_NAME, orgName);
            SampleUser user = sampleStore.getMember(testUser1, sampleOrg.getName());
           final String sampleOrgName = sampleOrg.getName();
            final String sampleOrgDomainName = sampleOrg.getDomainName();
           SampleUser peerOrgAdmin = sampleStore.getMember(sampleOrgName +"Admin",
sampleOrgName,
```

```
            sampleOrg.getMSPID(), Util.findFileSk(Paths.get(testConfig.getTestChannelPath(),"
            crypto-config/peerOrganizations/", sampleOrgDomainName, format("/users/Admin@%
            s/msp/keystore", sampleOrgDomainName)).toFile()), Paths.get(testConfig.
            getTestChannelPath(),
            "crypto-config/peerOrganizations/", sampleOrgDomainName,
            format("/users/Admin@%s/msp/signcerts/Admin@%s-cert.pem",
            sampleOrgDomainName, sampleOrgDomainName)).toFile());
                sampleOrg.setPeerAdmin(peerOrgAdmin);
                sampleOrg.addUser(user);
                  sampleOrg.setAdmin(admin);
    }
```

**5. 创建通道**

在获取了管理员证书后，可以使用管理员身份直接创建通道，但是需要将通道配置文件用工具生成。代码如下：

```
Vector<ChaincodeEventCapture> chaincodeEvents = new Vector<>();
final String channelName = channel.getName();
boolean isFooChain = FOO_CHANNEL_NAME.equals(channelName);
Collection<Orderer> orderers = channel.getOrderers();
final ChaincodeID chaincodeID;
Collection<ProposalResponse> responses;
Collection<ProposalResponse> successful = new LinkedList<>();
Collection<ProposalResponse> failed = new LinkedList<>();
String chaincodeEventListenerHandle = channel.registerChaincodeEvent
Listener(Pattern.compile(".*"), Pattern.compile(Pattern.quote(EXPECTED_EVENT_
NAME)), (handle, blockEvent, chaincodeEvent) -> {
chaincodeEvents.add(new ChaincodeEventCapture(handle, blockEvent, chaincodeEvent));
});
```

**6. 安装链码**

给 Peer 安装链码，需要指定链码路径，这里安装 Go 语言编写的链码，选用 18.1 节中 Golang 链码的代码，配置到 CHAIN_CODE_PATH 属性中，将链码名称配置到 CHAIN_CODE_NAME 属性中。代码如下：

```
String CHAIN_CODE_NAME = "example_cc_go";
String CHAIN_CODE_PATH = "github.com/example_cc";
ChaincodeID.Builder    chaincodeIDBuilder = ChaincodeID.newBuilder().
setName(CHAIN_CODE_NAME).setVersion(CHAIN_CODE_VERSION);
    if (null != CHAIN_CODE_PATH) {
        chaincodeIDBuilder.setPath(CHAIN_CODE_PATH);
    }
    chaincodeID = chaincodeIDBuilder.build();
    client.setUserContext(sampleOrg.getPeerAdmin());
    InstallProposalRequest installProposalRequest = client.newInstallProposalRequest();
```

```
    installProposalRequest.setChaincodeID(chaincodeID);
    installProposalRequest.setChaincodeInputStream(Util.generateTarGzInputStream((Paths.get
    (TEST_FIXTURES_PATH,
CHAIN_CODE_FILEPATH, "src", CHAIN_CODE_PATH).toFile()),
Paths.get("src", CHAIN_CODE_PATH).toString()));
    installProposalRequest.setChaincodeVersion(CHAIN_CODE_VERSION);
    installProposalRequest.setChaincodeLanguage(CHAIN_CODE_LANG);
```

检查安装链码的 proposal 响应。

```
int numInstallProposal = 0;
    Collection<Peer> peers = channel.getPeers();
        numInstallProposal = numInstallProposal+peers.size();
responses = client.sendInstallProposal(installProposalRequest, peers);
for (ProposalResponse response : responses) {
            if (response.getStatus() == ProposalResponse.Status.SUCCESS) {
                successful.add(response);
} else {
            failed.add(response);
}
}
    if (failed.size() > 0) {
    ProposalResponse first = failed.iterator().next();
}
```

#### 7. 实例化链码

实例化链码需要调用链码的 init 方法，传入合适的参数，指定相应的背书策略，背书策略编写在文件 chaincodeendorsementpolicy. yaml 中。实例化链码代码如下：

```
InstantiateProposalRequest instantiateProposalRequest = client.newInstantiationProposalRequest
(); instantiateProposalRequest.setProposalWaitTime(DEPLOYWAITTIME);
instantiateProposalRequest. setChaincodeID ( chaincodeID ); instantiateProposalRequest.
setChaincodeLanguage(CHAIN_CODE_LANG);
instantiateProposalRequest.setFcn("init");
instantiateProposalRequest.setArgs(new String[] {"a", "500", "b", ""+(200+delta)});
    Map<String, byte[]> tm = new HashMap<>();
tm.put("HyperLedgerFabric", "InstantiateProposalRequest:JavaSDK".getBytes(UTF_8));
    tm.put("method", "InstantiateProposalRequest".getBytes(UTF_8));
instantiateProposalRequest.setTransientMap(tm);
instantiateProposalRequest.setTransientMap(tm);
ChaincodeEndorsementPolicy chaincodeEndorsementPolicy = new ChaincodeEndorsementPolicy();
chaincodeEndorsementPolicy. fromYamlFile ( new File ( TEST _ FIXTURES _ PATH + "/
sdkintegration/chaincodeendorsementpolicy.yaml"));
instantiateProposalRequest.setChaincodeEndorsementPolicy(
chaincodeEndorsementPolicy);
```

**8. 调用链码**

设置监听通道事件 nOfEvent，对该事务进行监听，这样可以对事务的结果进行判断。

```
Channel.nOfEvents nOfEvents = createNofEvents();
if (!channel.getPeers(EnumSet.of(PeerRole.EVENT_SOURCE)).isEmpty()) {
    nOfEvents.addPeers(channel.getPeers(EnumSet.of(PeerRole.EVENT_SOURCE)));
}
    if (!channel.getEventHubs().isEmpty()) {
   nOfEvents.addEventHubs(channel.getEventHubs());
}
channel.sendTransaction(successful, createTransactionOptions()
                        .userContext(client.getUserContext())
                        .shuffleOrders(false)
                        .orderers(channel.getOrderers())
                        .nOfEvents(nOfEvents)
)
```

这一步完成的是实例化交易，sendTransaction 返回的是 CompletableFuture 对象，这是 JDK8 提供简化异步编程的类，能够通过回调的方式处理结果。使用 CompletableFuture 中的 thenApply()，可以在实例化链码完成后继续执行。接着构造交易提案，调用链码中 move 方法，将 a 的值转到 b 中。

```
thenApply(transactionEvent -> {
            BlockEvent blockEvent = transactionEvent.getBlockEvent();
            assertNotNull(blockEvent.getBlock());
            client.setUserContext(sampleOrg.getUser(testUser1));
            TransactionProposalRequest transactionProposalRequest = client.newTransactionProposal-
Request();
            transactionProposalRequest.setChaincodeID(chaincodeID);
            transactionProposalRequest.setChaincodeLanguage(CHAIN_CODE_LANG);
            transactionProposalRequest.setFcn("move");
            transactionProposalRequest.setProposalWaitTime(testConfig.getProposalWaitTime());
            transactionProposalRequest.setArgs("a", "b", "100");
            Map<String, byte[]> tm2 = new HashMap<>();
            tm2.put("HyperLedgerFabric", "TransactionProposalRequest:JavaSDK".getBytes
(UTF_8));
            tm2.put("method", "TransactionProposalRequest".getBytes(UTF_8));
            tm2.put("result", ":)".getBytes(UTF_8));
            expectedMoveRCMap.put(channelName, random.nextInt(300)+100L);
            tm2.put("rc",(expectedMoveRCMap.get(channelName)+"").getBytes(UTF_8));
            transactionProposalRequest.setTransientMap(tm2);
            Collection<ProposalResponse> transactionPropResp = channel.sendTransactionProposal
(transactionProposalRequest, channel.getPeers());
})
```

验证交易提案响应是否正确，代码如下：

```
for (ProposalResponse response : transactionPropResp) {
    if (response.getStatus() == ProposalResponse.Status.SUCCESS) {
        successful.add(response);
} else{
    failed.add(response);
}
}
```

最后将交易发送 Orderer 排序服务节点，代码如下：

```
channel.sendTransaction(successful).get(testConfig.getTransactionWaitTime(), TimeUnit.
SECONDS);
```

**9. 查询链码**

查询链码是比较简单的，只需要构造请求参数即可，代码如下：

```
QueryByChaincodeRequest queryByChaincodeRequest = client.newQueryProposalRequest();
    queryByChaincodeRequest.setArgs(new String[] {"b"});
queryByChaincodeRequest.setFcn("query");
queryByChaincodeRequest.setChaincodeID(chaincodeID);
    Map<String, byte[]> tm2 = new HashMap<>();
tm2.put("HyperLedgerFabric", "QueryByChaincodeRequest:JavaSDK".getBytes(UTF_8));
    tm2.put("method", "QueryByChaincodeRequest".getBytes(UTF_8));
queryByChaincodeRequest.setTransientMap(tm2);
Collection < ProposalResponse > queryProposals = channel. queryByChaincode
(queryByChaincodeRequest, channel.getPeers());
```

至此，已经介绍完成 Fabric Java SDK 的使用。

## 18.3 Hyperledger Composer 开发项目

按照第 16 章、第 17 章的内容来开发 Fabric 项目流程，完全从零开始开发，就需要部署 Hyperledger Fabric 网络，需要搭建环境、部署节点等。而如果已经正常建立 Fabric 网络，就只需要编写链码，在 Hyperledger Fabric 网络中部署链码，最后使用 SDK 开发客户端应用程序，客户端应用程序可以设计为 Web 网页、APP 等。

与传统的 B/S 架构相类似，Hyperledger Fabric 网络可以类似于 B/S 架构的 S 端，客户端应用程序是 B/S 架构的 B 端，而 SDK 则负责前端和后端之间的交互通信。SDK 为执行用户链码、在网络中提交交易、监控事件等提供了途径。这意味着业务逻辑是在 SDK 基础上开发的。

本章将介绍 Hyperledger Composer 框架，对于开发区块链项目，它能完美地弥补 Hyperledger Fabric 项目中开发范例(Fabric Samples)的缺点，能让读者从整体上理解和开发区块链项目，也能迅速地部署到 Hyperledger Fabric 网络中。

一个区块链项目包含以下四项，分别为存储于账本的资产、操作资产的链码、访问链码应用程序（基于 SDK 开发）和应用相关的权限与成员（由 Fabric CA 证书颁发中心发的证书）。

正如 Hyperledger Composer 官网中说，该框架主要目标是快速开发与部署区块链应用，可以使用 Hyperledger Composer 快速开发用例并在数周内而不是数月内部署区块链解决方案，这正我们需要的。

## 18.3.1　Hyperledger Composer 框架介绍

Hyperledger Composer 是一个开放式的工具集和框架，旨在使用户更轻松地去开发区块链应用。最重要的一点，Hyperledger Composer 支持现有的 Hyperledger Fabric 区块链基础架构和 Runtime。所以，不用担心学习前面章节的内容没有用处，恰恰相反，在部署我们的商业网络时就是需要部署到 Hyperledger Fabric 运行的节点网络中。

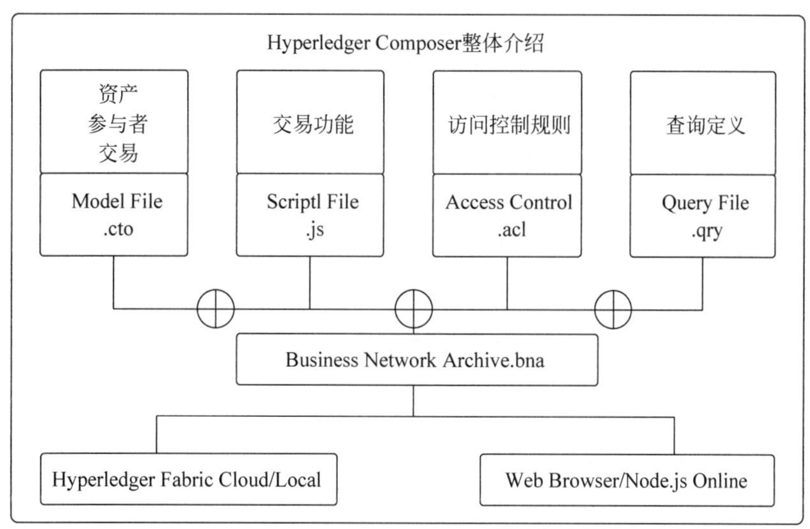


图 18.1　Hyperledger Composer 整体介绍

Hyperledger Composer 整体介绍如图 18.1 所示，整体分为三个部分。

(1) 使用 Hyperledger Composer 定义商业网络。例如，需要定义资产、合作者、交易的模型，这部分非常像设计数据库的表结构。然后定义交易的函数、权限控制规则以及查询语句。

(2) 打包步骤(1)中的定义业务网络文件，并且导出为存档文件(.bna)。该文件用来部署到 Hyperledger Fabric 网络中。

(3) 将业务网卡(网卡包含步骤(2)中导出的商业网络文件和 Hyperledger Fabric 网络的连接配置文件和凭证)部署到 Hyperledger Fabric 网络中。

## 18.3.2　Hyperledger Composer 开发区块链项目

笔者认为，没有比 Hyperledger Composer 框架更容易开发区块链项目的了，Hyperledger Composer 具有统一、简洁的教程文档，而且能够在 2～3 周内完成开发和部署区块链项目，简直是超级账本开发者的福音。

首先安装系统环境，与17.1节内容的大致相同，Node.js和git没有安装。安装环境部分不展开。可以直接参考官网安装教程，地址为https://hyperledger.github.io/composer/latest/installing/installing-prereqs.html（英文）和http://fabric.docs.cloudchain.cn/ComposerDocs/installing_development-tools(中文)。

安装开发环境，分别安装composer-cli、composer-rest-server、generator-hyperledger-composer、yo。下面分别介绍这些依赖包的作用，安装教程可以直接参考官网教程，网址为https://hyperledger.github.io/composer/latest/installing/development-tools（英文）和http://fabric.docs.cloudchain.cn/ComposerDocs/installing_development-tools/#1hyperledger-composer(中文)。

（1）composer-cli是Hyperledger Composer命令行程序，也是这几个包中最重要和最基础的。作用包括管理业务网络存档，就是18.3.1节中的Business Network Archive文件的创建和查看。另一个重要的作用就是业务网络卡的管理，即Business Network Card创建、删除、导入、导出等。

（2）composer-rest-server则是从部署的区块链生成REST API。

（3）generator-hyperledger-composer是Yeoman生成器的一个模块，用来创建与Hyperledger Composer一起使用的格式模板。

（4）yo全名为Yeoman，是一个用于Web应用程序的开源客户端脚手架工具。Yeoman在Node.js编写的命令行界面运行，并将多个功能组合到一起，例如生成启动器模板、管理依赖关系、运行单元测试、提供本地开发服务器以及优化部署的生产代码。Yeoman模块化设计非常方便，任何人都可以设计生成器来为特定类型的项目创建模板。

接着使用下载的模块去创建业务结构。这个步骤可以在Playground上实现。Playground的目的就是创建业务结构，可以对资产、参与者和交易进行建模，以及通过创建参与者和资产来测试创建的商业业务网络。所以，甚至不需要任何编辑器就可以完成这一步，只需要一个浏览器即可，网址为https://composer-playground.mybluemix.net，教程网址为https://hyperledger.github.io/composer/latest/tutorials/playground-tutorial。这里不使用浏览器完成创建业务网络，使用VSCode代码编辑器完成。定义一个存证平台的业务网络，它涉及以下方面。

（1）资产：证据信息，如电子合同、邮件。

（2）参与方：存证方、公证方、仲裁方。

（3）交易：存证方存储证据信息到公证方；仲裁方检查公证方证据信息；导出公证方数据。

（4）合约：仲裁方认定公证方存储的信息与存证方信息一致，则证据信息有效。

使用Hyperledger Composer中CTO建模语言对以上资源进行建模，这门语言的介绍在官网中也有介绍，网址为https://hyperledger.github.io/composer/latest/reference/cto_language。

接下来直接在例子中展示这种语言的用法。

使用Yeoman创建业务网络的骨架，这个命令需要输入业务网络的名字、描述、开发者姓名、开发者邮箱地址、开源证书的选择及命名空间。命令如下：

```
yo hyperledger-composer:businessnetwork
```

输入 trustforensics-network 作为业务网络的名称，开发者信息补充完整，开源证书选择 Apache 2.0。该开源证书不需要开放源码，只需要提及代码出处即可。

输入命名空间，对命名空间的解释如下：命名空间创建一个边界，名称需要在这个边界范围内保持唯一。每个.cto 文件都需要一个命名空间，这意味着.cto 模型文件中的每个名称是唯一的。如同 Java 语言中的包的声明，该实例使用 org.cpsec.forensicsnetwork 作为命名空间。

在选择是否生成空的网络时，选择否，直接生成骨架网络，只需要修改其中文件即可。

编辑代码部分使用 VSCode 编辑，在 Extension 中搜索 Hyperledger Composer 插件安装，这能识别 CTO 建模语言，更方便开发。

完成后可以看到 trustforensics-network 的文件夹，进入到该文件夹里可以看到文件目录如下，lib 文件夹中的 logic.js 为交易逻辑代码。而 model 文件夹的.cto 文件则定义业务网络中的域模型，包含资产、交易、参与者等信息。

(1) 打开 org.cpsec.forensicsnetwork.cto 文件，创建模资产信息，如证据信息，但是证据信息包含各种证据文件，接着创建模文件资产，而文件资产则主要存储实体文件经过哈希后的信息，代码清单如下：

```
namespace org.cpsec.forensicsnetwork
asset Evidence identified by evidenceId {
  o String evidenceId
  o DateTime createDate
  o Address Address
  o String description
  --> File [] files
  --> Person person
  o EvidenceStatus status
}
asset File identified by fileHash {
  o String fileHash
  o String name
  o String url
  o String size
  o String type
}
```

asset 字段代表资产，o 则代表属性，String 为数据类型，原始类型有 6 种，分别是 String、Double、Integer、Long、DateTime、Boolean。asset 和 participant 都需要有唯一识别的标识，标识为模型中的一个属性，由关键字 identified 定义。-->表示引用另一个模型对象。

我们建模存证方、公证方、仲裁方参与者信息，这三个参与者定义为公司组织的模型。代码清单如下：

```
participant Company identified by companyId {
  o String companyId
  o String companyName
  o Address companyAddress
  --> Person [] persons
}
participant Person identified by cellphone{
  o String name
  o String cellphone
  o String email
}
participant DepositaryParty extends Company {
  o String description optional
}
participant NotaryParty extends Company {
  o String description optional
}
participant Arbitrator extends Company {
  o String description optional
}
```

最后,我们建模交易模型,分别是存储存证信息、读取存证信息、仲裁取证信息这三个交易,代码清单如下:

```
transaction EvidenceReceived{
    o Evidence evidence
}
Transaction EvidenceReading{
    --> Evidence evidence
}
transaction Forensics {
  o NotaryParty notaryParty
  o Arbitrator arbitrator
  --> Evidence evidence
}
```

使用关键词 transaction 建模交易,这时,资产、参与方、交易的建模已经完成。接着,我们需要编辑事务逻辑代码来处理区块链的更新。

(2) 交易处理功能定义在脚本文件中,编程语言为 JavaScript,目的是实现建模的交易模型。交易处理功能触发的时机是当使用 BusinessNetworkConnection API 提交交易时,在 Runtime 中自动执行。而注释中的注解也是会被程序在 Runtime 中作为元数据使用。这样,就可以直接使用注解与 CTO 文件中的资源关联。接下来介绍交易处理功能的结构,代码清单如下:

```
/**
  * A evidence has been received by an importer
```

```
    * @param {org.cpsec.forensicsnetwork.EvidenceReceived} evidenceReceived
    * @transaction
    */
async function storeEvidence(evidenceReceived){
  //To do something.
      }
```

注释内的第一行表示交易功能的描述，第二行则必须使用@param 标签定义输入参数，大括号{}里面标记的是触发交易处理器函数的交易资源名称，使用业务网络命名空间加上交易资源名称来定义。接着是一个自定义的参数名，该参数名必须被交易处理功能函数引用。第三行必须包含@transaction 标签，该标签将接下来的功能函数识别为交易处理功能，这样就与普通函数区别开了。如果需要编码交易处理功能，就必须遵循以上三项规则。

打开 lib/logic.js 文件，定义以下两个事务。

- 存储存证信息事务，代码清单如下：

```
/**
    * A evidence has been received by an importer
    * @param {org.cpsec.forensicsnetwork.EvidenceReceived} evidenceReceived
    * @transaction
    */
async function storeEvidence(evidenceReceived){
          const NS = 'org.cpsec.forensicsnetwork';
          let evidence = evidenceReceived.evidence;
          let notary = evidenceReceived.notary;
          //set the status of the evidence
          evidence.status = 'STORED';
          //set Notary Party
          evidence.storeCompany = notary;
          let evidenceResistry = await getAssetRegistry(NS+".Evidence");
          evidenceResistry.update(evidence);
  }
```

存储存证信息事务主要由公证方机构认证，所以需要在证据信息中设置公证方信息，并把证据信息的状态设置为 STORED，最后更新证据信息。

更新证据信息使用的是 Runtime API 中的 getAssetRegistry 方法。该方法主要获取现有的资产注册表。想要了解更多的 API 中的方法，官网地址为 https://hyperledger.github.io/composer/latest/api/runtime-api。

- 仲裁方对公证方证据进行仲裁。代码清单如下：

```
/**
  * Arbitration Forensics.
  * @param {org.cpsec.forensicsnetwork.Forensics} forensics
  * @transaction
  */
```

```
async function forensics(forensics){
        const NS = 'org.cpsec.forensicsnetwork';
        let evidence = forensics.evidence;
        let notaryParty = forensics.notaryParty;
        let arbitrator = forensics.arbitrator;
        evidence.arbitrator = arbitrator;
        //if arbitrator check evidence store in the notary party is true,
        // then set evidence status is VALID.
        if(evidence.storeCompany.companyName
              == notaryParty.companyName){
            evidence.status = "VALID"
        }else{
            evidence.status = "INVALID"
        }
        let evidenceRegistry = await getAssetRegistry(NS+".Evidence");
        evidenceRegistry.update(evidence);
}
```

仲裁事务则要对公证数据进行校验，程序只检验公证方和输入的公证数据，而在现实中应该先获取公证方信息，如果确认信息无误则设置证据信息的状态，以及将仲裁方的信息也设置到证据信息。

(3) 设置访问控制权限规则，目的在于对业务网络域模型中声明的元素提供访问控制。域模型则是我们在前面定义的资源，通过定义 ACL 规则，可以确定允许哪些用户或者角色在业务网络的域模型中创建、读取、更新或者删除元素。

打开 trustforensics-network 文件夹中的 permissions.acl 文件，定义三个参与者都可以读取证据信息，只有存证方能够创建证据信息，公证方和仲裁方能更新证据信息。

代码清单如下：

```
rule CeateEvidenceRule {
    description: "Allow Depositary Party To Create Evidence"
    participant: "org.cpsec.forensicsnetwork.DepositaryParty"
    operation: READ, CREATE
    resource: "org.cpsec.forensicsnetwork.Evidence"
    action: ALLOW
}
rule ReadAllResource {
    description: "Allow All participant read resource"
    participant: "ANY"
    operation: READ
    resource: "org.cpsec.forensicsnetwork.*"
    action: ALLOW
}
rule UpdateEvidenceRule {
    description: "Allow NotaryParty, Arbitrator update Evidence"
    participant: "org.cpsec.forensicsnetwork.NotaryParty"
    operation: UPDATE
```

```
        resource: "org.cpsec.forensicsnetwork.Evidence"
        action: ALLOW
    }
    rule UpdateEvidenceByArbitrator {
        description: "Allow NotaryParty, Arbitrator update Evidence"
        participant: "org.cpsec.forensicsnetwork.Arbitrator"
        operation: UPDATE
        resource: "org.cpsec.forensicsnetwork.Evidence"
        action: ALLOW
    }
    rule SystemACL {
       description: "System ACL to permit all access"
       participant: "ANY"
       operation: ALL
       resource: "org.hyperledger.composer.system.**"
       action: ALLOW
    }
```

至此，我们完成了业务网络的设计。

### 18.3.3　Composer 部署区块链项目

将业务网络设计完成后，需要部署区块链网络。部署区块链网络结构分为以下 4 个步骤。

**1. 打包生成业务网络存档文件**

使用 composer archive create 命令即可根据目录内容创建业务网络存档。如果需要创建当前目录内容作为网络存档，创建命令如下：

```
composer archive create -t dir -n
```

composer archive create 参数说明如表 18.3 所示。

**表 18.3　composer archive create 参数说明**

| 参数标识 | 参数说明 | 是否必须 |
|---|---|---|
| -v,--version | 展示 archive create 工具的版本号 | 否 |
| -a,--archiveFile | 业务网络存档文件名称，默认是基于业务网络的标识符 | 否 |
| -t,--sourceType | 声明用于创建存档的文件的输入类型，只有两种类型可选：module\|dir | 是 |
| -n,--sourceName | 用于创建存档的文件目录或者 npm 的模块目录名 | 是 |

如果使用编程语言创建，安装 composer-cli 模块，则可以使用如下代码：

```
const ArchiveCreate = require('composer-cli').Archive.Create;
    let options = {
            sourceType: 'dir',
```

```
        sourceName: '.',
        archiveFile: 'dist/digitalproperty-network.bna'
    };
ArchiveCreate.handler(options);
```

参数和表 18.2 的一样，都是可以自定义的。

**2. 创建 composerchannel 通道文件**

在 fabric-tools 镜像中创建 composerchannel 通道，并将 Peer 加入到 composerchannel 中。

**3. 生成业务网卡**

业务网卡主要用于获取权限，并在节点安装链码以及在 composerchannel 通道中实例化链码，所以需要节点的管理员身份，管理员身份标识则需要组织中的管理员私钥和证书。另外，需要创建一个 connection.json 文件，该文件定义 Hyperledger Fabric 的网络链接信息、包括客户端、组织、CA 证书中心、排序节点和 Peer 节点等信息。

（1）定义 connection.json 网络连接信息、管理员的私钥和证书。

```
PRIVATE_KEY =../crypto-config/peerOrganizations/org1.example.com/users/Admin@org1.example.com/msp/keystore/**_sk
CERT =../crypto-config/peerOrganizations/org1.example.com/users/Admin@org1.example.com/msp/signcerts/**.pem
```

（2）使用 composer card create 命令创建业务网卡。

```
composer card create -p connection.json -u PeerAdmin -c "${CERT}" -k "${PRIVATE_KEY}" -r PeerAdmin -r ChannelAdmin -f PeerAdmin@hlfv1.card
```

（3）使用 composer card import 命令导入到本地 wallet 中。

```
composer card import --file PeerAdmin@hlfv1.card
```

**4. 安装业务网卡**

使用 composer network install 命令安装业务网卡到存档中，命令如下：

```
composer network install --card PeerAdmin@hlfv1 --archiveFile trustforensics-network@0.0.1.bna
```

**5. 启动业务网络**

使用 composer network start 命令启动网络，命令如下：

```
composer network start --networkName trustforensics-network --networkVersion 0.0.1 --networkAdmin admin --networkAdminEnrollSecret adminpw --card PeerAdmin@hlfv1 --file networkadmin.card
```

其中的 admin 和 adminpw 是 Fabric CA 容器运行时设置的，如果修改了其他的用户和密码，则必须设置为一致。这个命令实际上是在 composerchannel 中安装和实例化了名为 trustforensics-network 的链码程序。

**6. 检查业务网络是否部署成功**

要使用 composer network ping 命令，必须导入网络管理员业务网卡才能使用，继续使用 composer card import 命令导入启动业务网络生成的业务网卡。命令如下：

```
composer card import --file networkadmin.card
```

执行成功后可以使用 composer network ping 命令检测业务网络是否部署成功。命令如下：

```
composer network ping --card admin@trustforensics-network
```

执行成功后即表示业务网络部署成功。

**7. 根据业务网络生成定制的 REST API**

导航到 trustforensics-network 目录，命令如下：

```
composer-rest-server
```

输入 admin@trustforensics-network 作为业务网卡名称，选择不使用命名空间生成 API，只选择使能事件发布，其他选择否即可。

## 18.4 本章小结

本章主要介绍了链码的开发以及 Hyperledger Fabric Client SDK 的使用，最后使用 Hyperledger Composer 开发一个区块链项目，读者能从整体上了解如何开发一个区块链项目。

## 13.4 本章小结

# 第3篇

# 进　阶　篇

# 第19章

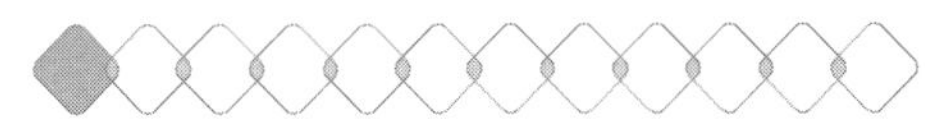

# 区块链现存问题

区块链技术在金融业、保险业、物联网、信息共享、版权保护、物流链、供应链等多个领域具有非常好的应用前景。但是，截至目前，仍然缺少实际的落地应用，区块链技术并没有被广泛地应用，说明区块链技术本身仍然是存在一定的问题。本章，我们将剖析现阶段区块链技术实际存在缺陷，为读者指出未来区块链技术的研究方向。

## 19.1 区块链技术局限性

### 19.1.1 数据冗余

在一个完全去中心化的区块链系统中，用户如果想要验证交易的合法性，同时保证数据的可信、完整、未篡改的特性，用户就需要下载全部的账本。随着时间的推移，区块链的数据量呈线性递增，这对存储资源来说也是一种浪费。

以比特币为例，每10分钟产生一个区块，区块大小为1MB，每年的区块增长速度为24×60/10×365=51.3GB，10年后，大概需要5TB空间。EOS理论上可以达到百万太字节，按照一个交易数据100字节计算，1天的区块数据量为1000000×100×60×60×24=7.8TB，一年的区块数据量为7.8×365=2868TB，到2023年大约需要14340TB的存储空间。另外，还需要包括智能合约代码以及用户上传的图片、视频等。普通的个人用户是无法承担如此巨大的存储空间的。

虽然，上述算法数据都是在网络满负荷状态下得到的，实际上目前并没有如此高的交易量。但是，如果将来投入到实际的生产环境中去，现阶段的区块链系统即使满负荷状态也满足不了现有业务场景吞吐率的需求。

### 19.1.2 系统安全

区块链的本质是一个去中心化的数据库。与传统的应用系统不同，在运行的过程中，区块链会将数据信息采用分布式的方式记录，并且通过共识机制由所有的参与者共同记录。

整个区块链平台具有开放性的特点，特别是公有链中，任意节点均可自由加入区块链网络，任意节点都可以选择存储整个账本数据。区块链这种开放性的特点也就决定了其安全问题有别于传统技术。

### 19.1.3 共识算法

就目前研究情况来看，并不存在一种完美的共识算法适用于任意场景，每一种共识算法均有自己的优缺点，适用于不同的应用场景，我们只能根据实际应用情况来取舍。例如，在最早的区块链平台中，比特币和以太坊都采用 PoW 共识算法。PoW 共识机制是目前唯一经过严格的数学理论证明，被证明是安全的共识机制，但其缺点也是显然易见的，达成共识的速度慢、计算资源浪费严重。BitShare 和 EOS 等所采用的 DPoS 共识机制，虽然提高了效率，并解决了资源浪费的问题，但是牺牲了去中心化的特性，存在 21 个超级节点，并且共识的安全严重地依赖于 Token 代币。

由于目前设计完美的共识机制几乎不太可能实现，所以大多数项目在开发区块链平台时，均会考虑设计可插拔共识机制，用户在实际部署应用时，可以根据不同的应用场景，切入到合适的共识机制。

### 19.1.4 可扩展性

区块链可扩展性的问题主要包括两个方面：交易效率和区块链分叉与升级。

在前面章节部分，已经了解到比特币区块链每秒只能处理 7 笔交易，每笔交易需要将近一小时的确认时间。相较于比特币，以太坊的处理速度得到了不小的改善，每秒可以处理二十多笔交易，每笔交易一般推荐 15～30 个区块的确认，大约时间为 4～8 分钟。现有系统中，像支付宝交易的处理峰值可达每秒几十万，如果投入正式的应用环境中去，区块链现有的处理速度实在难以让人满意。

区块链的分叉，尤其是硬分叉也是一个目前难以解决的问题。最典型的例子，如 The DAO 事件所造成的 ETH 与 ETC 的硬分叉，虽然为用户挽回了智能合约安全问题所造成的损失，但是仍然有很大一部分人质疑，认为这违背了区块链去中心化的特性。再如 BTC 与 BCH、BCH 与 BSV 所引起的硬分叉，都造成了社区的分裂，这不仅是技术层面的分歧，更多的也是因为各方利益使然。

## 19.2 共识算法问题

### 19.2.1 挖矿算法问题

这里的“挖矿算法”，特指工作量证明算法 PoW。在区块链技术发展早期，大多数项目均受比特币的影响，选取 PoW 作为共识算法。系统的每个节点为整个系统的稳定运行贡献算力，通过一个竞争机制，让计算工作完成最出色的节点得到记账权并获取代币奖励。

在当时的条件下，PoW 的优势是显而易见的——安全且完全的去中心化，每个节点都可以自由出入。PoW 算法简单，容易实现达到破坏系统要付出非常大代价的目的，只要联合作恶节点的算法之和不超过全网算力的51%，系统就安全，网络的交易状态就能最终达到一致。

但是，PoW 的缺点也同样是非常明显的，达成共识的效率太慢。在每一个区块周期内，除了该周期内出块节点所付出的劳动得到了回报外，其余的节点均做了无用功，浪费了巨大的计算资源，并没有什么实际的成果。并且随着技术的发展，矿池的出现使得比特币也不再完全去中心化。

### 19.2.2　其他共识问题

在本章的开头，已经介绍过没有一种完美的共识机制可以适用于做任意应用场景，并且还能保证安全和效率，所以在进行设计区块链系统时，只能根据不同的应用需求来选择合适的共识机制。目前，较流行的共识机制除 PoW 外，还有 PoS、DPoS、PBFT、Ripple、DAG 类区块链的 IOTA、Byteball 共识等，这几种共识主要的优缺点对比如表 19.1 所示。

**表 19.1　共识机制对比**

| 共识机制 | 是否挖矿 | 需要代币 | 安全性 | 资源消耗 | 去中心化程序 | 交易确认时间 | 可承载交易量 | 典型项目 | 适用场景 |
|---|---|---|---|---|---|---|---|---|---|
| Byteball | 否 | 是 | 高 | 小 | 不完全 | 长 | 多 | Byteball | DAG 区块链 |
| IOTA | 否 | 是 | 高 | 小 | 完全 | 长 | 多 | IOTA | DAG 区块链 |
| Pool 验证池 | 否 | 否 | 高 | 小 | 不完全 | 实时 | 多 | 私有链 | 私有链 |
| Ripple | 否 | 是 | 高 | 小 | 不完全 | 实时 | 多 | Ripple 网络 | 公有链 |
| Paxos | 否 | 否 | 高 | 小 | 不完全 | 实时 | 多 | 暂无 | 联盟链 |
| PBFT | 否 | 否 | 高 | 小 | 不完全 | 实时 | 多 | Hyperledger Fabric | 联盟链 |
| DPoS | 否 | 是 | 高 | 小 | 不完全 | 秒级 | 多 | BitShare、EOS 等 | 公有链 |
| PoS | 是 | 是 | 高 | 一般 | 完全 | 短 | 少 | 点点币、未来币等 | 公有链 |
| PoW | 是 | 是 | 高 | 大 | 完全 | 长 | 少 | 比特币、莱特币等 | 公有链 |

## 19.3　可扩展性问题

### 19.3.1　交易性能

区块链交易效率的问题主要表现在交易吞吐率、交易确认时间以及交易存储等几个方面。以 VISA 为例，VISA 是目前世界上广泛使用的信用卡品牌，区块链要达到实用水平，性能上至少需要能跟 VISA 之类的支付系统做比较。根据 VISA 在 2015 年的记录，全年共产生 92064 百万笔支付交易，平均 2920TPS，按平均每笔交易 512 字节左右计算，全年交易数据量约 47TB。这一系列数据，对于现阶段的区块链技术来说，显然都难以满足。

可扩展性是传统分布式系统的基本特性，但区块链由于去中心化的要求，可扩展性却难以满足。业界总结了一个三元悖论描述去中心化与可扩展性之间的矛盾，尚未被严格证明，只能被称为猜想，但实际系统设计过程中却能感觉到时时受其挑战：去中心化(Decentralization)、安全性(Security)和可扩展性(Scalability)这三个属性，区块链系统无法同时满足，最多只能三选其二。分布式系统不可能三角，如图19.1所示。

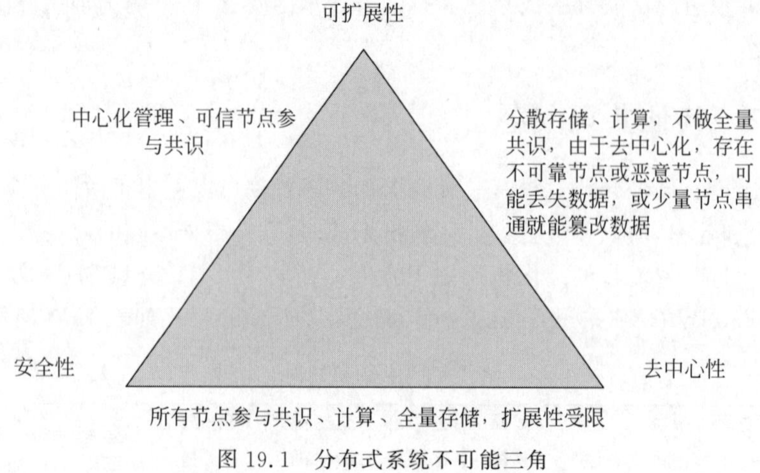


图19.1 分布式系统不可能三角

目前来说，解决区块链交易性能的方案主要有以下几种。

**1. 共识机制改进**

从PoW到PoS再到DPoS和各种BFT类算法，共识机制不断创新，区块链平台性能也得到大幅提升。

**2. 交易通道**

交易通道的主要思路是保持底层的区块链协议不变，将交易放到链下执行，通过改变协议用法的方式来解决扩展性问题。链下的部分可以用传统的中心化的分布式系统实现，性能具有可扩展性，比较典型的方案如闪电网络。

**3. 分片处理**

以太坊项目正在研发中的分片(shard)方案的总体思路是每个节点只处理一部分交易，比如一部分账户发起的交易，从而减轻节点的计算和存储负担。

**4. 多链架构**

主要思路是将原本的一条链分成多条链，每条链都负责部分计算和存储业务，并且有可扩展性，即链的数量可以随着业务量和数据的增加而增加，系统的总体性能随着链的数量的增加而提升，系统的存储空间也能随着链的数量的增加而扩大。

## 19.3.2 分叉与升级

区块链分叉一般是由于进行版本升级时社区产生分歧所造成的，因为没有中心化的机构，所以在区块链每次进行升级时都需要社区所有成员达成共识，否则就会产生分叉。分叉一般分硬分叉和软分叉。

**1. 硬分叉**

硬分叉是指当代码发生改变后，旧节点拒绝接收由新节点创造的区块。不符合原规则的区块将被忽略，矿工会按照原规则，在他们最后验证的区块之后创建新的区块。

**2. 软分叉**

软分叉是指旧的节点并不会意识到比特币代码发生改变，并继续接收由新节点创造的区块。矿工们可能会在他们完全没有理解，或者验证过的区块上进行工作。

简单来说，硬分叉和软分叉都向后兼容，二者的区别是硬分叉不向前兼容，而软分叉向前兼容。"向后兼容"指的是新软件接收由旧软件产生的数据，举一个最简单的例子，Windows 10 可以运行 Windows XP 的软件。"向前兼容"就是指旧软件接收由新软件产生的数据，如用 Word 2013 保存的兼容版本文档可以由 Word 2010 打开。

关于区块链分叉问题，比较著名的事件如 BTC 与 BCH 的分叉，就是非常典型的软分叉与硬分叉实例。BTC 与 BCH 采用了两种不同的扩容方案以提升比特币网络的吞吐率。

比特币社区采用的是一种较为缓和的方案，即隔离见证。其主要的思路为缓慢过渡，在不改变区块结构及参数的前提下，将签名信息放在块外存储，将升级的代码先写入新版本的比特币核心客户端中，等到有一定比例矿工选择升级客户端，有全网大部分算力支持的情况时，隔离见证方案正式激活。该方案严格遵循区块链去中心化的思想。需要注意的是，由于区块的结构和参数均没有改变，无论新节点还是旧节点，所生产出来的区块均为合法区块，双方都相互接收。所以，这种方案是一种软分叉。

BCH 则认为隔离见证只是一定程度上缓解了网络拥塞问题，并没有从根本上解决问题。并且，隔离见证将签名信息挂在区块挖矿交易输入的位置上这种做法，不论从代码编写层面，还是从逻辑上都略显畸形，不利于系统未来改造。BCH 所提出的方案则是直接修改区块的参数，将区块大小 1MB 的限制修改为 4MB。显然，在这种情况下，旧节点生产的 1MB 的区块在 BCH 中为合法区块，而 BCH 生产的 4MB 区块，在旧节点看来是不合法数据，这就不满足向前兼容。所以，BCH 的扩容方案属于硬分叉。

## 19.4 本章小结

前面我们介绍了区块链技术相对传统技术具备多种优势，但截至目前，并没有落地应用，显然区块链技术依然存在许多问题需要去突破。本章对区块链技术现存的问题进行了介绍，主要分为三个方面，区块链技术的局限性、共识算法现存问题以及系统的可扩展性问题。

## 参考文献

[1] Michael Nofer, Peter Gomber, Oliver Hinz. Blockchain[J]. Business & Information Systems Engineering, 2017.

[2] Zibin Zheng, Shaoan Xie, Hong-Ning Dai. Blockchain Challenges and Opportunities: A Survey[J]. Web and Grid Services, 2017.

[3] Zibin Zheng , Shaoan Xie. An Overview of Blockchain Technology: Architecture, Consensus, and Future Trends[J]. 2017 IEEE International Congress on Big Data (BigData Congress), 2017.

[4] Rafael Pass. Analysis of the Blockchain Protocol in Asynchronous Networks[C]. Annual International Conference on the Theory and Applications of Cryptographic Techniques ,2017.

# 第20章

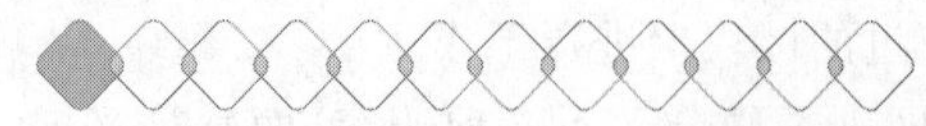

# 区块链安全问题

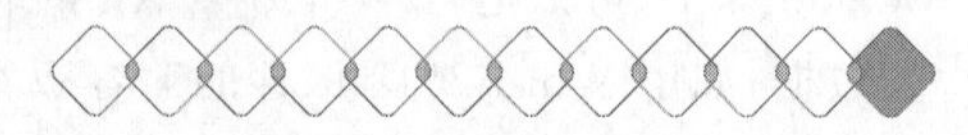

根据成都链安科技有限公司发布的与区块链安全有关的数据显示，自 2011 年到 2019 年，全球范围内因为区块链安全问题造成的损失达 80 多亿美元。可以很明显地看到，随着区块链的概念不断普及，损失的额度也是呈指数型增长，区块链的安全问题日益突出。在本章中，我们将从数据层、网络层、共识层、应用层和隐私保护五个方面介绍区块链在每一层次结构中现存的安全问题。而作为区块链安全问题的重灾区，智能合约的安全问题将在第 21 章中作为单独的一章进行讲解。

## 20.1 区块链安全属性

相对于传统单点中心化服务的模式，区块链去中心化的特性在安全层面上已经是一种非常大的进步。在传统信息安全领域中，安全包括三个基本要素，分别是保密性(Confidentiality)、完整性(Integrit)和可用性(Availability)。本节将从这三个方面入手，分析区块链自身所带的安全特性。

### 20.1.1 保密性

保密性是指要求保护数据内容不被泄露给非授权的个人、实体或流程，即杜绝有用信息泄露给非授权个人或实体，强调有用信息只被授权对象使用的特征。常用的保密技术如下。

1) 物理保密

利用各种物理方法，如限制、隔离、掩蔽、控制等措施，保护信息不被泄露。

2) 防窃听

使对手侦收不到有用的信息。

3) 防辐射

防止有用信息以各种途径辐射出去。

4）信息加密

在密钥的控制下，用加密算法对信息进行加密处理。即使对手得到了加密后的信息，也会因为没有密钥而无法读懂有效信息。

## 20.1.2　完整性

完整性原则指用户、进程或者硬件组件具有验证所发送或传送的内容的准确性的能力，并且进程或硬件组件不会被任何方式改变。

完整性的目的是通过阻止威胁或探测威胁，保护可能遭到不同方式危害的数据的完整性和数据相关属性的完整性。许多开放系统应用都依赖于数据完整性的安全需求。这类需求可以提供包括用于其他安全服务（如认证、访问控制、机密性、审计和不可否认性）中的数据完整性保护。这里所阐述的完整性是以一个数据值的恒定特性来定义的，数据值恒定性的概念包括了数据值被认为等效的不同表达式的所有情况。

完整性服务的目标是保护数据免受未授权的修改，包括数据的未授权创建和删除。通过如下行为，完成完整性服务。

（1）屏蔽：从数据生成受完整性保护的数据。

（2）证实：对受完整性保护的数据进行检查，以检测完整性故障。

（3）去屏蔽：从受完整性保护的数据中重新生成数据。

这些行为不一定使用密码技术。当使用密码技术时，就不必对数据进行变换。例如，屏蔽操作可以通过对数据添加封印或者数字签名完成。在这种情况下，在成功证实之后，去屏蔽通过拆去密封或数字签名实现。

对于区块链来说，完整性（或者说不可篡改的特性）恰恰是区块链的一大优点。交易的签名信息保证了每条交易都受到密码学技术的保护，链式结构和时间戳保证了账本的完整、不可篡改的特性。这样的数据结构保证了区块链数据的完整性。

## 20.1.3　可用性

可用性原则通常是指在某个考察时期内系统正常运行的效率。可用性受到系统错误、基础设施问题、恶意攻击和系统负载等因素影响，通常以正常运行时间的百分比来衡量。同时，如何在合理的时间内响应用户的请求也是可用性的一个重要方面。

在区块链系统中，由于有多个节点、多个备份的账本，从正常运行时间百分比的角度来说，可用性是增强的。以比特币为例，从2009年1月比特币网络正式启动至今，已经有10多年的光阴，这期间只出现了有限次的不安全事件，几乎一直处于稳定运行状态。但同样是由于这种分布式多备份的特性，数据同步和共识机制的存在，使得区块链在性能方面与传统中心化的系统相比还有很大差距。从这一角度上讲，区块链在可用性的方面，相较于保密性和完整性，仍然还有很大的改进空间。

## 20.2 数据层安全

### 20.2.1 数据存储安全

在传统信息安全中，数据存储安全的目标包含多个方面，如保护机密数据、确保数据完整性、防止数据破坏或丢失等。通常来说，这些工作都是由提供服务的中心化机构来完成。对应到区块链技术来说，区块链的账本具有分布式存储且不可篡改的特性，所以区块链上的数据天然具有存储安全的特性，而保护机密数据则需要区块链隐私保护技术来实现，这一点我们将在后面章节进行讲解。

在传统信息安全中，实现数据安全的方式有很多种，如访问控制、增加安全硬件防护等。而区块链是一种开放、去中心化的技术，数据安全完全依赖于密码学技术，例如比特币中交易和区块实体都涉及非对称加密算法、数字签名和哈希算法等多种密码学组件。为满足更高的隐私保护需求，还要引入环签名、零知识证明、多方安全计算等隐私保护技术。区块链本身开放式的技术特点也决定了其数据安全会面临与传统信息安全不同的风险。

综上所述，区块链数据层的安全主要包括两个方面，密码学算法本身的安全风险和区块链数据内容的安全风险。

**1. 密码算法安全风险**

信息安全理论中，密码算法分为信息论安全和计算安全。信息论安全是无条件安全、绝对安全，但为了考虑实用性，我们所使用的密码均为计算安全，即基于一个困难的数学假设，在现有的计算能力下是解不开这个数学难题的。例如，现在区块链技术中常用到的椭圆曲线算法，就是基于离散对数问题，这种算法目前来看是安全的。但是，从现代密码学发展的历史来看，MD5、DES等早期常用的算法均被证明了存在安全漏洞，早年常用的SHA-1算法也于2005年2月被王小云、殷益群及于红波等人证明安全性不足，SHA-2算法与SHA-1类似，虽然未出现有效攻击，但安全性也被严重质疑。随着量子计算的飞速发展，现在被认为是安全的算法，未来也未必是无懈可击。目前针对加密算法进行攻击的方式主要有穷举攻击、碰撞攻击、长度扩展攻击、后门攻击、量子攻击等。量子计算对一般密码算法的影响如表20.1所示。

**表20.1 量子计算对一般密码算法的影响**

| 密码算法 | 类型 | 功能 | 安全性影响 |
| --- | --- | --- | --- |
| AES | 对称密码 | 加密 | 攻击难度减半 |
| SHA-2、SHA-3 | 哈希算法 | 哈希函数 | 攻击难度减半 |
| RSA | 公钥算法 | 加密 | 攻破 |
| ECDSA、ECDH | 公钥算法 | 签名，密钥交换 | 攻破 |
| DSA | 公钥算法 | 签名，密钥交换 | 攻破 |

**2. 链上内容安全风险**

区块链技术本身具有开放、不可篡改的特点，特别是公有链，任何人都可以接入区块链网络。不可篡改是区块链的优点，但写入区块链的信息很难删除，就会让不法分子利用，将某些有害的信息、病毒特征码、淫秽信息等写入区块中，影响区块链的生态环境。另一方面，大量的垃圾交易数据攻击会阻塞区块链，使有效的交易和信息迟迟地无法被处理。

### 20.2.2　密钥存储安全

作为区块链最显著的特点，在没有中心化机构的环境下实现价值转移这一点一直备受推崇，所以区块链最早、最广泛的应用领域为金融行业。正是因为这一点，区块链的应用中，往往会涉及数字资产交易，这直接关系到用户的利益，也成为贪心攻击者的攻击目标。即使现代密码学技术现阶段是安全的，也是建立在密钥安全的基础上。然而，现有区块链技术普遍缺乏有效的密钥管理技术。以比特币为例，每年因使用、存储不当导致的密钥丢失都会给用户带来巨大的利益损失。特别是在公有链中，在没有中心节点参与的情况下，为密钥管理方案的设计带来了巨大的难度。一旦密钥丢失，用户将承受不可逆转的经济损失。所以，区块链技术亟须成熟的密钥管理机制。

目前，区块链技术中主流的密钥管理方法包括本地存储、离线存储、托管存储和门限钱包。

**1. 本地存储**

指将密钥直接或者加密存放在本地存储介质上，这种方法最不安全，很容易被恶意读取和使用，本地设备损坏时也没有办法恢复。

**2. 离线存储**

指将密钥存储在不连网的离线设备中，完全与互联网隔离，如现在常见的硬件钱包，这种方案最大的问题是携带和使用都不方便，而且有些离线存储方案在使用时仍需要接入互联网，无法完全避免恶意软件的入侵。

**3. 托管存储**

指区块链还可以使用第三方提供的托管服务管理密钥，但这显然违反了区块链去中心化的本意，密钥的安全与否完全取决于第三方机构的可信程度。

**4. 门限钱包**

指使用门限加密技术将密钥分散存储在多个设备中，使用设备时需要多方参与，如常见的$(t,n)$门限密码算法，$n$个参与者中至少有$t$方参与才可以恢复密钥，即使小于最大$t-1$个被攻破，攻击者也无法恢复出原始密钥。

## 20.3　网络层安全

区块链中的网络节点，可能是云服务器，也可能是个人计算机，安全性必然参差不齐，对安全性较差的节点发起网络攻击，必然会造成严重的后果。针对区块链分布式网络的安全风险，主要分为DDoS攻击、女巫攻击和日蚀攻击等。

### 20.3.1 DDoS 攻击

由于目前区块链系统的处理能力有限，攻击者很容易向某个节点发送垃圾交易，通过较大流量致使该节点瘫痪。除此之外，攻击者也可以利用节点客户端的漏洞发起攻击，使其无法提供服务。程度较轻的情况下，只攻击一个节点，使某个节点的用户无法使用区块链服务。程度严重的话，使网络中部分节点瘫痪，这就意味着全网的安全性直接降低，例如在比特币网络，这就意味着总体算力的下降，网络会更容易遭受 51% 攻击。而且，目前发起 DDoS 攻击的成本非常低，大量的攻击工具可以很轻易地黑市上购买。

### 20.3.2 女巫攻击

女巫攻击(Sybil Attack)是 2002 年由 John R. Douceur 在 *The Sybil Attack* 一文中提出的，它是作用于对等(Peer-to-Peer，P2P)网络中的一种攻击形式，攻击者利用单个节点来伪造多个身份存在于 P2P 网络中，从而达到削弱网络的冗余性，降低网络健壮性，监视或干扰网络正常活动等目的。

目前，对抗女巫攻击的目标主要是防止身份伪造，由于公有链和联盟链的网络结构不同，抗女巫攻击的方式一般也分为两种。

**1. 公有链**

主要做法是设计共识机制时，不依赖于节点的数量。常用的共识机制(如 PoW)采用算力证明节点的身份不是伪造的，算力大的具有主导权；PoS 采用代币也就是股权证明节点的身份不是伪造的，股权大的具有主导权；DPoS 中也是采用代币投票，而不是一机一票。

**2. 联盟链**

主要采用的共识机制都为一机一票形式的，如 PBFT。联盟链的做法一般多引入身份认证的机制。联盟链里的身份认证机制一般分为两种，基于第三方的身份认证和纯分布式的身份认证。二者的区别是，基于第三方的身份认证需要有一个可信机构管理身份认证，纯分布式的身份认证则需要全网大多数节点认证才可以加入网络。

### 20.3.3 日蚀攻击

日蚀攻击(Eclipse Attack)就是攻击者利用节点间的拓扑关系实现网络隔离的一种典型攻击方式。其基本思想是攻击者通过网络拓扑控制目标节点的数据传入传出节点，限制目标节点与外界的数据交互，甚至将目标节点与区块链主网络隔离，使目标节点仅能接收到攻击者传输的消息，导致目标节点保存的区块链视图与主网区块链视图不一致，破坏局部的一致性。

日蚀攻击最早是一种针对比特币网络的攻击。每个比特币网络的节点最多可以允许 117 个网络节点接入(输入连接)，同时可以默认向 8 个其他节点发起连接(输出连接)。日蚀攻击的目标就是建立足够多的节点，让某个节点的输入连接和输出连接都是恶意节点，使得这个节点只可以和恶意节点通信，之后再发起攻击。这种攻击行为最常见的是攻击交易所的节点服务器。

除比特币网络外，也有研究人员在 2018 年 1 月 9 日向以太坊透露了他们的攻击方法，为此，以太坊开发者发布了一个补丁 Geth v1.8.1 来修复这个漏洞。

## 20.4 共识层安全

共识机制是区块链中各分布式节点能够协同运作的核心，但是现在没有一种完美的共识机制可以适用于所有的应用场景。通常来说，一般都是根据区块链平台的应用环境、网络拓扑选择适合的共识机制。每一种共识机制都有自己的漏洞，在本节我们列出几种常见针对共识算法的攻击。

**1. 51%攻击**

51%攻击主要针对 PoW 共识算法，PoW 中如果攻击者控制了全网 51%的算力，那么就会很轻易地从某个历史区块开始，生成一条高度大于现有主链的链，这样就达到了篡改账本的目的。虽然达到全网 51%的算力是一件非常困难的事，但也并非不可能，如 2019 年 1 月份，以太经典(ETC)就受到了 51%攻击。

**2. 币龄累积攻击**

币龄累积攻击主要针对 PoS 共识算法。早期 PeerCoin 的 PoS 共识算法中，记账权不仅与币的数量有关，也与持币时间有关。部分币数量比较多的节点，又等待足够的时间后，就有能力轻易争取到记账权。

**3. 自私挖矿**

自私挖矿的概念最早由 Eyal 在 2014 年的论文 *Majority Is Not Enough：Bitcoin Mining Is Vulnerable* 中提出。正常的状态下，矿工挖到某个区块就立刻进行全网广播获取奖励，而在自私挖矿中，矿工维护了两条链，一条公开的，一条私有的，其具体的操作流程如下：

(1) 自私矿池挖到块 A 之后不直接发布全网，只在自己的矿池中广播该块，形成私有链，并且继续挖下一块 B。

(2) 当检测到网络上有人发出下一块 A′时，再广播自己挖到的块，使网络进入竞争状态。

(3) 如果自私矿池挖出 B 时，直接发布，让全网转到自己的链上，自己获得块 A 和块 B 的收益，同时浪费掉了网络在 A′以及分叉上使用的算力。

(4) 如果诚实节点在块 A 后挖出新块，那么自私矿池享受块 A 的利益。

(5) 如果诚实节点在块 A′后挖出新块，那么自私矿池不获利。

**4. 贿赂攻击**

贿赂攻击更多的针对节点个数有限的联盟链，一般是指恶意的攻击者通过数字货币或法币贿赂共识节点，使其与自己共同工作在特定的区块或者分叉上，来生成有利于攻击方的分叉链。以 PBFT 共识算法为例，在容忍 $f$ 个节点的错误下共有 $3f+1$ 个节点，因此，只需要贿赂 $f+1$ 个节点就可以使共识停止，贿赂 $2f+1$ 个节点就能按照攻击者的意愿生产分叉链。

## 20.5 应用层安全

一个面向用户的基于区块链的DApp应用都会有Web或者移动客户端应用程序，传统Web应用程序中所遇到的安全问题，在区块链的应用层基本也都会遇到。在这里我们引用OWASP(Open Web Application Security Project)，介绍一下其整理的10项最严重的Web应用程序安全风险。

**1. 注入**

将不受信任的数据作为命令或查询的一部分发送到解析器时，会产生诸如SQL注入、NoSQL注入、OS注入和LDAP注入的注入缺陷。攻击者的恶意数据可以诱使解析器在没有适当授权的情况下执行非预期命令或访问数据。

**2. 失效的身份认证**

通常，通过错误使用应用程序的身份认证和会话管理功能，攻击者能够破译密码、密钥或会话令牌，或者利用其他开发缺陷来暂时性或永久性冒充其他用户的身份。

**3. 敏感数据泄露**

许多Web应用程序和API都无法正确保护敏感数据，如财务数据、医疗数据和PII数据。攻击者可以通过窃取或修改未加密的数据来实施信用卡诈骗、身份盗窃或其他犯罪行为。未加密的敏感数据容易受到破坏，因此，我们需要对敏感数据加密，这些数据包括传输过程中的数据、存储的数据以及浏览器的交互数据。

**4. XML外部实体(XXE)**

许多较早的或配置错误的XML处理器评估了XML文件中的外部实体引用。攻击者可以利用外部实体窃取使用URI文件处理器的内部文件和共享文件、监听内部扫描端口、执行远程代码和实施拒绝服务攻击。

**5. 失效的访问控制**

未对通过身份验证的用户实施恰当的访问控制。攻击者可以利用这些缺陷访问未经授权的功能或数据，如访问其他用户的账户、查看敏感文件、修改其他用户的数据、更改访问权限等。

**6. 安全配置错误**

安全配置错误是最常见的安全问题，通常是由于不安全的默认配置、不完整的临时配置、开源云存储、错误的HTTP标头配置以及包含敏感信息的详细错误信息所造成的。因此，不仅需要对所有的操作系统、框架、库和应用程序进行安全配置，而且必须及时修补和升级它们。

**7. 跨站脚本(XSS)**

当应用程序的新网页中包含不受信任的、未经恰当验证或转义的数据时，或者使用可以创建HTML或JavaScript的浏览器API更新现有的网页时，就会出现XSS缺陷。XSS让攻击者能够在受害者的浏览器中执行脚本，并劫持用户会话、破坏网站或将用户重定向到恶意站点。

**8. 不安全的反序列化**

不安全的反序列化会导致远程代码执行。即使反序列化缺陷不会导致远程代码执行，攻击者也可以利用它们来执行攻击，包括重播攻击、注入攻击和特权升级攻击。

**9. 使用含有已知漏洞的组件**

组件(如库、框架和其他软件模块)拥有和应用程序相同的权限。如果应用程序中含有已知漏洞的组件被攻击者利用，可能会造成严重的数据丢失或服务器接管。同时，使用含有已知漏洞的组件的应用程序和 API 可能会破坏应用程序防御、造成各种攻击并产生严重影响。

**10. 不足的日志记录和监控**

不足的日志记录和监控，以及事件响应缺失或无效的集成，使攻击者能够进一步攻击系统、保持持续性或转向更多系统，以及篡改、提取或销毁数据。大多数缺陷研究显示，系统缺陷被检测出的时间超过 200 天，且通常通过外部检测方检测，而不是通过内部流程或监控检测。

# 20.6　隐私保护

## 20.6.1　比特币匿名性分析

最早的《比特币白皮书》简单描述了一下隐私保护方面的内容：与传统的中心化银行模式不同，传统银行中的中心机构控制数据的访问权限来保护隐私，比特币中的区块链数据是公开的，所有人都可以查看。比特币的地址，意图是提供假名，以便这种公开的交易数据历史不可识别身份。为了更好地实现这一目标，每次交易都应该使用一个新的密钥对。

但是经过大量关于隐私和社交网络的研究之后，人们发现即使隐藏多重假名后，也会被串联起来，显露隐私信息，比特币并没有完全达到隐私保护的目的。

有研究人员对比特币账本的交易记录进行分析，根据交易之间的关系，从账本抽象总结出三种图状结构，交易图、地址图和组织机构图，如图 20.1 所示。其中，$a$ 代表比特币地址。之后所有的关于比特币隐私分析的结论都是在这个基础上进行继续分析完成的。

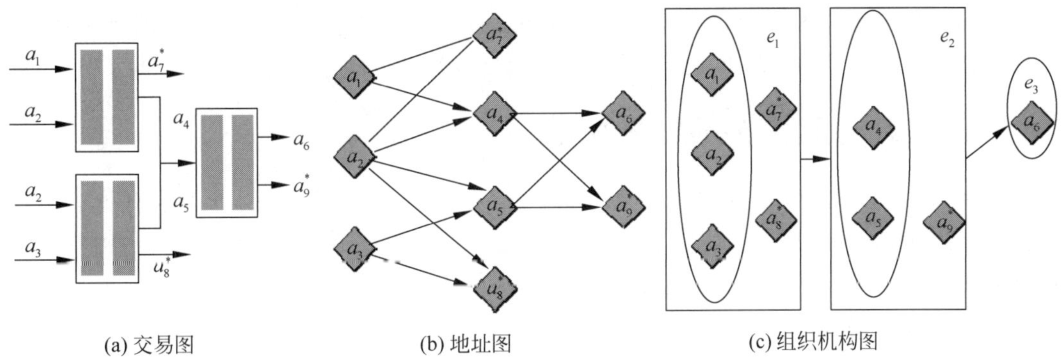


(a) 交易图　(b) 地址图　(c) 组织机构图

图 20.1　比特币匿名性分析方法

**1. 交易图**

交易图是最直观最简单的一种抽象。除了 Coinbase 交易外，比特币中一笔交易的输入一定是来源于上一笔交易的输出，按图 20.1 中的(a)所示推导，最后可以表示为一种有向无环图结构 $G(\boldsymbol{T},\boldsymbol{L})$，其中 $\boldsymbol{T}$ 代表整个账本的交易集合，$\boldsymbol{L}$ 代表交易输入和输入的指向联系集合。对于每一个 $l\in\boldsymbol{L}$，都包含一定数量的比特币，如果包含签名信息则代表已经被花费，如果没有签名信息则代表未花费，即我们通常所说的未花费输出(UTXO)。

**2. 地址图**

由于每笔交易都是公开的，所以可以获取到每笔转账交易的来源地址和目的地址。按图 20.1(b)所示推导，根据这样的关系，对交易图进行一次转换，就可以得到地址图 $G(\boldsymbol{A},\boldsymbol{L}')$，其中，$\boldsymbol{A}$ 代表比特币网络中所有的地址集合，$l\in\boldsymbol{L}'$ 则不是代表交易了，而是代表转账方向。从图中我们可以看出，有的是从一个地址转向多个地址，有的是从多个地址转向一个地址。

**3. 组织机构图**

比特币交易的特点，有一点就是将多个未花费的输出组合起来，作为输入形成一笔交易。那么，这笔交易中的这些输入有极大的可能性是来自同一个组织机构之手。除此之外，还有一些其他的办法可以推导出某些地址来自于同一个机构。按图 20.1(c)所示推导，可以将地址树再转化成一个组织机构树 $G(\boldsymbol{E},\boldsymbol{L}'')$，其中，$\boldsymbol{E}$ 代表所有能推断出的组织机构的集合，$l\in\boldsymbol{L}''$ 代表组织机构之间的转账方向。

根据上面形成的这三类图状结构，结合比特币交易的特点，就可以有很多种方法再继续更深入的分析。例如，一笔交易有两个输出 $a$ 和 $b$，如果 $a$ 是一个新出现的交易地址，并且也没有再次被用作为收款地址，而 $b$ 则在之前的交易中出现过多次，则可以认为 $a$ 是一个找零地址，跟这笔交易的输出属于同一个人。之后由于矿池的出现，会出现一笔交易出现多个新生成的输出地址的情况，所以改进一下方法，交易中只有一个输出地址是新地址的情况下，适用这条规则。但是，也有一些交易打破了这一规则，这些交易通常来自一些非常规的应用，比如比特币骰子，它就是将来源的币再转回到来源地址，如果用户使用的是一个找零地址的币，那么就会打破这找零地址只出现一次、不再收款这一规则。

将地址和所有者绑定起来则需要一些其他的方法。例如，一些地址是来自 WikiLeaks 和 Silk Road 的都是公开的。也有一些在线的服务、存储或者交易所之类的，在使用之前需要用户优先认证自己的身份。还有一些是在公开的社交网络上通过网络爬虫获取，如 bitcointalk 等，这些工作都已经有研究人员完成。BitIodine 则提供一种自动化的分析架构。使用上述方法论分析出交易图、地址图、机构图、并归类，将用户与地址配对起来。

## 20.6.2 隐私保护的常见做法

根据 20.6.1 节的分析，我们可以知道现有的大多数区块链平台，几乎没有任何隐私保护措施。因此，区块链技术迫切地需要一种隐私保护技术。在本节，我们将介绍有哪些切实可行的密码学技术可以为区块链提供隐私保护。

**1. 环签名技术**

假设一组用户，每个用户都有公钥和私钥对$(\mathrm{pk}_1,\mathrm{sk}_1)$，$(\mathrm{pk}_2,\mathrm{sk}_2)\cdots(\mathrm{pk}_n,\mathrm{sk}_n)$。以用

户 $i$ 为例，给定消息 $m$ 计算一个环签名 $\sigma$，输入参数为 $(m, sk_i, pk_1, pk_2, \cdots, pk_n)$，公布 $m, \sigma, pk_1, pk_2, \cdots, pk_n$ 谁都可以使用公开信息去验证签名的合法性。如果签名是正确的，那么就可以通过验证。而对于验证人来说，只知道签名的人在这一组公钥集合中，而不知道是具体哪一个。环签名示意如图 20.2 所示。

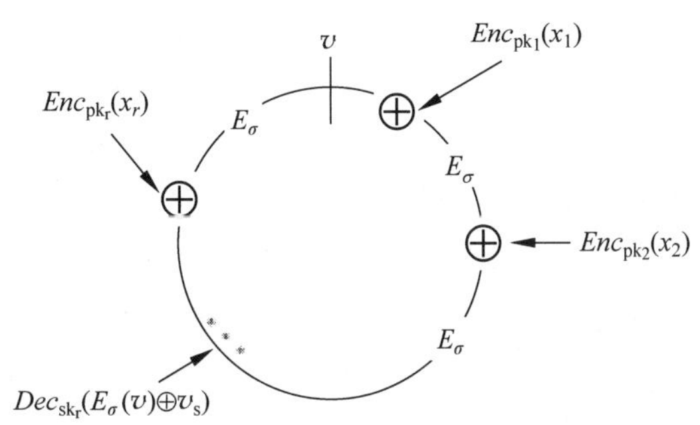


图 20.2　环签名示意图

**2. 零知识证明**

零知识证明(ZKP)的概念初见于 1985 年的论文《互动证明系统的知识复杂性》。ZKP 是一种密码学技术，允许两方(证明者和验证者)来证明某个提议是真实的，而且无须泄露除了它是真实的之外的任何信息。

举个简单的例子来说明，A 要向 B 证明自己拥有某个房间密码锁的密码，假设该房间只能用密码打开锁，而其他任何方法都打不开。这时有两种方法：

(1) A 告诉 B“我知道密码是 xxxx”，之后 B 去验证，则证明 A 确实知道密码。

(2) B 确定该房间内有某一物体，A 用自己拥有的密码打开该房间的门，然后把物体拿出来出示给 B，从而证明自己确实拥有该房间的密码。

两种方式的区别是，第一种 A 将密码讲出来之后，B 也就知道了密码，很显然这是不可取的。而第二种方法的思路就是零知识证明的思路。

目前，零知识证明用于区块链隐私的三种主要技术有 Zk-SNARKs、Zk-STARKs 和 BulletProofs(防弹证明)。

**3. 同态加密**

同态加密(Homomorphic Encryption)是很久以前密码学界就提出来的一个问题。早在 1978 年，Ron Rivest、Leonard Adleman 以及 Michael L. Dertouzos 就以银行为应用背景提出了这个概念。具体来说，假设 $(sk, pk, M, C, E, D)$ 是一个公钥密码体制，其中 sk 是私钥，pk 是公钥，$M$ 是明文空间，$C$ 是密文空间，$E$ 和 $D$ 分别是加密和解密算法。对于任意的明文 $m \in M$，得到加密的密文 $c = E_{pk}(m)$，解密过程为 $D_{sk}(c) = D_{sk}(E_{pk}(m)) = m$。此密码算法具有如下特性：

(1) 对于任意的 $m_1, m_2 \subset M$，有 $E(m_1) + E(m_2) = E(m_1 + m_2)$，则说明该算法具备加法同态性。

(2) 对于任意的 $m_1, m_2 \in M$，有 $E(m_1) \times E(m_2) = E(m_1 \times m_2)$，则说明该算法具备乘法同态性。

**4. 安全多方计算**

安全多方计算(Secure Multi-Party Computation,SMPC)最早是由 A. Yao 在 1982 年提出,当时,他通过"姚氏百万富翁问题"提出了安全两方计算的问题。1987 年,Goldreich 等人将两方计算扩展了多方计算的问题。至今,安全多方计算已经成为国际密码学界的热点问题之一,并且已经取得了丰厚的成果。SMPC 主要用于解决一组互不信任的参与方,在保护各自隐私的前提下,希望共同计算出一个函数并得到各自的输出,在这个过程中,除了应得到的输出之外,参与方不会得到任何信息。具体来说,$\boldsymbol{P}=\{p_1,p_2,\cdots,p_3\}$是 $n$ 个参与者的集合,各参与者希望共同安全地计算某个给定的具有 $n$ 个输入和 $n$ 个输出的函数 $f(x_1,x_2,\cdots,x_n)=(y_1,y_2,\cdots,y_n)$,其中,函数 $f$ 的 $n$ 个输入 $x_1,x_2,\cdots,x_n$ 分别由 $n$ 个参与者 $p_1,p_2,\cdots,p_n$ 秘密地掌握而不被他人知道,在计算结束后,$p_1,p_2,\cdots,p_n$ 分别得到输出 $y_1,y_2,\cdots,y_n$,同时还能保证参与者输入的保密性,即每个参与者 $p_i$ 除了知道 $x_i,y_i$ 以及从中推导出的信息之外,得不到任何其他信息。

## 20.7 本章小结

由于大多数区块链平台,特别是公有链技术,都会涉及大量的数字资产。近两年,数字资产丢失、被盗的事件层出不穷,且每一次都数额巨大,给用户造成极大的损失。所以,区块链的安全是目前最亟待解决的问题之一。本章首先描述了区块链技术应有的安全属性,之后按照区块链的分层架构,分别介绍了数据层、网络层、共识层和应用层每一层存在的安全问题。除此之外,由于区块链账本的公开性,区块链隐私保护也是非常重要的一个研究方面。

## 参考文献


[1] 黄连金,吴思进,曹峰,等. 区块链安全技术指南[M]. 北京:机械工业出版社,2018.

[2] Satoshi Nakamoto. Bitcoin: A Peer-to-Peer Electronic Cash System[OL]. Available on: https://bitcoin.org/bitcoin.pdf, 2008.

[3] Ethan Heilman,Alison Kendler, Aviv Zohar, et al. Eclipse attacks on bitcoin's Peer-to-Peer network [J]. Cryptology ePrint Archive, 2015.

[4] Fergal Reid. An Analysis of Anonymity in the Bitcoin System[J]. Security and Privacy in Social Networks, 2012.

[5] Sarah Meiklejohn, Marjori Pomarole, Grant Jordan. A Fistful of Bitcoins: Characterizing Payments Among Men with No Names[C]. IMC '13 Proceedings of the 2013 conference on Internet measurement conference, 2013.

[6] Elli Androulaki, Ghassan O. Karame, Marc Roeschlin. Evaluating User Privacy in Bitcoin[C]. FC 2013: Financial Cryptography and Data Security , 2013.

[7] Ghassan O Karame, Elli Androulaki, Misbehavior in Bitcoin: A Study of Double-Spending and Accountability[J]. ACM Transactions on Information and System Security (TISSEC),2015.

[8] Michele Spagnuolo, Federico Maggi. BitIodine: Extracting Intelligence from the Bitcoin Network[C].

FC 2014：Financial Cryptography and Data Security，2014.

[9] Michael Fleder，Michael S Kester，Sudeep Pillai. Bitcoin Transaction Graph Analysis[J]. Cryptography and Security，2015.

[10] Fergal Reid. An analysis of anonymity in the bitcoin system[J]. Security and Privacy in Social Networks，2012.

[11] Andrew C Y. Protocols for secure computations[C]. Proc of IEEE FOCS' 82，1982.

[12] Goldreich O，Micali S，Wigderson A. How to play ANY mental game[C]. Proceeding STOC '87 Proceedings of the nineteenth annual ACM symposium on Theory of computing，1987.

# 第21章

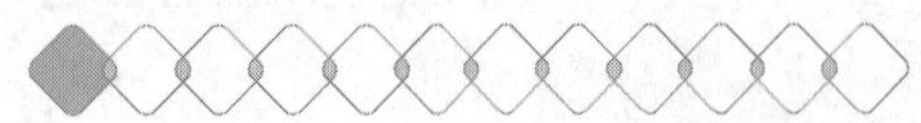

# 智能合约安全检测

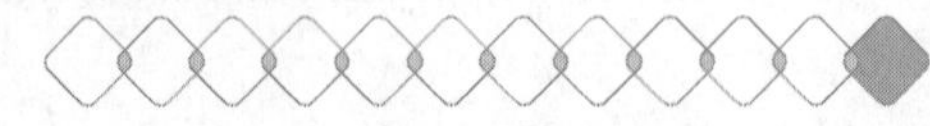

## 21.1 智能合约概述

### 21.1.1 智能合约基本介绍

智能合约是在区块链上运行的程序,合约代码和状态存储在链中,它们可以发送和接收资金。今天,数以百万的智能合约在各个公链上运行,而且这一数字正在增长,同时也埋下了越来越多的安全隐患。智能合约涉及的安全问题与传统的代码不太相同。首先是它部署后,无法升级或修复;其次,它们是在一个新的运行时环境生态系统中编写的,相对难以测试;第三,智能合约通常会直接涉及资金的操作,一旦被攻击者利用,会直接造成严重的经济损失。2014—2019年层出不穷的智能合约安全漏洞事件造成了严重的资金损失,因此编写安全的智能合约极为重要。本章以以太坊上的智能合约漏洞为例,分析安全与不安全的智能合约代码,总结编写安全的智能合约应遵守的规范及流程。

### 21.1.2 智能合约漏洞分析

本章把以太坊智能合约漏洞发生的原因分为三个层面:Solidity层面、以太坊虚拟机EVM层面和区块链层面,如表21.1所示。以下这些列举出来的造成漏洞的原因都有其对应的真实的被攻击案例,这些漏洞造成了巨额的资金损失。

表21.1 漏洞原因分类

| 漏洞发生层面 | 漏洞原因 |
| --- | --- |
| Solidity | 重入攻击 |
| | 访问控制 |
| | 整数溢出 |
| | 未检查返回值 |
| | 拒绝服务 |

续表

| 漏洞发生层面 | 漏 洞 原 因 |
|---|---|
| 以太坊虚拟机 EVM | 变量使用类型限制 |
| | 合约 Gas 成本限制 |
| | 调用堆栈深度限制 |
| 区块链底层 | 可被操控值依赖 |
| | 私有变量依赖 |
| | 阻塞交易攻击 |

在 Solidity 层面发生的漏洞主要是因为代码编写的逻辑问题或是使用了不当的 Solidity 内置方法，这些漏洞发生的原因几乎都与 Solidity 的语言特性有关。

例如重入攻击，是由于外部函数对合约的 send()或者 call. value()方法进行了递归调用造成的漏洞；访问控制攻击，是由于合约未设置函数的访问权限而造成的漏洞；整数溢出是由于在 Solidity 语言中，要计算的数超过了 EVM 能处理的数字范围($0 \sim 2^{256}-1$)就会重新从 0 或者 $2^{256}-1$ 开始计数而发生的漏洞；未检查返回值攻击是由于合约使用了 Solidity 的 send()或者 call. value()函数，却没有检查函数是否执行成功就进行下一步操作导致的漏洞；拒绝服务攻击是由于攻击者恶意使回退函数执行失败，使得原合约无法进行下一步操作而造成的漏洞。

在以太坊虚拟机 EVM 层面发生的漏洞主要是 EVM 的限制导致的。

例如，变量限制是在代码中使用 var 关键字定义一个整数 i 时，编译时 EVM 会默认 i 为 uint8 类型，因此 i 的最大值为 255。当使用这样一个 for 循环：for(var i=0;i < array. length;i++)时，如果数组的长度大于 255，这个函数将一直循环下去，直到 Gas 耗尽，故在编写合约时应该显示规定变量的类型，避免使用 var 关键字；Gas 限制是在合约被调用时，每一次修改合约的状态都需要使用 Gas，如果一个函数涉及特别复杂的操作，需要消耗的 Gas 达到了交易或区块的 Gas 限制，那么对这个函数的调用将会在消耗很多 Gas 的同时调用失败，并回滚合约状态；调用堆栈深度限制是 EVM 最大允许的栈的深度 1024，如果调用者进行嵌套调用时，数量达到 1024，将会调用失败。攻击者可以使 EVM 的这三个限制调用合约方法时恶意失败，以此来阻止合约的下一步操作。避免这类漏洞发生的方法就是在合约中编写函数时，避免让合约的下一步操作依赖于这一步的状态。

在区块链层面发生的漏洞主要与区块链的特性有关。

### 1. 漏洞一：私有变量依赖

在一般的语言(如 Java)中，可使用 private 修饰私有变量使其不被自身类以外的范围读取。但在 Solidity 中，私有变量虽然无法被自身合约以外的范围直接读取，但只要某一条交易中使用了这个私有变量，它就化私为公了。因为在以太坊中交易信息是对全网公开的，且每个交易的数据字段对应了规定的内容，只要对数据字段进行分析就可知道私有变量的值。

由此产生的一种漏洞是在游戏合约中使用私有变量来存储一些保密的、会触发特定游戏规则的数值，而这些数值若被提前得知，就破坏了游戏的公平性。例如，在奇偶游戏中，玩家 A 和 B 各向合约中存入一个数，若两数字之和为偶数则玩家 A 获胜，否则玩家 B 获胜。

在玩家存数时会调用合约函数，发起一条交易，他所存入的数会包含在交易数据中，若后一位存数的玩家分析前一位的交易数据得到了这个数值，就能赢了。

对于存储私有变量问题，一种解决办法就是让玩家首先提交私有信息的哈希，由哈希是无法逆推出原始值的。当所有人都提交完哈希后，大家再提交自己真实的值，这样即使后面的玩家得知了前面玩家的值也无法据此更改自己的值了，因为更改自己的值后会与之前提交的哈希不符。但这种解决方式会使用户操作变得更复杂，仅作为一种可能的思路抛砖引玉。

**2. 漏洞二：被操控值依赖**

智能合约中可被人为操控的值有随机数的种子、交易顺序、合约余额等。

在某类游戏合约中，通常需要依赖对一个随机数下注来判断输赢。而计算机世界中不存在一个绝对的随机数，只能通过 seed 去生成一个相对的随机数。如果这个 seed 是可预测的，这个随机数也就不随机了。智能合约中的随机数一般使用未来的区块头属性作为种子，如区块 Hash、区块高度、时间戳、难度值等，而这些区块头属性的值都是可被矿工人为控制的，由此生成的随机数是不可被直接依赖的，更不必说直接依赖这些区块头属性值了。

还有一种可作为随机数种子的值为 msg. sender，它确实无法被矿工操控，但造成了 Fomo3D 空投漏洞。Fomo3D 是一种去中心化游戏，参与形式是用户使用以太币购买游戏道具，最后一位购买者获得最终大奖，其他参与者有一定概率获得空投奖励，这个"一定概率"由随机数决定，而随机数的种子与 msg. sender 有关。msg. sender 就是参与者的钱包地址，Fomo3D 团队认为用户不可能生成大量的钱包地址去尝试，且使用了 isHuman()限制 msg. sender 不能是合约地址，因此认为 msg. sender 的随机性是足够的。百密一疏的是 isHuman()判断是否为合约地址的方法有误，以至于黑客还是可以大量生成合约地址作为 msg. sender 调用空投函数来测试哪个地址能得到空投奖励。isHuman()的错误就在于它通过判断 msg. sender 的 extcodesize 不为 0 来判定 msg. sender 为合约地址，对于已部署的合约来说，由于其地址对应着合约代码，extcodesize 确实大于 0。然而若在新合约的构造函数中调用 isHuman()方法，得到的 extcodesize 却等于 0，因为合约在构造过程中，其地址并未对应任何代码。这样 isHuman()就无法识别出调用者是人的钱包地址还是合约了。那如何让 isHuman()正确识别呢？一种方法就是判断调用此函数的 tx. origin 是否等于 msg. sender，tx. origin 是指交易的发起者，msg. sender 是指合约方法的调用者。例如，普通账户 A 调用合约 B，合约 B 再调用合约 C 的方法。在合约 C 的方法内，msg. sender 是合约 B，而 tx. origin 是账户 A。合约方法可能被另一个合约地址调用，但交易的发起者只能是人的钱包地址，这样就可保证 msg. sender 不能是合约地址。

在智能合约中使用随机数通常的解决办法是使用链外可信第三方服务来获取随机数，如 Oraclize。

类似的还有交易顺序依赖，交易顺序也是可被矿工操控的，因此不可在合约中以交易顺序为判断条件来进行下一步操作。

可被人为操控的还有合约中存储的 Ether 数量，特别容易诱导开发人员将其当作确定值来作为判断条件。开发人员刚开始学习 Solidity 时可能会认为合约只能通过带有 payable 修饰符的函数接受 Ether，事实上，除此之外还有两种方式可将 Ether 强制发送给合约，一种是通过 selfdestruct 自毁合约，可在删除合约地址中所有字节码的同时将此合约中存储的 Ether 强制发送到指定地址，若这个地址为一个合约地址，那么这些 Ether 将不会调用这个合约的任何方法而直接存入合约中。另一种更神奇的方式是让这个合约还未出生前就拥有了一笔财富。因为合约地址都是确定的，可根据这个合约的创建人地址以及交易的 Nonce 值计算得到，这样就可在创建这个合约之前就给它转入一笔 Ether，当合约创建后就拥有非零的 Ether 余额。

合约逻辑应该避免依赖于合约余额的确切值，因为可能飞来横币。如果非要使用合约余额作为判断条件，也应根据实时查询到的合约当前余额来判断。

**3. 漏洞三：阻塞交易攻击**

以太坊智能合约中存在一个指令 assert()，用于断言。当 assert 的结果不满足条件时，不仅交易会失败，且会消耗交易设置的 gasLimit 数目个 Gas，而花费 Gas 越多的交易越容易被区块打包，但每个区块总的 Gas 数目也是有上限的，因此单笔交易使用的 Gas 越多，则区块中包含的交易越少。

回过头来看看 Fomo3D 中的另一个游戏规则——最终大奖的获得者为在每轮游戏结束前最后一个购买道具的参与者，因此众多参与者会在倒计时快要结束时，发起购买交易参与游戏，如果能幸运地在最后一刻被矿工打包入块，即可获胜。在游戏合约中有一个用于查询游戏信息的函数，玩家可调用这个函数查看剩余时间和最后一位购买者地址，若查得是自己则发送一条交易费很高的交易并通过 assert()使 Gas 被全部消耗，吸引矿工优先打包并占满区块的 Gas，从而使得其他玩家的交易无法被正常打包，最终加速游戏结束，并极大地提高自己的中奖概率。

所有采用类似机制，即需要玩家抢在某个时间范围内完成某种竞争操作的智能合约，都会受此种威胁。防范此类攻击只能通过完善游戏规则，如禁止玩家查看游戏具体进程的信息，这样玩家就不知道当前最后一个参与者是谁。或者把最后一个参与者获奖改为只有一定的概率获奖，增加玩家的试错成本，让玩家不愿意多次花费巨额交易费来尝试一个概率攻击，不过前提是决定这个概率的随机数不可被预测。

本章将在 21.2 节复现 Solidity 层面的五种漏洞的攻击过程，并给出避免此类漏洞的安全合约代码编写方法。

### 21.1.3　智能合约检测现状

目前全球做智能合约安全审计的公司并不多，开发出形式化验证工具的更是少之又少，国内外做合约形式化验证的平台有俄罗斯的 SmartDec(tool. smartdec. net)、瑞士的 Securify(securify. chainsecurity. com)、美国的 Quantstamp(betanet. quantstamp. com/start)和中国的 VaaS(www, lianantech. com)，其中 VaaS 检测平台比较易用。除此之外，非基于形式化验证的工具有 Solidity 开发文档中推荐的 SmartCheck、Oyente、Manticore、Mythril、Porosity 等，这些工具只能检测特定的部分漏洞。再者就是依靠专业智能合约审计人员人工检测，检测结果视审计人员水平而定。

## 21.2 漏洞重点解析

表 21.2 为对 Solidity 层面的五种漏洞的分析，并给出了避免此类漏洞的安全合约代码编写方法。

表 21.2 Solidity 五种常见漏洞分析

| 序号 | 不安全代码 | | | | | 安全代码 | | 分析 |
|---|---|---|---|---|---|---|---|---|
| | 漏洞名称 | 漏洞发生原因 | 攻击方式 | 执行结果 | 造成危害 | 修复措施 | 执行结果 | |
| 1 | 重入攻击漏洞 | 使用了 call.value ( ) 或 send()这两个未限制调用时使用 Gas 的函数 | 攻击者利用外部函数对合约的 send() 或者 call.value()方法进行了递归调用造成的漏洞 | 退款函数多次被调用成功，钱包里所有的钱被转走 | 利用该漏洞，黑客可以递归调用退款函数，取走钱包里所有的钱 | 把 call.value() 或 send()改为使用 transfer() | 退款函数只能被调用一次 | 合约中应尽量避免使用 call.value() 或 send()函数，可避免重入攻击漏洞 |
| 2 | 访问控制漏洞 | 合约未设置函数的访问权限 | 攻击者更改合约的所有者，再调用原本只能由合约所有者调用的退款函数，取走合约里面的钱 | 合约所有者被更改，钱包里面的钱被转走 | 利用该漏洞，黑客可以在自己的合约中调用别人合约中的公共函数，更改别人合约的状态，如成为别人合约的 Owner， 转走别人的币 | 为函数加一个修饰符 onlyOwner，限制函数的访问 | 合约所有者无法被更改 | 合约中应写清楚所有函数的访问权限，可避免访问控制漏洞 |
| 3 | 整数溢出漏洞 | 要计算的数超过了 EVM 能处理的数字范围($0 \sim 2^{256}-1$) | 攻击者向函数传入一个会使计算结果超过 EVM 处理范围的数，给自己转移大量的代币 | 大量无中生有的代币被转走 | 利用该漏洞，黑客可以通过转账手段生成大量原本合约中不存在的代币，并将这些“无中生有”的代币在市场进行抛售 | 对数学操作使用 safeMath 库 | 函数不会发生溢出 | 智能合约的数学计算都应使用 safeMath 库，可避免整数溢出漏洞 |

续表

| 序号 | 不安全代码 | | | | | 安全代码 | | 分析 |
|---|---|---|---|---|---|---|---|---|
| | 漏洞名称 | 漏洞发生原因 | 攻击方式 | 执行结果 | 造成危害 | 修复措施 | 执行结果 | |
| 4 | 未检查返回值漏洞 | 合约使用了send()或者call.value()函数，却没有检查函数是否执行成功就进行下一步操作 | 合约通过让用户退款失败，减少用户的余额 | 用户未得到退款，同时余额却减少了 | 该漏洞虽然不会导致合约被攻击，但会导致用户退款时即使未退款成功，账户余额仍然减少，使得用户的资金遭受损失 | 对call.value()或send()的返回值进行校验，成功则再进入下一步 | 退款未成功时余额也未减少 | 智能合约中使用call.value()或send()时应检验返回值，可避免未检查返回值漏洞 |
| 5 | 拒绝服务漏洞 | 合约执行下一步操作时要依赖上一步退款的结果 | 攻击者恶意使回退函数执行失败 | 一个用户退款失败，导致下一个人无法调用合约操作 | 利用该漏洞，攻击者可以恶意使退款函数失败，从而阻止合约进行下一步的操作 | 把主动退款给用户改成让用户申请退款 | 一个用户退款不成功，合约继续执行 | 智能合约中能写成pull形式(用户主动发起调用)的代码不要写成push形式(合约主动执行操作)的代码 |

了解上述智能合约的各种漏洞的发生原理，是编写安全的合约代码的前提。编写安全的合约代码，还需要遵循智能合约的设计规范。

## 21.3　智能合约检测方法

在21.2节中提到这些漏洞是目前已经被发现的漏洞，它们可能只是以太坊智能合约漏洞的一部分，未来可能会有更多的漏洞出现。我们可能不能人为地把所有漏洞都罗列出来，对合约漏洞的检测还可以利用以下开源工具。工具大致分为三类。

(1) 第一类是把已知的可能发生的漏洞代码或逻辑写在工具的源代码中，当待检测的合约代码有类似漏洞代码或逻辑时，便将其标记出来，这一类检测工具有SmartCheck、Securify等。本文使用的检测工具即为Securify。

(2) 第二类是基于对合约代码进行反编译，然后通过对字节码的分析，找出漏洞，这一类检测工具有Oyente、Manticore、Mythril、Porosity等。

(3) 第三类检测工具主要是通过生成一个DOT图，显示合约代码的功能控制流程，实现对代码逻辑的检测，这类工具主要有Solgraph。

另外一种检测智能合约安全漏洞的方法与上述工具检测的思路都不同，它就是形式化验证方法。形式化验证是形式化方法中的一部分，形式化方法就是用数学工具来进行定义、开发和验证一个系统。

形式化验证方法应用于智能合约的过程如图 21.1 所示。形式化验证是一种基于数学和逻辑学的方法，其应用于智能合约的过程简单来说就是在智能合约部署之前，对其代码和文档进行形式化建模，然后通过数学的手段对代码的安全性和功能的正确性进行严格证明，可有效检测出智能合约是否存在安全漏洞和逻辑漏洞。

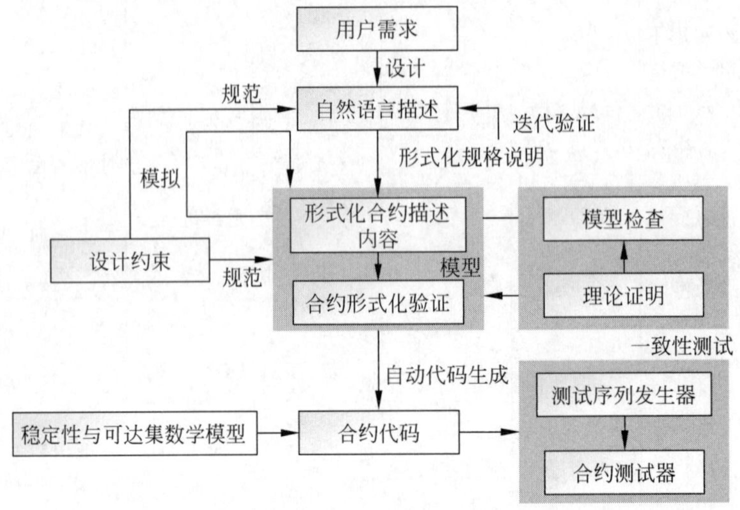


图 21.1 形式化验证应用过程

形式化验证方法可用于智能合约的建模、模型检测和验证过程，以支持规模化的智能合约的生成。通过形式化验证，开发者可以直接发现代码的逻辑漏洞和安全漏洞，或者自动生成安全的合约代码，大大降低代码中漏洞存在的可能性，也弥补了人工方式对逻辑漏洞查找的不足。

## 21.4 安全代码编写建议

本章最终目的是要讲解如何编写安全的以太坊智能合约代码。而了解上文所述的智能合约的各种漏洞的发生原理，是编写安全的合约代码的前提。编写安全的合约代码，还必须遵循智能合约的设计规范。

### 21.4.1 代码模块化

如果要编写逻辑复杂的合约，尽可能使合约代码模块化，使得一个模块只包含一个特定的功能。模块化不仅方便代码编写者对代码整体逻辑的把握，而且一旦代码发生错误，也方便测试者定位代码的错误所在，代码更不易发生安全漏洞。

### 21.4.2 使用安全代码

如果代码中需要使用的功能，已被安全审计智能合约框架所包含，直接调用已被审计过的代码比自己重写这个功能更安全。例如，在以太坊中发行 ERC-20 Token 的代码，在开源框架 openZeppelin 中已有经过大量安全测试的代码模板，使用此代码模板发行代币可避免很多安全风险。

### 21.4.3　防范代码漏洞

针对本章所述的这些智能合约安全漏洞，需要在编写代码时加以防范。例如，对于发生在区块链层面的这三类漏洞，就应在代码中不使用时间戳、交易顺序、合约余额、由合约产生的随机数等作为合约的判断条件；对于发生在以太坊虚拟机 EVM 层面的三类漏洞：变量使用类型限制、合约 Gas 成本限制、调用堆栈深度限制，就应在设计代码时显示确定变量使用类型、控制函数计算量、避免递归调用；对于避免 Solidity 层面发生的五类漏洞：重入攻击漏洞、访问控制漏洞、整数溢出漏洞、未检查返回值漏洞、拒绝服务漏洞，应注意不要信任外部合约调用，不使用低级调用函数、不在回退函数中写可以修改合约状态的代码、函数中代码的书写应该按照先写判断条件再写合约内部操作最后写外部操作的顺序、明确标记函数和状态变量的权限等。

### 21.4.4　做好漏洞措施

即便编写代码时考虑得再全面、智能合约检测时也未发现任何错误，也并不能保证智能合约将来不会出现一些未知的错误，这就需要合约代码能在错误发生时自己暂停，以防止继续被攻击，并能允许进行合约升级，以便合约的继续使用。此功能可使用 assert()断言来实现，当断言条件不满足时(如本应为恒定值的代币总量发生变化)，将触发断言保护，暂停合约功能。合约的升级可以有两种方法，一般来说部署在以太坊上的合约是不可更改的，但我们可以利用一个专门的注册合约，在注册合约中保存最新版本的合约地址；另一种使用更多的方法是利用一个中间合约来转发调用数据到最新版本的合约。防范可能发生的资金风险也可通过限制转账速率和限制最大转账额度来实现。这样当发生盗币危险时，可控制损失额度和给修复合约错误预留一定的时间。

### 21.4.5　智能合约测试

当合约代码编写完之后，在合约发布前还需要对合约进行大量的测试。智能合约的测试代码编写可以利用 Truffle 的测试框架。Truffle 是建立以太坊 DApp 的一套开发框架，它提供了编译、部署、测试和创建合约所需的命令行工具，同时还提供了编写测试代码的包。利用 Truffle 可以使用两种不同的方法编写测试代码，一种是使用 JavaScript 编写，另一种是使用 Solidity 编写。这两种方法对合约的执行方式有所不同，在 JavaScript 中被测试的合约是在客户端中执行，在 Solidity 中被测试的合约是通过被其他合约调用来执行。编写 JavaScript 测试可使用 Mocha 和 Chai，其中 Mocha 是一个测试框架，用来执行测试；Chai 是一个断言声明库，用来提供判断对错的方式。Solidity 编写的测试与 JavaScript 编写的测试文件协同工作。编写完成之后在命令行端使用 truffle test 命令运行它们。

在运行测试代码时，可先在以太坊轻节点 Ganache 中运行，可节省测试运行时间。但在生产网络中部署合约时，需再次在 Geth 客户端或另外的以太坊官方客户端中运行测试。

智能合约编程和传统的编程在资金安全方面有很多不同，首先是智能合约本身可以存储大量的资金，一旦遭到攻击会直接导致资金的损失，很容易被黑客当作攻击的目标；其次，智能合约的代码是公开的，黑客可以不受限制地研究代码漏洞，只要代码有漏洞，不被发现的概率很小，所以编写智能合约时需尽可能详尽地考虑安全问题。另外，由于智能合约在区块链上一旦部署成功就不能修改，即使发现了安全漏洞，也无法像传统程序那样打补丁或升级，一方面必须在编写代码过程中就把异常终止和升级逻辑写进智能合约，另一方面必须减少编写不安全代码的概率。

## 21.5 本章小结

本章首先系统地阐述了以太坊及其高级编程语言 Solidity 的安全漏洞。这些安全漏洞可作为智能合约开发人员了解并避免常见的智能合约代码编写陷阱的参考。此后，本章又列举了一些检测合约安全漏洞的工具和形式化验证方法，用以辅助人工对智能合约代码安全性进行审计。最后，本章给出了编写安全的智能合约代码的建议和编写测试代码的方法，以期为智能合约开发人员提供一个规范的智能合约代码开发流程，加强智能合约的安全性。

# 第22章

# 区块链前沿技术

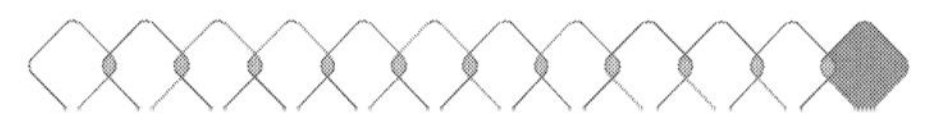

## 22.1 跨链技术

### 22.1.1 基本概念

跨链的本质是一种跨区块链的解决方案，通过这种解决方案一个区块链上的价值可以等价转移到另一条区块链上，又可以从另一条链上再转移回原区块链上。其中，第一条链被称为主链，另一条链被称为侧链，需要注意的是侧链只是相对于主链而言的，如果价值从第二条链转移到第一条链上，也可以称第二条为主链，第一条为侧链。这种设想为数字资产在不同链之间转移打开了一扇大门，为开发新型的区块链应用和生态提供了条件，因为将来整个区块链生态中不可能只有一条链。同时，也为区块链 TPS 提升提出了一种新的思路。

### 22.1.2 产生背景

**1. 应对其他区块链带来的威胁**

作为区块链的创世鼻祖，多数交易所、挖矿公司等都是以比特币起家，这使得比特币在整个区块链界长期占据着主导地位。但是，随着技术的发展，市面上又出现了几种流行的主流区块链，如以太坊、比特股等。特别是以太坊，其支持智能合约的特性对比特币产生巨大的冲击，而基于比特币的项目至今仍然很少。而且，由于其分布式共识的这种特性，对其进行重大改造升级，基本是一件不可能的事情，提出侧链技术有助于在保持比特币主链不进行大的变动下，使得对其进行升级改造变得可能。

**2. 发提升区块链网络可扩展性**

众所周知，可扩展性一直是区块链网络的一个硬伤，提升区块链的交易吞吐率是现阶段一个非常重要的研究方向。比特币受限于区块只有 1MB，且 10 分钟左右制造一个区块，所以比特币的 TPS 只有大约 7 笔/秒。不管后来升级了隔离见证的技术还是 BCH 的区块扩容技术,对全网的吞吐率提升仍然是有限的。以太坊目前交易的 TPS 也就只有 20 笔左右,其现阶段的主要任务升级到 PoS 共识、分片,主要目标就是提升全网的吞吐率。目前比较著名的联盟链,如 Hypeledger Fabric 等,在控制节点数量、缩短共识时间的前提下,TPS 也只能达到将近 1000 笔。这与支付宝在"双十一"顶峰所达到的每秒几十万交易量相差实在太远。跨链概念的提出,为提升区块链的可扩展性也提供了一种新的思路,如果在支持跨链的前提下,能够多链并发,在多条区块链上同时操作,那么区块链的吞吐率也自然会成倍增长。例如,将比特币的一部分交易放在比特币的侧链上去执行,减轻主链的压力,这样便可以无形中提升比特币系统的可扩展性。

### 22.1.3 实现方案

截至目前,主流的区块链跨链技术方案按照其具体的实现方式主要分为三大类,分别是公证人机制、侧链/中继链和哈希锁定。

(1) 公证人机制(Notaryschemes):公证人也称见证人机制,公证人机制本质上是一种中介的方式。具体而言,假设区块链 A 和 B 本身是不能直接进行互操作的,那么它们可以引入一个共同信任的第三方作为中介,由这个共同信任的中介进行跨链消息的验证和转发。公证人机制的优点在于能够灵活地支持各种不同结构的区块链(前提是公证人能够访问相关方的链上信息),缺点在于存在中心化风险。

(2)哈希锁定(Hash-locking):哈希锁定技术主要是支持跨链中的原子资产交换,最早起源自比特币的闪电网络,其典型实现是哈希时间锁定合约(Hashed TimeLock Contract,HTLC)。哈希锁定的原理是通过时间差和隐藏哈希值来达到资产的原子交换。哈希锁定只能做到交换而不能做到资产或者信息的转移,因此其使用场景有限。

(3) 侧链/中继链(Sidechains/Relays):侧链是指完全拥有某链的功能的另一条区块链,侧链可以读取和验证主链上的信息。主链不知道侧链的存在,由侧链主动感知主链信息并进行相应的动作。而中继链则是侧链和公证人机制的结合体,中继链具有访问需要和验证进行互操作的链的关键信息并对两条链的跨链消息进行转移。从这个角度看,中继链也是一种去中心的公证人机制。

**1. 公证人机制**

(1) 最传统的公证人机制是基于中心化的交易所来实现跨链资产转移,这种方式实现起来技术比较容易,但功能也比较单一,只能实现资产的交换。

这种方案的具体流程如图 22.1 所示,以比特币和以太币的交换为例,用户将自己在比特币区块链上的数字资产发送给托管方,托管方在收到信息后,锁定比特币区块链上的数字资产,并且激活等价值的以太币区块链资产。这种方案最大的问题也是拥有一个中心化的机构。

(2) 另外一种对这种传统公证人机模式一个升级,将中心化的交易所升级为一个由公证联盟使用多重签名的技术来控制的机构,而不是单一机构,这样使得如果想偷窃已经锁定的数字资产,就需要得到多个机构的签名。相比于传统交易所来说,安全性有所增加,但锁定数字资产的安全仍然取决于公证联盟的忠诚度,其流程如图 22.2 所示。

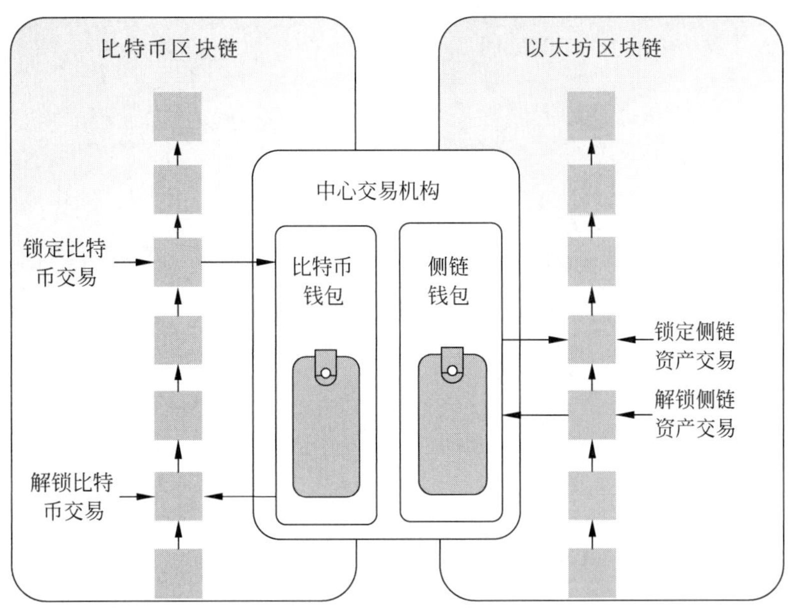


图 22.1　传统公证人机制示意图

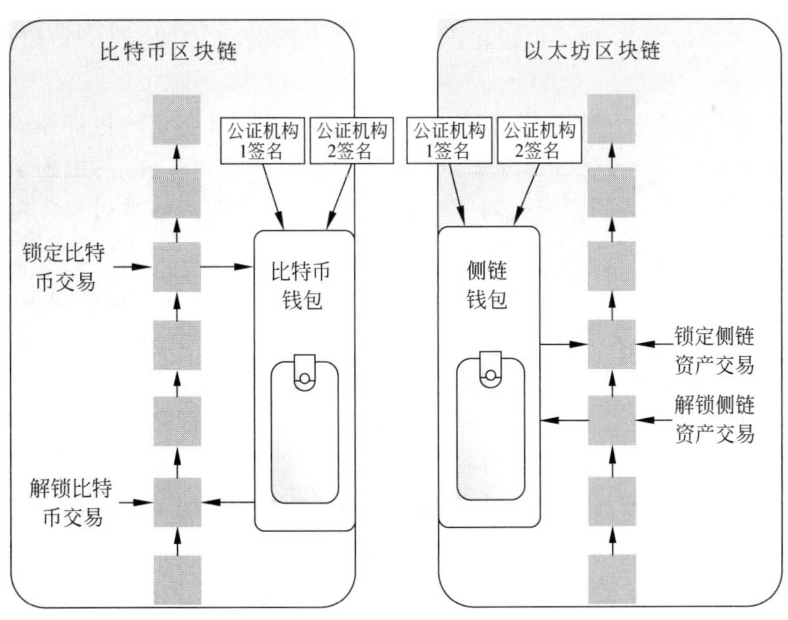


图 22.2　公证联盟形式

(3) 除此之外,还有一种著名的分布式账本技术 Ripple,也是采用类似公证人的机制来解决全球金融机构之间的资产交换。Ripple 的系统架构如图 22.3 所示,Ripple 系统中交易通过网络中的验证者进行交易的验证,验证者验证的交易通过加密算法保护交易内容不能被验证者窥探从而保证交易的隐私性。

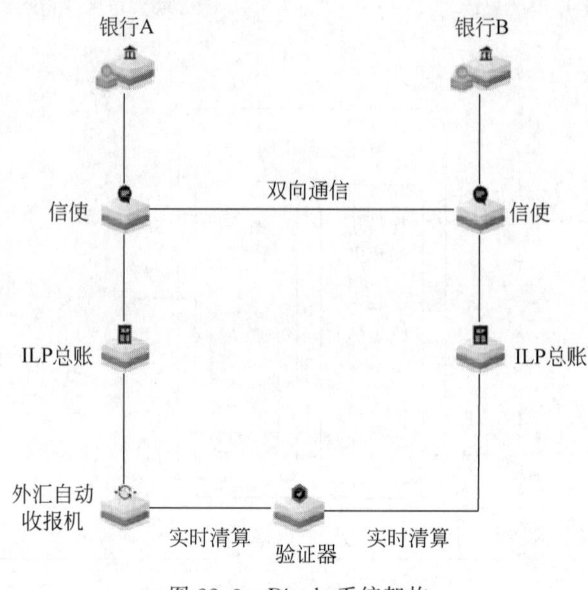


图 22.3 Ripple 系统架构

**2. 哈希锁定**

哈希时间锁定(HTLC)最早出现在比特币的闪电网络,在 7.2 节已经对其进行过详细讲解。

跨链资产交换支持一定数量的 A 链资产和一定数量的 B 链资产进行原子交换。哈希时间锁定巧妙地采用了哈希锁和时间锁,迫使资产的接收方在 deadline 内确定收款并产生一种收款证明给打款人,否则资产会归还给打款人。收款证明能够被付款人用来获取接收人区块链上的等量价值的数量资产或触发其他事件。

如图 22.4 所示,用一个例子来阐述如何使用哈希时间锁定进行跨链的原子资产交换,假设 Alice 和 Bob 有资产交换的需求,Alice 想用 1BTC 和 Bob 换 20ETH,那么首先需要在两条链上设置哈希时间锁定合约,然后执行如下步骤:

(1) Alice 随机构建一个字符串 s,并计算出其哈希 h=hash(s)。

(2) Alice 将 h 发送给 Bob 的合约。

(3) Alice 锁定自己的 1BTC 资产,设置一个较长的锁定时间 t1,并设置获取该 BTC 的一个条件:谁能够提供 h 的原始值 s 就可以得到该 BTC。

(4) Bob 观察到 Alice 合约中锁定了 1BTC,然后 Bob 锁定自己的 20ETH 资产,并设置一个相对较短的锁定时间 t2(t2 < t1),Bob 也设置了同样获取条件(谁提供 h 的原始值 s 就可以获取 20 个 ETH)。

(5) Alice 将自己最初生成的字符串 s 发送到 Bob 的合约里,取得 20ETH。

(6) Bob 观察到步骤(5)中 Alice 的 s 值,将其发送给 Alice 的合约,成功获取 1BTC。

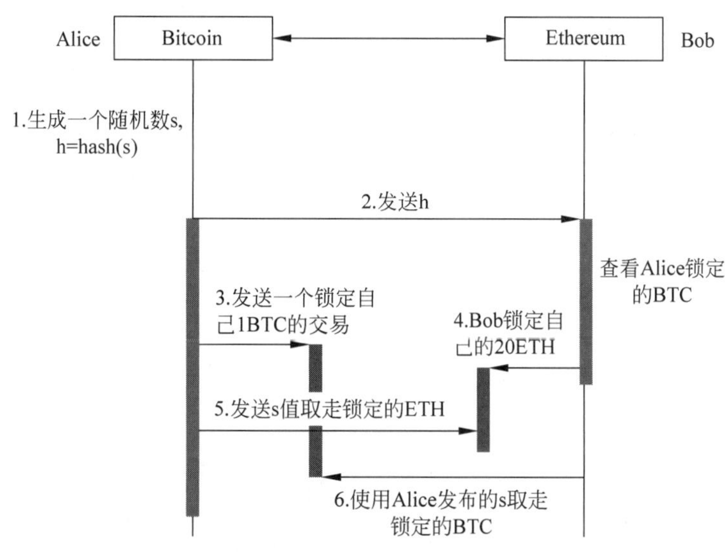


图 22.4　哈希锁定跨链流程

至此 Alice 和 Bob 完成了资产的交换。

**3. 侧链/中继链**

1）侧链

目前来说，实现侧链的技术基础是双向锚定（Two-way Peg），通过双向锚定技术，可以将数字资产在主链中锁定，同时在侧链中释放等价的数字资产。同样的，也可以使数字资产在侧链中锁定，并在主链中释放。以比特币为例，双向锚定最大的技术难点就是在比特币现有协议基础之上进行兼容改造，也就是实现双向锚定的同时，不能对现有比特币主链造成不良影响。

现阶段去中心化的双向锚定实现，主要是基于 SPV 技术。SPV 模式下的双向锚定是最初在白皮书 *Enabling Blockchain Innovations with Pegged Sidechains* 中提出的去中心化的双向锚定实现模式的最初设想。SPV 是一种只需要少量数据就可以证明某笔交易存在的方法，在这种模式下，可以将主链上的数字资产发送到一个特定的地址，在经过一定区块数量的确认交易生效之后，创建一个 SPV 证明发送到侧链，这时侧链就会收到一个 SPV 证明。这时，侧链会验证主链上的资产是否已经被锁定，同时释放侧链上等价的数字资产。同理，在侧链经过一定区块数量确认之后，可以使用同样的操作，将侧链上的数字资产锁定发送到主链。SPV 模式实现双向锚定如图 22.5 所示。

BTC Relay 号称是史上第一个侧链，BTC Relay 是通过以太坊构建了一个比特币的侧链，运用以太坊的智能合约，允许用户验证比特币的交易。这里我们仍然以 Alice 1BTC 和 Bob 的 20ETH 数字资产交换为例阐述相应原理，如图 22.6 所示。

(1) Bob 将 20ETH 发送到 BTCSwap 的合约进行冻结（该合约只要能够确认 BTC 网络上 Bob 接收到来自 Alicc 1BTC，就自动将 20ETII 转给 Alice）；

(2) Alice 确认 Bob 冻结信息后，将 1BTC 转给 Bob 比特币账户；

(3) BTC Relayer 将比特币区块头推送到 BTCSwap 合约；

(4) Alice 接下来就可以调用 relay Tx；

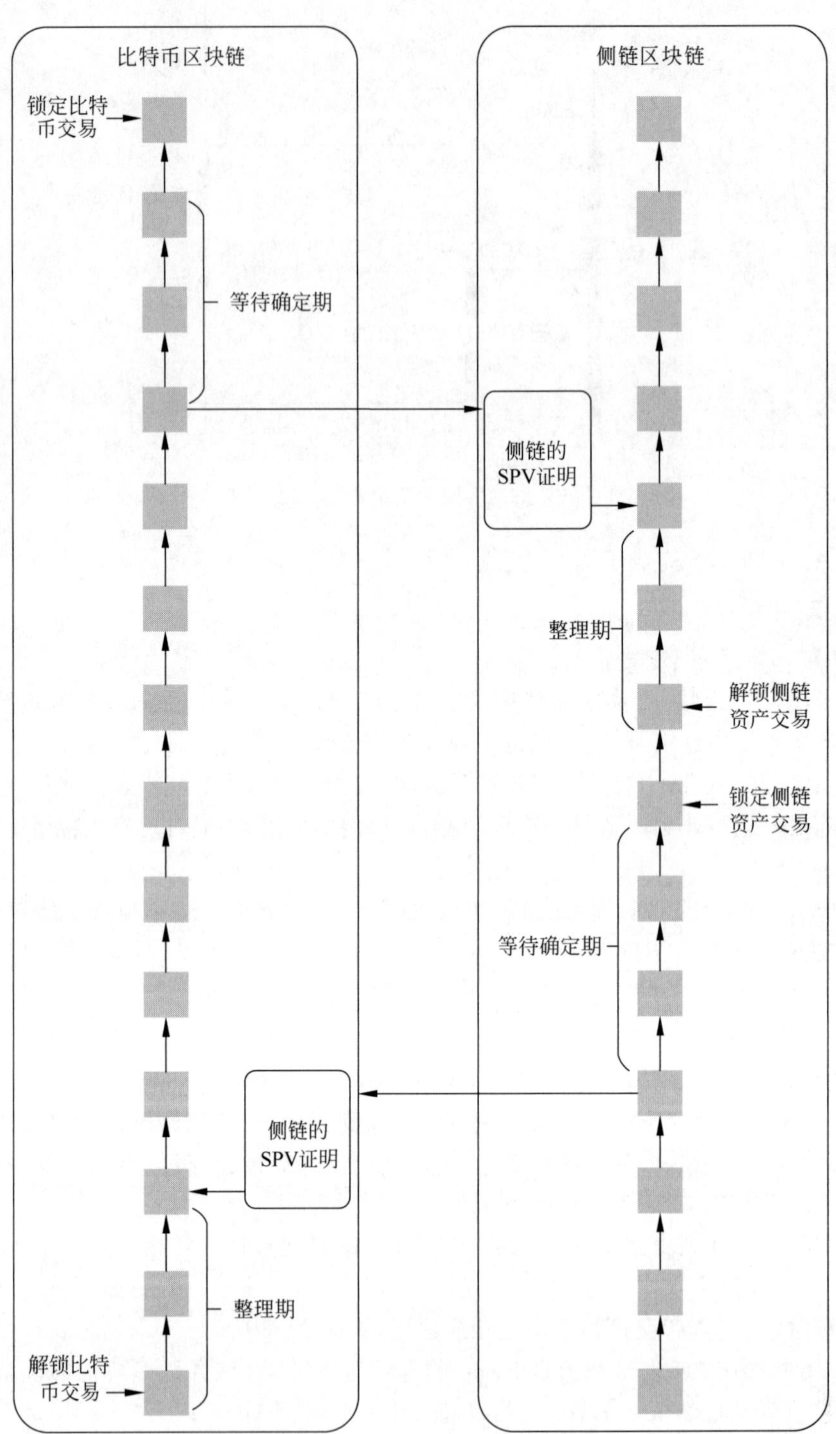


图 22.5　SPV 模式实现双向锚定

（5）BTCSwap 合约结合 Tx 和 BTC 链的区块链进行 SPV 验证，验证通过，则将 20ETH 转给 Alice 以太坊地址。

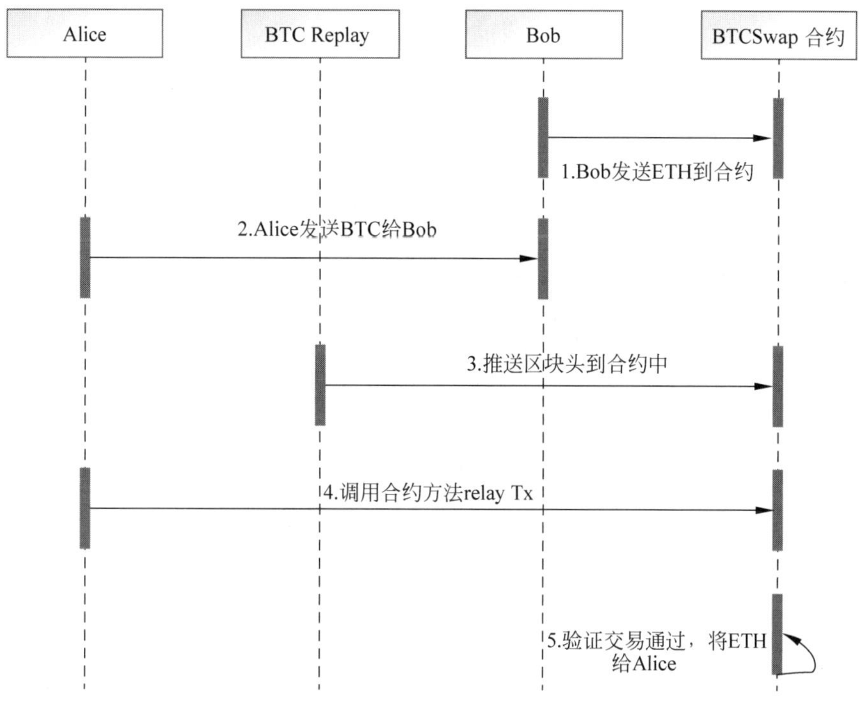


图 22.6　BTC Replay 跨链流程图

2）中继链

中继链本质上算是公证人机制和侧链机制的融合和扩展，即在两条之间建立一条类似于公证人角色的通信通道，如果这个通道的本身也是一个区块链，则称这个链为中继链。目前，比较著名的跨链项目 Cosmos 就是采用了中继链的多链多层架构，支持跨链资产交互。

Cosmos 网络是一个多链混合的区块链网格结构，如图 22.7 所示，该网络中主要包括两种角色：Hub 是用于处理跨链交互的中继链；Zone 是 Cosmos 中的平行链，Cosmos 中平行链需要具备两个前提条件。

（1）快速确定性(fast finality)：这个特性由共识算法保障，也就是说 Cosmos 的跨链不直接支持 PoW 等概率确定模型的区块链。

（2）强监管性(Sovereignty)：每个平行链都具有一组验证者能够决定其出块。

为了支持平行链之间的跨链互操作，Cosmos 提出了一种跨链交互协议 IBC（Inter-Blockchain Communication protocol)，并利用 tendermint 共识算法的即时确定性实现多个异构链之间的价值和数据传输。

首先我们以 Chain A 到 Chain B 转账 10 token 为例，说明使用 IBC 的跨链交互。

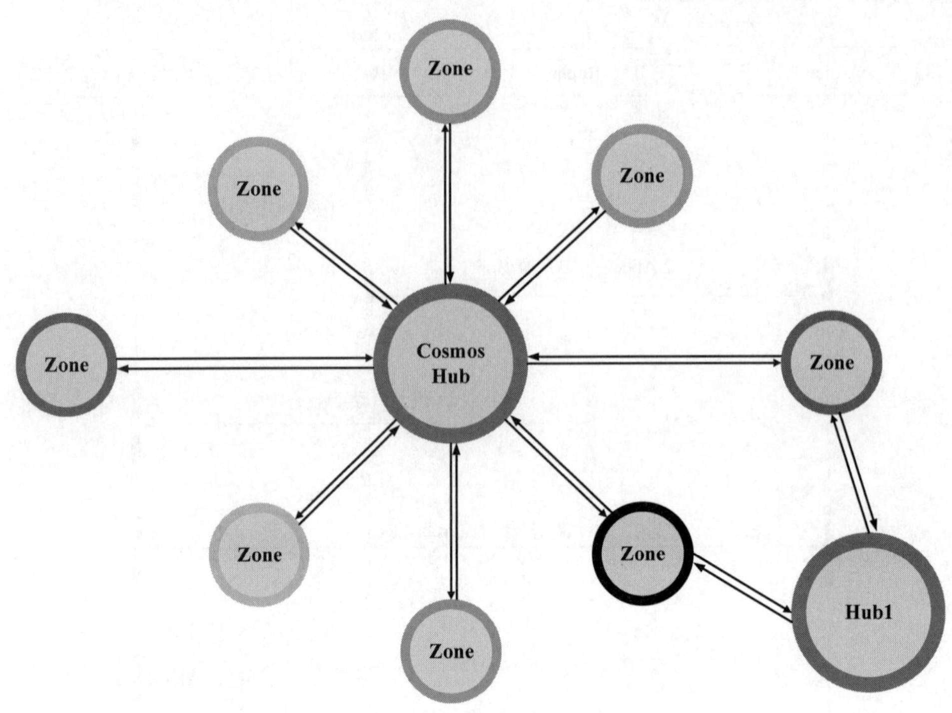


图 22.7 Cosmos 网络结构图

(1) 互相跟踪,也就是说如果 A 要和 B 进行跨链交易,那么 A 和 B 链需要分别运行相当于对方区块链的轻节点服务,这样互相可以实时接收到对方的区块头信息(方便后续执行类 SPV 验证)。

(2) A 链上初始化 IBC 协议,冻结相关资产 10 token,并生成相应的证明发送给 B 区块链。

(3) B 链接收到相应的 IBC 消息,通过 A 链的区块头信息确定 A 确实进行相应的资产冻结,然后 B 链会生成等价值 10 token 的资产。

以上是使用 IBC 协议的两个平行链直接进行跨链的基本过程,如果区块链很多,那么这种方式的两两跨链复杂度会呈现组合级别增加。因此 Cosmos 网络又引入了一种 Hub 的中继链,所有的平行链都通过 IBC 连接到 Hub,让 Hub 辅助跨链交易的验证和转移,目前 Cosmos 实现了一个官方的 Hub ,称为 Cosmos Hub(见图 22.7)。

图 22.8 是 Cosmos 网络的详细架构图,Cosmos 为方便平行链开发提供了基本服务,Cosmos SDK 包括共识、网络以及 IBC 协议等,这样基于 Cosmos SDK 开发的子链之间都能够方便地互相交互。此外,对于非 Cosmos SDK 开发的区块链需要使用 Peg Zone 进行桥接,如图中的 Ethereum。

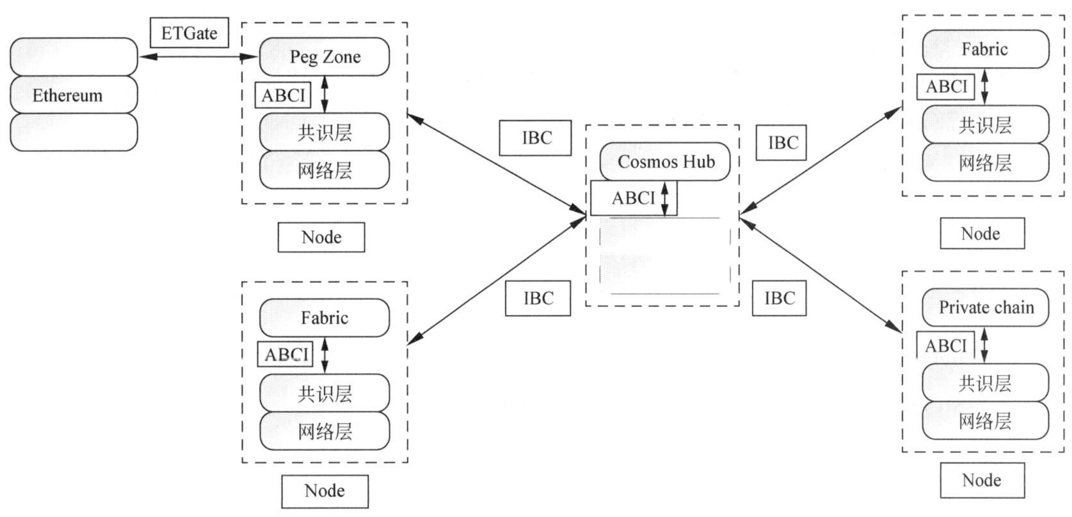


图 22.8 Cosmos 网络详细架构图

# 22.2 EOS 区块链

## 22.2.1 EOS 区块链概述

2008 年，区块链技术在中本聪发表的比特币白皮书中，第一次被提出。从那之后，企业家和开发者们都开始尝试推广和普及这项技术，使其可以在单个区块链平台下支持更广泛的应用。

在大量的区块链平台还在为支持功能性的去中心化应用时，几个典型的区块链应用程序已经拥有了平均每天成千上万的用户，如比特股的去中心化的交易所(2014)、Steem 的社交平台(2016)。这些区块链平台都已经通过以下几种方式实现这一点，提升自己的性能至每秒数千笔交易，减少延迟至 1.5s，消除用户的交易费，提供与现在已存中心化的服务媲美的用户体验。

但是，现存的区块链平台存在一些严重的问题，制约了区块链技术被广泛采纳，如沉重的交易费负担和有限的计算能力。EOS 就是去试图解决这些问题。

EOS 是当下最火的区块链技术之一，被社会广泛地看好为下一代区块链 3.0。与以太坊不同，EOS 的主要语言是 C++。EOSIO 介绍并设计了一种新的区块链架构，这种区块链架构可以同时支持在横向和纵向扩展非中心化应用的规模和性能。它实现一种类似于操作系统结构的形式，在这个基础上可以开发 DApp。EOSIO 提供了账号、权限认证、数据库、匿名通信等功能，以及支持跨多个 CPU 内核和集群的应用程序调度。最终将形成一种区块链架构的技术，这种技术具有支持每秒钟数以百万计的吞吐率，用户免费使用，同时允许快速、简单地在一个可管理的区块链上下文中，部署和维护一个去中心化的应用。

区块链自诞生到现在已将近 10 年，通过对区块链技术的学习和深入理解，可以了解到下一代区块链不是比特币，更不是 ICO，而是大规模的各行各业的 DApp 的崛起，所以，能够做好大型商业应用的基建工作的公有链就是未来区块链的宠儿。从这个角度去看，呼喊着百万级 TPS，手续费为 0，快速部署 DApp 的 EOS 无疑切中了所有的要点。

下面针对一些名词进行一下解释：

(1) EOS. IO，是由 block. one 开发的可构建公有链的软件源代码。

(2) EOS platform，采用了 EOS. IO 软件构建的公有链平台。

(3) DApp，这里指的是未来在 EOS 公有链平台上基于 EOS. IO 软件开发部署的去中心化应用。

## 22.2.2 EOS 模块组件与工具

**1. nodeos**

EOSIO 的核心守护进程，可以配置多种插件启动一个节点，可以将节点配置为多种方式。

(1) 一个区块的生产者。

(2) 一个验证节点。

(3) 一个链的 RPC API 服务节点。

(4) 一个钱包的 RPC API 服务节点。

(5) 上述几个功能的各种组合。

**2. Cleos**

Cleos 是一个与节点暴露的 REST API 接口交互的命令行工具。如果想使用 Cleos，用户需要知道一个 nodeos 实例的 IP 地址和端口号，并配置 Cleos 加载 eosio：chain_api_plugin。Cleos 包含了其所有的命令。

**3. Keosd**

Keosd 是一个轻钱包客户端，负责管理钱包、保护密钥，在交易广播至网络之前签署交易。

**4. Eosiocpp**

Eosiocpp 是一个 WASM 和 ABI 的 C++ 编译器。它能生成可以上传到区块链上的 . wasm 和. abi 文件。

这些组件的基本关系如图 22.9 所示(因为 Eosiocpp 属于编译工具，不属于某个功能模块，所以图中无)。在接下来的部分，将会编译创建一个 EOSIO 组件，并将其部署成一个主机节点，进一步配置成一个测试网络。

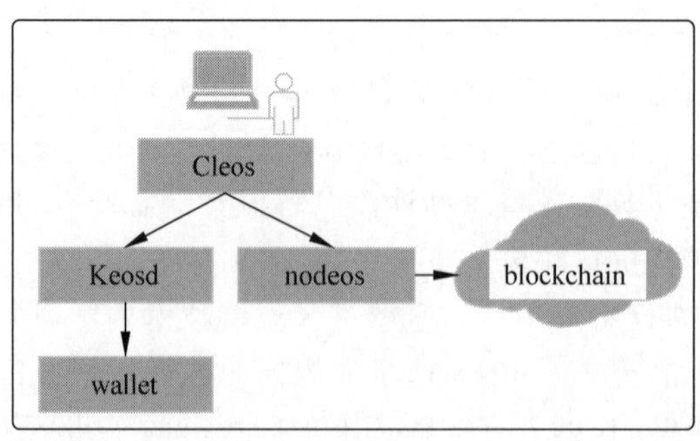


图 22.9　EOSIO 架构

### 22.2.3　开始 EOS 之旅

**1. 编译 EOSIO**

1）获取代码

```
git clone https://github.com/EOSIO/eos --recursive

git submodule update --init --recursive
```

2）编译

EOSIO 可以在具有各种编译路径的多个平台上进行编译。本书介绍的脚本只可以在 Mac OS 和大多数 Linux 系统中执行。这个自动编译脚本可以安装所有的依赖库并且编译 EOSIO。目前，本脚本支持以下系统。

（1）Amazon 2017.09 或者更高版本。

（2）Centos 7 或者更高版本。

（3）Fedora 25 或者更高版本（推荐 Fedora 27）。

（4）Mint 18。

（5）Ubuntu 16.04（推荐 Ubuntu 16.10）。

（6）Mac OS Darwin 10.12 或者更高版本（推荐 Mac OS 10.13.x）。

```
cd eos
./eosio_build.sh
```

编译需要较长时间，出现如图 22.10 界面时，则代表编译成功。

3）安装 EOSIO

```
./eos_install.sh
```

**2. 启动一个节点**

1）节点配置

nodeos 可以通过启动时配置命令行参数和修改配置文件 config.ini 两种方式进行配置。所有的配置选项都可以通过执行 $ nodeos -help 来查看。

所有的命令行配置选项也都可以在 config.ini 文件中配置，比如，--plugin eosio::chain_api_plugin，在配置文件中设置 plugin=eosio::chain_api_plugin，也可以达到同样的效果。

配置文件 config.ini 的目录位置。Mac OS 为～/Library/Application Support/eosio/nodeos/config，Linux 为 ～/.local/share/eosio/nodeos/config。

这是一个全局配置文件，就像 Java 的 property 文件一样。这里面的配置会被细分到是由哪一个插件来使用的，如针对 http_plugin 配置的地址端口号等，也可以通过手动修改这些配置来控制链的一些表现。config.ini 这个全局配置文件就是开放给外部人员，作为各种功能的静态变量配置、功能开关等工具使用。

```
[ 96%] Built target producer_plugin
[ 96%] Built target chain_api_plugin
[ 96%] Built target producer_api_plugin
[ 96%] Built target history_plugin
[ 96%] Built target wallet_api_plugin
[ 98%] Built target unit_test
[ 98%] Built target txn_test_gen_plugin
[ 98%] Built target db_size_api_plugin
[ 98%] Built target keosd
[ 98%] Built target cleos
[ 98%] Built target net_plugin
[ 98%] Built target history_api_plugin
[ 98%] Built target net_api_plugin
[100%] Built target nodeos
```

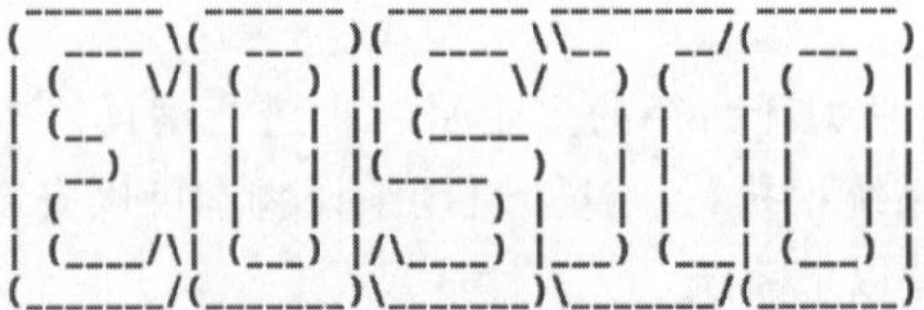

```
EOSIO has been successfully built. 00:00:16

To verify your installation run the following commands:

/usr/local/bin/mongod -f /usr/local/etc/mongod.conf &
cd /Users/apple/Desktop/eos/eos/build; make test

For more information:
EOSIO website: https://eos.io
EOSIO Telegram channel @ https://t.me/EOSProject
EOSIO resources: https://eos.io/resources/
EOSIO Stack Exchange: https://eosio.stackexchange.com
EOSIO wiki: https://github.com/EOSIO/eos/wiki
```

图 22.10 EOS 编译成功界面

(1) 注册成为一个生产者。

用户需要在 EOS 网络上将自己的账号注册成为生产者，才有资格成为一个生产者节点。注册的命令如下：

```
cleos system regproducer accountname1 EOS1234534... http://producer.site Antarctica
```

(2) 设置生产者账号。

在配置文件中将 producer-name 设置成注册的生产者账号，如下：

```
# ID of producer controlled by this node (e.g. inita; may specify multiple times) (eosio::producer_plugin)
producer-name = youraccount
```

(3) 设置生产者的 signature-provider。

需要为生产者设置私钥。公钥应该具有刚才设置账号的操作权限。signature-provider 被定义为一个多元组，包括以下三项内容。

- publick-key：账户对应的 EOSIO 公钥地址。
- provider-type：KEY 或者 KEOSD。
- provider-spec：一个与 provider-type 类型一致的字符串。

（4）设置一个节点列表。

```
# Default p2p port is 9876
p2p-peer-address = 123.255.78.9:9876
```

（5）加载必要的插件。

```
plugin = eosio::chain_plugin
plugin = eosio::producer_plugin
```

（6）非生产者节点。

非生产者节点就是没有配置要生成区块的节点。在有些情况下会使用这种节点，只用来当一个专门同步区块的节点，比如为一个开发者提供一个公共的 HTTP-RPC API 服务，或者专门为开发的 APP 做一个私有终端节点。

非生产者只需要进行少量配置即可，主要是配置节点列表。

```
# Default p2p port is 9876
p2p-peer-address = 123.255.78.9:9876
```

2）开发环境

可以有多种配置开发环境的方式供选择，具体选择哪一种取决于打算实现什么功能。下面有两种实用的选择供尝试探索。

（1）本地单节点的测试网络。

这个方案对于这几类用户智能合约的开发者、有志向成功区块生产者、非区块生产者来说是首选。

在成功编译完 EOS 工程之后，nodeos 的可执行文件在 build/programs/nodeos 目录下，可以直接执行./programs/nodeos/nodeos 来启动一个节点。

执行如下命令，可以直接启动一个节点。

```
cd build/programs/nodeos
./nodeos -e -p eosio --plugin eosio::chain_api_plugin --plugin eosio::history_api_plugin
```

nodeos 在一个默认的数据文件夹中存储运行数据（如共享内存，日志内容）。这个数据文件夹的路径如下：

```
Mac OS: ~/Library/Application\ Support/eosio/nodeos/data
Linux: ~/.local/share/eosio/nodeos/data
```

同样，数据文件夹也可以在启动 nodeos 时，在命令行加上--data-dir 参数来设置。

（2）多节点组网。

因为 EOS 区块链是公有链，所以真实生产环境下，具有多台服务器节点，每台服务器在 EOS 网络中有自己的职责，并且任意节点可以自由加入 EOS 网络。在介绍构建多节点组网内容之前,假设读者已经对前边介绍 EOS 单机环境的编译、操作都非常熟悉了。本节以三台计算机为例,读者可以按照本教程继续扩展网络。

① 准备工作。

三台在局域网内连网的计算机,并按之前的教程为每台计算机部署好 EOSIO 单节点环境。创建两个生产者节点账号 accountnum11、accountnum22。本书作者部署好的三台计算机基本情况如下。

- 第一台计算机(IP: 192.168.3.8)。

配置文件需要修改的配置项如下:

```
http-server-address=0.0.0.0:8888
p2p-listen-endpoint=0.0.0.0:9876
bnet-endpoint=0.0.0.0:4321
p2p-peer-address =192.168.3.10:9996
p2p-peer-address =192.168.3.20:9996
producer-name=eosio
signature-provider= EOS6MRyAjQq8ud7hVNYcfnVPJqcVpscN5So8BhtHuGYqET5GDW5CV=KEY:5KQwrPbwdL6PhXujxW37FSSQZ1JiwsST4cqQzDeyXtP79zkvFD3
plugin=eosio::producer_plugin
plugin=eosio::chain_api_plugin
plugin=eosio::http_plugin
```

- 第二台计算机(IP: 192.168.3.10)。

配置文件需要修改的配置项如下:

```
http-server-address=0.0.0.0:8888
p2p-listen-endpoint=0.0.0.0:9876
bnet-endpoint=0.0.0.0:4321
p2p-peer-address =192.168.3.8:9996
p2p-peer-address =192.168.3.20:9996
producer-name=accountnum11
signature-provider= EOS6cBGAyrRgM9BR4BdybVis2i6MV5zwQXKagMzyW1LzA9Zt5kKXX=KEY: 5HzWoPL2CoHayNM53s6eMM6hemqWXbMbPNg9LfaupycV85ADTbG
plugin=eosio::producer_plugin
plugin=eosio::chain_api_plugin
plugin=eosio::http_plugin
```

- 第三台计算机(IP: 192.168.3.20)。

配置文件需要修改的配置项如下:

```
http-server-address=0.0.0.0:8888
p2p-listen-endpoint=0.0.0.0:9876
bnet-endpoint=0.0.0.0:4321
p2p-peer-address =192.168.3.8:9996
p2p-peer-address =192.168.3.10:9996
```

producer-name=accountnum22

signature-provider= EOS67P5qLkxLWw9hXbJNzNMx4LLZycJEbrTwRt2K1ba8cn4oZJTEu=KEY：5JUoZfXQzNQRJVXmzBv8LC98PrggXPFzWrjhg1WWDmgWYe9r9Zh

plugin=eosio::producer_plugin

plugin=eosio::chain_api_plugin

plugin=eosio::http_plugin

配置完成后，按照之前的教程进行操作，启动三个节点。这时可以看到，第一台计算机正在生产区块 produce block，其余两台正在接收同步区块 on_incoming_block。为每个节点创建一个钱包，并将每个节点配置文件中的密钥导入钱包。

之后的操作均在第一台计算机节点上进行。

② 创建两个区块生产者账号 accountnum11、accountnum22。

```
./cleos create account eosio accountnum11
EOS6cBGAyrRgM9BR4BdybVis2i6MV5zwQXKagMzyW1LzA9Zt5kKXX
EOS6cBGAyrRgM9BR4BdybVis2i6MV5zwQXKagMzyW1LzA9Zt5kKXX
```

```
./cleos create account eosio accountnum22
EOS67P5qLkxLWw9hXbJNzNMx4LLZycJEbrTwRt2K1ba8cn4oZJTEu
EOS67P5qLkxLWw9hXbJNzNMx4LLZycJEbrTwRt2K1ba8cn4oZJTEu
```

③ 创建比较重要的系统级账户，包括 eosio. bpay、eosio. msig、eosio. names、eosio. ram、eosio. ramfee、eosio. saving、eosio. stake、eosio. token、eosio. vpay，按照官方的说法，这几个系统级的账户必须全部创建，否则可能暂时不会报错，但之后会有很多坑。

重复以下创建账号的步骤来创建所有的系统级账号。在本书中，为了简单，我们创建账号时，owner 权限与 active 权限都使用的是一个密钥对，所以一个账号生成一对密钥就可以了。实际情况下，应该为 owner 和 active 生成两对不同的密钥对。这里以创建 eosio. bpay 为例，其他账号由用户自行创建。

```
$ cleos create key # for eosio.bpay
Private key: 5KAVVPzPZnbAx8dHz6UWVPFDVFtU1P5ncUzwHGQFuTxnEbdHJL4
Public key: EOS84BLRbGbFahNJEpnnJHYCoW9QPbQEk2iHsHGGS6qcVUq9HhutG
$ cleos wallet import -private-key 5KAVVPzPZnbAx8dHz6UWVPFDVFtU1P5ncUzwHGQFuTxnEbdHJL4
imported private key for: EOS84BLRbGbFahNJEpnnJHYCoW9QPbQEk2iHsHGGS6qcVUq9HhutG

$ cleos create account eosio eosio.bpay EOS84BLRbGbFahNJEpnnJHYCoW9QPbQEk2iHsHGGS-
6qcVUq9HhutG
executed transaction: ca68bb3e931898cdd3c72d6efe373ce26e6845fc486b42bc5d185643ea7a90b1 200
bytes 280 us
# eosio <= eosio::newaccount {"creator":"eosio","name":"eosio.bpay","owner":{"threshold":
1,"keys":[{"key":"EOS84BLRbGbFahNJEpnnJH...
```

④ 安装 eosio. token 智能合约。

配置 eosio. token 智能合约，这个合约可以创建、发行、转账代币，并且可以获取代币信息。假设 EOS 代码位于桌面，这个合约的路径位于～/Desktop/eos/build/contracts/eosio.

token,之后要部署的系统合约也都在~/Desktop/eos/build/contracts 目录下。

```
$ cleos set contract eosio.token ~/Destop/eos/build/contracts/eosio.token
```

⑤ 部署 eosio.msig 智能合约。

配置 eosio.msig 智能合约。本合约可以让用户简化定义和管理权限水平,并且可以执行多重签名的 actions。

```
$ cleos set contract eosio.msig ~/Desktop/eos/build/contracts/eosio.msig
```

⑥ 创建系统代币 SYS。

默认的最新版本代码的系统代币名称为 SYS,之前的版本为 EOS,如果是最新的代码则不能使用 EOS,不然后面会出错。创建系统代币 SYS,总量发行 10 亿,之后转账给 EOSIO 账户 6 亿。

```
$ cleos push action eosio.token create '[ "eosio", "1000000000.0000 SYS" ]' -p eosio.token
@active
$ cleos push action eosio.token issue '[ "eosio", "600000000.0000 SYS", "memo" ]' -p eosio
@active
```

在上面步骤(1)中,可以看到向 eosio.token 这个智能合约发送了一个 create 的 action 请求,通过 eosio.token 这个账户的 active 权限进行了批准,从参数中可以看到,这条请求是在 EOSIO 账户发行 10 亿个 SYS 代币。这有效创建了 SYS 代币的最大供应量,但没有任何代币进行流通环节。没有进入流通环节的代币可以认为是留做系统备用的代币。

在步骤(2)中,向 eosio.token 这个智能合约发送了一个 issue 的 action 请求,这条请求从备用的 10 亿代币中发行 6 亿进入流通。发行的同时,这 6 亿代币同时也会被 EOSIO 账户持有。因为 EOSIO 账户持有未进入流通的代币,所以 EOSIO 账户具有这个权限执行这条请求。

⑦ 部署 eosio.system 合约。

部署 eosio.system 合约。本合约几乎提供了所有基于 token 操作行为的 actions。在部署本合约之前,代币的所有操作都是独立于账户体系的。一旦部署了 eosio.system 合约,所有的 actions 都涉及一定的经济元素。系统资源(CPU、网络、存储)都是需要付费的。eosio.system 合约允许代币抵押和赎回、购买资源、潜在的区块生产者在系统中注册、随后被选举成为正式的生产者、声明区块生产者的奖励、设置其权利和限制等。

```
$ ./cleos set contract eosio ~/Desktop/eos/build/contracts/eosio.system -p eosio
```

⑧ 将 accountnum11、accountnum22 账户注册成为生产者账号。

执行下面的两条命令,将会使这两个账户成为区块生产者的候选人,但直到被选举为真正的区块生产者之前,它并不会生产区块。

```
$ ./cleos system regproducer accountnum11 EOS6cBGAyrRgM9BR4BdybVis2i6MV5zwQXKagM-zyW1LzA9Zt5kKXX http://accountnum11/EOS6cBGAyrRgM9BR4BdybVis2i6MV5zwQXKagMzy-W1LzA9Zt5kKXX

$ ./cleos system regproducer accountnum22 EOS67P5qLkxLWw9hXbJNzNMx4LLZycJEbrTwRt2-K1ba8cn4oZJTEu http://accountnum22/EOS67P5qLkxLWw9hXbJNzNMx4LLZycJEbrTwRt2K1b-a8cn4oZJTEu
```

注册完成之后,可以使用 cleos system listproducers 来查看生产者情况。

⑨ 注册两个投票账号 voterabcdef1、voterabcdef2。

```
$ ./cleos system newaccount eosio voterabcdef1 EOS8cMSi7eiGXC8oWcNfYFf83BRToBoKS4Dp46ERA6Hkb1cCwMn42 EOS8cMSi7eiGXC8oWcNfYFf83BRToBoKS4Dp46ERA6Hkb1cCwMn42 --stake-net '50.00 SYS' --stake-cpu '50.00 SYS' -buy-ram-kbytes 6
$ ./cleos system newaccount eosio voterabcdef2 EOS8cMSi7eiGXC8oWcNfYFf83BRToBoKS4Dp46ERA6Hkb1cCwMn42 EOS8cMSi7eiGXC8oWcNfYFf83BRToBoKS4Dp46ERA6Hkb1cCwMn42 --stake-net '50.00 EOS' --stake-cpu '50.00 EOS' -buy-ram-kbytes 6
```

⑩ 使用 EOSIO 账号,给两个投票账号分别转 3 亿代币。

```
./cleos push action eosio.token transfer '[ "eosio", "voterabcdef1", "300000000.0000 SYS", "m" ]' -p eosio@active

./cleos push action eosio.token transfer '[ "eosio", "voterabcdef2", "300000000.0000 SYS", "m" ]' -p eosio@active
```

⑪ 抵押锁定两个投票账号的代币。只有抵押的代币才被计入投票。

```
$ ./cleos system delegatebw voterabcdef1 voterabcdef1 '150000000.0000 SYS' '150000000.0000 SYS'
$ ./cleos system delegatebw voterabcdef2 voterabcdef2 '150000000.0000 SYS' '150000000.0000 SYS'
```

⑫ 使用两个账号分别为两个生产节点投票。

```
$ ./cleos system voteproducer prods voterabcdef1 accountnum11
$ ./cleos system voteproducer prods voterabcdef2 accountnum22
```

这时就可以看到,EOSIO 账号已经不再生产区块,只同步区块,而其他两个节点则开始生产区块。

# 22.3 DAG 区块链

## 22.3.1 DAG 区块链概述

### 1. DAG

DAG 的英文全名为 Directed Acyclic Graph，有向无环图，从数据结构上讲，就是一种任意一条边都有方向，并且不会形成环路的图形结构，如图 22.11 所示，就是一个有向无环图。

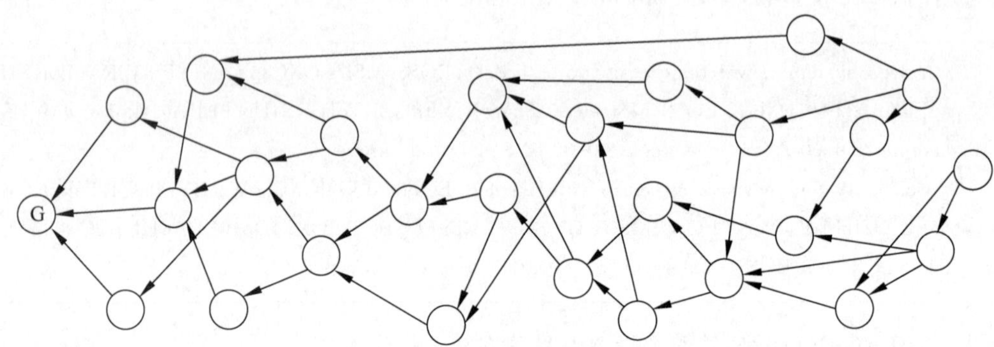


图 22.11 有向无环图

在传统的区块链中，其账本的数据结构就类似于单链表。对于有编程知识背景的人，在数据结构中一共有三种结构，线性结构、树和图。其中，单链表是一条由很多节点构成的链条状结构，每个节点包括其真实数据，以及一个指向下一个节点的指针链接，整个链条方向是单一的，没有分支。而在传统的区块链中，之所以能够形成链，就是因为每个账本区块中除了本身的数据以外，还包括一个指向前一区块链的链接，所以说，区块链的结构就类似于链表。但是这种结构的问题就在于它是一条线性的结构，那么这样的一条线性结构在性能上就会造成瓶颈。假设一个区块的生成时间是固定的，以比特币为例，平均每隔 10min 就只能有一个区块添加到链上，由于区块的大小是固定的，这 10min 内能处理的交易也是有限的。所以，如果想提升区块链的吞吐率性能，目前有以下三种思路。

1）缩短区块的生产时间

例如，莱特币将出块的时间缩短到了 2.5min，从这个角度上讲，在比特币网络生成一个区块的时间内，莱特币就可以生成 4 个区块，交易的吞吐率提高 4 倍。

2）增大单一区块的容量

例如，比特币现金（BCH），将比特币之前 1MB 的区块容量改为了 8MB，在同一个 10min 内，生成的区块容量是原来的 8 倍，交易的吞吐率提高 8 倍。

3）改变账本的数据结构

传统的区块链的链式线性结构，在一个出块区间内只能在一个方向上，在链的最末端添加一个区块。而采用了 DAG 技术的区块链则就是采用了这一种思路，在同一个时间周期内，可以在账本的最末端向多个方向添加新数据，让新数据的添加可以平行进行，从而提升吞吐率。

**2. DAG 与区块链**

最早在区块链中引入 DAG 概念作为共识算法的是 2013 年由 ID 为 avivz78 的以色列希伯来大学学者在 bitcointalik.org 上提出的，也就是 GHOST 协议，作为比特币的交易处理能力扩容解决方案；Vitalik 在《以太坊紫皮书》描述的 PoS 共识协议 Casper，也是基于 GHOST PoW 协议的 PoS 变种。

后来 NXT 社区有人提出用 DAG 的拓扑结构来存储区块，解决区块链的效率问题。区块链只有一条单链，打包出块无法并发执行。如果改变区块的链式存储结构，变成 DAG 的网状拓扑可以并发写入。在区块打包时间不变的情况下，网络中可以并行打包 $N$ 个区块，网络中的交易就可以容纳 $N$ 倍。NXT 社区提出的 DAG of blocks 示意图如图 22.12 所示。

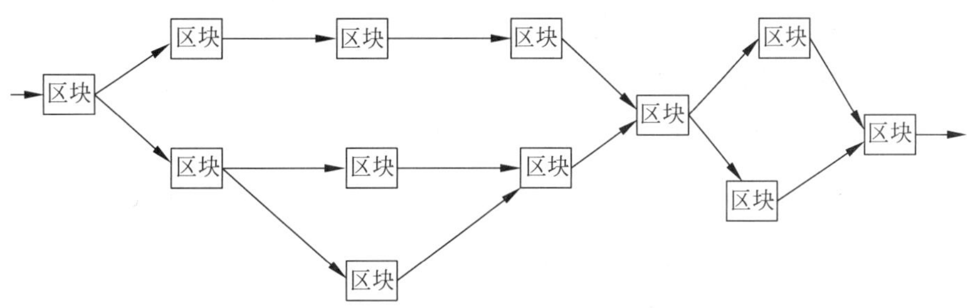


图 22.12　NXT 社区提出的 DAG of blocks

此时，DAG 跟区块链的结合依旧停留在类似侧链的解决思路，交易打包可以并行在不同的分支链条进行，达到提升性能的目的。此时 DAG 还是有区块的概念。

2015 年 9 月，Sergio Demian Lerner 发表了 *DagCoin: a cryptocurrency without blocks* 一文，提出了 DAG-Chain 的概念，首次把 DAG 网络从区块打包这样粗粒度提升到了基于交易层面，但 DagCoin 本身是一篇论文，没有代码实现。

DagCoin 的思路是让每一笔交易都直接参与维护全网的交易顺序。交易发起后，直接广播全网，跳过打包区块阶段，达到所谓的 Blockless。这样省去了打包交易出块的时间。如前文提到的，DAG 最初跟区块链的结合就是为了解决效率问题，现在不用打包确认，交易发起后直接广播网络确认，理论上效率得到了质的飞跃。DAG 进一步演变成了完全抛弃区块链的一种解决方案。

2016 年 7 月，基于 Bitcointalk 论坛公布的创世帖，IOTA 横空出世，随后 Byteball 也闪亮登场，IOTA 和 Byteball 是第一次真正实现 DAG 网络，也是此领域最耀眼的领军者。此时，号称无块之链(Block Less)、独树一帜的 DAG 链家族雏形基本形成。

综上所述，DAG 是面向未来的新一代区块链，从图论拓扑模型宏观看，从单链进化到树状和网状、从区块粒度细化到交易粒度、从单点跃迁到并发写入，是区块链从容量到速度的一次革新。

## 22.3.2 DAG 区块链典型代表

### 1. IOTA

1）项目简介

IOTA 由 DavidSønstebø、Sergey Ivancheglo、Dominik Schiener 和 Serguei Popov 博士于 2015 年创立。IOTA 是一个开源的分布式账户，专注于为物联网上的计算机之间提供安全的通信和支付。IOTA 使用有向无环图（DAG）技术代替传统的区块链，无论交易规模大小，确认时间快，系统可以同时处理的交易数量无限，系统可以轻松扩展，IOTA 的交易都是免费的。IOTA 的主要定位为：

（1）在物联网中起到小额支付作用，计算机间可以在无人干预的情况下自己交易。

（2）可以进行物联网数据交易，如医疗科研机构可以在用户自愿的情况下进行各种手环设备的数据采集。而用户也将有机会通过将其物联网设备连接到 IOTA 账本，在市场中销售自己的数据并可以获得相应的 IOTA 代币奖励。

（3）随着智能城市、基础设施和智能电网、供应链、运输和移动性等领域的建立，IOTA 的应用场景应该会越来越多，构建一个未来的物联网经济。其代币可以认为就是物联网的货币。

2）技术原理

IOTA 所使用到的主要技术是一种被称为缠结（Tangle）的分布式账本技术，与传统的区块链不同，IOTA 的分布式账本上没有区块，也没有链的概念，它是以交易为账本的基本单位，不存在全局的区块链，取而代之的是一种 DAG 结构，其中 DAG 的每一个节点就是一笔交易，Tangle 就是由交易构成的有向无环图，全网的交易量越大，这个有向无环图的规模就越大。

当一个网络的节点用户要发起一笔新的交易时，首先需要在 Tangle 账本中找两笔没有确认过的交易，去验证这两笔交易的合法性，并且将自己的这笔交易指向这两笔交易，整个 Tangle 账本就是这样一点一点扩张出去的。正是因为这样的设计，IOTA 中去除了矿工的概念，交易验证的工作由全网的用户来完成，想加入 IOTA 网络，就需要去帮着验证交易，而不是像比特币那样由矿工来完成，这样就达到了完全的去中心化，而不是有几家超级矿工存在的那种伪去中心化。Tangle 账本的示意图如图 22.13 所示。

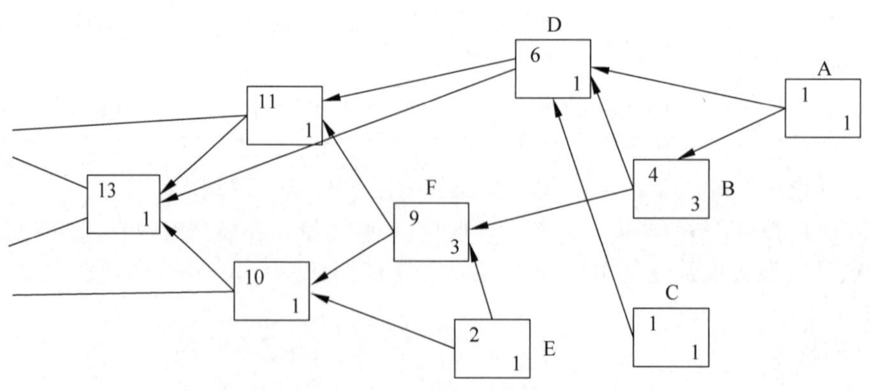


图 22.13 Tangle 账本示意图

以图 22.13 为例，Tangle 账本的扩张是从左向右的，越往右的交易越新，确认数越少。例如，图中的交易 A、C 都是新生成的交易。而发起交易 A 的用户，在发起交易之时，需要先从账本中找两笔未确认的交易 B 和 D，将交易 A 指向交易 B 和 D，那么 A 就直接验证了 B 和 D，而对于交易 F，虽然 A 没有直接验证交易 F，但 A 通过 B 有一条通路(path)可以连接到 F，则可以说交易 A 间接验证了交易 F。而交易 A 和 C 这种没有被证明过的交易，被称为顶端(tip)。

类似于邮件系统，为了防止有人恶意地发许多没用的交易阻塞网络，或者进一步通过更改 DAG 的形状来发起攻击，用户在新生成一笔交易之前都需要做一次 PoW 计算，但相比于比特币的 PoW，这个计算要简单得多，一台普通的计算机在 5～10min 之内就可以完成。

如图 22.13 所示，每个交易方块的右下角有一个小数字，被称为权重，这个权重与发起该交易的用户所执行的 PoW 的工作量大小有关。如两个用户的两笔交易，他们所计算 PoW 的目标值分别为 x 和 y，x 的开头为两个 0，而 y 的开头为 4 个 0，那么计算得到 y 的工作量一定是比 x 大的，则计算 y 的交易所包含的权重就比 x 要大。在 IOTA 中，权重的取值范围为 3 的 $n$ 次方，即 1，3，9，27，81…。

图 22.13 中，交易方块左上角的数字被称为累积权重(cumulative weight)，这个累积权重的值，等于自己的权重值加上所有直接或间接指向它的交易的权重的和。例如交易 F 的累积权重为 F、E、B、C、A 所有权重的和，即 3＋1＋3＋1＋1＝9。除了累积权重外，每个交易方块的左上角代表分数(score)，这个 score 就等于该交易自己的权重加上自己直接或间接验证交易的和，如交易 E，直接或者间接验证了除了 A、B、C、D 之外的所有交易，所以 E 的 score 就是 1＋3＋1＋1＋1＝7。

由此可以看出，每个交易的 score 是不可变的，而累积权重是随着账本的扩张不断增加的。理论上来讲，用户在发起交易时可以随意选择两笔交易去验证。如果用户选择了两笔比较老的交易去验证，而不是选择两笔新的交易，这在规则上也是合法的，如果所有的用户选择这样去做，那么新的交易便没有办法确认，所以，累积权重和 score 的引入，正是为了避免这种行为，提倡用户去对新的交易进行验证。

**2. Byteball**

1) 项目简介

Byteball(字节雪球)是 2017 年诞生的比较有影响力的 DAG 区块链，如果说 IOTA 是面向工业领域的，那么 Byteball 则是面向普通大众的。一个走的是精英路线，一个走的是人海路线，各有各的优势。Byteball 是一种具有防篡改证明的分布式数据存储系统，它可以存储任何数据，包括用于记录价值传输信息的数据，如数字资产、产权、债务、股份等。存储单元之间采用前向引用的方式进行连接，每个存储单元将包含一个或多个之前存储单元的哈希值，从而用来确认之前的单元并给出自身的偏序。所有的存储单元之间的连接构成有向无环图。网络中不存在具有数据库管理权限的单点中心，所有人都可以在数据库中添加新的存储单元，只要提供相应的数据签名并支付与数据大小对应的手续费。手续费将分配给后续包含该存储单元哈希值的那些存储单元。随着新的存储单元不断加入，前面的存储单元将不断地被确认。

2) 技术原理

(1) 数据结构。

当用户想要将数据添加到数据库时，创建一个新的存储单元并将其广播给网络中其他节点。存储单元内容包括：

- 需要存储的数据。存储单元中可以包括多个数据包，数据包也称为消息。有许多不同类型的消息，每种消息都有自己的结构。其中一种消息类型是支付消息(payment)，用于将 bytes 或其他资产发送给接收方。
- 创建该单元的一个或多个用户的签名。用户是通过其地址标识的。类似比特币，用户可以拥有多个地址。在最简单的情况下，地址通过公钥生成，这也跟比特币类似。
- 引用一个或多个先前单元的哈希值(父单元)。

其与传统区块链的区别在于，传统区块链中，区块和父区块为一对一的关系，而 Byteball 中一个区块可以被多个子区块引用，一个子区块也可以引用多个父区块，并不限定传统区块中的这种一对一的关系。当我们沿着连接路径前进时，如果一个单元同时被多个子单元引用，那么将在这个单元上观察到多个分支；如果一个单元引用多个父单元，则将在这个单元上看到多个分支的合并(经常使用 git 的开发人员会看到这种现象)，最终形成一个 DAG 的有向无环图式的账本结构。

在新单元产生的数量极少的这种特殊情况下，DAG 看起来几乎就像一条链，只有非常偶尔的分叉会快速合并。

与区块链类似，每个新区块确认所有先前的区块(以及其中的交易)，DAG 中的每个新的子单元确认其父单元，父单元的所有父单元，父单元的父单元的父单元等。如果一个人试图修改存储单位，那么必须改变其哈希值。这样不可避免地会破坏所有通过哈希引用此单元的子单元，因为子单元的签名和哈希都依赖于父单元哈希。因此，如果没有与其所有子单元的用户合作或窃取它们的私钥，就不可能修改一个单元。反过来，如果没有与子单元的子单元(即孙单元)合作，子单元的用户就无法修改它们的单元，以此类推。一旦一个单元被广播到网络中，并且其他用户开始在它上面构建它们的单元。

(2) 双花交易。

与传统区块链中不同，用户尝试发起双花攻击的行为，主要有两种可能的情况：

- 试图花费相同输出的两个单元之间存在偏序，即其中一个单元(直接或间接)包含另一个单元，有先后顺序。在这种情况下，很明显可以安全地拒绝后一个单元。
- 两个单元之间没有偏序，是并行关系。在这种情况下，则先同时接受两者。随后当得到足够多的新单元时，根据之后的单元建立一个总序。总序中较早出现的单元视为有效，而另一单元视为无效。

对于第一种情况，很简单可以按照时间顺序，将后面发生的交易认为是不合法交易，而对于第二种情况，Byteball 中要求，如果同一个地址发布了一个以上的单元，应该包含该地址之前的所有单元，换句话说，一个作者的所有单元应该是连续的，不应该产生分叉。如果一个用户违反了规则，发布了两个没有连续关系的单元，即使这两个单元使用的不是一个地址，也会按照第二种情况当双花行为处理。如图 22.14 所示，一个用户发布了两个没有直接连续关系的单元，则其中会有一个被认为是双花。

(3) 主链。

与 IOTA 中不同的是，在 Byteball DAG 区块链中存在主链的概念，即在 DAG 中的任意顶点，从该顶点的所有父顶点中根据一定的算法选取一个作为最佳父单元，这个选择算法只与给定单元所具备的知识有关，即只与单元本身和其所有父单元的数据有关系。从 DAG

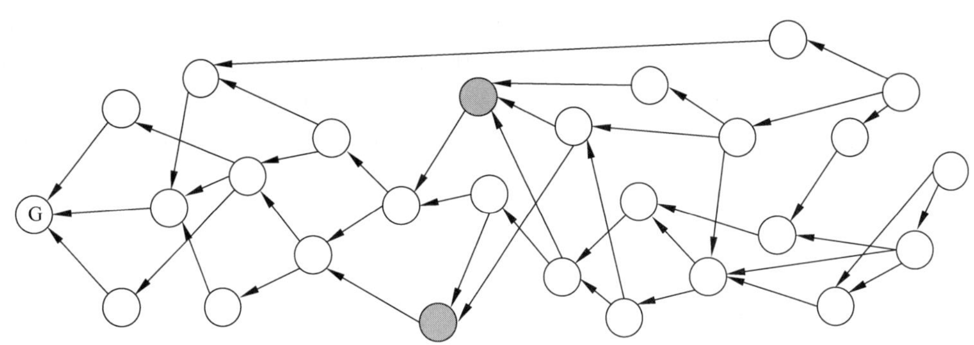


图 22.14 Byteball 双花示意图

的任意顶点单元(没有子单元的单元)开始,沿着"最佳父单元"的连接向后回溯,以这种回溯方式,可以建立起一条主链,并最终连接到创世单元。在 DAG 图中继续添加新顶点的时候,之前选择的主链是不会受影响的,因为已有的父单元都是确定的。对于不同的两个顶点单元,在回溯"最佳父单元"时,会在某一时刻产生交叉点,并在交叉点处沿相同的方向向前回溯,最坏的情况下,是在创世单元处产生交叉。然而用户之间并没有协商单元产生的过程,所以一般主链通常会在离顶点不远的地方产生相交。

在 Byteball 区块链中,可以在广义上,将主链想象成为一条比较粗的,与传统区块链相同的单链,链的内部有许多细小的分支,所有的单元要么直接位于主链上,要么是通过较小的路数连接在主链上,主链就是一条连接多条小路的高速公路,如图 22.15 所示。

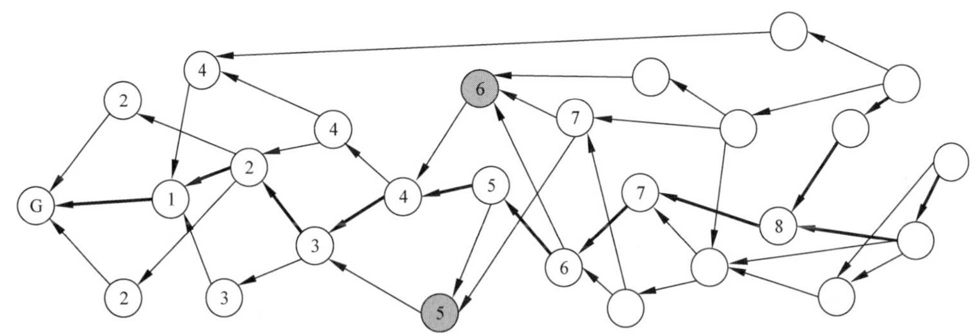


图 22.15 Byteball 主链示意图

一旦确定了一条主链,就可以在不连续的冲突单元之间建立一个总序。如图 22.15 中,从创世单元 G 开始,编号为 0,以此类推,1,2,3…。对于不在主链上的单元,可以向上追溯到首次包含该单元的主链序号(直接或间接)。通过这种方式,就可以为整个 DAG 图中的节点都分配一个时序序号。在双花攻击中,如果存在两个冲突单元,则认为时序序号最小的一个是有效交易,如果两个冲突单元的序号也一样,则认为两笔交易中,哈希值较小的一笔是有效交易。

(4) 见证人。

对于网络中已知的信誉良好的个人、或者有长期信誉保障的公司、或者是对维持整个 DAG 区块链系统正常平衡运转感兴趣的单位,可以在全网中充当见证人的角色,为用户提供一个候选主链。当然,即使是这些见证人的工作是诚实的,但让用户在网络中完全去信任它们这种行为也是不合理的。但是，如果所有见证人的地址是公开可见的，用户可根据这些地址发布的单元的数量和质量计算一个见证级别，来衡量这些候选主链的真实性程度，见证级别越高，则真实性也随之越高。用户在使用自己的交易进行向上回溯时，可以选择一旦遇到见证人提供的候选主链时，就不再继续回溯，并从停止的位置计算主链的度和见证级别。如果存在多个见证级别也相同的候选主链，则选择哈希值较小的主链作为候选主链。

见证人可以理解为整个 DAG 网络中，所有用户的代表来维持全网的稳定运行。如果见证人自己想发起双花攻击，比如从网络的真实部分产生分叉，同时自己秘密地建立一个全部由他自己发送的单元构成的链（影子链），影子链中包含了双花交易，如果该见证人想让交易生效，则最终仍要将影子链合并到主链上来，如图 22.16 所示。

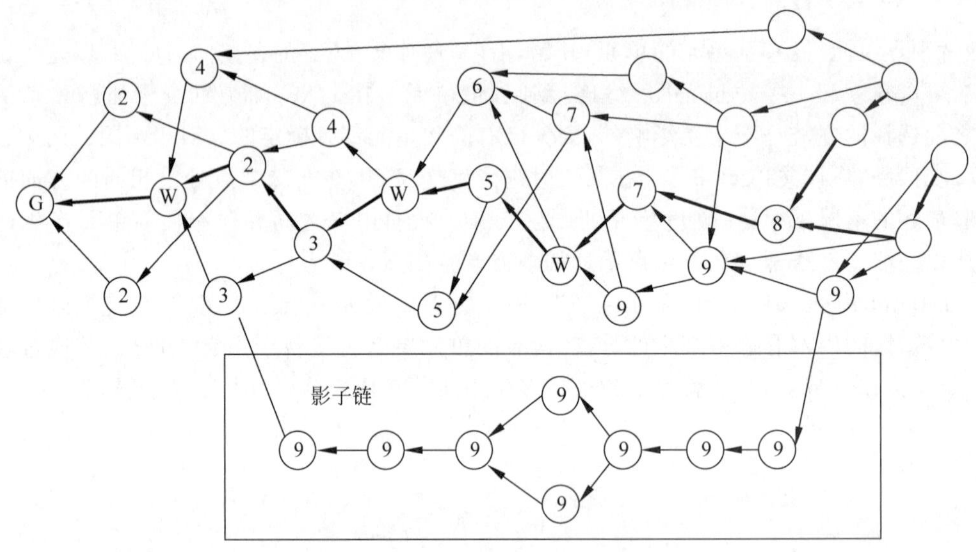


图 22.16 Byteball 影子链示意图

"最佳父单元"算法在选择主链时，并不会选择影子链做为主链，而是选择真实的主链，因为那里有更多的见证人发送的单元，影子链并不具备竞争能力。主链的这种选择算法，反映了见证人和他们的用户所看到的事件的顺序。

这个例子也说明了，见证人如想被信任，必须不断地发送连续的交易单元，大多数见证人也不应该与攻击勾结到一起并在影子链上发送交易。而且，在 Byteball 中，见证人的行为只是作为交易事件真实性的一个标志，而不具有控制网络和其他任何权利，即见证人只具备发送真实交易这一职责，用户保留了指定见证人的权利，可以随时改变他们的决定。在 Byteball DAG 区块链中，一共可以指定 12 个见证人。

### 22.3.3 DAG 区块链总结

就目前的形式来看，区块链没有办法投入到商业化运用，最大的问题就是没有办法在保证去中心化和安全性的前提下大幅度地提高扩展性、吞吐率。而 DAG，理论状态下是去中心化的，如果网络足够强大，安全性也可以保证，更重要的是能够大幅度提高扩展性，采用 DAG 技术的分布式数据库，起步就可以把 TPS 做到 10 万+，还能把交易费用做到极低。

既然 DAG 这么完美，是不是就可以完全替代区块链呢？当然不是，事实上，DAG 也有自身的缺陷性。

**1. 交易时长不可控**

DAG 的验证规则是后面的交易验证前面的交易，这就很容易出现最后的交易迟迟无法被验证的情况，尤其是在整个网络发展的初期节点数量比较少的情况下，造成交易时长无法预测。当然，解决方法也是有的，但是不管是见证人还是其他超级节点机制，都在一定程度上违背了去中心化。

**2. 不支持强一致性**

DAG 作为一种谣言传播算法，其异步通信机制在提高扩展性的同时也带来一致性的不可控问题。区块链是同步操作的验证机制，能够保证较高的一致性。但是 DAG 作为异步操作，它不存在一个全局的排序机制，在运行智能合约时，这就很可能会出现节点间所存储的数据在运行一段时间以后出现偏差的情况。

**3. 安全性还没有得到大规模的验证**

DAG 技术并不新鲜，但是应用到去中心化账本领域却是近几年的事情，没有像比特币经历过长达 10 年的安全验证。这是目前大规模部署 DApp 的最大障碍。

DAG 技术作为区块链的一个有益补充，其异步通信机制在提高扩展性、缩短确认时间和降低支付费用方面优势明显，未来在去中心化技术领域将会有一席之地。但其安全性和一致性的问题亟待解决，相信随着技术的发展，这些问题会得到逐步改善。

## 22.4 JMP Coin

### 22.4.1 JMP Coin 概述

美国时间 2019 年 2 月 14 日，摩根大通银行在官网宣布，将发行与美元等值的数字货币，实现机构客户之间的即时转账，即 JMP Coin。这意味着全美最大的清算中心进军区块链领域，发行与美元锚定的稳定币，用于内部流通。大致来说，JMP Coin 具有以下特点：

(1) JMP Coin 不具备大部分基于区块链的加密货币的属性，也不是法币。

(2) JMP Coin 解决的是实时全额结算的问题，与普通的投资者和机构没有关系。

(3) JMP Coin=1 美元，和 USDT 的关系不大，与 Ripple 一直想要实现的功能类似，对 Ripple 是降维的打击。

(4) JMP Coin 基于以太坊改造的 Quorum 区块链，引入了 Zcash 的隐私保护功能。

(5) Quorum 帮了以太坊和区块链落地的一个大忙。

(6) JP Morgan 在用 Quorum 解决关系银行业的合规痛点。

虽然，摩根大通成为美国第一家推出自家数字代币并加以实际应用的大型美国银行。但是早在 2017 年，摩根大通公司 CEO Jamic Dimon 曾经将比特币描述为一种“欺诈活动”，并表示任何参与比特币交易的员工都将因自己的“愚蠢”而被公司辞退。2018 年，摩根大通和另外两家银行还禁止信用卡客户购买比特币。

尽管仍然质疑比特币的合法性，但 Dimon 先生表示，他已经意识到区块链技术在未来全球金融体系中的发展潜力。摩根大通公司已经发布自己的区块链平台 Quorum，目前有多个机构正在利用其追踪财务数据。

加密货币是一个比较宽泛的概念。目前来看，具备电子化、分布式记账、可以自由流通等特点的，都可以被称为加密货币，而不特指比特币、以太币等。JMP Coin 虽然是一种加密货币，但账本的查看、增加与监管仅向部分节点开放。就"代币"的发行和使用来说，对象是严格限定的银行和金融机构，大众投资者无法参与。就目前的功能来说，摩根币更接近于银行存单，银行之间的资金存入与存出，以 JPM Coin 为最终媒介，摩根大通在其中发挥清算行的作用。JPM Coin 与我们常说的加密货币（BTC、ETH 等）以及稳定币（USDT、GUSD 等）的对比如表 22.1 所示。

**表 22.1　JMP Coin 与加密货币和稳定币的对比**

| | 加密货币（如 BTC、ETH） | 以法定货币作为支撑的稳定币（如 USDT、GUSD） | JMP Coin |
|---|---|---|---|
| 抵押方式 | 无抵押；<br>价值存放于货币本身 | 储备放入银行；<br>不同的稳定币在抵押的透明性方面各不相同；<br>大部分稳定币都声称与法定货币的抵押率是 1∶1 | 按照 1∶1 的比率兑换成摩根大通持有的法定货币（如：美元） |
| 区块链特点 | 对公众开放访问的公有链 | 对公众开放访问；<br>部分稳定币只允许交易所客户铸币（用美元购买稳定币）或兑币（出售稳定币换取美元），但任何人都能持有或买卖这些稳定币 | 经许可后方可访问（例如由摩根大通或者合作伙伴构建的企业级安全区块链解决方案）；<br>只有通过摩根大通 KYC 的机构客户才能用 JPM Coin 进行交易 |
| 用户群体 | 主要面向零售客户；<br>业务投资者群体有限 | 面向零售用户；<br>业务投资者群体有限 | 只面向机构客户（如银行、证券经纪商、企业） |
| 主要用途 | 投资 | 投资 | 涉及支付的区块链使用场景 |

## 22.4.2 技术特点

JMP Coin 的底层区块链网络采用 Quorum 技术。Quorum 被认为是"企业级以太坊"，是摩根大通在 2017 年 3 月推出的开源区块链平台，是一种基于以太坊区块链开发的私有链平台，可以通过区块链架构提供私有智能合约的执行方案，满足企业性能的需求。关于 Quorum 技术原理，本书在 15.1 节中进行了介绍。在本节，我们主要介绍 JMP Coin 的技术特点，及其如何满足传统银行的需求。

**1. 以太坊的硬分叉**

Quorum 本身是在以太坊客户端的 Go 语言版本（Go-Ethereum）的基本上改造而来的，而且会根据 Go-Ethereum 的版本来发布更新，所以从技术角度上来讲，Quorum 可以说是以太坊客户端的硬分叉版本。这就意味着，Quorum 可以兼容一切以太坊上的合约。即所有在以太坊上运行的合约，包括如 Truffle 一样的开发框架，都可以直接部署在 Quorum 上。但是，Quorum 和以太坊是两条单独的链，二者目前并不是互通的，互通的话则需要通过跨链技术。与以太坊相比，Quorum 更多的是一个联盟链，并不是任何人都可以随意地加入到网络中去。节点的加入和去除都需要经过授权，并且节点都是已知身份的节点。Quorum 区块链网络中虽然保留了以太坊中 Gas 的概念，但是去除了以太坊中 Gas 的定价，即 gasPrice＝0，转账时不需要交手续费，并且网络中也没有挖矿的机制。这些特点使得 Quorum 区块链网络都更适合企业级应用的需求。

**2. 注重隐私**

区块链技术的特点是账本公开透明，任何人只要打开一个区块链浏览器，就可以查到每笔交易的全部信息。对于公有链来说，透明性是一个非常好的优点，但是应用到传统行业中时，这就变成了一个痛点。例如，对于传统的金融行业，如银行，数据的隐私是非常重要的，没有一家企业和用户愿意将自己的数据和信息公之于众，更不希望其他企业或竞争者来利用自己的数据和信息。

保护隐私是 Quorum 的核心功能之一，Quorum 的交易分为公开交易和私人交易。

公开交易与普通的以太坊交易相同，没有任何区别，都是直接在主链节点之间完成，而私人交易则会放在链下由独立的服务器进行加密处理。Quorum 主链上只存储加密后数据的哈希值，而私有数据将存储在链下，节点之间通过管理引擎（Tessera 或 Constellation 节点）共享。对于私有交易，最终只有交易的相关方和监管方才能看到交易的细节，非相关方则无法获取交易的细节。私有交易的处理流程如图 22.17 所示。

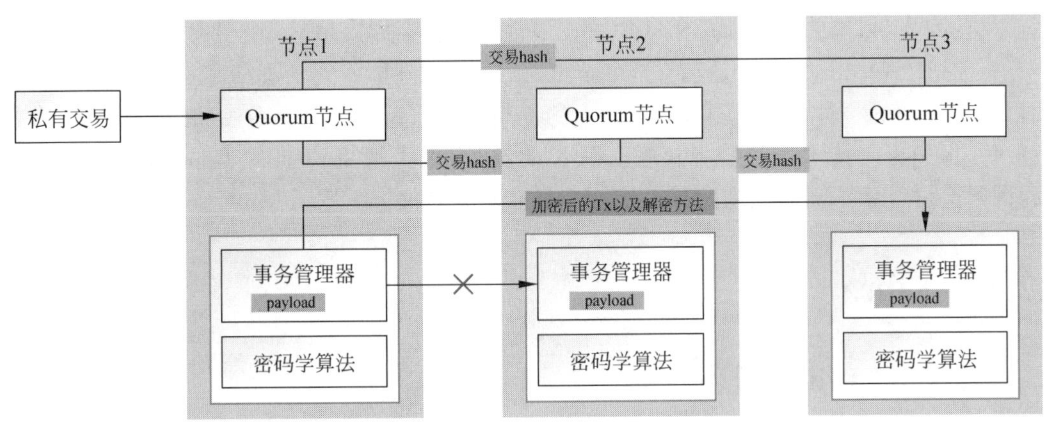


图 22.17　Quorum 私有交易处理流程

在主链中，所有的节点状态与以太坊相同，都是公开的，达成绝对的状态共识，而私有状态数据库的情况则不同，不保存全局状态。如果希望进行一笔私人交易，只需要在发起交易时添加一个_privateFor 标签即可，这笔交易便可以在私有数据库中点对点进行。

2017 年，Quorum 又与 Zcash 团队合作，提供了一种链上的隐私方案，连接私有合约以及主链，合约的商业逻辑在私有合约内达成一致，然后在主链上进行清算，并以零知识证明的方式使用 z-token 作为保护隐私的桥梁。

**3. 灵活的共识机制**

Quorum 一共可以支持三种共识算法，包括 PoA、Raft 和 IBFT。

与公有链相比，联盟链在安全和隐私方面的考虑方向是不同的，联盟链要求节点之间是相互认可，每个节点都有一个固定的身份，所以在联盟链网络中的节点是完全信任或部分信任的。因此，Quorum 区块链支持的都是性能更高的容错或容故障共识算法。

PoA 又叫作权威证明，基于一组有身份的节点轮流记账。也就是说，每个记账节点都是以自己的身份和权威来做背书，每个区块只需要一个签名就可以完成确认，从而大大地提高了交易的吞吐率。但这种做法有中心化的风险，PoA 在设计时也考虑到了限制单个节点的权利，每个节点出块的间隔需要大于总节点个数的 1/2。Quorum 在开发的早期，采用的是 PoA 算法。Raft 和 IBFT 算法，我们在共识算法一章中进行了介绍，读者可参阅第 3 章。

### 22.4.3 诞生意义

作为第一家发行稳定币的主流机构，摩根大通发行 JMP Coin 的新闻一出现便立刻引来了各界的热议，最核心的意义主要有以下两点：

(1) 摩根大通使用区块链技术落地到了具体的银行业务。目前用于解决机构支付遇到的低效问题。比特币要颠覆的是金融业，结果金融业第一个与时俱进，开始跟进。而且讽刺的是，第一个跟进的不是别人，正是一直以来痛斥比特币的摩根大通。

(2) 在美国有美联储之前，摩根大通是全美最大的清算中心。这次发行稳定币将先试用于机构间支付，未来将全面用于区块链技术重塑存管、结算、清算等业务。

目前，JPM Coin 采用的是私有链的形式，未来必将会扩展到联盟链，甚至是公有链的形式，如果成功的话，对摩根金融服务竞争力的提高有很大帮助。这会激励和迫使其他金融企业效仿，运用密码技术改造服务体系。从长期看，摩根大通发行 JPM Coin 对密码货币普及、国际金融体系革新和全球密码经济构建具有重要意义。

## 22.5 Libra

### 22.5.1 Libra 概述

Libra 是全球社交巨头 Facebook 准备发行的数字货币。经过几个月的预热期，2019 年 6 月 18 日，Facebook 发布 Libra 白皮书，标志着 Libra 项目被正式推出。白皮书中提到，Libra 旨在成为一个新的去中心化的区块链、低波动性加密货币和一个智能合约平台，旨在创造一个新的机会，负责金融服务创新，最终建立一套简单的、无国界的货币和为数十亿人服务的金融基础设施。总体来说，Libra 具有以下特点。

**1. 稳定币**

现有数字货币中，以 BTC 和 ETH 为例，价格波动非常巨大，所以反对者总是批评其不具备货币的属性，不能用来当作支付的工具。而 Libra 不同，为了自己价值的稳定并且规模易于扩张收缩，会选择法定货币以及政府债券作为抵押，发行抵押多种低风险法定金融资产的数字货币，并引入多家金融资产托管机构分散货托管。Libra 的价值都是与抵押的实际货币挂钩，所以波动性很小。

**2. 货币储备**

Libra 的储备将包括一系列“低波动性”资产，如银行存储和来自稳定中央银行（如美元、英镑、欧元和日元等）的货币证券。Libra 并不是与单一的货币挂钩，也没有任何现实货币的固定价值，所以严格意义上来讲，Libra 不算真正的稳定币，而是一种“低波动币”。

**3. 由非营利性组织管理**

Libra 协会是一个独立的非营利性成员制组织，总部设在瑞士日内瓦。协会旨在协调和提供网络与资产储备的管理框架，并牵头进行能够产生社会影响力的资助，为普惠金融提供支持。Libra 的成员分布于不同地理区域的多个行业、非营利组织、多边组织和学术机构，到 2020 年上半年发布时，预计成员数量将达到 100 个左右。Facebook 团队在 Libra 区块链诞生中扮演了关键角色，并将保持领导角色至 2019 年结束。目前，加入 Libra 协会的成员如图 22.18 所示。

图 22.18　Libra 协会现有成员

**4. 基于区块链技术**

金融服务的健康竞争和创新，最关键的先决条件是能够依靠通用基础设施来处理交易，维护账户以及确保跨服务和组织的互操作性。通过降低进入门槛和转换成本，Libra 希望将初创公司和现有企业能在竞争中发挥作用，并尝试新型商业模式和金融作用。而区块链技术非常适合去解决这些问题，因为区块链技术可以用来确保没有任何一个实体可以控制生态系统，所以 Libra 使用区块链作为其底层技术。

**5. 监管**

以 Libra Blockchain 为基础的开发商有责任遵守其运营所在司法区的法律法规，Libra 区块链本身不受监管。

### 22.5.2 技术特点

**1. 总体设计**

Libra 在设计上把自己定义为一个密码学技术认证的可信数据库（a cryptographically authenticated database），这个数据库就是我们常说的区块链平台中的世界状态（world state），是一个全局状态的统一账本。密码学技术论证的意思是指这个全局状态的账本是通过密码学技术验证的，通过技术手段保证数据的真实可靠，而不是像传统手段中的那样通过某个中心机构的信息作背书，这也是区块链的核心特点。在 Libra 区块链上，包括两类节点：客户端节点（Client）和验证节点（Validator）。Client 可以提交交易，也可以查询账本，包括查询历史状态，也可以发请求给 Validator 同步账本数据。Validator 则负责根据 Libra 协议去处理这些交易并维护账本的更新，类似于比特币和以太坊中的矿工角色。整体网络结构如图 22.19 所示。

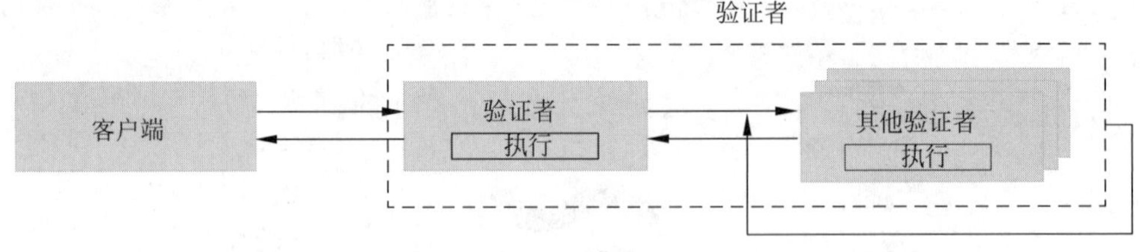


图 22.19 Libra 协议网络结构

**2. 账户模型**

Libra 的账户模型与以太坊非常相似，其地址都是由一个非对称密码算法的公钥计算而来，用户可以使用公开的密码算法计算一个密钥对，之后由一个已经存在的账户使用生成的公钥做参数发起一笔创建账户的交易，便可以生成一个由对应私钥控制的新账户。一个用户可以有多个账户地址，且具有匿名性，账户地址并不与用户现实真实身份所绑定。从逻辑上看，账户是一个拥有两类资源的集合：Mouldes（程序代码）和 Resources（数据）。Mouldes 存储的是一段代码，类似于以太坊中的智能合约，定义了名称、变量和方法，但是这二者又有本质区别，主要体现在以下三方面：

（1）二者看起来形式上都与面向对象编程中的 Class 非常相似，但智能合约更像是设计模式中所说的单例模式，而 Mouldes 可以被创建任意个实例，每个用户都可以创建自己在某个 Mouldes 的实例。

（2）智能合约的值一般存在合约内定义的变量中，而每个用户在 Mouldes 上创建的实例的值都存储在对应的 Resources 中，通过自己的账户地址和 Mouldes 所在地址进行索引，在 Mouldes 中的变量都是私有变量，不能直接外部访问。

（3）Mouldes 中的方法都是静态方法，而不是实例方法，并且没有 this 或者 self 之类的概念。

**3. 交易结构**

Libra 的交易结构如表 22.2 所示。

**表 22.2 Libra 交易结构**

| 字　段 | 含　义 |
|---|---|
| Sender address | 交易发起者的地址 |
| Sender's public key | 交易发起者的公钥 |
| Program | 交易指令,一段代码 |
| Gas Price | Gas 价格,与以太坊中的相同,执行每一行指令都需要消耗 Gas 费用,防止 DoS 攻击 |
| Maximum gas amount | 客户愿意为交易支付的 Gas 费上限 |
| Sequence number | 序列号 |
| Expiration time | 失效时间(如果一个交易在失效时间之前没有被执行,则交易作废) |
| Signature | 数字签名信息 |

从表中可以看出,Libra 交易结构的主要部分与以太坊大体一致,使用数字签名算法验证交易的合法性,使用 Gas 值防止 DoS 攻击,使用序列号的方法防止用户重放攻击。唯一不同的地方是 Program,这有点类似于智能合约,增加了用户发起交易时的可编程性。

**4. Move 语言**

Move 语言是 Libra 区块链在设计过程中所创建的一种新的编程语言,在整个 Libra 区块链系统中,Move 语言包括以下三种主要功能:

(1) 用来编写交易脚本,使交易变得更灵活。

(2) 用户使用 Move 语言编写 Modules,类似编写以太坊中的 Solidity 编写智能合约。

(3) 配置和扩展 Libra 协议。

Move 程序包括三部分,source code、intermediate representation(IR)和 bytecode。其中,source code 是源代码,bytecode 是编译后的字节码,这与传统编程语言相似,在虚拟机中执行字节码是为了减少虚拟机还需要对编译器的信任这一环节。Move IR 是一种更高层次的人类可读代码,可以被用户用来快速开发安全智能合约。但是,系统运行初期,这些不会对普通用户开放,白皮书中的说法是方便解决后续智能合约在虚拟机中执行时遇到的可扩展性瓶颈等问题。

## 22.5.3 各界声音

Facebook 作为一家美国的公司,首先迎来了美国监管机构的质疑。美国时间 2019 年 7 月 2 日下午,美国国会众议院金融服务委员会突然向扎克伯格等 Facebook 高管致函,要求其立即停止数字货币/钱包项目 Libra/Calibra 的所有工作。2019 年 7 月 16,美国参议院银行、住房和城市事务委员会就 Libra 的数据隐私问题举行了听证会。紧接着,美国众议院金融服务委员会在 7 月 17 日也对 Libra 的运营方式和其对美国投资者、消费者以及美国金融系统的影响等问题举办了听证会。两场听证会的主要内容都是围绕 Libra 项目的安全、监管和垄断等问题开展，国家监管机构表达了对 Libra 项目的担忧。截至 2019 年底其他国家各界人士对 Libra 项目的看法如表 22.3 所示。

**表 22.3　各国各界对 Libra 的看法**

| 国家 | 机构/人员 | 内　容 |
|---|---|---|
| 美国 | 美国总统特朗普 | Libra 没有地位或可靠性，若想成为一家银行就必须像其他企业一样受到监管 |
| | 美联储主席鲍威尔 | Libra 是一件新事物，美联储在仔细研究它，同时将在保护消费者和监管方面保持高标准 |
| | 参议院银行委员会 | 担心 Libra 泄露用户隐私 |
| | 众议院金融服务委员会 | Libra 有意在美元和货币政策方面与美国抗衡，并引发人们对隐私和国家安全的巨大挑战 |
| 中国 | 央行结算司副司长穆长春 | Libra 创造的是跨境自由流动的可兑换数字货币，离不开央行和国际组织的支持和监管 |
| | 央行研究局局长王信 | Libra 如果能在跨境支付领域广泛使用，就值得研究 Libra 是否能发挥更多货币职能 |
| | 中国金融学会会长周小川 | Libra 预示着未来会出现更加全球化的强势货币，中国应未雨绸缪 |
| 欧盟 | 财政部副部长 | 俄罗斯财政部不会对 Libra 发布任何特别规定，并称“没有人会禁止他” |
| | 英国央行行长 | Libra 可大幅降低成本并增加金融包容性，但 Libra 若成功将面临监管 |
| | 英国金融市场监管局 | 目前 Libra 披露的信息太少，如果不提供更多信息，Libra 可能得不到批准 |
| | 德国联邦金融监管局 | 呼吁其他监管机构制定标准，以应对即将到来的 Facebook 的加密货币 Libra |
| | 瑞士国际金融秘书处 | Libra 在瑞士受到欢迎，这是一个积极的现象 |
| | 欧洲央行执行董事 BennoitCoeure | Libra 不具备成为主权货币的能力，并且不应被转移到资助恐怖主义或任何其他非法活动中 |

## 22.6　本章小结

本章介绍了区块链的最新技术，包括跨链技术。介绍了目前技术最为先进的 EOS 区块链和 DAG 区块链，以及最新的 Libra 和 JMP Coin。EOS 区块链底层采用了 DPoS 共识机制，引入了账户体系和基于角色的权限控制，智能合约采用 C++语言开发，使得可以实现更复杂的应用功能。DAG 采用了有向无环图的结构，主要是解决效率的问题。Libra 和 JMP Coin 则是巨头公司进军区块链的典型案例。

## 参考文献

[1] Daniel Larimer. EOS. IO Technical White Paper[OL]. https://steemit. com/eos/@eosio/eos-io-technical-white-paper，2017.

[2] Serguei Popov. The Tangle[OL]. Available on：https://assets. ctfassets. net/r1dr6vzfxhev/2t4uxvsIqk0EUau6g2sw0g/45eae33637ca92f85dd9f4a3a218e1ec/iota1_4_3. pdf，2017.

[3] Sergio Demian Lerner. DagCoin：a cryptocurrency without blocks[OL]. Available on：https://bitslog. com/2015/09/11/dagcoin/，2015.

[4] Anton Churyumov. Byteball：A Decentralized System for Storage and Transfer of Value[OL]. Available on：https://www. chainwhy. com/whitepaper/gbytewhitepaper. html，2017.

# 图书资源支持

感谢您一直以来对清华版图书的支持和爱护。为了配合本书的使用，本书提供配套的资源，有需求的读者请扫描下方的"书圈"微信公众号二维码，在图书专区下载，也可以拨打电话或发送电子邮件咨询。

如果您在使用本书的过程中遇到了什么问题，或者有相关图书出版计划，也请您发邮件告诉我们，以便我们更好地为您服务。


**我们的联系方式：**

地　　址：北京市海淀区双清路学研大厦 A 座 714

邮　　编：100084

电　　话：010-83470236　010-83470237

客服邮箱：2301891038@qq.com

QQ：2301891038（请写明您的单位和姓名）


**资源下载：关注公众号"书圈"下载配套资源。**

资源下载、样书申请

书圈

获取最新书目

观看课程直播